顾　问　甘　霖　李言荣

策　划　许唯临　曹　萍

主　编　王金友

副主编　曹勇明　张超哲　王昌宇　郭鑫楠

参　编　（按姓氏笔画排序）

文　丽　田　佳　冯鸟东　兰　娅
吕　顺　吕　蓉　任　玲　刘　鑫
刘向华　齐泰宇　汤　彦　孙化显
李　军　李　臻　李　鲲　李安林
杨　军　杨锦宇　吴　雄　别　琳
邱静红　张　朔　张建全　张建兵
张恩乐　陈小龙　陈广玲　陈彦强
罗　林　周志文　赵　欢　赵昱辉
赵唯阳　秦文丽　秦远清　郭立琼
席　斌　曹　薇　廖　瑜

摄　影　施松柏　何　苗

四川大學年鉴

SICHUAN UNIVERSITY YEARBOOK

（2021）

四川大学党委办公室
四川大学校长办公室 编

四川大學出版社
SICHUAN UNIVERSITY PRESS

图书在版编目（CIP）数据

四川大学年鉴. 2021 / 四川大学党委办公室，四川大学校长办公室编. — 成都 : 四川大学出版社，2022.12

ISBN 978-7-5690-5937-3

Ⅰ. ①四… Ⅱ. ①四… ②四… Ⅲ. ①四川大学－2021－年鉴 Ⅳ. ① G649.287.11-54

中国国家版本馆 CIP 数据核字（2023）第 016452 号

书　　名：四川大学年鉴（2021）
　　　　　Sichuan Daxue Nianjian (2021)
编　　者：四川大学党委办公室　四川大学校长办公室

选题策划：李思莹
责任编辑：李思莹
责任校对：周　颖
装帧设计：墨创文化
责任印制：王　炜

出版发行：四川大学出版社有限责任公司
　　　　　地址：成都市一环路南一段 24 号（610065）
　　　　　电话：（028）85408311（发行部）、85400276（总编室）
　　　　　电子邮箱：scupress@vip.163.com
　　　　　网址：https://press.scu.edu.cn
印前制作：四川胜翔数码印务设计有限公司
印刷装订：四川五洲彩印有限责任公司

成品尺寸：185mm×260mm
印　　张：34.75
插　　页：9
字　　数：855 千字

版　　次：2023 年 3 月 第 1 版
印　　次：2023 年 3 月 第 1 次印刷
定　　价：190.00 元

ISBN 978-7-5690-5937-3

扫码获取数字资源

四川大学出版社
微信公众号

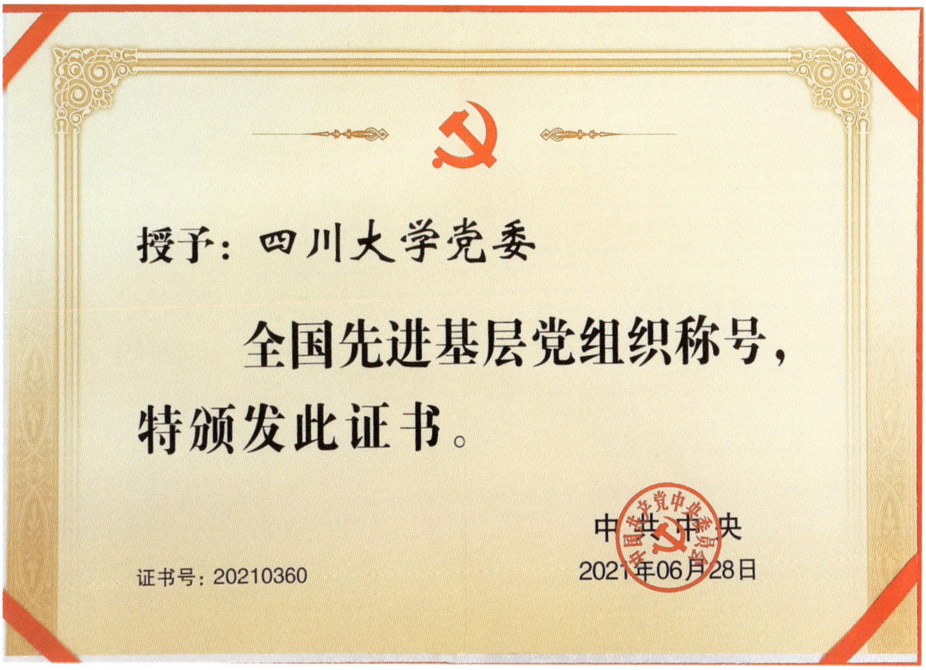

在庆祝中国共产党成立100周年之际，党中央表彰了全国优秀共产党员、全国优秀党务工作者和全国先进基层党组织，四川大学党委荣获“全国先进基层党组织”称号。

根据中央统一部署，5月7日至7月5日，中央第七巡视组对四川大学党委开展了常规巡视。

1月14日，四川大学与眉山市人民政府签署“四川大学眉山校区项目建设协议”。

1月21日，四川大学举行“创新2035”五大先导计划发布暨启动会。

3月12日，四川大学召开党史学习教育动员大会。

3月25日，四川大学聘任任晓明、陈学彬、李水城、张法、熊澄宇、吕建福、房宁等7人为文科讲席教授。

4月10日，四川大学成立全国首家省级碳中和技术创新中心，获批作为牵头依托单位组建天府锦城实验室（生命健康实验室）和天府永兴实验室（碳中和实验室）。

4月16日，四川大学与西湖大学签署校际合作协议。

6月23日，校党委书记王建国为全校学生党支部书记讲授党史学习教育专题党课；6月21日，校长李言荣为青年学生讲授党史学习教育专题党课。

6月25日，“高校社科界庆祝中国共产党成立100周年系列座谈会（四川大学专场）”在学校国际学术交流中心举行。

6月23日，为庆祝中国共产党成立100周年，四川大学举行"光荣在党50年"纪念章颁发仪式；7月2日，学校召开"两优一先"表彰大会，隆重表彰学校先进基层党组织和优秀共产党员、优秀党务工作者。

7月6日，四川大学召开通识教育及拔尖人才培养工作推进会。

7月9日，尼泊尔驻华大使马亨德拉·巴哈杜尔·潘迪、孟加拉国驻华大使马赫布·乌兹·扎曼、阿富汗驻华大使贾维德·艾哈迈德·卡伊姆，巴基斯坦驻华大使莫因·哈克，斯里兰卡驻华大使帕利塔·科霍纳率南亚五国代表团到四川大学访问。

9月24日，四川大学召开“双一流”建设整体方案专家论证会，高质量编制新一轮“双一流”建设方案，全面推进实施学校“十四五”发展规划。

9月27日，四川大学华西临床医学院（华西医院）麻醉手术中心刘进教授捐赠1亿元的成果转化个人所得，设立住院医师规范化培训发展基金。

9月29日，四川大学举行转化医学国家重大科技基础设施（四川）——四川大学生物治疗转化医学大楼揭牌仪式。

10月13日，四川大学华西天府医院举行开院仪式。

11月25日，中央宣讲团成员、中央政策研究室副主任、秘书长林尚立到四川大学宣讲党的十九届六中全会精神。

12月9日至10日，校党委书记王建国、校长李言荣率队赴宜宾、眉山、自贡等地推进校地合作。

12月23日至24日，校党委书记王建国一行到甘洛县开展慰问活动和定点扶贫工作调研。

5月29日，四川大学冯小明院士荣获陈嘉庚科学奖中的化学科学奖。

The Chinese Government Friendship Award
is presented to Gretchen Lynn Kalonji
for your important contribution to
China's socialist modernization as well as
exchanges and cooperation with other countries.

State Administration of Foreign Experts Affairs, PRC
September, 2021

柯瑞卿

为表彰您为推动中国社会主义现代化建设和促进中外交流合作作出的重要贡献，特授予您中国政府友谊奖。

中华人民共和国国家外国专家局
二〇二一年九月

9月30日，四川大学灾后重建与管理学院院长柯瑞卿（Gretchen Kalonji）教授荣获中国政府友谊奖。

11月3日，2020年度国家科学技术奖励大会在人民大会堂举行，四川大学秦勇教授、李为民教授和张志荣教授共获得3项国家科学技术奖二等奖。

11月18日，中国工程院公布2021年院士增选名单，四川大学许唯临教授当选为中国工程院院士。

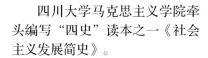

四川大学马克思主义学院牵头编写“四史”读本之一《社会主义发展简史》。

四川大学在第七届中国国际“互联网+”大学生创新创业大赛全国总决赛中获得6金2银，金奖数名列全国第5。

四川大学在第十七届“挑战杯”全国大学生课外学术科技作品竞赛中获红色专项活动4项特等奖、“揭榜挂帅”专项赛1项特等奖。

目　录

重要文件

重要讲话

学校工作要点、总结

党的建设篇

学科与师资队伍建设篇

人才培养篇

大学生思想政治工作篇

科学研究与科技产业篇

医疗卫生篇

合作与交流篇

办学条件保障及公共服务体系篇

学院篇

附　录

重要文件

重要讲话

在新征程上开好局起好步
以优异成绩庆祝中国共产党百年华诞

——在学校2021年度工作布置会暨“双代会”上的讲话

校党委书记　王建国

（2021年2月26日）

各位代表，老师们、同志们：

刚才，言荣校长代表学校作了很好的工作报告，系统回顾了学校2020年重点推进的四项工作和取得的六方面重要进展，对学校《“十四五”事业发展规划》编制背景和过程、规划总体结构、主要目标和远景目标、主要内容等进行了说明，同时对今年的重点工作作了部署、提了要求。言荣校长的报告经过了学校党委常委会的审议，我也完全赞同。报告主题鲜明、重点突出，成绩鼓舞人心，规划催人奋进，部署清晰明了，我们要抓好学习传达和贯彻落实。

2020年是极不平凡的一年，也是学校众志成城、拼搏出彩的一年。一是我们全力投入新冠肺炎疫情防控阻击战，联防联控、严防严控，确保了师生员工的生命安全和身体健康，并在四川高校率先恢复校园正常教学秩序，特别是毅然扛起医疗卫生国家队的责任担当，先后选派400余名医护人员支援武汉、石家庄等抗疫一线以及海外疫情严重地区和国家，出色完成任务，研发的新冠病毒重组蛋白疫苗获批临床试验，为国家疫情防控作出了重要贡献，受到了党中央的充分肯定，获得了极高的国家荣誉。二是我们深入学习贯彻党的十九届四中、五中全会精神，出台《关于坚持和完善中国特色现代大学制度 推进学校治理体系和治理能力现代化的实施意见》，统筹推进学校“十四五”规划编制工作，开展“学习革命先辈崇高精神，争做又红又专时代新人”主题教育活动，确保习近平总书记重要指示批示精神和中央决策部署在川大落地落实。三是我们专注提升学校核心竞争力，学生深造率、学科专业、科研项目、科研经费、国家科技奖、高端人才等核心指标均有新突破，本月初，Nature指数公布最新一期机构/大学学术排名，学校排名全球第42位。四是我们深度融入成渝地区双城经济圈建设，与成都市高新区、东部新区分别签署协议，打造成都未来科技城和未来医学城；与眉山签约共建四川大学眉山校区，助推学校世界一流大学建设和地方高质量发展。五是我们扎实做好“双一流”一期建设验收和第五轮学科评估工作，专家组认为学校办学水平和办学能力有了显著提高，为国家和区域经济社会发展作出了重大贡献，起到了不可替代的作用，探索了一条在西部创建世界一流大学的道路。

总之，2020 年，在世纪疫情和百年变局交织、国内外形势错综复杂的情况下，我们迎难而上、砥砺奋进，付出艰苦努力，抗住了大疫大考，交出了满意答卷，实现了“校园很平静、师生很平安、科研很给力、人才很出彩、华西很争光”。事非经过不知难。这些成绩的取得是全校师生员工勠力同心、奋力拼搏的结果，来之不易、成之惟艰。在此，我代表学校党委、行政向为学校改革发展稳定辛勤工作的全校师生员工和海内外校友表示衷心感谢!

各位代表，老师们、同志们!

2021 年是中国共产党成立 100 周年，是“十四五”开局之年，是全面建设社会主义现代化国家新征程开启之年，也是第二轮“双一流”建设启动之年。开好局、起好步对四川大学至关重要。在谋划和推动学校“十四五”事业发展和 2021 年工作时，首先要对形势进行分析和判断，要胸怀“国之大者”。这里可以从四个方面进行把握：

首先，从国际上来看，世界百年未有之大变局加速演进，新一轮科技革命和产业变革深入发展，国际力量对比深刻调整，特别是全球经过此次新冠肺炎疫情的冲击，西强东弱的存量历史在加速改变，东升西降的地缘格局在加剧调整。这种改变将会长期伴随着全球化与逆全球化、自由主义与保护主义、多边主义与霸权主义、新兴大国与守成大国的交锋较量。高等教育作为国家竞争力的重要组成，不可避免介入其中，人才和科技的国际竞争甚至较量将会更加激烈。

其次，从国内来看，我国迈入“十四五”，开启了全面建设社会主义现代化国家新征程。进入新发展阶段，贯彻新发展理念，构建新发展格局，实现更高质量的发展，需要解决的问题特别是发展不平衡不充分问题更加凸显。高等教育作为重要民生问题，将更加聚焦；同时，实现科技自立自强，高校首当其冲。

第三，从中国高等教育来看，高质量发展阶段对教育提出了更高的政治需求、量的需求、质的需求、文化需求、结构需求。我国高等教育的地位作用从基础支撑向支撑引领并重转变，高等教育的发展阶段从大众化阶段向普及化阶段转变，高等教育的类型结构从相对单一向更加完备多元转变，中国高等教育的舞台坐标逐步移到世界舞台中央。中国高校既大有可为，也必须有所作为，必须以准确识变、科学应变、主动求变来应对不确定性，把握和用好重大战略机遇期，为国家发展贡献大学力量。

第四，从学校自身来看，近年来学校不断取得新的成绩，发展势头很好，但是，学校大而不强的现象还没有根本改变。我们必须对标党中央的新要求，对标党的十九届五中全会精神，对标世界一流大学标准，在认识上找差距，在工作上找短板，在措施上找弱项，在落实上找问题，深刻认识到未来五年很关键，逆水行舟，不进则退，慢进也是退，必须精心谋划，强弱项、补短板、抓落实。

基于以上形势分析，学校全面贯彻党中央和上级决策部署，结合学校实际，在上学期末就研究制定了学校 2021 年工作要点，六大方面 30 条，已经学校党委常委会和全委会审议通过并印发各个单位。

刚才，言荣校长对今年学校重点工作进行了部署，我这里再作几点强调。

第一，始终毫不放松抓好校园常态化疫情防控。虽然当前全球疫情有所缓解，我国疫情中高风险地区再次清零，疫情防控取得显著成绩，但春节前个别省份和地区出现的本土疫情多点散发、局部聚集性疫情等情况提醒我们，常态化疫情防控千万不可麻痹大意，必须严格落实“外防输入、内防反弹”要求，持续统筹推进常态化疫情防控和改革发展稳定。一是要坚持错峰原则，认真落实返校学生工作方案，科学规划返校流程，妥善安排学生返校，教育引导学生做好返校途中个人防护。二是要做好开学物资储备，科学精准细化返校开学防控方案，严把“校门关”，坚持“人”、“物”、环境同防，确保正常、安全开学。三是要严格落实校园疫情防控常态化措施，完善应急预案，持续做好校门、教室、食堂、宿舍、实验室、图书馆、校内社区等重点场所管控，加强师生员工健康监测，努力确保师生健康和校园平安。

第二，以庆祝中国共产党成立 100 周年为契机，扎实开展党史学习教育，全面加强学校党的建设。一是扎实开展党史学习教育。2 月 20 日上午，党中央在北京召开党史学习教育动员大会，习近平总书记发表了重要讲话，就党史学习教育的重要意义、党史学习教育要把握重点、党史学习教育要务求实效等方面提出了明确的要求。我们要提高政治站位，迅速把思想和行动统一到中央决策部署上来，扎实开展好学校的党史学习教育，引导各级党组织和广大党员干部、师生员工做到学史明理、学史增信、学史崇德、学史力行，学党史、悟思想、办实事、开新局，满怀信心谱写学校“两个伟大”的新篇章。二是开展好庆祝中国共产党成立 100 周年系列活动，实施“中国共产党在川大”系列红色文化工程。我们川大是马克思主义在中国传播的重要发源地之一。我们在庆祝中国共产党成立 100 周年系列活动中，要大力宣传、研究、阐释川大党的故事，要系统梳理和总结四川大学共产党建设、发展的历程，系统梳理和总结川大党组织团结带领学校师生员工推动发展、为国家作贡献的过程，要系统总结和梳理川大 70 多位为新中国成立献出宝贵生命的革命英烈的英雄事迹，使红色基因代代相传，激发师生听党话、跟党走的信心和决心。因此，川大的党史学习教育一要贯彻落实中央的要求，二要紧密结合学校实际，三要紧密结合学校目前正在开展的中心工作，四要突出体现川大特色和特点，使学习和工作两不误，克服“两张皮”。三是以党的政治建设为统领，深入学习贯彻习近平新时代中国特色社会主义思想，全面加强学校党的建设，选优建强高素质干部队伍，坚定不移推进全面从严治党向纵深发展。四是全面落实立德树人根本任务，完善学校思政工作体系，加强师生“四史”学习教育，大力传承红色基因，努力培养又红又专、担当民族复兴大任的时代新人。

第三，始终坚持扎根中国大地加快世界一流大学建设步伐。建设中国特色世界一流大学是党和人民赋予我们的历史使命。面向新时代，开启新征程，我们必须在扎根中国大地办大学中把牢方向，在深化改革创新中提升水平。一是要深入贯彻党的十九届五中全会精神和省委十一届八次全会精神，紧扣高质量发展主题，制定实施好学校“十四五”事业发展规划，切实开好局、起好步。二是坚持创新核心地位，坚持“四个面向”，实施好“创新 2035”先导计划，积极为科技强国、科技强省建设贡献川大力量。三是围绕核心竞争力全面提升，谋划好学校新一轮“双一流”建设，在完善拔尖创新人才培养体系、加快高水平人才队伍建设、深入推进学科内涵发展和交叉学科建设、全面提升科技创新能力、繁荣发展哲学社会科学、推进高水平对外开放等方面加大改革创新力度，高位求进、提质增效，为早日实现中国特色、川大风格世界一流大学建设目标持续奋斗。

第四，始终坚持“四为”方针服务国家高质量发展。我们要适应党和国家事业发展需要，坚持“四为”方针，准确把握新发展阶段，深入贯彻新发展理念，积极融入新发展格局，充分发挥综合性大学优势，全力全方位服务国家和地方经济社会发展。一是深度参与成渝地区双城经济圈建设，加快推进与成都市高新区、东部新区的合作，共同打造成都未来科技城和未来医学城；加快推进与成都市合作的三个重大项目建设；加快推进眉山校区建设。二是持续推进华西厦门医院（研究院）、海南博鳌华西乐城医院（研究院）建设，以优质医疗资源助力健康中国建设。三是推动巩固拓展脱贫攻坚成果与乡村振兴有效衔接，扎实做好新时代援藏援疆等对口支援工作等，为全面建设社会主义现代化国家贡献川大力量。

第五，始终坚持统筹学校改革发展和安全稳定。稳定是发展的前提，所有的战略、所有的规划、所有的改革发展都必须牢牢守住安全发展这条底线。今年大事、喜事、要事多，安全稳定任务十分繁重。我们要坚持底线思维，增强风险意识，推进学校改革发展与和谐稳定有机结合，在中国特色世界一流大学建设道路上行稳致远。一是要坚持马克思主义在意识形态领域指导地位的根本制度，压紧压实责任，抓好阵地管控，坚决抵御宗教渗透和防范校园传教，把牢党对学校意识形态工作的领导权，确保校园政治安全。二是要完善应急预案，加强应急演练，提升应急处置能力，强化风险隐患排查，及时有效防范化解重大风险，为庆祝中国共产党成立100周年营造和谐稳定的校园环境。

各位代表，老师们、同志们！

在全国政协2021新年茶话会上，习近平总书记强调要发扬为民服务孺子牛、创新发展拓荒牛、艰苦奋斗老黄牛的精神，在全面建设社会主义现代化国家新征程上奋勇前进。2021年，“十四五”事业规划启动，建设中国特色世界一流大学新征程开始。在新征程上，我们依然面临诸多困难、挑战、风险、考验，务必清醒地把握我们从哪里来、向哪里去，“低头看5年，抬头望15年，走起路来想着30年”；务必清醒征途漫漫，唯有继续发扬“三牛”精神，永远保持慎终如始、戒骄戒躁的清醒头脑，永远保持不畏艰险、锐意进取的奋斗韧劲，才能不断把学校“两个伟大”推向前进。在座的各位都是学校各个方面的骨干力量、先进分子、典型代表，要发扬“三牛”精神，认真履职尽责，在抓落实、推动学校事业发展中举旗帜、干在前、作表率。

希望大家大力发扬为民服务的孺子牛精神，恪尽职守、埋头苦干。吃进去的是草，挤出来的是奶，俯首甘为孺子牛，这是一种积极向上的人生态度和埋头苦干、敬业奉献的精神面貌。在建设中国特色世界一流大学的新征程上，我们要始终坚持以人民为中心的发展思想，将为民的情怀融入工作始终，把师生员工的利益装在心里，自觉同师生员工想在一起、干在一起，在各自的岗位上认真履职尽责，为早日建成中国特色世界一流大学而拼搏，为师生员工对美好生活的向往而奋斗，在干事创业、为民服务中不断增强师生员工的获得感、幸福感、安全感，汇聚起全面加快推进学校“两个伟大”的强大合力。

希望大家大力发扬创新发展的拓荒牛精神，与时俱进、科学巧干。在建设中国特色世界一流大学的新征程上，我们不仅要苦干，还要巧干。巧干，是在做事情时，要用心干事、用脑干事，讲科学、讲创新。我们要大力弘扬与时俱进、锐意进取、创新发展的拓荒牛精神，敢下先手棋、善打主动仗，准确识变、科学应变、主动求变，涵养建设世界一流的胆识功力。特别是校院两级领导干部要不断解放思想、与时俱进，学习学习再学习，不断提升解决实际问题的能力，用改革的思路、创新的办法去破解难题、化解矛盾，找准突破口，推动质量变革、效率变革、动力变革，实现更高质量、更有效率、更可持续、更为安全的发展。

希望大家大力发扬艰苦奋斗的老黄牛精神，乘风破浪、真抓实干。大道至简，实干为要。中国特色、川大风格的世界一流大学不是等得来、喊得来的，是拼出来、干出来的。在建设中国特色世界一流大学的新征程上，我们必须当好艰苦奋斗的老黄牛，拿出“功成不必在我”的精神境界和“功成必定有我”的责任担当，与时间赛跑、与时代共进、与祖国同行，谋实事、出实招、求实效，咬定青山不放松，脚踏实地加油干，乘风破浪、一路向前，靠实干奋斗再创辉煌，早日将我们的宏伟蓝图变为美好现实。

各位代表，老师们、同志们！

今天的会议既是学校 2021 年度工作布置会，也是 2021 年度“双代会”，更是吹响“十四五”、开启建设中国特色世界一流大学新征程号角的动员会。让我们坚持以习近平新时代中国特色社会主义思想为指导，深入贯彻落实党的十九大和十九届二中、三中、四中、五中全会精神，大力发扬“三牛”精神，以不怕苦、能吃苦的牛劲牛力，不用扬鞭自奋蹄，团结带领全校师生员工凝心聚力、干事创业，学习学习再学习，谋划谋划再谋划，落实落实再落实，扎实做好 2021 年各项工作，在“十四五”开局起步中展现新担当、实现新作为，以全面加快学校“两个伟大”建设的新气象、新成就，庆祝中国共产党成立 100 周年。

坚持高质量发展，科学谋划“十四五”，全面加快中国特色世界一流大学建设

——在四川大学第四届教代会暨第三届工代会第五次会议上的工作报告

校长　李言荣

（2021年2月26日）

各位代表，老师们、同志们：

现在，我代表学校向大家作工作报告。报告共分三个部分：一是2020年工作简要回顾；二是关于《四川大学“十四五”事业发展规划》的说明；三是2021年工作部署。

一、2020年工作简要回顾

2020年是极不平凡的一年。学校坚持以习近平新时代中国特色社会主义思想为指导，一手抓疫情防控，一手抓事业发展，各项工作点面结合、亮点纷呈，校园很平静、师生很平安、科研很给力、人才很出彩、华西很争光，核心竞争力显著提升，高质量内涵式发展持续推进，为“十四五”开好局、起好步打下了坚实基础。

回顾过去一年，我们重点推进了四项工作。

一是认真贯彻落实中央决策部署，全力抗击新冠肺炎疫情。第一时间成立学校疫情防控工作领导小组及专项工作组，制定实施疫情防控工作方案，有力有序做好校园防控工作。按照“停课不停学”要求，2月24日启动春季学期线上教学，开设在线课程4400余门。5月6日在四川高校中率先启动学生返校复学工作，8月底全面恢复正常教学秩序，受到教育部、国家卫健委充分肯定。特别是，从大年初一开始，先后选派20批次、400余名医护人员支援抗疫一线以及海外疫情严重地区，圆满完成各项工作任务，全体队员零感染平安归来。国内高校首个研发成功的重组蛋白新冠疫苗进入临床试验，相关基础研究成果在*Nature*上发表。研发了国际上首个“5G+远程CT扫描操作系统”，多种新冠病毒检测技术及产品投入临床应用。在全国抗疫表彰大会上，学校5人荣获先进个人、2人荣获优秀共产党员，华西医院荣获先进集体。央视《新闻联播》报道学校抗疫工作10次，充分展现了川大人的家国情怀和使命担当。

二是深入学习贯彻党的十九届四中、五中全会精神，统筹推进学校“十四五”规划编制工作。出台《关于坚持和完善中国特色现代大学制度，推进学校治理体系和治理能力现代化的实施意见》。印发了学习宣传贯彻十九届五中全会精神的通知，组建师生宣讲团开展宣讲活动60余场。积极推进学校“十四五”规划编制工作，围绕学校总体发展和人才与师资队伍、学科与科研、繁荣发展人文社科与文化传承创新、校园建设与条件保障等“1+4”个重点内容谋划未来。

三是扎实开展“双一流”建设验收和第五轮学科评估工作，学校核心竞争力显

著提升。凝练学科优势特色，全面总结建设成效，高质量做好一期验收和学科评估。大力推进学科内涵发展，持续实施理科发展三大计划，支持原创青苗人才项目12项、培育特色方向13个。全面加快推进新工科建设，启动建设城市智慧防灾减灾、智能制造、生态皮革研究中心。深入推进医工结合“1平台+3中心”建设，举办新医科发展成果展，医工结合在川大破了题。加快实施一流文科建设计划，建立了“基地加强、新平台培育、新学派培养和文科讲席教授引进”“3+1”人文社科支持体系，成立了考古文博学院。新增ESI全球前1‰学科1个，总数达到5个，列全国高校第6；新增ESI全球前1%学科2个，总数达到19个，列全国高校第6。全年到校科研经费30.8亿元。牵头获国家科技奖3项；牵头获教育部科技一等奖2项，列全国高校第9。获国家自然科学基金项目526项，直接经费约3.2亿元，集中受理期项目获准数和经费数均列全国第9。获教育部高校文科优秀成果奖一、二等奖共22项，列全国高校第9。获批建设首批国家应用数学中心，成立了国内首个APEC医疗器械监管卓越中心。制定《关于完善学术评价体系的指导意见》，引导科研工作者做真科研、真学问、真贡献。

四是深度服务成渝地区双城经济圈建设，助推成渝地区高质量发展。与成都市高新区共建未来科技城，共同打造重大科技基础设施和国家级创新平台。与成都市东部新区共建未来医学城（国家医学中心），建设综合性医院、国际化医学院、研究院及产业园区等“三院一区”。与眉山市签署协议共建川大眉山校区。与成都市共建的前沿医学中心、面向新经济的技术交叉与转化中心、人文自然博物馆持续推进。与重庆市签署战略合作协议，发起成立成渝地区双城经济圈高校联盟。

同时，学校在六个方面取得重要进展。一是党建和思想政治工作全面加强。制定《关于加强学校党的政治建设的实施细则》，编制《基层党组织建设“二十五问”》，推动各级党组织强化政治功能、提升组织力。开展“学习革命先辈崇高精神，争做又红又专时代新人”主题教育活动和纪念江姐诞辰100周年系列活动，红色文化育人工作入选首届“新时代四川高校十大党建创新案例”和教育部“高校校园文化建设优秀案例”。学校荣获“全国文明校园”称号。二是人才培养取得新进展。获批教育部“强基计划”专业9个，并列全国高校第3；入选首批“拔尖计划2.0”国家级基地5个；入选首批国家级一流本科专业33个、一流本科课程42门，分列全国高校第3、第4；本科生深造率首次突破50%。召开全校研究生教育工作会，制定出台了“1+10”研究生教育改革创新方案。三是人才队伍建设取得新成效。新增高端人才近100人次，是近年来增长最多的一年。目前学校国家级人才总数近500人，占专任教师队伍比例超过10%。四是华西医学整体迈入一流持续推进。获批国家口腔医学中心、国家儿童区域医疗中心。华西医院连续11年列“中国医院排行榜”综合排名第2，华西口腔医院连续7年列“中国医院科技量值”口腔医学专科排名第1。五是服务国家和地方发展深入推进。与海南、三亚分别签署合作协议，华西博鳌乐城医院（研究院）开工建设，川大华西三亚医院正式揭牌。与核动力院、中国工程物理研究院、成飞集团、国铁集团等进行战略合作，共建产教研融合基地。学校定点帮扶的甘洛县、岳池县实现脱贫摘帽。六是校园支撑保障水平稳步提升。高分子科教楼等13个项目竣工验收，华西校区学生食堂改造全面完成，9万平方米的校园环境改造顺利完工，先进材料大楼、江安校区院士公寓开工建设，校内电动穿梭车顺利运行，地铁8号线正式开通，实现了三个校区的有机串联。

各位代表，老师们、同志们，艰难方显勇毅，磨砺始得玉成。过去一年，在学校党委的正确领导和全校师生员工的共同努力下，我们不等待、不懈怠，坚持以提升核心竞争力为抓手，最大限度克服疫情带来的影响，实现内涵式发展、高质量发展，世界一流大学建设潮平岸阔、风正帆悬。但我们也要更加清醒地认识到，当前疫情形势仍然复杂，学校发展任务仍然繁重，核心竞争力还不强，人才数量尤其是高端人才不足，国家科技奖等重大奖励偏少，学生培养质量还有较大提升空间，科研用房和学生住宿条件还亟待改善。总体来看，学校的士气、状态是在上升但还不够高，工作的标准、要求是起来了但还不够严，本质上讲就是追求一流、追求卓越还没有成为我们每个人的共同习惯。面对这些困难和问题，我们要更加专注于学校“两个伟大”奋斗目标，咬定青山不放松，凝心聚力加油干，努力开好局、起好步，推动世界一流大学建设向更高质量发展。

二、关于《四川大学“十四五”事业发展规划》的说明

各位代表，老师们、同志们，当今世界正经历百年未有之大变局，风险挑战前所未有，发展机遇前所未有。新一轮科技革命和产业变革加速演进，“四个面向”成为科技创新的主攻方向，国家“双一流”建设持续推进，成渝双城经济圈建设成为国家战略。新的历史方位、新的时代特征为学校“十四五”期间全面加快建设中国特色世界一流大学提供了重大发展机遇。未来五年是国家由全面建成小康社会向基本实现社会主义现代化迈进的关键时期，也是学校加快建设世界一流大学的关键时期。形势催人奋进，使命呼唤担当。我们要抓住难得的机遇，立足当前、谋划长远，把握发展规律、保持战略定力，在应对风险挑战中育新机、开新局、创新高。

从去年6月开始，我们就启动了学校“十四五”发展规划编制工作，成立了工作领导小组和工作组，按照“党建引领、育人为本、创新驱动、统筹发展、崇尚学术”的原则，组织编写了学校“十四五”规划总体思路，并在去年“双代会”上进行了讨论。在此基础上，经过反复修改完善，形成了《规划》的征求意见稿。学校“十四五”规划凝聚了集体的智慧，在编制过程中广泛听取专家学者、干部师生、民主党派人士、离退休老同志等的意见和建议，同时还在网上征求了意见。在充分吸收这些意见和建议的基础上，形成了《规划》的征求意见稿，提交本次“双代会”审议。下面，我对《规划》作简要说明，请各位代表审议。

第一，关于学校“十四五”规划的总体结构。我们重点围绕学校总体发展和人才与师资队伍、学科与科研、繁荣发展人文社科与文化传承创新、校园建设与条件保障等重点内容谋划未来，形成了由学校总体规划、4个专项规划和学院发展规划组成的“1+4+N”的“十四五”发展规划体系，全面加快学校“双一流”建设步伐。特别是，我们在开始制定学校“十四五”规划时就决定要率先启动“创新2035”先导计划，重点围绕物质与能源、生命与健康、生态与环境、信息与软件、文明与治理五大领域，按照“创新引领，布局十四五、展望十五年”的总体思路，以大科学问题和关键核心技术的突破为牵引，谋划建设高能级创新平台和大科学装置，及时对接国家重大计划和成渝地区建设科技创新高地的重大机遇，促进学科交叉融合与学科集群的创新发展，产生一批从“0到1”的原创成果，努力推动学校优势学科进入世界一流前列，在我国建设世界科技强国过程中提出川大方案、发布川大指南、做出川大贡献。

第二，关于“十四五”规划主要目标和远景目标。我们提出的目标是根据2035年我国将建成高等教育强国以及学校“两个伟大”和“双一流”建设目标倒逼出来的，正是基于此，我们提出：到2025年学校基本进入世界一流大学行列，一批学科率先迈入世界一流，优势学科进入世界一流大学前列；到2035年学校全面进入世界一流大学行列，一批学科进入世界一流大学前列，建成具有中国特色、川大风格的世界一流大学，率先走出一条在我国西部创建世界一流大学的新路，为把我国建设成为教育强国、科技强国、文化强国、人才强国、健康中国真正做出川大贡献。

第三，关于“十四五”规划的主要内容。学校“十四五”规划共分三大部分：第一部分主要阐述“十四五”规划的现实基础、发展形势、指导思想和主要目标；第二部分具体部署学校“十四五”期间主要建设任务，包括7个方面、32条具体措施；第三部分主要强调“十四五”规划的组织和制度保障以及实施机制。在《规划》中我们要坚持党的全面领导，推动学校党建工作与事业发展深度融合，为“十四五”时期学校快速发展提供根本保证。我们坚持把高质量发展作为主题，加快推动学校提速转型，从中高端水平向高端迈进。我们坚持以提升核心竞争力为抓手带动学校全面发展，着力突出“三高”：一是突出高质量人才培养。树立顶天立地的人才培养观，更加聚焦和强化“厚通识、宽视野、多交叉”，努力为国家培养具有卓越创新能力和过硬专业本领的高层次创新人才。二是突出高端人才队伍建设。深入实施“双百人才工程”，加大内培外引力度，吸引汇聚全球英才，在努力提高人才数量的基础上全面提高质量，打造一支品德高尚、学术卓越、教学优秀的一流人才队伍。三是突出高水平科学研究。以五大先导计划为引领，以大科学装置和大平台建设为抓手，聚焦重点领域、瞄准重要方向、解决重大问题，努力服务国家重大需求、提高“从0到1”原创能力、推动多学科交叉向纵深推进。此外，还要突出高标准管理服务保障工作。深入推进学校治理体系和治理能力现代化，大力加强校园基本建设，持续改善校园环境，打造有文化、有底蕴、有品位的文明校园。通过突出“三高”，全面提升“三值”。也就是要提升校园的颜值，让川大的校园拥有漂亮的环境和一流的设施；要提升学生的气质，让川大培养的学生朝气蓬勃、才华横溢，具有文化人的修养和素质；要提升科研的价值，激励和引导川大的老师做真科研、真贡献，做大学问，做更有意义、更有价值的事情。

各位代表，老师们、同志们，登高方能望远，实干赢得未来。我们编制“十四五”规划就是要主动对接国家重大战略需求，自觉适应经济社会发展对高等教育的新要求和人民群众的新期盼，全面加快中国特色世界一流大学建设步伐。我们相信，经过各位代表的认真讨论和审议，学校“十四五”规划必将成为凝聚广大教职工集体智慧的结晶，必将成为今后五年乃至更长时间推动学校高质量发展的行动指南。“十四五”规划要科学编制，更要落到实处，这就需要各学院和广大教职工都要以强烈的责任感和使命感，将学院发展与学校发展相结合，将个人理想与学校目标相结合，齐心协力共同推动世界一流大学建设。

三、2021年工作部署

各位代表，老师们、同志们，今年是中国共产党成立100周年，是“十四五”开局之年，是全面建设社会主义现代化国家新征程开启之年，也是第二轮“双一流”建设启动之年。今年学校工作总体要求是：以习近平新时代中国特色社会主义思想为指导，贯彻落实党的十九大和十九届二中、三中、四中、五中全会精神，增强“四个意识”、坚定“四个自信”、做到“两个维护”，坚持和加强党对学校工作的全面领导，统筹推进常态化疫情防控和事业发展，开启建设中国特色世界一流大学新征程，为建设社会主义现代化国家贡献川大力量，以优异成绩庆祝中国共产党成立100周年。具体来讲，我们要重点做好六个方面工作，凝心聚力开好局、真抓实干起好步。

一是庆祝中国共产党成立100周年，全面加强党的建设。深入学习贯彻习近平新时代中国特色社会主义思想和党的十九届五中全会精神，扎实开展党史学习教育，组织迎接中国共产党成立100周年系列活动，实施“中国共产党在川大”系列红色文化工程，举办座谈会、主题社会实践等各类活动，教育和引导广大党员干部和师生员工坚定共产主义远大理想和中国特色社会主义共同理想。坚持以党的政治建设为统领，全面加强基层党组织建设，推动基层党组织全面进步、全面过硬。加强干部队伍建设，做好基层单位领导班子任期目标考核、中层领导班子和领导人员届满考核工作。坚定不移推进全面从严治党向纵深发展，持续深化中央巡视整改，为迎接新一轮中央巡视做好准备。

二是落实立德树人根本任务，培育又红又专时代新人。进一步深化新时代思政课改革创新，建成首批课程思政优秀案例库。全面落实好《新时代爱国主义教育实施纲要》的工作方案，健全完善促进学生德智体美劳全面发展的工作机制，构建“四史”教育协同育人机制，打造育人品牌活动。切实将本科教育“厚通识、宽视野、多交叉”的理念落到实处，进一步加大本硕博贯通式人才培养和多学科交叉创新人才培养力度，尽快制定实施通识教育核心金课建设工程。全面落实学校制定的“1+10”研究生教育改革创新方案，严格博士生全过程培养与博导评聘及责任溯源，开展优秀研究生论文评选奖励，进一步加强产教融合联合培养基地建设、课程与教材建设、学术道德与学风建设。全力做好第十七届“挑战杯”国赛承办工作，积极参与第三十一届世界大学生运动会服务保障工作。

三是做大做强高水平人才队伍，深入推进人才评价改革。进一步优化“双百人才工程”等人才计划遴选和支持办法，紧密围绕学校一流学科建设发展方向，重点聚焦高峰学科、交叉学科、交叉平台等，有组织、有计划地内培外引一批有发展潜力的中青年才俊。全力做好两院院士申报工作，争取取得新突破。进一步强化学院在人才队伍建设方面的主体责任，学院根据学校总体要求和自身特点，制定实施本单位人才发展规划，全面激发二级单位人才队伍建设和人事管理活力。深入推进人才评价体系改革，建立完善体现不同岗位、不同层次人才特点的评价机制，进一步加强专业评价和分类评价，推行代表性成果评价、长周期评价、同行专家评议，构建符合科研创新规律、突出质量贡献、激励与约束相结合的人才评价体系。同时，着力优化人才服务保障和支撑体系，努力营造潜心学术、静心研究的人才成长发展生态环境。

四是深入推进学科内涵发展，全面提升科技创新能力。大力加强高峰学科建设。制定实施“创新 2035”先导计划推进方案，加快推进物质结构透明计划、未来医学港湾计划、天地一体与生态演化计划、信息软件与底层算法计划、文明互鉴与全球治理研究计划的落实落地，带动和引领全校师生去做顶天立地的真科研，去思考、去聚焦、去解决大科学问题和核心难点技术的突破，在天府国家实验室、国家综合医学中心和成都打造未来科学城、未来医学城过程中做出川大贡献。持续强化“方向—人才—平台—项目—成果”科技创新链一体化建设，加快推进文科国家级基地平台、国家级科研培育基地平台和“川大学派”建设，做好杰出教授增选和讲席教授引进工作；持续推进重大文化工程建设，积极推进《汉语大字典》《甲骨文字典》等的修订工作；实施“从 0 到 1”原始创新能力提升系列计划，力争实现更多原始创新突破；推进生命健康领域天府实验室建设；以“医学+”“信息+”为双引擎，着力促进学科交叉融合与学科集群的创新发展，打造学科交叉研究创新高地。健全完善重点研发计划和重大项目定向组织和培育、全程跟踪的科研管理机制，努力实现项目获准率、项目经费等的持续增长。

五是充分发挥学校综合优势，高质量服务国家和区域经济社会发展。深度参与成渝地区双城经济圈建设国家战略，深化与成都市高新区合作，全面融入西部（成都）科学城建设，共建一批重大科技基础设施和国家级创新平台。加快推进与成都市东部新区共建成都健康医学中心，争创国家医学中心，助力成都打造高品质生活宜居地。加快推进与厦门共建的川大华西厦门医院（研究院）以及与海南共建的华西博鳌乐城医院（研究院）建设，共同打造面向国内外的前沿医学中心与国际交流平台。持续统筹推进华西医院、华西第二医院和华西第四医院筹建相关国家医学中心和国家区域医疗中心。建好国家口腔医学中心，积极争创高原医学国家医学中心。加快推进学校眉山校区建设，服务成德眉资同城化发展。进一步推动巩固拓展脱贫攻坚成果与乡村振兴有效衔接，扎实推进援藏、援疆等对口支援工作。

六是全面提升校园治理水平，全心全意为师生员工服务。加快推进学校治理体系和治理能力现代化，完成《四川大学章程》修订，落实学校法治工作实施方案，推进依法治教、依法办学、依法治校。进一步提升办学支撑保障和公共服务能力，加快推进先进材料科研大楼、江安校区游泳馆等在建项目建设，加大力度推进学生宿舍升级改造，力争华西学生宿舍、江安南区学生宿舍、望江博士公寓等项目开工建设，持续努力改善学生住宿条件。全面推进食堂新建、改造及江安幼儿园新建工作。进一步加大困难师生员工帮扶力度，加强对离退休老同志的关心关爱，努力解决师生“急难愁盼”问题。

各位代表，老师们、同志们，“十四五”的美好蓝图已经绘就，新一轮“双一流”建设全面启程，使命光荣、任务艰巨、责任重大。我们要坚定以习近平新时代中国特色社会主义思想为指导，坚持党的全面领导，坚持内涵式发展、高质量发展，对标一流、追求卓越，只争朝夕、主动作为，努力推动学校从国内一流向世界一流的更高阶目标迈进，以优异成绩迎接中国共产党成立100周年！

谢谢大家！

扎实有效开展党史学习教育 以优异成绩庆祝建党100周年

——在四川大学党史学习教育动员大会上的讲话

校党委书记　王建国

（2021年3月12日）

同志们：

为深入学习贯彻习近平总书记在党史学习教育动员会上的重要讲话精神，全面落实党中央的决策部署和教育部党组、四川省委的工作安排，扎实有效开展好学校党史学习教育，今天我们召开动员会，对学校党史学习教育进行动员部署。下面，结合学校实际，我重点围绕“为什么学”“学什么”“怎么学”“学得好”讲四点意见。

一、深刻认识党史学习教育的重大意义

这是解决“为什么学”的问题。开展党史学习教育，是党中央立足党的百年历史新起点、统筹中华民族伟大复兴战略全局和世界百年未有之大变局、为动员全党全国满怀信心投身全面建设社会主义现代化国家而作出的重大决策。习近平总书记在党史学习教育动员大会上发表的重要讲话，从统揽伟大斗争、伟大工程、伟大事业、伟大梦想的战略高度，深刻阐述了开展党史学习教育的重大意义和重点工作要求，对新时代学习党的历史、弘扬党的传统、开启新的征程、创造新的伟业作出重要部署，为我们开展好党史学习教育指明了方向，提供了根本遵循。我们要深刻学习领会，提高政治站位，切实把思想和行动统一到总书记重要讲话精神和党中央决策部署上来。

我们要深刻认识到，开展党史学习教育是牢记初心使命、推进中华民族伟大复兴的必然要求。不忘初心，方得始终。自成立之日起，中国共产党就将为中国人民谋幸福、为中华民族谋复兴作为初心和使命。百年来，党带领人民创造了伟大历史，铸就了伟大精神，形成了宝贵经验。站在“两个一百年”奋斗目标的历史交汇点上，开展党史学习教育，有利于引导广大党员、干部站在中华民族伟大复兴百年进程中，深刻认识党的性质宗旨，牢记初心使命，接过历史的接力棒，在新时代新阶段将党和人民事业推向新的历史高度，创造新的更大奇迹。

我们要深刻认识到，开展党史学习教育是坚定信仰信念、在新时代坚持和发展中国特色社会主义的必然要求。只有深入了解党的百年探索与奋斗，才能看清楚我们党在推进革命、建设、改革的进程中，是怎样经过反复比较和总结，历史地选择了马克思主义，选择了社会主义道路的；是怎样把马克思主义基本原理同中国实际和时代特征结合起来，独立自主走自己的路的；是怎样历尽千辛万苦、付出巨大代价，开创和发展中国特色社会主义的。开展党史学习教育，有利于引导广大党员、干部从党的非凡历程中深刻认识中国共产党为什么“能”，马克思主义为什么“行”，中国特色社会主义为什么“好”，激发为中华民族伟大复兴中国梦奋斗的信心和动力，走好新时代的长征路，把中国特色社会主义这篇大文章继续写精彩。

我们要深刻认识到，开展党史学习教育是推进党的自我革命、永葆党的生机活力的必然要求。勇于自我革命，是我们党最鲜明的品格，也是我们党最大的优势。党的百年历史，也是我们党不断保持先进性和纯洁性，不断防范被瓦解、被腐化的危险的历史。当今世界正处于百年未有之大变局，实现中华民族伟大复兴的历史使命，对我们党提出了前所未有的新挑战新要求。开展党史学习教育，有利于引导广大党员、干部总结历史经验教训，从中汲取解决党的建设现实问题的智慧，警醒全党始终保持“赶考”的清醒和坚定、保持自我革命的勇气和决心，不断提高党的领导水平和执政水平、增强拒腐防变和抵御风险能力，为党和国家事业发展提供坚强保证。

对于我们四川大学来说，开展党史学习教育有着特殊重要意义。我们川大是红色的沃土，具有悠久的红色历史和光荣的革命传统，川大的历史清晰地留下了我们党战斗、发展的足迹。川大是马克思主义在中国传播的重要发源地之一，在中国共产党建党初期，以王右木、童庸生、杨闇公等为代表的川大进步师生，在这方文明沃土开展了卓有成效的学习、研究、传播、实践马克思主义的活动。1920 年，成立了西南地区第一个马克思主义读书会；1922 年，创办了四川地区第一份以宣传马克思主义为主要任务的报刊《人声》；1923 年，成立了四川地区最早的中共党组织，为马克思主义在四川的传播及党组织在四川的建立作出了重要贡献。在新民主主义革命时期，以江姐为代表的 70 余位川大校友为新中国的建立和巩固献出了宝贵生命。1949 年 11 月重庆解放前夕，江姐、马秀英、李惠民等 10 位川大校友在渣滓洞集中营英勇就义，以江姐等革命先烈为代表的“红岩精神”家喻户晓、传颂至今，江姐也入选了“100 位为新中国成立作出突出贡献的英雄模范人物”名单。在革命、建设时期，校友朱德、吴玉章等老一辈无产阶级革命家，为民族独立、人民解放和新中国建设进行了大量卓有成效的工作，作出了卓越贡献。新中国成立后，特别是改革开放以来，在党中央的坚强领导下，学校各级党组织和广大党员团结带领全校师生员工，与时俱进、革故鼎新，成为新时期中国高等教育改革的先锋，为我国高校体制改革作出了历史性贡献。一代代川大人不懈努力，创造了辉煌的办学业绩。今天，我们正满怀信心迈向新征程，朝着建设中国特色世界一流大学的宏伟目标奋勇前行。在开启中国特色世界一流大学建设新征程的关键时期，开展党史学习教育有利于从百年来共产党在川大的历史中汲取经验智慧和前进力量，沿着党指引的方向，全面加快推进学校“两个伟大”，全面落实立德树人根本任务，确保学校始终成为坚持党的领导的坚强阵地和培养德智体美劳全面发展的社会主义建设者和接班人的坚强阵地。

二、准确把握党史学习教育的目标要求和重点学习内容

根据党中央的统一部署和教育部党组、四川省委的工作安排，学校制定了《开展党史学习教育的实施方案》。要重点把握以下两方面：

第一，准确把握目标要求。

要准确把握“学史明理、学史增信、学史崇德、学史力行”16字具体目标。

一是学史明理，感悟思想伟力。就是要不断深化对共产党执政规律、社会主义建设规律、人类社会发展规律的认识，深入理解把握马克思主义中国化成果特别是习近平新时代中国特色社会主义思想的科学性真理性，系统掌握贯穿其中的马克思主义立场观点方法，坚持用党的创新理论武装头脑、指导实践、推动工作，全面加强学校党的建设和思想政治工作。

二是学史增信，做到“两个维护”。就是要从党的百年光辉历程中坚定对马克思主义的信仰，对社会主义、共产主义的信念，对实现中华民族伟大复兴中国梦的信心，坚定不移向党中央看齐，切实增强“四个意识”、坚定“四个自信”、做到“两个维护”，坚决把中央的决策部署在川大落地落实。

三是学史崇德，坚持立德树人。就是要增强党的意识、党员意识，立政德、明大德、守公德、严私德，永葆先进性和纯洁性。始终牢记为党育人、为国育人的初心使命，全面落实党的教育方针，坚持社会主义办学方向，培根铸魂、立德树人，努力培养担当民族复兴大任的时代新人。

四是学史力行，开创发展新局。就是要加强党性锤炼，砥砺政治品格，践履知行合一，不断提高把握大局大势、应对风险挑战、推进实际工作的能力水平，以苦干、巧干、实干的牛劲牛力推动学校“十四五”开好局、起好步，全面加快推进中国特色世界一流大学建设。

第二，精准把握重点学习内容。

主要有六个方面，要解决好“学什么”的问题。

一是深刻铭记中国共产党百年奋斗的光辉历程。中国共产党百年历史，是党领导人民进行新民主主义革命、进行社会主义革命和建设、进行改革开放、奋进新时代并取得伟大胜利的历史。我们要深刻铭记我们党走过的光辉历程、付出的巨大牺牲、展现的巨大勇气、彰显的巨大力量，认清当前我们所处的“两个大局”历史方位，心怀“国之大者”，激发为实现中华民族伟大复兴而奋斗的信心和动力，不断增强继往开来走好新时代长征路的自觉性坚定性。

二是深刻认识中国共产党为国家和民族作出的伟大贡献。百年来，党领导人民推翻了“三座大山”，建立了新中国，建立了社会主义制度，开辟了中国特色社会主义道路，实现了从落后时代到大踏步赶上时代、引领时代的历史性跨越。我们要牢牢铭记党为实现国家富强、民族振兴、人民幸福和人类文明进步事业作出的伟大历史贡献，深刻认识中国共产党是中国人民和中华民族的主心骨，没有中国共产党就没有新中国，就没有中国特色社会主义，就没有中华民族的伟大复兴，坚决维护党中央权威和集中统一领导。要从学校的实践中充分认识做到“两个维护”是做好学校一切工作的根本保证，坚持党对学校工作的全面领导，切实把“两个维护”贯彻到学校改革发展稳定全过程各方面、落实到各级党组织和广大党员的行动上，不断提高政治判断力、政治领悟力、政治执行力，坚定地听党话、跟党走。

三是深刻感悟中国共产党始终不渝为人民的初心宗旨。中国共产党为人民而生、因人民而兴，始终坚持以人民为中心，把为中国人民谋幸福、为中华民族谋复兴作为初心使命，坚持全心全意为人民服务的根本宗旨，始终代表最广大人民的根本利益。我们要始终牢记"江山就是人民，人民就是江山"，站稳人民立场、增强宗旨意识、践行群众路线，切实把"教育是国之大计、党之大计"转化为为党育人、为国育才的历史自觉和责任担当，努力培养德智体美劳全面发展的社会主义建设者和接班人。要坚持全心全意依靠师生员工办学，用心用情用力解决师生员工"急难愁盼"问题，努力实现好、维护好、发展好师生员工的根本利益，不断增强师生员工的获得感幸福感安全感。

四是系统掌握中国共产党推进马克思主义中国化形成的重大理论成果。百年来，中国共产党坚持把马克思主义基本原理同中国具体实际和时代特征相结合，形成了毛泽东思想、邓小平理论、"三个代表"重要思想、科学发展观、习近平新时代中国特色社会主义思想等一系列重大理论成果。我们要系统掌握中国共产党推进马克思主义中国化形成的重大理论成果，感悟马克思主义的真理力量和实践力量，坚持不懈用党的创新理论最新成果武装头脑、指导实践、推动工作，切实将学习成果转化为全面加快推进学校"两个伟大"的强大动力。

五是学习传承中国共产党在长期奋斗中铸就的伟大精神。中国共产党人淬炼锻造了红船精神、井冈山精神、长征精神、延安精神、抗美援朝精神、"两弹一星"精神、抗洪精神、抗震救灾精神、抗疫精神、脱贫攻坚精神等一系列伟大精神，形成了彰显党的性质宗旨和政治品格的精神谱系，成为党和人民事业开拓前进的不竭动力。我们要大力发扬红色传统、传承红色基因，赓续共产党人精神血脉，鼓起迈进新征程、奋进新时代的精气神。尤其要深入挖掘学校红色资源，大力宣传"江姐精神"等川大红色精神，提振攻坚克难、追求卓越的精气神，奋力开创事业发展新局面、续写川大新荣光。

六是深刻领会中国共产党成功推进革命、建设、改革的宝贵经验。中国共产党始终坚持马克思主义政党的政治本色，坚持党对一切工作的领导，加强党的自身建设，以伟大自我革命推动伟大社会革命，不断从胜利走向胜利，积累了弥足珍贵的历史经验。我们要深刻汲取我们党坚持真理、修正错误的经验教训，认清形势，把握规律，抓住机遇，应对挑战，为实现第二个百年奋斗目标而接续奋斗，为推进中国特色世界一流大学而不懈奋斗。

三、严格落实党史学习教育的工作安排

按照党中央的部署要求，党史学习教育贯穿 2021 年全年，面向全校党员，以处级以上领导干部为重点，分两个阶段。第一阶段：从 2 月 20 日中央动员大会开始到"七一"庆祝中国共产党成立 100 周年大会，以全面学习党史为重点。第二阶段：从庆祝大会到总结大会，以学习习近平总书记在庆祝中国共产党成立 100 周年大会上的重要讲话精神为重点。要按照"学党史、悟思想、办实事、开新局"要求，把握好五个规定动作，解决好"怎么学"的问题。

第一，扎实开展专题学习。要围绕六方面学习内容，组织党员、干部在自学的基础上，采取导学、研学、联学等方式，原原本本学习指定学习材料，学习习近平总书记关于教育的重要论述，及时跟进学习习近平总书记最新重要讲话文章精神，真正学深悟透。校院领导班子成员要采取理论学习中心组学习、读书班等形式，开展集中研讨学习，坚持高标准、高要求，在学党史、讲党史、懂党史、用党史方面发挥示范带动作用。为确保专题学习实效，学校结合实际，制定了《党史学习教育专题学习方案》，安排了“学史明理、学史增信、学史崇德、学史力行”4个专题，到“七一”前每月一个专题集中学习研讨。各党支部要以“三会一课”、主题党日、瞻仰参观革命纪念场馆等形式，开展主题突出、特色鲜明、丰富多彩的学习活动。对离退休老党员，主要通过送学上门、日常慰问、座谈会等形式，回溯峥嵘岁月，重温入党初心。要依托关工委等平台充分发挥老同志对青年一代的教育引领作用。同时，讲好专题党课。“七一”前后，要以“明理增信、崇德力行”为主题，广泛开展“千名书记讲党课”活动，组织党员领导干部、基层党组织书记、先进典型讲一次专题党课，检验学习成效，引领学习深入。

第二，着力加强政治引领。要围绕庆祝中国共产党成立100周年主题深入开展研究宣传阐释，加强以党史为主的宣传教育，引导干部师生树立正确的党史观。一是广泛开展主题宣讲。组建学校党史学习教育宣讲团，开展校内巡讲和网络巡讲。同时，通过开展常态化党史学习讲授和“党史故事汇”特色活动等形式，在全校形成良好的学习氛围。二是深化党史研究阐释。实施“中国共产党在川大”系列文化工程，深入挖掘学校红色资源，发挥人文社科研究优势，系统梳理和总结川大党组织建设、发展的历程，系统梳理和总结川大党组织团结带领师生员工推动发展、为国家作贡献的过程，系统总结和梳理江姐等70多位川大革命英烈的英雄事迹，推出一批高水平研究成果。三是打造川大红色文化育人品牌。持续建设好“江姐纪念馆”暨“四川大学革命英烈事迹陈列馆”，选树培育好“江姐班”，展演好《江姐在川大》《待放》等原创文艺作品，培育更多红色校园文化精品。深入开展“学习革命先辈崇高精神 争做又红又专时代新人”主题教育活动，大力传承红色基因，积极引导学生多为党和人民作贡献。四是广泛开展“四史”学习教育。把握好教师和学生两个群体，开展以党史为重点的“四史”学习教育。对教职员工，主要通过政治学习、培训等形式开展学习教育，强化思想政治引领；对学生，开设“四史”教育课程和系列讲座，将中国故事、红色故事、川大故事、专业故事等融入各类课程，协同推进“思政课程”与“课程思政”铸魂育人，依托班团组织深入开展主题教育活动，厚植学生爱党爱国爱社会主义情怀，让红色基因、革命薪火代代相传。

第三，精心组织专题培训。将党史学习教育作为党员、干部教育培训的重点任务，年内完成学校党员干部全体轮训。一是开展集中培训。针对领导干部、师生党员的不同特点要求，面向中层正副职领导、中青年干部、党支部书记、团学干部、辅导员骨干等群体分类开展专题培训。二是开展网络培训。充分发挥线上学习培训优势，依托各类网络平台组织开展线上培训，深化对党史内容的学习掌握。三是开展自主培训。校内各基层党组织要将党史学习教育与理论学习中心组学习、党支部“三会一课”、教职工政治学习等相结合开展自主培训，实现对党员、干部和教职员工培训全覆盖。

第四，务实开展“我为群众办实事”实践活动。要做好学和做的“结合文章”，注重教育实效，按照学校的专项工作方案，认真开展“我为群众办实事”实践活动。一是扎实开展调查研究。校院两级领导干部要带头深入一线开展调查研究，进行现场办公，推动解决学校改革发展稳定中的突出问题。二是切实解决师生员工“急难愁盼”问题。要持续改善校园交通秩序，适时启动望江校区中兴村拆迁改造，推进学生宿舍改造升级，加快推进运动场馆建设，进一步改善师生就医环境等。三是深入开展关爱老同志活动。要开展“七一”走访慰问活动，真心真意关爱老同志，用心用情帮助困难群众。四是广泛开展志愿服务。要组织广大党员发扬优良传统，立足做好本职工作，为身边师生办实事、办好事，展现新时代共产党人的良好风貌。要组织广大青年学生志愿者面向离退休老同志积极开展志愿服务活动。

第五，严肃认真召开专题组织生活会。要以党支部为基本单位，召开专题组织生活会，开展党性分析，交流学习体会。校院两级党员领导干部要认真落实双重组织生活制度，以普通党员身份参加组织生活，共同学习讨论、交流心得、接受思想教育。

四、切实加强党史学习教育的组织领导

一要压紧压实责任。学校成立了党史学习教育领导小组及工作机构，由我和李校长担任领导小组组长，党员校领导任副组长，办公室设在宣传部，负责日常工作，并设立 4 个专项工作组，相关职能部门和单位要各尽其责、密切配合、一体推进。校内基层党委（总支）、直属党支部要结合实际研究制定本单位学习教育的具体实施方案，成立相应领导小组，精心组织，推动学习教育走深走实。各级党组织书记要担负起第一责任人职责，班子成员要认真履行“一岗双责”，发挥好示范带头作用，从严抓好落实。同时，学校组建 8 个督查指导组，将采取巡回指导、随机抽查、调研访谈等形式，督促指导校内各单位的学习教育。各指导组要坚持原则，加强督促指导，及时发现和解决问题，对开展不力的及时批评提醒，出现偏差的及时纠正，推动中央精神落地见效。

二要把握正确方向。严格落实意识形态工作责任制，坚持马克思主义历史观，牢牢把握党的历史发展的主题和主线、主流和本质，以我们党关于历史问题的两个决议和党中央文件精神为依据，加强思想引导和理论辨析，正确认识党史上的重大事件、重要人物、重要会议等，旗帜鲜明反对打着“解构”“戏说”“揭秘”等旗号的历史虚无主义，坚决抵制歪曲和丑化党的历史的错误倾向，更好正本清源、固本培元。

三要注重学习实效。要发扬马克思主义优良学风，注重实际效果，力戒形式主义，防止浅尝辄止，引导党员、干部沉下心来学，联系实际学，学出坚强党性，学出信仰担当。要适应党员干部、师生员工需求，推进内容、形式、方法创新，不断增强学习教育的针对性和实效性。要坚持两手抓两促进，把党史学习教育与贯彻落实党的十九届五中全会精神，制定实施“十四五”发展规划，推进“双一流”建设相结合；与学习贯彻习近平总书记关于教育的重要论述，培养担当民族复兴大任的时代新人相结合；与庆祝建党 100 周年，加强学校党建和思想政治工作相结合；与为师生员工办实事解难事相结合；与提升干部队伍和师资队伍本领能力相结合，学党史谋大事、干实事、办难事、长本事、创新事，切实把学习成效转化为工作动力和发展成就，确保“十四五”开好局、起好步。

四是加强宣传报道。充分发挥学校各类媒体平台的宣传作用，深入宣传党中央的决策部署，宣传报道校内各单位开展学习教育的进展情况、好做法好经验好成果，并积极争取中央主流媒体支持，宣传报道学校党史学习教育的做法成效，营造浓厚舆论氛围，推动学习教育深入师生、深入人心。

同志们，开展党史学习教育，是党的政治生活中的一件大事，也是一项重大政治任务。让我们更加紧密地团结在以习近平同志为核心的党中央周围，扎扎实实把学习教育组织好开展好，传承红色基因、牢记初心使命、坚持正确方向，学党史、悟思想、办实事、开新局，以一往无前的奋斗姿态、风雨无阻的精神状态，全面加快推进学校“两个伟大”，以优异成绩庆祝建党100周年，为实现中华民族伟大复兴中国梦作出新的更大贡献。

研究阐释中国共产党革命精神，弘扬红色文化，传承红色基因

——在高校社科界庆祝中国共产党成立100周年系列座谈会（四川大学专场）上的讲话

校长　李言荣

（2021年6月25日）

尊敬的欧阳淞主任，尊敬的徐司长、姜书记，各位领导、各位专家，同志们：大家好！

再过几天，我们将迎来中国共产党成立100周年。在党的百年华诞前夕，我们相聚在川大，举行高校社科界庆祝中国共产党成立100周年系列座谈会之一的“中国共产党革命精神与红色文化”专题。学校王建国书记对这个座谈会很重视，本来按照原计划，他还要做会议的主旨演讲，但因为他已经按要求到京参加中央对先进基层党组织的表彰会和七一的系列庆祝活动了，所以专门委托我来做个发言。首先，我代表学校和建国书记，向参加今天座谈会的各位领导、各位专家表示热烈的欢迎！向大家长期以来对四川大学建设发展给予的关心和支持表示衷心的感谢！

大家知道，我们党从1921年建立到现在的100年里，领导全国人民进行了新民主主义革命，完成了社会主义革命和建设，推动了改革开放和社会主义现代化建设，开启了中国特色社会主义的新时代，在救国、兴国、富国和强国的伟大进程中取得了伟大的成就。

在党的百年发展历程中，四川大学始终与祖国共进、与时代同行，为国家富强、民族振兴、人民幸福作出了积极贡献。川大是一所有着125年悠久办学历史

的名校，更是一片孕育红色基因、富有革命传统的热土，可以说川大发展的历史上清晰地留下了我们党战斗、发展的足迹，是我们党百年辉煌历程的一个生动缩影。

在建党初期，川大是当时整个西南地区“传播革命种子的园地”，是马克思主义在中国传播的重要发源地之一，在我们党最早的 50 多名党员中，就有王右木、童庸生、恽代英 3 位川大师生。在 1920 年，我们成立了四川地区第一个马克思主义读书会，这是四川最早研究和宣传马克思主义的群众组织。当时，我们的杰出校友、后来担任国家主席的杨尚昆同志也参加过这个读书会，第一次接触到了马克思主义思想。同时学校还成立了一批进步社团组织，在当时党领导的成都地区八个红色团体中就占了一半。在之后的 1922 年，我们又创办了四川地区第一份以宣传马克思主义为主要任务的报刊《人声》，在当时被称为与毛泽东同志主编的《湘江评论》齐名的、最有影响力的地方刊物。尤其是在 1923 年，我们成立了四川地区最早的中共党组织，当时由王右木担任书记，为马克思主义在四川的传播及党组织在四川的建立作出了重要贡献。

在新民主主义革命时期，抗日战争中，作为国内 13 所国立大学之一的四川大学冒着敌机轰炸，书写了“没有停过一堂课”的教育抗战史，800 多名川大青年怀着满腔热血投身抗日战场，千余名川大师生南迁峨眉。作为抗战大后方，华西协合大学与当时内迁的燕京大学、齐鲁大学、金陵大学、金陵女子文理学院、中央大学医学院，铸就了“五大学联合办学”、共赴国难的光辉篇章。尤其是在解放战争时期，以江姐为代表的 70 多位川大校友为新中国的建立献出了宝贵生命。1949 年 11 月重庆解放前夕，江姐、马秀英、李惠民等 10 位川大校友在渣滓洞集中营英勇就义。

新中国成立后，在 10 月 1 日当天开国大典登上天安门城楼与毛主席一起见证新中国成立的 63 人中，就有 4 位是川大校友，包括朱德元帅、新中国首届中央政府副主席张澜、“中共五老”之一的吴玉章，以及当时的政务院副总理郭沫若，他们就站在毛主席的身边，可以说我们川大人为新中国的诞生作出了重要的贡献。在解放初期，学校有 2300 多名师生参加了四川党政军及群团工作，特别是有 100 多名师生参加了后来的抗美援朝，其中有 4 名校友光荣牺牲。

进入改革开放新时期，特别是上世纪 90 年代以来，我们川大作为高等教育体制改革的先锋，在 1994 年、2000 年进行了两次“强强合并”，学校的规模不断扩大，学科结构得到优化，特别是形成了文理工医学科专业齐全的办学体系，为学校今天的发展奠定了坚实基础。时任国务院副总理的李岚清同志在考察新川大时曾经说：“四川大学是我们改革最早的大学，对我国高校的改革作出了历史性的贡献。”当前，学校正紧紧围绕“两个伟大”的奋斗目标，全面加快建设具有中国特色、川大风格的世界一流大学。

回顾我们党在川大的百年历程，一代又一代川大人始终为我们共产党人的精神谱系源源不断地贡献着智慧和力量，尤其是以江姐为代表的红色文化，已经成为学校重要的红色基因和宝贵的精神财富。大家可能知道，1944 年，江姐考入了当时国立四川大学农学院学习，她不仅成绩优秀，还主动带动周围同学共同进步，不仅参加了多个学生进步团体，还积极从事党的工作。可以说，正是在川大学习的两年时间，她丰富了知识，拓展了视野，更坚定了理想信念，点燃了革命火种。在重庆即将解放的前夕，年仅 29 岁的江姐不幸牺牲在渣滓洞监狱。

为了深入贯彻习总书记关于要把红色基因传承好的重要指示精神，学校深入挖掘红色资源，重点打造了一个江姐纪念馆，创作演出了一台《江姐在川大》舞台剧，设立了一个荣誉性的“江姐班”，更好地继承和弘扬江姐身上集中体现出的忠于理想的共产主义精神、为国为民的奉献精神、追求真知的进取精神和坚贞不屈的斗争精神，这充分彰显着我们共产党人为党和革命事业奋斗终身的坚定信念，生动诠释着我们共产党人为人民谋幸福、为民族谋复兴的家国情怀，集中展现着我们共产党人艰苦奋斗、忘我奉献的魄力和勇气。特别是习总书记讲过，“红岩精神”是中国共产党人精神谱系的重要组成部分。而江姐是“红岩精神”的典型代表，因此，我们可以自豪地讲“江姐精神”也是我们中国共产党人精神谱系的重要组成部分。

各位领导，各位专家、同志们，习总书记多次强调：“无数革命先烈留下的优良传统是永远激励我们前进的宝贵财富，任何时候都不能丢。”红色文化是连接过去、现在和未来的重要精神纽带，是我们党带领人民在革命、建设和改革中创造的强大精神力量，更是新时代做好高校思政工作、引导青年学生健康成长的宝贵教育资源，有着重要的时代价值和教育意义。下一步，我们将重点围绕三个方面不断加大工作力度。

一是要用红色文化坚定正确的办学方向。百年党史和党领导的百年高等教育史都充分证明，坚持党的领导是我国高等教育改革发展的根本保证，是我们办好中国特色、世界一流大学的本质特征。所以，我们要始终坚持党对学校的全面领导，立足“两个大局”，心怀“国之大者”，想国家之所想、急国家之所急、应国家之所需，始终与党和国家的发展同向同行。同时要进一步弘扬革命精神，从百年党史中感悟初心使命、汲取奋斗力量、传承红色文化、坚定前进信心，让红色基因和正能量在青年人的身上代代传承、发扬光大。

二是要用红色文化涵育担当民族复兴大任的时代新人。习总书记强调，培养什么人，是教育的首要问题。高校的立身之本在于立德树人。我们要始终坚守为党育人、为国育才的初心和使命，树立顶天立地的人才培养观，更加聚焦和强化“厚通识、宽视野、多交叉”，持续开展“弘扬革命先辈崇高精神，争做又红又专时代新人”主题教育活动，进一步完善思政课程与课程思政的协同育人机制，把红色文化融入课程、融入课堂、融入活动、融入学生日常生活，教育和引导学生立大志、明大德、成大才、担大任。

三是要发挥学科优势加强红色文化的阐释研究。上个月，习总书记在全国两院院士大会上强调，要努力构建中国特色、中国风格、中国气派的学科体系、学术体系、话语体系。我们要充分发挥自身的学科和人才优势，汇聚校内外专家力量，努力建好川大中共党史党建研究院，持续实施好“中国共产党在川大”红色文化工程，挖掘和整理好川大红色资源和革命英烈故事，积极探索一条新时代红色文化研究教育的有效途径。

各位领导，各位专家、同志们，传承弘扬革命精神和红色文化，努力培养一批又一批又红又专的能够担当民族复兴大任的时代新人，全面加快建设中国特色世界一流大学，是我们高校也是高校社科界共同的责任和使命。让我们始终坚持以习近平新时代中国特色社会主义思想为指导，不忘初心、牢记使命，为全面建成现代化强国和实现民族复兴贡献高校的社科力量，以更加优异的成绩庆祝建党100周年！

最后，预祝本次座谈会圆满成功！

谢谢大家！

充分发挥全面从严治党引领保障作用 确保学校“十四五”建设开好局起好步

——在四川大学2021年全面从严治党工作会上的讲话

校党委书记　王建国

（2021年3月19日）

同志们：

今天，我们召开学校2021年全面从严治党工作会，主要任务是深入学习贯彻十九届中央纪委五次全会精神、四川省纪委十一届五次全会精神和教育部全面从严治党会议精神，回顾总结过去一年学校全面从严治党工作，部署安排2021年重点任务。

2020年是极不平凡的一年。面对复杂多变的国际形势和艰巨繁重的改革发展稳定任务，特别是面对突如其来的新冠肺炎疫情，学校各级党组织和广大党员干部在党中央的坚强领导下，靠前指挥、尽锐出战，在大战大考中坚定不移推进全面从严治党，为学校“两个伟大”建设提供了坚强保证。

我们以党的政治建设为统领，出台《关于加强学校党的政治建设的实施细则》，在抗击新冠肺炎疫情、助力脱贫攻坚、“十四五”规划编制、迎接第一轮“双一流”建设验收和第五轮学科评估、融入成渝地区双城经济圈建设、加强意识形态和安全稳定工作等大战大考中践行“两个维护”。

我们巩固拓展主题教育成果，深入学习贯彻习近平新时代中国特色社会主义思想和党的十九届四中、五中全会精神，出台《贯彻落实〈新时代爱国主义教育实施纲要〉的工作方案》，大力传承红色基因，厚植师生爱国情怀。学校荣获“全国文明校园”称号。

我们大抓基层党组织建设，制定《院（系）党委会会议议事规则》，修订《院（系）党政联席会议议事规则》，充分发挥院（系）党组织的政治核心作用；聚焦标准化规范化建设，编制《基层党组织建设“二十五”问》，推动基层党组织整改提升，充分发挥党支部战斗堡垒作用和党员先锋模范作用。

我们坚持党管干部、党管人才原则，突出选人用人政治标准，进一步完善高水平人才培养体系，持续推进师德师风和医德医风建设，干部人才队伍素质稳步提升。

我们持续深化作风建设，坚决纠治“四风”特别是形式主义官僚主义，落实一线规则，深入调查研究，解决了一批师生关注的“急难愁盼”问题，师生员工的获得感幸福感安全感进一步增强。

我们认真履行全面从严治党政治责任，出台《落实全面从严治党主体责任和监督责任实施办法》，形成四个责任清单，持续深化纪检体制改革，持之以恒正风肃纪反腐，坚持深化巡视整改与校内巡察一体推进，风清气正的校园政治生态不断巩固发展。中央纪委来校调研，对学校全面从严治党工作给予充分肯定。

我们坚持党对学校工作的全面领导，坚持党建与事业融合发展，以优良的党风正校风严教风促学风，深化改革创新，推动高质量发展，学校社会影响力和核心竞争力不断增强。

这些成绩的取得，最根本在于以习近平同志为核心的党中央的坚强领导，同时也是学校各级党组织和广大干部师生辛勤付出和共同努力的结果。在此，我代表学校党委，向全校干部师生致以诚挚的感谢！

2021年是中国共产党成立100周年。百年来，我们党从成立之初的50多名党员发展成为今天拥有9000多万党员的执政党，战胜了一次又一次挑战，创造了一个又一个奇迹。中国共产党为什么能？重要原因之一，是我们党能够始终做到以自我革命引领社会革命，始终能够做到党要管党、从严治党。

“党和人民事业发展到什么阶段，全面从严治党就要跟进到什么阶段”。在建党100周年、“十四五”规划和全面建设社会主义现代化国家开局起步之年的关键历史节点，习近平总书记在十九届中央纪委五次全会上的重要讲话中指出，全面从严治党首先要从政治上看，要不断提高政治判断力、政治领悟力、政治执行力，充分发挥全面从严治党引领保障作用。我们要深刻领会、学深悟透、见诸行动。

一是深刻把握全面从严治党首先要从政治上看的实践要求。党的百年历史启迪我们，党内存在的许多问题都同政治问题相关联。不从政治上认识问题，就难以从根本上解决问题。习近平总书记全面从严治党首先要从政治上看的指示，要求我们对党风廉政建设和反腐败斗争首先要从政治上看，才能看得更明白，要深刻领会和践行党中央关于党风廉政建设和反腐败斗争的具体要求；要求我们清醒看到，尽管党风廉政建设和反腐败斗争取得了历史性成就，但腐败这个党执政的最大风险仍然存在，存量还未清底，增量仍有发生，腐蚀和反腐蚀斗争长期存在，党风廉政建设和反腐败斗争永远在路上；要求我们必须担负起管党治党政治责任，充分发挥全面从严治党引领保障作用，坚定政治方向，保持政治定力，把严的主基调长期坚持下去，以系统施治、标本兼治的理念正风肃纪反腐。

二是深入把握提高政治“三力”的重点要点。习近平总书记指出，从党风廉政建设和反腐败斗争上看，提高政治判断力，就是要以国家政治安全为大、以人民为重、以坚持和发展中国特色社会主义为本，深刻认识各类腐败问题的政治本质和政治危害，清醒明辨行为是非，有效抵御风险挑战，保证红色江山永不变色；提高政治领悟力，就是要从政治上领会好、领会透党中央关于党风廉政建设和反腐败斗争的精神，牢牢把握党中央关于全面从严治党的重大方针、重大原则、重点任务的政治内涵，自觉同党中央保持高度一致；提高政治执行力，就是要按照党中央指明的政治方向、确定的前进路线开展党风廉政建设和反腐败斗争，经常对标对表，及时校准偏差，强化责任意识，确保落实到位。

习近平总书记关于政治“三力”的重要论断充分体现了我们党对长期执政规律的深刻把握，对“百年大党何以风华正茂”的深入思考，对从根本上实现第二个百年奋斗目标、确保中华民族伟大复兴的深远考量，为新阶段全面从严治党指明了方向，提供了遵循。我们要结合学校实际，切实担负起全面从严治党政治责任，坚定党性立场，加强党性修养，心怀“国之大者”，遇到问题、作出决策、处理工作首先要从政治上想一想，在风浪考验中立得住脚，在诱惑“围猎”面前定得住神，始终做政治上的明白人。

同志们，经过这些年的不懈努力，学校全面从严治党稳中求进、持续向好，但我们的工作还存在不小差距和不足。我们必须以更高政治标准、更强政治自觉落实落细全面从严治党政治责任，以自我革命的勇气，逐项对照、切实解决。下面，我就做好今年学校全面从严治党工作讲五点意见。

第一，强化创新理论武装，推进“两个维护”具体化。

要以党史学习教育为契机，把学习贯彻习近平新时代中国特色社会主义思想同学习“四史”贯通起来，从党史中汲取智慧力量，以理论上的清醒确保政治上的坚定，坚决做到“两个维护”。

一是坚持用党的创新理论武装头脑。要把学懂弄通做实习近平新时代中国特色社会主义思想作为长期政治任务，不断巩固深化主题教育成果。加强干部分类教育培训，切实增强干部的政治判断力、政治领悟力、政治执行力。充分发挥学科优势，深化对党的创新理论的学习宣传和研究阐释，教育引导干部师生坚持不懈用党的创新理论武装头脑、指导实践、推动工作，将“两个维护”内化于心、外化于行。

二是扎实开展党史学习教育和庆祝建党100周年系列活动。要认真落实学校党史学习教育实施方案，加强组织领导，抓好政治引领，强化督促指导，扎实推进各项工作，引导党员干部和师生员工学史明理、学史增信、学史崇德、学史力行。按照学校工作安排，精心策划组织庆祝建党100周年系列活动，教育引导党员干部和师生员工不忘初心、牢记使命，接续奋进新征程。

三是以强有力的政治监督推动中央决策部署落实见效。要聚焦加强党的全面领导、落实立德树人根本任务、开展党史学习教育、坚守意识形态阵地、维护校园安全稳定以及制定实施学校“十四五”规划、推进“双一流”建设、深化教育评价改革、服务国家和地方高质量发展、巩固拓展疫情防控成果等方面强化监督。重点关注是否符合党中央精神，是否守住安全发展底线，是否存在形式主义官僚主义，是否存在“低级红”“高级黑”。坚持问题导向和结果导向，注重监督效果，既问“药方”又问“疗效”，确保党中央决策部署在学校落地落实。

第二，以党的政治建设为统领，切实提高政治能力。

全面从严治党必须坚持以党的政治建设为统领，强化组织功能，加强干部队伍建设，不断提高各级党组织和干部队伍的政治能力。

一是推动政治建设制度化。全面从严治党关键在于制度治党、依规治党。要构建务实管用、符合学校实际的党的政治建设制度体系，以制度建设的刚性约束保证政治建设各项要求落到实处。要强化制度执行，把制度执行到人、到事、到底，把党的领导贯穿管党治党、办学治校、教书育人全过程。要强化监督检查，对制度执行不力、落实不好、问题突出的单位和个人，要敢于亮黄牌、掏红牌，坚决防止“破窗效应”，杜绝“稻草人”现象。

二是全面加强基层党组织建设。要深入学习贯彻《中国共产党普通高等学校基层组织工作条例》，坚持和完善党委领导下的校长负责制，充分发挥学院党组织政治核心作用，推动党建和事业融合发展。加强基层党组织建设，深入落实党支部工作条例及学校教职工党支部、学生党支部工作实施办法，进一步推进党支部标准化规范化建设，持续加强“双带头人”教师党支部书记培育，突出政治功能，着力提升组织力，强化政治引领。

三是着力建设高素质干部队伍。要全面贯彻新时代党的组织路线，坚持“干部政治素质、班子政治功能、单位政治生态”三位一体，完善干部育选管用工作体系。分类开展干部教育培训，把政治和业务、培训和培养、管理和治理结合起来，不断提高“七种能力”，特别是政治能力。加强干部监督管理，完善干部激励约束机制，做好基层单位领导班子任期目标考核、中层领导班子和领导人员届满考核工作。严明换届纪律，严格执行干部选拔任用工作程序。加强对纪检工作的领导，加强对纪检干部的思想淬炼、政治历练、实践锻炼、专业训练，实现政治能力、业务能力、工作作风、监督约束“四过硬”，让纪检干部更好地知责于心、担责于身、履责于行。

第三，把牢意识形态工作领导权，切实维护校园安全稳定。

安全稳定是事业发展的前提和保障，必须严格落实意识形态工作责任制，抓好常态化疫情防控，筑牢防范化解各类风险的“铜墙铁壁”，统筹发展和安全，确保学校“两个伟大”行稳致远。

一是严格落实意识形态工作责任制。修订意识形态工作责任制实施细则，构建网格化责任落实机制，逐级压实责任。完善意识形态工作分析研判机制，落实好重要敏感节点专题研判和日常工作常规研判。严格落实报告会、研讨会、讲座论坛等审核制度，切实加强各类阵地建设和管理。

二是毫不松懈抓好常态化疫情防控。要时刻绷紧疫情防控这根弦，统筹推进常态化疫情防控和改革发展稳定。细化防控方案，完善应急预案，压实主体责任。加强日常管理和聚集性活动管理，做好校园重点场所管控。做好“疫后综合征”研究应对，提高应对重大突发公共卫生事件水平。

三是切实提升应急处突能力水平。要增强风险意识，准确评估潜在风险，善于把握风险走势，做到关口前移、源头预防，准备充分、临危不乱，遏制各种形式的“低级红”“高级黑”，有效防范“黑天鹅”和“灰犀牛”事件发生。树立底线思维，凡事从最困难、最坏处准备，一旦发生突发事件，要以最快速度第一时间处置，防止各类风险扩散蔓延。

第四，推动各类监督协调贯通，充分发挥监督治理效能。

完善监督治理体系，推动各类监督协调贯通，形成监督合力，是推动监督体系优势更好转化为治理效能的必然要求。

一是持续深化纪检体制改革。要按照党中央对中管高校领导人员管理体制的调整部署，主动协助配合中央纪委做好相关工作，深入落实中管高校纪检体制改革各项要求。学校纪委要主动寻求指导帮助，全面提升工作水平，更好发挥监督保障执行、促进完善发展作用，推动学校纪检工作高质量发展。

二是做实日常监督。要围绕学校中心工作和师生关注点、工作薄弱点开展监督，将监督有机融入“十四五”建设之中。紧盯关键少数，突出各级“一把手”、领导班子成员和重点岗位、关键部门负责人，督促依规履职、廉洁从政；紧盯关键领域，强化对人财物和权力集中部门的监督，有效防控廉政风险；紧盯“四风”问题，持之以恒落实中央八项规定及其实施细则精神，推动化风成俗。要运用好监督执纪“四种形态”，推动监督下沉落地，监督于问题未发之时，让干部感受到监督、习惯被监督，让师生知道监督、参与监督。

三是完善巡视巡察上下联动监督格局。要扎实推进学校巡察工作，实现巡察全覆盖。推动巡察监督与纪检监督统筹衔接。出台巡察整改与成果运用实施办法，适时组织巡察整改情况“回头看”，切实做好巡察“后半篇文章”。加强巡察干部队伍建设，配齐配强专职巡察干部。加强巡察理论研究和实践经验总结，进一步提升学校巡察工作水平。继续强化校内巡察对中央巡视整改的监督检查力度，完善“以校内巡察促中央巡视整改，以中央巡视整改带校内巡察开展”的上下联动机制，将中央巡视整改融入日常工作，融入深化改革，融入全面从严治党，融入班子队伍建设，对照新形势新任务新要求，持续深化中央巡视整改，不断巩固扩大巡视整改成果，为迎接新一轮中央巡视做好准备。

四是推动各类监督协调贯通。要充分发挥党内监督的政治引领作用，对标四张责任清单，牢牢抓住责任制这个“牛鼻子”，推动各监督主体多点发力。充分发挥专责监督作用，敢于监督、善于监督、规范监督，强化纪检监督、巡察监督、职能监督、审计监督、信访监督、群众监督统筹衔接，实现监督职责再强化、监督力量再融合、监督效果再提升。

第五，一体推进不敢腐、不能腐、不想腐，推动正风肃纪长效化。

一体推进不敢腐、不能腐、不想腐，是反腐败斗争的基本方针，也是新时代全面从严治党的重要方略。要以系统施治、标本兼治的理念正风肃纪反腐，使党员干部因敬畏而“不敢”、因制度而“不能”、因觉悟而“不想”。

一是巩固作风建设成效。坚持盯重要节点、盯薄弱环节、盯顶风违纪，坚决防反弹回潮、防隐形变异、防疲劳厌战。对违反中央八项规定精神行为扭住不放、寸步不让，持续整治违规使用办公用房、违规收送礼品礼金、违规公务接待、违规发放津补贴等突出问题。精准治理对贯彻党中央和上级决策部署做选择、搞变通、打折扣等形式主义官僚主义问题，持续解决假作为和文山会海、扎堆调研检查要表格等增加基层负担的问题。坚持纠“四风”树新风并举，把好传统带进新征程，将好作风弘扬在新时代。

二是坚决整治师生身边腐败和作风问题。要坚持以人民为中心的发展思想，强化宗旨意识，深入一线了解基层实际和困难，及时反映师生群众的意见建议，使政策制定更加符合基层实际。在党史学习教育中，要认真开展“我为群众办实事”实践活动，切实解决师生员工的“急难愁盼”问题。要坚决查处侵害师生群众利益的问题，深入纠治评奖评优、职称职员评聘、特殊类型招生、入党、推免等涉及师生切身利益的问题，让学生在公平正义的环境中成人成才，让师生群众获得感成色更足、幸福感更可持续、安全感更有保障。

三是一体推进不敢腐、不能腐、不想腐。要增强从政治上看党风廉政建设和反腐败斗争的自觉，聚焦“存量清楚、增量清零、生态清明”，将正风肃纪反腐与深化改革、完善制度、推进治理贯通起来，依规依纪严肃执纪，对工作失职失责、推进全面从严治党不力、巡视巡察整改弄虚作假等情形严肃问责，持续保持不敢腐的震慑；深入查找案件背后的管理漏洞和制度缺陷，推动建章立制、源头治理，不断健全权力运行监督制约机制，推动扎紧不能腐的笼子；结合党史学习教育，开展以“学党史、践初心，庆百年华诞；守党纪、砺作风，谱一流新篇”为主题的党风廉政教育宣传月活动，大力弘扬优良传统和新风正气，推动警示教育向基层延伸，推进廉洁文化建设，提升不想腐的自觉。用好监督执纪“四种形态”，坚持“三个区分开来”，注重把握政策策略，实现政治效果、纪法效果、社会效果的有机统一。

同志们，做好开局之年全面从严治党工作，使命光荣、责任重大。让我们坚持以习近平新时代中国特色社会主义思想为指导，牢记初心使命、勇于担当作为，大力发扬为民服务孺子牛、创新发展拓荒牛、艰苦奋斗老黄牛精神，坚定不移推动全面从严治党向纵深发展，为学校“十四五”开好局、起好步提供坚强保证，全面加快推进学校“两个伟大”，以优异成绩庆祝中国共产党成立100周年！

通识教育要坚持问题导向和未来导向

——在四川大学通识教育和拔尖创新人才专题推进会上的讲话

校长　李言荣

（2021年7月6日）

同志们：

当前，我国高等教育正从大国向强国转变，如何培养出一批堪当民族复兴大任的时代新人，是目前高等教育所面临的主要问题。时代新人首先要具有健全的人格，具有人文情怀和科学精神，具有独立生活、独立思考和独立研究的能力，具有社会责任感和使命担当，具有全球竞争力、能够胜任未来挑战。这“五个具有”的能力贯穿于大学期间的所有培养过程中，尤其是本科阶段的通识教育。可以说，通识教育是培养未来优秀公民和创新人才的根和本。正因为如此，大学的通识教育要面向人的全面发展、面向学生创新能力和独立思考能力的提高、面向学生视野尤其是国际视野的拓展、面向学生家国情怀和责任担当的培养，真正让学生能够颜值与才华齐飞、气质共涵养一色。

一、认识：通识教育应打破学科藩篱

关于通识教育，目前并没有达成一个统一的共识，而且随着国家的发展和时代的变化，所谓“通识”的内容也在不断变化。我们认为，通识教育一般而言是指超越各学科专业教育之上的人的共同属性、公民的共性、技能的共性和文化的共性知识和能力，是对社会中不同人群的共同认识和价值观的培养。

第一，加强通识教育是促进人的全面发展的必然选择。一般而言，本科阶段的人才培养是以通识教育和专业基础教育为主进行的，主要目的是打开学生的视野，开阔学生的眼界，树立正确的世界观、人生观和价值观，为他们打下人生成长和事业发展的底色。此后的硕士生阶段则以专业教育为主，因为绝大部分学生是要选择就业的，所以专业技能、一技之长就显得非常重要。而博士生阶段更多的是为了让学生成为“专家”，具有扎实而宽广的知识就显得十分重要。因此，无论学生读到什么学位、从事什么工作，本科阶段的通识教育都应该使其多学一点科技史和人类文明史，多了解一点人类的起源以及人与自然的关系，这对于一个人的全面发展是非常重要的。学生学与不学，其气质完全不一样。因为高品质的通识教育可以转化为学生的思维能力、思想格局和精神境界，进而转化为学生直面飞速发展世界、应对变幻莫测未来的基本素质和本领。经过这样熏陶的学生，也就有可能成为德才兼备、硬实力和软实力兼具的人，成为既有思维深度又有视野广度的人，成为积极乐观、开放阳光而又坚忍不拔的人。

第二，对于培养学生的创新能力而言，通识教育也是必然之选。当前，我国正处于实现中华民族伟大复兴的关键时期，同时也正面临世界百年未有之大变局，经济、社会等各领域的高质量发展都需要科技创新来支撑、引领、推动。因此，我们培养的学生也要从过去习惯于模仿，向敢于质疑再到勇于创新转变和跨越。坦率地讲，当前我国的中小学教育主要还是以高考为导向的模仿式学习、以标准答案为主体的应试教育，很难有什么敢于创新的提问和与众不同的答案。进入大学教育阶段，就应该及时转变为以质疑、挑战为主。因此，大学中独立思考能力的培养、底层思维方式的训练非常重要，学术上的质疑与反思都是创新能力的基本素养。从本质上说，每个人都是有创造发明基因的，人类之所以能够一步步走向强大，其关键也是靠不断创新、挑战极限。正因如此，在大学本科阶段学点儿世界科技史，了解人与自然、人与社会的关系，就会激发起学生创新创造的欲望、填补空白的冲动，就能有一种站在人类历史的高度鸟瞰世界科技与人类文明变化的感觉。

第三，加强通识教育是培养学生走向舞台中央引领能力的必然要求。放眼未来二三十年，我们培养的学生会越来越多地走到世界舞台中央去展示甚至去引领，这就需要我们今天培养出成千上万软硬实力兼备的各路英才。只有对人类文明和中华优秀传统文化的精髓有深刻的理解和领悟，并能吸收成为自己的精神力量，才能支撑我们的学生自豪地面对世界、自信地面对未来，讲好中国故事、体现中国实力、展示中国风采。因此，大学通识教育中除了一些诸如听、说、读、写的基本能力训练，对学生全球视野的拓展和国际竞争力的培养也就显得越来越重要了。要让学生真正地了解世界、不孤陋寡闻，真正地了解中国、不妄自菲薄，真正地了解人类、不孤芳自赏，不仅熟悉中国国情、具备家国情怀，而且具备全球眼光和国际视野；不仅关注自我、关注社会、关注国家，还要关注世界、关注人类、关注未来。

第四，加强通识教育也是现代科学发展演进规律之必然。众所周知，近几十年来，世界范围内的科学进展并不大——自上世纪初开始，人们建立和发现的相对论、量子力学、DNA结构、信息论等四大基础科学理论，支撑了世界经济社会长达60多年的发展，但此后至今的这段时间，科学领域并没有什么在重大理论上的发现和突破。目前，以物理学为代表的基础科学的进展主要是对上一时代科学发现的延伸和延续。造成这一状况的一个主要障碍，就是当今学科和专业划分得越来越细，碎片化了人们的创新思想和创造能力，同时稀释了科技资源和研究能力，这样既不利于创新人才的培养，也不利于“从0到1”的重大原始创新成果的产生。然而，通识教育就是在各学科之间搭建的一座四通八达的大桥，尽可能实现不同学科之间的互联互通，让学生更多地了解和探索不同专业领域，同时向其他学科，尤其是相邻学科学习借鉴。这对于未来科技复杂程度越来越高的趋势下，多学科交叉融通解决大问题非常重要。由此可见，大学的通识教育应该是高于各学科专业的科技共识、文化共识和人性共识，应该是超越学科界限、直抵事物和世界内在的本质。大学生，尤其是本科生多学一些人与自然、人文与科技方面的通识课程是非常必要的。

第五，加强通识教育也符合技术交叉融合的发展趋势。特别是近年来，人类在技术领域的革新与进步日新月异，特别是借助现代信息技术促进万物互联、万物智能的蓬勃发展，信息技术与其他领域的交叉渗透打开了广阔的应用场景。因此，“信息+”已经成为当前技术突破和各学科发展的主要驱动力之一。从这个角度上看，通识教育中加强信息技术的普及化已经变得非常必要了。

二、问题：未来导向不明显，问题导向不突出

自上世纪90年代后期以来，特别是近年来，很多大学（尤其是重点大学）在加强学生通识教育方面进行了诸多探索和实践，这一工作既取得了很大成效，同时也产生了不少问题。这些问题归结起来主要表现在两个方面：一是问题导向不突出；二是未来导向不明显。我们不能不清醒地认识到，至少在现阶段，我们所实施的通识教育还不能很好地适应当前国家的需要和未来对人才的需求，还不足以支撑起民族复兴的重任。

关于问题导向不突出的问题，主要表现在目前的通识教育大多是按设计的知识结构来补充和完善的。从根本上说，这是以院系为基础、以学科专业为中心的知识教育，而不是按照问题导向、以提高学生综合素养、直面和解决复杂问题的能力来设置的。从整体看，这种通识教育课程体系对拓展学生知识虽然也发挥了一定的积极作用，但在个人结构性能力提高和整体素质提高等方面的效果并不明显，针对性也不强，对解决学生的问题不适用、不管用。当前，我国大学生存在的问题主要包括两个方面。一是学生人格健全方面的问题多。当今的大学生不同于以往，其群体以独生子女居多，同时又是在互联网环境中成长起来的一代。他们在获取知识的方式、学习方式、生活方式等方面都发生了很大的变化，角色转换与适应的障碍、沟通交际的困难、心理情感的困惑、学习就业的压力等，给年轻一代的价值观念、心理状态等都带来了深刻影响。二是学生创新能力的培养不足。过去中小学阶段的应试教育实际上是一种有严重缺失的教育方式，更多强调的是对学生记忆能力、模仿能力的开发，无法充分激发学生的创新思维和想象力，而目前的通识教育仍然没有很好地解决这两个方面的问题。

关于未来导向不明显的问题，主要表现在目前的通识教育还不能很好地适应全球未来发展，以及我国建设现代化强国对人才的需求，也很难真正培养出能够迎接未来挑战和具有国际竞争力的人才。首先是培养学生的独立思考和深度思考能力不够。爱因斯坦曾讲过：“学校始终应当把发展独立思考和独立判断的能力放在首位，而不应当把取得专门知识放在首位。”从总体情况来看，我国当前的高校与世界一流大学相比，最大的差距就在于我们在独立能力培养这方面，尤其是经过深度学习和深度思考之后，培养和训练出来的独立研究能力还不行，问问题、问好问题，层层向下剥离的能力还不行。其次是培养学生引领全国乃至引领世界的能力不够。我们培养的学生肩负着未来二三十年代表中国走到世界舞台中央去展示、去引领的使命，如果只有硬实力，没有相应的软实力，这是很难表现得好的。然而在软实力中，一方面需要会听、会说、会读、会写，具有科学的思辨能力和良好的沟通交流能力；另一方面就是要具有人文艺术的鉴赏能力、自然和社科的丰富知识以及宽广的国际视野和良好的国际交往能力，只有这样，才可能走向舞台中央去展示、去引领。

三、探索：让通识教育成为一坛“泡菜水”

作为国内办学历史最早、规模最大、学科最齐全的现代大学之一，建校125年来，四川大学始终肩负集思想之大成、育国家之栋梁、开学术之先河、促科技之进步、引社会之方向的责任与使命，为国家和地方经济社会发展源源不断地提供了包括学术精英、兴业之士和管理骨干在内的70多万名各类优秀人才。

在我们心目中，川大培养的学生的形象应该是文科生才华横溢、仪表堂堂，医科生医术精湛、医者仁心，理科生学术深厚、术业专攻，工科生技术过硬、行业引领。如果都按照这样一个标准来培养学生，那么，我们培养出来的学生就有了川大的气质、川大的味道和川大的烙印。在这方面，我们可以打一个或许不太恰当的比喻。很多到过四川的人，大都对四川泡菜赞不绝口。事实上，决定一坛泡菜味道的关键因素，不仅仅包括各种食材，更重要的其实是泡菜水的配方以及发酵的工艺和环境。如果以之类比，四川大学的通识教育就是要提供一坛既富含“复合维生素”又富含“乳酸菌”的“泡菜水”，让学生身上有一股川大的特殊“味道”。为了能配置这样一坛“泡菜水”，在“十四五”期间，学校将围绕人才培养的目标和定位，充分发挥自身文理工医多学科优势和特色，在全面落实立德树人根本任务的基础上，更加聚焦和强化“厚通识、宽视野、多交叉”。这其中特别值得一提的是，我们将“厚通识”放在了第一位，并充分整合学校优质教学资源，制定实施通识教育的“川大方案”。其核心就是以“涵养人文底蕴、培育家国情怀、弘扬科学精神、促进融合创新”为目标，以“两条主线、三大先导课程、五大模块、百门金课”为主体构建起川大的通识教育体系。

具体而言，我们以世界科技史和人类文明史作为学校通识教育体系的两条大动脉，以“人类演进与社会文明”“科学进步与技术革命”“中华文化（文史哲艺）”作为三大先导课程，构建了“自然与科技”“人文与艺术”“生命与健康”“信息与交叉”“国际事务与全球视野”五大模块，在实现知识传授和能力培养的同时，更加突出价值引领和品格塑造。

这其中，我们通过“自然与科技”模块，更加突出对全球重大科学发现、科技发展脉络的梳理，展示相关学科起源、发展历程或未来研究前景，帮助学生对自身研究领域的历史和工作价值有更加深入的了解，努力培养学生的科学精神、科学思维和科学方法，以及创新引领的战略思维、深度思考和独立研究的能力。通过“人文与艺术”模块，更加突出对世界及中华优秀文化的教育与熏陶，让学生以更加开放的心态学习和借鉴其他文明的优秀成果，了解人类文明发展的过程和现实存在的世界，着力提升学生的人文修养、文化自信和责任担当。通过“生命与健康”模块，更加突出对生命科学、医学、生命伦理等领域的学习探索，着力强化学生对大自然、对生命的尊重与敬畏，让学生身心健康、勤奋、阳光。通过“信息与交叉”模块，更加突出以“信息+”推动实现“万物互联”和“万物智能”的新场景，让学生在牢固掌握基础知识后，有更宽的专业知识面和多学科的学术视野，培养探索科学前沿、创造未来技术的创新人才。通过“国际事务与全球视野”模块，使学生不仅要有参与、融入国际事务的能力和胆识，更要有影响和引领全球事务的国际竞争力和领导力。

此外，学校还计划通过3～5年的时间，打造出100门通识教育的“金课”，配套“一课一书”，出版100本教材，以及人文大讲堂、史学大讲堂、未来大讲堂等第二课堂，以跨学科交叉融合为特色，以培养学生多学科视野和思维方式、训练深度思考和独立研究能力为核心，以院士、杰出教授等名师大家领衔担任课程模块首席专家为基础，以“探究式—小班化”的智慧教学环境为保障，在文理兼修、学科交融中，培养学生多学科的知识面和探索未来的潜质和能力。总之，通过通识教育的不断渗透，我们希望能够让文科生不再怕“公式”，理工医科生不再怕“文字”，让川大培养的学生有颜值、更有气质，努力成为堪当民族复兴大任的时代新人！

深入学习贯彻习近平总书记“七一”重要讲话精神 坚定不移把学校“两个伟大”推向前进

——在四川大学2021年度“两优一先”表彰大会上的讲话

校党委书记　王建国

（2021年7月2日）

同志们：

今天，我们欢聚一堂，怀着无比喜悦的心情隆重庆祝中国共产党百年华诞，学习贯彻习近平总书记在庆祝中国共产党成立100周年大会上的重要讲话精神，回顾党的光辉历程，讴歌党的丰功伟绩，弘扬党的优良传统，隆重表彰学校优秀共产党员、优秀党务工作者和先进基层党组织，激励和动员学校各级党组织和广大党员不忘初心、牢记使命，更加信念坚定、斗志昂扬地把学校“两个伟大”不断推向前进。首先，我代表学校党委，向受到表彰的优秀个人和先进集体表示热烈的祝贺！向关心支持学校建设发展的离退休老党员和辛勤工作在教学科研、管理服务、医疗卫生一线的全体党员致以诚挚的问候！

学校广大党员和党务工作者要以受表彰的优秀个人为榜样，弘扬光荣传统，赓续红色血脉，传承伟大建党精神，坚定信念、践行宗旨、拼搏奉献、廉洁奉公，以永不懈怠的精神状态、一往无前的奋斗姿态，努力创造无愧于党、无愧于时代、无愧于人民的光辉业绩。学校各基层党组织要向受表彰的先进集体学习，切实履行党章规定的各项职责，进一步加强组织建设，不断增强政治功能，全面提升组织力，充分发挥战斗堡垒作用，在推进学校“两个伟大”中不断取得新的成绩。希望受到表彰的优秀个人和先进集体珍惜荣誉、再接再厉，开拓进取、永葆先进，继续当好各项工作的排头兵，为党的教育事业、为学校改革发展作出新的更大贡献。

在庆祝建党百年之际，学校党委光荣地受到党中央的表彰，荣获“全国先进基层党组织”称号。这份至高无上的荣誉，归功于党中央和中组部、教育部党组、四川省委的正确领导，归功于学校历届党委团结带领全校师生员工的艰苦奋斗，归功于学校全体共产党员的拼搏奉献。在此，我代表学校党委，向各位老领导老同志，向全校共产党员表示衷心的感谢，并致以崇高的敬意！成绩来之不易，弥足珍贵；荣誉催人奋进，不容懈怠。“全国先进基层党组织”称号，既是荣誉，更是一份沉甸甸的责任。与党中央要求相比，与建设中国特色世界一流大学的目标相比，与师生群众期待相比，我们的工作还有一定差距，还需要大家不忘初心使命，勇于担当作为，接续砥砺奋进。

同志们，百年来，我们党始终以为中国人民谋幸福、为中华民族谋复兴为己任，坚持把马克思主义基本原理同中国具体实际和中华优秀传统文化相结合，团结带领中国人民进行了艰苦卓绝的斗争，为实现民族独立、人民解放和国家富强、人民幸福接续奋斗，不断取得革命、建设、改革的一个又一个胜利，开辟了伟大道路，创造了伟大事业，取得了伟大成就，谱写了中华儿女自强不息、顽强拼搏、开拓奋进的壮丽史诗，开辟了国家富强、民族振兴、人民幸福的光明前景。百年历史雄辩地证明，我们的党不愧为伟大的、光荣的、正确的马克思主义政党，不愧为全国各族人民的领导核心，不愧为中华民族的中流砥柱！只有中国共产党才能救中国，只有中国共产党才能发展中国。只要我们铭记历史和宝贵经验，牢记和弘扬党的光荣传统，赓续共产党人的精神血脉，坚定对马克思主义、共产主义的信仰，对中国特色社会主义的信念，对实现中华民族伟大复兴的信心，坚持全心全意为人民服务的宗旨，我们党就一定能永葆生机活力，国家就一定能繁荣富强，人民就一定能幸福安康，中华民族就一定能实现伟大复兴。

同志们，四川大学具有光荣的革命传统，是马克思主义在中国传播的重要发源地之一：1920 年成立了西南地区第一个马克思主义读书会；1922 年创办了四川地区第一份以宣传马克思主义为主要任务的报刊《人声》；1923 年成立了四川地区最早的中共党组织；校友朱德、吴玉章、杨尚昆等老一辈无产阶级革命家为民族独立、人民解放和新中国建设作出了卓越贡献；江姐等 73 位川大校友为新中国的建立和巩固献出了宝贵生命，其中，江姐、恽代英、杨闇公、刘伯坚等 4 人入选了“100 位为新中国成立作出突出贡献的英雄模范人物”名单；在建党100周年之际，江姐、恽代英又入选了“100位重要英雄模范”名单。自1923年成立党组织以来，中国共产党始终是带领川大师生进行革命、建设和改革的领导力量。中华人民共和国成立后，在学校历届党委的领导下，一代代川大人始终与国家、民族、人民同呼吸共命运，不断谱写了中国高等教育发展史中的灿烂篇章。

特别是党的十九大以来，学校党委坚定以习近平新时代中国特色社会主义思想为指导，深入贯彻党的十九大和十九届二中、三中、四中、五中全会精神，坚持和加强党对学校工作的全面领导，全面落实党的教育方针，加快推进学校“两个伟大”，党对学校的全面领导切实落实，学校党的建设全面加强，全面从严治党向纵深推进，风清气正的校园政治生态不断巩固发展，领导班子更加团结协调，党员干部、师生员工精神面貌蓬勃向上，校园持续和谐稳定，立德树人工作迈上新台阶，中国特色世界一流大学建设取得初步成效，学校综合实力稳居全国高校前列，为国家富强、民族振兴和社会进步作出了重要贡献。今天，我们正满怀信心迈向新征程，朝着建设中国特色世界一流大学的宏伟目标奋勇前行。

同志们，习近平总书记在庆祝中国共产党成立100周年大会上发表的重要讲话，深情回顾我们党百年奋斗的光辉历程，高度评价百年来我们党团结带领全国各族人民创造的伟大成就，庄严宣告“我们实现了第一个百年奋斗目标，在中华大地上全面建成了小康社会”，清晰展望了中华民族伟大复兴的光明前景，精辟概括“坚持真理、坚守理想，践行初心、担当使命，不怕牺牲、英勇斗争，对党忠诚、不负人民的伟大建党精神”，全面总结以史为鉴、开创未来的“九个必须”，号召全体党员在新的赶考之路上努力为党和人民争取更大光荣。习近平总书记的重要讲话，是一篇马克思主义的光辉文献，是指引中国共产党更好担负历史使命、团结带领全国各族人民向第二个百年奋斗目标迈进的行动指南。我们要把学习贯彻习近平总书记重要讲话精神作为当前首要政治任务抓紧抓实抓好，深入开展党史学习教育，把学校“两个伟大”不断推向前进，努力开创美好未来。

一是要深入学习宣传习近平总书记“七一”重要讲话精神，教育引导党员干部和师生员工接续奋斗新征程。要结合学校实际，制定学习宣传贯彻落实的实施方案，校院两级党委理论学习中心组要把习近平总书记“七一”重要讲话精神作为学习的重要内容，及时组织开展专题研讨，带头学、示范学，力求学深学透、融会贯通。要把讲话精神融入学校干部培训、党支部组织生活、教职工政治学习、学生班团活动，融入学生思想政治教育，组建宣讲团开展宣讲活动，推动讲话精神“三进”工作。要发挥人文社科力量，开展体系化研究阐释，解疑释惑、凝聚共识，并推出一批有深度有分量的研究成果。要用好学校各类媒体载体，广泛宣传讲话精神，宣传师生的热烈反响，反映学校学习贯彻讲话精神的具体实践和工作成效。通过广泛系统的学习宣传，引导党员干部和师生员工切实把思想行动统一到习近平总书记重要讲话精神上来，进一步增强信仰信念信心，为全面建设社会主义现代化国家、实现中华民族伟大复兴的中国梦而接续奋斗。

二是要坚持党的全面领导，坚决做到“两个维护”。习近平总书记在“七一”重要讲话中指出，中国共产党领导是中国特色社会主义最本质的特征，是中国特色社会主义制度的最大优势，是党和国家的根本所在、命脉所在，是全国各族人民的利益所系、命运所系。党领导的百年高等教育史充分证明：坚持党的领导是我国高等教育改革与发展的根本保证。站在新的历史起点，我们要胸怀“两个大局”，心系“国之大者”，旗帜鲜明、毫不含糊坚持和加强党对学校工作的全面领导，深入学习贯彻习近平新时代中国特色社会主义思想，增强“四个意识”、坚定“四个自信”、做到“两个维护”，引导党员干部、师生员工始终同党中央保持高度一致。

三是要站稳人民立场，共筑师生和人民群众美好生活。习近平总书记指出，中国共产党根基在人民、血脉在人民、力量在人民。新的征程上，必须紧紧依靠人民创造历史。我们要始终坚持以人民为中心的发展思想，把人民对美好生活的向往作为奋斗目标，把高质量发展同满足人民美好生活需要紧密结合起来，努力办好人民满意的高质量的社会主义大学。要坚持全心全意为人民服务的根本宗旨，自觉把群众观点、群众路线深深植根于思想中，具体落实到行动上，始终保持同人民群众的血肉联系，更好地把广大师生紧紧地团结在一起。特别是要以“我将无我、不负人民”的情怀，时刻把群众安危冷暖放在心上，把师生的利益放在心中最高位置，坚持不懈为师生办实事做好事解难事，用情用心用力解决师生最关心、最直接、最现实的利益问题，切实增强全体师生的获得感幸福感安全感，为全面加快推进学校“两个伟大”凝聚磅礴力量。

四是要坚定社会主义办学方向，扎根中国大地建设世界一流大学，努力培养德智体美劳全面发展的社会主义建设者和接班人。习近平总书记强调，走自己的路，是党的全部理论和实践立足点，更是党百年奋斗得出的历史结论，必须坚持和发展中国特色社会主义。我们的高校是党领导的高校，是中国特色社会主义大学。我们要始终坚持中国特色社会主义教育发展道路，保持政治定力，站稳中国立场，深植中国大地，把学校发展方向同我国发展的现实目标和未来方向紧密联系在一起，坚持不懈做好“四个服务”，确保学校始终沿着中国特色社会主义教育道路不断前进。要勇担为党育人、为国育才的时代大任，全面落实立德树人根本任务，想国家之所想、急国家之所急、应国家之所需，着力培养一流人才方阵，不断为实现中华民族伟大复兴中国梦注入新鲜力量，提供强有力人才支撑。要对标党中央赋予我们的新职责新使命，围绕学校“两个伟大”奋斗目标，修改完善并全面实施学校“十四五”规划，坚持一张蓝图绘到底，接力奋斗、接续探索，以“功成不必在我”的精神境界，“功成必定有我”的责任担当，不断把具有中国特色、川大风格的世界一流大学建设推向深入，更好地为国家富强、民族复兴、人民幸福贡献川大的智慧和力量。

五是要持续推进伟大工程，坚定不移全面从严治党。习近平总书记强调，以史为鉴、开创未来，必须不断推进党的建设新的伟大工程。我们要坚持以党的政治建设为统领，继续推进学校党的建设新的伟大工程，认真贯彻落实新修订的《中国共产党普通高等学校基层组织工作条例》，完善学校党的组织体系，加强党员队伍建设，充分发挥基层党组织战斗堡垒作用和党员先锋模范作用。要适应新时代师生新变化新特点，创新发展学校思想政治工作，强化思想政治引领，团结凝聚广大师生感党恩、听党话、跟党走。要坚持马克思主义指导地位，增强斗争本领，敢于斗争、善于斗争，把牢党对学校意识形态工作的领导权，确保校园持续安全稳定。要压紧压实全面从严治党政治责任，坚持即知即改，认真做好巡视整改工作，一以贯之坚定不移全面从严治党、从严治校、从严治教，持续巩固发展风清气正的良好校园生态，为建设中国特色世界一流大学提供坚强保障。

同志们，习近平总书记在“七一”重要讲话中强调，未来属于青年，希望寄予青年，充分肯定了一代代中国青年为党和人民事业作出的重要贡献，并对广大青年提出了殷切希望。教育好青年、培养好青年，是我们高校的立身之本。学校各级党组织和广大党员要关注青年、关心青年、关爱青年，倾听青年师生心声，做青年师生的知心人、引路人。希望学校广大青年师生牢记习近平总书记嘱托，立大志、明大德、成大才、担大任，以实现中华民族伟大复兴为己任，增强做中国人的志气、骨气、底气，不负时代，不负韶华，不负党和人民的殷切期望。

同志们，我们已经踏上第二个百年奋斗目标新的赶考之路，让我们更加紧密地团结在以习近平同志为核心的党中央周围，高举中国特色社会主义伟大旗帜，深入学习贯彻习近平总书记“七一”重要讲话精神，积极响应党中央号召，牢记初心使命，坚定理想信念，践行党的宗旨，团结带领全校师生员工勠力同心、开拓进取，全面加快中国特色世界一流大学建设，奋力谱写中华民族伟大复兴中国梦的川大篇章，努力为党和人民争取更大光荣！

服务国家重大战略 高质量建设世界一流大学

——在四川大学建校125周年高质量发展大会上的讲话

校长　李言荣

（2021年9月29日）

各位来宾、各位朋友，老师们、同学们、校友们：大家好！

今天，我们欢聚一堂共同庆祝四川大学建校125周年，回顾光辉历史，展望美好未来，为加快推动学校高质量内涵式发展、建设中国特色世界一流大学而努力奋斗！在此，首先，我谨代表学校和建国书记向各位来宾表示热烈的欢迎！向全校师生员工、离退休老同志和海内外校友致以诚挚的问候和美好的祝福！向关心支持学校发展的各级领导和各界朋友表示衷心的感谢！

125年前的锦江河畔，四川大学的前身四川中西学堂诞生于民族存亡之际。从开启四川近代高等教育的序幕，到建立中西结合、文理兼备的新式学堂；从抗战时期肩负民族救亡的重任，到新中国高校院系调整；从新时期三校“强强合并”，到今天加快创建中国特色世界一流大学的新征程，四川大学始终秉承着开放、包容、厚重、大气的独特气质，始终肩负着集思想之大成、育国家之栋梁、开学术之先河、促科技之进步、引社会之方向的历史使命。125年来一代代川大人接续探索、不懈奋斗的历程，不仅承载着我们党领导下中国高等教育不断奋进、跨越发展的生动缩影，更谱写了中国高校与民族同命运、与时代同进步的壮丽篇章。

回望125年发展历程，四川大学始终坚守着爱国忠诚的家国情怀。今年是中国共产党成立100周年。四川大学历来是“传播革命种子的园地”，从引领中国近代思想解放运动，到成为五四运动在四川的策源地；从率先在西南地区研究和传播马克思主义，到创建四川地区最早的共产党组织；从抗战期间千余名师生冒着敌机轰炸南迁峨眉、八百青年学子投笔从戎，到新中国成立前夕以江姐为代表的70多位川大人为新中国诞生献出宝贵生命；从开国大典上4位川大校友与毛主席一起登上天安门城楼，到改革开放后成为国内重点高校改革的先锋。正是一代又一代川大人把生命的价值深深融入民族的血脉和历史的洪流，用自己的青春和热血谱写了一曲曲气壮山河的时代篇章。

回望125年发展历程，四川大学始终坚守着育人育才的初心使命。人才培养是一所大学的根和本。建校125年来，学校为国家和民族源源不断地培养了70多万名各类优秀人才，产生了近百位两院院士和文化名人，汇聚了数学家柯召、植物学家方文培、美学家朱光潜、历史学家徐中舒、化工学家张洪沅、“中国塑料之父”徐僖、“中国公共卫生之父”陈志潜等大师巨匠，培育了共和国元帅朱德、文坛巨匠郭沫若、人民作家巴金、中国现代妇产科学先驱乐以成等一大批国家和民族栋梁。在川大的前身四川省城高等学堂时期，留下了同一班级培养出文学家李劼人、生物学家周太玄、数学家魏时珍、音乐家王光祈“桃园结义”的佳话；在抗战时期的艰苦条件下，创造了1941届毕业生中同时走出化学家陈荣悌、物理学家李荫远两位院士和国学大师王利器、经济学家蒋学模两位人文大师的教育传奇。正是他们在灿若星辰的历史长河中为国家经济社会发展作出了重要贡献，也因此铸就了川大的百年品牌！

回望125年发展历程，四川大学始终坚守着追求卓越的精神境界。任鸿隽老校长曾说过：“大学者，智识之府也。”川大自诞生之日起就始终走在矢志创新、引领时代的道路上，我们开创了中国现代口腔医学和教育，创办了全国第一个制革专业和高分子专业，创建了西部现代医学和药学教育体系。从首创中国农村三级卫生保健体系，到开创中国数论二次型研究的先河；从完成世界首例不对称催化反应，到首次提出生物材料骨诱导理论；从编著世界上第一部《甲骨文字典》，到填补国内空白系统论述道教思想发展史的著作；从东方红四号卫星，到华龙一号核能发电机组；从三星堆遗址发掘，到西部边疆安全研究……我们很欣慰地看到，在我国科技发展、文化繁荣和社会进步的每一个历史浪潮中都能找到川大人的身影，都留下了川大人的足迹。

回望125年发展历程，四川大学始终坚守着奉献社会的责任担当。可以说，每当国家和民族遇到重大危难、人民生命安全面对重大挑战时，我们川大人从来就没有缺席过，并且都作出了突出贡献！从抗击非典到抗震救灾，我们第一时间奔赴一线、全力救治每位病员；从雪域高原到凉山彝乡，我们精准帮扶、对口支援，助力脱贫攻坚；从偏远山区到“一带一路”，我们建成西部最大规模的远程医疗体系，覆盖千家医疗机构，惠及5亿人口。特别是面对新冠疫情，400 多名医护人员白衣执甲，驰援湖北武汉等抗疫一线及海外疫情严重地区，研发的重组蛋白新冠疫苗作为国内高校首个研发成功的疫苗已进入临床三期试验。历代川大人始终用自己的行动诠释着心怀“国之大者”的精神内涵，这种精神历经风雨却生生不息，已经镌刻在每个川大人的心灵深处，更已成为引领我们不懈前行的精神力量。

各位来宾、各位校友，老师们、同学们，穿越历史的沧桑巨变，回望辉煌的办学历程，我们更加深刻地认识到，无论时代如何变化，一所大学之所以能够不断成长、发展和进步，都必须深深根植于深厚的国家和民族土壤，都必须始终坚守培养人才、创造知识的本质和使命，都必须时刻满怀强烈的责任意识和使命担当，都必须大力弘扬追求一流、追求卓越的精神和品格。这些启示和经验我们要倍加珍惜、长期坚持，并在加快推进中国特色、川大风格的世界一流大学建设的新征程中不断完善和发展。

各位来宾、各位校友，老师们、同学们，125 年是川大发展史上的一个里程碑，更是一个新的历史起点。此时此刻，我们深深感到川大的历史就是一代又一代川大人接续奋斗的历史，现在接力棒传到了我们这一代人手中，我们应该以什么样的理想和抱负、以什么样的精神和状态、以什么样的标准和视野，去创造新的辉煌？这是我们川大和每个川大人都必须要面对和回答的问题。

各位来宾、各位校友，老师们、同学们，今年 4 月习总书记在清华大学考察时强调，我国高等教育要立足中华民族伟大复兴战略全局和世界百年未有之大变局，心怀“国之大者”，把握大势，敢于担当，善于作为，为服务国家富强、民族复兴、人民幸福贡献力量。当前，我们正面临各种机遇和挑战，以及很多的不确定性，学校正处在将强未强、将成未成之际，正是爬坡登峰之时，这就更加需要我们从学校的历史与现实、从自身的实力和地位出发去审视前进的方向，更加需要我们立足世界一流大学的角度去思考自身的责任，更加需要我们站在党和国家事业全局和人类文明进步的高度去谋划未来的发展。我们要始终坚持党对学校的全面领导，始终坚持社会主义办学方向，始终坚持为党育人、为国育才的初心使命，始终坚持以提升核心竞争力为抓手，着力突出高质量人才培养、高层次人才队伍建设、高水平科学研究，全面提升校园的颜值、学生的气质和科研的价值，大力推动学校高质量内涵式发展，努力探索一条在中国西部创建世界一流大学之路。

我们推动高质量发展，就要以更高的标准提高人才培养质量。习总书记讲，中国教育是能够培养出大师来的。我们要坚持把立德树人作为根本任务，树立顶天立地的人才培养观，努力构建以学生成长为中心的卓越教育体系和全员全程全方位育人大格局，在持续推进“探究式、小班化”课堂教学改革的基础上，进一步聚焦和强化“厚通识、宽视野、多交叉”，着力打造能够培养出拔尖创新人才的教育、能够促进人的全面发展的教育、能够让学生找到适合自己的教育，源源不断地为国家培养具有家国情怀、健全人格、良好创新能力和独立思考能力、能够担当民族复兴大任的时代新人。

我们推动高质量发展，就要以更高的标准提升学术创新水平。习总书记在全国两院院士大会上强调，高水平研究型大学要发挥基础研究深厚、学科交叉融合的优势，成为基础研究的主力军和重大科技突破的生力军。我们要坚持科技创新“四个面向”，聚焦大科学问题和关键核心技术突破，以物质结构透明、未来医学港湾、天地一体与生态演化、信息软件与底层算法、文明互鉴与全球治理等五大先导计划为引领，以大装置和大平台为抓手，大力推动基础学科和新工科建设，以“医学+”“信息+”为突破口，着力提高“从0到1”原创能力，全面推动学科交叉融合发展，努力实现从学科导向向问题导向转变、从论文导向向需求导向转变、从技术推动向需求牵引转变，做真科研、真学问、真贡献。我们将加大力度推进华西医学整体率先迈入世界一流，让华西医疗的百年品牌更加响亮，让医工结合成为川大新的名片，让华西成为更多优秀学子成才的向往之地，真正为解决国家重大需求、为推动经济社会发展和人民生命健康作出川大应有的贡献。

我们推动高质量发展，就要以更高的标准打造一流人才队伍。就在前天，习总书记在中央人才工作会上讲，综合国力竞争说到底是人才竞争。要加快建设世界重要人才中心和创新高地。同样，一所大学的硬实力、软实力，归根到底是人才的实力。国内外一流大学实现一流的路径不尽相同，但有一点是共通的，就是都拥有一流的人才队伍。所以，我们要进一步加大力度实施人才强校战略，深入实施“双百人才工程”，坚持以德为先、引育并举，以更加积极、更加开放、更加有效的人才政策，吸引汇聚全球英才，努力打造一支品德高尚、学术卓越、教学优秀的一流人才队伍。深入推进人才评价体系改革，让各类人才在自由、包容的文化氛围中各展所长，让每个人的创新创造活力竞相迸发，让学校成为人才汇聚、学子向往的学术殿堂。

我们推动高质量发展，就要以更高的标准构建融通世界文明的高地。125年的办学经验告诉我们，只有传承精神和肩负使命的大学才有源源不断的动力。我们将大力支持文科繁荣发展，努力形成人物大师云集、学术流派齐放的良好局面，真正构建具有中国特色、川大风格的哲学社会科学学科体系、学术体系、话语体系，不断提供引领社会发展、推动人类文明的先进思想文化，让川大真正成为社会文明的灯塔、人类精神的家园。我们要加快推进更高层次的开放办学和国际交流合作，不断提升学校的国际竞争力和影响力，在国际高等教育和世界学术舞台上、在构建人类命运共同体中担当川大的使命。

各位来宾、各位校友，老师们、同学们，125年来四川大学弦歌不辍、薪火相传，我们每个人都会因为自己与川大这个名字联系在一起而感到骄傲和自豪，我们的川大就是吴玉章老校长所怀念的“追求知识、孜孜不倦、意气焕发”的川大，就是张澜老校长所期望的“多诚笃君子、聚有志之士”的川大，就是陈寅恪先生心目中“渺渺钟声出远方，四海无人对夕阳”的川大。百余年来，时代跌宕沉浮，川大也几经变革，然而对于这所伟大的学校而言，总有一些人、一些事被时光凝结成永恒的记忆，总有一些精神、一些特质在岁月洗礼中历久弥新！今天，望江楼旁的书声依然回响耳畔，华西坝上的钟楼依然气度不凡，明远湖畔的烟柳依然枝繁叶茂，它们记录了川大过去的变迁与发展，并将见证百年川大新的荣耀与辉煌！

各位来宾、各位校友，老师们、同学们，四川大学薪火传承、改革发展的历史进程，得益于党和国家的正确领导，得益于教育部、四川省和成都市的关心和支持，得益于一代代川大人的接续奋斗，得益于广大海内外校友和各界朋友的共同努力。对此，我们都将时刻铭记、永志不忘，并将以更加出色的成绩报效祖国、回报人民！

各位来宾、各位校友，老师们、同学们，大江流日夜，慷慨歌未央。古老而年轻的四川大学正在高质量发展的道路上不断焕发出青春与活力，哪怕风高浪急我们仍将乘风破浪，哪怕荆棘丛生我们依然勇攀高峰，在实现学校党的建设新的伟大工程和世界一流大学建设新的伟大事业的道路上不断追求卓越，在实现中华民族伟大复兴的征程中续写川大的恢宏篇章！

谢谢大家！

学校工作要点、总结

四川大学2021年工作要点

2021年是中国共产党成立100周年，是“十四五”开局之年，是全面建设社会主义现代化国家新征程开启之年，也是第二轮“双一流”建设启动之年。2021年学校工作的总体要求是：以习近平新时代中国特色社会主义思想为指导，贯彻落实党的十九大和十九届二中、三中、四中、五中全会精神，贯彻落实习近平总书记关于教育的重要论述，增强“四个意识”、坚定“四个自信”、做到“两个维护”，坚持和加强党对学校工作的全面领导，突出拔尖创新人才培养、科技创新、服务人民生命健康、服务国家和区域经济社会发展的重要性和紧迫性，持续统筹推进常态化疫情防控和事业发展，统筹发展和安全，开启全面建设中国特色世界一流大学新征程，为全面建设社会主义现代化国家贡献川大力量，以优异成绩庆祝中国共产党成立100周年。

一、隆重庆祝中国共产党成立100周年，全面加强学校党的建设

1. 举办迎接和庆祝中国共产党成立100周年系列活动。全面落实学校《迎接建党100周年行动方案》，在校内各级党组织和广大党员、师生员工中深入实施“学习·诊断·建设”行动，为迎接中国共产党成立100周年营造良好氛围。按照中央统一部署，制定学校庆祝活动方案，围绕庆祝百年华诞、“四史”学习教育、弘扬爱国主义精神等，精心策划举办学校庆祝大会、座谈会、主题党日团日活动、主题社会实践等迎接和庆祝中国共产党成立100周年系列主题教育活动，利用学校全媒体矩阵开展“庆祝中国共产党成立100周年”专题宣传，教育引导广大党员干部和师生员工坚定共产主义远大理想和中国特色社会主义共同理想，不忘初心、牢记使命，为党和人民事业不懈奋斗。聚焦初心使命，深入挖掘学校党组织和党员先进事迹，拍摄“四川大学共产党组织的创建与发展”专题片，举办“中国共产党在川大”大型专题展览，着力讲好川大党的故事，激发全校师生员工爱党爱国爱校的巨大热情。

2. 深入学习贯彻习近平新时代中国特色社会主义思想和党的十九届五中全会精神。制定实施2021年校院两级党委理论学习中心组学习计划，坚持把学习贯彻习近平新时代中国特色社会主义思想和党的十九届五中全会精神作为学校思想政治工作的重要内容，引导干部师生增强“四个意识”、坚定“四个自信”、做到“两个维护”。健全“不忘初心、牢记使命”长效机制，推动理论学习往深里走往实里走往心里走，坚持不懈用党的创新理论武装头脑、指导实践、推动工作。充分发挥学校专家宣讲团和学生宣讲团的示范作用，深入师生开展党的十九届五中全会精神宣讲活动。深化习近平新时代中国特色社会主义思想原创性学理化学科化研究阐释，力争产出一批高质量理论研究成果。

3. 全面加强学校各级党组织建设。坚持以党的政治建设为统领，落实好《关于加强学校党的政治建设的实施细则》。坚持和完善党委领导下的校长负责制，充分发挥学校党委领导核心作用，全面领导好学校各方面工作。树立大抓基层鲜明导向，全面加强基层党组织建设，推动党建工作和业务工作深度融合。落实学校院（系）党委会、党政联席会议议事规则，强化院（系）党组织在本单位重大问题上的会议研究决定、前置讨论以及政治把关作用。全面落实党支部标准化规范化建设工作清单，推进整改落实，推动基层党组织全面进步全面过硬。探索完善党支部讨论决定或者参与决定系、室、科、中心等本单位重要事项的决策机制。持续加强“双带头人”教师党支部书记培育。推进党建信息化建设。加大在优秀中青年教师、海外归国人才和优秀学生中发展党员的工作力度。持续推进新时代高校党建示范创建和质量创优工作，做好教育部第三批党建示范高校、标杆院系、样板支部申报工作，引导各级党组织对标优秀、力争上游。

4. 着力建设高素质干部队伍。贯彻新时代党的组织路线，全面加强干部队伍建设，完善干部选育管用工作体系，培养造就忠诚干净担当的高素质干部队伍。分级分类开展干部教育培训，持续举办中层正职领导干部专题研讨班，切实增强校院两级领导干部政治判断力、政治领悟力、政治执行力，强化思想淬炼、政治历练、实践锻炼、专业训练，着力提升干部适应新时代新要求抓改革、促发展、保稳定的水平和专业能力。加强干部监督管理，做好基层单位领导班子任期目标考核、中层领导班子和领导人员届满考核工作。认真做好学校中层领导人员换届调整工作。加强对敢担当善作为干部的激励保护，以正确用人导向引领干事创业导向。

5. 坚定不移推进全面从严治党向纵深发展。制定学校全面从严治党年度工作要点，召开学校全面从严治党年度工作会议，形成责任清单，深化落实“两个责任”。持续深化纪检体制改革，完善监督体系，推进学校纪检监督、巡察监督、审计监督、职能监督与群众监督贯通融合，形成监督合力。加强对二级纪委的领导和指导，强化“7+6”二级纪委赋能工作模式，推动二级纪委履职尽责。开展党风廉政教育宣传月活动，推进纪律教育、警示教育常态化。探索推进强化权力运行制约和监督的方式方法，强化对重点部位关键环节的廉政风险防控。严格贯彻执行中央八项规定精神及其实施细则，深化整治形式主义、官僚主义，突出整治群众身边的腐败和不正之风。坚持运用监督执纪“四种形态”，探索“三不”贯通融合的实践载体，一体推进不敢腐、不能腐、不想腐，巩固发展风清气正的校园政治生态。加强巡察工作队伍建设，进一步健全完善巡视巡察上下联动机制，持续深化中央巡视整改，高质量推进校内巡察，切实做好巡视巡察“后半篇文章”，为迎接新一轮中央巡视打好基础。

6. 把牢党对学校意识形态工作的领导权。坚持马克思主义在意识形态领域指导地位的根本制度，修订校院两级意识形态工作责任制落实细则，逐级压实工作责任。完善意识形态工作分析研判机制，落实好重要敏感节点专题研判和日常工作常规研判。坚持不懈抓实各类阵地管控，进一步强化常态化疫情防控条件下线上线下课堂、教材、期刊、学术讲座论坛、新媒体、网站等阵地监管。健全专项检查机制，持续开展意识形态工作专项检查。加强马克思主义宗教观、党的宗教政策等的宣传教育，坚决抵御宗教渗透和防范校园传教。

二、坚持立德树人根本任务，培育又红又专的时代新人

7. 全面提升学生思想政治教育工作质量。推进学校《思想政治工作体系台账》任务落实，深化“三全育人”改革，完善学校思政工作体系。加强以习近平新时代中国特色社会主义思想为核心内容的思政课课程群建设，深化新时代思政课改革创新。建成首批课程思政优秀案例库，大力选树课程思政榜样，推动全课程育人育心。全面落实学校《贯彻落实〈新时代爱国主义教育实施纲要〉的工作方案》，深入开展“四史”学习教育，持续开展“弘扬革命先辈崇高精神、争做又红又专时代新人”主题活动，传承红色基因，厚植爱国情怀。持续推进“青年大学习”行动和“第二课堂成绩单”制度。加强学生劳动教育，大力弘扬劳模精神、劳动精神、工匠精神。完善美育课程体系，推进高水平学生艺术团建设。加强心理健康教育工作和体育工作，促进学生身心健康发展。

8. 全力做好“挑战杯”国赛承办工作和世界大学生运动会服务保障工作。以“书写科创报国的青春答卷、庆祝中国共产党成立100周年”为主题，彰显红色文化、国际化办赛、省市校协同办赛特色，全力做好第十七届“挑战杯”全国大学生课外学术科技作品竞赛主体赛、专项赛及配套活动的组织工作，充分展示学校人才培养成果和学生学术科技创新成果，力争办出川大特色和水平。高质量做好第31届世界大学生运动会服务保障工作，组织师生积极参与大运会志愿服务、赛会组织运行、语言服务、医学保障等工作，向世界展示川大人的良好精神风貌。

9. 加快建设一流本科教育。推进完善学校“厚通识、宽视野、多交叉”的拔尖创新人才培养行动计划。深入推进专业供给侧改革，以“四新”为引领，持续推进一流专业建设“双万计划”。夯实五大类“一流课程”建设，打造有影响力的川大一流课程品牌。做好国家级和省级一流本科课程评选与推荐，加强线上、线上线下混合式课程管理，提升示范性。巩固首批通识教育核心课程建设成果，启动第二批通识教育核心课程建设，落实“一课一书”计划，提升川大通识教育品牌影响力。进一步加强教材建设与选用管理，持续推进高水平教材体系建设。提升“跨学科专业一贯通式”育人实践和“强基计划”“拔尖计划”等拔尖创新人才培养质量。深入推进教研教改，凝炼教学成果，开展新一届四川大学教学成果奖申报评审和四川省教学成果奖推荐工作。加强玉章书院建设，以交叉融合优势引领学生综合素养提升。制定学校《新时代医学教育创新发展的实施方案》，全面提升医学教育质量。推进“课赛践研”一体化方案，开展“校企行”专项行动，深入发挥双创示范基地育人示范效能。

10. 深化研究生教育改革与创新发展。加强学校研究生教育的顶层设计，落实好学校《研究生教育深化改革与创新发展实施意见》及配套制度文件，文理工医分类推进研究生教育改革，全面提升研究生教育质量。坚持“四个面向”，改革创新研究生培养模式，大力推进拔尖创新人才贯通式和多学科交叉培养，加大研究生国际交流力度，拓宽研究生视野，提升研究生创新创造能力，培养德才兼备的高层次人才。构建“产教融合育人机制”，建设一批高质量的“产教融合研究生联合培养基地”，加强课程建设与教材建设，逐步形成一套具有川大特色的专业学位研究生培养体系。加强研究生学术道德和学风建设，做好博士生全过程培养，严格执行论文开题和中期分流管理，学位论文质量责任抓早抓实；严格学位论文质量出口把关，完善导师、培养单位和学位委员会责任制；开展优秀博士、硕士学位论文评选与奖励，营造积极向上的学术氛围。

11. 提高本硕博生源质量。打造全媒体招生宣传体系，推动教师、学生、校友等全方位参与招生宣传，建设一支扎根目标中学和省份的招生专员队伍。加强与优质生源中学的联系和互动，加大中学招生宣讲力度。优化本科招生计划和分省分专业招生结构，进一步提升学校提档线位次。稳妥推进研究生招生改革，调整研究生招生结构，修订完善研究生招生指标动态管理实施办法，提升研究生入口生源质量。

12. 实现毕业生更高质量更充分就业。准确把握毕业生就业新形势，完善多层次、广覆盖的学生职业发展教育体系，加强就业指导和信息宣传，引导学生志存高远，树立正确的成才观、职业观、就业观，为学生升学深造和职业发展提供精细化服务。打造一流的就业管理服务保障体系，拓展高质量就业市场，精准施策、分类引导，优化毕业生就业结构，实现毕业生更高质量和更充分就业。

三、制定实施学校“十四五”事业发展规划，深入推进“双一流”建设

13. 全面开启学校“十四五”建设新征程。深入贯彻党的十九届五中全会精神和省委十一届八次全会精神，在全面总结学校“十三五”发展成就的基础上，紧密对接国家发展战略，紧扣学校“两个伟大”奋斗目标，汇聚全校智慧力量，高质量编制符合时代要求、体现川大特色的《四川大学“十四五”事业发展规划》及学科与科研建设、人才队伍建设、繁荣发展哲学社会科学与文化传承创新、校园建设与条件保障等4个专项规划，构建总体规划、专项规划和学院规划衔接协同的“1+4+N”规划体系，并全面启动实施，努力为学校“十四五”谋好篇、布好局，加快高质量内涵式发展，开启全面建设中国特色世界一流大学新征程。

14. 加快高水平人才队伍建设。深入实施全球英才汇聚工程，持续举办海外推介会、海外青年学者论坛及高端学术会议。依托“国家级人才计划”，持续实施“双百人才工程”，重点聚焦交叉学科、高峰学科、“医学+”“信息+”双引擎驱动交叉学科平台等精准引才。进一步加大专职科研队伍建设力度。切实做好院士申报服务工作。持续深化校院两级人事管理制度改革，基层单位人员经费向建设成效显著、具有标志性贡献的学院和学科倾斜。探索符合学科特点、科学合理的人才分类评价机制。完善全方位人才服务体系，真正做到让人才后顾无忧。完善职员评聘及管理体系，健全职员岗位考核机制。坚持党管人才，加强教师思想政治工作和师德师风建设，严把入口关、考核关、监督关、惩处关；把师德师风建设与监督工作成效纳入学院年度考核目标，压实师德师风建设主体责任。

15．启动实施“创新2035”先导计划。坚持“四个面向”，顺应全球科技发展趋势，面向国家重大战略需求，发挥多学科综合优势，结合区域特点，围绕物质与能源、生命与健康、生态与环境、信息与软件、文明与治理等领域，按照“创新引领，布局十四五、展望十五年”的总体思路，在制定学校“十四五”规划中率先启动物质结构透明计划、未来医学港湾计划、天地一体与生态演化计划、信息软件与底层算法计划、文明互鉴与全球治理研究计划等先导计划，以大科学问题和关键核心技术的突破为牵引，谋划建设高能级创新平台和大科学装置，及时对接国家重大计划和成渝地区建设科技创新高地的重大机遇，促进学科交叉融合与学科集群的创新发展，产生一批从“0到1”的原创成果，推动学校优势学科进入世界一流前列，为把我国建设成为世界科技强国贡献川大力量。

16．深入推进学科内涵发展。全面落实学校《关于深入推进学科内涵发展的若干意见》，按照“文优—理进—工改—医强”的学科建设路径，推进学科内涵发展，提升学科整体水平。坚持全校一盘棋、上下一条心，持续做好教育部第五轮学科评估工作。做好第一轮“双一流”建设周期重点建设学科（群）和超前部署学科建设情况考核工作。启动学校第二轮“双一流”建设工作，编制“双一流”建设第二个周期建设报告，持续推进“十个一流”建设；根据国家新一轮“双一流”建设遴选结果，推动重点建设学科（群）和超前部署学科的续建和新建工作。加快推进高峰学科建设，遴选打造新的高峰学科，尽早实现“学科整体水平大幅提升，涌现一批世界一流学科”的建设目标。制定实施医学基础学科振兴计划，加快推进华西医学迈向世界一流。持续优化调整学科结构，对基础薄弱、发展滞后的一级学科进行优化调整。

17．全面提升科技创新能力。持续强化“方向—人才—平台—项目—成果”科技创新链一体化建设，着力提升科研原始创新能力。实施“从0到1”的原始创新能力提升系列计划，创造有利于潜心基础研究的良好科研环境，力争实现更多“从0到1”的突破。以“医学+”“信息+”为双引擎，推进跨学科融合创新，打造学科交叉研究创新高地。以临床资源中心为基础，推进生命健康领域天府实验室建设。做好新增科研基地组织申报工作，力争国家级、省部级科研基地取得新突破。健全重点研发计划项目定向组织和培育、全程跟踪的科研管理机制，做好科技创新2030重大项目、国家重点研发计划等项目的组织申报，努力实现获准率、项目经费等的持续增长。加强各级科技奖励组织申报服务，推动学校优秀科技成果持续涌现。落实国家知识产权示范高校重点任务，建立知识产权管理与运营一体化工作机制。建立高技术科研保密工作长效机制，积极推进军民融合工作。加强外设研究院及平台的布局、建设及管理，加速推进青岛研究院、宜宾园区高质量发展。

18．繁荣发展哲学社会科学。持续推进文科国家级基地平台、国家级科研培育基地平台和“川大学派”建设。加大文科高端人才引育力度，做好杰出教授增选和文科讲席教授引进工作。做好文科国家级科研平台的评估工作，确保重点研究基地顺利通过评估。做好中国南亚研究中心国家高端智库认定工作。做好考古实验室申报国家级文科重点实验室工作。加强考古文博学院建设，积极推进与国家文物局、四川省人民政府签订共建考古文博学院协议。推进与中国历史研究院的合作。加强“四川大学中华文化研究院”建设，持续推进重大文化工程建设，加大对《中华续道藏》等大型文化工程的支持力度，积极争取《汉语大字典》修订工程纳入国家“十四五”重大文化工程，推进世界第一部《甲骨文字典》修订工作，传承创新中华优秀文化。深入挖掘学校红色文化资源，开展以江姐精神为代表的红色文化研究，推出一批学术精品。

19. 深化新时代学校评价体系改革。深入贯彻中共中央、国务院《深化新时代教育评价改革总体方案》，按照“破五唯”的要求，改革学校评价体系，进一步落实立德树人根本任务，制定出台学校教育评价改革配套方案，按时完成有关规章制度的修订和重新制定工作。改进教师评价，推动广大教师践行教书育人使命。改进科研评价，完善以创新能力、质量、实效、贡献为导向，符合科研创新规律，激励与约束相结合的精细化分类科研评价体系。改进人才评价，推动人才称号回归学术型荣誉性。改进学生评价，促进学生德智体美劳全面发展。改进用人评价，引导树立正确用人导向。加强学风长效机制建设，进一步营造求真务实和崇尚创新的科研氛围，激发人才创新活力，大力引导师生做真科研、真学问、真贡献。

四、充分发挥学校综合优势，高质量服务国家和区域经济社会发展

20. 深度参与成渝地区双城经济圈建设国家战略。全面融入中国西部（成都）科学城建设，深化与成都市高新区的合作，全力落实“四川大学—成都未来科技城”创新合作方案，加快推进共建一批重大科技基础设施和国家级创新平台，合作打造国际教育合作园区。加快推进成都前沿医学中心、面向新经济的技术交叉与转化中心、开放型人文·自然博物馆等市校合作项目建设。以“三个一”为抓手，持续推进与四川各市州的战略合作。加快推进四川大学眉山校区建设，服务成德眉资同城化发展。与武侯区持续共建环川大成果转化区。

21. 以优质医疗资源助力健康中国建设。坚持面向人民生命健康，优化华西优质医疗资源布局，加快推进与成都市东部新区合作共建成都健康医学中心（未来医学城），助力成都打造高品质生活宜居地，争创国家医学中心。加快推进与厦门市共建的四川大学华西厦门医院（研究院）建设，打造国家区域医疗中心，为海峡经济区人民群众提供优质医疗服务。加快推进与海南省共建的博鳌华西乐城医院（研究院）建设，共同打造面向国内外的前沿医学中心与国际交流平台，助力海南自由贸易港建设。持续统筹推进华西医院、华西第二医院和华西附四院筹建相关国家医疗中心和国家区域医疗中心。建设好国家口腔医学中心。积极争创高原医学国家医学中心。实现儿科、心血管、肿瘤、呼吸专业等类别国家区域医疗中心全覆盖。

22. 推动巩固拓展脱贫攻坚成果与乡村振兴有效衔接。按照“四不摘”要求，持续做好对甘洛县、岳池县的定点扶贫工作，将帮扶工作重心从“两不愁、三保障”逐步转向“产业兴旺、生态宜居、乡风文明、治理有效、生活富裕”更高的要求上，立足帮扶县县情，帮助地方政府制定发展规划，找准发展路径，在教育、科技、产业、健康、文化等方面加大帮扶力度，推动县域经济社会全面稳定发展。对凉山脱贫的中国意义和世界意义进行理论提升，撰写报告文学，拍摄纪录片，讲好川大扶贫故事，讲好彝区脱贫攻坚故事。

23. 扎实做好新时代援藏援疆等对口

支援工作。全面落实学校《关于贯彻落实中央第七次西藏工作座谈会精神 推进新时代学校援藏工作的实施意见》，实施好民族团结教育、教育援藏、科技创新援藏、医疗卫生援藏、文化传承创新援藏、人才援藏等“六大行动”，助推西藏及四川涉藏地区长治久安和高质量发展。推进落实与中国国家铁路集团有限公司战略合作协议，积极服务川藏铁路等西部重大基础设施建设。贯彻第三次中央新疆工作座谈会精神，积极做好专家型、专业性援疆干部选派工作。高标准高质量做好西藏大学、西北民族大学、湖北民族大学等对口帮扶工作。

五、加强国际交流合作，推进高水平教育对外开放

24. 推进高端国际合作交流和港澳台事务。制定实施学校《加快和扩大新时代教育对外开放的工作意见》。积极应对当前国际形势，做好常态化疫情防控期间对外合作与交流工作。持续提升国际合作交流的层次和水平，推进与剑桥大学、牛津大学、加州大学伯克利分校、斯坦福大学、南洋理工大学等在基础科学、医工结合、绿色能源等领域的合作。推进与德国克劳斯塔尔工业大学中外合作办学项目建设，完成匹兹堡学院协议续签、新增专业等工作。举办第四届中俄“长江—伏尔加河”高校联盟校长论坛和智库论坛。在确保师生身体健康和生命安全的前提下，打造“国际课程周”升级版，持续扩大“大川视界”规模，开阔学生国际视野，提升国际竞争力。进一步加大国际顶尖学者引才工作力度，服务学校核心竞争力提升。做好港澳台侨新生招收录取及专项奖学金评选推荐工作。加强在校港澳台侨学生的服务管理。进一步落实中央惠台、惠港和惠澳政策，加强与地方政府和相关部门的联系，为港澳台侨毕业生就业创业提供更多的机会和便利。

25. 持续打造“留学川大”品牌。探索多种招生渠道，利用好有关奖学金，优化来华留学生结构、吸引优质生源。认真做好常态化疫情防控背景下留学生、外籍教师等群体的管理和服务。深化留学生招生、培养、管理体制机制改革创新，加大“放管服”力度，鼓励二级学院自主招收和培养来华留学生，加强留学生管理机构和队伍建设，推进来华留学生教育内涵式发展。

六、全面提升校园治理水平，全心全意为师生员工服务

26. 毫不松懈抓好常态化疫情防控。持续统筹推进常态化疫情防控和改革发展稳定，严格落实“外防输入、内防反弹”要求，抓紧抓实抓细冬春季疫情防控。科学精准细化防控方案，完善应急预案，坚持人物同防、多病共防，逐层压实常态化防控主体责任，落实落细“四早”要求。加强日常管理和聚集性活动管理，做好校门、教室、食堂、宿舍、实验室、图书馆、校内社区等重点场所管控，有效防范化解风险。持续开展爱国卫生运动，加强校园环境卫生整治，加强健康知识科普，倡导文明健康、绿色环保生活方式。坚持“错峰”原则，安排学生分批次有序放假离校和开学返校。做好“疫后综合征”研究应对，着力提高应对重大突发公共卫生事件的能力和水平。

27. 加快推进学校治理现代化。全面落实学校《关于坚持和完善中国特色现代大学制度 推进学校治理体系和治理能力现代化的实施意见》，坚持新发展理念，加快推进学校治理体系和治理能力现代化。完成《四川大学章程》修订工作。统筹推进习近平法治思想学习宣传、贯彻落实和研究阐释，落实学校《贯彻落实〈教育部关于进一步加强高等学校法治工作的意见〉实施方案》，全面推进依法治教、依法办学、依法治校。完善学校“双代会”制度，强化教代会日常民主管理、民主监督和民主参与。加强学校工会、共青团等群团工作及统一战线工作，为推进学校治理现代化凝心汇智聚力。

28. 提升办学支撑保障和公共服务能力。持续推进文明校园建设，巩固拓展全国文明校园创建成果。推进先进材料科研大楼、江安校区游泳馆等在建项目建设。力争华西校区学生宿舍、江安校区南区学生宿舍、望江校区博士公寓、江安校区后勤保障服务基地等项目开工建设，完成档案馆新馆的选址工作。升级改造校史展览馆，实现观赏性、文化性、艺术性、思想性有机融合，更好地展示川大文化和川大精神。加大对学校数字新基建的投入，健全网络安全防护体系，推进数据整合治理，扩大视频会议保障范围，升级智慧教学环境，探索区块链技术应用，打造“数智川大”。加强国有资产综合管理系统建设，科学配置科研用房，提高公房使用效益。签订锦城学院转设协议。制定《供应商管理办法》等招投标与采购制度和财务制度，完善智能报账平台，提升财务管理效能。树立“过紧日子”的理念，全面实施预算绩效管理。推动内部审计转型，增强审计工作的服务监督实效，保障学校经济活动安全运行。加强实验室建设，加大仪器设备管理“放管服”与开放共享工作的实施力度。进一步优化文献资源建设，加大创造性学习支持和知识成果资源融合等创新服务平台建设，推进一流大学图书馆高质量建设。优化“川大兰台—档案信息管理系统”和“远程利用服务系统”，打造高效便捷的档案利用服务平台。加强对全校期刊的统筹管理、政策引导和公共服务，进一步提升期刊质量。加强校友工作和教育基金会工作，为学校发展汇聚校友和社会资源。全面完成校属企业体制改革任务，发挥校属企业服务学校教学科研的作用。加强四川大学全国干部教育培训基地建设，做好基地迎检工作。持续推动继续教育服务全民终身学习和高端专业技术人才培训。

29. 统筹发展与安全。牢固树立和认真贯彻总体国家安全观，积极开展国家安全宣传教育及工作培训，做好保密工作归口管理。优化学生安全管理模式，夯实学院主体责任，守好学生安全稳定工作底线。用好智能门禁系统，推进校园天网（三期）建设，提升校园安全智能化水平。修订学校《消防安全管理规定》，建立消防安全评估体系，开展安全培训，提高师生安全防范意识和能力。加强实验室安全环保工作。加大对校内家属区的安全宣传与隐患排查力度。健全与地方政府部门的联动机制，加强校园及周边综合治理，确保校园持续和谐稳定。

30. 着力解决师生员工“急难愁盼”问题。优化校园布局，打造具有川大特色的美丽校园环境。完成体育馆及周边环境的治理与整体打造，确保大运会场馆改造按时交付。加快望江、华西校区学生宿舍升级改造进度，持续努力改善学生住宿条件。同步推进食堂新建和改造工作。加快三所幼儿园教学楼排危及改扩建工作，全面推进江安幼儿园新建工作，切实满足教职工子女学前教育需求。加强与地方政府部门的联系沟通，稳妥引导、积极协助学校已售房家属区自主增设电梯。加快中心村等老旧小区改造整治工作，落实售房区教职工未售住房房改及农林村产权办理。持续更新医疗设施设备，积极改善师生就医条件。持续开展困难师生员工帮扶基金专项工作，加大困难师生员工帮扶力度。加强对离退休老同志的关心关爱，坚持定期校情通报制度，做好离退休人员服务保障工作；依托关工委等平台，充分发挥好离退休老同志的重要作用。

四川大学2021年工作总结

2021年是中国共产党成立100周年，也是“十四五”开局之年。学校坚持以习近平新时代中国特色社会主义思想为指导，深入贯彻落实党的十九大和十九届二中、三中、四中、五中、六中全会精神，扎实推动“两个伟大”取得重大进展，在庆祝建党百年之际学校党委受到党中央表彰，荣获“全国先进基层党组织”称号，学校首轮“双一流”建设成效显著，党建和事业发展融合共进、内涵式高质量发展成效渐显，办学实力和社会影响力持续增强，“十四五”开局起步势头良好。

2021年，学校重点推进了四项工作。

一、深入学习贯彻习近平新时代中国特色社会主义思想，扎实开展党史学习教育

坚持校院两级党委理论学习中心组学习制度，组织召开学校党委理论学习中心组学习研讨会14次，及时传达学习习近平总书记清华大学考察重要讲话精神、“七一”重要讲话精神、党的十九届六中全会精神等习近平总书记重要讲话、指示批示精神和党中央决策部署。全面落实党中央关于开展党史学习教育的决策部署，制定学校党史学习教育实施方案，成立党史学习教育领导小组及4个专项工作组，统筹推进专题学习、政治引领、专题培训、“我为群众办实事”实践活动、专题组织生活会等重点任务，把学习贯彻习近平总书记“七一”重要讲话精神、党的十九届六中全会精神作为党史学习教育核心内容和巩固党史学习教育成果重要内容，一体部署、一体推进。坚持把“规定动作”做扎实、“自选动作”有特色，组织召开学校党史学习教育动员大会、党史学习教育领导小组会等会议38次，校院两级党委理论学习中心组围绕“学史明理、学史增信、学史崇德、学史力行”4个专题开展学习研讨，全校941个党支部广泛开展“千名书记讲党课”活动。成立四川大学中共党史党建研究院，学校建党精神研究中心获批四川省社会科学重点研究基地，牵头编写《社会主义发展简史》；设立高校党建制度史研究等学习贯彻习近平总书记“七一”重要讲话精神、党的十九届六中全会精神研究课题100余项；成立学校党史学习教育宣讲团，开展宣讲活动160余场；广泛开展“讲述身边的党史故事”活动，实现1000多个班级全覆盖。深入开展“我为群众办实事”实践活动，制定实践活动方案，聚焦优化育人环境、慰问帮扶师生、务实服务社会等领域，形成学校层面23项重点任务、二级单位251项重点任务，目前已全部完成，切实解决了一批师生员工的“急难愁盼”问题，师生员工的获得感幸福感安全感显著增强。中管高校党史学习教育第十一指导组对学校党史学习教育开展情况给予高度肯定，指出学校党史学习教育站位高、工作细、推进实，学校党的领导和党的建设有力增强，广大师生凝聚力显著提升，政治生态持续向好，有力促进了学校各项事业发展。党史学习教育取得明显成效，广大党员干部师生受到了一次深刻的政治教育、思想淬炼、精神洗礼，学校各级党组织的创造力、凝聚力、战斗力大大提升，达到了学党史、悟思想、办实事、开新局的目的。测评结果显示，99.6%的党员干部师生对学校党史学习教育总体评价“好”和“较好”。学校特色亮点和经验做法被中央党史学习教育领导小组办公室简报采用11期，中央党史学习教育官方网站8次单篇报道学校典型举措，央视《新闻联播》5次专题报道学校开展党史学习教育、推进红色文化育人工作情况。

二、隆重庆祝中国共产党成立100周年，激励干部师生不忘初心使命再出发

充分发挥学校历史悠久、红色资源丰富等优势，实施“中国共产党在川大”系列文化工程，举办“中国共产党在川大百年历程专题展”，编辑出版“中国共产党在川大”主题画册和“四川大学革命英烈丛书”5本，组织拍摄“烈火淬金——四川大学共产党组织的创建与发展”党史宣传纪录片，汇编红色主题音像制品集，生动展示学校百年革命历史传统、深厚红色文化底蕴和辉煌办学成绩，教育引导广大党员干部和师生员工听党话跟党走。举办了“庆祝建党100周年暨百年巨变中的青年使命学术研讨会”“深入学习贯彻党的十九届六中全会精神，推进全会精神全面融入思想政治理论课研讨会”等全国性高水平学术活动；承办了全国高校社科界庆祝中国共产党成立100周年座谈会（四川大学专场），研究阐释中国共产党革命精神，弘扬红色文化，传承红色基因。组织开展“光荣在党50年”纪念章颁发仪式、“两优一先”表彰大会、“唱响百年辉煌凝聚奋进力量”主题音乐会、“七一”走访慰问等活动，营造了“党的盛典、人民的节日”浓厚校园氛围。

三、积极配合中央巡视工作，扎实开展巡视整改

深入学习贯彻习近平总书记关于巡视工作的重要讲话精神，将接受中央巡视作为压紧压实管党治党、办学治校政治责任的重要契机，成立配合中央巡视工作领导小组及10个专项工作组，统筹配合中央巡视各项工作；根据巡视工作要求协调召开巡视工作动员会、汇报会等会议，高质量配合完成巡视组与干部教师谈话、文件资料和会议记录调阅等工作，确保巡视工作顺利开展。中央巡视组反馈意见后，学校党委旗帜鲜明讲政治，态度坚决、行动有力，第一时间成立巡视整改工作领导小组及7个专项组，对标对表习近平总书记严肃指出的“六个不足”共性问题和巡视反馈问题，统筹考虑“选人用人”和“意识形态”专项检查反馈意见、上轮巡视整改、国家审计整改不到位等问题，研究制定整改工作方案，提出156条整改措施。层层压实整改责任，组织召开巡视整改落实动员会，创新建立巡视整改“专项工作组推进实施、专题会研究破题、专班督导保障”的“三专”推进机制，加强督促检查，严格“销号”制度，集中整改期整改任务100%完成，巡视整改取得明显成效，学校党委和各级领导班子、党员干部的政治站位进一步提高、职责使命进一步强化，解决了一批长期想解决而难以解决的问题，健全完善了一批长效管用的制度机制，风清气正的校园政治生态持续向好，初步达到了以巡促改、以巡促建、以巡促治的目标。

四、“双一流”首轮建设成效显著，新一轮建设启动实施

认真贯彻落实中央《关于深入推进世界一流大学和一流学科建设的若干意见》精神，高质量落实“双一流”首轮建设任务，在首轮“双一流”建设成效评价中学校整体发展水平总体情况获评“显著”，列“双一流”建设高校第一档。在首轮“双一流”建设基础上，学校坚持正确方向、服务国家急需，坚持特色一流、保持战略定力，编制形成学校《“双一流”建设整体方案（2021—2025 年）》和一流学科（群）建设方案，科学制定学校《“双一流”建设成效评价办法》和一流学科（群）建设目标责任指标体系，启动建设学科状态监测与分析系统，为“双一流”建设提供重要参考和支撑。召开“立足西部办世界一流大学”系列研讨会，深入调研国内外一流大学建设经验，形成《世界一流大学建设经验及其启示——立足西部办世界一流大学规律探索》。完成学校“十四五”规划及人才与师资队伍建设、学科建设与科学研究、繁荣发展哲学社会科学与文化传承创新、校园建设与条件保障等 4 个专项规划的编制工作，为加快推进“双一流”建设提供了重要保证。

2021 年，学校在重点推进四项工作的同时，在七个方面取得了重要进展。

一、加强党建和思想政治工作，团结奋进力量显著增强

（一）基层党建和干部队伍建设全面加强。召开学校党的建设工作领导小组会议，专题研究学生党建、附属医院党建工作。开展院系议事规则落实情况专项检查，强化院系党组织政治功能。新设网络空间安全学院、灾后重建与管理学院 2 个党总支。进一步改进大学生党支部设置方式，加强本科低年级党支部建设，实现本科低年级党支部设置全覆盖。举办中层领导干部专题培训班 2 期，着力提升干部政治能力和执行力。修订《基层单位领导班子任期目标责任考核实施办法》，完成基层单位领导班子任期目标责任考核工作。修订《中层领导人员选拔任用工作实施办法》，制定《中层领导班子和领导人员换届调整实施方案》，启动中层领导班子和领导人员换届调整工作，着力优化中层干部队伍结构、提升班子整体功能。学校获批新时代四川党建工作示范高校创建单位。1 名教师获“全国先进老干部工作者”称号。1 名教师获“四川省优秀共产党员”称号，1 名教师获“四川省优秀党务工作者”称号；4 名教师获“四川省高校优秀共产党员”称号，2 名教师获“四川省高校优秀党务工作者”称号，5 个基层党支部获“四川省高校先进基层党组织”称号。1 个学生党支部获全国高校“百个研究生样板党支部”称号，1 名学生党员获全国高校“百个研究生党员标兵”称号。

（二）全面从严治党纵深推进。制定学校《2021 年全面从严治党工作要点》，召开全面从严治党年度工作会；组织 47 个二级党委（党总支、直属党支部）开展落实全面从严治党责任自查自纠，对 8 个二级纪检组织履职情况开展专项检查，推动全面从严治党责任落实。制定学校纪委《关于加强政治监督的实施办法》，推动学校纪委政治监督具体化、常态化、规范化。出台学校《关于贯彻落实〈中共中央关于加强对“一把手”和领导班子监督的意见〉的实施办法》，以党内监督为主导，贯通审计监督、群众监督等各类监督，着力加强对“关键少数”的监督。制定学校党委巡视机构工作规则，出台学校《关于校内巡视监督与其他监督贯通融合的实施办法》，基本形成较为完善的校内巡视制度体系；统筹推进第六、七、八轮校内巡视整改，组织开展第九轮校内巡视，实现第八届党委校内巡视全覆盖。深化作风建设，带头践行“一线规则”，开展形式主义、官僚主义问题专项治理。坚持“三不”一体推进，全面梳理重点领域廉洁风险，持之以恒正风肃纪反腐，运用“四种形态”处理 17 人次，风清气正政治生态巩固发展。

（三）意识形态及安全稳定工作扎实开展。修订或制定学校党委《贯彻落实〈党委（党组）意识形态工作责任制实施办法〉的实施细则》《贯彻落实〈党委（党组）网络意识形态责任制实施细则〉的实施意见》，召开 5 次常委会、12 次意识形态工作领导小组会及专题会研究意识形态工作，研判部署和推动意识形态工作，加强阵地管理和风险防控。强化法学、经济、哲学等学科马克思主义指导地位和教材编审用等督导调研，切实维护法学等领域政治安全。坚持将校园安全稳定工作贯穿全年，加强重要节点的备班执勤，对校内二级单位开展安全检查 480 余次，抓好安全隐患整改，确保校园持续安全稳定。

（四）思想政治工作成效明显。贯彻中央民族工作会议精神，出台学校《铸牢中华民族共同体意识的实施意见》。制定学校《关于健全立德树人落实机制的实施方案》，推进“三全育人”综合试点改革。落实“五育并举”要求，制定学校《本科生综合素质评价实施办法》，出台加强新时代学校美育、劳动教育的实施方案，完善德智体美劳全面发展的育人体系。启动学校“一站式”学生社区综合管理改革试点工作。实施学生阳光成长计划，加强精细化教育管理，守护学生身心健康。跨学科、高标准打造“四史”教育课程，跨学院组建“四史”教育教研室，建立“四史”课程教师数据库，研讨编制 4 门课程教学大纲，在 2021 级本科生中全面开设“四史”教育课程，加强学生“四史”教育。扎实推进课程思政典型案例库建设，选树校级课程思政榜样课程、思政示范课程 749 门次、榜样教师 1000 余名，获批教育部课程思政示范课程 3 门、教学名师和示范团队 3 个。承办“传承红色基因、践行初心使命”全国挑战杯红色专项活动，学校学生团队获特等奖 4 项、一等奖 3 项。积极发挥“江姐班”引领示范作用，新选拔组建 6 个“江姐班”，生命科学学院“江姐班”团支部获“全国高校活力团支部”称号。3 名个人获“全国向上向善好青年”“全国优秀共青团员”等称号。全力做好第十七届“挑战杯”全国大学生课外学术科技作品竞赛承办筹备工作。

（五）统战和群团工作稳步推进。制定《中共四川大学委员会常委联系民主党派、统战团体、党外代表人士工作制度》《四川大学各民主党派、统战团体负责人建言献策“直通车”制度》，进一步拓宽党外人士建言献策渠道；组织开展“感悟伟大历程 凝聚奋进力量”庆祝建党 100 周年系列活动；各民主党派和统战团体提交提案、报告和建议 210 项，获市级以上奖励 121 项，其中王云兵获第八届“中国侨界贡献奖”一等奖。出台学校《教职工代表大会提案工作规定》，民主机制建设不断加强。制定学校《共青团推优入党工作办法》《团员教育管理办法》《院系团组织书记述职评议考核暂行办法》，持续加强校内各级团组织建设。顺利完成武侯区、双流区人大代表换届选举工作。

二、深化教育教学改革，人才培养能力稳步提升

（一）本科教育发展成效显著。出台《四川大学通识核心课程建设推进方案》，构建由名师大家领衔担任课程模块首席专家、以“一个目标、两条主线、三大先导课程、五大模块、百门金课”为主体的通识教育体系升级版。制定《四川大学拔尖计划2.0、强基计划本硕博贯通式人才培养方案修订原则意见》，14个学院22个专业实施本硕博贯通式人才培养。8个项目获教育部新文科研究与改革实践项目立项，11个项目获四川省新文科研究与改革实践项目立项，50个项目获教育部产学协同合作育人项目立项。统筹推进学校《新时代医学教育创新发展实施方案》及9个重要核心项目方案深入实施，构建一流医学教育体系。新增获批国家级一流专业建设点30个，总数63个，位列全国高校第3。加强教材建设，制定学校《深入贯彻落实“全国教材工作会议暨首届全国教材建设奖表彰会”精神 推进教材建设工作方案》，华西临床医学院获首届“全国教材建设先进集体”称号，文科杰出教授曹顺庆获“全国教材建设先进个人”称号，主编或副主编的14种教材获全国优秀教材奖。开展校内教学成果奖评审，237项成果获奖，92项成果申报四川省教学成果奖。制定学校《大众创业万众创新示范基地建设方案（2021—2023）》《创业就业“校企行”和精益创业带动就业专项行动工作方案》，与国家电网、阿里巴巴等12家企业协同开展创新创业培训、路演等活动82场，学生项目参与活动724项次。学生荣获国际遗传工程机器大赛金奖，在中国国际“互联网+”创新创业大赛全国总决赛中获6金2银、金奖数列全国高校第5，连续十年夺得全国大学生化工设计竞赛特等奖。2021届本科生深造率51.02%，其中匹兹堡学院深造率近90%，空天科学与工程学院深造率达80%。

（二）研究生教育教学改革稳步推进。推动学校《新时代研究生教育深化改革与创新发展实施意见》及配套制度文件落实，修订专业学位研究生培养方案，扩大博士研究生学制改革学科专业。制定学校《研究生奖助体系实施办法》，稳妥推进博士研究生奖助体系改革。修订研究生申请学位学术成果要求，完善不同学位类型和不同学位层级学位授予成果要求，构建了由多种形式学术成果组成的学生学位评价体系。深化研究生考试招生制度改革，提高直博和硕博连读招收比例，录取直博生147人、增长45.6%，录取硕博连读生892人、增长18.8%。与四川省委网信办、四川省疾控中心、四川省国土资源厅、成都市高新区、宜宾市等共建研究生联合培养基地，为914名产业导师颁发聘书，深化产教融合，推进协同育人。开展首次优秀学位论文评选表彰，评选表彰优秀博士学位论文10篇、优秀硕士学位论文99篇，激励学生潜心研究、提高论文质量。

（三）招生和就业工作取得新成绩。科学制定分省分专业招生计划，优化6省份“3+3”与8省份“3+1+2”新高考改革选考科目、招生计划和录取方案。举办第二届中学校长论坛，省内33所顶尖中学校长参加。本科生源质量稳步提升，在高考改革省份中，北京、上海、天津、浙江4省市录取位次显著上升，其中北京专业组最高上升1461位，上海专业组最高上升2560位；在非高考改革省份中，安徽等8省份文科位次显著上升，四川等5省份理科位次显著上升，其中四川理工类最低分位次较去年上升2293位，顶尖生源实现新突破。坚持把稳就业摆在重要位置，全力做好常态化疫情防控背景下就业工作，全面投入使用就业指导中心大楼和智慧就业管理系统，积极发挥校园招聘主渠道作用，推出“寒假暖冬计划”“成渝联盟春风行动”等特色招聘活动，组织线下招聘宣讲1280场、双选106场；搭建“1+N”就业云服务平台，组织线上空中宣讲353场、双选93场。截至目前，2021届毕业生总人数16129人，总就业率达92.54%，其中到西部就业6133人，占比64.31%。

三、深入实施人才强校战略，人才队伍建设取得重要成效

（一）师德师风建设持续推进。出台学校《师德专题教育工作方案》，将教师思想政治和师德师风建设作为重点工作，把师德专题教育贯穿全年，确定每年9月为师德建设宣传月。积极选树宣传师德模范先进典型，完成2021年度“立德树人奖”“先进个人”“先进集体”等评选表彰工作，举办退休教职工荣休仪式，努力营造尊师重教的良好氛围。坚持强化师德管理和约束，坚持教师师德考核与年度考核同步进行，将师德考核结果作为年度考核重要依据。

（二）人才队伍建设取得新突破。全面贯彻落实中央人才工作会议精神，制定《四川大学贯彻落实中央人才工作会议精神政策举措》，推动人才工作新理念新战略新举措落地生效。修订学校《“双百人才工程”实施办法》，高质量完成第六、七批“双百人才工程”遴选，173名优秀人才入选，其中A计划35人、B计划138人。启动文科杰出教授增选，继续实施文科讲席教授引进计划。举办“海科会”全球青年学者论坛（四川大学专场）、第九届全球青年学者论坛，吸引哈佛大学、剑桥大学等全球一流高校和研究机构的1100余名优秀青年学者参加。制定学校《“全国博士后创新创业大赛”参赛管理及奖励办法》，获首届全国博士后创新创业大赛奖项6项，列独立参赛高校第2。获博士后科学基金168项1880万元。新增高层次人才124人，其中许唯临当选为中国工程院院士，新增文科讲席教授13人、海纳特聘教授39人、海纳青年学者49人、其他高层次人才16人，高端人才总数达到603人，高层次人才汇聚效应初步显现。

四、加强学科和科研建设，科研创新能力显著提升

（一）学科内涵发展扎实推进。坚定落实“文优、理进、工改、医强”的建设思路和路径，聚焦“医学+”“信息+”，深入推进城市智慧防灾减灾、智能制造、生态皮革等“信息+”工业互联网研究中心建设；加快推进医工交叉融合，召开医工融合推进及项目指南发布会，发布重点支持项目16项，上线运行医工融合实验数据共享平台，举办医工融合成渝双城经济圈高峰论坛。加快实施人文社科繁荣发展计划，投入1000万元推进文科国家级科研基地平台提升计划、国家级科研基地平台培育计划和中国特色“川大学派”培育计划。深入实施医学基础学科振兴计划，设立每年2000万元“基础医学+”专项经费支持基础医学、药学等医学基础学科建设。稳步推进学科结构优化调整，完成应用经济学、动力工程及工程热物理、电子科学与技术、航空宇航科学与技术、人工智能5个博士一级学位授权点增设工作，新增碳中和技术、医学工程技术2个二级学科。干部教育学被中组部、教育部确定为全国试点新设立二级学科。持续推进学科评估后续工作，组织全校各学科对照学科评估核心指标逐一分析，切实推动以评促建、以评促发展。

（二）科学研究能力不断提升。全年到校科研总经费33.5亿元。李为民教授、秦勇教授、张志荣教授牵头完成的3项成果获国家科学技术奖励表彰。获国家自然科学基金项目616项，其中冯小明院士牵头获基础科学中心项目1项，实现西南地区基础科学中心零的突破；获国家杰出青年科学基金项目8项，自然基金立项总数和杰出青年科学基金项目数均创新高。获国家社科基金项目95项，立项总数和重点项目数均创新高，其中面上项目57项，并列全国高校第2。基础研究能力和水平进一步提升，在*Cell*、*Nature*、*Science*发表高水平学术论文7篇，其中第一单位3篇。深入推进“创新2035”先导计划，目前首批15个项目正式启动实施。获准牵头建设天府锦城实验室（生命健康实验室）、天府永兴实验室（碳中和实验室）。统筹推进水力学与山区河流开发保护、高分子材料工程、生物治疗、口腔疾病研究等4个国家重点实验室优化整合。牵头成立全国首家省级碳中和技术创新中心，成立四川大学资源碳中和集成攻关大平台。统筹推进国家医学中心和国家区域医疗中心建设，华西医院获批国家医学中心首批“辅导类”创建单位，华西口腔医院获批国家口腔医学中心，华西第二医院获批国家儿童区域医疗中心；研发的重组蛋白疫苗已完成Ⅱ期临床试验，正在全球开展多中心的Ⅲ期临床试验。新增汉语应用与规范研究国家语言文字推广基地；持续推进重大文化工程建设，《汉语大字典》修订工程纳入四川省“十四五”重大文化工程；成立三星堆考古团队，主持发掘金面具、金器等一批珍贵文物；学校携手阿里巴巴公益基金、加州大学伯克利分校等组建“汉典重光”中国海外古籍“数字化回归”平台，首批20万页古籍善本已完成数字化；《中华续道藏》编纂标志性成果《道家与道教研究著作提要集成（1901—2017）》正式出版。

五、积极推进教育开放，对外交流合作取得新进展

（一）高端对外交流合作稳步推进。全面做好常态化疫情防控期间对外交流合作工作，与国外一流高校及研究机构签署合作协议18个，完成科研合作类协议登记备案58个；新增高等学校学科创新引智基地“数据智能分析与应用创新引智基地”。举办第四届“长江—伏尔加河”高校联盟论坛、第四届中印高级别二轨对话、全球绿色发展高峰论坛、中意生物材料高峰论坛等系列高水平国际会议16个。积极推进与德国克劳斯塔尔工业大学中外合作办学项目，首批招收新生65人。获批教育部“内地与港澳大中小学师生交流计划项目”14个、对台项目1个、港澳台学生国情教育项目1个，入选四川省首批川港澳台青少年交流基地。与香港城市大学、香港理工大学签署博士生联合培养协议，正式启动与香港城市大学博士生联合培养项目。灾后重建与管理学院柯瑞卿教授获中国政府友谊奖，高端外籍教授朴哲范教授当选为中国工程院外籍院士。

（二）学生国际交流有序开展。举办2021年“实践及国际课程周”，邀请来自29个国家的124位专家学者开设全英文课程132门，其中线下课程26门、线上课程106门；推进“大川视界”大学生海外访学计划，组织12个项目，参与学生

107 人，实施“大川视界”海外在线课程资助项目 11 个。180 人通过“一带一路”来华留学生奖学金项目来校留学，167 名留学生通过国家留学基金委员会评审；来华留学生总数为 2287 人，其中学历生 1968 人，占留学生总数的 86%。制定学校《国际学生辅导员配备及管理办法》，进一步加强国际学生教育和管理。

六、充分发挥学校综合优势，高质量服务国家和区域发展

（一）服务地方经济社会发展迈上新台阶。深度参与成渝地区双城经济圈建设，华西医学中心（东部）、华西东部医院等 2 个项目顺利签约，华西天府医院正式开院；积极推进眉山校区规划设计，进一步明确眉山校区功能定位。成都前沿医学中心建设进入新阶段，35 个高水平研发项目入驻并开展实验。华西厦门医院（研究院）顺利封顶，并获批国家区域医疗中心试点项目。华西乐城医院在海南博鳌开工建设并顺利封顶。华西三亚医院正式揭牌并派驻管理团队。与四川省机关事务管理局合作共建四川省第四人民医院。与黑龙江省、四川省自然资源厅及中国历史研究院、中国民生银行、泸州老窖股份有限公司等“大院名企”签署战略合作协议。揭牌成立中国核动力研究院—四川大学联合实验室，联合开展基础研究创新及国家和行业重大技术攻关。与中国电信成都分公司建成四川首家“5G+XR”联合创新实验室，重点在场景教学、沉浸式学习、智慧课堂等方面开展合作研究。全国干部教育培训基地在中组部、教育部组织的首次质量评估中获评“优秀”等级。

（二）定点帮扶工作扎实推进。调整学校定点扶贫工作领导小组为定点帮扶工作领导小组，统筹推动巩固拓展脱贫攻坚成果与乡村振兴有效衔接。制定学校《定点帮扶甘洛县巩固拓展脱贫攻坚成果同乡村振兴有效衔接的工作规划（2021—2025 年）》，提出教育帮扶与人才培养等 7 项重点任务。在甘洛县直接投入帮扶资金 300 万元，引进帮扶资金 1 亿元，培训党政干部 714 人、技术人员 822 人，全面完成中央单位定点帮扶和四川省帮扶任务。5 个集体、5 名个人分别荣获“四川省脱贫攻坚先进集体”和“四川省脱贫攻坚先进个人”荣誉称号，学校在中央单位定点扶贫工作考核中获最高等级“好”的评价。

七、深入推进校园治理，服务师生员工水平稳步提高

（一）学校治理结构进一步完善。坚持和完善党委领导下的校长负责制，修订《中共四川大学委员会常务委员会会议议事规则》《四川大学校务会议议事规则》《四川大学专题会议议事规则》，健全学校议事决策机制。完成《四川大学章程》修订工作。深化新时代教育评价改革，修订学校《专业技术职务申报条件》《高级专业技术职务破格评审办法》，推进分类评价、代表性成果评价、长周期评价，完善同行专家评议机制；改革科研评价体系，修订文理工医科学研究奖励办法，制定学校科技期刊和哲学社会科学期刊及学术会议分级参考方案，引导广大教师做真科研、真学问、真贡献。成立四川大学律师学院。制定学校《关于落实〈国务院办公厅关于改革完善中央财政科研经费管理的若干意见〉的实施办法》，进一步完善学校科研经费管理制度；修订学校《公房使用管理办法》，规范公房管理和使用。制定四所附属医院章程，推动附属医院规范化管理。全面推进后勤管理体制机制改革，正在研究制定学校《关于深化后勤管理体制机制改革的若干意见》。

（二）公共服务能力有效提升。统筹

推进常态化疫情防控工作，组织开展新冠病毒疫苗集中接种工作，努力做到应接尽接；组织开展全员核酸检测 6 次，累计检测近 20 万人次，坚决守护校园安全防线。完成“云上川大”教学大数据分析决策系统项目初期、一期以及配套设备建设工作，新建“云上川大”移动客户端，大力提升校园信息化服务水平。新增安全应急技能综合训练中心等 3 个省级实验教学示范中心和虚拟仿真实验教学中心。完成校史展览馆的改版升级，更好地展示川大文化与川大精神。开展“学习书屋”等多项文化服务和学习空间升级改造工程，新增 8 种文献数据库，为师生提供高颜值的学习空间、高价值的文献资源和高品质的管理服务。完成锦城学院转设工作。转化医学国家重大科技基础设施临床研究核心基地华西医院转化医学综合楼正式启用，生物治疗转化医学大楼顺利竣工。匹兹堡教学中心大楼、江安高层学生电梯公寓 3 号、4 号、5 号楼相继建成交付使用。利用大运会场馆建设契机，全面完成望江校区文华大道和江安校区英烈纪念广场及周边环境综合治理与整体打造，校园颜值、环境气质和服务品质显著提升。入选首批国家知识产权示范高校、首批高校专业化国家技术转移机构建设试点单位，揭牌成立川大技转知识产权市场运营展示馆，总体完成学校所属企业体制改革工作。

（三）校庆和校友会及基金会工作扎实开展。举办建校 125 周年高质量发展大会、全球校友会会长秘书长工作会、第七届成都精准医学国际学术论坛、第七届生物医学大数据智能技术应用峰会以及各学院值年返校活动等 100 余场校庆活动，汇聚校友力量共谋发展。完善校友服务手段，推出民生银行校友联名卡、校友邮箱，丰富电子校友卡功能，校友服务水平有效提升。多家知名企业和校友捐赠 5.3 亿元助力学校世界一流大学建设。学校基金会获评民政部全国性社会组织等级评估 4A 等级，在同等级高校基金会中排名第 1。

（四）为师生办实事成效显著。加大离退休老同志关心关爱力度，为 6502 位老同志发放生日慰问费 237.68 万元，组织 3996 位老同志进行健康体检。开通财务智能报销平台，努力让数据多跑路、师生少跑腿。启动望江及华西校区老旧学生宿舍升级改造 15 栋、完工 12 栋，惠及学生超过 1 万人次。望江游泳馆及健身中心和江安校区健身中心建成投入使用，完成校医院望江院区改扩建二期工程，与双流区共建的四川大学江安校区配套幼儿园、小学已开工建设，积极推进中兴村等老旧小区改造整治，完成农林村产权办理近 400 户。开通校园穿梭车智慧电子站台，全面推进校内交通多媒体网络约车平台建设，构建教职工乘坐地铁补贴机制，为学校师生提供更加智能、便捷的交通服务。稳妥有序协调推进家属区业主自主增设电梯工作，24 个单元完成增设并交付使用。加大困难师生员工帮扶力度，58 名师生获得 128 万元帮扶基金资助，常规慰问帮扶困难师生员工 1888 人次、总计 254 万元。

党的建设篇

党建及组织工作

一、总体情况

截至2021年12月底，学校共有47个基层党委（党总支）、直属党支部，其中，党委35个、党总支10个、直属党支部2个，党支部957个（不含2个直属党支部）。

全校共有党员27862人，其中，在编在岗教职工党员5927人（不含院聘教职工），占在编在岗教职工总数的56.8%（专任教师党员3774人，占专任教师总数的57.1%）；离退休教职工党员2989人；学生党员13707人，占学生总数的20%（研究生党员10531人，占研究生总数的34.7%；本科生党员3176人，占本科生总数的8.4%）；其他党员5239人（包括已离校但未转出党组织关系的师生党员333人，自聘教职工党员4906人）。

二、重要事件

【配合完成中央巡视组和巡视集中整改工作】一是配合做好中央第七巡视组来校巡视工作。完成基层组织建设、干部队伍建设等清单任务49项，报送材料87份，组织安排谈话178人次。做好中央巡视选人用人专项检查工作，完成任务清单28份142项任务，报送材料394份，组织安排专项谈话12人。二是牵头承担组织路线落实工作组巡视整改工作。集中整改期间，组织参与会议11次，修订制定文件11项，承担的30条整改任务全部整改完成。三是做好选人用人专项检查整改工作。根据选人用人专项检查反馈指出的四方面问题，细化为10个具体问题，提出45项整改措施，召开专题会17次，制定修订学校《中层领导人员选拔任用工作实施办法》《关于加强政治监督的实施办法》等相关制度文件15个，召开选人用人工作专项整改销号会4次，开展提醒谈话9人次，组织处理1人；45项整改任务全部整改完成。四是撰写汇编学校《附属医院党建工作报告汇编》《附属医院关于进一步加强和改进党建工作报告汇编》《关于进一步加强和改进学校附属医院党建工作的报告》《关于中央巡视延伸附属医院巡视调研报告情况的整改报告》等相关材料。

【组织开展庆祝中国共产党成立100周年系列活动】一是学习习近平总书记“七一”重要讲话精神，组织全校党员集中收看庆祝中国共产党成立100周年大会，组织100名新党员代表开展入党宣誓活动。制定学校《党员组织生活具体内容安排的意见》，要求各基层党组织认真开展学习习近平总书记“七一”重要讲话精神。二是学校党委受到党中央表彰，荣获“全国先进基层党组织”称号。做好先进典型选树工作，经济学院经济系党支部等5个党组织获评四川省教育工委“先进基层党组织”；王玉忠、谭静等8人获得省级党内表彰。开展学校“两优一先”表彰，表彰“先进基层党组织”28个、“优秀共产党员”40人、“优秀党务工作者”10人。三是举行“光荣在党50年”纪念章颁发仪式，为985名党员颁发纪念章。四是开展“七一”走访慰问，慰问获得党内功勋荣誉表彰的党员、生活困难党员、老党员、老干部和烈士遗属、因公殉职党员干部家属950余人，发放慰问金、慰问品等累计96.5万余元。

【深入推进党史学习教育走深走实】一是制定《四川大学党史学习教育专题培训方案》，举办校领导班子党史学习教育专题读书班、中层正职领导干部专题研讨班、中层副职领导干部专题培训班、中青年干部专题研修班、基层党支部书记示范培训班、援派挂职干部培训班、学生党务工作者专题培训班等，共计培训2000余人次，为各基层党组织、党员、干部发放习近平同志《论中国共产党历史》及《中国共产党简史》《社会主义发展简史》《改革开放简史》《中华人民共和国简史》等各类学习书籍9.8万余册。二是开展“千名书记讲党课”活动。学校各级党组织书记以“明理、增信、崇德、力行”为主题开展“千名书记讲党课”活动。校党委书记王建国为全校403名学生党支部书记讲授专题党课。校长李言荣为联系的高分子科学与工程学院、华西口腔医学院、计算机学院（软件学院）的学生党员代表讲授专题党课。学校905名基层党支部书记讲授党课930余场，360余名党员领导干部讲授党课540余场。三是召开党史学习教育专题组织生活会，学校905个党支部围绕“学党史、悟思想、办实事、开新局”主题，召开专题组织生活会，11位党员校领导全部参加了所在支部的专题组织生活会。四是推广“党员志愿者先锋队”下沉社区，深入校园、社区、附属医院、学生班级宿舍、困难党员家庭等开展志愿服务活动，据统计各基层党组织发动党员为身边群众办实事1300余次，参与党员16000余人次。会同校团委，开展离退休党支部与学生团支部共建活动。

【扎实做好中层领导班子和领导人员换届调整工作】修订出台学校《中层领导人员选拔任用工作实施办法》，印发学校《中层领导班子和领导人员换届调整实施方案》，召开中层干部换届工作动员会，组建8个调研组分别赴基层单位开展全额定向推荐、谈话调研推荐以及会议推荐工作。根据学校党委部署安排，确保2022年1月基本调整到位。

【加强基层党组织和党员队伍建设】一是学习贯彻《中国共产党组织工作条例》《中国共产党普通高等学校基层组织工作条例》，并将其纳入“三会一课”、《党员组织生活具体内容安排的意见》重要内容。二是开展党建工作与事业发展融合考核工作，印发学校《基层党委（总支）、直属党支部书记抓党建工作述职评议考核办法》，召开2021年度基层单位述职评议考核大会。三是制定出台学校党委《关于改进大学生党支部设置做好在低年级大学生中发展党员工作的通知》，目前已实现有本科生的院（系）本科低年级党支部设置全覆盖。加大发展党员工作力度，截至2021年底，发展教职工党员236人、学生党员4000余人。四是举办教职工党员党史学习教育网络培训示范班，培训254人，完成《2019—2023年全国党员教育培训工作规划》自查评估工作。举办第150、151期发展对象培训班，共计培训5703人，其中，学生发展对象5336人、教职工发展对象367人。五是指导生物医学工程学院党委、国际关系学院党总支、空天科学与工程学院党总支、海外教育学院直属党支部做好选举工作；做好在网络空间安全学院、灾后重建与管理学院分别建立党总支的工作。2021年度划拨党员活动费 269.4 万元、党建活动费 180.83 万元。立项党建研究课题 22 项、党建特色活动 21 项，划拨经费 20 万元。

【着力打造忠诚干净担当的高素质干部人才队伍】一是完成 2020 年度校级领导班子民主生活会的准备工作，指导校内各基层党委（党总支）、直属党支部完成民主生活会的召开。校领导班子召开巡视整改专题民主生活会，对中央巡视指出问题的单位，高标准严要求指导其采用召开专题民主生活会的方式，深刻进行整改反思。二是配合完成 2020 年度校级领导班子和领导人员考核及选人用人“一报告两评议”工作。完成 78 个中层领导班子和 405 名中层领导人员 2020 年度考核工作，评定“优秀”中层领导班子 24 个、“良好”51 个、“一般”2 个；评定出“优秀”中层领导人员 103 名、“称职”300 名、“基本称职”2 名。完成 15 名中层领导人员试用期满考核工作。三是修订学校《基层单位领导班子任期目标责任考核实施办法》，按照实施办法开展任期目标责任指标单位的届满考核工作。四是配合中组部开展中管高校党委副书记推荐考察工作，配合省委组织部开展省直部门副厅级领导职务人选推荐考察工作，协助组织会议推荐 240 余人次、谈话推荐 210 余人次。完成校内 2 个正处级岗位、2 个副处级岗位的选任工作，2 名正处级、1 名副处级领导人员的平级交流任职工作。完成 2 个单位的合署办公、1 个单位的挂靠调整工作。完成 9 个正科级岗位、34 个副科级岗位的选任工作。五是推荐选派校领导 32 人次、中层领导人员 18 人、科级干部 8 人、教授 2 人、科员 2 人参加中组部、教育部、省委组织部、省教工委等上级部门组织的各类线上线下培训进修。六是加强干部日常监管。修订完善学校《中层领导人员因私出国（境）证件领用审批表》《2021 年中层领导班子和领导人员日常考核观察点》，编制学校《二级单位选人用人工作手册》和《党委组织部关于信访举报受理查核工作流程图》。举办个人有关事项集中填报培训会，组织 19 名校级领导人员和 180 名中层领导人员完成集中填报工作；完成 18 名中层领导人员的随机抽查、2 名中层领导人员的重点抽查工作。更新维护中层领导人员人事档案，补充干部人事档案材料 4453 页。审批中层领导人员兼职 84 人次。完成第九轮巡察选人用人专项检查。加强对二级单位选人用人工作的指导，督促 9 个重点单位认真落实整改。七是加强人才队伍建设。主办援派挂职干部培训班 1 期、联合举办港澳台及海归学者国情校情研习班 2 期，共计培训 210 人。推荐 9 人作为教育部外派储备干部，组织 1 人参加岗前培训、1 人开展顶岗锻炼。组织 35 人参加援疆援藏、定点帮扶、对口支援等挂职项目，其中 2021 年新选派 11 人。获四川省脱贫攻坚先进个人 2 人、四川省教育厅教育脱贫攻坚专项奖励 21 人、四川省贫困地区重大专项普查（调查）先进个人 1 人、江苏省第十三批科技镇长团优秀团员 2 人，推荐获评 2021 年度“感动川大”新闻人物 1 人。牵头编辑出版《脱贫攻坚与乡村振兴的理论与实践》一书；编印《挂职干部人才工作简报》7 期。接收 6 名干部来校挂职，其中，西北民族大学 5 名、西藏大学 1 名。

（以上资料由党委组织部桑启源提供）

党风廉政建设

一、总体情况

（一）履行协助职能，推动主体责任监督责任形成合力

一是自觉当好参谋助手。紧紧抓住压实主体责任这一“关键”，协助抓好工作谋划、部署和落实，及时向党委汇报上级纪委决策部署，提出贯彻落实建议 10 余项，校党委常委会听取工作汇报等议题 8 个。协助研究制定《四川大学 2021 年全面从严治党工作要点》，召开全面从严治党年度工作会，并对贯彻落实会议精神情况开展专项督查。二是扎实推进责任落实。结合校内巡察，对 8 个二级纪检组织履职情况开展专项检查；组织全校 47 个二级党委（党总支、直属党支部）开展落实全面从严治党责任自查自纠，有针对性地进行督促落实。2021 年，针对基层党委履行全面从严治党责任不力，严肃问责基层党组织 1 个、领导干部 4 人，推动“两个责任”贯通协同、一体落实。三是全力配合中央巡视。报送学校纪委履职情况等报告 5 个，承担综合协调等任务，协助完成资料准备等工作 11 项，配合提供材料 51 项。

（二）强化监督首责，切实提升监督质效

一是聚焦具体化实效化，突出政治监督。围绕习近平总书记重要指示批示精神、中央重大决策部署落实等强化政治监督，参加党委常委会、校务会等会议 124 次，开展工作调研、现场督导 53 次，与校督查办建立联动机制，推动“两个维护”落细落实。二是聚焦方案制定和整改执行，强化巡视整改监督。抓好方案制定、质量把关和进度督促三个重点环节，协助制定学校整改方案和 156 条整改举措，研究制定自身整改举措 26 项，召开各类专题会 20 余次，牵头整改“一周一销号”工作，反馈意见 100 余条，约谈提醒 25 人次，提出意见建议 27 条，督促巡视集中整改保质如期完成。三是聚焦“常态长效”，做实日常监督。注重抓“关键”少数、重点领域，与二级单位“一把手”及班子成员开展谈心谈话、约谈提醒 63 人次，统筹一些领域腐败风险清理整顿，督促整改问题 21 个，注重抓常态，组织开展各类监督 391 项，针对干部选拔任用出具党风廉政意见 84 人次，其他廉洁审核 4552 人次。

（三）坚持系统施治，一体推进“不敢腐、不能腐、不想腐”

一是从严开展执纪问责。组织办理信访举报及问题线索 237 件（含中央巡视移交 130 件），处置问题线索 81 件，初步核实 29 件，谈话函询 29 件，暂存待查 2 件，予以了结 21 件，立案 5 件。运用“四种形态”批评教育帮助和处理 39 人次，第二种形态 2 人次，第四种形态 1 人次。二是持续巩固作风建设成效。坚守重要节点，组织开展纠治“四风”，督促开展形式主义、官僚主义问题专项治理，查摆问题 95 条，制定整改措施 131 条。督

促解决巡视移交的涉及师生群众“急难愁盼”问题18件。三是强化廉洁风险防控。深入开展廉洁风险防控调研，组织召开专题会、调研会5次，形成风险分析及防控建议报告，推动完善制度10余项。四是突出纪法教育针对性实效性。分别编印发放干部和教学科研人员警示教育读本，督促各单位分类开展党风廉政宣传教育。

（四）加强自身建设，着力破解“不敢、不愿、不会”监督难题

一是突出思想政治建设。扎实开展党史学习教育，纪委主要负责人讲授“赓续百年辉煌，凝聚奋进力量，更好推进学校纪检监察工作高质量发展”主题党课，部门领导班子成员作专题辅导、微党课11人次；督促全体纪检干部加强政治学习，提高政治站位，增强斗争精神，履行政治责任，着力解决不愿不敢监督难题。二是强化业务能力建设。选派干部参加培训37人次，常态化组织执纪监督讨论会，编印各类工作指南，着力解决不会监督难题。三是注重队伍作风建设。强化自我约束，推动养成严谨细致的工作作风；践行“一线规则”，深入基层开展调研，干实事、解难题。四是注重发挥纪检监察体制改革制度优势。协助召开深化中管高校纪检监察体制改革一地六校调研座谈会；完善工作沟通和请示报告机制，主动争取上级领导支持，向上级纪委报送信息22件次，请示汇报10余次。

二、重要事件

【中央纪委国家监委卢希一行来校调研】2021年4月15日，中央纪委常委、国家监委委员卢希一行6人来校调研学校全面从严治党及学校纪委工作情况。卢希对学校党委、纪委工作给予了充分肯定，要求学校纪委在现有工作基础上，认真贯彻落实习近平总书记在十九届中央纪委五次全会上的重要讲话精神，从抓好党委主体责任、开展好政治监督、推动高质量发展等方面，抓好工作落实，总结出更多鲜活、可复制、可推广的川大经验。

【中央纪委国家监委喻红秋一行来校调研】2021年6月1日，中央纪委副书记、国家监委副主任喻红秋一行5人来校调研，在了解学校党委落实全面从严治党主体责任、纪委履行监督责任的基础上，重点调研关于深化中管高校纪检监察体制改革的意见建议，召开深化中管高校纪检监察体制改革一地六校调研座谈会，要求学校纪委要围绕会议精神落实和改革推进，系统学习监察法及其实施条例，自觉接受双重领导，自觉提升依法履职能力，为监察赋权做好准备。

【完善学校监督制度体系】协助出台《四川大学关于贯彻落实〈中共中央关于加强对“一把手”和领导班子监督的意见〉的实施办法》，细化工作举措22项，为开展“一把手”和领导班子监督工作提供了基本遵循。制定学校纪委《关于加强政治监督的实施办法（试行）》，聚焦18项重点内容，明确5项主要监督方式，推动政治监督的具体化、常态化、规范化。修订学校纪委《关于加强日常监督的实施办法》，制定学校纪委和二级纪委日常监督工作指南，提升主动发现问题的能力。此外，还制定或修订了学校纪委关于内部监督、廉洁意见办理等制度、机制及相关规范12项，进一步健全完善了学校监督制度体系。

（以上资料由纪委办公室张莉提供）

巡视工作

2021年，巡视工作办公室在学校党委的坚强领导下，深入学习贯彻习近平总书记关于巡视工作重要论述，落实中央、教育部党组和学校党委关于巡视工作的决策部署，坚持“一体两翼两支撑”的工作格局，持续探索符合高校特点、具有川大特色的校内巡视做法，紧紧围绕党史学习教育、庆祝建党100周年和学校“十四五”开局、“双一流”建设等学校重大决策部署开展政治监督，持续推进校内巡视工作。

一、统筹推进四轮校内巡察

一是推进第六、七、八轮巡察整改，组织向领导小组、学校党委汇报了第六、七、八轮巡察整改进展情况。二是组织开展第九轮巡察，对8个二级单位党组织开展常规巡察，并对机关党委所辖12个未接受巡察的职能部门党支部开展延伸巡察。

二、全力配合中央巡视

一是认真做好迎接新一轮中央巡视准备工作。积极参与学校上一轮中央巡视整改任务和深化整改任务落实情况的督查审核，有力推动了整改任务的深化落实，为做好迎接第七轮中央巡视准备工作提供了有力支撑。二是全力配合中央第七轮巡视。牵头学校配合中央巡视工作的巡察专项工作组，参与5个专项工作组，向巡视组提交了巡察工作专项报告，全力配合开展谈话、调阅材料等工作。三是督促落实中央巡视整改任务。参与学校巡视整改工作领导小组和工作专班，对各单位的整改举措和整改质量进行把关，有力督促整改任务落实到位。四是对标对表中央巡视。深刻剖析中央巡视组指出学校巡察工作存在问题的根源，研究制定了切实有效的整改措施，强化业务培训，完善机制制度，开展清理督查，对标中央巡视优化改进了工作方法、标准和流程，进一步完善了“以中央巡视带校内巡视开展，以校内巡视促中央巡视整改”的上下联动机制。

三、持续推进制度建设

一是强化制度规范。制定出台了《四川大学党委巡视工作领导小组工作规则》《四川大学党委巡视工作办公室工作规则》和《四川大学党委巡视组工作规则》，固化实践经验和有效做法，进一步规范学校巡视机构的工作程序，保障巡视工作依规依纪依法开展。二是构建联动监督网。贯彻落实《关于加强巡视巡察上下联动的意见》精神，以巡视监督与其他监督的贯通融合为主体，将加强整改落实和成果运用制度嵌入其中，制定出台了《四川大学关于校内巡视监督与其他监督贯通融合的实施办法（试行）》，建立健全情况双向通报机制、人员选派共同研商机制、现场巡视期间协同配合机制、巡视成果贯通运用机制、巡视整改联动监督机制等五个协同机制，织细织密监督网络，有效强化巡视监督与其他监督的统筹衔接和协作配合，实现整改一点、治理一线。三是以信息化促规范化。认真贯彻落实中央巡视办关于信息化建设指导意见要求，强化信息数据综合运用和安全管理，为巡视高质量发展提供科技手段和技术支撑。

四、着力推动整改走深走实

一是夯实整改责任。巡视办会同组织部、纪委办现场指导 25 个单位领导班子召开专题民主生活会，协助分管巡察工作的校领导与被巡察单位负责人开展整改谈心谈话 52 人次，切实压实巡察整改主体责任。二是严把整改质量。会同纪委办、巡察组联合审核整改方案和整改进展情况报告，督促指导整改措施聚焦对位、落地见效。第六至九轮巡察共发现问题 795 个，制定整改措施 1502 项，集中整改期已完成措施 1460 项，完成率为 97.2%。三是开展清理督办。对前八轮巡察整改情况进行全覆盖专项督查，抽取 6 个单位进行现场督查；对第九轮巡察整改开展全过程进行监督提醒。依托学校党史学习教育督查指导组开展了实地调研，深入了解整改落实情况和师生对整改的评价。四是推动联动整改。通报 2020 年以来巡察发现的 12 类 32 项典型问题，要求各单位未巡先改、已巡再改、联动整改。督促提醒相关职能部门按照职能责任，落实学校巡察工作相关决议事项，与被巡察单位上下联动整改。

五、不断强化队伍建设

一是加强教育培训。制定了《关于开展校内巡视干部专项培训的工作方案》，强化专兼职巡视干部培训学习，开展了“准确认识和把握政治巡视要求”等专题学习研讨，邀请四川省委巡视机构领导开展专题辅导。二是优化调整巡视人才库。会同组织部优化形成了包含 254 名专兼职巡视干部的人才库，制定了《巡视人才库管理办法（试行）》，强化人才库的管理使用。三是加强专职巡视干部队伍建设。调研了中管高校巡视组专职人员配置情况，形成巡视组专职岗位设置建议方案。选聘 2 名专职巡视干部，加强巡视办人员力量。四是加强交流合作。接待武汉大学等高校同仁调研交流，广泛开展互学互鉴。深入推进与兄弟高校共同承担的教育部人文社科研究专项项目和学校党政管理服务研究项目。专职巡视干部发表理论文章 1 篇，副主编高校巡察工作工具书 1 部。

【召开四川大学 2021 年巡察工作会议暨第九轮巡察工作动员部署会】2021 年 4 月 8 日，组织召开学校 2021 年巡察工作会议暨第九轮巡察工作动员部署会，认真学习贯彻习近平总书记在中央纪委五次全会上的重要讲话精神，深刻领悟“全面从严治党首先要从政治上看”的时代内涵，从五个方面对巡察工作进行了全面谋划部署，动员部署了学校第九轮巡察工作。

【实现学校第八届党委巡察全覆盖】通过九轮巡察，对 73 个二级单位党组织和机关职能部处开展了巡察监督，实现了第八届党委巡察全覆盖。

【学校“巡察”更名为“巡视”】2021 年 11 月，学校落实中央要求，将“巡察”更名为“巡视”，推动学校巡视工作进入新阶段。

（以上资料由巡视工作办公室许海青提供）

宣传教育工作

一、思想政治教育与意识形态工作

及时学习习近平总书记最新重要讲话、指示批示精神。学习贯彻习近平总书记在党史学习教育动员大会、全国“两会”、两院院士大会、中国科协第十次全国代表大会、庆祝中国共产党成立100周年大会、中央人才工作会议等会上的重要讲话精神；印发学校《2021年校院党委（党总支）、直属党支部理论学习中心组重点学习内容安排》；召开校党委理论学习中心组学习会14次，将习近平总书记重要讲话纳入校领导班子专题学习，编印《习近平总书记关于高等教育的重要论述摘编》等中心组学习资料39期。

扎实开展党史学习教育。印发学校《关于开展党史学习教育的实施方案》，成立由校党委书记、校长任组长的党史学习教育领导小组，召开学校党史学习教育动员大会，以及党史学习教育领导小组会38次。教育部党史学习教育高校第十一指导组对学校党史学习教育工作给予充分肯定。向中央、教育部、四川省委、四川省教育厅党史学习教育领导小组办公室报送党史学习教育特色材料，各级领导小组65期简报刊发学校经验做法，其中中央简报10期、教育部简报13期、省委简报12期。中央党史学习教育官网采用学校特色做法文章8篇，教育部官网、全国高校思想政治工作网、学习强国发布学校党史学习教育相关专题报道100篇。

认真组织学习习近平总书记“七一”重要讲话精神。印发学校《关于组织开展庆祝中国共产党成立100周年系列主题活动的通知》，组织集中收看庆祝中国共产党成立100周年大会，召开校党委理论学习中心组专题学习会，印发学习贯彻习近平总书记“七一”重要讲话精神工作方案，通过宣传教育活动营造“党的盛典、人民的节日”的浓厚校园氛围。

召开校党委理论学习中心组学习（扩大）会议，学习党的十九届六中全会精神，制定学习贯彻六中全会精神工作方案。中央宣讲团成员，中央政策研究室副主任、秘书长林尚立同志到校宣讲十九届六中全会精神。组建专家宣讲团深入师生开展宣讲活动。组织校院两级中心组学习贯彻《习近平法治思想概论》《习近平法治思想学习纲要》《中华人民共和国教育法2021》。召开学校法治宣传教育工作领导小组会暨“宪法宣传周”专题会，开展“法律进校园”“宪法宣传周”系列宣传教育活动，向教育厅报送学校2021年“宪法宣传周”系列活动特色做法。

扎实做好意识形态工作。向中央第七巡视组提交学校党委意识形态工作责任制落实情况专题报告，报送意识形态工作专项检查重点任务材料45项。召开2次党委常委会、3次巡视整改工作领导小组会、校党委理论学习中心组学习专题会、巡视整改专题民主生活会，学习贯彻习近平总书记关于巡视工作的重要讲话精神、习近平总书记在听取十九届中央第七轮巡视情况汇报时的重要讲话精神，制定意识形态工作责任制专项检查整改方案和整改台账，形成91项具体整改措施，向中宣部报送了专项检查整改方案和整改台账。召开4次意识形态工作专项整改工作会，91项整改措施全部完成，向中宣部报送专项检查整改进展情况报告。修订学校党委《贯彻落实〈党委（党组）意识形态工作责任制实施办法〉的实施细则》，召开5次常委会、12次意识形态工作领导小组会研究意识形态工作。推进中宣部舆情直报平台建设，报送舆情110篇，24篇获采纳。开展省委意识形态工作专项督查，向省委教育工委提交学校意识形态工作责任制落实情况自查报告，向教育部党组、省委宣传部、省委教育工委报送意识形态工作情况报告。开展第九轮校内巡察和意识形态工作责任制落实情况专项检查，召开中央巡视意识形态专项整改工作布置会，针对基层党组织健全意识形态工作机制开展专项督查，压实基层意识形态工作责任制。

二、新闻宣传工作

深入学习贯彻习近平新时代中国特色社会主义思想和党的十九大精神，重点围绕庆祝中国共产党成立100周年、学习宣传贯彻十九届六中全会精神、党史学习教育、疫情防控、乡村振兴、中央巡视、学校双代会暨年度工作布置会、“挑战杯”红色赛道等活动，精心组织宣传工作，为全面加快推进学校“两个伟大”汇聚精神力量。开设庆祝建党百年暨党史学习教育专题专栏，宣传“中国共产党在川大”红色品牌，聚焦“学院、学者、学术、学生”亮点，依托主页“特稿”栏目群、“川大人物”栏目以及校报“特写报道”板块开展专题报道110次。编发网络新闻2900条，全年新增访问量1850万。建设“热烈庆祝中国共产党成立100周年暨党史学习教育专题网站”，阅读量100万；加强各专题专栏建设，“众志成城战疫情”专栏发布文章1800条。

校报出刊19期，制作庆祝中国共产党成立100周年专刊，开设“庆祝中国共产党成立100周年暨党史学习教育”专栏，副刊开设“马克思主义理论与实践活动”和“深入学习贯彻习近平新时代中国特色社会主义思想”专栏，制作“新学年工作布置会暨双代会”“三大教学奖”专刊。刊发20篇人物通讯宣传优秀典型。教育电视台制作《川大新闻》33期137条，拍摄《我为群众办实事》系列报道、四川大学《党史小故事》、全国大学生党史知识竞答大会、校党委书记党史学习教育专题党课、庆祝建党百年主题音乐会、学校“两优一先”表彰大会、川渝高校辩论邀请赛、毕业典礼、开学典礼等专题片20部；制作“四川大学2021级新生开学第一课”3部。创建学生新闻“知闻川大”栏目。

协助人民日报、新华社、光明日报、中央电视台进校采访报道300次。向中央及省市媒体推荐学校重大事件、先进典型220次。人民日报、光明日报、中央电视台等重要媒体报道学校1100次，其中《人民日报》82条、《光明日报》99条、中央电视台72条、《科技日报》31条、新华网93条、人民网187条、光明网128条、央视网115条、《四川日报》227条等。中央电视台《新闻联播》10次报道学校党史学习教育、传承红色基因、驰援疫情防控等工作；《人民日报》头版专栏以“党史学习教育引导高校师生知史爱党知史爱国——为祖国为人民永久奋斗赤诚奉献”为题、《光明日报》头版以“去攀登，追求更有高度的人生”为题，报道师生学习“党史大课”；《光明日报》整版关注学校党史学习教育情况，报道学校大力培育新时代红色传人特色工作和红色文化融入学生青春血脉的生动故事。编辑《媒体川大》简报50期。

三、校园文化建设

协助中央电视台拍摄《山河岁月》。拍摄《红梅花开》党史故事片讲述校友江竹筠烈士的革命故事。举办“中国共产党在川大百年历程”大型专题展览，印制《中国共产党在川大》主题画册。协助校史馆拍摄《烈火淬金——四川大学共产党组织的创建与发展》学校党史宣传纪录片。汇编学校红色宣传视频作品，制作《传承红色基因，践行初心使命——四川大学庆祝中国共产党成立100周年红色主题视频》音像制品。在100个橱窗发布庆祝中国共产党成立100周年、党史学习教育主题海报。举办“开展党史学习教育，筑牢奋斗初心使命——热烈庆祝中国共产党成立100周年”主题宣传橱窗汇展活动。设立庆祝建党百年创意造型主题喷绘6个，悬挂灯杆国旗150组，制作“两优一先”风采展主题橱窗、电子屏滚动播放红色主题宣传片；组织“从党的百年奋斗重大成就与历史经验中增强信心汲取力量，全面加快推进学校‘两个伟大’——深入学校贯彻党的十九届六中全会精神”主题宣传橱窗汇展活动，参加中央电视台五四青年节特别节目“数风流人物——致敬建党百年英雄模范”录制工作。推荐优秀作品参加第六届全国高校“礼敬中华优秀传统文化”系列征集活动。参与“中国梦”主题新创作歌曲征集申报。

组织开展第七届校园文化建设精品项目申报评选工作。开展第七届“光影川大”摄影大赛，协助完成望江校区南门橱窗改造工程。重建华西校区主题宣传橱窗。协助上级部门完成关于中华优秀传统文化、校园文化方面的调研工作。利用校园媒体平台开展中华优秀传统文化的宣传推广活动。向四川省文明办、四川省教育厅提交全国文明校园建设自查报告。

四、网络文化及融媒体建设

推进融媒体中心建设，构建媒体融合联动管理中心、校园舆论舆情大数据分析中心。“大川”官微发布4000条微博，总阅读量4.8亿次，粉丝93.5万。“党史故事大川讲述”“庆祝建党百年”等话题发布100条信息，阅读量600万，转评赞8000+次。对学校疫情防控等进行全程报道，总阅读量6000万次，点赞30万次。推出《四季川大》等作品，总阅读量200万次。开展“我为建党百年献祝福”“毕业照大秀场”“毕业季”“高考加油”“我在川大等你”等线上线下活动。策划推出的“四川大学建校125周年”话题，被新浪微博评选为“微博校园优秀矩阵案例”。“大川”官微综合影响力指数排名前十，获“2021年度最具影响力高校官方微博”称号、“2020四川教育政务新媒体高校微博影响力奖”。“大川”官方微信粉丝53万，全年推送300期，位列中国大学官微排行榜第7。《“死磕”数学，成功直博！她说：我承认我有赌的成分！》《神仙友谊！川大同寝姐妹花携手集体保研！》推文被人民日报微信公众号、中国青年报微信公众号、共青团中央微信公众号转发。“大川”官方抖音号发布200条原创作品，点赞156万，粉丝19万。“大川”官方微视推送“高歌新时代 起航新征程”四川大学2021年新年晚会等作品。与教育部政务新媒体合作，拍摄《“我看思政这五年”·学子说》短视频。

组织庆祝建党100周年新媒体原创作品大赛暨第六届网络文化节、“党史立心筑梦复兴”四川大学庆祝中国共产党成立100周年网络知识竞赛；依托官方微博开展“我为建党百年献祝福”微活动。推荐学校专家申报全国高校网络教育名师培育支持计划。建好用好“庆祝中国共产党成立100周年暨党史学习教育专题网站”和“学习革命先辈崇高精神 争做又红又专时代新人”红色专栏。完成第十七届“挑战杯”全国大学生课外学术科技作品竞赛VI设计征集评选。主页“映像图志”频道、主题橱窗、校园公益广告栏、校园LED屏加强“川大映像”文化视觉传播。100多个橱窗和宣传栏发布重大主题宣传海报3次，主页发布“映像图志”视觉文化作品80个，LED屏播放宣传作品200个，以“《新时代爱国主义教育实施纲要》宣传”“庆祝建党百年”“学习贯彻十九届六中全会精神”为主题，组织主题橱窗汇展活动6期，提供标语40条。

（以上资料由党委宣传部张宏辉提供）

统战工作

截至2021年12月底，学校有7个民主党派基层组织，32个支部，民主党派成员1361人，其中民革126人、民盟367人、民建147人、民进94人、农工党194人、致公党92人、九三学社341人。有各级人大代表30人、政协委员58人，其中全国人大代表5人、省人大代表7人、市人大代表9人、区人大代表9人，全国政协委员4人、省政协委员15人、市政协委员27人、区政协委员12人。有四川省政府参事4人、成都市政府参事7人，中央、省市文史研究员馆馆员11人、特约馆员4人。

一、党外干部队伍建设

学校常务副校长、民进省委副主委许唯临教授当选为中国工程院院士。学校党外干部有常务副校长1人、副校长1人、校长助理1人、中层干部48人。新推荐全国无党派人士重点人选2人、市政府参事1人、续聘市政府参事2人，新增省文史研究馆馆员、特约馆员2人，1人当选四川中国和平统一促进会副会长、2人当选理事。在武侯区、双流区人大和政协换届中，学校5名党外人士当选区人大代表，11名党外人士当选区政协委员。在各民主党派成都市委员会换届中，学校3人当选主委，7人当选副主委，8人当选常委，16人当选委员。1人增补为第四届四川知识分子联谊会理事。1人当选四川留学人员联谊会副会长兼日韩分会会长。70名专家入选新一届四川省侨联特聘专家委员会。

二、参政议政与社会服务

各民主党派发展新成员37人，其中，副高及以上职称17人，28人具有博士学位。各民主党派和统战团体通过科技扶贫、业务培训、义诊活动、法律咨询、专题讲座等方式组织和参加各类社会活动172项，提交提案、报告和建议210项，获市级以上奖励121项。农工党四川大学委员会华西支部受农工党中央表彰，荣获“农工党脱贫攻坚民主监督工作先进集体”称号。四川大学侨联荣获“全国侨联系统抗击新冠肺炎疫情先进集体”称号。知联会举办高等院校专业咨询大型教育公益活动，为广大考生和家长答疑解惑。留联会积极参与乡村振兴与基层治理，探索民族地区乡村振兴发展新路径。侨联在双流新建专家工作站，把侨界专家的智力资源与地方发展需求相对接，《四川大学侨联专家工作站探索与实践》被评为全省统战工作实践创新优秀成果。

学习中央民族工作会议精神和全国宗教工作会议精神，召开专题会议研究贯彻落实举措。召开宗教工作小组例会、专题会9次，举办全校宗教工作培训会和宗教工作形势报告会2场。面向全校新生发放宗教知识手册2万余册，在新进教职工培训会、港澳台及海归学者国情校情培训会中宣讲党的宗教政策。会同马克思主义学院修订学校《在思想政治理论课中融入马克思主义宗教观教育实施方案》。

三、信息宣传与交流

在统战部部门网页、学校新闻网、微信公众号发布新闻150余条，获评学校“2020年度宣传思想工作先进单位”称号。推荐3人参加市委统战部组织的“党外知识分子风采征集活动”。学校统战部在民主党派基层组织建设工作经验交流会、全国高校侨联建设工作经验交流会、全国高校统战干部能力提升培训班上做交流发言。协助完成农工党中央来校开展“织牢国家公共卫生防护网”有关调研工作。与省委统战部共同承办海外华侨华人专业人士国情研修班。

四、重要事件

【加强党对统一战线集中统一领导】将《中国共产党统一战线工作条例》学习纳入校院两级党委理论学习中心组学习的重要内容，召开学校统战工作领导小组会，研究部署相关工作。制定实施《中共四川大学委员会常委联系民主党派、统战团体、党外代表人士工作制度》《四川大学各民主党派、统战团体负责人建言献策“直通车”制度》。学校党委常委分别参加了所联系民主党派和统战团体的“学习贯彻习近平总书记‘七一’重要讲话精神”座谈会，与党外人士深入交流。

【全力做好中央巡视整改】切实提高政治站位，全力配合做好中央巡视整改工作。针对中央巡视意识形态专项检查反馈意见中提出的两方面问题，认真做好统战部牵头的4项任务。先后召开3次巡视整改专题会议、1次各民主党派与统战团体工作联席会和3次宗教工作小组例会，研究部署整改工作，确保各项整改任务落地落实。截至2021年底，4项整改任务全部完成。

【政治引领和思想建设】以庆祝中国共产党成立100周年为契机，引导校内各民主党派、统战团体通过学习培训、座谈研讨、外出考察等多种形式开展“感悟伟大历程 凝聚奋进力量”系列庆祝活动。积极引导党外知识分子通过多种方式深入学习中国共产党十九届六中全会精神和全国“两会”精神，组织召开党外知识分子学习中国共产党十九届六中全会精神座谈会并交流学习体会。

（以上资料由党委统战部黄一提供）

离退休工作

一、总体情况

2021年，老干部党总支、离退休工作处坚持以习近平新时代中国特色社会主义思想为指导，深入学习贯彻习近平总书记“七一”重要讲话精神和习近平总书记关于老干部工作的重要指示精神，紧紧围绕学校中心工作，积极做好全校离退休人员的日常管理、服务保障等，充分调动和发挥老同志的作用，维护学校和谐稳定，助力学校高质量发展。

截至2021年12月底，学校离退休人员总数为8600人（含医院），其中，离休干部84人、100岁及以上8人、90至99岁408人、80至89岁2457人、70至79岁2076人。

二、重要事件

【以党史学习教育为主线抓实抓好党建工作】紧紧围绕“学党史、悟思想、办实事、开新局”总要求，将学习贯彻习近平总书记在党史学习教育动员大会上的重要讲话精神与学习习近平总书记“七一”重要讲话精神、党的十九届六中全会精神相结合，推动党史学习教育取得实效。2021年，老干部党总支组织开展党史学习动员大会1次、总支工作会议11次、宣讲报告会2次、老同志座谈交流会5次、班子成员讲党课4次、中心组理论学习12次（含4次专题学习）、教职工政治学习7次、“争做新时代老干部工作排头兵”主题培训2期、参观见学2次，编印《党员学习手册》2期。召开“我为群众办实事”老同志代表调研座谈会、举办老年健康讲座等。记录老党员革命故事，在工作网站中开辟“五老故事”专栏进行宣传报道。

【开展庆祝中国共产党成立一百周年系列活动】组织召开离退休老领导、老干部、老教师、老年平台骨干座谈会、报告会和举办参观学习、文艺演出、书法摄影展等各类活动41场次。七一前夕，协助组织部做好“光荣在党50年”纪念章颁发仪式，配合学校党委做好走访慰问老党员、困难党员工作，与老年平台共同举办庆祝活动3次。向教育部推送2位百岁高龄老党员的故事并被收入《百岁人生——教育部直属系统百岁老人话健康（第二辑）》。向教育部推送1位退休老党员撰写的文章《永葆初心，“老骥伏枥、志在千里”的一生追求》被《心路——教育部直属系统老同志庆祝中国共产党成立100周年文集》收录。组织收看庆祝中国共产党成立一百周年大会，推出庆祝建党一百周年宣传专栏。

【用心用情做好离退休老同志服务保障工作】组织召开四川大学离退休工作委员会、关心下一代工作委员会会议，总结2020年工作，部署2021年工作。为12位离休干部申报提高报销医疗标准待遇，其中3位享受省（部）级、9位享受副省（部）级待遇；全年下拨二级单位退休人员活动费163.69万元、福利费102.66万元；为6502位老同志发放生日慰问费

237.68万元；发放新中国成立初期部分退休干部门诊医疗补助22.4万元；组织3996位老同志进行健康体检；帮扶离退休人员共计428人次，帮扶金额53.55万元；30位退休人员获得学校困难师生员工帮扶基金，共计61万元；看望慰问离退休人员706人次，丧葬慰问141人。配合相关部门做好离退休同志新冠疫苗接种工作，截至2021年12月底，离退休人员（校编）已接种4587人次，能接应接人员接种率达95.64%。

【坚持校情通报和二级单位联络员培训制度】2021年1月，召开四川大学2020年离退休同志校情通报会，校党委书记王建国、校长李言荣、校党委常务副书记曹萍分别向离退休同志代表通报校情。重阳节前夕，校党委常务副书记曹萍向全校老年平台骨干60余位老同志通报校情，听取老同志意见和建议。全年组织召开离退休工作联络员培训暨工作布置会2次。

【做好年度表彰工作】组织开展四川大学2019—2020年度离退休工作和关心下一代工作先进集体、先进个人评选及表彰工作，评选出10个离退休工作先进集体、40名离退休工作先进个人、10个关心下一代工作先进集体、37名关心下一代工作先进个人。

【扎实推进关工委工作】制定实施《中共四川大学委员会关于加强新时代学校关心下一代工作的实施意见》。开展“读懂中国”活动，获教育部关工委2021年“读懂中国”活动最佳征文3篇、优秀征文1篇，校关工委和4个二级关工委获优秀组织奖。组织召开四川大学关工委成立30周年庆祝表彰大会，编印《四川大学关工委30年》纪念册，向57名参加关工委工作20周年以上的老同志颁发荣誉证书和498名关工委工作的老同志颁发纪念证书。

【离退休服务信息化建设】2021年4月，学校离退休工作信息化管理系统完成验收并正式启用，是省内首家完成建设并投入运行的高校，在2021年四川省教育厅召开的高校离退休干部工作会上，学校作离退休信息化工作专题报告。完善空巢、孤寡、独居、失能离退休人员数据库和全校二级单位退休骨干人员数据库。

【离退休工作、关工委工作荣誉】杨静波同志荣获中共中央组织部、人力资源和社会保障部“全国先进老干部工作者”称号。校关工委荣获“全国教育系统关心下一代工作先进集体”“四川省教育系统关心下一代工作先进集体”称号；唐登学同志荣获“全国教育系统关心下一代工作先进工作者”称号和“四川省教育系统关心下一代工作突出贡献奖”；化学工程学院关工委、华西医院关工委荣获“四川省关心下一代工作先进集体”称号；汪朝清、陈扬熙同志荣获“四川省关心下一代工作先进者”称号；梁明征、赵雪琴同志荣获“四川省教育系统关心下一代工作先进工作者”称号。离退休工作处在教育部直属高校中率先开展2021年四川省高校离退休干部工作调研，得到了教育部离退休干部局肯定性批示，并通过教育部公众号报道。

（以上资料由离退休工作处陈祥提供）

工会、教代会工作

一、总体情况

截至2021年12月底，四川大学工会会员数为29105人，其中编制内会员10425人；工会分会42个；工会小组505个，专兼职工会干部900余人。第三届工会会员代表大会下设工会委员会、工会经费审查委员会；工会委员会下设女教职工委员会、青年教职工委员会。第四届教职工代表大会代表因调离或去世原因减少5人，现有代表481人。教职工代表大会下设民主建设工作委员会、生活福利工作委员会、财经监督工作委员会、提案工作委员会四个专委会，共有委员48人。校工会为其工作机构。校工会设有综合科、组织建设科、宣传教育科、民主建设科、学校人事争议调解委员会办公室（挂靠），共有专职工作人员22人。

二、重要事件

【民主建设工作】召开四川大学第四届教职工代表大会暨第三届工会会员代表大会第五次会议（以下简称“双代会”）。2021年“双代会”与2021年学校年度工作布置会于2月26日以“主会场+分会场”视频会议的形式合并召开。大会围绕2021年度学校工作要点以及书记讲话要求、校长报告要点，对《四川大学“十四五”事业发展规划（征求意见稿）》《四川大学章程（修正案）（征求意见稿）》进行了讨论交流，书面审议了《学校财经工作报告》《学校教代会、工会工作报告》。会后及时整理、汇总代表及非代表中层干部的意见建议271条，相关意见建议得到学校高度重视并发挥重要作用，进一步确保了“双代会”的召开与学校中心工作深度融合。持续加强二级教代会、教代会专委会及“双代会”代表团团长、教代会专委会主任联席会议的工作机制建设，出台《四川大学教职工代表大会提案工作规定》，明确提案和教职工意见建议的分类办理机制。2021年“双代会”共征集提案34份，其中立案25份（重要提案1份、一般提案24份）。校务公开栏全年共出6期，公开选拔干部信息8人次；督促指导工会分会配合二级单位党政做好院务公开和季报工作，完成院务公开事项共计3902项。

【维权服务工作】参加19次共94名学校各单位应聘人员的选拔、续聘工作，接受教职工对劳动人事争议问题的咨询3件。校院两级调解组织受理案件1件，参与基层协调、咨询4件，从源头上维护教职工合法权益。开展学校困难师生员工帮扶基金专项帮扶2次，共有58名因年内首次确诊或长期罹患重大疾病致贫致困的师生获得帮扶金128万元。做好“七一”前后走访慰问困难教职工送关爱活动，发放慰问金4.2万元；制定实施学校《教职工会员慰问实施办法》，提高元旦春节在职困难教职工帮扶金标准，共计帮扶106人，发放慰问金47.7万元。全年慰问帮扶在职教职工148人次、96.7万元。组织完成元旦、春节、五一、端午、中秋、国庆和逢五逢十教职工生日慰问，共计慰问会员 53343 人次、766 万元。冬至时节向教职工送出爱心扶贫羊肉汤近 3000 份。春节前夕慰问劳模 35 人，发放慰问金 11 万元。协助劳模解决实际困难 9 人次，为 11 名省部级以上年满 70 周岁的劳模申请荣誉津贴。四川大学屠重棋劳模创新工作室获批第五批省级劳模工作室。为全校各级劳模做好体检、就医、疗休养等各类服务。

【换届选举工作】完成学校武侯区、双流区人大代表换届选举四川大学选区办公室的日常工作。在学校选举工作领导小组的领导下，统筹协调四川大学 4 个选区人大代表换届选举各项工作。全校 83807 名选民中有 72225 名选民参加了选举，参选率 86.18%，选举出武侯区第八届人民代表大会代表 8 名，双流区第十九届人民代表大会代表 1 名。

【青工女工工作】举办第二期“四川大学青年教师教学成长营”，来自全校 36 个教学单位的 104 名青年教师参加，为推荐选拔参加四川省第六届青教赛进行了系统培训，也进一步提升了青年教师的教学设计和课堂教学能力。举行“春华秋实川大梦 勠力同心展新篇”四川大学 2020—2021 新进教职工入会仪式暨团队建设活动；支持工会分会开展青年教职工午间研讨会、学术沙龙等，搭建跨学院跨学科的青年教师沟通交流平台。打造教职工亲子活动新模式，联合有关工会分会，精心组织教职工“六一”亲子活动周。优化“美丽川大 魅力女性”主题活动月、“川之芳华女教职工发展计划”等女工品牌工作。开展“扬帆新征程 巾帼建新功”校院两级女工干部培训及女性流动课堂等活动，举办“琴瑟和鸣 银婚共喜”四川大学 2019—2021 年度教职工银婚纪念庆典。深入挖掘和推荐了一批先进女教职工集体及个人：华西临床医学院（华西医院）荣获“2020 年度全国三八红旗集体”称号，高分子研究所王琪院士荣获“2020 年度全国三八红旗手”称号；华西医院呼吸与危重症医学科护理团队荣获 2021 年“全国五一巾帼标兵岗”称号；华西口腔医学院（华西口腔医院）叶玲荣获“2020 年度四川省三八红旗手标兵”称号，华西临床医学院（华西医院）李卡、华西药学院黄园、建筑与环境学院熊峰荣获“2020 年度四川省三八红旗手”称号；四川大学图书馆荣获“2020 年度四川省三八红旗手集体”称号，华西第二医院产科荣获 2021 年“四川省巾帼文明岗”称号。

【校园文化建设】制定学校《工会系统贯彻落实党史学习教育及庆祝中国共产党成立 100 周年主题活动方案》，实施四川大学工会、教代会史研究，举办“学党史，干实事”学校工会分会主席、教代会专委会负责人及基层工会干部信息化工作培训、工会干部意识形态工作培训等专题教育培训，开展隆重庆祝中国共产党成立 100 周年系列活动等。支持各工会分会通过参观革命遗迹、诵读红色经典、开展党史竞赛等丰富的形式和举措进一步拓宽“我为群众办实事”实践活动内涵。持续打造工会“乐捷课堂”品牌培训项目，组织开设 35 个班，1000 余名教职工踊跃报名参与。举行 2021 年四川大学教职工运动会，共有 41 个工会分会、教职工 2900 余人次参加。

【自身建设工作】《四川大学工会、教代会制度汇编》编制成册。按照学校《工会分会工作考核实施办法》深入做好对工会分会年度工作的考核，考核结果为优秀的 37 个，良好的 5 个。校工会网上服务平台实现了对学校四个附属医院的全覆盖，优化了工会小组功能开发、场地预约管理、微信号智能回复等子系统，为教职工提供了更便捷的服务。完成第五批工会分会特色工作的申报和立项，21项特色工作和3个品牌项目获批资助，支持经费46万余元。向四川省教科文卫工会推荐特色精品品牌工作优秀项目6个，获得一等奖3个、二等奖2个。分别向四川省总工会、教育部第27次直属高校工作会议、中国高等医学教育工会理论研究会2021年理论研讨会等报送调研课题12个、论文10篇。校工会网站发布新闻报道51篇，向中国教科文卫体工会、四川省总工会、四川省教科文卫工会和学校网站主页报送重大新闻稿件6篇；发布工会分会工作动态175篇；更新校工会宣传橱窗6期；微信公众平台全年推送信息41篇，累计阅读量39111人次。

（以上资料由校工会袁铁真提供）

安全保卫工作

2021年，党委保卫部（处）坚持以习近平新时代中国特色社会主义思想为指导，以开展党史学习教育为契机，全面学习贯彻党的十九大及历次全会精神，主动适应新常态、抢抓新机遇，聚焦学校“十四五”的新发展新任务，持续加强校园安全治理体系和治理能力现代化建设，努力统筹建设层次更高的平安校园，为推进学校“两个伟大”、加快“双一流”建设安全护航。

一、抓好组织建设，夯实战斗堡垒

保卫部（处）党支部深入开展党史学习教育，紧扣主题积极开展特色活动，组织“同上一堂党史课”2次，开展“学党史·我打卡”、“观影学史”、党史知识竞赛等系列活动。坚持学做结合，推动完成包括校园交通整改在内的“我为群众办实事”项目7大项12小项。

按要求落实“三清单”“一计划”，扎实推进党支部规范化、标准化建设。

二、坚定不移维护学校安全稳定

切实维护校园安全稳定。为确保重要政治年份的校园安全稳定，保卫部（处）高度重视、提前部署，尤其在“七一”前后及其他重要敏感节点，严阵以待，切实加强备班执勤力量，加强校园巡逻巡查、门岗门哨、安全检查，“天网”24小时紧盯，做好应急防范应对，确保校园的安全稳定。

认真做好校内大型活动安保执勤工作。2021年投入安保力量2000余人次，高质量完成学校各项重要活动的安保任务，如完成大运会场馆测试赛、挑战杯“红色专项活动赛”、中国大学生医学技能大赛、护理专业竞赛等的安保任务。同时，积极助力世界大学生运动会、挑战杯竞赛等学校重点项目的筹办，在兼顾疫情防控的情况下，全力保障相关工作人员、机动车、大型施工车辆的进出。

三、持续做好校园疫情防控

常态化疫情防控背景下，认真协调各

类因公人员及车辆进校，做好人脸识别及测温系统升级、新生报到、学生返校、接种新冠疫苗及核酸检测执勤等工作。2021年持续办理学校“应急管控临时出入证（家属）”2085张，协助采集教职工、学生人像2000余人。

面对成都市发生的本土疫情，快速应对，切实加强校门疫情防控措施，严格执行凭证进校管控措施，协助有关部门做好人员线路排查，助力平稳度过疫情防控特殊时期。

四、进一步开展校园环境治理

持续开展校园交通环境治理。落实中央巡视整改任务，持续大力开展校园交通环境治理，采取以下七项措施：一是新划定机动车禁停、限停区；二是调整望江校区南大门交通组织模式为机动车分时段单向出校；三是开放望江校区地下停车场红瓦寺出口，实行机动车单向通行；四是清理长期过夜停放在基教停车场的机动车，实行过夜收费制度；五是开放公务预约车辆地下停车场权限，对超时未离校及违规停放的预约车辆采取相应限制措施；六是与交管部门沟通，将望江校区南门外的公交车站前移；七是修订学校《校园交通安全管理规定》，加强对违停机动车的处罚力度。

巩固校园环境治理成果。2021年7月中下旬，对灾后重建与管理学院待建荒地进行专项整治，通过巡逻巡查、持续蹲点、开展法治教育等方式，经过3周重点整治，校外人员翻墙进校的情况基本杜绝。巩固望江向阳村非法集市取缔成果，配合后勤保障部取缔破墙开店7家；清理校园“僵尸”机动车13辆；全年约谈摩拜、青桔等共享单车经营方3次，望江校区重点清理了新滨江楼、文华大道、高分子国家重点实验室等区域单车，江安校区开展西园16舍、22舍周边路段非机动车占道专项治理。

五、扎实开展防范电信网络诈骗宣传教育

按照上级有关要求，保卫部（处）多形式、全方位开展反诈骗宣传。推动反诈教育“进课堂”；与辖区派出所联动，在校园重要场所共同发力宣传，推动反诈宣传“进广场”“进宿舍”“进食堂”；邀请民警为辅导员开展反诈骗专题讲座；利用新生入学、“国家安全教育日”、网络安全“校园日”等重要宣传时段，大力推送防范电信网络诈骗知识，营造良好声势氛围，推动安全教育入脑入心。

六、推动校园技防建设再上台阶

2021年完成“校园天网”三期工程建设及验收，新增、更换高清智能监控摄像机100个，增加相关数据信息提取分析、不当行为预警、重点人员人脸识别、监控点位标注和调用、重点目标轨迹描绘等功能，有效推动了校园技防水平提升。新建华西校区监控分中心小间距1200万像素高清大屏。与信息化建设与管理办公室联动，初步完成校园天网系统、车辆管理系统、校门门禁系统和校园卡系统网络的统一部署和数据共享。

七、积极开展消防安全宣传培训

2021年4月，按照四川省安全生产委员会办公室要求，组织校内二级单位线上收看消防安全培训和电话咨询服务活动。利用“5·12”全国防灾减灾日、“安全生产月”、“11·9”等契机，协同校内相关单位积极开展防灾减灾演练和宣传教育。在学生军训期间，面向2019、2020级1.7万余名学生开展消防演练。完成本科生、研究生课程任务，累计授课1056人。举办四川大学2019—2020年度社会治安综合治理、安全生产和消防安全工作先进集体、先进个人评优和表彰会，对先进集体和个人进行表彰鼓励。

八、精简川渝黔学生户口网迁入户流程

按照公安机关发布的川渝黔三地户口迁移最新规定，结合学校学生实际情况，经公安机关同意，保卫部（处）户政科协调软件开发公司，开通了高校户籍系统网迁通道，让 200 余名川渝黔新生“不跑路”即可在网上实现入户办理。

2021 年度安全保卫工作有关数据

一、维稳工作			
项目	数量	项目	数量
配合公安、国安机关来校开展相关工作	34 起	新增、撤销、更新备案人员信息	66 人
审核因私出国（境）申请	2 人次	学生参军、就业政审	756 人次
二、治安工作			
项目	数量	项目	数量
三个校区校园“110”报警服务中心接处警	1282 起	挡获各类违法犯罪嫌疑人	12 人
找回被盗、遗失财物	87 件	治安安全检查	480 次
下发整改通知书	130 份	受理机动车预约申请	55486 次
告知并处理违章停车	3600 辆	获得锦旗	3 面
三、消防工作			
项目	数量	项目	数量
日常、专项防火安全检查	500 次	下发整改通知书	53 份
应急抢险抢修	12 起	日常性消防维修	31 起
参与火灾事故处置	11 起		
四、户证工作			
项目	数量	项目	数量
毕业生户口迁移	2100 余人次	新生户口迁入	2200 人
研究生户口迁入	864 人	本科生户口迁入	1339 人
办理机动车出入证	8010 个		

［以上资料由党委保卫部（处）廖静一提供］

保密工作

2021年，学校深入学习贯彻习近平总书记关于加强新形势下保密工作的重要指示批示精神和上级保密工作决策部署，坚定拥护“两个确立”，坚决做到“两个维护”，紧紧围绕学校中心工作和重点任务，不断提升保密管理水平，持续完善保密管理机制建设，提高技术防护能力，学校各项保密业务稳步发展，保密工作成效明显，全年无失泄密事件发生，为加快推进学校“两个伟大”提供坚实安全保障。

一、深入学习贯彻习近平总书记关于加强新形势下保密工作的重要指示批示精神和上级保密工作决策部署

2021年，学校党委高度重视保密工作，切实把学习贯彻习近平新时代中国特色社会主义思想和党的十九大及历次全会精神贯穿到保密工作全过程各方面，结合党史学习教育，将保密工作相关内容纳入校党委理论学习中心组学习内容，提高政治站位，强化职责担当，增强风险意识，牢守保密底线，将保密工作纳入学校年度工作要点、年度工作总结，夯实学校保密工作基础。校党委书记王建国、校长李言荣带头学习习近平总书记关于保密工作重要讲话和中央保密委、四川省委保密委2021年度保密工作会议精神，并在相关文件批示、会议讲话中对保密工作提出明确要求，及时解决学校保密工作中的重点难点问题。校保密委主持召开学校保密工作专题会，对保密工作进行研究、部署和总结，定期组织开展校内保密检查，督促相关单位和人员对检查中发现的问题及时进行整改，督促保密工作落到实处。

学校保密委成员积极学习保密工作文件精神，认真落实保密委成员职责。学校保密归口管理部门继续深入落实保密归口管理责任，把保密工作与业务工作同计划、同部署、同检查、同总结、同奖惩，通过定期检查、专项检查等督促校内各单位落实保密责任，及时发现解决检查中的问题，做到业务谁主管、保密谁负责。

二、加强保密宣传教育工作

学校高度重视对领导干部和涉密人员的保密教育培训。2021年组织召开了2次校级层面的保密宣传教育活动，校内各二级单位开展保密宣传教育活动百余次；组织2批拟上岗的涉密人员开展保密实训，并全部通过了考试；组织校内各单位观看《保密警示教育宣传片》，开展保密警示教育。通过专家授课和涉密人员知识测试，学校相关人员系统学习了当前保密工作形势任务、保密法律法规、保密技术防范等方面知识，增强了保密意识。校保密办每月按时向校领导和涉密单位发放《保密工作》杂志，保证领导及时了解保密工作最新动态。

在庆祝中国共产党成立100周年之际，学校保密办联合成都市国家保密局、四川大学国家保密学院开展了“光辉历程保密有我”保密知识竞赛，联合研工部开展了红色保密故事征文活动，为全体涉密人员发放《红色往事》《中国共产党保密工作史》等书籍，组织全校涉密人员和接触敏感事项的有关人员观看高校保密警示教育片；号召全校师生从党的百年保密史中汲取力量，为党和国家保密工作做更大贡献。

学校还通过多种形式，面向师生职工广泛开展保密法制宣传教育。2021年，学校党校对入党积极分子进行了保密教育，人事处和校保密办对新上岗教职工进行了保密安全培训，学工部和校保密办在新生军训期间，深入学生中结合国内外形势开展国家安全保密宣传教育讲座。学工部、研工部、马克思主义学院牵头，充分利用各学院党团组织生活会、学生形势教育和思想政治课等渠道和形式，对学生广泛开展保密知识教育。

学校继续充分利用“4·15”国家安全教育日、10月国家网络安全宣传周，开展“千万师生同上一堂国家安全教育课”“网络安全为人民，网络安全靠人民”专题讲座、国家安全主题班会、在线党团活动等多种形式的教育宣传活动，把国家安全保密教育与爱国主义教育、理想信念教育、法制教育、保密教育等有机结合，利用新媒体扩大国家安全保密教育覆盖面。

三、进一步完善保密工作机制，做好保密重大项目建设

学校按照“十四五”时期全国保密事业发展规划文件精神，以保密“三大管理”为重心，启动了四川大学第四轮保密管理制度汇编修订工作。按照国家关于涉密人员保密管理办法新要求，组织学校人事处、组织部等单位相关人员开展涉密人员保密管理办法学习。继续优化业务工作管理制度和流程，优化涉密人员出国（境）备案审批程序，制定了《四川大学国家工作人员因私出国（境）管理办法》；持续优化修订四川大学保密管理制度具体流程，规范涉密载体管理、涉密信息设备管理、涉密人员管理流程，切实提高了师生办事效率。

2021年，学校按照保密工作原定计划，完成了学校红外报警建设二期工程——江安校区保密室红外报警建设，为江安校区多个保密室建立了网络报警平台，保密室安全防护得到了极大提升。

四、做好机要保密服务管理工作

学校做好机要保密服务工作，认真做好各类涉密文件、内部文件、红机电话管理使用工作，做好电子政务内网和外网的安可替代工作，指导经济学院、文学与新闻学院建好信息直报点，加强直报点安全保密工作。配合四川省电子政务中心等上级单位升级更新电子服务系统，为学校接受中央巡视、做好中央巡视整改等重大工作提供保密保障。

五、加强涉密人员管理

2021年，学校按照《四川大学涉密人员管理办法》，继续做好涉密人员岗前、在岗和离岗管理。加强涉密研究生管理，将保密意识教育贯穿到研究生培养的全过程中，对涉密研究生在从事国防科研任务、发表论文、升学就业等过程中的保密管理进行了监督检查，及时消除泄密隐患。

六、切实做好涉密载体全过程管理工作

学校贯彻落实《武器装备科研生产单位保密资格标准》等文件要求，结合校内实际，按照依法、规范、从严、全覆盖的要求，继续做好定密工作。2021年，学校对多项涉密事项进行了定密审批。

学校继续做好涉密载体全过程管理工作，确保涉密载体管理有迹可循，实现涉密载体从产生到销毁全过程闭环管理。重点对涉密公文、涉密测绘地图等涉密载体开展专项清理工作，学校保密办先后6次到水利水电学院和工程设计研究院开展涉密测绘地图指导服务工作，全面清查梳理了学校现有的涉密测绘地图，指导二级单位结合工作实际制定了适合于本单位的涉密测绘地图管理办法，顺利通过了四川省测绘地理信息局的涉密测绘地图专项保密检查。组织了6次涉密载体、涉密信息设备、涉密存储介质、内部文件等销毁工作，销毁各类涉密纸质材料和内部资料共计4余吨。

七、严格信息设备管理，规范信息保密审查

严格做好涉密信息设备全生命周期管理，深入落实信息设备安全保密管理责任制，规范涉密信息设备和存储介质管理和使用，为学校拟申请使用的涉密计算机配备了红黑隔离插座、视频干扰器和涉密红盘等安全保密硬件产品，切实为教职工开展涉密工作减负。

积极做好互联网安全保密管理，认真落实校内各单位网络安全责任制；加强校园网用户管理，对校园网出口端进行了上网行为审计和流量控制，确保上网信息不涉密；开展学校网站、微博和微信公众号安全互联网信息安全保密审计，定期对学校网站中的敏感等信息开展清查清理。截至2021年底，共检测学校二级网站129个、1419次，四川大学及二级单位微博账号、微信公众号44次，对疑似链接清理复核，有力确保了学校公共互联网平台保密安全。

做好涉密信息设备运维服务工作，在前期运维服务的基础上，不断优化运维服务工作内容，加强运维工作管理。充分利用运维团队，开展对全校涉密计算机、涉密打印机等各类涉密信息设备、存储介质的定期保密检查，确保全覆盖、无遗漏。组织各学院、各部门对非涉密计算机进行抽查，确保涉密信息不上网。继续做好涉密信息设备、涉密移动存储介质全生命周期管理，切实落实信息设备保密管理责任。

八、做好重大涉密科研系统建设，规范项目保密管理

学校做好涉密信息系统分级保护工作，召开专班工作会议研究，完成了涉密信息系统分级保护的对外申请和系统的定密定级工作，指导有关单位开展前期调研和工作论证，修订分级保护建设方案。

学校高度重视涉密科研项目保密管理，加强涉密科研项目备案管理，严格涉密项目从申报到结题过程的保密监管。2021年，对100余篇拟发表论文、多项项目奖项申报和相关新闻宣传报道进行了专项保密审查，对研究生的涉密论文进行了保密审批。健全完善了涉密项目外协管理，定期对涉密项目对外协作进行了保密审批和监管。

九、开展保密专项检查和先进评选

按照教育部和四川省国家保密局要求，开展了保密自查自评工作、互联网信息专项整顿工作，通过签署专项整顿工作承诺书、涉密师生填写自查表，增强了学校各类人员保密意识和保密知识，保密工作基础进一步加强。7月顺利通过了国家有关保密资格审查，11月顺利通过了四川省测绘地理信息局测绘保密专项检查。

继续加强日常保密监督检查，校保密办联合各保密归口管理部门开展保密专项检查2次，做到对校内所有保密要害部位全覆盖，对检查中发现的问题提出了书面整改要求，明确了整改时限，并督促各单位进行了整改。

开展2020—2021年度国家安全保密

工作先进集体和先进工作者的评选表彰工作，评选出了8个国家安全保密先进集体和19名国家安全保密先进工作者，为保密工作树立了工作榜样。2021年，校保密办还会同社科处，在第一期国家安全保密研究课题研究的基础上，开展了第二期保密研究课题申报评审工作，评选出5个重点项目，9个一般项目予以立项。

（以上资料由校党政办吕顺提供）

社区工作

2021年，社区建设办公室在学校党政的领导下，持续深入学习贯彻习近平新时代中国特色社会主义思想和党的十九大及十九届历次全会精神，扎实开展党史学习教育，积极做好家属区疫情防控常态化工作，认真为教职工办实事、办好事，稳妥有序地推动家属区各项工作的开展。

【落实全面从严治党责任】认真履行全面从严治党责任，以建党100周年为契机，扎实开展党史学习教育。召开支委会及扩大会议共计19次，讲授党课3次，开展主题党日活动20次、教职工政治学习20次，认真开展“我为群众办实事”实践活动；积极配合做好中央第七巡视组巡视四川大学党委工作、学校第九轮巡察第二巡察组校内巡视工作。

【部门建设情况】根据学校统一规划部署，社区建设办公室与后勤保障部于3月合署办公，社区建设办公室主任兼任后勤保障部副部长；党组织关系、工会关系相继转至后勤保障部；制定《社区建设办公室自行采购办法》；新修订完善了《社区建设办公室廉政风险防控规则》；新增校内调动教职工1名。

【做好已售房家属区新冠肺炎疫情常态化防控工作】严格按照学校和地方政府的疫情防控要求，持续做好已售房家属区疫情常态化防控工作；完成对2033名来（返）蓉人员的排查、登记、上报工作；完成60名途经中国香港、台湾地区和国外的来（返）蓉人员的居家隔离监测工作；完成447名途经国内中高风险地区的来（返）蓉人员的居家隔离和居家健康监测工作；完成92名密切接触者、次密接触者、同住人员的集中隔离和居家隔离监测工作；完成42名集中隔离期满人员的接送工作；完成409名重点人员的核酸检测工作。在各家属区共张贴防疫通知2400余张，录制安全提醒音频50余次，给学院、部处和各家属区自治组织发放工作函件102份，组织全校家属区住户进行应急核酸检测1次；保障家属区防疫物资，发放口罩10800余个、消毒液约590升、酒精约320升；审核、办理“四川大学应急管控临时出入证（家属）”1064个。

【社区安全整治工作】认真履行安全稳定和意识形态工作责任制，召开研判会4次；认真执行针对学校已售房家属区各类安全的常态化工作机制，开展3次家属区安全隐患排查工作，并在16个家属小区开展冬季燃气安全使用宣传活动；完成对竹林村、新南村、南园、新北村、华西新村、商校共6个小区车棚安全隐患的整改工作。

【指导、协调小区自治和物业工作】指导和协助各家属小区自治组织依照法律和相关规定履行职责和开展自治工作；积极协助物业服务企业，协商和处理小区管理中出现的问题和困难。全年指导、协助各家属小区开展业委会换届选举、调解矛盾纠纷、排除安全隐患、解决困难等小区管理服务工作300余件。文星花园业主委员会换届选举成功选出第二届“一代两委”，华西南苑改选自治管理小组。

【服务居民群众工作】处理并妥善解决与疫情防控、增设电梯、居民生活相关的校领导信箱来信9件11个问题，校领导接待日及信访12件16个问题，纪委监察处信访8件12个问题。

【与政府共驻共建工作】配合竹林村外立面打造及红瓦寺片区改造提升工作，协助做好打造期间与校内相关部门及居民群众的宣传解释、沟通协调、矛盾调处等工作。配合地方政府和相关职能部门做好江安花园水改造“一户一表”工程、南台村小区“四改六治理”的前期准备等工作。配合完成安全隐患排除、矛盾协调、投诉处理等150余件政府工作。

【推进业主自主增设电梯工作】稳妥有序推进家属区业主自主增设电梯工作。接待居民咨询360余次，先后参加各类协调及调解会110余次，新增公示73个单元，其中在建18个单元；有9个单元电梯交付使用，其中望江校区8个单元、江安校区1个单元。截至2021年底，全校家属区已有24个单元的电梯交付使用，其中望江校区19台、华西校区3台、江安校区2台。

【完成武侯区第八届人大代表选举在学校家属区的选举工作】牵头负责望江校区18个家属小区的人大代表选举工作，共设置14个投票站，有1316名选民参加本次人大选举，确保住在学校家属区的校外人员公开、透明行使权利，有力保障了学校一、三选区选举工作顺利开展。

【开展老旧家属区环境治理工作】完成对新北村、新南村、南园、竹林村、华西新村、华西南苑公共区域杂物的清理，共清理杂物约900立方米；完成对新北村、竹林村、南园及华西南苑小区绿化的修整；完成新南村凉亭修建；配合城管执法处理违章搭建违规装修20起。

【积极推动已售房家属区社会化工作】引进提供望江街道辖区社区服务的成都市美源社会工作服务中心，专门为望江校区家属区打造“芳华生活服务中心”并在新北村小区试运行，提供便民买菜、茶水、电影播放、儿童绘画等各类服务。积极引进政府资金约60万元，完成了华西校区南苑小区“四改六治理”工程。

（以上资料由社区建设办公室高翠兰、康劼提供）

学科与师资队伍建设篇

学科建设

一、全面推动新一轮“双一流”建设，加快推进“中国特色、川大风格”的世界一流大学建设

1. 高质量编制新一轮“双一流”建设方案

首轮“双一流”建设期内，学校坚持党对高校建设的全面领导，坚持社会主义办学方向，坚持立德树人根本任务，五大建设任务和五大改革任务建设成效显著，整体建设成效在教育部“双一流”总体建设成效评价中位列参评高校第一档。根据《教育部办公厅关于开展新一轮“双一流”建设方案编制工作的通知》（教研厅函〔2021〕6号）精神，按照国务院《统筹推进世界一流大学和一流学科建设总体方案》和教育部、财政部、国家发展改革委《统筹推进世界一流大学和一流学科建设实施办法（暂行）》有关要求，紧密对接学校“十四五”规划和“创新2035”五大先导计划，启动新一轮“双一流”建设，成立“双一流”建设方案编制工作领导小组和建设方案编制工作小组，会同各有关职能部处编制形成了四川大学《“双一流”建设高校整体建设方案》和各一流学科（群）建设方案，先后经学校“双一流”建设战略咨询专家、学校学术委员会和建设方案论证专家组讨论论证，校务会、校党委常委会审议通过后上报教育部。

2. 稳步推进新一轮“双一流”建设工作

一是按照学校《“双一流”建设高校整体建设方案》和各一流学科（群）建设方案，紧密对接学校“创新2035”五大先导计划，参考教育部《“双一流”建设成效评价办法（试行）》、“双一流”动态监测数据指标体系和第五轮学科评估指标体系，在充分征求学科建设方案召集人和各相关职能部处意见的基础上，制定了四川大学一流学科（群）建设目标责任指标体系，下一步将修改完善并会同各学科（群）补充具体指标。二是严格按照首轮超前部署学科目标责任书，组织专家对首轮超前部署学科建设成效进行了考核，根据专家意见形成建设建议，为启动新一轮超前部署学科建设打下基础。三是在学校新一轮“双一流”建设专项布局实施前，继续按照首轮“双一流”建设学校整体建设方案和实施方案，结合学校重大战略规划与决策，继续支持建设2021年38个“双一流”建设专项；同时，继续按照首轮“双一流”建设各重点学科（群）和超前部署学科建设方案支持各学科（群）建设，做好向新一轮“双一流”建设的过渡工作。

3. 推动学校“双一流”建设评价和学科监测体系建设

积极同教育部主管单位沟通，持续跟踪教育部“双一流”建设周期（2016年—2020年）总结评审工作和下一轮“双一流”建设的启动工作。认真学习中央《深化新时代教育评价改革总体方案》和教育部《“双一流”建设成效评价办法（试行）》等文件精神，制定了《四川大学

“双一流”建设成效评价办法（试行）》以指导学校下一步的“双一流”建设工作。同时，为及时收集、整合学校各项核心建设任务指标，实时、动态、客观、全面呈现学校和学科发展水平，提升管理、决策、服务能力，为学科评价提供依据，启动建设了“四川大学学科状态监测与分析系统”，并已建成演示系统。

4. 稳步推进“双一流”引导专项建设工作

根据教育部的部署，联合财务处编制完善2022年度“引导专项”资金项目预算；组织各个单位和学科对2022年度要购置的大型科研仪器共12台（200万元以上/台）进行了联合评议；不断督促各“双一流”建设单位加快“引导专项”经费执行进度。

5. 完成重大专项采购工作

完成2022年“引导专项”经费及配套经费设备采购预算的上报；完成2021年度购置申请审核138台（套），其中50万元以上设备采购的审核工作100台（套）；完成学校2021年度“引导专项”经费及四川省配套经费采购工作。其中完成了校内快速采购项目321项（包括单一来源采购、公开招标、网上比选和网上竞价），完成了政府采购委托招标项目22项，完成了自行采购项目126项，完成了93项采购的外贸委托。截至12月31日共完成了15890.41万元设备、服务等的采购。

二、发挥优势，突出特色，积极推进学科建设工作

1. 继续深入推进第五轮学科评估工作

“全校一盘棋”，多措并举，积极推进教育部第五轮学科评估工作，力争取得更好成绩。一是按照教育部要求做好评估数据的公示与质疑工作。督促各学科下载主要其他对标高校的公示数据用作对标，对比自身建设不足，并严格遵照学科评估规则与要求以及各学科内涵，对其他高校部分数据提出合理质疑并上报教育部。二是组织各个学院学科做好用人单位和学生问卷调查工作。督促各个学院高度重视，把与用人单位和学生（毕业生和在校生）的沟通工作落实到每个导师、每个学生、每个用人单位，力争问卷调查阶段取得好成绩。三是做好指标权重反馈和专家评审持续跟进相关工作。多次督促各学科与兄弟高校加强联系，力争主观得分取得好的成绩。四是以评促建、以评促升，逐个指标分析各个学科填报情况，深挖各学科目前存在的短板与不足，有针对性地提出下一步建设思路与举措，并形成《“双一流”工作专报》供学校和学科参考。

2. 进一步推进学科结构优化调整工作

一是针对学校目前仍然存在的学科体量过大、学科结构不够合理、学科资源分散、对标国家和区域重大战略需求不够精准等问题，编写《四川大学“十四五”期间学科结构优化调整方案》初稿，为学校新一轮学科结构优化调整工作做好准备。二是开展2021年四川大学学位授权自主审核工作。应用经济学、电子科学与技术、动力工程及工程热物理、航空宇航科学与技术、人工智能5个申报一级博士学科点已上报教育部；碳中和技术、医学工程技术2个新增二级学科，临床遗传学更名为疾病分子与转化医学，撤销医技自设二级学科，完成教育部备案。三是继续推进专业学位水平评估工作。按照教育部工作安排，认真组织金融、应用统计等25个专业学位类别（领域）做好数据公示与质疑工作、数据核查工作等，并按照要求上报教育部。

3. 根据《四川大学关于深入推进学科内涵发展的若干意见》，全面推进学科内涵发展

落实学校“文优—理进—工改—医强”的学科建设总体思路，2021 年支持经费 1.13 亿元，繁荣发展哲学社会科学，大力提升原始创新能力，助推华西医学整体迈入世界一流；设立了四川大学学科发展研讨会专项项目，支持一级学科开展建设，助力推进文理工医学科内涵发展，提升学校学科总体水平。

4. 学校学科水平不断增强，进步明显

与世界一流大学相适应的一流学科体系建设跃上新台阶，多个学科跨入世界一流行列。在教育部首轮成效评价中，数学、化学、材料科学与工程、基础医学、口腔医学、护理学 6 个教育部“双一流”建设学科每个单项指标均获评“比较显著”及以上，其中口腔医学、护理学“整体发展水平总体情况”获评“显著”，口腔医学所有指标获评“显著”。在第四轮学科评估中，学校 A 类学科达到 16 个，位居全国第 9，其中口腔医学持续保持全国领先；进入全球前 1‰的学科领域新增 4 个，达到 5 个，并列一流大学建设高校第 6 位；进入全球前 1%的学科领域新增 5 个，达到 19 个，并列一流大学建设高校第 7 位；学科国内外影响力大幅提升，4 个学科在软科世界一流学科排名中进入世界前 50，其中 1 个学科进入世界前 10；学校在世界知名大学排行榜 ARWU 中排名提升至 154 位，在自然指数排行榜中大幅提升至全球高校 33 位，化学学科自然指数高居全球高校第 10 位。

5. 以“创新 2035”五大先导计划为引领，重点建设 14 个一流学科（群）和一批超前部署学科，带动学校学科建设水平整体提升

学校立足自身发展的优势和特色，提出了“文优—理进—工改—医强”的学科发展改革路径。学校将继续紧密结合国家重大需求，进一步加强一流学科（群）的打造和建设，进一步推进以“医学＋”“信息＋”为重点的学科交叉融合，进一步加强优势特色学科建设，促进文理工医更好协调发展。加大人才引进和培养的力度，为国家和地区经济社会的发展、为我国原始创新能力的提升做出新的贡献。以教育部建议重点建设的数学、化学、材料科学与工程、基础医学、口腔医学、护理学 6 个一级学科和学校具有优势特色的临床医学等 8 个一级学科为主干学科，相关学科为支撑学科，打造 14 个一流学科（群），一流学科（群）建设实行首席科学家负责制，以学科集群的方式推动一流学科体系建设。以“创新 2035”五大先导计划为抓手大力加强一流学科（群）建设，打造若干在世界范围内具有影响力的一流学科（群）；深入推进学科内涵发展，促进文理工医学科更好协调发展，提升学科整体水平；充分发挥学校多学科优势，推动学科深度交叉融合，形成一批具备优势特色的交叉学科平台，加强人工智能、碳中和技术等新兴交叉学科建设；持续优化调整学科结构，倾斜学科资源，集中力量打造一批学科高峰，力争使若干学科率先进入世界一流等。

同时，学校聚焦未来领域，尊重新兴学科的发展规律，积极开拓新的学科增长点，已部署建设了“新能源与低碳技术”“智慧法治”“医学大数据”等超前部署交叉学科平台。根据国家重大战略需求与学科发展前沿，结合学校自身优势特色，布局新的超前部署交叉学科平台。加强超前部署交叉学科平台的监测评价机制，保证超前部署交叉学科平台高质量建设。

表 1　四川大学第二轮“双一流”建设一流学科（群）名单

序号	学科（群）名称	首席科学家	主干学科	支撑学科 1	支撑学科 2	支撑学科 3
1	马克思主义与当代中国	蒋永穆	0305 马克思主义理论	0201 理论经济学	0302 政治学	—
2	中国语言文学与中华文化全球传播	曹顺庆	0501 中国语言文学	0503 新闻传播学	0502 外国语言文学	—
3	区域历史与边疆民族	罗志田	0602 中国史	0601 考古学	0603 世界史	—
4	数学与信息科学技术	李安民	0701 数学	—	—	—
5	化学与绿色化工	游劲松	0703 化学	0817 化学工程学科	—	—
6	先进高分子为特色的材料科学与工程	李光宪	0805 材料科学与工程	—	—	—
7	深地岩体力学与地下水利工程	李嘉	0815 水利工程	0814 土木工程	0801 力学	—
8	先进轻工技术与环境保护	石碧	0822 轻工技术与工程	0830 环境科学与工程	0833 城乡规划学	0710 生物学
9	诱导组织再生主导的生物医学工程	张兴栋	0831 生物医学工程	1002 临床医学	0805 材料科学与工程	1003 口腔医学
10	以生物治疗为主导的前沿基础医学与创新药物学	魏于全	1001 基础医学	1002 临床医学	1007 药学	—
11	以精准医疗为导向的临床医学	李为民	1002 临床医学	1010 医学技术	0831 生物医学工程	1011 护理学
12	口腔医学	周学东	1003 口腔医学	—	—	—
13	全生命周期健康与疾病的精准护理学	刘伦旭	1011 护理学	1002 临床医学	0805 材料科学与工程	—
14	管理科学与国家治理	徐玖平	1201 管理科学与工程、1204 公共管理、0301 法学	1202 工商管理	1205 图书情报与档案管理	0303 社会学

表 2　四川大学第二轮“双一流”建设超前部署学科名单

序号	超前部署学科	首席科学家	牵头学院（所）	涉及的一级学科
1	山地考古	霍巍	历史文化学院	考古学
2	量子科学与新型外场下的物理学	张红	物理学院	物理学
3	环境与火安全材料化学与工程	王玉忠	化学学院	化学
4	资源生物学与高原生态	王红宁	生命科学学院	生物学、生态学
5	微机电系统与柔性电子医疗装备	王杰	机械工程学院	机械工程、仪器科学与技术
6	塑料先进制造加工	王琪	高分子科学与工程学院	材料科学与工程
7	面向能源变革的电气科学与工程	肖先勇	电气工程学院	电气工程、控制科学与工程、信息与通信工程
8	电磁辐射科学与传输技术	黄卡玛	电子信息学院	电子科学与技术、信息与通信工程
9	人工智能	吕建成	计算机学院	计算机科学与技术、软件工程
10	绿色磷化工前沿技术	钟本和	化学工程学院	化学工程与技术
11	新能源与低碳技术	陈云贵	新能源与低碳技术研究院	化学工程与技术
12	智能空天信息与先进装备	周志成	空天科学与工程学院	航空宇航科学与技术、计算机科学与技术、软件工程
13	基于加速器的核技术及应用	安竹	720 所	核科学与技术
14	应激医学引领的特种医学	李昌龙	华西基础医学与法医学院	基础医学、特种医学
15	医学大数据	宋欢	华西临床医学院	临床医学
16	灾难医学	曹钰	华西临床医学院	临床医学
17	主动健康精准预防医学	张本	华西公共卫生学院	公共卫生与预防医学
18	艺术与科学交叉融合	黄宗贤	艺术学院	艺术学理论、美术学、设计学
19	综合灾害科学	Gretchen Kalonji	灾后重建与管理学院	

（以上资料由发展规划处简丽、宇文峰提供）

师资队伍建设

一、概况

截至2021年12月31日，四川大学有两院院士23人（其中双聘院士11人），四川大学杰出教授7人，国家“万人计划”领军人才39人、青年拔尖人才22人，国家杰出青年科学基金获得者72人，国家优秀青年科学基金获得者71人，“973”首席科学家9人，高等学校教学名师奖获得者12人。近年来，学校大力实施人才强校工程，汇聚各类高端人才603人。2021年新增中国工程院院士1人，讲席教授6人，文科讲席教授13人，海纳特聘教授39人，海纳青年学者49人，其他高端人才16人。新增四川省级重大人才计划67人。

2021年，四川大学教学科研岗新进教师749人，其中引进140人，专职博士后394人，外籍5人。新进教师中具有博士学位的共690人，占92.12%；男教师394人，占52.60%；女教师355人，占47.40%；学缘结构为本校的共241人，占32.18%；外校508人，占67.82%。2021年进站博士后445人，出站203人，在站博士后1903人。

2021年顺利完成专业技术职务评审工作，通过评审新聘正高级专业技术职务共148人，新聘副高级专业技术职务共261人，新聘中级专业技术职务共18人；2021年度共有9人（含专职辅导员1人）晋升、2人对应职员五级岗，27人（含专职辅导员4人）晋升、3人对应职员六级岗。

二、两院院士（按当选年度或来校时间排序）

高洁　中国工程院院士，1937年6月生，山东济南人，中共党员。北京大学本科毕业。研究员，博士生导师。凝聚态物理学者，量子物理计量专家。现任四川大学物理科学与技术学院教授、中国测试技术研究院名誉院长、四川省物理学会理事长。曾当选为国际计量委员会（CIPM）委员（1993—2008）（CIPM为米制公约组织最高学术机构，由48个会员国的政府代表无记名投票选举出的18名委员构成）。长期从事量子物理计量与凝聚态物理研究，特别是在mK级低温、特斯拉级磁场强度极端物理条件下，研究电子的量子输运。1968年负责完成“硅钢片交流损耗和磁特性标准测量”，成为我国最早的硅钢片磁特性国家标准。1978—1985年负责完成“以超导约瑟夫森效应保持和监督国家电压基准”。1993年作为联合课题组长，完成“约瑟夫森结阵列电压基准”。2000年负责建立四川大学“介观与低维物理实验室”和“中国测试技术研究院/四川大学量子计量标准联合实验室”。作为课题负责人，从2000年开始在四川大学物理学院先后完成国家自然科学基金委员会信息科学部、数学物理科学部两项重点项目，以及国家科技部基础平台建设等三项重点项目。曾获全国科学大会奖，1987—1990年在美国国家标准与技术研究院（NIST）进行客座研究，获得美国商务部 NIST 优秀访问学者奖状。曾获得国家科技进步二等奖 2 次，以及“国家有突出贡献中青年专家”“全国先进工作者”等称号。

谢和平 中国工程院院士，1956 年 1 月生，湖南双峰人，中共党员。中国矿业大学获本科、硕士、博士学位。力学与能源工程专家。现任四川大学教授、博士生导师，深圳大学特聘教授。曾任原煤炭工业部科技教育司司长、中国矿业大学校长、四川大学校长、四川省科协主席等职务。中共十七届中央委员会候补委员，第十二届全国人大代表。兼任国务院学位委员会委员、教育部科学技术委员会主任、国务院学位委员会学科评议组（矿业工程、石油与天然气工程组）召集人、四川省科协名誉主席等职务。为国际期刊 *Geomechanics and Geoengineering* 荣誉主编、国际期刊 *Geomechanics and Geophysics for Geo-Energy and Geo-Resources*、*Deep Underground Science and Engineering*、*Energy Reviews* 主编，期刊《工程科学与技术》主编，兼任岩石力学领域顶级期刊 *International Journal of Rock Mechanics and Mining Sciences* 等 10 余种期刊编委。国家“973”项目首席科学家（2 次），国家自然科学基金委员会创新研究群体首席科学家，国家重点研发计划“深部岩体力学与开采理论”项目负责人，国家自然科学基金委员会重大科学仪器研制项目“深部岩体原位保真取芯与保真测试系统”项目负责人。曾荣获国家自然科学二等奖（2007）、国家科学技术进步二等奖（2000）、国家科学技术进步三等奖（1999）、国家自然科学三等奖（1995），及首届“中国青年科学家奖（技术科学）”（1992）、孙越崎能源大奖（2001）、何梁何利基金科学与技术进步奖（2004）和省部级二等以上奖励多项。2007 年被德国克劳斯塔尔工业大学授予荣誉博士学位，2008 年入选香港理工大学“杰出中国访问学人奖励计划”，2012 年 10 月被香港理工大学授予荣誉博士学位，2012 年 11 月被英国诺丁汉大学授予荣誉博士学位，2017 年 5 月被牛津大学圣艾德蒙学院授予“牛津大学圣艾德蒙 Fellow”学术称号，2018 年 9 月获得“IET 杰出大学校长奖”，2018 年 9 月获得国家教学成果特等奖。长期致力于深地科学与绿色能源领域的基础研究与工程实践。1982 年，创造性引入分形方法，在国际上开创了岩石力学分形研究新领域；在我国最早建立了裂隙岩体宏观损伤力学模型，开拓了裂隙岩体损伤力学研究新领域。在国际上首次提出了深部原位岩石力学和工程扰动岩石动力学构想，并构建了其理论框架。深入探索了低碳技术与 CO_2 矿化及综合利用，形成一系列 CO_2 资源化、能源化利用的高效耦合技术原理和方法。目前正深入开展深地深海深空保真取芯探矿与测试基础、粤港澳大湾区地热勘探开发利用、中低温地热发电原理和技术、工程扰动岩石动力理论与技术、低碳与海水制氢技术、月基能源资源探测前沿技术以及深部固体资源流态化开采理论和技术等方面的研究。已出版 10 余本中英文专著，发表 500 余篇论文。

魏于全 中国科学院院士，1959 年 6 月生，四川南江人，中共党员。教授，博士生导师。中国医药生物技术协会理事长，四川大学生物治疗国家重点实验室主任，教育部重要人才计划入选者，国家自然科学基金创新研究群体负责人。1996 年取得日本京都大学医学博士学位后回国工作，1997 年获得国家杰出青年科学基金支持，2003年当选为中国科学院院士。主要从事肿瘤生物治疗的基础研究、应用开发与临床医疗实践，先后承担了国家自然科学基金委员会创新研究群体科学基金、国家重点基础研究发展计划（“973”计划）、国家高技术研究发展计划（“863”计划）等多项科研课题。已研发多个生物治疗与小分子靶向药物，已转给企业，正在合作开发。自主研发的新冠疫苗研究成果在 *Nature* 发表并正在完成Ⅲ期临床试验研究。作为生物治疗国家重点实验室的主任，所带领的团队有国家杰出青年基金获得者18人，培育国家自然科学基金委员会创新研究群体2个，新获教育部“创新团队”3个，重大与重点计划首席科学家等牵头人10人，为四川大学医药、化工、材料等学科的青年人才队伍建设作出了卓越贡献。2020年9月，荣获“全国抗击新冠肺炎疫情先进个人”称号。

周寿桓 中国工程院院士，1937年4月生，四川成都人。中国科技大学本科毕业。教授，博士生导师。现任工信部电子科技委常委，固体激光国家重点实验室学术委员会主任，中国电子学会量子电子学与光电子学分会名誉主任，《激光与红外》杂志主编，《中国激光》杂志副主编。曾任总装科技委兼职委员，全国光辐射安全和激光设备标准化技术委员会名誉主任、顾问，中国电子学会量子电子学与光电子学分会秘书长、主任委员，国际IEEE高级会员。“973”项目、国家自然科学基金重大项目、“985工程”项目首席科学家。从事固体激光工程及应用研究，在高平均功率高光束质量激光、全固态激光、非线性频率变换等研究和应用领域取得重要成果，是我国最早开展DPSSL研究的学者之一。国内最先将非稳腔用于Nd:YAG激光器，开拓非稳腔、VRM腔、VWRM腔激光器，设计定型并发展成高可靠、高功率、高光束质量激光器产品。率先实现230～1390 nm的可调谐激光输出，研制成功跑道视程激光探测仪、气象激光雷达、激光水下探测试验系统等。2005年在国际上首次提出一种新概念激光（掺杂纳米晶激光），2012年观察到激光输出，是国际首创。2013年在国内首次突破万瓦级高亮度激光关键技术。曾获电子工业部科技成果一等奖（第一完成人）、国家科技进步二等奖（第二完成人）、国家发明二等奖（第一完成人）等国家及省部级一、二、三等奖21次，获光华科技基金二等奖。主编“现代激光技术及应用丛书”一套，授权发明专利30多项，发表论文200多篇。

张兴栋 中国工程院院士，2014年当选为美国国家工程院外籍院士。1938年4月生，四川南充人，中共党员。四川大学固体物理专业本科毕业。材料科学与工程专家。现任四川大学教授、国家药监局医疗器械分类技术委执委主任委员等。曾任四川大学分析测试中心主任、国家生物医学材料工程技术研究中心主任、中国生物材料学会理事长、国际生物材料科学与工程学会联合会主席等。长期从事生物材料研究及开发工作，是国际著名的生物材料专家。开创了我国生物活性人工骨研究，对促进我国生物活性人工骨和植入体跨入国际先进水平作出了重要贡献。在国际上率先发现了生物材料的骨诱导作用，建立理论雏形，首创新一代人工骨——骨诱导人工骨，取证生产并推广临床应用；提出组织诱导性生物材料，即无生命的生物材料通过自身优化设计可诱导有生命的机体组织或器官再生，开拓了生物材料研究的新方向。多次参与并组织国家生物研究及产业化规划的制定工作；长期从事促进国际生物材料发展的专业服务，是我国生物材料科学技术开拓者和国际生物材料界领袖之一。先后获得多项国家省部级和国际奖励。20世纪70年代，从事超硬材料立方氮化硼及其机加工工具以及高强度人造金刚石硬地层超深井钻头研发，获全国科学大会四项奖，研究组获全国先进科研集体殊荣。

石碧 中国工程院院士，1958年6月生，四川成都人。成都科技大学（现四川大学）获学士、硕士学位，四川大学—英国谢菲尔德大学联合培养博士。四川大学教授，博士生导师。现任四川大学制革清洁技术国家工程实验室主任，教育部高等学校教学指导委员会轻工类专业教学指导委员会主任。曾任国际皮革工艺师和化学家协会联合会（IULTCS）副主席（2007—2009）、主席（2009—2011），国务院学位委员会轻工技术与工程学科评议组召集人。主要从事制革化学、制革清洁技术、皮胶原高值转化利用研究。指导获硕士学位的硕士研究生36人、获博士学位的博士研究生37人、出站博士后14人。研究成果“橡椀栲胶分子降解—金属络合制造鞣剂”1993年获国家技术发明二等奖，“无铬少铬鞣法生产高档山羊服装革”2000年获国家科技进步二等奖，“制革清洁生产关键技术”2006年获教育部技术发明一等奖，“基于酶作用的制革污染物源头控制技术及关键酶制剂创制”获得2014年度教育部技术发明一等奖、2015年度国家技术发明二等奖。获得国家授权发明专利42项，已应用实施15项。以第一作者或通讯作者身份发表论文500余篇（其中SCI收录230篇），出版专著和教材5部。

李安民 中国科学院院士，1946年9月生，四川大竹人，九三学社社员。北京大学获学士、硕士学位，德国柏林技术大学获博士学位。教授，博士生导师。曾任教育部科技委员会学部委员，中国数学会副理事长，四川省数学会副理事长。现任《数学学报（中、外文版）》、德国期刊 *Results in Mathematics* 编委。曾任九三学社中央委员，九三学社四川省常委，四川省政协常委。曾入选教育部重要人才计划。曾获得“国家有突出贡献中青年专家”“全国优秀教师”等称号。曾获得国家自然科学三等奖、国家教委科技进步一等奖、香港求是科技基金会“杰出青年学者奖”，教育部提名国家自然科学一等奖、四川省科技进步一等奖等。长期从事整体微分几何、辛几何、辛拓扑的科学研究工作。曾先后主持和承担国家自然科学基金重点项目、国家自然科学基金重大项目、教育部博士点基金项目、国家科委937核心数学项目、国家自然基金创新群体项目、国家天元数学西南中心项目等。在国内外重要刊物上发表论文60余篇，在德国出版专著2部，在世界科学出版社出版专著1部。研究成果被广泛引用。

侯朝焕 中国科学院院士，1936年9月生，四川自贡人，中共党员。北京大学物理系本科毕业。信号处理和声学专家。现任中国科学院声学研究所研究员、博士生导师，中国声学学会名誉理事长。历任中国科学院信息技术学部副主任、中国声学学会理事长、国家自然科学基金委员会信息科学部主任、中国科学院微电子战略指导委员会主任、国家自然科学基金委员会系统芯片重大研究计划专家组组长等职。曾被授予“全国先进工作者”“国家有突出贡献中青年专家”“中央直属机关优秀共产党员”等荣誉称号。在声学和信息处理领域成果卓越：20世纪60年代在水声工程研究中主持研制“水声信号起伏统计特性测量系统”，推动了水声信号场和混响—噪声场统计特性的研究；70年代提出“相移多波束基阵信号处理系统”并完成总体设计；80年代主持完成“智能型水声信号处理系统”研制以及13.2亿次DSP-1阵列信号处理机研制。在国内率先开展VLSI信号处理研究，将信号处理和集成电路设计融合发展。1993年完成快速傅立叶变换（FFT）、数字波束形成（DBF）和QRD-RLS递推滤波等信号处理专用芯片的研制，达到当时的国际领先水平。1999年作为项目首席科学家主持国家“973”项目“面向功能可重组结构的DSP&CPU芯片及其软件的基础研究”。2009年积极倡导国家自然科学基金委员会启动了单芯片系统集成SOC重大科学计划，担任专家组组长，开展SOC的关键科学问题研究，促进我国在SOC领域快速发展，并与国际SOC芯片技术同步发展。先后完成12项国家重大项目，其中3项获国家发明奖，1项获国家科技进步二等奖，1项获国防科技进步一等奖，4项获中国科学院科技进步奖（含中国科学院特等奖1项）、1项获中国科学院杰出成就奖。发表论文200多篇。

冯小明 中国科学院院士，英国皇家化学会会士，中国化学会创始会士。1963年10月生，四川武胜人，致公党党员。中国科学院化学研究所博士毕业。四川大学教授、博士生导师。政协第十三届全国委员会委员，中国致公党第十五届、第十六届中央委员会委员。现任国务院学位委员会学科评议组成员，中国化学会常务理事、手性专业委员会主任委员和有机化学学科委员，以及国内外11种学术刊物编委或顾问编委。2002年获国家杰出青年科学基金资助，获“四川省有突出贡献的优秀专家”称号；2004年入选四川省学术和技术带头人，获国务院政府特殊津贴；2005年入选教育部重要人才计划；2007年入选国家人事部等七部委“新世纪百千万人才工程”国家级人选；2010年获国家创新研究群体资助（学术带头人）；2021年入选“全国杰出专业技术人才”。主要从事不对称合成方法学及手性药物和具有生物活性化合物的合成研究。以廉价易得的氨基酸为手性原料，设计合成了多种具有原创性和特色的手性催化剂，其中手性双氮氧－酰胺化合物被国际同行命名为“冯催化剂”，面向全球销售，实现了60多类重要的不对称反应，包括10多类全新化学反应和前人无法实现的挑战性反应，如第一例不对称催化α－取代重氮酯与醛的反应，被国外人名反应专著冠名为Roskamp-Feng反应。发明了一系列具有自主知识产权的不对称催化新方法和新策略，为30多个手性天然产物、药物和候选药物分子提供了简单、高效的合成途径。以第一作者或通讯作者身份在国内外化学学术刊物上发表SCI收录论文460余篇，应邀在化学顶级期刊*Chemical Reviews*、*Accounts of Chemical Research*等撰写综述15篇，以及国内外专著18个章节，获授权美国发明专利1项、中国发明专利7项。获国家自然科学二等奖1项、教育部自然科学奖一等奖2项、未来科学大奖物质科学奖、全国创新争先奖、陈嘉庚科学奖、何梁何利基金科学与技术进步奖、杰出教学奖、四川省科学技术杰出贡献奖、四川杰出人才奖、中国化学会手性化学奖、黄耀曾金属有机化学奖、有机合成创造奖和中国化学会—中国石油化工股份有限公司化学贡献奖。获“全国优秀博士学位论文指导教师”“全国优秀教师”“四川省模范教师”等荣誉称号。

朱清时 中国科学院院士，1946年2月生，四川成都人，中共党员。中国科学技术大学近代物理专业毕业。教授。曾任中国科学技术大学校长、南方科技大学创校校长。第三世界科学院院士。曾在美国加州大学、美国布鲁克海文实验室、加拿大国家研究院、法国巴黎大学等做访问学者、客座科学家、客座教授，并作为英国皇家学会客座研究员在剑桥大学、牛津大学和诺丁汉大学工作。就任中国科学技术大学校长期间，致力于规划和组织学校面向21世纪建设一流大学，卓有成效地推进学校教学、科研、管理和后勤服务等各项事业的改革与发展。在受聘南方科技大学校长期间，创新地推出“先行先试，自主招生，自授学位，自颁文凭”的办学模式，成为备受关注的中国教育改革风云人物。在激光光谱学方面取得了国际一流的研究成果。发展了一种先进的激光诱导荧光光谱技术，拓展了用光谱来鉴别同分异构分子的有效方法，受到国际学术界的重视。在分子高振动态的实验和理论研究中，证明局域模振动模式，推动了分子光谱的发展并为选键化学提供了依据，结合分子内传能解释了STM实验中的一些新现象。开展了对单分子化学的研究，并在这一国际上最新重大领域取得了一系列国内外瞩目的成绩。

王玉忠 中国工程院院士，1961年6月生，山东威海人，中共党员。山东纺织工学院（现青岛大学）获学士学位，成都科学技术大学（现四川大学）获硕士、博士学位。教授，博士生导师。创建环保型高分子材料国家地方联合工程实验室、新型防火阻燃材料开发与应用国家地方联合工程研究中心、环境友好高分子材料教育部工程研究中心和降解与阻燃高分子材料四川省高校重点实验室及相应的四川省国际合作基地，并任主任；创建的“环境与火安全高分子材料协同创新中心”被教育部认定为首批省部共建协同创新中心；高校“环境与火安全创新引智基地”负责人。全国高校黄大年式教师团队负责人，教育部重要人才计划入选者和创新团队带头人，国家杰出青年科学基金获得者，全国优秀科技工作者，“新世纪百千万人才工程”国家级人选，教育部跨世纪优秀人才，四川省学术和技术带头人，四川百年百杰科学家。获何梁何利基金科学与技术进步奖、四川省科技杰出贡献奖、第五届（2004）光华工程科技奖青年奖、四川大学首届“产学研合作杰出贡献奖”的最高奖等。获得宝钢教育奖优秀教师奖、“四川省教书育人名师”称号、“四川省优秀研究生指导教师”称号、四川大学首届最受学生欢迎教师奖。获得四川省教学成果一等奖2项，国家级一流本科课程1门。主要从事高分子材料的功能化与高性能化研究，特别是在阻燃材料、生物基与生物降解高分子材料及高分子材料循环与升级回收等研究领域取得了系统的基础和应用研究成果，有效解决了制约相关行业发展的一些关键技术问题。发表的学术论文近10年SCI他引超过2万次，H因子81，3项基础研究成果入编《国家自然科学基金资助项目优秀成果选编》；授权发明专利160余件，专利实施应用取得显著经济效益；获13项国家和省部级科技成果奖，作为第一完成人获国家自然科学二等奖、国家技术发明二等奖和国家科技进步二等奖各1项，教育部和四川省的一等奖6项。兼任中国工程院主办的旗舰期刊 *Engineering* 和国外老牌传统专业期刊 *Polymer Degradation and Stability*、*Journal of Applied Polymer Science*、*Journal of Fire Sciences* 等9种SCI期刊编委，6 种化学和材料领域中文核心期刊编委；兼任中国材料研究会等 6 个与所从事专业领域相关的全国一级学会/协会专委会/全国标准委员会的副理事长、主任和副主任委员。

陈芬儿 中国工程院院士，四川大学双聘院士，1958 年 4 月生，江西崇仁人。华西医科大学（现四川大学）获硕士学位，四川大学获博士学位。教授，博士生导师。2004 年至今任瑞士罗氏（现 DSM）公司首位华人技术顾问（国际合作），兼任教育部高等学校化学及化工科学教育指导委员会委员；中国药学会药物化学专业委员会副主任委员，上海市药学会药物化学专业委员会委员、主任委员；上海市药物合成工艺过程工程技术研究中心技术委员会副主任委员。曾任复旦—帝斯曼（DSM）合成方法与手性技术联合实验室主任（国际合作）。*Green Synthesis and Catalysis* 创刊主编，*Chinese Chemical Letters*、《中国药学（英文版）》杂志副主编，*Anticancer Drugs Discovery*、*Drug Discoveries & Therapeutics*、*Current Medicinal Chemistry*、《药学学报》等 10 余种国内外著名杂志编委。长期从事药物分子设计学、有机化学的研究，主要研究方向为基于计算机辅助和药物作用机制的新药发现、天然产物的化学全合成研究、有机小分子不对称催化反应的应用研究、手性药物与手性技术的研究、药物合成创新工艺的研究等，取得了大量具有理论意义和重大应用价值的学术成果。研究成果曾获 2005 年国家技术发明二等奖、2007 年国家科技进步二等奖。

王琪 中国工程院院士，1949 年7 月生，女，四川自贡人。毕业于成都科学技术大学（现四川大学）高分子材料专业，获工学学士（1982 年 1 月）、硕士（1984 年 6 月）、博士（1989 年 6 月）学位。1989 年 12 月—1992 年 3 月加拿大拉瓦尔大学高分子科学工程中心博士后。四川大学教授。塑料加工工程专家。期刊 *Sustainable Materials*、《高分子材料科学与工程》主编。中国塑料加工工业协会科技咨询委员会副主任，四川大学塑料先进制造加工平台首席科学家等。曾任高分子材料工程国家重点实验室（四川大学）主任，四川大学“985 工程”科技创新平台首席科学家，国际聚合物加工学会国际（中国）代表等。带领研究团队长期围绕国家重大需求和学科前沿开展研究工作，致力于高分子材料制备和加工新理论新技术新装备及环境友好高分子材料的研究和工程化应用：发明了固相力化学加工新技术新装备，高质高效回收利用废弃塑料，为解决废弃塑料污染环境难题提供新途径；规模化制备高分子微纳米功能复合材料，实现其微型加工和 3D 打印加工，制备新型高分子功能器件；发明了旋转挤出加工新技术新装备，制备了高性能塑料管和微型功能导管；发明了聚乙烯醇热塑加工新技术，开拓了聚乙烯醇作为新型环保型塑料应用新领域；发明环境友好无卤阻燃塑料和泡沫塑料制备新技术等。多项成果居国际领先水平，获产业化应用，为我国塑料加工行业科技进步和产业创新发展作出重要贡献。获国家技术发明二等奖 2 项，中国发明专利金奖 1 项，省部级特等奖 1 项、一等奖 5 项、二等奖 3 项等；授权发明专利 90 余项，发表学术期刊论文 470 余篇，学术会议论文 360 余篇。培养博士研究生 60 名，硕士研究生 106 名。获何梁何利基金科学与技术创新奖。获“中国塑料行业杰出人物”“全国三八红旗手”等荣誉称号。

李言荣 中国工程院院士，1961 年

7月生，四川射洪人，中共党员。中国科学院长春应用化学研究所获博士学位。教授，博士生导师。电子信息材料专家。现任四川大学校长。第十三届全国政协委员，四川省科学技术协会主席。曾任电子科技大学校长。长期从事电子材料与元器件的教学和科研工作，曾获国家技术发明二等奖3项。2004年获得国家杰出青年科学基金。主要围绕电子薄膜材料技术与微波器件、传感器件和集成电子器件等的应用开展研究工作。

程京 中国工程院院士，1963年7月生，安徽安庆人，民建党党员。四川大学双聘院士，国际欧亚科学院院士。1983年本科毕业于上海铁道大学（现同济大学）电气工程系。1992年获英国史查克莱大学司法生物学博士学位。现任清华大学医学院生物医学工程系讲席教授、博士生导师，生物芯片北京国家工程研究中心主任，*Human Mutation* 杂志通讯编辑，*IET Nanobiotechnology* 杂志编委，*Journal of the Association for Laboratory Automation* 杂志科学顾问，全国生物芯片标准化技术委员会主任委员，中国医药生物技术协会生物芯片分会主任委员，中国生物医学工程学会副理事长，中国中医科学院学部委员，中国医学科学院学部委员等。主要从事DNA芯片、蛋白芯片、细胞芯片和芯片缩微实验室的研究开发和在健康管理、疾病诊断、食品安全检测、药物开发中的应用研究，站在国际生物芯片研究前沿并结合国情，主持建立了国内急需的疾病预防、诊断和预后分子分型芯片技术体系，领导研制了基因、蛋白和细胞分析所需的多种生物芯片，实现了生物芯片所需全线配套仪器的国产化，并打造了以中医智能诊疗装备、分子本草和情志调理等中医现代化为核心的大健康管理平台。主持研制了生物芯片类产品及配套仪器共70余项，授权国内外发明专利300余项，获中国医疗器械注册证54个、欧盟CE证书42个，负责起草了7项用于临床诊断的生物芯片行业标准和14项国家生物芯片标准。主编中英文著作各4部，在 *Nature Biotechnology* 等杂志上发表SCI收录论文170余篇，SCI他引9800余次。获国家杰出青年科学基金资助，曾两次以第一完成人身份荣获国家技术发明二等奖（2007/2018），获CAETS（国际工程与技术科学院理事会）所颁发的工程成就传播奖（2021）、全国创新争先奖（2020）、北京市抗击新冠肺炎疫情先进个人（2020）、树兰医学奖（2018）、首届转化医学杰出贡献奖（2018）、黄家驷生物医学工程奖一等奖（2017）、谈家桢生命科学成就奖（2016）、首届妇幼健康科学技术奖一等奖（2015）、光华工程科技奖（2014）、何梁何利基金科学与技术创新奖（2008）和求是杰出青年成果转化奖（2004）等奖项和荣誉。

王成善 中国科学院院士，1951年11月生，中共党员。1981年研究生毕业于成都地质学院（现成都理工大学）并获硕士学位。地质学家。现任中国地质大学（北京）教授。曾任成都理工大学校长。主要从事沉积学方面的研究和教学工作。在白垩纪古环境与古气候、构造隆升与沉积响应和含油气盆地分析方面取得了系统性和创新性成果，提出了白垩纪大洋红层和富氧作用（事件）原创性观点并建立了青藏高原中部率先隆起的“原西藏高原”隆升新模式，对青藏高原含油气盆地进行了系统的分析和油气资源评价。曾获得李四光地质科学奖、全国五一劳动奖章以及“全国先进工作者”“全国优秀教师”“美国地质学会会士”等荣誉称号。由他和其他中国科学家倡导和发起的深时数字地球（DDE）国际大科学计划已成为国际地质科学联合会（IUGS）首个大科学计划。

屠海令 中国工程院院士，1946 年 10 月生，北京人，中共党员。1969 年本科毕业于天津大学精密仪器系，1983 年于英国巴斯大学获固体物理学博士学位，1994 年至 1995 年在美国北卡罗来纳州立大学做高级访问学者，2007 年当选为中国工程院院士。现任北京有色金属研究总院名誉院长，有研科技集团有限公司科技委主任，智能传感功能材料国家重点实验室学委会副主任，中国有色金属工业协会特邀副会长。中国工程院院刊 *Engineering* 副主编，*Rare Metals* 期刊主编。从事硅、锗硅及二元、三元化合物半导体材料制备，半导体材料中杂质与缺陷行为、界面、表面物理化学，纳米硅材料与器件，高 k 栅介质材料，阻变存储材料及应用，稀土材料和红外光学材料，纳米与可穿戴生物医用传感材料与器件等方面研究。曾负责半导体材料“七五”“八五”“九五”国家攻关项目，砷化镓火炬项目，锑化镓“863”项目和红外材料国防“973”项目，以及“908 工程”“909 工程”硅材料专项，形成了一系列具有自主知识产权的工程技术和规模化生产能力。领导组织半导体材料国际标准采用和国家标准制订与推行。牵头中国工程院战略性新兴产业等重大咨询项目，主持新材料中长期（2035）发展战略、新材料产业基础能力提升、材料领域颠覆性技术等课题。1985 年被评为“有突出贡献的回国留学人员”，2001 年获全国五一劳动奖章，2002 年获国际半导体设备与材料协会（SEMI）国际标准成就奖，2004 年获何梁何利基金科学与技术进步奖，2006 年获北京电子信息产业十大杰出贡献者奖和中国有色金属工业科技进步特别贡献奖，2007 年获中国专利金奖。曾获国家科技进步二等奖 2 项、省部级科技进步奖 14 项，授权发明专利 60 余项，发表论文 300 余篇，出版著作 11 部。

韩雅玲 中国工程院院士，1953 年 6 月生，女，中共党员。1978 年哈尔滨医科大学本科毕业，1994 年获得第二军医大学博士学位。主任医师，博士生导师。中共十六大代表和政协第十一至十三届全国委员会委员。现任北部战区总医院全军心血管病研究所所长兼心血管内科主任，全军心血管急重症救治重点实验室主任。美国心脏病学会专家会员（FACC）、欧洲心脏病协会专家会员（FESC）、中华医学会心血管病学分会主任委员、中国医师协会心内科医师分会名誉会长、辽宁省医师协会会长、《中华心血管病杂志》总编辑、清华大学医学院兼职教授等。从事复杂危重冠心病的临床、教学与研究工作 40 余年，在复杂危重冠状动脉病变介入治疗、急性心肌梗死救治及个体化抗血栓治疗等方面完成了大量开创性工作，显著降低了危重冠心病的病死率，为提高我国危重复杂冠心病救治水平作出了重要贡献。承担国家自然科学重点基金、国家重大新药创制创新药物研究开发技术平台建设课题、国家“十二五”科技支撑计划项目、国家“十三五”慢病重点专项等 30 余项科研课题。以第一完成人身份在 *JAMA* 等 SCI 收录期刊上发表文章 210 余篇，获国家科技进步二等奖 2 项、何梁何利基金科学与技术进步奖 1 项、军队科技进步一等奖和医疗成果一等奖共 3 项、辽宁省科技进步一等奖 2 项。享受国务院政府特殊津贴。曾获得中国医师奖、辽宁省科学技术最高奖。曾获得“全国三八红旗手”“全国优秀科技工作者”“军队高层次科技创新人才工程科技领军人才”“白求恩式好医生”

等荣誉称号。荣立一等功、二等功各1次。

潘复生 中国工程院院士，1962年7月生，浙江兰溪人，九三学社社员。西北工业大学博士毕业。重庆大学教授，博士生导师。现任重庆市科学技术协会主席、中国工程科技发展战略重庆研究院院长、国务院学位委员会学科评议组成员。兼任国际标准化组织（ISO）镁及镁合金技术委员会主席、Elsevier出版社*Journal of Magnesium & Alloys*国际刊物主编、科学出版社“大学科普丛书”编委会主任、中国材料研究学会副理事长。澳大利亚昆士兰大学荣誉教授，俄罗斯矿业科学院院士，亚太材料科学院院士。政协第九届、十一届、十二届全国委员会委员，第十届和十三届全国人大代表。曾在英国牛津大学、德国斯图加特大学、英国玛丽皇后学院、日本千叶大学、加州大学洛杉矶分校和澳大利亚昆士兰大学等学习和工作。主要从事轻金属结构材料、轻金属储能材料、金属基复合材料等方面的研究和应用，特别是在镁合金、铝合金等方面做出了系列重要成果，开发的产品已在汽车、飞机、卫星、信息产业等领域成功应用。曾获得国家技术发明奖和科技进步奖4项，部省级科技一等奖10余项。发表SCI收录论文600多篇，授权发明专利150多项，制定国家标准和行业标准10余项。获得“全国杰出专业技术人才”和“全国优秀科技工作者”称号，是何梁何利基金科学与技术创新奖和（美国）杜邦科技创新奖获得者。多次担任国际会议的主席。

蒙大桥 中国科学院院士，1957年9月生，陕西咸阳人，中共党员。1980年本科毕业于四川大学化学系，2002年在四川大学获得博士学位。核材料与工艺专家。现在中国工程物理研究院工作。长期从事特种材料、特种部件制造、锕系元素物理与化学等研究工作。曾获国家科技进步一等奖3项、二等奖1项，国家发明三等奖1项、四等奖1项，部委级科技进步奖20余项。

付小兵 中国工程院院士，1960年8月生，四川资阳人，中共党员。1983年本科毕业于中国人民解放军第三军医大学，1993年于西班牙马德里大学获博士学位。教授，创伤外科研究员，博士生导师。现任解放军总医院医学创新研究部创伤修复与组织再生研究中心主任，全军创伤修复与组织再生重点实验室主任。担任国际创伤愈合联盟执委，亚洲创伤愈合联盟主席，国务院学位委员会学科评议组成员，中国工程院医药卫生学部副主任，国家技术发明奖、国家科技进步奖评委，中国生物材料学会前任理事长，中国博士后基金会理事，中华医学会组织修复与再生分会主任委员，中华医学会创伤学分会名誉主任委员，国家“973”计划“创伤和组织修复与再生”项目首席科学家、国家重点研发计划“生物材料与组织修复和再生”项目负责人、国家自然科学基金创新群体负责人（2012—2020）。《解放军医学杂志》总主编，*Military Medical Research*主编。1995年国家杰出青年科学基金获得者。2018年当选为法国医学科学院外籍院士。2019年和2020年分别当选为中国医学科学院和中国中医科学院首批学部委员。2021年当选为美国国家工程院外籍院士。长期从事创伤和创伤后的组织修复与再生医学研究，在战创伤医学、组织修复与再生医学和生物治疗学三大领域作出系统性和创造性贡献。主编《中华创伤医学》《再生医学：基础与临床》和*Advanced Trauma and Surgery*等学术专著30部，参编 30 余部。在 *The Lancet* 等国内外杂志发表学术论文 600 余篇。以第一完成人身份获国家科技进步一等奖 1 项，二等奖 3 项。获何梁何利基金科学与技术进步奖、“求是”杰出青年奖、中国人民解放军杰出专业技术人才奖、中华医学会创伤学分会终身成就奖、中华医学会烧伤外科分会终身成就奖和国际创伤修复研究终身成就奖等多项荣誉。被评为全军优秀共产党员、全军优秀教师和全国优秀科技工作者。2012 年和 2018 年分别被中共中央宣传部和中央军委政治工作部作为“时代先锋”和科技创新重大典型在全国宣传。2020 年获树兰医学奖和全国创新争先奖。2021 年荣获“全国杰出专业技术人才”称号。荣立一等功 1 次，二等功 3 次，三等功 1 次。

陈霖　中国科学院院士，第三世界科学院院士，1945 年 11 月生。1970 年本科毕业于中国科学技术大学。1980—1983 年加州大学圣地亚哥和欧文分校访问学者、Sloan 基金会博士后。1985 年中国科学技术大学教授，1986 年博士生导师。1986—2012 年中国科学院认知科学重点实验室、脑与认知科学国家重点实验室主任。1988—1993 年德国雷根斯堡大学和慕尼黑大学访问教授。2002—2004 年美国国立精神卫生研究院兼职研究员。2005 年至今香港大学名誉教授和访问教授。研究领域：认知科学、视觉认知和脑成像。中国科学院大学、生物物理研究所研究员，北京磁共振脑成像中心主任。合肥综合性国家科学中心人工智能研究院院长。中国科技大学心理系主任。四川大学双聘院士。中国医学科学院学部委员。创立中国认知科学学会并任理事长。获香港求是科技基金会杰出科学家奖。“973”计划实施以来连续任多项“973”项目首席科学家；曾任基金委重大项目、创新群体、重大研究计划负责人。1982 年以唯一作者身份在 *Science* 发表论文，提出“大范围首先”的拓扑性质知觉理论，就“什么是认知基本单元”的基本问题，向半个多世纪以来世界上占统治地位的“局部首先”的理论路线提出挑战。四十年来全面系统地发展了“大范围首先”的认知基本单元的拓扑学模型。

许唯临　中国工程院院士，1963 年 10 月生，中共党员，民进会员。博士。研究员，博士生导师。四川大学常务副校长。长期从事高坝水力学理论、技术和工程应用研究，创立了水力学细观分析理论，发明了分级防冲防蚀技术，研发出突变段水流控制技术。成果应用于 80 余项工程，包括 11 座 200 米以上的高坝工程。曾获国家技术发明二等奖 1 项、国家科技进步二等奖 2 项、何梁何利基金科学与技术创新奖等。在国际高水平刊物发表论文近百篇，出版著作 4 部，作为第一发明人获国家发明专利授权 20 项，7 项技术被纳入 5 部设计规范。2021 年当选为中国工程院院士。

三、四川大学杰出教授

项楚　四川大学杰出教授，我国著名的敦煌学家、文献学家、语言学家、佛教学家和文学史家。浙江永嘉人，1940 年 7 月生。1962 年于南开大学中文系毕业后考取四川大学中国文学史专业研究生，师从庞石帚教授攻治六朝唐宋文学。1980 年调入四川大学任教。现为教育部社会科学委员会委员，全国古籍整理出版规划领导小组成员，教育部人文社科重点研究基地四川大学中国俗文化研究所名誉所长，四川大学中华文化研究院院长，中国古典文献学（国家重点学科）、中国古代文学、汉语言文字学三个学科的学术带头人和博士生导师。具有深厚的国学根底，熟读佛经和四部典籍，精于校勘考据，擅长融会贯通，在研究中熔语言、文献、文学、宗教于一炉，形成了独具的治学特色。对敦煌学的研究折服了自诩“敦煌学在外国”的外国学者，为祖国赢得了荣誉。著有《敦煌文学丛考》《王梵志诗校注》《寒山诗注》《敦煌变文选注》《柱马屋存稿》《柱马屋存稿二编》《敦煌诗歌导论》《敦煌歌辞总编匡补》等多部专著，发表学术论文百余篇。曾获中国社科院青年语言学家奖一等奖，教育部首届、第二届和第五届人文社科优秀成果一等奖，首届思勉学术原创奖。2017 年被授予“四川省社会科学杰出贡献专家”荣誉称号。

游志胜 四川大学杰出教授，1945 年 9 月生，四川成都人。教授，博士生导师。四川大学国防科技研究院副院长，国家空管高级顾问，国家空管自动化系统技术重点实验室学术委员会副主任，视觉合成图形图像技术国防重点学科实验室学术委员会副主任。长期从事计算机应用技术、图形图像处理技术、空管技术、视觉合成技术、实时软件工程研究。主持了在航空管制、航空安全、图形图像技术等方面多项国家和军队急需的重大工程装备的研制。先后获国家科技进步一等奖 1 项，二等奖 3 项，省部级一等奖 4 项，均排名第一。1997 年被人事部授予“国家有突出贡献的中青年专家”荣誉称号，2002 年获“全国五一劳动奖章”，2005 年被评为“全国先进工作者”，2006 年获何梁何利基金科学与技术进步奖，2017 年获全国创新争先奖。牵头组建成立了国家空管自动化系统技术重点实验室、视觉合成图形图像技术国防重点学科实验室和现代交通管理系统教育部工程研究中心，承担国家、军队和部省级重大项目 20 余项，在国际国内发表论文 100 余篇，其中 SCI、EI 检索 60 余篇。

罗志田 四川大学杰出教授，1952 年生于重庆，1977 年考入四川大学历史系，1981 年毕业后到四川师范大学历史系工作，先后任助教、讲师。1986 年留学美国，获新墨西哥州立大学硕士学位，普林斯顿大学博士学位。1994 年至今任四川大学历史文化学院教授、博士生导师。文科杰出教授，研究方向主要为中国近代文化史、中外关系史。著作有《再造文明的尝试：胡适传》《民族主义与近代中国思想》《权势转移：近代中国的思想、社会与学术》《乱世潜流：民族主义与民国政治》《国家与学术：清末民初关于“国学”的思想论争》《裂变中的传承：20 世纪前期的中国文化与学术》《近代中国史学十论》《激变时代的文化与政治——从新文化运动到北伐》《变动时代的文化履迹》《近代读书人的思想世界与治学取向》等。

曹顺庆 四川大学杰出教授，欧洲科学与艺术院院士，四川省社科联副主席，教育部重要人才计划入选者，国家级教学名师，四川大学文学与新闻学院学术院长。1954 年 2 月生于贵阳，1980 年毕业于复旦大学，同年考上四川大学研究生，1983 年获硕士学位，1987 年获中国文学批评史学科首个博士学位。1996 年任四川大学文学院院长，1998 年任四川大学文学与新闻学院院长。1991 年获霍英东青年教师基金资助，被授予“作出突出贡献的中国博士学位获得者”称号；1992 年获得国务院政府特殊津贴；1993 年被国务院学位委员会批准为博士生导师；1994 年被评为四川省学术带头人；1996 年任国家社科基金评委；2000 年被评为国家级重点学科比较文学与世界文学学科带头人、教育部跨世纪优秀人才，任教育部本科教学评估工作专家委员会委员；2003年任国务院学位委员会学科评议组成员、教育部教学指导委员会中文学科副主任委员；2012年任教育部“马工程”首席专家；2017年任国家教材委员会委员；2018年任四川大学“双一流”学科建设首席科学家；2020年任四川大学科学先导首席科学家。1987年赴香港中文大学任访问学者，1992—1994年赴美国康乃尔大学、哈佛大学任访问学者。1998年任中国古代文学理论学会副会长，2000年任中国中外文艺理论学会副会长，2014年任中国比较文学学会会长。1998—2003年任台湾南华大学、佛光大学、淡江大学客座教授。担任比较文学国家级教学团队负责人，马克思主义理论研究和建设工程重点教材《比较文学概论》主编，比较文学国家级精品资源公开课课程负责人；主持国家社科基金重大招标项目“东方文艺理论重要范畴与话语体系”、教育部重大招标项目“英语世界的中国文学研究”等多个项目，担任“十五”及“211”重点项目“中外文学与俗文化”负责人。获国家级优秀教学成果二等奖5次，教育部人文社科二等奖4次，四川省政府社科一等奖4次。《文学评论》编委、《中国比较文学》编委、国际英文刊物 *Comparative Literature: East & West* 主编、CSSCI集刊《中外文化与文论》主编。出版了 *The Variation Theory of Comparative Literature*（《比较文学变异学》）《中西比较诗学》《中外比较文论史》《比较文学史》《中国文化与文论》《两汉文论译注》《东方文论选》《比较文学新开拓》《中国古代文论话语》《中外文学跨文化比较》《比较文学论》《比较文学学科理论研究》《世界文学发展比较史》《比较文学学》等著作30多部，发表学术论文200余篇。

钟本和 四川大学杰出教授，1937年11月生，四川达州人。化工学院杰出教授、博士生导师，享受国务院政府特殊津贴专家，四川省学术和技术带头人。长期从事磷复肥、磷化工教学和科研工作。负责完成的“料浆法制磷铵”新工艺，创造性地解决了我国大量中品位磷矿长期不能生产高效复肥磷铵的难题，成为该领域的开拓者。经过20余年的研究和攻关，完成了该工艺的基础研究、模试、中试及3万吨/年工试和装置技术国产化、大型化，并在全国推广，已形成具有中国特色的20万～30万吨/年装置的成套先进技术，成为我国高浓度磷复肥生产的主导技术路线，被列为“六五”以来我国科技战线的八大成果之一（计科〔1988〕570号）；主持完成的“6万吨/年料浆法磷铵”，被列为全国“八五”攻关突出的五项重大成果之一；主持完成的15万吨/年多项关键技术的“九五”攻关获得重大经济效益。2015年料浆法磷铵产量达到2258万吨，农业增产效益达894亿元。近十年还主持完成国家发改委和科技部下达的“生活垃圾制有机复合磷肥10万吨/年工业性试验”及对磷化工行业技术进步、产量升级换代具有重大意义的，低能耗、低成本制高纯度湿法磷酸净化新工艺，完成了1万吨/年、5万吨/年和10万吨/年工业试验并在全国推广。带领团队相继研发成功磷石膏综合利用、磷与中微量元素协同及含磷电池材料等一系列关键技术。在上述领域取得多项重大成果，获多项奖励，其中以第一完成人身份获国家科技进步一、二等奖各1项，部省级特等奖1项，一等奖2项，二等奖4项。先后被评为省、市劳动模范，国家人事部“有突出贡献的中青年专家”，省优秀共产党员，国家“六五”“七五”“八五”科技攻关先进个人，全国高校先进科技工作者；获四川省委、省政府科技重奖，首届“亿利达”科技奖，首届四川大学“五粮液校企合作贡献奖”。2015 年获全国赵永镐创新成就奖；2017 年获全国高校黄大年式教师团队；2018 年获何梁何利基金科学与技术进步奖、侯德榜化工科学技术奖，当选为中国化工学会会士；2021 年获中国无机盐工业协会终身成就奖。合作出版专著 4 本，在国内外主要刊物发表论文 300 余篇，授权专利 50 余项。兼任中国磷复肥工业协会第六届常务理事会名誉理事长，中国磷肥行业专家组副组长，中国化工学会硫磷钛资源化工专业委员会顾问，《磷肥与复肥》特约编委，《硫磷设计与粉体工程》顾问，《腐植酸》名誉编委。

詹石窗 四川大学杰出教授，博士生导师，我国著名的道教学研究专家、宗教学家、易经研究专家，四川大学生命哲学学派学术带头人，享受国务院政府特殊津贴专家。1954 年 9 月生，福建厦门人。1982 年获厦门大学哲学学士学位，1986 年获四川大学宗教学研究所哲学硕士学位，1996 年获四川大学宗教学研究所哲学博士学位。2018 年，韩国大真大学为表彰其突出的学术贡献，特别授予教育学名誉博士学位。曾任福建师范大学易学研究所教授，厦门大学闽江学者特聘教授，厦门大学人文学院副院长。现任四川大学老子研究院院长，四川大学道教与宗教文化研究所教授委员会主席，四川大学中华文化研究院学术委员会副主任，全国学术百强杂志《宗教学研究》主编，英文版杂志 *Frontiers of Daoist Studies*（《道家研究前沿》）主编，《道学研究》杂志主编，CSSCI 集刊《老子学刊》主编，国家社会科学基金学科评审专家，老子道学文化研究会顾问，华夏老学研究会会长，国家“十三五”规划文化重大工程《中华续道藏》首席专家等职。先后主持教育部哲学社会科学重大课题攻关项目“百年道学精华集成”（首席专家）、国家社会科学基金重大项目“百年道家与道教研究著作提要集成”（首席专家）等十多个课题。主要著作有《道教文学史》《易学与道教符号揭秘》《道教文化十五讲》《中国道教思想史》（副主编）以及《中国宗教思想通论》《中国道教通史》（主编）等 30 余部，组织编纂“国学新知文库”等多系列大型学术丛书，在《中国社会科学》《哲学研究》等海内外学术刊物发表《朱熹与〈周易〉先天学关系考论》等学术论文 300 多篇。论著先后获得省部级奖 16 项，其中一等奖 6 项，二等奖 5 项，全国高校人文社会科学优秀成果奖 3 项。有 2 部著作入选“国家社科基金成果文库”，2 部著作入选国家规划办“中华学术著作外译”项目。在学术研究领域以道教与易经关系、道教文学研究见长。个人专著《道教与女性》《道教文化十五讲》《中国宗教思想通论》先后被译为外文，在国外出版。

霍巍 四川大学杰出教授。1957 年 2 月生，在四川大学获得学士、硕士和博士学位。现任四川大学历史文化学院考古系教授、博士生导师，四川大学博物馆馆长，教育部人文社会科学重点研究基地四川大学中国藏学研究所所长，中宣部、统战部、国家民委、教育部四部委“筑牢中华民族共同体意识研究基地”主任。兼任教育部高等学校历史学类专业教学指导委员会委员，国家社科基金评委，第七、第八届国务院学科评议组成员，并任考古学召集人之一，四川省普通本科高等学校历史学类专业教学指导委员会主任委员，中国考古学会理事，四川省考古学会第一届会长，四川省历史学会副会长，四川省博物馆学会副理事长，四川省委、省政府决策咨询委员会委员等。学术兼职：香港城市大学客座教授，日本文部省国际日本文化研究中心客座教授，吉林大学中国边疆考古中心学术委员会委员、客座教授，中国社会科学院考古研究所中国文明研究中心客座研究员，西藏大学客座教授，四川美术学院客座教授等。2000 年入选教育部“跨世纪优秀人才”；2007 年获批国务院特殊津贴；2013 年入选教育部重要人才计划；2011 年和 2018 年两次获批四川省学术和技术带头人；2019 年获“国家‘万人计划’教学名师”“四川省教书育人名师”荣誉称号，入选四川省“天府万人计划”天府文化领军人才。长期从事中国考古学的教学与研究工作，主要研究领域为汉唐考古、西南考古、西藏考古、文物学与艺术史、中外文化交流、博物馆学等。主讲本科课程十余门，其中“考古学导论”被评为四川省级精品课程，并两次荣获四川省教学一等奖；“考古学与文明史”2014 年入选教育部第六批精品视频公开课，2021 年被评为省级一流本科课程；“考古学与文明史”“巴蜀文化”“西藏历史与文化”2020 年被认定为四川大学“课程思政”榜样课程，其中“巴蜀文化”被认定为四川省“课程思政”示范课程，同时承担硕士、博士教学工作。从教以来两次荣获“宝钢优秀教师”，获劳动人事部、教育部“全国模范教师”等荣誉称号。先后在国内权威学术期刊《考古学报》《民族研究》《世界宗教研究》《文物》《考古》《中国藏学》以及国际著名学术刊物《东方学报》等发表论文 200 余篇，出版《西藏古代墓葬制度史》（四川人民出版社，1995）、《西藏西部佛教文明》（四川人民出版社，2000）、《战国秦汉时期中国西南的对外文化交流》（巴蜀书社，2007）、《皮央・东嘎遗址考古报告》（四川人民出版社，2008）、《吐蕃时代：考古新发现及其研究》（科学出版社，2011）、《考古发现与西藏文明史第一卷：史前时代》（科学出版社，2015）等学术著作多部。其学术成果入选国家哲学社会科学成果文库，两次荣获教育部高等学校科学研究优秀成果奖（人文社会科学）二等奖，多次荣获四川省社会科学优秀成果一、二等奖，获“中国藏学研究珠峰奖”一等奖、第七届吴玉章人文社会科学优秀奖等奖项。与其研究团队曾多次应邀参加在日本、美国、德国等召开的国际学术会议并作大会发言，在本学科领域具有良好的学术声誉和学术影响力。

表 3　2021 年新聘正高级专业技术职务人员名单

序号	单位	姓名	性别	最高学历（位）	聘任职务
1	经济学院	余澳	男	博士	教授
2	经济学院	赵绍阳	男	博士	教授
3	法学院	冯露	女	博士	教授
4	文学与新闻学院	李菲	女	博士	教授
5	文学与新闻学院	罗鹭	男	博士	教授

续表3

序号	单位	姓名	性别	最高学历（位）	聘任职务
6	外国语学院	汤黎	女	博士	教授
7	艺术学院	黄晨	男	博士	教授
8	历史文化学院（旅游学院、考古文博学院）	周月峰	男	博士	教授
9	历史文化学院（旅游学院）	李勇先	男	博士	教授
10	公共管理学院	罗亚玲	女	博士	教授
11	哲学系（含宗教所）	于国庆	男	博士	研究员
12	哲学系（含宗教所）	曾海军	男	博士	教授
13	商学院	黄璐	女	博士	教授
14	商学院	李颖	女	博士	教授
15	马克思主义学院	薛一飞	男	博士	教授
16	体育学院	邱硕立	男	博士	教授
17	海外教育学院	鲜丽霞	女	博士	教授
18	国际关系学院	李昊	男	博士	教授
19	数学学院	任丽	女	博士	教授
20	数学学院	熊昌伟	男	博士	教授
21	数学学院	申力立	男	博士	研究员
22	数学学院	邓科	男	博士	研究员
23	物理学院	周荣	男	博士	教授
24	化学学院	邹国红	男	博士	教授
25	化学学院	董顺喜	男	博士	教授
26	化学学院	曹伟地	男	博士	研究员
27	化学学院	郑保战	男	博士	教授
28	化学学院	付海燕	女	博士	教授
29	化学学院	何玲	女	博士	教授
30	生命科学学院	陈磊	男	博士	教授
31	生命科学学院	李涛	男	博士	教授
32	生命科学学院	林玉成	男	博士	教授
33	电子信息学院	卿粼波	男	博士	教授
34	电子信息学院	雷印杰	男	博士	教授

续表3

序号	单位	姓名	性别	最高学历（位）	聘任职务
35	电子信息学院	杨阳	男	博士	教授
36	分析测试中心	蒋小明	男	博士	研究员
37	原子核科学技术研究所	林炜平	男	博士	研究员
38	原子核科学技术研究所	黄宁	男	博士	研究员
39	原子与分子物理研究所	张友君	男	博士	研究员
40	材料科学与工程学院	赵德威	男	博士	教授
41	材料科学与工程学院	唐正华	男	博士	教授
42	机械工程学院	王江新	男	博士	教授
43	机械工程学院	齐欢	男	博士	教授
44	机械工程学院	许斌	男	博士	教授
45	机械工程学院	刘文博	男	博士	教授
46	电气工程学院	贺明智	男	博士	教授
47	计算机学院（软件学院）	章乐	男	博士	教授
48	建筑与环境学院	代忠德	男	博士	教授
49	建筑与环境学院	王斌	男	博士	教授
50	建筑与环境学院	周志宏	男	博士	研究员
51	建筑与环境学院	郭家秀	女	博士	教授
52	水利水电学院	姚慰炜	男	博士	研究员
53	水利水电学院	田忠	男	博士	研究员
54	水利水电学院	李龙国	男	博士	研究员
55	化学工程学院	刘冲	男	博士	教授
56	化学工程学院	李德富	男	博士	教授
57	化学工程学院	罗冬梅	女	博士	教授
58	轻工科学与工程学院	杨璐铭	女	博士	教授
59	轻工科学与工程学院	曾运航	女	博士	教授
60	轻工科学与工程学院	成煦	男	博士	教授
61	高分子科学与工程学院	李乙文	男	博士	教授
62	高分子科学与工程学院	姜猛进	男	博士	教授
63	高分子科学与工程学院	冉起超	男	博士	教授
64	高分子研究所	白时兵	男	博士	研究员

续表3

序号	单位	姓名	性别	最高学历（位）	聘任职务
65	生物医学工程学院	易强英	女	博士	研究员
66	生物医学工程学院	孙勇	男	博士	研究员
67	空天科学与工程学院	周青华	男	博士	教授
68	华西临床医学院（华西医院）	戚世乾	男	博士	教授
69	华西临床医学院（华西医院）	胡文闯	男	博士	教授
70	华西临床医学院（华西医院）	何金汗	男	博士	主任药师
71	华西临床医学院（华西医院）	门可	男	博士	研究员
72	华西临床医学院（华西医院）	刘敬平	男	博士	研究员
73	华西临床医学院（华西医院）	陈静	男	博士	研究员
74	华西临床医学院（华西医院）	周诚	男	博士	研究员
75	华西临床医学院（华西医院）	杜亮	男	博士	教授
76	华西临床医学院（华西医院）	袁勇	男	博士	教授
77	华西临床医学院（华西医院）	魏全	男	博士	教授
78	华西临床医学院（华西医院）	刘磊	男	博士	教授
79	华西临床医学院（华西医院）	吕庆国	男	博士	主任医师
80	华西临床医学院（华西医院）	尹万红	男	博士	主任医师
81	华西临床医学院（华西医院）	王波	男	博士	主任医师
82	华西临床医学院（华西医院）	张君龙	男	博士	主任技师
83	华西临床医学院（华西医院）	曾婷婷	女	博士	主任技师
84	华西临床医学院（华西医院）	许瑞华	女	本科	主任护师
85	华西临床医学院（华西医院）	杨玲	女	本科	主任护师
86	华西临床医学院（华西医院）	侯晓玲	女	本科	主任护师
87	华西临床医学院（华西医院）	曾继红	女	本科	主任护师
88	华西临床医学院（华西医院）	龚仁蓉	女	本科	主任护师
89	华西临床医学院（华西医院）	石明	男	学士	主任医师
90	华西临床医学院（华西医院）	张凤英	女	博士	主任护师
91	华西临床医学院（华西医院）	甘涛	男	博士	主任医师
92	华西临床医学院（华西医院）	葛宁	女	博士	主任医师
93	华西临床医学院（华西医院）	唐莉	女	博士	主任医师
94	华西临床医学院（华西医院）	胡宏德	男	博士	主任医师

续表3

序号	单位	姓名	性别	最高学历（位）	聘任职务
95	华西临床医学院（华西医院）	肖红	女	博士	主任医师
96	华西临床医学院（华西医院）	申文武	男	硕士	主任护师
97	华西临床医学院（华西医院）	杨雨	女	博士	主任医师
98	华西临床医学院（华西医院）	唐学阳	男	博士	主任医师
99	华西临床医学院（华西医院）	陈俊杰	男	博士	主任医师
100	华西临床医学院（华西医院）	张朋	男	博士	主任医师
101	华西临床医学院（华西医院）	王峰	男	博士	主任医师
102	华西临床医学院（华西医院）	石运莹	女	博士	主任医师
103	华西临床医学院（华西医院）	闵理	男	博士	主任医师
104	华西临床医学院（华西医院）	杨滨	男	博士	主任技师
105	华西临床医学院（华西医院）	林锋	男	博士	主任医师
106	华西临床医学院（华西医院）	龚翰林	男	博士	主任医师
107	华西临床医学院（华西医院）	方芳	女	博士	主任医师
108	华西临床医学院（华西医院）	姚蓉	女	博士	主任医师
109	华西临床医学院（华西医院）	黄纪伟	男	博士	主任医师
110	华西临床医学院（华西医院）	周沐科	男	博士	主任医师
111	华西临床医学院（华西医院）	陈洁	男	博士	主任医师
112	华西临床医学院（华西医院）	魏涛	男	博士	主任医师
113	华西临床医学院（华西医院）	孟娟	女	博士	主任医师
114	华西临床医学院（华西医院）	李玲利	女	博士	主任护师
115	华西临床医学院（华西医院）	胡晓林	女	博士	主任护师
116	华西临床医学院（华西医院）	谢娟	女	硕士	研究员（管理研究）
117	华西第二医院	周圣涛	男	博士	教授
118	华西第二医院	李小洪	男	博士	研究员
119	华西第二医院	杨晓燕	女	博士	主任医师
120	华西第二医院	段泓宇	男	博士	主任医师
121	华西第二医院	胡娟	女	硕士	主任护师
122	华西第二医院	曲海波	男	博士	主任医师
123	华西第二医院	甘靖	男	博士	主任医师
124	华西第二医院	郭慧	女	博士	主任医师

续表3

序号	单位	姓名	性别	最高学历（位）	聘任职务
125	华西第二医院	李莉	女	博士	主任医师
126	华西第二医院	陆晓茜	女	博士	主任医师
127	华西第二医院	苏绍玉	女	学士	主任护师
128	华西第二医院	马玉姗	女	博士	主任医师
129	华西第二医院	沈扬眉	女	博士	主任医师
130	华西第二医院	秦朗	男	博士	主任医师
131	华西第二医院	何国琳	女	博士	主任医师
132	华西第二医院	王春举	男	博士	正高级会计师
133	华西口腔医学院（华西口腔医院）	李雨庆	男	博士	研究员
134	华西口腔医学院（华西口腔医院）	廖金凤	女	博士	研究员
135	华西口腔医学院（华西口腔医院）	王琪	女	博士	主任医师
136	华西口腔医学院（华西口腔医院）	朱卓立	男	博士	主任医师
137	华西口腔医学院（华西口腔医院）	谭震	男	博士	主任医师
138	华西公共卫生学院（华西第四医院）	赵星	男	博士	教授
139	华西公共卫生学院（华西第四医院）	赵莉	女	博士	教授
140	华西药学院	李国菠	男	博士	教授
141	华西药学院	刘小宇	男	博士	教授
142	生物治疗国家重点实验室	赖颖	男	博士	研究员
143	生物治疗国家重点实验室	雷剑	男	博士	研究员
144	生物治疗国家重点实验室	包锐	男	博士	研究员
145	生物治疗国家重点实验室	HUIYUAN ZHANG	女	博士	教授
146	党政办	秦远清	男	硕士	研究员（管理研究）
147	科学技术发展研究院	邹勇	男	硕士	研究员（管理研究）
148	图书馆	陈明惠	女	学士	研究员（管理研究）

（以上资料由人事处沈爱平提供）

人才培养篇

本科生教育

一、建“金专”，开创拔尖人才培养新路径

以吴玉章学院/玉章书院为“点”，以实验班/创新班为“线”，以本科生荣誉学士学位为“面”，开创“点线面”拔尖人才培养新路径。出台《四川大学拔尖计划、2.0强基计划本硕博贯通式人才培养方案修订原则意见》，14个学院、22个专业实施本硕博贯通式人才培养，71名本科学生已开启研究生阶段学习。设立护理学与管理学、医学技术与智能制造、预防医学与软件工程、网络空间安全与法学4个双学士学位复合型人才培养项目，面向高考招生。明远学园——物理学拔尖学生培养基地、明远学园——历史学拔尖学生培养基地入选“拔尖计划2.0”首批国家级基地，7个基地入选“拔尖计划2.0”。教育部官网以“四川大学积极推进本科专业建设内涵式发展”为题报道了学校专业建设成效。

二、铸“金课”，打造通识教育课程新体系

依托全国重点马克思主义学院，由马克思主义学院牵头，与历史文化学院、经济学院跨学科、高标准打造“四史”课程，于2021年秋季学期面向全校本科新生开课。党史学习教育官网以“四川大学：铸魂育人上好‘四史’教育课程”为题进行了报道。遴选98门课程申报国家级一流本科课程，新增获批省级一流本科课程182门。制定《四川大学通识核心课程建设推进方案》，确立“一个目标、两条主线、三大先导课、五大模块、百门金课”通识教育课程新体系，曹顺庆、霍巍、罗懋康等杰出教授、名师大家领衔三大先导课程“中华文化（文史哲艺）”“人类文明与社会演进”“科学发展与技术革命”，《川观新闻》《科技日报》《中国科学报》等相继报道通识核心课程建设情况。持续推进劳动教育，依托思政课、通识课、专业课等各类课程及双创活动开展理论学习和实践锻炼有机融合的劳动教育课程体系，并收集典型案例进行宣传引导示范。

三、严格把关，教材建设精品力作不断涌现

思想政治理论课以及哲学社会科学相关专业对应课程全部使用“马工程”重点教材。制定《四川大学关于落实〈习近平新时代中国特色社会主义思想进课程教材指南〉行动方案》《深入贯彻落实“全国教材工作会议暨首届全国教材建设奖表彰会”精神，推进教材建设工作方案》。首届全国教材建设奖喜获丰收，华西临床医学院被评选为首届全国教材建设奖先进集体，文学与新闻学院曹顺庆教授被评选为首届全国教材建设先进个人，我校教师主编或副主编的14种教材获全国优秀教材奖（高等教育类）。

四、多元浸润，精准培育大学生创新创业能力

开展创业就业“校企行”和精益创业

带动就业专项行动，“创新药——甲苯磺酸多纳非尼片”等5个项目在全国大众创业万众创新活动周展出。国家发改委报道《四川大学双创示范基地实施“大创”计划推动产教融合双创育新新模式》。与航天科工、阿里巴巴、国家电网等12家企业类国家双创示范基地结对，开展培训、路演等活动82场，学生创业项目724项次。新建成都碳素有限责任公司等30个校级实习基地。建设四川大学—华为“智能基座”产教融合协同育人基地，联合开发33门课程，将鲲鹏、昇腾及华为云前沿技术引入课堂，基地奖教金评选出教师奖5名，奖学金评选出学生奖30名。举办首届“高校课赛践一体化创新创业教育研讨会”，持续大创项目质量革命，立项并实施国家级项目208项、省级项目405项，4项国家级大创项目入选第十四届大学生创新创业年会。承办10项省级科创竞赛。

五、立意寰球，“智能+”与教育教学深度融合

充分利用新媒体推广先进教学理念与方法，通过升级改造教务系统、建设毕业及学位审查系统等高质高效开展管理工作；应对疫情防控需要，线上线下智慧课堂教学高质量运行。推出“大川视界”线上学分课程项目，2021“实践及国际课程周”及国际交流营相关活动采用线上线下相结合的方式开展，130余名来自国内外一流高校的教师开出全英文课程131门（线上106门，线下25门），逾万人次学生受益。

【全面推进课程思政走深走实】“校—院—基层教学组织”三级联动，将建设课程思政榜样课程纳入学院年度目标任务考核。持续加强课程思政案例库建设，700余门次案例入库。242门次课程被认定为四川大学课程思政榜样课程/标杆课程，教育部认定课程思政示范课程3门、教学名师和团队3个。组织3场课程思政交流活动，19名榜样课程主讲教师分享经验，石坚教授等知名专家在教育部课程思政教学能力培训会上做经验分享，设立四川大学分会场组织全校教师参加学习。“四川大学e教务”“四川大学教师教学发展中心”等公众号对课程思政榜样课程进行宣传报道；多门示范课程上线新华思政网平台，“中外语言文学与文化专题研究”（曹顺庆）作为国家课程思政示范课程在“国庆节专题——请祖国放心，未来有我”中展播，产生良好的辐射作用。

【教学研究与改革成果丰硕】8个项目获得教育部新文科研究与改革实践项目立项，11个项目获四川省新文科研究与改革实践项目立项；17个四川省2018—2020年高等教育人才培养质量和教学改革的项目被认定为重大项目；50个项目获得教育部产学合作协同育人项目立项；7个项目获得中国高等教育学会2021年度专项课题立项；422个项目获得新世纪高等教育教学改革工程（第九期）立项。举办“协作、融通、创新——新工科研究的探索与实践”本科教育创新大讲堂，扎实推进新工科建设。237项教育教学改革成果荣获2020年四川大学教学成果奖，推荐92项成果申报2021年四川省教学成果奖。

【全方位提升教师教学学术能力】新教师培训中新增“习近平总书记教育重要论述模块”“美育模块”“课程思政模块”三大模块内容。举办本科教育创新大讲堂、青年教师教学成长营、师生对话研讨等形式多样、内容丰富的教师教学发展品牌活动。以竞赛为契机，助推教师教学能力提升，举办四川大学第四届“探究式—

小班化”教学竞赛；积极组织教师参加各类竞赛，首届四川省高校教师教学创新大赛获一等奖1项、二等奖2项，全国高校教师教学创新大赛获全国一等奖1项，第三届全国高校混合式教学设计创新大赛获全国二等奖1项，第三届四川省青年教师风采大赛获一等奖1项。面向未来，聚焦教学学术前沿问题，联合北京大学、南京大学、西安交通大学等17所高校建立面向未来的教师教学发展虚拟教研室，以“面向未来的教与学”为主题举办第九届“以学为中心”研讨会。推进各院系做实教师教学发展活动，30个院/系共举办近60场教师发展活动，研讨培训7000余人次。

【人才培养质量不断提升】学生荣获省级及以上学科竞赛奖2421项，其中全国一等奖及以上76项，国际大奖15项。本科生发表论文626篇，其中SCI/EI/CSSCI收录论文374篇，核心期刊论文58篇，普通期刊论文138篇，本科生参与获得授权专利共68项。“互联网+”大赛省赛荣获28金21银2铜，为历届省赛金奖之最；国赛喜获6金2银5铜，金奖数名列全国第5，获奖数创历史新高；连续七年获得高教主赛道“先进集体奖”（全国仅3所高校），并获得“青年红色筑梦之旅”赛道“先进集体奖”，其中“精影求精——全球首创精神疾病诊疗仪”项目取得全国第六名的历史最好成绩。

表1　本科教学工作先进单位（10个）

华西口腔医学院	商学院
华西临床医学院	华西基础医学与法医学院
数学学院	软件学院
化学学院	生命科学学院
高分子科学与工程学院	文学与新闻学院（新闻学院）

表2　单项工作先进奖（13个）

奖项	学院
公共课教学贡献奖	体育学院
教学改革与成果贡献奖	轻工科学与工程学院
专业建设先进单位	软件学院
课程建设先进单位	文学与新闻学院（新闻学院）
大学生双创实践教育先进单位	软件学院
“基础学科拔尖学生培养试验计划”“强基计划”先进单位	生命科学学院
教学运行管理先进单位	华西药学院
教师教学能力发展贡献奖	华西临床医学院
“基层教学组织”建设先进单位	生命科学学院
招生宣传先进集体	建筑与环境学院

续表2

奖项	学院
生源基地建设先进集体	华西口腔医学院
招生考试工作先进集体	化学学院
高中大学衔接培养先进集体	计算机学院

表3　四川大学“互联网+”创新创业大赛优秀组织奖

名次	学院
第一名	华西临床医学院
第二名	商学院
第三名	化学学院
第四名	轻工科学与工程学院
第五名	电气工程学院
第六名	生物医学工程学院

表4　基于智慧教学环境的“探究式—小班化”教学质量优秀奖（289名）

学院	姓名
艺术学院	胡勃、黄龙珠、李蔷、熊宇、唐琳佳、李善叶、孙林、常青、谭娜
经济学院	陈显娟、杨艳、段海英、崔传涛
法学院	钱向阳、景风华、徐蓉、刘畅、陈锋、黄力华、袁嘉、悦洋
文学与新闻学院（新闻学院）	丁淑梅、朱姝、曾元祥
外国语学院	Marta Ulanska、邱鑫、马文颖、韩梅、罗金、赵星植、邓晓凌、李一楠、赵秀全、彭博、胡学敏、王凤、陈铭、钟昉、汤黎、刘佳、潘静文、胡敏霞、吕琪
历史文化学院（旅游学院、考古文博学院）	原祖杰、李林、查晓英、杨锋、田国励、陈力、李若愚、黄桢、王俊鸿
马克思主义学院	刘渊、王小鹏、张学昌、赵苏丹
国际关系学院	洪舒、陈长宁、修光敏、王逸群
数学学院	李洪旭、胡文贵、贺巧琳、王皓、唐庆粦、方亚平、唐亚勇、李淼、宋恩彬、陈闯、陈小俊、朱瑞、吕振超
物理学院	付宝勤、唐臻宇、FILIPPO BOI、刘书魁、裘南、吴小华、高福华、左浩毅、杜惊雷、韩纪锋、朱建华、李鸿、宋丽、龚敏、齐建起
化学学院	杨科珂、祝良芳、赵海波、童冬梅、陈力、赵南蓉、陈善勇、陶国宏、陈思翀、朱华、徐定国、张立春、董顺喜、袁立华、李丹、马利建、何玲、江波

续表4

学院	姓名
生命科学学院	杨军、兰利琼、白洁
电子信息学院	杨超、卢萍、刘长军、王君、杨晓庆、朱铧丞、李小伟、赵翔、雷印杰、周昕
高分子科学与工程学院	刘正英、黄华东、吴锦荣、冉起超、冉蓉、龚鹏剑、丁春梅、曾科、秦家强、魏强
材料科学与工程学院	余萍、陈金伟、施奇武、张萍、文晓刚、吴朝玲
机械工程学院	谢罗峰、彭华备、熊瑞平、王凯、王玫、陆小龙、刘晓宇、尹伯彪
电气工程学院	黄媛、曾琦、曾成碧、刘婕、赵莉华
计算机学院	徐文政、孙亚楠、段磊、王利团、张靖宇、刘怡光、李征、杨彦兵、彭玺、张严辞、彭德中
建筑与环境学院	汤岳琴、吕思强、杨金燕、王洪涛、张炜、王子云、郭洪光、李慧强、周力、孙辉、杨志山、张堙、楚英豪、钟军立、高辉、陈文清、李春玲、刘本洪、何敏、高庆、吴潇、干晓宇、魏泳涛、李智慧
水利水电学院	刘铁刚、张茹、唐继国、庄文化、薛新华、刘华、杜敏、贺宇欣、胡耀华、孟玉川、吴震宇、李艳玲
化学工程学院	易美桂、周加贝、王雅博
轻工科学与工程学院	段飞霞
生物医学工程学院	何凌、张劲
软件学院	何坤、黄武
匹兹堡学院	陈薇、唐若亮
空天科学与工程学院	周广武、季袁冬
网络空间安全学院	方勇、杨进、王海舟
公共管理学院	李丹、蔡娜、史江、崔珂、罗亚玲、饶永恒、徐文健、曾路遥、林熙、何明洁
商学院	敖建明、姚黎明、钟胜、刘柱胜、王维成、廖虎昌
灾后重建与管理学院	陈娅婷
华西基础医学与法医学院	王晓樱、万莉红、张媛媛、袁东智、王霞、朱玲、杨志梅、邓振华、李浇、黄英、周华、冯颖
华西临床医学院	唐黎之、谢红、杨希、聂虎、吕晓君、王默进、廖虎、赵婉君、高慧、张伶姝、卢亦路、林卫、温杨、王秋、王凤怡、倪忠、付阳、张凤英、李真林、钟晓绯
华西口腔医学院	李晓箐、余丽霞、向琳、程然、岳莉、裴锡波、张敏、黄睿洁、万冕

续表4

学院	姓名
华西公共卫生学院	曾红燕、李雯雯、刘毅、杨春霞、沈曦
华西药学院	郭丽、宋颢、刘小宇、徐小平、齐庆蓉、龚涛、钱广生
体育学院	邓维、黄宇、计丽萍、李山花、汪纹波、王晓均、谢云龙、YOUN SEONGHYUN、董强

表5　课堂教学质量优秀奖（529名）

学院	姓名
艺术学院	杜松、李晟、王蓓、李翔、王涛、朱毅、海维清、蒋维刚、肖凤、段莎莎、卢丁、赵易、蒲理莉、许亮、陈小林、鲁苗、陈镜竹
经济学院	张红伟、贾立、龚勤林、邓翔、路征、蒋瑛、陈忱、段龙龙、陈羽、龚秀国、邓忠奇、谢蓓、刘用明、余川江、李亚伟、肖慈方、骆桢、邹瑾、胡超然、赵达
法学院	吴震宇、傅江、李侠、冯露、陶涛、徐继敏、罗文禄、王有粮、白宝芬
文学与新闻学院（新闻学院）	王红、王长林、戴路、刘颖、寇淑婷、杜晓莉、孙尚勇、李静、伍晓蔓、王一平、唐小林、刘亚丁、邱晓林、李怡、卢迎伏、罗鹭、王炎龙、傅其林、姜飞、饶广祥、徐沛、张朝富、张悦、张玉川、贾瑞琪
外国语学院	夏婉璐、赵雪、龚娟、王朔、吴玲玲、潘文、黄星、朱娅玲、陈晓琴、龚静、曹漪那、邓力、潘皙、谢宇、张贵芳、殷明月、肖晓丹、崔梦田、林东涛、方小莉、何功明
历史文化学院（旅游学院、考古文博学院）	胡越、车人杰、范佳楠、于孟洲、洪丽珠、石涛、徐波、张亮、代丽鹃、李帅、庞霄骁、王煜、粟品孝、舒大刚、罗明志、赵力、查建平
马克思主义学院	张晓磊、敖小茂、何洪兵、杨少垒、纪志耿、郑晔、熊晚玫、李建华、吴敏、魏泳安、王林梅、邓宗豪、郭佳
国际关系学院	张权、李昊、丁忠毅、刘青尧、肖健美、何丹
哲学系	马飞、黄路苹、徐召清、蒋荣昌、陈建美、余平
数学学院	王宝富、张起帆、陈柏辉、任丽、杜力力、彭联刚、李彬杰、罗应婷、沈晓静、胡兵、顾晓慧、谭友军、彭雪、黄开银、张世全、陈敬敏、程建峰、闵心畅、卢明
物理学院	向钢、傅子文、马瑶、林方、黄铭敏、杨朝文、郭华忠、周荣、张怡霄、白春林、何捷、张析
化学学院	徐世美、汪秀丽、丁颂东、曾小明、薛英、张骥、于珊珊、周歌、伍晚花、李立新、郑保战、杨宇东、杨琴

续表5

学院	姓名
生命科学学院	邹方东、杨春蕾、魏炜、孙群、王海燕、刘唤唤、赵建、周颂东、曾涛、毛康珊、赵云、李静、张咏梅、鲍锦库、林玉成、蒲浩渊、唐琳、丁显平、童英、刘志斌、张杰、李娟
电子信息学院	郭庆功、曹益平、陈梅、严华、陈倩、胡仲霞、邓洪敏、卿粼波、李大海、陈星、潘帆、陈笃海
高分子科学与工程学院	李洁华、冯玉军、孙树东、李忠明、丁明明、高雪芹、尹波、陈枫、任世杰、刘向阳
材料科学与工程学院	朱小红、吴昊、李卫、蒋渝、朱达川、黄利武、黄永前
机械工程学院	张珣、郭鑫、徐雷、王均、刘甦、刘剑、杨刚、刘文博、殷鸣、赵秀粉、徐晓秋、汤卿、孙兰、文玉华、李敬敏、甘芳吉、王旭、牛美灿
电气工程学院	马晓阳、张姝、魏震波、刘洋、黄勇、朱光亚、何川、张文海、苗虹、刘星、李保宏、黄华、莫思特、黄小龙、李华强、郑子萱、舒勤、李长松、高红均、周凯、胡劼
计算机学院	陈润、刘权辉、陈媛媛、倪云竹、张海仙、蒋欣荣、李晓峰、傅静涛、熊勇、袁道华、杜中军、郭际香、罗以宁、赵树龙、左劼、刘宇、吴宏瑜
建筑与环境学院	王军、姚露、陈尧、刘百仓、庞丽娜、陈滢、石宵爽、邹琢晶、丘杨、付垚、李骁、李智、谢汝桢、成竹、Barnabas Cordell Seyler、谢凌志、孙照勇、黄成敏、刘敏、邢会歌、张锡娟
水利水电学院	张昌兵、鞠小明、张文江、李文萍、覃光华、万里、王焱、崔宁博、骆红、王玉蓉、陈建康、邓建辉、文艳琳
化学工程学院	黄卫星、王辛龙、唐思扬、唐盛伟、姚舜、李永生、赖雪飞、李德富、李军、余徽、江成发、吉华、宋航、伍勇、李娟琴、马丽芳、田文、钟琳、袁绍军、王彩虹、朱权、刘壮、岳海荣、曹丽淑、罗春晖、巨晓洁、李子元、钟山、司振兵
轻工科学与工程学院	阎斌、汤华钊、贾冬英、吴重德、肖凯、钟凯、李正军、何有节、任尧、罗爱民、吕远平、赵志峰、金勇、刘彦、曾运航、时昱、高鸿、何强、周建飞、申鸿、冉旭、杨琴
生物医学工程学院	尹光福、苟立
软件学院	李辉、郭兵、尹皓、李茂、章乐
匹兹堡学院	李筠、Jeungphill Hanne、陈奇志、麦诚志
空天科学与工程学院	蒲伟、薛俊鹏、黄志勇、韩松臣
网络空间安全学院	梁刚、黄诚、杨频、赵辉
公共管理学院	胡康林、范逢春、袁芮、刘磊、吴耀宏、乔健、杨磊、韦仁忠、杨斌、张伟科、陈丽、刘晓燕

续表5

学院	姓名
商学院	梁海明、程元军、罗诚、李智、李宗敏、郑建国、张欣莉、吴志彬、刘海月、朱青松、李子扬、曾自强、胡知能、段颖希、李跃宇、钱晓烨、杨雪、周浩、周鹏、成倞媛、向杰、黎伟、周贵川、罗宽宽、吴萌、谢晋宇、吴岚、郑洪燕
灾后重建与管理学院	曹丽、鄢婷婷
华西基础医学与法医学院	代号、沈阳、高秀峰、张淑鑫、刘敏、朱彤波、熊丽莉、邱明均、郑翔、周琳琳、刘皓、王红仁、颜静、罗海玻、云利兵、赵志伟、陈维操
华西临床医学院	康德英、周亮、殷莉、牛挺、李箭、梁宗安、邹立群、吕建琴、唐莉、刘兴斌、杨锦林、赵璧、左云霞、黄仲英、母得志、刘陇黔、郑芸、李贵星、向洁、柏森
华西口腔医学院	孟玉坤、王杭、吴亚菲、王晓毅、吴兰雁、罗小波、肖宇、段沛沛、陈悦、高宁、李雨庆
华西公共卫生学院	孙成均、郑波、汪川、王国庆、邹晓莉、曾诚、唐田、陈丹镝、裴晓方、周鼎伦、曾沛斌、蒋敏、王孟樵、游佳、程薇波、曾菊梅、李永新、张发琼
华西药学院	何菱、符垚、余蓉、杜玮、刘秀秀、张纯、邓黎、尹红梅、宋振雷、陈体佳
体育学院	陈凯、邓静涛、李燕桥、王卫红、谢相和、许庆华、杨红、张丹、郭兰
图书馆	张雅晴
分析测试中心	侯贤灯
海外教育学院	鲜丽霞、雷莉、游黎、王丹、于婧、罗艺雪
党委学生工作部（处）	卿海琼、冯佳、格桑泽仁、龚燕、王月琳

表6　通识核心课程教学质量优秀奖（10项）

学院	课程名称及团队
文学与新闻学院（新闻学院）	母语之美：表达与交流 （课程团队：朱姝、肖薇、郑颖琦、王红、李晓玲、徐沛、付文芯、龙黎明、罗飞）
外国语学院	英文之用：沟通与写作 （课程团队：张露露、张帆、戴莹莹、蒋强、鲁力、袁东智、权新峰、李喜雪、卢红雁、周加贝、吴海燕、韩江华）
历史文化学院 （旅游学院、考古文博学院）	大道之行：中华文明简史 （课程团队：吕红亮、周鼎、郭书愚、王果、陈默、李晓宇、徐法言、杨民、李建艳）

续表6

学院	课程名称及团队
哲学系	生命哲学：爱、美与死亡 （课程团队：梁中和、田之悦、谢艳、赵辉、唐小蓉、赵长铁、郑凡、姜英、王莉莉）
数学学院	万物皆数：探寻数学的理与美 （课程团队：赖洪亮、何志蓉、罗伟、胡泽春、何家亮、彭国华、胡朝浪、邹云志、李福波）
生命科学学院	智人的觉醒：生命科学与人类命运 （课程团队：兰利琼、王玉芳、郑冬超、唐琳、赵云、白洁、王海燕、周瑾、苟敏）
机械工程学院	天工开物：智造工程的技艺与文化 （课程团队：王杰、朱鲁闯、陈建、方辉、伍剑波、郭鑫、干静、周兵、赵武、李翔龙、胡晓兵）
网络空间安全学院	从碳基到硅基：信息技术与文明再造 （课程团队：赵辉、徐沛、严斌宇、黄勇、黎红友、周鼎、李茂、吴卓、曾筱茜、张卫华、杨频、梁中和、余岩、周加贝）
华西基础医学与法医学院	法医世界：全球大案的深度剖析 （课程团队：张林、梁伟波、侯一平、廖林川、刘渊、张霁、陈晓刚、云利兵、张奎、宋凤、罗海玻、叶懿、顾艳）
华西口腔医学院	口腔健康与文化：世界，中国，华西 （课程团队：孙建勋、廖文、李杨、戴莹莹、郭淑娟、吴永杰、黄睿洁、姚洋、李果、罗小波、岑啸、李中杰、刘洋、李春洁、甘雪琦）

表7　拔尖创新人才培养优秀指导教师（78名）

学院	姓名
经济学院	张红伟、杨艳、陈晓兰、吴良、顾婧、杜江、徐桂兰、龚秀国
法学院	王竹、左卫民
文学与新闻学院（新闻学院）	周裕锴、韩江华、谭伟、雷汉卿、邱晓林
历史文化学院（旅游学院、考古文博学院）	石硕、陈力、王煜、庞霄骁
哲学系	何繁、徐召清、G. Xavier、杨顺利、曾怡、刘佶鑫、梁中和
数学学院	陈柏辉、黄南京、沈晓静、唐庆粦、张德学、张起帆、张树果、翁洋、冯民富
物理学院	白春林、贺言、龙炳蔚、张红、张志友、朱建华、侯宜栋
化学学院	王天利、余达刚、朱剑波、成楚旸、游劲松、冯小明、胡常伟、王玉忠

续表7

学院	姓名
生命科学学院	刘明春、肖智雄、张大伟、孙群
电子信息学院	严华
高分子科学与工程学院	赵长生、李乙文
计算机学院	章乐、赵启军、孙亚楠、李征、朱敏、吕建成、傅可人
建筑与环境学院	蒋文涛、王宠、彭盈
水利水电学院	孙立成
网络空间安全学院	王海舟、赵辉
公共管理学院	罗哲、余平
商学院	刘海月、唐英凯
华西基础医学与法医学院	王玉芳
华西临床医学院	吴江
华西药学院	符垚
生物治疗国家重点实验室	郑瑀

表8　大学生创新创业与实践教育优秀指导教师（358名）

学院	姓名
艺术学院	鲁苗
经济学院	龚勤林、贺立龙、宋敏、赵绍阳
法学院	李鑫
文学与新闻学院（新闻学院）	傅其林
外国语学院	罗飞、余淼
历史文化学院（旅游学院、考古文博学院）	黄鹂、刘红艳、鲁力
国际关系学院	李昊
哲学系	曾怡、梁中和
数学学院	成果、韩会磊、何腊梅、胡朝浪、黄丽、黄南京、李彬杰、李世伦、刘淑君、罗鲲、马强、牛健人、秦富军、谭英谊、王皓、翁洋、杨荣奎、张世全、赵永红、周杰、朱瑞
物理学院	陈云贵、高博、胡再国、黄利武、齐建起、陶军、王鹏、王庆武、王卫、杨治美、张志友
化学学院	曹伟地、曾小明、戴建远、董顺喜、冯小明、高戈、郭延芝、何玲、胡常伟、兰静波、林之恩、刘小华、吕弋、马利建、彭强、陶国宏、王天利、薛英、杨成、杨宇东、游劲松、余达刚、余孝其、余志鹏、张立春、郑成斌、周翠松

续表8

学院	姓名
生命科学学院	鲍锦库、曹洋、曹毅、姜权、雷昌伟、李佛生、李静、刘科、刘明春、毛康珊、缪宁、卿人韦、孙群、吴传芳、吴军、席德慧、余岩、张安云、张年辉、张阳、赵建、周颂东
电子信息学院	曹益平、韩敬华、李玮、孟庆党、田兵伟、王君、夏文龙、杨阳、张启灿、赵悟翔、周渊平
高分子科学与工程学院	陈英红、傅强、高雪芹、黄华东、亢健、孔米秋、雷军、雷洋、李建树、李怡俊、李乙文、李忠明、刘鹏举、刘向阳、沈佳斌、谭鸿、徐家壮、杨刚、杨伟、叶林、张新星、赵伟锋、郑宇、钟淦基、周生态
材料科学与工程学院	吴朝玲、冯庆芬、孙静、吴家刚、叶金文、朱小红
机械工程学院	陈建、方辉、伍剑波、熊瑞平、杨随先、杨天恩、张珣、赵武、周兵、朱鲁闯
电气工程学院	曾晓东、戴婷婷、佃松宜、刘友波、任俊文、王鹏、钟俊、周凯
计算机学院	陈兴蜀、陈媛媛、丁莎、黄建辉、刘辉、卢莉、吕建成、马力、孙亚楠、杨彦兵、张卫华、赵启军、朱敏、左劼
建筑与环境学院	苟敏、郭家秀、江霞、赖波、刘展、马生贵、孙辉、熊兆锟、杨金燕、张静、赵梓丞、周波、周力
水利水电学院	陈仕军、崔宁博、李乃稳、刘长武、鲁功达、沈文欣、孙立成、王波、王远铭、谢果、赵璐
化学工程学院	陈建钧、储伟、戴一阳、党亚固、杜开峰、段天平、范红松、郭孝东、黄青松、黄文才、蒋绍志、敬方梨、李晖、刘慰、刘文彬、吕松、吴振国、伍勇、许德华、杨秀山、张永奎
轻工科学与工程学院	卜迁、曾里、曾维才、单志华、但卫华、邓锐杰、段飞霞、辜海彬、金勇、李娟、李艳、林绍建、刘公岩、申鸿、谭淋、田永强、王亚楠、周建飞、周晋
生物医学工程学院	何凌、黄忠兵、杨为中、赵长生
软件学院	洪玫、侯明正、黄武、林锋、王鹏、王艳、辛卫、杨进、杨力萍、于中华、张严辞
空天科学与工程学院	薛俊鹏
网络空间安全学院	黄诚、敬闰宇、李贝贝、梁刚、王海舟
公共管理学院	赵英、周文泓
商学院	曹麒麟、黄璐、李小平、李晓峰、李子扬、李宗敏、刘海月、邱瑞、唐英凯、陶志苗、王良成、吴志彬、张攀
灾后重建与管理学院	牛志攀
华西基础医学与法医学院	冯颖、黄灿华、李靖瑜、罗涛、苗娅莉、万莉红、王保宁、王魁、王正、周黎明

续表8

学院	姓名
华西临床医学院	陈桃林、许文明、李卡、苏白海、王晓宇、王成弟、沈彬、应斌武、屠重棋、曾勇、单丹、董薇、付维力、郭强、何英、胡兵、胡海、雷文章、雷弋、李金科、林锋、刘苓、刘伦旭、吕青、马学磊、梅建东、蒲强、秦朗、邱小明、汪晓东、王博、王坤杰、王彦、王竹、魏强、吴敏、杨霖、赵林勇、郑希、周海霞、祝烨、陈茂、柯博文、吴刚
华西口腔医学院	陈谦明、方婕、甘雪琦、郭永文、韩向龙、李敬、李一飞、李雨庆、王艳、伍颖颖、杨家印、姚洋、殷莉、张岚、周西坤、廖文
华西公共卫生学院	陈达丽、杜亮、黄进、李静、刘婷婷、刘祥、刘元元、刘振谧、杨淑娟、邹晓莉
华西药学院	陈力、何勤、肖友财
国家生物医学材料工程技术研究中心	樊渝江
生物治疗国家重点实验室	解慧琪
校团委	黄菲娅
心理健康教育中心	董薇

表9　课程建设突出贡献奖（42项）

学院	课程名称及负责人或团队
经济学院	货币金融学（张红伟）
经济学院	西方经济学（课程团队：张衔、贺立龙、杨艳、高斌）
法学院	道路交通事故纠纷“网上数据一体化处理”虚拟仿真课程（课程团队：王竹、张卫华、徐铁英、李海亮、龙黎明）
法学院	亲属继承法（课程团队：张晓远、赵悦、杨遂全）
文学与新闻学院（新闻学院）	普通话实训与测试（课程团队：朱姝、肖薇）
文学与新闻学院（新闻学院）	网络新闻与文化传播（课程团队：蒋晓丽、侯宏虹、韩芳、张盛强、张悦）
文学与新闻学院（新闻学院）	中国古代文学4（丁淑梅）
文学与新闻学院（新闻学院）	中国现代文学（课程团队：李怡、周维东）
历史文化学院（旅游学院、考古文博学院）	考古学导论（课程团队：吕红亮、赵德云）
历史文化学院（旅游学院、考古文博学院）	中华文化（历史篇）（课程团队：粟品孝、郭书愚、韦兵、徐法言）
数学学院	概率论与数理统计（课程团队：徐友才、杨亮、胡朝浪）
数学学院	高等代数－2（双语）（课程团队：谭友军、张霄）

续表9

学院	课程名称及负责人或团队
化学学院	大学化学（Ⅱ）（课程团队：胡常伟、周歌、苏志珊）
化学学院	高分子科学导论（双语）（课程团队：宋飞、王玉忠）
生命科学学院	遗传学（王海燕）
电子信息学院	光信息处理（曹益平）
电子信息学院	计算机通信与网络（严斌宇）
高分子科学与工程学院	高分子物理（Ⅰ）（课程团队：冉蓉、刘正英、秦家强、曾科、石玲英）
材料科学与工程学院	固体物理（课程团队：朱建国、朱小红、刘洪）
机械工程学院	机械原理（马咏梅）
电气工程学院	电机学（赵莉华）
电气工程学院	电路原理（张英敏）
建筑与环境学院	土木工程概论（课程团队：熊峰、阎慧群、李章政、丁星）
水利水电学院	土力学（课程团队：陈群、卓莉）
轻工科学与工程学院	鞣制化学（课程团队：何有节、陈武勇、李国英）
软件学院	程序设计基础（冯子亮）
公共管理学院	人力资源管理（课程团队：罗哲、杨智恒、沙治慧、李志强、刘维威）
商学院	财务管理（应千伟）
商学院	创意与创新管理（杨永忠）
商学院	人力资源管理（课程团队：刘苹、杨鑫）
华西基础医学与法医学院	基于VR技术的法医现场勘验虚拟仿真教学项目（课程团队：梁伟波、宋凤、云利兵、叶懿、黄思成）
华西基础医学与法医学院	生理学（课程团队：岳利民、何亚萍）
华西基础医学与法医学院	药理学（朱玲）
华西临床医学院	护理伦理学（课程团队：张凤英、李晓玲、王磊、刘春娟）
华西临床医学院	结核分枝杆菌实验室检测的虚拟仿真项目（课程团队：谢轶、王婷婷、白杨娟、马莹、应斌武）
华西临床医学院	诊断学（课程团队：万学红、曾锐、左川、岳荣铮、吕晓君）
华西口腔医学院	儿童口腔医学（全英文）（课程团队：邹静、李小兵、郑黎薇、张琼、周媛）
华西口腔医学院	口腔正畸学（课程团队：赵志河、白玉兴、金作林、王林、李巍然）

续表9

学院	课程名称及负责人或团队
华西口腔医学院	牙体牙髓病学（课程团队：周学东、王晓燕、余擎、彭彬、林正梅）
华西公共卫生学院	卫生微生物学（Ⅰ）实验（课程团队：裴晓方、王国庆）
华西药学院	药物化学（Ⅰ）（课程团队：郭丽、邓勇、吴勇、齐庆蓉）
艺术教育中心	交响乐鉴赏（杨晓琳）

表10　优秀班主任（34名）

学院	姓名
艺术学院	焦阳
经济学院	吴永红
法学院	郑莉芳
文学与新闻学院（新闻学院）	王长林
外国语学院	邱惠林
历史文化学院（旅游学院、考古文博学院）	石涛
马克思主义学院	付志刚
国际关系学院	原航
哲学系	何繁
数学学院	刘长丽
物理学院	赵新
化学学院	张立春
生命科学学院	曾涛
电子信息学院	雷印杰
高分子科学与工程学院	魏强
材料科学与工程学院	曾广根
机械工程学院	伍剑波
电气工程学院	刘亚梅
计算机学院	吴志红
建筑与环境学院	陈尧
水利水电学院	谢果
化学工程学院	李万舜
轻工科学与工程学院	谭淋
生物医学工程学院	蒲曦鸣

续表10

学院	姓名
软件学院	张意
空天科学与工程学院	周广武
网络空间安全学院	黄诚
公共管理学院	李晓梅
商学院	杨鑫
华西基础医学与法医学院	李昌龙
华西临床医学院	赵宇亮
华西口腔医学院	白丁
华西公共卫生学院	周峻民
华西药学院	李晓红

表11　招生工作先进个人（76名）

学院	姓名
艺术学院	刘婷、陈倩、何宇、黄宗贤、李明
经济学院	吴永红、邓丽
法学院	胡星
文学与新闻学院（新闻学院）	刘天泉
外国语学院	左红珊、李兆芹
历史文化学院（旅游学院、考古文博学院）	李建艳
马克思主义学院	邢海晶
国际关系学院	洪舒、宋志辉
哲学系	胡月
数学学院	何杰、胡朝浪
物理学院	郝彦军、张潇潇
化学学院	周向葛、李立新
生命科学学院	徐雅、吴近名、徐青锐、白洁、许小娟
电子信息学院	雷印杰
高分子科学与工程学院	邓华、木肖玉、徐源廷
材料科学与工程学院	朱建国、王静
机械工程学院	艾丽、胡西尧、刘成家、牛美灿
电气工程学院	卜涛、黄涛

续表11

学院	姓名
计算机学院	董柯平、丁莎
建筑与环境学院	兰中仁、石宵爽
水利水电学院	李渭新、李洪涛、刘华
化学工程学院	郭孝东、姜利寒、李德富、司振兵、李珍珍
轻工科学与工程学院	贺婷、杨维、杜晓声
软件学院	侯明正
匹兹堡学院	贾越越
空天科学与工程学院	钟苏川、刘文红
网络空间安全学院	杨频
公共管理学院	吴菁、陈萱源、张琬悦
商学院	杨鑫、刘海月、黄勇、王军
华西基础医学与法医学院	梁伟波、董晓爱
华西临床医学院	王涵
华西口腔医学院	舒睿、李夏怡
华西公共卫生学院	曾欣
华西药学院	周乃彤、陆璐、李成容
体育学院	李伟

表12　四川大学第八届“卓越教学奖”获奖名单

奖项等级	学院	姓名
一等奖	华西临床医学院	周总光
二等奖	商学院	左仁淑
	水利水电学院	陈建康
三等奖	生命科学学院	王海燕
	建筑与环境学院	朱哲明
	公共管理学院	乔健
	化学学院	李梦龙
	华西口腔医学院	宫苹
	化学工程学院	黄卫星
	经济学院	蒋瑛

表 13 四川大学第七届“姜维平优秀教学奖”获奖名单

奖项等级	学院	姓名
一等奖	电子信息学院	杨晓敏
	文学与新闻学院	张放
二等奖	体育学院	王晓均
	外国语学院	左红珊
	化学工程学院	朱权
	化学工程学院	刘文彬
	法学院	刘畅
	生命科学学院	杨军
	华西药学院	宋颢
	马克思主义学院	张践
	化学学院	张骥
	历史文化学院（旅游学院、考古文博学院）	范瑛
	华西基础医学与法医学院	周华
	电气工程学院	赵莉华
	艺术学院	黄晨
	材料科学与工程学院	黄婉霞
	华西药学院	龚涛
	网络空间安全学院	梁刚
	华西公共卫生学院	曾红燕
	海外教育学院	鲜丽霞
	数学学院	廖华奎
	机械工程学院	熊瑞平

表 14 四川大学 2021 年“未来教学名师奖”获奖名单

学院	姓名
电子信息学院	李玮
高分子科学与工程学院	吴锦荣
经济学院	邹瑾
建筑与环境学院	张炜
软件学院	张意
华西公共卫生学院	张韬

续表14

学院	姓名
轻工科学与工程学院	陈意
化学学院	郑保战
数学学院	赵永红
计算机学院	赵启军
华西临床医学院	秦朗
华西口腔医学院	袁泉
外国语学院	夏婉璐
华西药学院	符垚
历史文化学院（旅游学院、考古文博学院）	鲁力

表15 四川大学2021年各学院本科生转专业人数统计表（不含院内转）

学院名称	转入学生数	转出学生数
艺术学院	10	3
经济学院	49	9
法学院	10	0
文学与新闻学院	45	7
外国语学院	9	34
历史文化学院（旅游学院、考古文博学院）	43	38
马克思主义学院	11	4
国际关系学院	5	3
哲学系	10	7
数学学院	20	0
物理学院	31	20
化学学院	9	51
生命科学学院	22	15
电子信息学院	45	13
高分子科学与工程学院	4	35
材料科学与工程学院	2	48
机械工程学院	9	53
电气工程学院	68	17
计算机学院	30	5

续表15

学院名称	转入学生数	转出学生数
建筑与环境学院	16	64
水利水电学院	2	43
化学工程学院	5	90
轻工科学与工程学院	3	111
生物医学工程学院	43	1
软件学院	30	2
空天科学与工程学院	15	5
网络空间安全学院	15	0
公共管理学院	43	43
商学院	42	6
华西基础医学与法医学院	25	4
华西临床医学院	62	9
华西口腔医学院	14	0
华西公共卫生学院	23	35
华西药学院	23	18
合计	793	793

表16　2021年度四川大学省级一流本科课程名单

课程名称	课程负责人	负责单位	项目类别
财富管理的艺术：金融工具与风险管理	邹瑾	经济学院	线上一流课程
西方经济学	张衔	经济学院	线上一流课程
公司法	李平	法学院	线上一流课程
侵权责任法	王竹	法学院	线上一流课程
外国文学欣赏	卢迎伏	文学与新闻学院	线上一流课程
中国诗歌艺术	王红	文学与新闻学院	线上一流课程
中国现代文学	李怡 周维东	文学与新闻学院	线上一流课程
普通话实训与测试	朱姝 肖薇	文学与新闻学院	线上一流课程
美国文化	周毅	历史文化学院 （旅游学院、考古文博学院）	线上一流课程

续表16

课程名称	课程负责人	负责单位	项目类别
毛泽东思想和中国特色社会主义理论体系概论	李红 羊绍武	马克思主义学院	线上一流课程
思想道德修养与法律基础	黄丽珊	马克思主义学院	线上一流课程
政治伦理学	阎钢	马克思主义学院	线上一流课程
女性学：女性精神在现代社会中的挑战	陈梅芳 吴敏	马克思主义学院	线上一流课程
线性代数	陈丽	数学学院	线上一流课程
概率论与数理统计	徐友才	数学学院	线上一流课程
植物生物学	白洁	生命科学学院	线上一流课程
动物生物学	李静	生命科学学院	线上一流课程
普通生物学	林宏辉	生命科学学院	线上一流课程
医学生物学	杨春蕾	生命科学学院	线上一流课程
细胞生物学	邹方东	生命科学学院	线上一流课程
光信息处理	曹益平	电子信息学院	线上一流课程
材料科学与工程基础	赵长生	高分子科学与工程学院	线上一流课程
现代材料制备科学与技术	王瑞林 陈宝军	材料科学与工程学院	线上一流课程
自动控制原理及案例分析	雒瑞森	电气工程学院	线上一流课程
智能时代下的创新创业实践	黄彦辉	计算机学院	线上一流课程
土木工程概论	熊峰	建筑与环境学院	线上一流课程
工程水文学	梁川	水利水电学院	线上一流课程
土力学	陈群	水利水电学院	线上一流课程
鞣制化学	何有节	轻工科学与工程学院	线上一流课程
新生研讨课	洪玫	软件学院	线上一流课程
工程经济学	张欣莉	商学院	线上一流课程
企业战略管理	揭筱纹	商学院	线上一流课程
市场营销	左仁淑	商学院	线上一流课程
运筹学	徐玖平	商学院	线上一流课程
电子商务	何跃	商学院	线上一流课程
人力资源管理	刘苹	商学院	线上一流课程
财务管理	应千伟	商学院	线上一流课程
法医物证学	侯一平	华西基础医学与法医学院	线上一流课程

续表16

课程名称	课程负责人	负责单位	项目类别
法医学	侯一平	华西基础医学与法医学院	线上一流课程
生理学	岳利民	华西基础医学与法医学院	线上一流课程
法医毒物学	廖林川	华西基础医学与法医学院	线上一流课程
太极拳医学	田汉文	华西基础医学与法医学院	线上一流课程
人体（系统）解剖学	李华	华西基础医学与法医学院	线上一流课程
eye 我所爱——呵护你的眼	刘陇黔	华西临床医学院	线上一流课程
化妆品赏析与应用	李利	华西临床医学院	线上一流课程
诊断学——心电图篇	曾锐	华西临床医学院	线上一流课程
生殖健康——“性”福学堂	邢爱耘	华西临床医学院	线上一流课程
护理伦理学	张凤英	华西临床医学院	线上一流课程
运动与健康	李箭	华西临床医学院	线上一流课程
脑健康知识讲座	商慧芳	华西临床医学院	线上一流课程
瘾的奥秘	李静	华西临床医学院	线上一流课程
儿科学	母得志	华西临床医学院	线上一流课程
妇产科学 (Obstetricand Gynaecology)	邢爱耘	华西临床医学院	线上一流课程
牙体牙髓病学	周学东	华西口腔医学院	线上一流课程
口腔预防医学	胡涛	华西口腔医学院	线上一流课程
口腔正畸学	赵志河	华西口腔医学院	线上一流课程
口腔黏膜病学	陈谦明	华西口腔医学院	线上一流课程
药用植物学	李涛	华西药学院	线上一流课程
中国美术史	黄宗贤	艺术学院	线下一流课程
国民经济管理	杨艳	经济学院	线下一流课程
国际金融（全英文）	马德功	经济学院	线下一流课程
法律视角下的互联网、大数据、人工智能及当代科技	左卫民	法学院	线下一流课程
鲁迅研究	周维东	文学与新闻学院	线下一流课程
现代汉语	李宇凤	文学与新闻学院	线下一流课程
新闻摄影	徐沛	文学与新闻学院	线下一流课程
马克思主义经典作家文艺思想研究	阎嘉	文学与新闻学院	线下一流课程
英国文学－1	方小莉	外国语学院	线下一流课程

续表16

课程名称	课程负责人	负责单位	项目类别
考古学与文明史	霍巍	历史文化学院（旅游学院、考古文博学院）	线下一流课程
旅游地理学	刘俊	历史文化学院（旅游学院、考古文博学院）	线下一流课程
中国近代史	范瑛	历史文化学院（旅游学院、考古文博学院）	线下一流课程
思想道德修养与法律基础	李建华	马克思主义学院	线下一流课程
宗教与当代国际关系	邱永辉	国际关系学院	线下一流课程
西方国际关系理论	宋志辉	国际关系学院	线下一流课程
解析几何	廖华奎	数学学院	线下一流课程
分析化学（Ⅰ）	蒲雪梅	化学学院	线下一流课程
绿色化学（Ⅰ）（全英文）	祝良芳	化学学院	线下一流课程
有机化学（Ⅰ）	张骥	化学学院	线下一流课程
有机化学实验Ⅰ	杨成	化学学院	线下一流课程
普通生物学	林宏辉	生命科学学院	线下一流课程
植物生物学	白洁	生命科学学院	线下一流课程
聚合物共混改性原理	傅强	高分子科学与工程学院	线下一流课程
材料科学与工程基础	赵长生	高分子科学与工程学院	线下一流课程
无机材料物理化学	杨为中	材料科学与工程学院	线下一流课程
电能质量与控制技术（智能电网类）	汪颖	电气工程学院	线下一流课程
连续介质力学	蒋文涛	建筑与环境学院	线下一流课程
结构设计原理（上）	李碧雄	建筑与环境学院	线下一流课程
水工钢筋混凝土及砌体结构	周家文	水利水电学院	线下一流课程
土木工程材料（Ⅰ）	李洪涛	水利水电学院	线下一流课程
近代化学基础	鲁厚芳	化学工程学院	线下一流课程
食品分析	曾维才	轻工科学与工程学院	线下一流课程
制革工艺学（Ⅰ）-1	彭必雨	轻工科学与工程学院	线下一流课程
医学信号处理	何凌	生物医学工程学院	线下一流课程
高分子化学与物理	黄忠兵	生物医学工程学院	线下一流课程
计算机系统导论	林锋	软件学院	线下一流课程
操作系统及安全	梁刚	网络空间安全学院	线下一流课程

续表16

课程名称	课程负责人	负责单位	项目类别
社会福利与社会救助	罗亚玲	公共管理学院	线下一流课程
保险学	沙治慧	公共管理学院	线下一流课程
市场调查与预测	黄璐	商学院	线下一流课程
法医物证学	罗海玻	华西基础医学与法医学院	线下一流课程
法医毒物分析	廖林川	华西基础医学与法医学院	线下一流课程
系统整合临床课程	曾静	华西临床医学院	线下一流课程
妇产科学（Ⅰ）	邢爱耘	华西临床医学院	线下一流课程
护理学基础	蒋晓莲	华西临床医学院	线下一流课程
检验路径与临床应用（双语）	王兰兰	华西临床医学院	线下一流课程
精神神经系统疾病（双语）	吴波	华西临床医学院	线下一流课程
口腔修复学	于海洋	华西口腔医学院	线下一流课程
口腔预防保健学	胡涛	华西口腔医学院	线下一流课程
固定义齿工艺学	岳莉	华西口腔医学院	线下一流课程
健康教育学	周欢	华西公共卫生学院	线下一流课程
分子生物学检验技术	汪川	华西公共卫生学院	线下一流课程
中华文化	周丹	海外教育学院	线下一流课程
财政学	段海英	经济学院	线上线下混合式一流课程
金融风险管理	邹瑾	经济学院	线上线下混合式一流课程
经济法	刘畅	法学院	线上线下混合式一流课程
侵权法	张金海	法学院	线上线下混合式一流课程
普通话语音训练	朱姝	文学与新闻学院	线上线下混合式一流课程
英语语音基础	蒋红柳	外国语学院	线上线下混合式一流课程
西班牙语高级听力	史维	外国语学院	线上线下混合式一流课程
巴蜀文化	彭邦本	历史文化学院（旅游学院、考古文博学院）	线上线下混合式一流课程
敦煌的艺术	董华锋	历史文化学院（旅游学院、考古文博学院）	线上线下混合式一流课程

续表16

课程名称	课程负责人	负责单位	项目类别
中国西南交通与丝绸之路	李勇先	历史文化学院（旅游学院、考古文博学院）	线上线下混合式一流课程
丝绸之路文明启示录	张延清	历史文化学院（旅游学院、考古文博学院）	线上线下混合式一流课程
微积分（Ⅰ）－1	何志蓉	数学学院	线上线下混合式一流课程
微积分（Ⅰ）－2	罗伟	数学学院	线上线下混合式一流课程
走进核科学技术	马利建	化学学院	线上线下混合式一流课程
细胞生物学	邹方东	生命科学学院	线上线下混合式一流课程
射频通信电路	刘长军	电子信息学院	线上线下混合式一流课程
现代光电技术（全英文）	李玮	电子信息学院	线上线下混合式一流课程
网络文化与互联精神	余艳梅	电子信息学院	线上线下混合式一流课程
材料力学基础	刘虹刚	材料科学与工程学院	线上线下混合式一流课程
工程制图Ⅱ－2	蒲小琼	机械工程学院	线上线下混合式一流课程
机械制图Ⅰ	王玫	机械工程学院	线上线下混合式一流课程
粉末冶金综合实验	郭智兴	机械工程学院	线上线下混合式一流课程
模拟电子技术基础（Ⅰ）	周群	电气工程学院	线上线下混合式一流课程
数字电子技术基础（Ⅱ）	陈彬兵	电气工程学院	线上线下混合式一流课程
计算机基础及C语言程序设计	余勤	电气工程学院	线上线下混合式一流课程
智能时代与创新创业	黄彦辉	计算机学院	线上线下混合式一流课程
土木工程概论	熊峰	建筑与环境学院	线上线下混合式一流课程

续表16

课程名称	课程负责人	负责单位	项目类别
古建筑测绘	李沄璋	建筑与环境学院	线上线下混合式一流课程
招标投标与合同管理	邢会歌	建筑与环境学院	线上线下混合式一流课程
水力学	李克锋	水利水电学院	线上线下混合式一流课程
岩石力学	肖明砾	水利水电学院	线上线下混合式一流课程
制药分离工程	杜开峰	化学工程学院	线上线下混合式一流课程
皮革制品及品牌赏析	杨璐铭	轻工科学与工程学院	线上线下混合式一流课程
生物大数据	金垚	轻工科学与工程学院	线上线下混合式一流课程
计算机通信与网络	杨频	网络空间安全学院	线上线下混合式一流课程
营销策划	左仁淑	商学院	线上线下混合式一流课程
质量管理	李宗敏	商学院	线上线下混合式一流课程
会计学原理	孙璐	商学院	线上线下混合式一流课程
全球商务（全英文）	王维成	商学院	线上线下混合式一流课程
系统解剖学（Ⅲ）	李华	华西基础医学与法医学院	线上线下混合式一流课程
生物化学Ⅰ	刘戟	华西基础医学与法医学院	线上线下混合式一流课程
儿科学Ⅰ（双语）	母得志	华西临床医学院	线上线下混合式一流课程
认识灾难，险中求生	曹钰	华西临床医学院	线上线下混合式一流课程
减重倒计时——从“食”开始	胡雯	华西临床医学院	线上线下混合式一流课程
一生受用的口腔卫生知识课	孙建勋	华西口腔医学院	线上线下混合式一流课程

续表16

课程名称	课程负责人	负责单位	项目类别
合理饮食与健康	吕晓华	华西公共卫生学院	线上线下混合式一流课程
卫生统计学Ⅰ	朱彩蓉	华西公共卫生学院	线上线下混合式一流课程
预防医学	高博	华西公共卫生学院	线上线下混合式一流课程
体内药物分析与毒物分析	程妍	华西药学院	线上线下混合式一流课程
汉语成语与俗语	雷莉	海外教育学院	线上线下混合式一流课程
实验室安全与环境保护	金永东	实验设备处	线上线下混合式一流课程
道路交通事故纠纷“网上数据一体化处理”虚拟仿真课程	王竹	法学院	虚拟仿真实验教学
博物馆陈列总体设计虚拟仿真实验	周静	历史文化学院（旅游学院、考古文博学院）	虚拟仿真实验教学
极端物理及相关交叉学科仿真实验平台	张红	物理学院	虚拟仿真实验教学
23价肺炎球菌疫苗GMP生产制备实验	王甜	生命科学学院	虚拟仿真实验教学
人体外周血淋巴细胞染色体标本的制备	熊莉	生命科学学院	虚拟仿真实验教学
放射性同位素标记抗体技术虚拟仿真实验	王茂林	生命科学学院	虚拟仿真实验教学
峨眉山珍稀天然药用植物资源研究虚拟仿真实验	林宏辉	生命科学学院	虚拟仿真实验教学
Pnas4在斑马鱼早期发育中的作用研究	解丽芳	生命科学学院	虚拟仿真实验教学
电力系统频率调整的原理与控制虚拟仿真实验	刘天琪	电气工程学院	虚拟仿真实验教学
Lightning VS——雷电冲击虚拟仿真实验	周凯	电气工程学院	虚拟仿真实验教学
心律失常及药物对心肌钠离子通道作用的虚拟仿真实验教学	王玉芳	华西基础医学与法医学院	虚拟仿真实验教学
基于VR技术的法医现场勘验虚拟仿真教学项目	梁伟波	华西基础医学与法医学院	虚拟仿真实验教学

续表16

课程名称	课程负责人	负责单位	项目类别
心肌缺血诱发心室纤颤的机制、干预与转归——基于数字人的虚拟整合实验教学	罗海玻	华西基础医学与法医学院	虚拟仿真实验教学
智能化多模态临床综合技能虚拟在线自主训练课程	蒲丹	华西临床医学院	虚拟仿真实验教学
结核分枝杆菌实验室检测的虚拟仿真项目	谢轶	华西临床医学院	虚拟仿真实验教学
纪录片创作实践	吴卓	艺术学院	社会实践一流课程
表演基础训练-1	李蔷	艺术学院	社会实践一流课程
英语教学法	左红珊	外国语学院	社会实践一流课程
哲学前沿	曾怡	哲学系	社会实践一流课程
临床药学服务（Ⅰ）	周静 黄亮	华西药学院	社会实践一流课程

表17　首届全国教材建设奖四川大学获奖名单

国家级奖项名称	获奖教材	获奖单位/获奖人	所在单位	等级
全国教材建设先进集体		华西临床医学院（华西医院）		
全国教材建设先进个人		曹顺庆	文学与新闻学院	
全国优秀教材奖（高等教育类）一等奖	《细胞生物学（第5版）》	王喜忠	生命科学学院	一等奖
全国优秀教材奖（高等教育类）一等奖	《护理管理理论与实践（第2版）》	李继平	华西临床医学院	一等奖
全国优秀教材奖（高等教育类）一等奖	《内科学（第9版）》	唐承薇	华西临床医学院	一等奖
全国优秀教材奖（高等教育类）一等奖	《口腔颌面外科学（第8版）》	石冰	华西口腔医学院	一等奖
全国优秀教材奖（高等教育类）二等奖	《材料科学与工程基础（第三版）》	赵长生 顾宜	高分子科学与工程学院	二等奖
全国优秀教材奖（高等教育类）二等奖	《水力学（上册）（第5版）》《水力学（下册）（第5版）》	四川大学水力学与山区河流开发保护国家重点实验室	水利水电学院	二等奖

续表17

国家级奖项名称	获奖教材	获奖单位/获奖人	所在单位	等级
全国优秀教材奖（高等教育类）二等奖	《化学反应工程（第三版）》	梁斌	化学工程学院	二等奖
全国优秀教材奖（高等教育类）二等奖	《中国美术史纲》	黄宗贤	艺术学院	二等奖
全国优秀教材奖（高等教育类）二等奖	《牙体牙髓病学（第5版）》	周学东	华西口腔医学院	二等奖
全国优秀教材奖（高等教育类）二等奖	《生物化学与分子生物学（第9版）》	方定志	华西基础医学与法医学院	二等奖
全国优秀教材奖（高等教育类）二等奖	《儿科学（第9版）》	母得志	华西临床医学院	二等奖
全国优秀教材奖（高等教育类）二等奖	《法医病理学（第5版）》	刘敏	华西基础医学与法医学院	二等奖
全国优秀教材奖（高等教育类）二等奖	《妇产科护理学（第6版）》	罗碧如	华西临床医学院	二等奖
全国优秀教材奖（高等教育类）二等奖	《内科护理学（第6版）》	袁丽	华西临床医学院	二等奖

表18 2021年重点科创竞赛本科生获国家级奖项情况表

竞赛名称	奖项等级			
	全国特等奖	全国一等奖	全国二等奖	全国三等奖
第七届中国国际“互联网+”大学生创新创业大赛		6	2	5
“正大杯”第十一届全国市场调研与分析大赛				5
2021“外研社·国才杯”全国英语竞赛		2	2	2
高教社杯全国大学生数学建模竞赛		1	6	
全国大学生生命科学竞赛（CULSC）—生命创新创业大赛	1		4	2
全国大学生电子设计竞赛		1	2	
第九届全国大学生光电设计竞赛			1	
第十届全国大学生金相技能大赛		1		1
第二十届全国大学生机器人大赛			14	2
第九届全国高校数字艺术设计大赛		1	2	1
中国大学生工程实践与创新能力大赛		1	2	
2021年第46届ACM-ICPC国际大学生程序设计竞赛		2	9	9

续表18

竞赛名称	奖项等级			
	全国特等奖	全国一等奖	全国二等奖	全国三等奖
第十二届蓝桥杯全国软件和信息技术专业人才大赛			5	3
第十二届全国大学生服务外包创新创业大赛			1	2
中国高校计算机大赛		1	1	3
第十四届全国大学生节能减排社会实践与科技竞赛			1	10
第十三届全国周培源大学生力学竞赛			1	34
2021年全国大学生化工设计竞赛	1		1	6
全国大学生生命科学竞赛				1
2021年第十届“中国软件杯”大学生软件设计大赛			5	9
2021年第十四届全国大学生信息安全竞赛作品赛		6	5	2
美国大学生数学建模竞赛		20	71	189
国际遗传工程机器大赛（iGEM）		1		

（以上资料由教务处邓屹立提供）

研究生教育

一、招生工作

（一）硕士研究生招生工作

2021年硕士研究生报考人数共42984人，较2020年增加1529人。实际录取硕士研究生7471人，其中全日制硕士研究生6065人、非全日制硕士研究生1406人、港澳台学生33人。全日制硕士研究生优质生源占比达70.64%。

根据国家经济建设和学校学科发展需求，不断优化调整招生结构，加强对优势学科和国家急需发展学科的指标支持力度。结合各学院师生比、考录比、优质生源比和学科建设情况，调整硕士研究生招生指标存量和优化指标结构，缩减非全日制硕士研究生招生规模。

进一步优化自命题科目和内容，推行一级学科命题；完善考试考务流程，做好四川大学考点防疫和考试考务工作；强化复试考核，确保选拔质量。遵照“健康第一、公平至上、质量为先”的要求，确保2021年硕士研究生招考的安全性、公平性和科学性。

2021年，通过线上形式举办夏令营45个，夏令营报名15860人，选拔参营人数超过5000人。学校与学院鼓励导师对学生展开面对面交流，开展优质生源组织工作；鼓励导师跨学科招收研究生。坚持走出去战略，赴上海、山西太原等地开展研招宣传。2021年推免录取总人数达2453人，优质生源率达到了94.58%，持续保持高位增长态势。

（二）博士研究生招生工作

2021年博士研究生报考人数共有4508人，较2020年减少756人。实际录取博士研究生2086人，较2020年增加180人。其中非全日制博士研究生7人、港澳台学生2人。博士研究生优质生源占比达83.26%。博士研究生的复试采用线上和线下相结合的方式，共有12000余名考生参加了复试。

进一步完善《研究生导师上岗动态管理实施办法》和《研究生招生指标动态管理实施办法》，指导院系制定本单位相应办法并督促落实，突出招生指标跟着高水平人才队伍走、跟着高水平科学研究走、跟着高水平科研平台走、跟着一流学科建设走的导向，充分发挥招生指标的资源价值。

（三）深化研究生考试招生制度改革，提高研究生招生质量

1. 破“五唯”，不断优化博士研究生招考评价体系的科学性

指导学院进一步修订完善本单位博士研究生“申请—考核”制材料评议指标体系，破除“五唯”倾向。牵头的“深化考试招生制度改革，建立四川大学博士研究生‘申请—考核’招生选拔机制”招生改革获评四川省学位与研究生教育学会2021年研究生教育管理研究优秀成果奖和四川大学2021年优秀教学成果二等奖。

2. 继续提高直博、本硕博连读招收比例，鼓励交叉学科招生

推进完善学校“厚通识、宽视野、多交叉”的拔尖创新人才培养行动计划。在基础学科和优势前沿学科实施“本硕博连读”计划，选拔和培养高层次创新型研究人才，进一步提高直博和本硕博连读招收比例。2021年全校共录取直博生101人，较2020年增长29%；共录取硕博连读生750人，占比35.71%。

3. 积极探索产教融合、产学融合下的招生新模式

深入贯彻落实教育部、中国工程院推进院校联合、协同创新，培育拔尖创新人才有关精神，充分利用资源优势，创新研究生培养模式，进一步提高研究生培养质量。2021年学校将10个科研经费博士招生计划用于与中国核动力研究设计院联合培养试点。双方以国家重大项目合作为依托，建立联合培养科研平台，签订联合培养博士研究生协议书，共同承担联合培养博士研究生的教育和管理工作。

4. 优化服务，稳步推进研究生招生信息化建设

调整四川大学硕士研究生考点报考程序，促使我校应届本科生能够在四川大学考点参加全国硕士研究生考试，更好地服务于学生。加强校院两级招生政策宣讲及专题培训，2021年研招办已开展校级培训会议4次，培训相关工作人员1500人左右；开展座谈交流会7次；深入相关招生单位调研、沟通、讲解5次。持续升级完善由研究生院自主研发的研招管理服务系统、夏令营综合管理平台、研招智能OA系统、招考管理系统、考务管理系统、大数据分析平台等，提升网络服务质量和工作效率，确保研究生招生安全。

二、培养工作

2021年研究生院落实《四川大学本硕博贯通式培养实施办法（试行）》，从本校2018级本科生中遴选出71人进入本硕博贯通式培养计划，与教务处共同推动制定了《四川大学拔尖计划2.0、强基计划本硕博贯通式培养人才培养方案修订原则意见》，首批9个拔尖基地提交了“硕博贯通式（含跨学科）培养计划”。与香港城市大学共同推动博士研究生联合培养双学位项目。指导并审核学院制定了各学院的研究生中期考核实施方案。完成教育部法学、外语和境外教材、经济学、政治学和新闻传播学教材重点排查工作。完成外国语言文学、光学工程、信息与通信工程、公共卫生与预防医学4个学科的四年制学制调整审批工作。深化产教融合，与成都高新技术产业开发区管委会等多家知名企事业单位签订研究生联合培养协议；专业学位研究生案例课程建设立项30项；进一步加强联合培养实践基地管理，完成实践基地管理系统建设；加强产业导师管理，颁发914名产业导师聘书。在线开放课程建设立项7门课程。持续有效推进研究生课程思政全覆盖建设工作，2021年底覆盖率已达到71.87%。2021年研究生培养教育创新改革项目共立项133项，其中研究生课程思政建设项目36项，研究生教材建设项目30项，研究生高水平国际化课程建设项目20项，在线开放课程建设项目7项，专业学位研究生课程案例库建设项目30项，专业学位研究生示范性实践基地建设项目10项。

三、学位工作

完成审定硕士生导师和博士生导师资格的组织工作，2021年度共增列博士生导师315人。全面实施研究生学位论文质量监督保障体系建设方案，对申请答辩的学位论文和授位后的学位论文进行盲审抽检。按学位条例和研究生培养方案，组织评定、授予博士、硕士学位及协调解决有关学位问题。2021年全年博士授位人数1675人，硕士授位人数6894人，其中6月授位博士1118人、硕士5982人，9月授位博士236人、硕士243人，12月授位博士321人、硕士669人。

表19　2021年新增列博士生指导教师资格人选名单

序号	姓名	学科专业
1	徐召清	哲学
2	任晓明	逻辑学
3	哈磊	宗教学
4	胡锐	宗教学
5	李翎	宗教学
6	吕建福	宗教学
7	于国庆	宗教学
8	朱展炎	宗教学
9	贺立龙	政治经济学
10	路征	西方经济学

续表19

序号	姓名	学科专业
11	赵绍阳	西方经济学
12	陈学彬	世界经济
13	王军杰	法学
14	张金海	法学
15	房宁	政治学
16	邓磊	马克思主义理论
17	胡芳	马克思主义理论
18	李俊	马克思主义理论
19	杨少垒	马克思主义理论
20	张洪松	马克思主义理论
21	张法	文艺学
22	顾满林	汉语言文字学
23	王彤伟	汉语言文字学
24	庄佩娜	比较文学与世界文学
25	方小莉	英语语言文学
26	彭玉海	俄语语言文学
27	徐沛	新闻传播学
28	张悦	新闻传播学
29	陈力丹	新闻学
30	LI YUNIU	考古学
31	黎海超	考古学
32	李水城	考古学
33	罗雁冰	考古学
34	熊文彬	考古学
35	陈波	中国史
36	牛淑贞	中国史
37	范瑛	中国近现代史
38	陈小俊	基础数学
39	付昌建	基础数学
40	任丽	基础数学
41	申俊	基础数学

续表19

序号	姓名	学科专业
42	申力立	基础数学
43	熊昌伟	基础数学
44	贺巧琳	计算数学
45	王皓	计算数学
46	张海森	运筹学与控制论
47	王鹏	理论物理
48	郑汉青	粒子物理与原子核物理
49	汪文龙	凝聚态物理
50	刘睿	分析化学
51	冯良文	有机化学
52	黄艳	有机化学
53	易成林	物理化学
54	张程	物理化学
55	张帆	物理化学
56	吴刚	高分子化学与物理
57	赵海波	高分子化学与物理
58	曹洋	生物学
59	李成华	生物学
60	李灵	生物学
61	杨鑫	生物学
62	程平	细胞生物学
63	杨阳	细胞生物学
64	赵成建	细胞生物学
65	孙庆祥	生物化学与分子生物学
66	范振鑫	生态学
67	李涛	生态学
68	吴永杰	生态学
69	徐晓婷	生态学
70	余岩	生态学
71	翁洋	统计学
72	李红梅	力学

续表19

序号	姓名	学科专业
73	刘永杰	力学
74	王宠	力学
75	赵春田	力学
76	陈领	机械工程
77	范洪远	机械工程
78	何亮	机械工程
79	李翔龙	机械工程
80	王江新	机械工程
81	王竹卿	机械工程
82	伍剑波	机械工程
83	杨刚	机械工程
84	殷鸣	机械工程
85	周广武	机械工程
86	王亚军	光学工程
87	钟哲强	光学工程
88	白时兵	材料学
89	陈显春	材料学
90	冯文骞	材料学
91	顾志鹏	材料学
92	黄茜	材料学
93	黄雪飞	材料学
94	江龙	材料学
95	李莉	材料学
96	罗锋	材料学
97	罗龙波	材料学
98	任世杰	材料学
99	施奇武	材料学
100	唐正华	材料学
101	陶有胜	材料学
102	王泽高	材料学
103	徐云祥	材料学

续表19

序号	姓名	学科专业
104	杨劼人	材料学
105	殷鸿尧	材料学
106	张刚	材料学
107	张伟	材料学
108	赵晓文	材料学
109	高雪芹	材料加工工程
110	龚鹏剑	材料加工工程
111	孔米秋	材料加工工程
112	刘文博	材料加工工程
113	彭华备	材料加工工程
114	刘慰	新能源材料与器件
115	严义刚	新能源材料与器件
116	谭帅	化工过程机械
117	王彩虹	化工过程机械
118	席军	化工过程机械
119	高红均	电气工程
120	何川	电气工程
121	贺明智	电气工程
122	黄小龙	电气工程
123	贾利川	电气工程
124	解相朋	电气工程
125	李华强	电气工程
126	宁文军	电气工程
127	邵涛	电气工程
128	文安	电气工程
129	吴隆文	电气工程
130	向月	电气工程
131	徐伟	电气工程
132	张江	电气工程
133	郑秀娟	电气工程
134	周步祥	电气工程

续表19

序号	姓名	学科专业
135	雷印杰	信息与通信工程
136	李智	信息与通信工程
137	朱铧丞	信息与通信工程
138	Gary Gune Yen	计算机科学与技术
139	陈虎	计算机科学与技术
140	程鹏	计算机科学与技术
141	贺喆南	计算机科学与技术
142	琚生根	计算机科学与技术
143	李征	计算机科学与技术
144	刘东	计算机科学与技术
145	刘艳丽	计算机科学与技术
146	罗川	计算机科学与技术
147	王艳	计算机科学与技术
148	武岳	计算机科学与技术
149	徐文政	计算机科学与技术
150	杨波	计算机科学与技术
151	杨宁	计算机科学与技术
152	杨彦兵	计算机科学与技术
153	Ashraf Abdel Fattahel-Damatty	土木工程
154	郭洪光	土木工程
155	王斌	土木工程
156	张静	土木工程
157	郭立	水文学及水资源
158	黄晓荣	水文学及水资源
159	孙守琴	水文学及水资源
160	覃光华	水文学及水资源
161	黄尔	水力学及河流动力学
162	李永	水力学及河流动力学
163	梁瑞峰	水力学及河流动力学
164	彭勇	水力学及河流动力学
165	王路	水力学及河流动力学

续表19

序号	姓名	学科专业
166	姚慰炜	水力学及河流动力学
167	李洪涛	水工结构工程
168	刘超	水利水电工程
169	王文全	水利水电工程
170	樊森清	化学工程
171	何欣	化学工程
172	李向阳	化学工程
173	刘壮	化学工程
174	金央	化学工艺
175	罗建洪	化学工艺
176	邓怡	应用化学
177	任海生	应用化学
178	陈伟	燃烧动力学
179	邓锐杰	轻工技术与工程
180	辜海彬	轻工技术与工程
181	金垚	轻工技术与工程
182	谭淋	轻工技术与工程
183	马权	核科学与技术
184	王广金	核科学与技术
185	闫晓	核科学与技术
186	胡智民	核技术及应用
187	李智慧	核技术及应用
188	刘波	核技术及应用
189	杨远友	核技术及应用
190	岑望来	环境科学与工程
191	代忠德	环境科学与工程
192	苟敏	环境科学与工程
193	郭家秀	环境科学与工程
194	焦毅	环境科学与工程
195	刘勇军	环境科学与工程
196	罗隽	环境科学与工程

续表19

序号	姓名	学科专业
197	乔雪	环境科学与工程
198	孙辉	环境科学与工程
199	孙照勇	环境科学与工程
200	唐柳	环境科学与工程
201	徐海迪	环境科学与工程
202	余江	环境科学与工程
203	詹宇	环境科学与工程
204	丁春梅	生物医学工程
205	蓝芳	生物医学工程
206	李高参	生物医学工程
207	梁洁	生物医学工程
208	刘晓玲	生物医学工程
209	毛卉	生物医学工程
210	蒲雨吉	生物医学工程
211	沈阳	生物医学工程
212	孙静	生物医学工程
213	孙树东	生物医学工程
214	王书崎	生物医学工程
215	杨晓	生物医学工程
216	易强英	生物医学工程
217	张凌	生物医学工程
218	李贝贝	网络空间安全
219	范昌发	生物与医药
220	张敦房	免疫学
221	陈达丽	病原生物学
222	林静雯	病原生物学
223	余雅梅	病原生物学
224	贺雪莲	病理学与病理生理学
225	张立国	病理学与病理生理学
226	罗海玻	法医学
227	陈勃江	内科学

续表19

序号	姓名	学科专业
228	高锦航	内科学
229	李飞	内科学
230	李红	内科学
231	刘丹	内科学
232	刘苓	内科学
233	田攀文	内科学
234	王晓辉	内科学
235	王玉芳	内科学
236	徐才刚	内科学
237	张雨薇	内科学
238	张莉	儿科学
239	杨茗	老年医学
240	安东梅	神经病学
241	陈芹	神经病学
242	周沐科	神经病学
243	倪培艳	精神病与精神卫生学
244	吕小岩	皮肤病与性病学
245	欧晓红	影像医学与核医学
246	彭述明	影像医学与核医学
247	艾建忠	外科学
248	陈海宁	外科学
249	陈洁	外科学
250	方芳	外科学
251	黄泽宇	外科学
252	吉毅	外科学
253	李志辉	外科学
254	毛庆	外科学
255	闵理	外科学
256	许学文	外科学
257	袁克非	外科学
258	周荣幸	外科学

续表19

序号	姓名	学科专业
259	周勇	外科学
260	李金科	妇产科学
261	范玮	眼科学
262	李妮	眼科学
263	陆方	眼科学
264	杨慧	耳鼻咽喉科学
265	曹丹	肿瘤学
266	程永忠	肿瘤学
267	马学磊	肿瘤学
268	门可	肿瘤学
269	王辛	肿瘤学
270	唐新	运动医学
271	黄瀚	麻醉学
272	杨静	麻醉学
273	周诚	麻醉学
274	万智	急诊医学
275	黄进	循证医学
276	喻佳洁	循证医学
277	冯萍	临床药物与器械评价学
278	童吉宇	母婴医学
279	陈润生	医学信息学
280	江宁	医学信息学
281	江松	医学信息学
282	宋欢	医学信息学
283	陈思源	重症医学
284	张巍	重症医学
285	刘钧	口腔医学
286	石玉	口腔基础医学
287	姜侠	营养与食品卫生学
288	刘振谧	少儿卫生与妇幼保健学
289	万美华	中西医结合临床

续表19

序号	姓名	学科专业
290	杜玮	药物化学
291	王乾韬	药物化学
292	张霞	药物化学
293	贾知军	微生物与生化药学
294	万莉红	药理学
295	何治尧	临床药学
296	兰轲	临床药学
297	李艳萍	临床药学
298	李玉文	临床药学
299	徐珽	临床药学
300	赵剑衡	放射治疗物理技术
301	廖晓阳	全科医学
302	张欣莉	管理科学
303	李子扬	会计学
304	李珊	企业管理
305	王涛	企业管理
306	查建平	旅游管理
307	熊澄宇	旅游管理
308	黄静	公共管理
309	赵媛	公共管理
310	衡霞	行政管理
311	常青	美术学
312	胡素馨（Sarah Elizabeth Fraser）	美术学
313	何宇	设计学
314	罗绒战堆	边疆社会学
315	贾鹏	安全科学与减灾

2021年授予博士、硕士学位名单

一、2021年6月授予博士、硕士学位名单

（一）全日制科学学位博士797人

哲学23人

彭腾跃	赵 钧	黄琬璐	张 雷	叶文学	杨 立	卢 婷	邓晓凌	董海斌
唐梅桂	袁玉梅	方云军	柳东华	陶杏华	徐靖焱	袁春霞	秦起秀	白宗军
蒴 蕊	张 亦	廖文武	段治民	羊本才让				

经济学15人

蒋崧韬	周红芳	刘丸源	杨 竞	李振兴	黄 志	喻海东	蒲诗璐	曾卓然
邹昌波	胡锡琴	车 明	曹文婷	陈钰晓	滕 磊			

法学17人

张晓远	田馨睿	熊德禄	杨 炯	韩 骁	刘腾肤	顾莎莎	彭 昕	王 波
袁继红	刘锐一	薛小平	苏彦玲	郭玲丽	魏 倩	黄怡文	唐 虹	

文学36人

张 昕	叶家春	唐海韵	王齐飞	王 燕	申 娟	郑岚心	杨 威	南宏宇
毕小红	任 立	闫超文	崔 媞	薛 涓	曾留香	陈 羲	李 扬	左存文
于立得	石文婷	张帅东	陈思宇	邓凤鸣	刘 莉	王培钊	夏迪鑫	卢毅刚
刘 佳	张辉刚	杨傲霜	南丽琼	伍 玲	黄 乔	张 攀		

NANG KHAM AYE　NGUYEN XUAN GIANG

历史学25人

赵其旺	郜媛媛	何沁冰	邓宏亚	胡松鹤	詹 林	孙淑慧	陈 成	朱娅玲
潘君瑶	石 杰	李晓东	赵艺兰	王 森	钟舒婷	梁远东	李 彬	蔡 晴
严 丹	黎 飞	王 黎	王 志	付华权	许镇梅	杨天雪		

理学248人

刘 美	史绍文	朱朝熹	张 棣	张 高	费荔枝	周 蜜	郭 俊	陈相兵
胡 敏	李 涛	刘朋燕	李忱雨	唐炎娟	王莉莉	张创亮	翁云华	邓兰梅
姜 磊	袁守成	张 梅	曹 洪	吴永刚	罗 兰	郑振宇	夏玉玺	苏春燕
赵宇鑫	卢佳廷	李 鹂	代珍兵	陈睿翀	冯 钊	王朝棋	周 瑜	张熙程
方龙杰	李文雪	聂旭凤	冯 洋	杨 媛	杨 蕊	段玉伟	满 懿	常奋真
熊 骞	陈星宇	戴 笠	黄 河	黄 权	李相强	唐 琼	杨增杰	张 东
潘建科	陆冬明	浩涛涛	仲 夏	徐超然	徐 健	赵 鹏	解莉花	肖 超

谭美玲 颜思顺 周富林 郭兴华 张敏 廖黎丽 宋磊 杨军 李文静
冉有 袁闻励 刘旭东 王芳 杨娜 何璐 杨洋 王乙涵 许曙光
石磊 张美成 肖飞 郭先林 宋飏 姚忠祎 朱博伟 麻锦楠 刘健
孔令汉 李玉斌 梅雪然 张宇 王颖 韩林利 梁鹏宽 左磊 白九元
孙才云 付换成 刘冰花 何亚军 王韬 敖娟 李洋 孙胜楠 吴鹏飞
杨焕 张春燕 李娟 胡清勇 王旺 贺飞耀 毛星星 周闯 蒋雪
廖海君 万莹莹 田莉兰 刘伊航 徐可 龙云 董婧颖 吴文兵 蔡益民
邓浩 韩向宇 万磊 郭明刚 陈伯乐 杜宁 赵亮 严觉民 李媛媛
朱金铭 凌志新 鲁玉辉 康珂 陈亚芳 潘义 邓宇佳 李凯 黄小英
李显明 向瑾 黎荣 吴桐 焦雪峰 黄萃园 徐慧贝 施月森 贺庆
杨倩倩 曹忠诚 卢润鑫 侯盈盈 王璐瑶 向虹霖 易小利 王颖 李成龙
李林 王旭辉 夏春玉 向宇成 龚婷 陈雯霏 刘冬玲 贺晓丹 郑亮
黄宏秀 周瑞捷 周骁汉 李文斐 岳冬 陈晓冰 景沛 张扬威 黄恋
张永强 栗晓亮 关林波 戴历群 魏玮 牟泽东 梁秀琪 赵苑村 罗开
姚瑶 李志丹 刘银 周冉 秦琬茹 魏小琼 刘毅 宋桂芹 廖菲
陈雨田 李涛 唐冬梅 张红颖 秦娇 杨正楠 孔令淼 王华丽 雍鑫
阳繁 林良斌 张洪军 刘兵 王焱 樊建军 韩珠 姬改利 毛乐娇
张丹 何雪梅 刘超 刘化一 刘运波 牛璐 夏旭阳 刘棋 刘文荣
潘昭平 杨涛 李越山 张强胜 冉凯 薛冰心 吴文碧 刘芙蓉 阳述平
李雯婷 刘春琦 谭玉萍 闫伟 曹潇月 李晨 曲径 田格尔 赵梦
谢成霞 刘飞 AYOUB TAALLAH Arman Ali Shah 阿孜古丽·海比布

工学 233 人

李敏 唐明静 石柯 杨柱霞 史晓曼 胡庆 陈志禹 罗琳 郑衡
彭海涛 丁争文 袁寒 苟于单 李城梦 吴周杰 王莹 任慧 苏婕
陈潇杰 李征骥 陈杰梅 刘亮 汤娟 郑荣锋 唐鹏 张涛 罗光灿
郭宇恒 黄艳莉 殷杰 陶红 罗艳 刘少鹏 常会 谢洪涛 王博雅
魏云虹 周称新 陈海军 刘林林 覃琴 唐忠 惠茜 邓丁山 段阳
陈晨 冷松 张敬孜 温慧婷 李文洋 周亚男 刘挺坚 李康乐 邱高
许双婷 唐早 张帅 江琴 陶艳 郑仙 罗一帆 申云成 刘培
罗德宁 尚晋霞 吴鹏 钟原 丁鹏欣 贾碧珏 王炎 王继茹 张炜
王旭 李水旺 王丹 肖蓉 胡术 陈正茂 陈尧 王壮 陈文俊
郎林 马瑞华 霍晓卫 张梦 庞凯莉 曾莹莹 胡建煜 于雅琪 何敏
陈梦琴 游俊杰 张恒 廖维 马立 石杨 郑丹 林智 王莉
朱俊 胡超 陈卓 郭丹丹 姜守政 张歆蒴 赵惟扬 张红 黄菊萍
范强 郑晓刚 袁佺 汪婧婷 王勇飞 陈英 黄江 严天曈 陈志浩
陈倬 李敬 石新雨 杨志伟 贺革 向恒立 刘玉妹 刘小红 王玉滨
王福欢 徐永斌 谢艺 胡婉蓉 孟岩 师海岗 赵鲁丹 王晔 穆晓婷
孙晓慧 李颖 罗耀发 张康 李霞 肖月 杨梦露 徐松成 杨文华

文嘉婷　孙　哲　步红红　沈里瑞　徐　腾　刘　雄　韩阳阳　李　响　周　易
曾天标　凌方唯　魏丽菲　兀　琪　徐　杨　费　洋　肖亚飞　杜邹菲　赵盼盼
荆晶晶　熊思维　杨　成　石　优　梁艳丽　石绍宏　朱　勇　张思航　曹　杰
夏　添　戴　宇　樊　利　丁　磊　葸淑婷　洪　瑞　杨　屹　侯德发　王跃毅
孙照博　孙小蓉　王乾瑜　查湘军　任　悦　宋莹楠　童　心　李大哲　廖洪辉
张钰林　张林军　谢　旺　杨丹丹　敖成鸿　樊　茂　周鸿菊　刘雪辉　周良芹
蔡慧娟　黄飞虎　戈文一　谭诗瀚　杨善敏　裴　玄　张倪惠　王　璟　张凡军
胡　成　余凌竹　白　云　潘晴晴　张　海　郭兆元　马博轩　易　增　赵　睿
周小熙　徐　智　罗　飞　董静雅　缪易辰　付　磊　刘　卓　杨泽南　何　帆
燕迎春　吴　阳　邓　杰　孙　铜　黄金会　于　艳　刘友能
ADIL ABBAS KAREEM

医学 155 人

罗　华　王佩佩　赵容川　马鹏娇　苗峻铭　邹　星　李　敏　王　倩　王萌鸽
田　欢　宋梦媛　张立雪　熊丽莉　赵　欢　彭　冉　尹晓雪　贾清怡　贾昕彤
辛延国　曾　妮　胡　俊　金　晶　余　何　周骏腾　王　杰　叶连松　魏甜甜
王一婷　刘　菁　吴鸿雁　刘钰琪　郑　雪　徐　菁　李　娟　彭小姗　唐昌青
李伟然　赵婉聿　朱丽娜　邱湘苗　张灵语　葛汾汾　游紫梦　李文斌　赖　寒
王文佳　李秀丽　鲁　璐　王燕林　唐远姣　苏筱芮　张菲菲　张帘青　肖雪阳
罗　强　蒋　丽　李　欣　吴　涛　李亚梅　吴晓娟　陈　豪　王春梅　张立丹
赵　海　廖皓天　孙　毅　陈　力　何树坤　周　全　邹　敏　吴廷奎　罗　明
曾俊峰　赵　鑫　韦诗友　温定岢　向宇凡　王成鸿　赵劲歌　刘　彧　贺　庆
周宇婷　李根棚　唐友银　赵　锐　尹晓南　苗天雨　孔凌祥　杨旭东　罗云瑶
杨奉玲　郑美君　孔维丽　钟　兵　柳　斌　胡彬彬　邹佳欢　叶　迪　李智可
税　璘　陈文杰　殷姜文　许奕欣　邓超奕　赵文玲　辛　娟　陈雅丽　郑碧鑫
李　音　倪越男　朱秋蓉　费樱平　刘　念　卜　暄　杨　杰　胡　静　袁雨来
杨鑫敏　黎雪梅　张晓霞　倪云霞　谢雪萍　李彦静　张伟龙　李京桂　李启容
张建康　许来俊　祁星颖　薛清萍　袁风顺　杨春松　徐嘉悦　孙瑞灿　王小丹
李亚丽　段若男　徐　淼　李晓蒙　程如越　邓远乐　刘思静　罗会强　张　怡
杨梦犀　江　宁　曹新梅　杨　红　杨德青　李琪琪　杨静云　鲁克莹　朱家丽
张秀珍　SASMITA POUDEL ADHIKARI

管理学 37 人

唐迩丹　吕　阳　张　天　康　健　汤华丽　贾堰林　吴航遥　张　申　代婧琦
朱梦媛　赵四海　蒋艾春　吴晓娟　郭芙蓉　贺　易　凌　淼　刘凌艳　毛振福
李丽萍　唐孜彦　刘　萍　胡吉恒　佘茂艳　陈　禹　李志伟　朱　慧　李幽竹
甄　佳　李　博　秦卫娜　王俭平　袁迪嘉　SANA ILYAS　ASWAD AKRAM
HAZRAT HASSAN　DOSZHAN BAIBOKONOV　MD SAJJAD HOSAIN

艺术学 8 人

彭　瑾　王　冠　赵　勇　魏云洁　郭崎含　钟　舒　朱玉洁　鲁　凯

（二）全日制专业学位博士 236 人

工程 3 人

钟亚君　杨成莉　肖　垚

临床医学 154 人

王　彤　彭　千　张历涵　刘与之　向薪羽　杨富尧　周曜婕　黄　栋　刘　琦
李鑫睿　李依娜　唐思琪　陈屏润　谭家兴　邢　闲　刘　辉　马　骁　陶　恬
刘　颖　王发平　汪茂荣　赵菲菲　张　芮　余明静　杨　玲　朱文君　张　莉
荣　溪　陈　飞　荀棋玲　蒋欣成　赵倩雯　高　欣　张　琪　魏海臣　高　洁
刘晓艳　黄煜鹏　王成成　龚深圳　梁　娟　张伟坚　春　花　古　丽　左志良
陆海涛　赵正阳　王常屹　崔朝华　姜　帅　张　乐　李俊英　曹海玲　郭玲宏
徐可佳　刘乃慈　岳钰峰　龙镜亦　陶　博　胡　英　李　博　张　军　汪　翊
庞富文　赵梓钧　夏　超　李云柯　李双江　孙立飞　李昂芝　曹　嵘　彭智愚
吴文汉　吴柄钢　陈　骢　任硕芳　赵雪杉　张许兵　王子淮　邢　像　卓泽国
王　彦　胡　旭　李佳坤　蒋庆耀　王晓斐　张浩然　任宇涛　韩茂男　容　逍
杨志强　叶冬晖　陈　阳　王一天　邢　飞　郑强强　王　瑶　彭爱军　余泽平
吴　浩　刘　财　方易冰　周　坤　尚启新　宋铁牛　周兴旺　张　捷　高　祥
宋小海　潘　涛　张劲夫　王　焘　李林德　李　慧　张　恒　郑　羽　王启光
牛小东　刘富均　杨先伟　杨　佳　杨艳菲　张佳硕　龙　莹　许园园　喻红彪
陈代娟　张艺凡　马瑞欣　段佳男　高瑜珠　范依萌　杜白雪　严晓虹　廖　勇
谢肖肖　林盼盼　宋艳林　高　玲　杨春丽　李　青　刘桂红　舒　佩　廖文军
李　瑞　侯婉婷　朱玲玲　李　韬　李先锋　周　璐　李　佳　常　潘　李林佶
SHASHI SHAH

口腔医学 79 人

李哲儒　辛　川　张惠媛　李文秀　苏心怡　黄萧瑜　王佳佳　甘飞鸿　宋　瑶
李　璇　王一平　朱健慧　曹钰彬　黄中平　熊　鑫　杨大维　董　佳　肖静宜
骆骁杰　杨仁丽　尹圆圆　高美雅　向臻婷　龚　旺　郭晓东　韩　露　韩思理
贾玲玲　林　华　李向芬　史雪珂　王莎莎　徐　瑞　赵　芮　罗文琼　徐佳蕾
衣晓伟　周羽洁　梁静鸥　杜　倩　唐智群　魏子豪　纪焕中　孙　玥　罗雪婷
陈娅飞　刘伟龙　张　萧　鞠　锐　黄　皎　高筱萌　任　杰　张雅蓉　张　鹏
胡　琛　陈娅倩　李河钢　王禹弘　王鸿哲　吕佳虹　兰婷婷　肖佳妮　柳　汀
黄　鹂　陈　婧　余钒源　李博磊　陶思颖　刘航航　吴沉洲　曹鸣芯　张　琦
薛轶元　张　鑫　赵雨薇　余　萍　武云舒　田陶然　李　博

（三）同等学力科学学位博士 18 人

经济学 2 人

周立明　韩科振

医学 16 人

闫　芳　曹　蓓　邹志礼　乔　甫　代庆凯　唐袁婷　王冬梅　刘　进　唐　辉
申芳芳　李　丽　梁利波　彭　容　叶红霞　赵　颖　李真林

（四）同等学力专业学位博士 67 人

临床医学 67 人

潘舒月 吴永红 王娟 马元吉 苏江 左秋南 王慧 马丽芬 刘瑶霞
李艳芬 文津 刘晓丽 邱容 李洁 曾世华 杨智 邹庆 李学明
赵爽 路涛 赵建 王磊 朱熠 白岩 骆洪浩 刘慧 马琳
张巍 程兴 王毅 杨华 暴丁溯 骆华 康永明 杨杰 张胜龙
杨镓宁 张光伟 邓学云 冷雪峰 喻小兰 陈妍 高燕 余美佳 蒋庆源
龚衍 郭敏 王小琴 李杰 安宁 杨宇焦 阙媛媛 顾娟 李晓强
周莉 基鹏 冯世苗 曾思 阳慧 刘柳 代月娥 许婷 刘少星
樊雅玲 陈慧 徐平 段海真

（五）全日制科学学位硕士 2819 人

哲学 42 人

付毅 石玛丽 时杨杰 李游 何梦娜 姜浩玮 周玉全 李异凡 杨佳秀
王若翰 李铭 冷先立 李欣蔚 宋泽豫 杨萍萍 任芮妮 陈蕾如 赵哲崇
李博涵 李晨 何瑶 杨依婷 谌晓律 王子炫 林泓 袁容 向洋伸
闫璐 王彦君 宣平安 刘敏 林英英 李霄 周文风 李欢 杨红宇
胡蓉 范芮 冉灿 安虹宇 李雯婷 刘傲然

经济学 120 人

陈锴民 王翔宇 严晨 朱姗姗 陈烨 冯清清 范静媛 孙小庆 董明玉
程世越 牟铃川 王思怡 郭香 曾钰婷 张建羽 龚宁 高盼 贺鑫
王赫 魏兴隆 秦铃枝 陈娇 童玉坤 成诗宇 刘茳 杨睿卿 祝敏慧
胡颖 张蕊 谭燕 赵可心 罗婧秋 黄淘沙 唐家愉 吴阳阳 贾夕艺
肖馨悦 张孟鱼 朱燕青 杨卓 王檬 陈晓璐 曹文强 黄良美 王君瑶
申程程 董欣越 袁涛 周进为 夏誉芸 董冠琦 张鸿铭 郑聪娟 李虹霖
余茹怡 穆子丹 易伟 张恒 黄军航 柳素 何杰超 赵晓龙 杨清萍
陈庆凯 蔡承岗 张罗昌 陈飞环 罗宸 王雪梅 白佳琦 付海芸 张旭
叶鑫 杨发柽 肖苏薇 程怡涵 周倩 郑莎莎 周博 秦婧 陆剑雄
谢易珊 孟佳 廖明月 徐宇虹 陈虹秀 王嘉帆 胡杨 邢悦 何彦磊
谈娟 彭潇瑶 杨婉倩 杨露 陈春艳 袁继朵 冯倩 李想 董诗琳
陈秋佚 贾志莉 刘雨果 雷婕 廖茂 吴林 巴萌 夏云 赵洵彦
谢勇 李思忆 朱扶摇 王博彦 郑佳慧 姜中玉 彭杰 万驰 李晓彤
曾妙 李方仙妮 高培虹珊

法学 284 人

刘睿 漆青文 杨冰洁 冯意 廖俊文 余明洋 李林燕 李佳 吴风云
宋菡 代玥 蔡芸蔓 敖靖 毋冰滢 金俊含 李晓苑 周代宇 谭明阳
杨玲 江涛 张秉政 蒋君心 李丹 蓝若溪 何婧如 韩雨江 杜坤瑾
邓梁 杨嘉恩 李如雪 蒋倩 吴磊城 刘梓熙 许钟月 李娅 康星雨
廖冰燕 石天 卿紫菱 姜雪 谭小莉 陈朝婷 何涛 黄莉雯 陈娜

祝思琪 吴小他 卓佳琪 张玉双 岳少文 何　倩 潘寒月 罗　陶 钟　鑫
杨佩蓓 李　阳 彭　颖 李婧瑶 刘　丹 朱自然 杨怡帆 郎宇悦 陈依雯
闫静文 赵　轶 谢雨轩 杨　洋 朱　琳 邓　雪 薛　童 王曼茜 康晓欢
雷　娜 高建梅 莫张倩 熊　鑫 杨巧玥 刘松灵 韦小乔 潘炳华 王春艳
温大鹏 赵小雅 王　榕 任虹燕 李春林 蔡　芮 徐　慧 孙雨轩 周　丽
张毓菲 黄　秋 王　晶 汪左宜 代　鑫 胡剑锋 何　斌 黄兰珏 吕　敏
罗　艳 袁　玉 屈思忱 杨舒雅 曹梦雪 李博文 杨悦灵 张　兵 徐　超
刘青松 董　慧 赵　爽 庄　睿 于雅婷 韦香怡 魏书琴 刘　义 何　佳
王艳燕 唐兴琴 丁红娇 虢鼎锡 陈　睿 黄　妍 苏雅玫 梁　栋 周　娟
黄　丹 王子超 马文华 谭　萌 梁博文 李雨晗 成迪雅 王　荣 刘雅蓉
李善妹 刘诗意 侯晓辉 蒋心瑜 文思洁 涂元燕 郭　晋 胡　雪 杨金练
张　慧 史晓云 刘龙芳 岳　聪 罗小燕 孔文婷 李少奕 桂　萌 严国锐
杨　婷 郭　顺 范　婷 李　旻 唐露恬 熊建慧 罗　岚 彭诒萱 刘雪梅
俞　杰 张　莉 郑晴予 陈佳轮 邱欣然 陈旺达 杨　琰 杨西茂 杨　茹
杜悦嘉 吕尚志 徐苏琳 姜奕良 李　博 谢　肖 汪山景 陈晓莉 魏欣蕊
范瑞洁 郭士博 赫振伟 段卓昊 付大彬 王　娟 范雪歌 张天宇 郑炜琪
王志丹 龚重月 张　慧 陆碧琳 王　昊 杨　琴 马茂丽 罗晓东 赵德泽
杨璟璐 王紫东 李锦娟 刘　甜 蒋　敏 刘碧璇 张　帅 张玉敏 皮婉婷
吕绪超 项晓莹 吴　涛 段柏旭 向　涛 张文文 徐英婕 熊烈锬 奂亚东
唐　佳 韩宇坤 张然普 兰　红 罗　建 张朝钰 杨小兰 朱兵杰 赵　一
王越签 王玲玲 孟　娇 张　晨 谭　君 杨　璐 许莉莎 陈家玲 马梅琳
王　伟 彭圆圆 漆　俊 李　欣 杨辅萍 代　丽 李妮辉 张　琴 崔又懿
赵　艳 杨　倩 母丹丹 谭亚琳 崔东方 肖　霞 李　雨 李　艳 汪任璐
陈　媛 赵书樊 冷文益 吴广川 范明洋 杨林美 向　银 杨　阳 王　丽
蒋雪霞 李梅梅 刘光聪 戚方楠 刘虹利 唐华琼 王晓越 程　倩 李银桥
陶姝芮 游　玲 安　雨 樊子豪 魏在乾 马　雯 刘　萍 唐　琴
NAMNOUVONG SOUKSAVANH　ARIADNA STOLINA　NISCHAL SHRESTHA
SABITA MAHARJAN　MARKUS JOOHS　APIL GURUNG

教育学 54 人

张婷婷 汪红利 王启凤 罗文艳 李虹燕 余籽滢 徐校溪 王镱儒 张福容
王然然 李皎皎 郭慧冰 李卓轩 代　瑶 邓　娇 田正雪 赵小红 李丹丹
施利民 谭　凤 姬　祥 兰文岑 李志超 邵佩佩 宣玉珍 郭　燕 陈　平
周　磊 王　骞 裴代红 陆逸群 李尧敏 王　参 王丹阳 向　爽 张　吉
朱　俊 李　涛 颜　生 王　耀 陈　敏 龚柳洁 邹　雪 邓经辉 刘夏冰
徐　锋 马新强 巫前锦 李　言 任栋栋 秦丽雯 杨莉莉 牛　慧 罗　友

文学 269 人

肖玉杨 李佳琦 张佳奇 窦肖宇 江　宇 赵　玲 冯小珏 李函语 屈梦洁
周　怡 王　鑫 曹珑颖 宋恺梦 郑思捷 徐　露 王周迅 郑　楠 毕明玉

李娜　钱苏晚　姚璟　王瑶　赵珊榕　赵青　李璠　孙欣　陈容
岳易婷　刘舒燕　古小花　关若妤　刘琪　魏晓炜　南春玉　黄杰　申婷婷
刘丽萍　杨倩　汪子恒　李雨芹　田雪　余关成　杨芳　范琴　刘淑婷
蔚富兰　叶香君　李妍斐　刘正含　何婧雅　侯茜蓉　霍山　郭婷婷　李超
严圆梦　李默涵　王宣懿　唐静　杨美宁　李奥　丁梦　杨桥　冯承欣
李雁琳　许忠凤　陈麦歧　梁爽　林壁锐　朱晓媛　蒋晨曦　邹莹露　汪瑞
巫宁　马晓敏　张舒艺　黎怡　张少助　龚佳闻　何京芮　郭一臻　钟琪
杨茗羽　蒋文正　孙珂珂　刘婧　赵埼燚　任思雨　龙萧　石正先　林依依
顾镶瑶　袁春兰　吴雅娟　王可宇　曹雪冬　于孟溪　陈佳　吴少颜　王琳
丁菡　姚倩　张益智　张婉霏　雷光芳　朱姝亭　叶诗嘉　李梦嘉　王娇
赵欢　郭俨　周红麦　罗娜　岳凤杰　蒋晨微　孙铭蔚　梁梦琦　夏甜
余宙　马心悦　曾铭珠　李之怡　潘鹏程　吴昊星　袁佳怡　王楠　贾伟程
薛佳莲　冯子倪　孔令菊　朱诗羽　宋佳芮　邓瑶　张馨月　王玲玲　王爱玲
李贤秀　姬晓星　诸葛纯　王羽婷　白兴平　陈静　黄捷　周筱三　尹彤
陈杨　夏益　牟染　王欢　顾娜娜　邢雅静　陈翰衢　张元元　孙艺嘉
冯博远　杨丽　薛奥　刘娅蒙　包佳灵　焦雅茹　胡玺婧　佘林恩　江洋
智晓婷　李长鸿　廖艳红　刘原　何怡婷　王璇　宋柳君　陈涵宇　何瑜昇
李思琪　陈谦　段彦会　郭诗梦　邓冰冰　柳青　陈莉　程瑜　林鸿雁
陈之童　何笑笑　杨敏慧　刘淑婷　陈聪聪　刘莹　熊军　刘红　甘露
贺晶晶　周俊宏　余雯杨　肖文静　郎婕　陈芷璇　王海燕　田元元　李果忆
龙雨佳　胡沁月　沈傲月　王玉洁　胡枥文　沈诗琳　张小倩　陈婉静　廖梦婷
古晶莹　赖思琦　宋抒彧　谢雯　胡萌　乔章倩　何美娟　熊祖岚　刘娜梅
于丽　周琪　刘子琦　李卓星　汪传斌　李玮　齐琪　戴婕　曹韵竹
张旭　丁子天　武亚男　王婷婷　王钰　谢淑婷　李念　罗颖　张雯琦
张嘉洮　青诗韵　牛军鹏　张雨晴　邓欣琪　卢媛媛　魏圩　向艳　贾琪
黄诗云　雷玉燕　刘家琳　罗凤　张雨洁　赵红　马倩宜　白杜月　陈燕
左婕　张方静　彭科　何若瑶　张华　蒋莉　王天琪　熊倩倩　王潇
周馨　余颖　丁宛宁　斯马徽晗　邓雅明子　欧阳言多
ANGELINA PARKHOMCHUK　DAVID MAXIMILIAN WEINDL

历史学 71 人

楚啸寒　王秋东　程一帆　杨雨昕　卢林明　魏新柳　黄政鸿　谈北平　李菲
姜伊　付杰　唐樱家　丁曼玉　孙宇　肖冉　欧修勇　赵悦　李杨
孙濛　唐文秀　袁欢　何辽　唐琴　伍星尧　李磊鑫　邓丹　李霜霞
钟思文　徐瑶艺　杨静　吴佳音　喻雪梅　蒋应娟　朱峰霆　罗嘉　易艳丽
张婷婷　李玥　韦钰　夏荷莹　李静　郭嘉　茹志威　梅可　王瑞
朱玮　王昊　郭一墨　杨启相　蔡艺雯　马雨凝　王雅丽　申向洋　钱旭
刘盛朵　杨楠楠　张义梵　梁晓雅　何晓婧　陈啸龙　袁盟　李重扬　熊艳
刘畅　赵玄蓉　王昆杰　张钰童　王帅　陈安琪　孟刘君　杨晓会

理学 588 人

方之昊	戴钜容	李伟宇	黄宝盛	孙丽平	王逸舟	杨阳	赵一锦	欧阳思豪
温春兰	陈荔靖	向多惠	罗艳红	张建华	代维	宋琪	郝玉洁	周亚婧
冯子旭	原豪	何林霜	谭理琴	徐茂渊	张修竹	钟扬帆	朱秀菊	刘颖
范焱龙	苗菲菲	谢天	郑孟良	叶菁	戴佳俊	陈聪	于拓	徐德轩
杨钰晗	曹竹君	罗铭杰	牟彦霖	张砾匀	孙佳婕	李雅菲	谢奇伶	付方雯袒
李静	段函言	贾宇竹	吴昊	晋筱艺	张颖	陈大撞	景红梅	杨露
胡森	刘显波	赵云川	王秀玲	贺玮迪	何羽民	赵留伟	叶迪银	阮丹
蔡潇潇	何浩生	肖洋	杨瑶	段君静	程钧	刘亚昕	曹悦	张依婷
邓媛丹	毛玉梅	钟静	伍德华	张咪	杨晴	陈逃	孙海峰	袁晓英
潘晓敏	周一凡	林潇	蒲珊	樊玮	张艾	王婷	张津梅	徐雷
王冰	罗娟	卢钰	邓倩倩	裴雪宇	江玉玲	吕旭	代永成	蒋大港
蒲继洋	张美灵	金松杨	王亮	敬科	吴洋波	张描苗	王芳	刘春红
易继伟	关鸣鸣	郭倩	田浩宇	唐松柏	容智	赵峻	李顺	袁书清
符爱苹	周晓渝	蒋智玉	杨文坤	周翠清	王兴宇	贺佳佳	裴欣	王文田
徐书浩	冯凡娥	朱如玉	谭飞	范君	吴彦言	何纪双	周珂瑶	曹敏
韩颖	贾新利	胡颜	黄丹	王彦楠	王敏	肖园	郭俐鲜	吴雪亭
胡祖娥	王亚林	刘欣	霍炳屹	范煜	何爱丹	黄雅琳	戚钰	苏丹美
邓艾汶	郑宏一	许新锐	叶红	程浩	范财鑫	秦欢	幸莞芹	刘梓榆
孙霞	孙双	江悦	杨小丽	阮梅	苟巍	方琰	金瑭	杨朝君
魏淋	邹佳伶	王红梅	周敏	张雪莲	李茂华	李亚	丁涛	李萍
曹月	开敏	崔鹏飞	李浩	翟亚如	王雪纯	晏仕英	李豪	谢琦玥
顾菊	何娟	高婧琪	张兰	曾国权	曾礼兰	周洁	蒋杨梅	李梦雪
朱婷	陈天宇	高雪猛	张明迪	肖书雅	陆岩冰	赖衍	徐莹	宋志林
罗梅	范雪影	王玓玥	陈军安	郑国梁	张珍华	曹宝龙	江聪	留盛鹏
李泽娇	张政	梁雨桐	江碧瀛	范士杰	唐硕	万云宝	周盈颖	李娜
王仪涛	张文	李丹	唐子淮	吴孟璠	丁粮平	江钠	古少波	余萌
杨恩来	蒋兰	李蒙蒙	杨巧	沈方圆	王晨	杨巧	马鑫知	刘耀东
晋雨漪	梁聪	孙洁	杨苗	邵晨	肖燕萍	黄莉	何倩芸	仓木决
赖姗姗	刘婵娟	杨久林	庞森林	刘娅丽	杨超智	余江川	周祥屿	陈洁
李佳	李咪	彭广泽	徐昭	顾小情	赖秋宇	张嘉玲	樊振鹏	吴东
沈宁	李佳阳	潘昱旭	陈盛嘉	张露	余洁	胡太平	朱栩毅	雷鑫
刘艳景	林铄金	程犁	王鸿亮	孔令楠	王心笛	赵路	钱诚	杨旭
胡思奇	冯易	胡永鑫	朱和元	路艳朝	霍翔宇	左恩慈	宋琳琳	谢鹏
庞星星	彭赟	潘路	李志伟	陈小芳	杨思敏	高钰跃	黄霞	李庚
谢昊	何柳	张婷	郑江	何登	赵贺旺	郭恒鑫	侯逍遥	梁文嘉
李敏	田毅	郑祖骏	李青泽	祝均	吴彬彬	苏玉竹	肖华钢	赵梦溪
张陆	唐琦琪	江明全	彭博	王义鹏	王瑶	梅衡	宋清冉	郑皓月

何　林	卞英曼	张　晓	梁慧敏	魏　瑶	辛　元	刘仁禹	韩雨泓	刘则元
张思思	王晓媛	周晓杰	邵泽瑞	程金伟	龚星衡	唐若男	王怡明	邓惠心
贺玉华	杨明明	唐天航	陈　阳	杨　凯	彭建鑫	耿嘉炫	王臻杰	刘峻杉
戴子淳	易　乐	雷清桦	陈愚夫	邢　科	许　亮	宋元隆	郑　淘	甄有恒
陈　杰	唐　荣	姚俊宏	周秀蓉	张世豪	宋岱松	朱　进	张莉红	罗桑强巴
徐　兵	廖　毅	文湘兰	张　源	张静宸	申航杰	张俊琪	高　跃	崔　宸
雷婉婧	崔丁山	罗富智	尹　杰	任景瑞	王新澳	韩震博	邓茜文	吕依娜
罗玉杰	李晓辉	刘　洁	朱飞扬	刘霄宇	朱先震	武依柠	蒲翊凡	刘　震
李元豪	唐　瑭	王艺璇	赵科甫	陈学超	庞　博	姬云飞	张宏婧	林幼玲
曹晏阁	易乔敏	曹梦琦	周　颖	李小庆	吴　冲	曾　笑	朱龙闯	张靖仪
刘　宁	冯思嘉	杨　莹	吴　越	李　丹	周　兼	赵颖楠	张国荣	叶婵媛
贺茂遥	陈　健	李　悦	贾晶晶	刘启俊	钟　雪	罗　阳	唐宝兰	丁浩胜
张　恒	李林洁	徐莹莹	周　琳	杨镇红	何玉溪	黄梦怡	颜宇航	宋宣毅
黄丽英	秦　硕	郝欣岩	杨家桃	伍邦青	周红利	袁星航	李　想	陈　丹
王雅蓁	吴宛焰	张奕聪	周冰捷	叶娅林	罗先金	邢力允	盛青林	邓　朗
赵　璇	刘　喜	刘　琪	曾利莉	汪益妃	张文青	常　寒	杨　力	周　婷
王　逍	刘　贺	王珺滢	陈　蝶	王　睿	冯雨薇	李　娜	朱淑珍	李东果
张钦燕	宋晓彤	李霖枫	袁吉艳	赵唯宇	吴梅岭	李胜男	徐　苗	帅真青云
王华玲	戴　冰	许璺文	徐铭宇	程　晓	曾吴双	周　黎	胡沁园	陈沁敏
李远志	付　敏	曹瑞迪	肖　丹	谭　伟	王宏玲	刘兴鸿	何翠林	黄　圆
吴晓庆	欧景丹	向　阳	毕群杰	杨杉杉	孙勇康	白雨薇	张学广	粟敦妍
陈雪梦	袁利萍	李牧洲	杨　婷	万旭东	吴欣悦	苍玉德	许庆嘉	孙宏璐
李春霞	马永源	罗亚梅	周韦粼	向乾银	龙　洁	秦　月	袁秋芸	秦俊红
陈　莉	唐　伊	唐文玲	许童童	刘馨雨	张　珊	肖敏琴	王　婷	欧阳肖肖
苏　静	彭沁露	谢译萱	王天琦	王　琛	胡　肖	周　怡	陈韵颖	阚叶依
毛心婷	刘　梅	刘世艳	殷　洁	彭　熹	赵启翔	吴梦丹	张　蓉	毛　鑫
黄　辉	马　爽	潘　悦	王　瑶	黄玉兰	徐　蕊	祁文燕	曾国丹	张芸琳
范　洁	黄　宏	张炳琪	张培川	袁龙辉	王珏玺	王　娜	朱　敏	权　月
陈　杰	王一卓	席子晴						

工学 862 人

祁培文	陈　琦	黄家坚	廖仲辉	曾　倩	罗　圆	张　娜	徐子虚	尹楚欧
王　桢	孙奕翔	曾　阳	高　帅	郑　权	李　杰	胥珂铭	李　彤	黄小燕
陈煜霖	林乐澎	唐常钦	王多为	张玉娇	袁封林	高锦瑞	洪铁鑫	夏云鹏
胥　劲	高　杰	浦婷婷	朱　筝	于　馨	李　爽	黄　斐	熊　皓	倪　洋
张　恒	敬　浩	包忠毅	吴雅婕	黄　媛	吴鑫渊	吴　艳	要小涛	王新欢
雷佳佳	何凯迪	潘　婷	罗俊杰	李　佳	尤　非	万　川	周国明	陈　然
钟维新	贺杰安	罗　伟	吴　俊	李秋月	陈艳君	李　波	邓　描	袁芊芊
计浩浩	唐聆韬	杨　洋	黄　元	李　银	鲜　荣	王晓航	王　倩	唐　攀

翟　森	罗东霞	张一丹	马　奎	戎　帆	邹　颖	朱春发	王志云	张媛媛
陈仕豪	高小优	牟成林	廖崇蔚	茹梦圆	何俊岭	王志远	王　婷	刘　前
孙雪曼	蔡丹黎	张靖晗	杨旭萍	赵娅琦	牟　森	崔宇超	刘　美	柏梁泽
彭　峰	李轩檀	刘　松	王　巧	陶　瑞	李鹏飞	张记会	李　鑫	别芳宇
程诗翩	张　琪	王　杰	董　聪	李　璇	蔡　倩	杨品莉	张润雨	徐艺菲
叶书函	詹　瑞	陈训敏	赖　超	李亚芝	黄义波	谭　瑜	王春城	杨雨鑫
黄帅坤	赵则明	许盛宇	李在润	马子珺	许一宁	吴天波	何森楹	崔　敖
毛青宇	张梓涛	许芳芳	向常炜	张月荣	雷　静	彭相洲	漆蕾宇	王仁杰
冯　逍	刘　驰	何禹洪	师学伟	胡声辉	温　雨	唐　瑞	杨　腾	杨　强
毕晓英	邵大光	王小康	吴鑫磊	吴　蕾	李佳倩	蔡宇恒	刘青松	杨馨韵
唐　俊	邹艺业	刘　英	张　畅	祝子维	郑　章	谢志长	谢　进	杨瑞双
高承睿	俞　辰	赵　丽	柴权珂	陈沁梅	朱　霖	朱　磊	刘雨丹	张奇骜
王润涵	吴心芳	徐　朔	季　航	张　亮	万振西	吴肖骏	郭天震	陈婷婷
万萦菲	蒋　静	黄　梦	杨东睿	魏江斌	高君正	孙　迅	何　豪	刘博文
庄登铭	李春霖	吴诗帆	牛国栋	严　梅	唐际斌	杨诏昀	刘陶懿	陈梦颖
杨　康	安　婕	曹　鹏	舒　鸿	陈麒宇	吴建勋	王宇辰	张　杨	欧阳林峰
殷潇寒	蒲耀洲	文杰棱	谢松成	唐　昊	陈加才	刘海淞	程亚军	张仕双
樊庆怡	陈博洋	李　航	刘旭槟	王　颖	谢焯俊	李孟葵	沈小龙	吴爱强
李大双	符爱周	王　滔	邓　希	叶　轩	徐邦杰	董铂龙	王　洋	陈奕成
陈贵全	郑小涛	蔡　勇	吉阳珍	邬焕欣	姜金杏	姚芳精	胡　涛	张　坤
吴　杰	邱吉尔	王名祺	廖青林	明子微	罗文雪	邱　吕	程　鸿	马江龙
欧冬梅	白　栋	邢中明	杨　洋	史　庆	付　玉	孙　启	李相荣	吴俊杰
向　鹏	雷　超	王棕世	王晨丞	苏武丽	苟青山	施家博	邓紫荣	刘凯奇
赵雪珺	鞠　啟	郭　旭	赖林琛	查云峰	杨　颖	李　彦	刘季昂	黄安峻果
刘　坤	邓凌峰	赵禾畦	过婷婷	宋　航	仰玲芳	王　鹏	舒　稷	李泽明
吴　刚	邓靖微	马宇航	倪扶瑶	商皓钰	林芝羽	李佩宜	林思衍	马世金
李诗雨	饶显杰	陶　聪	严　磊	王泽龙	周冬冬	朱海逸	吉晓帆	苟航源
蔡维哲	郑春菊	叶汉新	玄永伟	周　威	贾　薇	冯茂原	左　航	孙飒爽
何秀丽	杨晓丽	刘　强	乔理扬	熊清军	毕潇文	张美颖	李振阳	张月龄
陈成森	黄默冰	李　斌	税　懿	向运芳	李相伯	张　刚	化文奇	张亢亢
周立强	付方玲	刘罗成	杨　艳	赖彦村	马　辉	张译丹	徐　杨	吴妍秀
易　红	伍　佳	李林翰	贾吾财	刘艳琼	张心怡	马赫迪	胡永涛	胡洪瑞
王冠石	佘倩倩	戴远钘	王　磊	李剑飞	何金原	韦金承	普　昊	黄　达
吕棂糠	张为珍	陈朝刚	黄雨欣	姜亚成	苏培阳	王甜恬	方　晓	次仁旺堆
黄　俊	刘梓锋	雷　鹏	赵家艺	周裕洲	李鸿飞	朱钦泉	杨富花	卢　丹
周夏芳	朱昱璇	叶　倩	徐　浩	王敬荃	周冠宇	吴玉玲	弓　成	付艳婷
汪知文	陈玉雯	李虹妍	杜娟花	金　蕾	任　静	米　潭	李文晶	王　媛
段娅楠	吴见平	陈兴兴	左　灿	李　丹	丁　林	李佳佳	黄河浪	殷子渊

王　姝	周红瑜	方　雪	舒敬恒	陆明琦	冉迪斯	张　涵	郭仲薇	吴俣思
周玉珊	陈晓馥	何　川	余德可	王　塞	张锦涌	陈　伟	肖　薇	郑　双
张亚东	王　瑶	张　钊	王一冰	陈秀吉	王　飞	李小鹏	杨柳新	曾红艳
肖榆撷	毛浩宇	魏　勤	郑芳芳	王瑞敏	黄晓桦	陈　宇	陈杰尧	蒋小月
游如玥	黄　琦	赵洪彬	谢荻雅	肖洪敏	刘德旭	赵瑜琪	夏苗文	彭浩男
郑涵午	刘　进	孟庆虎	程雪峰	吴伟铭	涂书豪	魏莉桦	龚　静	周芳龄
张巨翼	梁洪儒	彭　敏	付鸿声	薛睿瑛	王　瑶	杨　沙	王兴敏	潘祥东
钟　俊	彭方俊	倪健博	肖雨莲	袁　野	金浩博	邓　多	蒋　楠	朱斯杨
尹金超	张芮瑜	刘可心	黄筱威	杨　林	胡德茂	王晓东	宁祉明	易　玉
谭明卓	李　帅	刘洪里	于江怀	张　鹏	唐　凡	李岚淼	李松松	卢双强
韩子柯	吴　杰	蔡　垚	李学勇	杨　怡	宋　永	邹　雄	陈茂莲	邹梦豆
张国琛	秦仕千	周小厚	王　彬	杨文博	沈谱清	王　彦	彭玉凤	郭　婷
袁璐璇	梅思雨	郑　慧	吴金奎	陈　晨	徐佳佳	赵　宁	付国保	莫光来
郑卓超	廖　杭	晏　智	王　玮	杨秋蓉	肖剑飞	邹中强	叶云树	张　杰
周黎明	许　驰	范椿欣	阳文杰	李伟峰	祝卓妮	贾璐菡	康菡子	王可可
罗秋献	许　鹏	班昌胜	肖　勇	李朝荣	徐锦芳	陈韵笛	刘郭洁	胡锦波
李宜蔚	刘景仲	张荣光	任秀云	尹彦羽	孔文慧	赵艳青	王文静	殷　捷
梁名伟	尹　柔	李　静	金　姝	刘美玲	熊　玉	刘芸秀	张明慧	何凤鸣
李新娇	高冀禹	张丽华	魏　欣	袁　科	杨　东	项　琦	吴　霞	胡丹娜
刘园园	陈　琛	敬娜娜	廖　磊	康　涛	粟汀兵	高　峰	罗　婷	张　悦
向　淋	姚安荣	杨　林	吴　江	唐　宏	沈大战	毕天然	王洪彬	邹　婷
彭　粲	何恒曦	王文靖	张　林	陈苏祺	田永鑫	王苏均	谢陶玲	李俊文
韩文康	王　梅	谢秋萍	李会芳	陈春秀	林智贤	周　波	黄婉丽	舒　信
袁琳琳	苏寒雨	赵义红	刘梦媛	杨高夫	陈利维	郭雪茹	曾　慧	王　璐
魏雯丽	张　慧	黄婷婷	陈　南	叶凤凌	余佳熹	曾红棱	陈永丽	钟天皓月
曾兵兵	王礼申	宋权乘	程　煜	陈智慧	陈兴帅	王　栋	江春慧	薛　森
袁　斌	雒旭飞	袁帅威	郭佳俊	陈云妮	王定乾	兰　伋	胡志强	徐　强
严　彬	胡俊飞	王凤霞	傅　裕	张留洋	苗宗南	张慧丽	许若霈	张铭丹
熊　慧	杨茂雨	盘如萍	鞠翼龙	汪　鹏	尹淑雅	周　婷	何韬钰	陈　原
申巧巧	陈　越	常成功	郭富民	杨发明	周柳柳	李　杲	刘明金	陈屹涛
李禹善	张云鹏	谢泽祥	胡梦龙	刘亚辉	李文超	宋　攀	杨　瑜	乔嘉宁
杨　生	王　凯	李妍蒲	王　珊	陈　超	罗　恒	冷　杰	陈程虹	高萍苹
王　婷	徐平平	王　萌	吕春正	李川龙	王　涛	余海林	张力伟	孔令民
王　伟	孔凡安	汪家鼎	李子芬	胡慧洋	尚颖皓	沈　璐	张招娣	张　玮
唐　林	刘天宇	尹邦超	冯　媛	曹金龙	许　瑞	魏　阳	陈梦豪	袁成云
李海勃	杨　光	何祖涵	梁书恒	王　硕	周　涛	魏志伟	付培根	张　浩
王群豪	李晨曦	姚　菊	胡　颖	张素眉	刘佳益	陈传亮	严　鹏	郭宇航
王金志	常新好	李月山	关盛文	薛　旋	汤思怡	喻媛媛	战泽莹	黄　凤

杨　燕　张婷婷　王周君　杨　瑞　吴明珍　达　祥　李晨曦　王艺霖　徐惠琳
周东旭　董涛生　任思凯　宋亚桐　陈　勇　晋　欣　黄一苹　钱佳慧　史　健
卢　艳　陈曼雨　蔡胜胜　江青松　高　涛　朱王伟　张雨生　李志宇　李国浩
郭宇强　何正田　侯　喆　李梦叶　许良鹏　游川锐　姜　静　朱瑞鑫　肖涵中
王　欢　叶雨健　顾诗瑶　廉睿玲　陈玉婷　李佳莲　杨　民　杨佳隆　时志奇
廖大鑫　唐雪峰　唐　博　蒋　京　罗　冲　张比浩　吴克鹏　罗晓波　代文鑫
杨坤山　宣志鹏　王云帆　李景媚　向梦玲　蒙俊霖　翟旭旭　冯　科　田　锋
戴优根　赵构恒　胡星高　王印玺　张与弛　蒋　超　杨　悦　韦佶宏　刘　强
沈也明　董国军　吴雨钊　谭　杨　陈　佳　张红霞　文　奕　孙天放　蔡顺婉
李春辉　曾雯靓　陈　泽　金泓键　熊臣宇　彭乾煜　高　健　许益家　陈婉莹
赵珂雨　黎　颀　吴小王　杨龙龙　羊少帅　张　瑜　袁　琛　豆怡辰　方　威
何美玲　雷晓宇　高　静　张林林　单前程　GROSU ELENA
HELAL MASTOR MOHAMMED AL-QUAISHI

农学 12 人

苏小乔　容键鋆　许大鹏　刘　杨　杨双盼　周垚卿　杜　玫　罗方萍　侯　青
谭馨怡　蔡　玥　张　勇

医学 245 人

胡俊梅　王森甲　唐凤祝　郭丽娟　艾　静　翟豪杰　杜春春　胡渝涵　李俊涛
肖　莉　叶梓薇　尹　璐　冯　越　施　蕾　周怡君　王竣立　陈　丹　陈永丽
马永丹　何宇佳　安　尧　王双双　鲁　婷　贾　鹏　曹若辰　周　琪　杜小强
包明月　倪英皓　胡美娟　沈梦益　杨　佳　汪秀文　李　萍　刘　梅　单增卓嘎
魏士雄　向昕蓉　刘昕懿　唐　新　沈千青　陈昱秀　韩　宁　李燕妮　王丽亚
向　巧　乔静涛　廖泓宇　贾淑利　林岷涛　覃英杰　林隽羽　柏雪玲　林　昕
李宛凌　谢　丹　包佳佳　杨　霞　赵盛男　杜　玥　郑琳莉　李　蕾　陈樾馨
肖洪奇　王　越　黄　延　孙本森　何海伦　辛　月　张　露　滕怀霞　杨　静
俞松良　王　鹭　王　莉　曾玉萍　唐卓芸　孟妍明　刘　追　黄雷震　刘润文
陈　波　黄建涵　王佳豪　杨靖国　李育健　徐　西　张海丽　丁子川　徐　莉
王竞成　刘海灵　王秋入　张龄允　黄思阳　胡　旭　卢　晨　龚　灿　许家科
吴　双　罗古坡　尹杨雪　李玉璟　仇一超　宫　晗　李雅倩　袁　爽　周年鑫
刘　娟　唐　丹　杨　梅　蒋子涵　岳鹏飞　任美玲　何　涛　胡淇芃　廖　蓉
何　玲　张　欢　王光宇　马启智　朱亚娟　向小娜　张　庆　欧　伟　尹文国
陈雨巍　梁秀芳　李晓洁　谢运娟　梁泽军　李治斌　徐　旭　廖　静　周语嫣
谢苏杭　何元浩　陈　意　何奕松　戴谷宇　阳　锐　马爱佳　刘　曼　何烟蓉
张　悦　彭　丽　王若然　王梠蔓　缪体伟　资　刘　吴雯雯　王雪玲　余　燕
姚佳琦　彭　杨　胡　蕾　王　霞　周　煜　彭瑶瑶　李颖颖　李旻露　刘　颖
李明霞　张星霞　赵好为　梅子彧　李承恩　黄美畅　晏彩霞　王怡天　余嘉怡
吴枝武　李函文　胡逸凡　杨　帆　李咸志　陈　慧　张小凡　张子寒　江梦璐
韩雨桐　张　茜　谢　悦　赵小双　黄　娟　张　敬　范超楠　敖琳珺　杨晓翠

周静　吴文静　许欢　谭健霞　彭迪　姚强　庞欣欣　何夏梦　吴瑞
彭天宇　董洪利　梁惠菁　李静　白丹　陈玥　王贺　王礼群　董佩杰
李亚杰　杨诗凡　陈叙汐　陈怡依　雷普超　吴洋洋　谢嘉渝　董新燕　沈丹芸
梁婷婷　陈婧　吴凌　田思成　范紫玮　陈静娴　邓仁丹　袁清青　陈婷
和靖　顾冬红　汪晓慧　李剑波　吴念韦　苏雅娜　王雨宁　张宇辉　郭琼
尹月霞　孙爽　曾丽诗　李宇鹏　时彭艺　温悦　雷宇琴　王锐　郭银萍
王嘉玲　KHALED HUSSEIN MOHAMMED AL-ZANGABILA

管理学 202 人

张子晨　李郁竺　魏纬地　牛栋　谭庭　曾晨　唐凤莲　申文灿　陈雅坚
金朦朦　张恒锦　郭彩虹　姚瑶　华畅　王荣琳　李宁馨　宋贤钰　陈虹霖
何佳芯　朱莹　袁雯雯　刘立宇　孙雪莲　夏海梦　赵晨竹　殷欣　吴颖
韦会芳　徐兴琼　伍小倩　符诗然　李丹　马浩原　张文怡　王徽璇　黄冉
杨颖　黄佳敏　周泽龙　李明悦　陶阳阳　余静　欧皓　邱隆超　吴敏
刘甜甜　彭子玄　王维多　张新停　缪赛柳　许德发　王雅琦　谢佳瑶　罗春梅
林岚　龚莉　罗淑予　朱应方　史清悦　赵梓桐　刘万余　周斯妤　陈姿琪
朱佳杰　周盈盈　张慧霞　谭启瑞　于超　陈露梦　侯硕严　王振康　杨伟波
刘美君　任俊　郑美　彭凤　王梦婷　何缘慧　甘蕾碧　张娅慧　杜雷
李圣兰　黄燎华　徐焕斌　曾静　钟韵杰　甘信田　张心玥　杨成虎　何亚亚
陈尧　易哂忻　罗强　梁琪琦　吴俣　涂姗　王亦越　黄琳　张瀚东
范九江　伍谦　吴群英　任运月　徐丽新　游林威　李宗俊　李丹　周思佳
石明玉　吴静　王澍　文传玲　陈楚寒　黄雪柯　韩洁　陈雪　周沁悦
唐伟强　潘丽　李杨　黄云平　陈红羽　洪楠　毕雪瑶　丁昕　秦玉格
宋路明　黄敏　黄一丹　温丽君　王凤　朱曼卿　吴灵芳　袁亚轶　吴友凯
米晓妹　蔡婷　马冬元　张思琪　戴威　温娴　罗昕炜　钱行　徐玉茹
戴伊宁　林振隆　何佳　黄会　王圣堃　梁扬　王清莹　毛李晴　周悦填
袁静　梁跃文　鄢勤琴　唐雪莲　尹亮　余伶俐　王婷婷　王娜　方陶问宇
刘思悦　易佳佳　张美娟　冯怡　汪倩　卓荣耀　李媛　程婷婷　曾媛
叶菲　杨丽　陈春　谭蕊婷　孙榕梅　李兰　边文阳　倪欢　王焜熠
张华平　蒋雪灵　蔡双双　王雅琦　孙亚亚　李小梅　刘温迪　付萍　何冬梅
吕佳慧　张慧翔　黄晴　王以勒　方晓红　吴倩　陈遥知　朱珠　吴慧元
郭嘉磊　吴展羽　周宇涵　宋伯峰

艺术学 70 人

刘滢　漆依依　张珂　罗艺　李文萱　张嘉珂　赵红艳　张梦宇　胡冬晴月
杨凯　甘甜　李雅琴　陈子豪　贺旺　曾美益　王宇偲　李海蒂　孙甜
肖茹娟　张荻薇　张静　席鹏卿　刘凡绮　万新月　罗丹　荣子燕　曾天一
石雅鑫　邓佳其　毛一茗　黄伟豪　曹艳晶　刘振朋　简月　陈露　陈怡嘉
李远杰　姚腾飞　贾哲彬　王旭明　杨艺璇　陆峰　侯晓慧　夏越　张文强
张晋源　黄媛　谭榜眼　任娱肄　李伊璐　金益　刘婧尧　罗婉月　谭雪

李源甜　孙　硕　王玉娇　陈　坚　张珊山　刘丁霖　孙文玲　于　鹏　赵梦曦
向懿锦　孙倩男　张　钰　陈　鑫　王若冰　刘梓成　邓子叙

（六）全日制专业学位硕士 2110 人

金融 64 人

段杭蕊　郭　啸　朱笑闻　邱发波　肖成硕　姜　铭　王尘枫　刘文茜　陈普嘉懿
任朋超　范　晨　金　健　侯　萌　张　潇　段晓庆　黄　思　张栌丹　沈国庆
李娅莉　毛罕钦　李钰贤　任　婷　张嗣佳　杨　杰　夏瑾喆　杜　越　马雪晴
梁功枭　谭孟林　林　纯　邱舒英　丁柯丹　朱　兰　杨　鑫　唐晶倩　吕梓维
李鹏梅　赵小茜　王文华　逯家鹤　姜　铄　鲜珮雯　朱　敏　徐甄宜　罗林雯
广　慧　李耀蓉　闫　琳　常辉光　肖玉维　赵伟霖　江林芝　张　芸　王　静
杨　鋆　李沛苏　项志杰　沈玲燕　黄婷婷　广玉祺　蔡红宇　张万伦　罗书山
海　栒

税务 15 人

胡　雪　周绚绮　申　垒　汪　静　陈　雯　李小乐　张苏皖　杨　莹　王彭浩
杨　江　许　敏　王佳乐　张子美　高　天　程婷婷

法律 124 人

汪　莹　罗慜懋　廖　慧　刘娜琳　文　婧　赵任绘　张立宇　白　雪　张慧文
刘璟钰　苏　力　郭云帆　陈红秀　刘晶慧　蔡银杰　王丽云　景　涵　刘忠龙
杨　安　闫雨濛　杨梅灵　叶　辉　郭林雨　任燕耘　张华清　魏絮敏　黄　振
贠伊迪　卢振磊　秦佳琦　廖　娟　尹莲富　雷盈颖　王韫乔　夏雪松　江佩聪
谢　吉　成　润　贺若峰　胡凌洁　王蔚然　陈倩茜　陈　代　谢健晖　冉　军
于佶玉　吴启航　罗德轲　黄科荣　裴　雪　袁浩然　李凤梅　谢　颖　欧阳辰虹
李宬霖　王　娇　李源宏　宋坤柯　冯　佳　李　娜　莫晓燕　罗世为　王雪颖
娄　云　冯林媛　魏秋豪　王敏杰　李　蕾　李粼莉　李文龙　张　岑　兰连你尔
贺泽章　陈春宇　曾　悦　杨　杰　纪国超　杜南静　凌永兰　鲁　霜　张　萌
张盘州　石安坤　陈皓楠　蒋　盼　陈旭辉　陈鹏屹　马　苗　曹素元　白　芸
李文献　马金秀　陈　晨　陈闪闪　杨　昆　张晓琦　庄家园　唐　艳　孙　艳
张久瑶　李文精　丁志明　王元震　黄佳慧　朱萌越　凌寿强　尹晓庆　崔九月
陈莎莎　谭桂林　邹梦媛　雷思源　龚　灯　罗华翔　叶芝美　李思雨　郭旭东
刘　迁　罗　洁　李佩洁　梁　丹　唐兴兴　何雪梅　木洛五沙子

社会工作 10 人

刘婕雯　姚雯翊　郑　栋　王　倩　解明洁　刘娟秀　谢佳瑶　高　林　谭淇尹
罗　丹

体育 10 人

李　衡　赵冬冬　张　浩　成　智　谭倩颖　王国峰　慕　明　陈世杰　胡　珊
肖志新

汉语国际教育 98 人

张　楠　吴　丹　刘　婷　罗淇元　路　宁　徐天赐　金锐锐　原豆豆　陶　伟

张　术　雷　瑞　周铧琳　于安然　叶峻妤　贺若邻　钟意欢　丁文迪　周沈佳巍
严晨瑜　李　杰　崔金玉　金贵川　陈　虹　马　玲　徐义珂　杨成玲　王明义
高世玉　袁宇霄　蒋　强　刘伊辛　胡　萧　张　宁　廖傲梅　余天琦　孙　辉
孙　蓉　金　琳　李雅琴　牟　霜　张　茜　熊菡梅　蔡忻茹　周雨虹　刘　敏
夏　羚　王海蓉　何青南　黄川蓉　曾小欢　郎诩珊　余　玉　王莉森　雍　婷
杨予苒　王昭月　张宇潇　陈　曦　谭怡馨　周　玚　文　亚　吴靖楠　严墨晰
罗丝佳　李　琳　张耀月　张伟丽　李慧珍　陈雨诗　尹雪丹　郑婷婷　马静雯
谭　英　蒋千惠　熊　壮　朱峻嶙　任茂露　郑志玲　苟隽卿　蔡　雯　何静静
吕鑫鑫　杨文乐　朱　丹　杨天笑　王丽萍　马　良　王风珊　洪　庆　吴雅雯
李杨希　JUBI SONG　THITIPORN BOONCHU　HSIN-TZU KUO
ABDELAZIM BABAI ALDOGAIL HUSSEIN　ANNA CHERNENKO
VILAIWAN PANAPANOH　EDWARD JOSEPH YAWSON

应用心理 13 人

药景鑫　张文澍　杨　芳　李　貌　钟　璞　陈启晗　王沛懿　魏旭阳　余小英
冯　茜　李佳鸿　邓　欢　曹　薇

翻译 44 人

黎昭琴　王　琳　黄芸漪　陈　格　代子贤　梁　玮　李国萍　郎婧妤　肖　瑶
刘晓雨　李妍竹　朱彦洁　郭　悦　李　爽　陆京京　武　念　王梦莲　艾雨鑫
刘苗苗　唐艺嘉　杨寓棋　赵萌萌　余珂妮　林达明　程　婷　罗文静　范文娇
李查德　张世磊　李梦琳　江　丹　侯荣耀　李沁芮　陈庆阳　苟　维　程亚楠
董文恬　刘鹤娇　陈思慧　邓　蓉　钟　冰　杨茜茜　徐曼玉　陈玮怡

新闻与传播 79 人

杜　凡　应　宏　王　妍　潘梦婷　马亚琼　龚阿媛　周　麟　陆　静　杨　钊
洪子叶　杨　欢　张　智　张应翔　陈振鹏　韦戚萍　尹　玲　张乐盈　庄　天
徐　贝　崔　璨　田　荣　罗　垚　唐丽雪　刘军君　杨钦淞　白　洁　程　诺
崔雯婷　吕　娜　梁莹莹　靳晓沛　陈　玉　罗砚月　李　冰　王轶澜　胡人丹
王若蓓　陈茜雯　李嘉怡　尹覃可　钟华隆　郭　瑶　曾　琦　姚雪梅　杨园梦
张钰笛　李慕然　刘予坤　王诗雨　姜　姗　晁思雨　王　媛　尹承姝　王吉妮娅
陆子昕　李诗晗　李晓慧　肖雪晴　朱　磊　贠新凯　徐梦云　黎一杨　杜杨玲
田　媛　宋　利　汪冰蟾　许　安　金高阳　宋信祺　何喜珍　张　铃　许春红
姚　慧　鲁荟宇　王　亚　张　琦　张　洁　张扬洋　黄丹娜

出版 14 人

何叶茂　迟天一　许　芮　陈智敏　朱　荣　于　晨　刘裴玮　陈稳平　胡逸鸣
肖珊珊　李隽薇　王天乐　李　秦　吴明红

文物与博物馆 24 人

周茜茜　温　涛　王　方　杨　璇　付皓田　施　璐　冯俊佳　杨　柳　秦皓玥
何　芩　徐佳甜　董　静　甘宇平　余　茜　董小菡　彭　慧　朱振宇　董　杨
王　悦　朱　梅　何枫杨　刘雨曦　王　婧　白　丽

工程 834 人

朱昌达	陈 伟	周志兵	沈 苏	郭旭明	龚爱华	颜佳超	陈 壮	刘淑斌
沈艾芳	薛 健	王小晖	张志成	刘鹏宇	边 琦	刘肖萧	江文豪	王 蕾
刘 锴	李 娟	崔 磊	陈 锦	黄修章	李 聪	唐善发	赖 恒	马孝铭
郭 庭	袁卓凡	李桐桐	夏 源	钟南亚	徐瑶俊	贾文良	仇钧正	申庆浩
杭鹏程	李奇生	侯倩伟	陈磊静	马长强	龙庆延	谢家靖	吴 剑	张凤娇
汪梦洁	杨 胜	李志强	徐东媛	王梅凯	王兆延	董沛君	晏 晗	吴稳稳
杜培德	卢 亮	姜成怡	李伟泽	段雪羽	周 润	王 骞	崇闯越	袁大力
付亚玲	樊雪婷	郭一璇	曾丽丽	周祎楠	魏博闻	黄 润	朱佳辉	周晓楠
杨亚军	官 鑫	蒋雪微	伍 俊	夏 静	郎 东	唐维建	张 兵	朱鹏飞
罗傲然	韩继辉	于渊洁	董晗羽	王 帅	廖乐乐	雷雨行	陈 浩	何 桥
崔一凡	李 峰	李 定	吴博达	周金伟	蒋晓晴	鲜春香	曹加云	蒲星宏
黎 娇	韦 涛	曹邦麟	冯 锐	王 丹	孔一凡	李 哲	杨韶勇	刘星宇
李东旭	涂伟强	王 衡	邱贵霞	李 强	谢 阳	孙 鑫	赵荣宽	王业丰
张 郑	丁 伟	杨 彤	冯 战	刘冠宸	郜 明	方 涵	付 磊	郑慧珍
颜 虎	王翼鹏	王瑞瑞	李 波	郭 达	吴宇轩	周韶武	刘浩浩	李存程
刘立军	王 可	刘光辉	王 鑫	邓 超	庞强宏	李 锐	王 府	卢翔宇
张 欣	罗明亮	杨 键	凌思彤	刘成勇	易 涛	余 波	王 黎	罗 培
谢政峰	游海涛	苟建平	涂 军	刘耀铃	刘悦沆	张国锋	李斌斌	廖勋宝
王晨妍	曾 环	田 坚	薛 令	何 伟	刘 闯	彭海岩	曾雅枫	郑瑞骁
陈 涛	杨 杰	王仁浚	刘振宇	郤克强	王 晴	邓润琦	李学成	卢炳文
赵金鑫	王 勇	任 昊	李仁杰	邵明明	郭 毅	黄金鑫	季陈林	贺心达
张明珂	王冠贵	刘天成	卢兴林	吕寻斋	陈 雪	惠苏新	陈诗昱	吴 疆
杨 兰	徐 松	邹家惠	郭久亿	万良彬	安建国	胡 蓉	马 腾	刘 晖
姚先禹	刘桐雨	罗雍溢	杜佳耘	贾琢玉	赵 栩	陈春林	唐子卓	赵 亮
罗 浩	刘小林	刘玢岑	谭 瑞	张颖梓	孙建风	邱九皓	蒋万枭	张云天
郭 欣	陈金阳	田 轲	彭宇锋	曹克煜	谢康胜	张硕文	黄 河	寇 然
周 原	董 涵	孙永谦	赵永扬	蔡含虎	郑鸿儒	程 湘	向恩民	彭钰祥
罗 鸿	张桥峰	魏平桉	唐 杰	雷 翌	胡胜杰	严雨豪	易刚春	戚默函
王 杨	崔嘉滢	李怡然	陈若尘	张志荣	张雪丽	刘麒麟	谭亚欧	夏依莎
张海洋	王俊翔	谢佳妮	王澜灵	王明娟	尹 航	何函洋	桂良宇	孙 旭
周立立	李 蓉	罗 兰	陈 杰	郭金龙	孙 超	杜 森	陈 意	汪 洋
高文逸	刘华超	汪鸿浩	马丛俊	杨沐杰	黄旭龙	许雯婷	徐金鹏	张江伟
马 豪	张 宇	张 秦	徐 耀	张如涛	熊华煜	成鸿群	张家宁	刘云飞
李国豪	戴立伟	张坤朋	李扬帆	李 淼	彭 杰	苗佳藤	黄 曦	严 文
何 贵	冯 谦	郭林明	郭云峰	袁 鑫	陈 辉	罗 渠	王 宏	白婉玉
刘雨森	尹 浩	张 琦	郭妍彤	胡振鑫	黄 健	庞 瑞	张 涛	李坤坤
代湖明	何康本	胡 翔	黄志勇	马路宽	王 韬	陈 钉	邓 赓	孙孟川

王帆	李帅	刘伟民	杨力川	朱俊洁	白迪	蒋国芝	王翔坤	黄琪
邱俊玮	吴宇杭	黄永强	杨坤桥	杨静波	黄婕	闫建荣	曾春明	刘云霞
王超凡	王康	赖志宸	杨湘玉	刘立成	陈澄	周文迪	张森	杨婷
罗莘涛	万珂蓝	赵意如	付菲菲	黄瑞	张仕充	张小菲	吴雯婷	张倩
张文涛	苏江姗	刘天瑜	姜鸿飞	闫蔚然	杜子文	庞潇	范曾	张钊
刘婉君	曹万平	袁针云	吴肖伶	甘雨	胡嵘	李帅	王桂芝	黎星宇
张飞扬	李天宁	杨坤	马晓星	马文	侯伟栋	左国渭	黄怡洁	朱志娟
邹代宇	张泰豪	黄苗	王煜翔	蒋仕艺	罗彬	曹帅	宋毅梁	王鹏程
吴青松	何明松	陈瑞	邓靖秋	孙世辰	王争	左浩宇	潘春霞	赵杨玉
李德生	唐家伟	张宽裕	钱雨凡	龚健	李伟	何强	宁文祥	王敏
李浩然	李玥琳	王凯	陈墨	李登	黄秋源	王世倩	何荔枝	代金芯
成蕾	刘凡	薛哲	张少飞	暴笛	齐路晴	李凌彤	王梦哲	刘昱彤
蒲鹏燕	张明月	曾文	周宽	谢冰心	吴泽林	吴杨杨	史雪珂	沈婷
吴宗林	杨世利	谢玲玲	吕丹丹	甘凤丽	陈灵珠	王鹏	杨波	程灿
吉韬	秦玉莹	叶颂	侯杰	朱安奇	孙桐	王以逵	刘浅奎	李雅琪
杨加璐	张颖	罗亚军	张力元	刘阳	时松	董润泽	马立	楚志腾
刘子安	赵长虹	谢艳	吴佳昕	周晶	李钢	顾洋	雷艺繁	姚依凡
虎珀	严鸿川	田紫圆	周星宇	董爽	雷佳明	刘小帆	张婧镁	朱虹
谭亮	朱载祥	常鑫	陈骎	张兴	杨轶茗	谢忱	徐邓	陈康亮
王明耀	王禄洲	谭政宇	杨凌肖	郭广鑫	单郸	王媛	周月	李翔
陈飞	王逸楠	郝仁杰	王慧君	高章帆	刘磊	熊袁杰	王彦博	潘佳斐
夏奇	秦佳旺	谭博	李龙	马军	何婧	龙宇	张江坡	李莉
舒弋芮	赵仁军	李倩	徐琦	杨兴东	张彦	赵晓萌	李志凯	崔超军
张玉超	王勇	卢俊峰	李瑞	邓宽	卢蔚	胡超	胡志金	刘祥
陈良	左龙涛	郑承刚	夏志鹏	王龙	刘浩	林研	刘泽坤	杨卓颖
李实	王逸夫	刘永鹏	徐文奇	刘肖	周慧	李映春	王杨	刘珏欣
曹宁	陈昌涛	刘润蝶	刘雪梅	覃大鑫	苏殊	谢辉	蒋艺	唐虎
母鸿	高睿禧	王顺	李雅玲	刘艺	韩成刚	唐婧怡	邵仲	吴玉婷
杜国元	韩淼	冉朝刚	陈雪梅	张中辉	卢涛	杜东	涂良平	蔺育菲
侯杰	彭媛媛	任碧波	裴存宝	谈云龙	付锡涵	王桂华	齐郢	叶蓝琳
华启耀	陈思崎	彭红超	张婕	孙丽莹	罗海航	黄国栋	王俊超	胡瑶
周荣	曹胜魁	陈晓茹	肖胜舰	熊勤梅	胡可欣	刘娴	耿建华	侯科宇
杨珍颖	吴钱弟	于倩	黄俊僮	杨林子	王星月	邱文	陈斌	吴羽翀
郑潇然	赵登位	张攀峰	黄仕林	孔越	叶盟凡	唐开阳	张凯旋	张道鑫
金碧辉	陈江涛	戢元	田圆芳	陈磊	邢家琪	陈鸿	黄旭	曾建明
詹福星	陈屹	许晓洋	王霄	陈熠东	龚晓东	王梦瑶	苑凯旋	崔齐齐
王唯宇	徐进	姚迎春	徐若愚	闫子金	徐立强	宋凯旋	袁安钱	邓雪勇
范书婷	孙珏莹	华琼瑶	李泽汉	吴芮	桑世林	赵鑫	王晗	李政奥

陈全贵　许　燃　沈梦露　章　豪　谢　康　陈翔飞　刘林生　杜祖臣　鲁　进
廖沈军　谢紫龙　肖舒航　刘　鑫　姜　剑　向星宇　喻明伟　李志峰　张颜敏子
何　弦　黄　桐　聂子君　史年丰　赵建魁　陈　柱　苗晋锐　严福海　刘梦思
周启扬　李　成　惠　李　陈　瑞　赵　欣　陈　鹏　刘晓飞　杨奥宁　李　玥
刘懿锋　曹聪聪　沈　雪　聂　松　王姣姣　薛俊锋　刘　川　廖志强　刘　毅
房于博　曹　亚　田　野　刘　羽　李兴江　谢宇豪　宋　升　李炎杰　王港清
卢　芊　徐　琳　方　圆　薛桂香　李　慧　王炫植　贺佳思　李　心　许连周
文　植　贺林欢　蒲中敏　严晋川　孟玉娇　刘倩雯　杨　壮　冷红梅　文瀚杰
郭孟夏　郭舒言　陈家豪　侯家麒　樊轶铖　郭智溢　周钲人　王　喆　胡　熠
李黎嘉　陈何维　吴丽娜　施文强　刘　聘　邓智文　董龙鹏　罗冯雄　倪潘显志
马　磊　朱南行　何文超　李　星　罗昭聪　王祥通　尚佳林　王全义　卫朋冲
蒋汶君　文　勇　李　爱　舒远军　吴方瑞　程意朗　张雪晶　任时萱　梁登高
范晓霞　杨　英　曹　琪　王玉娣　张入文　陈　挚　唐梓淳　熊　皓　陈治昊
杨　艺　高玉君　王茂宇　黄思涵　陈　扬　刘　谦　徐华露　杨皓云　刘　易
李　静　袁嘉骏　黄华雪　唐　洵　高　覃　窦宇宸　印一聪　杨　琦　董　颖
蒋汶芮　曾　理　王慕遥　朱怡晓　蒋梦婷　郑艳辉　张　旭　严仕鑫　赵彬燕
王　裕　陈　博　贺欣龙　李　侃　刘婷梅　胡建川　郝　妍　李　攀　贺　娟
胡世川　喻　稣　牟　俊　刘　杨　苏兴萍　杨顺华

风景园林 11 人

刘欣童　宋世华　雷　雪　彭　莎　肖涵月　汤木子　吉雪梅　彭　丽　陈越悦
李春容　戴维维

林业 16 人

代玉烜　沈海波　李　笑　朱云琦　艾凡荻　张君琳　李明群　舒云菲　李仁明秀
范小燕　曾亚兰　邱艳霞　严　培　徐千一　李楣溢　廖　婷

临床医学 281 人

罗杰文　张　英　黄　文　庞玉琦　毛　自　卢思洁　向　婷　马晚霞　刘　陶
贾瑞坤　吴小芳　王　唯　胡娣萍　刘新冰　林　桑　刘　涛　蒋　英　张　妤
刘　畅　戴　璐　胡　群　刘凤娇　王佩华　刘玉杰　唐薇薇　王烁婷　程　路
陈小玲　赵　明　易　静　覃　萌　吴承倢　段伊珊　廖俊喆　杜竺蔓　张诗琪
林　波　马春香　陈柳香　匡　欢　马腾飞　谢玲俐　曾　丽　左雍荻　靳雪莲
何晨嘉　雪　梅　杜　娆　秦嫒雅　于欣玫　贺金枝　陈　磊　黎　燕　米色日黎
时瑞娟　张宇雁　杨丽娜　邓吉利　张依曼　向玲亚　漆　敏　王芳芳　黄　佳
张　婷　马　娜　李超峰　万雪梦　裴景君　阮素凤　孙雪梅　周　瑜　贺承鹏
詹　欣　伏洪玲　郭　莹　彭秋雨　钟小玲　马忠扬　郭大鑫　谭玲玲　肖宇婷
乔闰娟　吴欣遥　朱　欢　林泰平　陈　怡　段理人　张天羽　蒋　政　吴雪瑞
刘　焦　李艾青　徐　皓　易伶俐　戴敏涵　孙一凡　姚　霞　王　怡　祁雄伟
肖　月　华思瑞　王嘉玥　詹同英　吕　玲　杨　莉　涂瑶筠　李世琴　黄颂雅
韩沛伦　李　爽　陈　林　田　甜　郑娇凤　魏　敬　赵捷颖　周羽珊　杨成敏

张　莹　万　雪　叶桂林　李冠男　李俊饶　侯文秀　杨采薇　梁春晓　石　睿
李　倩　魏　鸿　周新竹　张　勋　孙　艳　杨　婕　杜兰鑫　方　鑫　张　豪
张　羽　范　园　魏文兴　马　啸　刘　瑜　蒲思宇　袁铭成　陈　鑫　张悦欣
方建国　张东风　李　翱　王　浩　秦博泉　王　越　边龙茸　陈腾云　吴家沛
何　洋　杨为潇　石　坤　陶荣贵　闫孟华　李小敏　陈　维　王珏翰　徐铁伟
肖丛佳　雷淏然　黄　阳　杨文明　代诗懿　马金曼　邓逸飞　邓志鹏　康哲锋
黄博文　肖　鑫　曾　军　何凤君　刘佳鑫　王志鹏　王立英　彭　景　胡逸涛
曹俊秋　吉志敏　李　浩　赵　龙　李振录　骆明涛　尹长浩　王星渊　吴友伟
苏留莉　古佳鑫　胡正俊　王　娜　王亚雯　向迎春　杨　钿　徐瑞涓　何佐曦
刘亚娜　曹甜甜　邹佩君　莫似萍　秦昭娟　唐　琴　谭　菲　陈秋和　骆　燕
彭昌盛　段美帆　张昕雨　陶韵涵　刘　凌　田雪莲　张又尹　杨　宇　李汶蔓
肖　宇　赵志雄　宋　瑶　卓路芳　关利平　陈　凯　熊　莱　周来燕　白亮亮
杨江萍　田茂浪　张　迈　周　洁　李巧佴　瞿子涵　李俏琦　彭　虎　黄　燕
杜　彦　牟晓丽　傅圣雅　黄　倩　周卉洁　倪　璐　马佳春　郑岭楠　欧阳淦露
付　阳　李洁琅　王汝兰　屈子榆　锁娇娇　徐宝鋆　詹雅岚　章　燕　邹　倩
邓　茜　程思佩　单迦晨　陈紫君　丁　林　王　蕊　余　柔　苏梦丹　陈　璐
涂　虹　钱　柳　敬维维　牛　望　张　杰　白　樯　王　飞　翁山山　张　卓
杨　荣　谢　倩　赵敏君　宋燕坤　郑林茂　可雪璇　侯　静　张雅菡
OTHMAN ZAKARIA SALEH　AMAN THAPA　WILSON ADRIAN WIJAYA

口腔医学 166 人

田　媛　骆　娇　江闳霖　陈宗群　黄元鸿　林星月　苏浩宇　彭瑞婷　姜佳佩
符　敏　郑　晓　万　婷　陈　炀　赵绿扬　袁培养　刁其林　郭林溪　李琬延
刘　颖　陈　彦　孙明新　尚谦慧　张　梅　黄臣宇　张清源　左燕琴　王雨墨
江　涵　陈　亮　裴　芳　杨雪琴　王　珍　叶廷培　张　莉　张芸燕　阚召俊
时子文　王　淋　陈燕茹　徐　洵　周玉兰　王心彤　何　泽　黄　豆　黄培勍
白　璇　王浩帆　陈佳敏　阳　婷　张　瑾　庞灵丽　高诗祺　秦　鑫　杨月翼
李明明　邓涵丹　王鹭玲　刘天楠　何万志　温碧馨　廖　鹏　贺锦秀　仇学梅
张雅萌　黄超兰　张丹婷　陈　崧　陈　静　卓妮娅　李无恙　陈思宇　刘　伟
邱　禾　刘皓月　肖德昡　石海涛　崔伟同　陈　曦　黄艳梅　李圆红　侯媛琳
常　乐　朱君瑶　李懿洋　张羽婷　蒋雪莲　赵凌屹　杨　帆　任灵焕　张雪琴
杨　淼　石宇超　张凡柯　张家愚　林淑岚　杨　沁　葛奕辰　余　波　彭玮琪
颜杉钰　张芷君　马建斌　刘　琳　赵鹏飞　卢嘉仪　张世珍　刘家伶　吴佳益
高　一　高羽轩　胡　蝶　彭鑫钰　于照晗　李欣蔚　熊开新　李佳桐　任　凯
郝　渝　张雨薇　陈　迎　王晓宇　周寒嫣　刘扬帆　倪广成　孙国芳　骆南羽
刘雨秋　钟林娜　范　琳　刘　杰　熊誉欢　刘孟轲　何佳容　苏　程　谢雯佳
高　阳　文俊儒　路泊遥　张歆缘　王艺儒　赵秋成　苏成利　周颖欣　安子健
胡敏琪　赵　锐　陈炳君　黄金霞　戴雯玉　巩靖蕾　刘偌景　孟庆琰　向　杰
帅芳源　晋　瑜　许　琳　周　丹　韩　雪　盖　阔　宗雅文　王玉婷　张华英

王　涵　把丽根·伯拉提汉　KHADEEGH FAIZ MUTAHAR ALREZAMI
XIANG HAO ZHAO

公共卫生 36 人

赵婉妤　任建伟　许仲妍　胡　杰　谢宏晨　董潇杨　魏　星　李蕊瑞　黄立利
李启雯　陈　佳　高明月　孙承媛　郑晋南　夏　静　张琳洁　王唯彤　汤晓月
刘　艳　罗楳濒　陶君雯　李芙蓉　吕俊祺　蔡聪捷　代雪梅　杨　丹　蒋丰岭
蓝天骄　杨　飞　王　婷　牛雅萱　陈燕平　赖诗敏　余　勇　雷雅麟　李玲玲

护理 8 人

景冠达　玄力娟　吴秋月　李思琴　税宇萍　王蒙蒙　马色各　王玲玲

药学 110 人

郭兆飞　黄　蕾　杨广广　赵　伟　胡　瑶　张　岩　何春婷　刘宝欣　钟玉琴
陈　挺　曲明亮　罗　懿　李蒙蒙　李星影　马　静　吴艳梅　王莹莹　薛　圆
米　芬　覃　方　张　威　刘溢清　王荣慧　周盛明　宋佳阳　徐成英　汪婷婷
刘馨阳　雷　婷　桂兰兰　肖桂荣　徐　媛　张　坤　孙渝梦　李　根　董　雪
何雪琴　赵李娜　苏美玲　何思言　吴雪婷　陈　雪　张浩珞　张　凯　张　凤
周晓霞　杨语聆　郑云华　马　煦　冉孟妮　洪泽华　宋　饶　徐伟桐　阳婷婷
朱　璟　雷思贝　张　宸　任志祥　周　悦　李梦君　于　新　李钰琰　周逸飞
刘　楠　廖　雪　刘小聪　张　震　潘志凌　廖雪媛　何　巍　舒永恒　成立知
盛靖雯　乔婧昕　胡道君　邓晓蝶　岳小竺　肖　雪　邓莉凡　马加琳　李文镇
姚冬萍　张　洁　刘红垚　袁　媛　侯　欢　杨　闻　蒋婷婷　徐　湉　明　扬
罗寅恒　陈　昱　张梦莎　王绍敏　朱阳慧　徐　琴　汪　微　王燕红　周淑燕
刘慧敏　刘思蒙　王　曾　杨秀琳　罗　蕊　杨　焱　王青青　徐良婷　熊　亮
叶益新　黄　成

工商管理 29 人

雷靖宇　赵　芮　张平曦　钟沁凌　李　晶　唐　君　胡丝雨　郑　莉　宋　翔
杨鸿翼　刘　虹　罗伯瑶　杨艳秋　谢德岗　刘　杰　张马也　董新晔　伍明燕
文　蕾　朱海博　张　豪　张小玉　肖　远　廖田甜　钟茂坚　宋萌萌　陶　遂
SUMAN MITRA　SONI SHAH

公共管理 77 人

何　华　谌　锴　李春雪　牛铁妮　顾亚宁　杨　丽　黄浩杰　刘雅晨　陈文杰
邹雨珊　谢雯婷　张寒新　刘映池　施　邈　黄　苇　彭　妍　彭　恋　唐雪娇
罗越新　李禹宁　孙与恒　余汶樯　陈　墨　张丽娟　杨笑吟　龚　睿　颜小兰
高源林　向劲松　冯璟璐　黄　智　谌斯琦　石智鑫　刘锐锋　汪　昕　韩佳谕
蔡顺吉　向　玥　袁　铮　黎　琴　刘雨阳　陈　燕　周晋宇　吉　燕　张琥城
雷　星　丁俊雄　梁雅祺　章荣利　罗燕妮　杨　薇　徐春梅　马念冬　唐　洁
余　洋　李福赢　魏武晶　干晓凡　张　欣　蔺莉华　罗　杰　李国玉　朗　真
温　博　王旭艳　向秋卓玛　卓玛央宗　德吉央宗　边巴旦增　米玛央金
洛松邓培　单增旺扎　罗布次仁　边巴卓玛　益西曲珍　晋米琼旦　达瓦次仁

旅游管理 12 人

蒋璨　刘莹　刘琳　向振宇　冯志成　朱科锦　张万磊　胡露　易佳雯
陈毅　王成露　李冰野

图书情报 21 人

蒋昔谋　荣誉婷　王颖　罗晓瑶　陈祎筱　邓文鼎　马吾丹　张超民　左欣悦
文媛　邓健利　王书盛　张诗媛　赵瑞雪　安晓慧　郭春蕊　龙彦辰　金鑫
刘涵　周欣晔　陈甜

艺术 14 人

杜晓燕　朱瑞　舒婷　屈悠扬　罗丹　居苏晋　苟锡弦　张飘月　杨锐
韩玮静　王怡然　李和　李梦诗　赵星宇

（七）非全日制专业学位硕士 942 人

金融 51 人

伍仁杰　岳中彪　唐春燕　杨宏业　潘蓉兮　王杨　李德珍　王君奕　赵晨露
徐晓东　谌伟　陈刚　胡博　王亚龙　张捷　史尉琛　蒋宗珂　严翊铭
刘彦均　赵志翔　向文前　李奕彦　丘建泽　黄鹏鹏　余芃序　唐凯怡　陈月仪
吴文明　陈郑林　穆春洪　衡穷　董欢　郑新宇　赵惠　邓望　谢杨帆
巩小青　臧小坚　任康睿　黄强　陈雪玲　李晓宇　刘彬　蒋清莹　白露莹
文成政　张佩瑶　陈丹丹　王玲　罗维桥　李凯林

法律 63 人

熊星　康钦辉　叶飞　毛婷　王亚　赵冬梅　何梦佳　彭美娟　蒋丹
孙梦颖　张文　陈燕灵　罗立一　王驰　牛瑞鑫　吴菲菲　杨虹雨　闫魏魏
周梦婕　车莹君　何琬　江铮　王吉昭　王寰宇　叶沂鑫　林依洁　袁梁平
陈苓丽　张瀚尹　王豆　杨恒辉　赵红艳　郭志兴　杨洋　廖英彤　刘雨松
梁家齐　粟道渝　王佳妮　党仁杰　符临　刘智慧　邓媛媛　杨婷婷　宋佳平
袁珍　罗丹　梁织圆　周金平　曾卓　王继泽　王睿　顾德鹏　熊露静
高菊优　唐棠　王双艳　金建华　李筱竺　唐鑫　王小婷　任琴　段明鑫

体育 10 人

薛康平　李宁　李良英　纪富珏　王怡　陈蕾　杨小琴　杨希芮　梅森
杨畅

文物与博物馆 2 人

余曼琦　魏丹意

工程 276 人

吴秀锦　李望　朱琳　盛家剑　肖纯鑫　秦鹏　程廷豪　王乐　谭宇翔
孙明峰　赵一洲　孙坤伦　胡梦瑶　吴新淼　周玉婷　胡枭　许亚雲　王一皓然
徐菲　谯丹　詹平　罗旭峰　陈光灿　冯浩　马国良　郑金辉　杨洁
郑莉　程思恩　李翔　曾敏炽　王新明　高勇　梁发明　冯在锋　刘传政
唐拓江　周博　杨露　彭川桃　邢林春　彭博　王晓明　代超波　程阳洋
侯俊逵　邱代　胡鑫　万斌　李汶骏　付鹏鹏　黄婷婷　王昊　孙阳

曾波 黄斯韬 白宝琪 袁剑 章玉玲 董洋 林鹭 周震宇 申秋
陈瑛 段然 郝劲 何魏平 刘秋玲 刘叙 王雅男 谢梦华 张涛
周金龙 周游 刘玥伶 杨辉明 杨雪 张浩杰 张晓莉 汪勃 谭笑盟
周攀 陈涛 王仕炬 李祖钢 徐艺宾 李腾 叶彬 王川 余雷
冉金周 罗筱均 孟锦鹏 杨晶杰 胥越 勾玄 朱兴隆 李彦君 曾昊
张乐 顾洋豪 胡家诚 康跃芳 李长亮 秦年 尹棚 张哲铭 赵维山
熊昊 任江涛 吴克江 王勤学 蒋宗池 周俊 王秋爽 淳新益 廖扬航
刘华茜 范益 倪维成 廖迪 秦佳奇 张良成 王勇 冯鲁波 姜吉喆
俞瑞 侯贤乐 白云飞 盛钟松 王聪 廖承城 陈嘉炜 肖惠月 杨胜兰
胡滨 张继 杨俊峰 何邦君 钟越 刘非 覃杰 臧义 刘一波
高明珠 杜平川 王皓洁 倪荣梅 代欢欢 李文尧 白浩然 刘硕迪 肖宁
吴越 张中洋 付迪阳 文瀚 陈丽华 闵静 闫健 薛渊 龚洁
陈炎 张惊朝 黄海 陈丽 陆地 吴柯岑 何平 谢枝灿 杨彬
何欢 罗茂婷 刘佳旻 叶春屿 刘佳欣 周承灵 崔思凡 万娟 李鑫
蒲仪娟 陈思蓓 李佩柔 刁莉娟 袁林 张舵 廖一衡 梁明俊 陈伦宗
周顶 苏纪成 吴涛 廖祥波 李金生 马玮 郭海涛 张松林 樊宸希
杜立强 陆应昭 高杰 倪航 贾利涛 张宝松 贺伟 杨杰 杨举
陈喻娟 杨小龙 钟晨晨 高丹阳 张岚婷 罗茂溢 邓人文 周湘航 杜普
林易瑶 向俊燕 张轩 罗静 蔡志春 刘序江 李成龙 刘述忻 王融慧
汤彧 陶宇鹏 刘辉 肖阳 郦玮琦 李中伟 彭西周 张耀滔 白长江
张攀 姜雨函 齐欣 钟莉沙 朱秦川 杨丹萍 万科 潘访 翟俐民
李强 张兴明 杜建晖 范智翰 管骏 李嘉豪 黄丰智 刘红 邱志腾
陈雨 任宇 徐聪 刘厚坤 王瑶 刘芮 陈骞 张巧 胡渲
李志龙 邹欣琰 张宇行 易重辉 何爱平 高敏 吴昭欣 冉昊 吴佳敏
胡若楠 曾锏 刘媛媛 成鑫英 粟金花 侯仰帅

风景园林 23 人

曾雪梅 刘昊青 刘林 吴维佳 谢晗 熊楷 叶青馨 张倩 张婷奕
毛婧樨 郑清 乔新元 张驰宇 胡鹏飞 陈纯 陈晗 丁传欣 刘行
朱玉红 杜晨 石文强 刘紫玥 肖思怡

公共卫生 14 人

陈静 肖俊 刘忠胜 陈会超 蒋佳洁 陈容 周子琪 谢志豪 汪敬轩
宋莎莎 陈芳薇 邓桥 杜思豪 秦瑶

药学 8 人

刘仪 高珩寒 滕飞 陈昭阳 秦凤铭 陈彦伟 罗丹妍 向柳

工商管理 139 人

马迪 林薇 黄晓北 张倩 卢琪云 刘玉玲 范祯翔 黄若愚 赵金妍
肖主由 黄贝 谢玉 申成翔 方泉龙 唐钰林 余晖 张峥铮 刘锐芬
陈昊飞 覃露 钱皓 贺雷 陈睿智 周翔 青汉森 何喜 秦妮平

辜良宇 尹艺良 杨彧璐 杨靖 郭相敏 任宏旭 代红 朱正伟 朱璐
刘家红 郭玲丽 马序 邵竹 马可帆 范莹雪 农英迪 唐兰 冯山青
宁兰 徐孟强 张航 唐雪松 张珏 拓雨捷 李白兰 朱春慧 杨雅乔
刘润 李宾瑞 宋涛 陈蓓 刘璐韬 李建勇 邓璇 田忱忱 宋晓潇
晁旸 郝琳 税静 张婷 谭丽萍 雷婷 吴薇 王晗月 陈佳露
陈泓羽 周启湘 钟陈 刘科思 熊棉松 李永华 梁圆春 李磊 刘峻宏
胡怀召 奚浩 吴兵哲 竹江 李松效 苟瑞敏 李伟 文雯 李翠萍
周婷婷 张宇 胡玲 张珮璐 朱月慈 吴净 谭敏 李亮亮 杨双文
黄丽红 王函 朱凌峰 陈琦 范磊 陈瑜玲 杨茜雯 宋欣桐 欧阳成卓
刘潜 王鹤 龚婕予 廖娟 王雨涵 饶尧尧 郑英豪 黄晓林 黄可然
何婷 李翰林 吴丹 何亚军 陈展 简薇 程朗 张珺 余柏桥
席乐 胡婷婷 李光军 瞿海英 张立琴 张琳 尹思荇 董洋 吴恒
袁吉岚 黄逸秋 刘枭凤 邓亚丽

高级管理人员工商管理 7 人

吴溢 陈进昌 王磊 陈其品 陈朱尧 马力焜 王凌寒

公共管理 217 人

吴丁兰 吴春 马静 杨鑫 苟丽剑 陈诗 谭乔月 刘雪松 欧子嘉
辜芮琦 黄蔚 刘雅坤 古冬梅 张生祥 赵云龙 贺珮 孙冰青 胡慧昀
邬儒恩 魏玮 王悦涵 林桐 李向恒 杨钦元 袁秋 何紫薇 曹婷
丁田田 张江黎 冯陈琛 黄慧倩 杨韬 程江华 黄一冰 彭建华 谭晓宇
李甜 张铃茜 仝杰 庞锐 习培欣 李莉 刘凤洋 颜玲 秦礼蓉
谢宛儒 宋沛珂 李昊 康晨爽 何政豪 许蕾 秦国 陈东阳 张怡
陈思思 杨智淋 谭强 刘晓萌 莫云阳 何冕 岳瀚诚 黄雁飞 任冬梅
向慧 张瀚文 曾靖婷 彭军杰 邓超玲 陈宜馨 陈旭旸 龚茂娜 贾灿
郑利飞 周纯 李嘉玲 赵媛媛 陈诗言 蒋沁芳 陈永康 叶林涛 罗思维
曾朦潇 谢小琴 王蓥 邓奥林 翟宇佳 江婧语 郑悦 李星琪 陈俊宇
游时娇 唐文 金明晰 梁鉴源 杨昆 罗莹 肖瑶 吴迪 王纬
许杨 刘佳 冯琴 吕弋 陈扉绿 罗良君 邱永静 李芸 张文
余麟 刘利 桂兰英 周涵 熊馨 王东雪 赵华虎 杨小兰 龙振华
廖雪梅 李曦 王清华 卓怡 朱宇翔 高然 王静 刘雯 何利豪
吴双 林洋颍 朱校廷 牟若瑀 汪玥 范清清 赵俊 兰莎 邓燕
张艺 许峻皓 刘韵溪 王丹 邓秋蔓 张杰兰 周红梅 王小兰 蒲洋博雪
涂芳 余传卫 徐敏 罗楚焱 杜超 王小扬 吴小英 曾岚 肖文
邱英俊 陶洵 张枫霖 任诗波 钟煜 邓祥敏 喻刘颖 陈星然 余泽君
刘舟 蔡宜蓉 何欣倚 胡耀文 易飞 吴松阳 柯雪梅 付梦娇 潘强
程勋 刘晓洲 周玉 魏宇宏 胡杰 卢璐 梁栋 张广琛 付祥瀚
金皇 刘独伊 杨瑞丰 罗艺文 吴绍军 李沛林 王丽 邓询 谭婷
赵丹 付心悦 李朝远 方文笛 李雪 赖思 何俊宏 贾西 黎成

周林 罗楠 王伟丞 宋怡娴 倪灏 刘畅 刘玥廷 王艺涵 姜雨岑
龚建玮 刘丹 吴琨 陈忠琴 张正 李俊材 贾露 刘莉 刘文婷
张宇

会计 93 人

伊大龙 季彬 黄佳欣 许曦予 孙亚玲 蔡陈萍 兰浩文 李馨梅 宋戈
刘维 杨宇 孟汀 黄海雪 陈虹雨 杨钰洁 黄茜 张艺砜 郑宁艺
张犇 高晶晶 陈汝丹 张若妍 丁佳璐 李延通 万军阳 李滨 徐鹏飞
张月 张紫芳 黎昱含 辜意超 雍馥嘉 程丹丹 肖惠文 胡语婕 唐俊杰
单鹏 朱琳 李姗 卢钟雪 章越美 何雨馨 杨馨钥 魏琪琪 李政熹
王邈森 董大敏 陈琪 黄艾颖 马聆耘 刘思 杨晨 吴雪榕 李易优
郭奕扬 何成召 何丹 郝珊珊 韩逸嘉 刘成月 赵黎 练师言 毛庆
王一单 蒋英 陈姣 罗既望 蔡超 康顺佳 谢宸宇 穆漪恬 斯郎卓玛
何济彤 冉明星 叶宸芮 尚子七 蒲苇苇 刘芮圻 赖思颖 李亮 毛界桥
马倩旻 刘梦瑶 高瑞雪 黄嘉奕 周书羽 钟易格 徐胜兰 谢莹 杨洁苗
岳晓云 刘衡 刘倩沁

旅游管理 15 人

唐梦 沈玥 李维 冉秋迟 冉静 孙浩然 张珞言 陈敏 黄代龄
杨柏韬 雷珂 张琰奇 周玥 梁莹 饶雪可

工程管理 24 人

孙钊 苏欣 莫丹 黄珂 商艺 邱丽萍 雷雯婷 常贵阳 李佳璇
胥瑾 袁雪 陈植阳 张渝皎 黄倩 孟顺 杜鹏 陈运翔 林州
金兴连 杨照辉 黄韵 朱洪亮 胡迪 谢松

（八）同等学力科学学位硕士 36 人

医学 36 人

欣怡 王晶 应纪祥 吴蓓 魏玲 高沪 唐发娟 侯可可 童伦兵
赵玲 张笑 范秋萍 杨磊 李娟 张乃丹 黄家斌 周学斌 朱明杰
林莉 宋坤 孙付国 刘岩 夏春潮 陈国勇 程巍 帅桃 邓莉萍
梁杨丽 张秀英 张红英 梁园园 段淋佳 邓媛 屈俊宏 杨杰 张林

（九）同等学力专业学位硕士 75 人

临床医学 73 人

蒋红梅 唐静 杨超 张丽慧 张丹 张珏 梁镔 何静 杨璇
郑忠梅 蒋茂林 刘浩 龚尧 穆超 兰英 刁萍 李敏龙 杨雅兰
冯梦娟 王玲 李晨曦 刘晓东 李伟 杨玲英 唐灿 赵芸珂 张文钊
杜欣 何岸柳 强坤坤 张耀允 张莹霞 郭琴 吴婷娜 陈小娟 米建
刘畅 吴飞鹏 杨宗富 刘虹 唐霈 帅旭 何浈 付燕 陈代波
马艳丽 熊兴会 徐艳 何蕾蕾 袁桃 青艾伶 郑欢 杨婷 周晋
蒋燕 周维 刘斌 何雪梅 魏小珍 何娟娟 翁艳 徐龙明 曾燕
唐玉玲 龙伟 邓倩瑶 徐丽华 袁中信 杜秀芳 刘长明 张瑜 朱向兰

李　琴

口腔医学 2 人

杨秀秀　孙佳敏

二、2021 年 9 月授予博士、硕士学位名单

（一）全日制科学学位博士 184 人

经济学 13 人

雷　霞　刘　虔　杜　波　曾　兴　程　翔　郭潇蔓　钟　鹏　陈　对　何立果
黄　平　雷　淳　FARID ULLAH
SAHAR ERFANIAN GOLABFOROUSHAN AHLYAZD

法学 11 人

王晓媛　杨　敏　吕海涛　曾耀林　王轶晗　丛　林　龚　健　何　跃　李阳辉
李莎莎　洛桑东洲

文学 7 人

张　然　周　欣　龙　艳　张宏树　周　丽　陈　东　刘艳君

历史学 12 人

赵祎君　杨　盛　付天星　林建力　马　源　王　康　刘　卫　何　达　刘　欢
罗藏才让　李吉军　邢媛媛

理学 52 人

蔡　波　贾　澜　黄佑君　张　湘　梁小冲　陈　刚　田雪芬　廖兴荣　闫镒腾
师　玉　罗　曦　丁晓敏　憨宏艳　宋　舟　尚慧毅　田益明　黄国印　肖　虎
彭梅芳　郭倩楠　王　亮　蔡延森　高国辉　王　兰　魏　涛　张　顺　路凯敏
孙意冉　方　阳　凌　芳　陈晓旭　袁向阳　郭丽芬　朱文杰　邓佶睿　张雪萍
付于银　贾兰兰　姚云琪　郭亚飞　罗　慧　刘　晓　王　锦　李晶祥　杨文勇
牟　莉　张　倩　王晓云　龚艳秋　陈　华　刘　渲　陈雪璐

工学 40 人

姚玉华　张海花　戚　磊　黄　毅　赵　伟　刘红围　刘启虞　马　骁　邱　越
胡晓龙　牛草原　赵　雁　吴海宽　徐志鹏　蒋蕙如　马　凯　唐小春　梁　俐
罗亚玲　缪可言　王　绅　张国麒　彭林彩　冯雪婷　席双惠　白军伟　赵国杰
李江峰　杨　丽　梁　震　陈素萍　王宁若　张　恒　牟龙芳　王玉珏　蒲云辉
邹龙花　何　涛　兰　杰　ZIAUR RAHMAN

医学 36 人

龚艳菊　曹冉冉　杜　宇　严　治　周巧霞　裴　明　文继锐　许云屹　蒋燕妮
汤诗杭　王梦瑶　陶　欢　程瑞娟　耿　冲　谭　丽　王　婷　许　洋　刘晓蓓
梁　潇　陈　丽　吴　兰　刘佳利　陈宣明　李　杨　王　刚　宋媛媛　崔博淼
罗俊元　尹　烁　张银霞　王丽琼　叶　飞　胡中兰　康惠玲　郑华平　刘庆亚

管理学 11 人

陈　科　陶文娟　何蓉蓉　李丽萍　邹新艳　余　超　王　忠　李正赤　罗　诚
刘　建　MUHAMMAD ABUBAKAR TAHIR

艺术学 2 人

伊正慧 肖 雪

（二）全日制专业学位博士 37 人

工程 3 人

曾陈娟 马翠翠 王 岩

临床医学 21 人

吕卓瑶 雷玲子 任宏虹 夏 凡 李正佐 蔡承智 钱佳蕾 毕耀丹 周冠宇 张加良 陈利鸿 刘 畅 何 达 刘 婷 李欣然 钟 箫 程智猛 柯代波 杨玉帛 吕仲平 刘 芳

口腔医学 13 人

杨柏楠 国 嘉 田 甜 高雨洁 刘作强 肖清月 杜 悦 吴虹乐 潘央央 陆洋宇 胡 垚 热孜万·克衣木

BASSAM MUTAHAR MOHAMMED ABO TALEB

（三）同等学力科学学位博士 4 人

医学 4 人

张 瑜 王 东 聂鸿飞 孙家瑜

（四）同等学力专业学位博士 11 人

临床医学 11 人

吴鹏强 唐 雷 何 跃 何静宇 雷 波 何崇儒 王 聪 戴晴晴 涂晓敏 何 君 卢 静

（五）全日制科学学位硕士 118 人

经济学 4 人

黄 果 杨京松 葛鹏轩 CHANAKAN THONGMA

法学 4 人

蔡红燕 李一样 赵赛仙 肖金龙

教育学 1 人

陈 磊

文学 5 人

李甜甜 何汝贤 王麒豫 邹阿玲 刘 鹏

历史学 6 人

张 钰 余璐江 曹豆豆 李 晴 邱 婷 李天骄

理学 46 人

谭自鹏 王椏鑫 庞 军 李 宇 邵静仪 鲜利勋 宁杨波 朱兴永 谢君瑶 冯政淮 王学斌 靳建兵 胡艳梅 王春琴 骆元元 刘 辉 杨 晗 黄 宏 杨正和 陈慧君 陈 雨 宁佳宸 颜 琳 姜 佳 吴 勇 张怡平 杨丹妮 曾 杰 罗 瑶 黄 宇 周文娟 杨 眉 刘美林 熊秀红 周 静 邹博研 王晓霖 孔月月 朱勇丞 曾 彦 郑紫星 朱 丽 谭江兵 吕双娟 罗雨蕉

李欣悦

工学 36 人

刘 波 陶智建 王亚栋 任维标 赵婉莹 周驭涛 李作勋 范 阳 吴静波 周晋帆 于志龙 岳 柯 陈若天 何宇新 李 鑫 杨 丹 王旭瑞 徐 升 秦海跃 李 倩 邓亚珍 徐同飞 陈宇佳 许荣杰 羊春燕 曹 丹 曹红艳 罗 利 蒲 伟 崔聪聪 何雨静 欧 文 范东阳 刘涛涛 李嘉玮 陈 洁

医学 13 人

王子介 赵雪婷 何 龙 陈逸轩 刘添添 黄 雪 李世金 朱文娟 陈宥任 殷 荫 黄守瑞 许馨文 RAJIB DUTTA

管理学 2 人

何东琴 王俊柯

艺术学 1 人

邱 爽

（六）全日制专业学位硕士 61 人

金融 5 人

熊 睿 高景源 黄廷然 刘盈杉 罗浩川

法律 1 人

陈 芮

汉语国际教育 2 人

汪子盈 申凯文

文物与博物馆 6 人

陈宏星 唐曲卓玛 程潇仪 支宇石 王昱峰 李发金

工程 27 人

杨蕊瑜 李 哲 杜 壮 郭许祥 谭 波 代于婷 朱 琳 王 艳 李 通 游 杰 林 庆 唐 帅 赵 敏 杨 微 陈鼎山 张彤玮 肖 燕 林建勋 陈志坤 曾 腾 赵 杨 宋星颖 张子俊 李媛媛 邹 剑 刘 旭 欧阳耀文

风景园林 2 人

邓雨可 邬文洁

林业 3 人

李国秀 吴敬陈 唐 灏

临床医学 10 人

袁艳玲 王健丞 杨胜寒 曾琦惠 王平平 田 星 潘佳幸 杨凯琪 童 欣 王再莉

药学 3 人

瓮甜甜 王 立 龚松林

旅游管理 2 人

杨 丹 阳 敏

（七）非全日制专业学位硕士 41 人

金融 3 人

郭思雨　何瑾昱　安佳豪

工程 17 人

曾　放　胡佳佳　杨智麟　刘一论　敬志凤　马思棋　王亚兰　谢　超　朱　宽
伍永杰　张　敏　梅海文　刘　静　罗　赟　苏金磊　王　嘉　周世杰

风景园林 2 人

冉语卿　林　茂

药学 1 人

陈海露

公共管理 11 人

梅　桃　龙　翎　谷　钰　罗川杰　王　晶　易　强　高　杨　宋　敏　刘　昕
郝　纯　陈　郑

旅游管理 7 人

周　觅　李博晞　陈小霞　胡　晓　宋　烨　蒋　玲　邓　杭

（八）同等学力科学学位硕士 4 人

医学 4 人

叶　婷　敬　茜　李佳昕　嘉初丹巴

（九）同等学力专业学位硕士 19 人

临床医学 16 人

尹　熙　关明镜　华　芳　任兴琼　邓里娜　贺玉婷　胡美云　王　惠　孙江铭
杨　雄　薛　瑶　吴娇阳　蒋蓉娟　蒋加丽　邓黎黎　周　冉

口腔医学 3 人

张亚西　刘　青　田重阳

三、2021 年 12 月授予博士、硕士学位名单

（一）全日制科学学位博士 260 人

哲学 12 人

范靖宜　李　爽　姜桂芹　肖　雪　李　利　黄子鉴　唐冬梅　罗　阳　翁士洋
张　璐　张　溢　曹正勇

经济学 8 人

李珊珊　李月起　陈维操　卢　洋　禄雪焕　林　晨　李　倩　谢正娟

法学 6 人

孔德王　赵　亮　张洪亮　何胤霖　周　秘　王小川

文学 26 人

拜昆芬　刘　可　何　娟　丘　雅　赵　婕　刘　欢　王士春　徐　静　陈　婷
郭鹏程　吴　恙　陈燕萍　王少婷　刘　娜　杜红艳　谷肖玲　侯梦瑶　程　娟
胡　英　施　慧　田召见　李　睿　殷明月　李　娜　管　静

DUANGSAMORN WATTANAPATHITIWONG

历史学 13 人

周丽　任杏媛　刘小娟　陈勇明　冯昊　张宸　栗薪樾　陈昆　尤潇潇
阎珺琪　高春留　武玉红　周曼斯

理学 52 人

束潇潇　赵军勇　敖凌峰　张曦　张一进　刘玲好　杨翊和　李国军　郭文平
赵英勤　王力　师兰婷　岳衢　江源远　周丹　高鹏　罗亮亮　魏硕
和家贤　潘璇　黄放　乔苏瑜　李佳　吕灿　李岩　高雅　杨创明
刘益　邓安平　郭文静　罗干　王万书　陈正军　肖维　薛姣　卢凤英
刘欢　龙恩武　石维　沈天允　周红　黄宁　张倡珲　姚佳林　王辉玲
秦书刚　张春学　郑修冉　李长城　张一鸣　蒲春兰　冯艳汝

工学 84 人

翟磊　李玲　刘露平　李曰毅　李创　杜佼　陈杰　曹之南　衡良
杨育良　王茂宁　杨露　袁保国　郑弘迪　郭敏　何涛　刘雨婷　戚晓峰
王伟　吴雨　曾煜妮　吴昊霖　唐婧　何柏　李伟　张茂超　陈艺
张哲　靳紫恒　何永之　张元泽　潘云文　叶茂　严春浩　张彦南　刘玉琼
田文　吕蒙宾　刘文英　田先清　罗英杰　王林林　田婧　王双　张爱泞
黄张君　于长江　郭万才　朱方　王哲昊　彭胤杰　韦宝杰　李瑞光　李少杰
邵艳　朱洨易　李文泽　罗国君　蒲俊宏　蓝丽丹　刘帅　石玉东　宋贤妮
徐大伟　陈胜求　孙书培　李科　林野　张毅　李鹏飞　傅声祥　唐佳佳
刘莉　陈光灿　吴承恒　徐露婷　游云霞　唐瑞　王丽娜　李志勇　何俊江
李莉　何鑫业　MOHAMMED ADAM AHMED QAID

医学 23 人

郑焱江　刘敏　唐小琼　尚进　张苗苗　刘倩　李雨微　李茂　欧袁伟翔
杨娥　黄嘉兴　裴力皎　任益民　郭海东　胡开锋　谭清元　吴凡子　包丽荣
梁露　赵龙超　许宗友　牛莹　马丽华

管理学 29 人

许娟　吴皓　李培艺　陈佩娇　吴菁　杨波　陈琳红　赵海堂　何晓婷
倪端梅　谭淋丹　董家鸣　张冬青　李国昊　彭茜　胡栩铭　梅裔　程果
杨威　田国梅　林靖宇　杨渃　刘芸　刘双吉　侯天一　杜红平　王林
黄丽　MYEONGGWON JO

艺术学 7 人

高然　董娴娟　王永涛　宋涛　王飞　吴朋波　周芬

（二）全日制专业学位博士 31 人

工程 2 人

陈尧森　王炜

临床医学 22 人

岳稳　张娴　李倩　李军　王婷立　杨丹　熊于勤　高芸艺　黄宏燕

吕秋玥　申春桃　梁仲尧　熊博韬　方　琨　杨　硕　蒋晨昱　杨纯毅　文　舒
张明逸　陈　曦　张天瑶　亚夏尔·苏来曼

口腔医学 7 人

刘　瞳　戴年豐　江娅玲　祁佳佳　胡戌琛　吴家顺
ZAKARIAOU GARBA HABIBOU

（三）同等学力科学学位博士 8 人

医学 8 人

许　俊　巫贵成　杨　洋　付　阳　章　迪　孙一帆　冷书生　邓杨林

（四）同等学力专业学位博士 22 人

临床医学 21 人

徐　娟　季　杰　刘大凤　曾　理　于　洋　何　佳　胡重灵　吴　英　马　春
王　波　魏平波　赵洪远　骆　乐　王征夏　任海波　谢杰斌　唐　军　闵　玲
张　羽　李海军　杨　姝

口腔医学 1 人

张　帆

（五）全日制科学学位硕士 73 人

哲学 1 人

孙亚龙

经济学 1 人

王　颖

教育学 1 人

唐　丽

文学 5 人

龙一新　李沁怡　黄　芳　POPOV VLADISLAV　SEUNGHYUN LEE

历史学 4 人

李　婕　谢丽雯　胡康林　郎　鹏

理学 26 人

李振寰　姬　励　魏晓妍　余传桂　刘　颜　周　琴　沈彦伶　蒲金凤　徐毓炜
肖　茜　邹宜均　余晓瑞　陈宇红　张若飞　王　菲　周　洁　周雪映　江秋语
戴业伟　陈　涛　刘　韬　肖　昆　宋晓峰　李慧娟　李　丹　彭鸿旭

工学 11 人

周筱韧　杨　凯　王　枫　王鹏飞　文　蓉　谭昕玥　张伏一　陈　露　苏　瑜
刘婉萍　ADOHOUANNON BIDOSSESSI GHISLAIN MARTIAL

医学 3 人

代泽咏　王禹蒙　王俊棚

管理学 4 人

苏　山　王　辉　龙梦媚　朱颖童

艺术学 17 人

许恋窈　王沁怡　粟婧雯　白荣芳　李　冬　胡竹君　潘阳薇　许瑞琪　张晨晨
金　烁　罗茂梅　李　蕾　张　颖　彭晓婧　李　晨　桑庆玲　JI HE

（六）全日制专业学位硕士 89 人

法律 2 人

任博旸　张　幸

汉语国际教育 4 人

宋倩倩　赵明秀　陆　宇　WADCHAROBON MAKPUN

翻译 1 人

吴鲜琳

新闻与传播 1 人

徐丹云

文物与博物馆 1 人

冉惠文

工程 18 人

曹潆心　李建明　冷　杰　王　星　王　斌　蒋宗神　刘子龙　李琨剑　樊吉雨
龚　证　巩其麟　张　涛　任茹雪　李晓磊　王　杨　李旭东　李富诚　冉　涛

林业 1 人

李坤华

临床医学 10 人

张嘉瑞　杨　雪　李高洁　沈　旭　邱　桐　胡　青　李　琴　韩天勇　李蕊芯
路素素

口腔医学 8 人

林意澄　陈贞瑀　陈中仁　李若焓　刘　洋　林　娇　吴瑾芸
AHMAD ABDELHAMID SALEM SLAIMAYEH

药学 1 人

刘　洋

工商管理 5 人

FARID PARSA　DISHA MONI　NAWAPORN AROONRATSAMECHOT
CHERCHING MAISIATHAO　HOANG THI MAI HUONG

公共管理 31 人

胡　欣　邬雪驹　林楠仪　谢　菊　靳能干　李京懋　王　蒲　朱德伟　田程明
汪成沙　何乙立　李　露　高晓瑾　林　茂　陈　真　姚裕金　丁家来　海来么沙
刘　秀　郑琬淏　刘健一　叶倩雯　邓　林　雷　阳　侯黎航　曾以萍　曲英卓嘎
肖　蓉　张娇妍　黄飞虎　李文明

旅游管理 3 人

田　双　姜　灯　陈飞凤

艺术 3 人

田　昀　甘宇珂　王　馨

（七）非全日制专业学位硕士 472 人

法律 4 人

远　祯　张婷婷　杨蕊铭　华小榕

工程 12 人

胡兴航　杨潇钰　朱愉田　严文君　欧阳翰　曾皓冬　高健鑫　张甫华　冯启林
罗　运　王平飞　连英甫

风景园林 1 人

杨　甜

公共卫生 1 人

金　航

工商管理 304 人

吕　佳　唐秀娟　刘向峰　张　博　侯　瑶　张　喆　杨　敏　张　浪　伍　姮
冷　静　朱明龙　宋亚兰　石宇含　牟雨婷　高　毅　张　璐　曹　阳　杨　凡
雷展奇　乔　栏　赵　骏　辜荟颖　马　磊　王媛媛　汪　萍　贾文璐　兰　天
杨　淦　李　昂　刘俊铄　陈秋伊　孙鉴亮　冯　婕　王小芳　杜　侯　周　怡
刘　娟　侯正东　褚远蕾　余晓舒　徐小静　张　敏　刘瑾瑜　孙浩然　李　瑾
宋晓莉　樊　宇　曾晏楚　雷春鸣　王　都　胡　彪　谭欣博　王天成　王　庆
范　容　黄心新　文星言　周　凯　罗　潇　刘　琰　夏梦茜　龙君傲　黄　浩
闵高扬　谭　丹　李诗雨　杨　松　杜　芳　黄淑桦　郭　蓉　李承洋　廖玮佳
付　喜　易开源　李　捷　袁文欢　钱清碧　朱姝姝　费　欢　战春旭　张　静
王思仪　毛加成　张靖铭　梁业佳　蒋卓玓　眭芳洲　陈　耀　王晓雪　陈　进
赖　寒　周　婷　杨　蕾　魏筱汀　贺　溪　曾　晨　骆　静　杨玉强　冯　倩
薛宇健　魏子皓　龚　雪　李浩维　申桓恺　杨璐溪　唐　瑶　唐　鑫　张　乐
胡燕秀　孙晓薇　刘彧玺　杜涵铃　杨臣亮　晏　然　何钰敏　于　雷　吴昱亭
刘俸良　倪　渊　杨　兰　刘　鑫　廖莲芳　刘巧玲　郑　勤　王　隆　黎润霖
莫　刁　舒勤径　黄　明　李智灵　杨　鑫　罗　园　徐　瑞　刘晓岚　肖　莹
丁　天　杨晓蓓　孙宏菘　陈明仁　刘寒霜　何　杰　蒲建美　何坤曦　但丽霞
罗　茜　冉　密　邱世易　李奕璇　赵俊敏　李为民　管梦婷　詹光耀　杨　敏
王若芙　敖佳雨　李娇娇　季馨瑞　杨　欣　朱梦圆　罗力云　何　燕　王珍珍
罗　雪　邓琳亿　卿松林　肖　毅　刘　帅　罗吉欢　马元乾　刘小芳　江美龄
肖林燕　苏　轩　王　璐　王丹丹　罗　潇　薛　鉴　马　骏　万懿纬　刘可心
纪昌龙　张瑞雪　何　叶　黄前瑶　夏　鑫　彭雪露　刘静圆　张　煜　上官瑞燕
杨尚发　谢博林　刘　艺　晁向南　樊星宇　宋丹丹　陈晓菊　李茂洁　刘　亭
江　婷　蔡佳虹　段雨龙　周　鑫　高丽彦　曹　昕　厉胜磊　段承松　宁思怡

付文杰　文竹　王玉玮　李干　李婷　张琳琳　王兴翱　彭洋　吴林珊
包晓春　刘冰洁　王彦语　黄羽　关杨　唐双　宋迎　易惺　李清
邬嘉予　张书贤　李为　王楠　任瑶　卓月璐　余金蔓　雷雪梅　古宇
尹虹　杨帆　冉江霞　刘思余　谭翔鹤　龚伟　赵荻　张艺千　韦哲
赵航　魏靖雯　姜凤章　刘青　唐明春　郭晓莉　杜垚垚　简练　周芷伊
龚铃雁　黄苹　黄梦云　余效远　段铁　刘沛　王亚洲　吕苏明　陈玲
许文璐　杜琨　胡振辉　谭素萍　李宇霆　钟禾　王楠　张庭　马洪涛
黄孟霓　张悦　张君健　魏启珂　余萍　肖楷煜　朱珠　罗海晗　陈亚运
陈海东　杨林凡　江姗　黎奇松　吴军林　吴阳晨　郑荔方　陈诺　龚浩
孙蕾　刘道莉　陈思竹　李瑶　谭琪　田德瑶　谭天资　彭丽　武玥
路璐　严希　万守彬　王岚　迟蔓垚　周良明　孟玥

公共管理 108 人

徐坤　刘程　谢红利　李道霞　曾洪春　张焯凯　宿一　陈琰　祝燕好
熊利琴　杨杰　吴萌　聂萍　何雨亭　陈瑜霖　范金龙　唐曦　郭欣惠
张俊　李晗　张从亮　夏刚　胡星雯　张沥丹　孙蕴　甘育臣　李玉贤
张欢　顾军　杨欢　张雅妮　曾云竹　周舟　曾静仪　王殊苗　李祥宣
李林彦　赖静　高雨雪　周冰冰　赵一阳　杨曼琪　张兆麟　张成浩　陈雪
张鹏　李采芸　管俊文　王雅　杨韬　何昊宇　羊星烨　杨德玉　赵芸
李锦雄　徐师　杨慧霖　陈霈　刘真川　车婉婷　陈百灵　陈楠　王媛
戢小凤　王羽　纪于思　黄骥　王镒　王丹　任然　张婷　吴娅林
梁磊　张娜　王毅　宿骁　李露薇　刘昕雨　汪璐　朱世明　陈红瑞
邹宜君　肖倩　康敬章　赵禺婷　谢佳睿　唐谍　夏阳　陈清云　唐洵
任承烨　罗勇军　徐晨媛　唐梦璐　杜俊达　漆思畅　张慧　曾慧　李双
董怡　侯雨贝　李博洋　齐文超　杨晶　李亮　杨倩　陈萌　孙丹

会计 21 人

米怡晖　许新欣　邓景　司宏文　刘娅　李汝鹏　唐悦　鲁尹铃　刘虹
潘若泉　曹艺川　曹子寒　向旬　杨巧　邓玉春　周可心　李冬梅　申彩云
吴晓霞　孙意荞　薛文秀

旅游管理 10 人

石林君　冷静　钟正超　徐晨郗　唐鹿鹿　谢雨芩　罗飓枭　黄霞　陈姗姗
杨帆远航

工程管理 11 人

宋雨　钟梅　陈鹏飞　莫皓　刘蒙蒙　陈力为　王晓林　李奉熊　何照辉
滕彬　蒙洋洋

（八）同等学力科学学位硕士 11 人

医学 11 人

唐小琰　石　平　刘　浩　喻云倩　秦艺玮　叶子微　袁　萍　孟　娜　官美君
朱玲莉　邹坪峻

（九）同等学力专业学位硕士 24 人

临床医学 22 人

周　芸　宋小炜　黄显莉　陈星宇　蔡林君　吴建桦　罗　丹　敖雪莲　廖　芳
向科瑾　蒋月薪　喻　倩　路秋晨　龙　慧　唐　寅　罗　涛　范　巧　宋润来
史率克　柳吉灏　唐光旭　赖仕宇

口腔医学 2 人

刘　莉　李靖麟

（以上资料由研究生院任良科提供）

学生就业

【2021 届毕业生毕业去向落实率为 92.54%，保持高位稳定，就业满意度较高】截至 2021 年 12 月 8 日，四川大学 2021 届毕业生共 16129 人，其中本科毕业生 8907 人，硕士毕业生 6011 人，博士毕业生 1211 人。2021 届毕业生总体毕业去向落实率为 92.54%，其中本科毕业生毕业去向落实率为 89.45%，硕士毕业生毕业去向落实率为 96.51%，博士毕业生毕业去向落实率为 95.54%。2021 届本科毕业生国内外深造 4570 人，占本科毕业生总人数的 51.31%。

2021 年，学校深入学习贯彻习近平总书记关于就业工作的重要指示批示精神，认真贯彻落实党中央、国务院“稳就业”“保就业”决策部署。学校将就业工作纳入学校重要议事日程，从组织领导、检查督导、保障服务等方面健全就业工作机制，为做好就业工作提供了坚强保障。2021 届毕业生对学校就业工作的总体满意度达到 97.69%，用人单位对学校就业服务工作的满意度在 95%以上，处于较高水平。

【提质增效，优化条件保障就业工作】为加强就业工作条件保障，学校将就业指导中心改造工作作为“党史学习教育——我为群众办实事”重要内容，按照标准化、规范化、便利化要求对就业指导中心进行改造扩容，升级后的就业指导中心实现了环境更加舒适、功能更加完善、设备更加先进、服务更加便捷，为全体学生和用人单位提供了更加充足、舒适、便捷的就业服务，全面提升了服务质量。学校开发上线新智慧就业管理系统，全面搭建

"1+N"就业云服务平台，打造就业服务矩阵。从信息推送、招聘服务、简历投递、笔试面试到签约手续，全链条提供就业"云服务"，实现了毕业生就业信息精准推送全覆盖，使面向用人单位和毕业生的就业服务更加精准高效。

【拓展渠道，全面加大就业岗位供给】开拓高质量就业岗位。主动走访 30 余个地方政府和骨干企事业单位；与 10 余个重点单位和地方政府签订人才输送合作协议；为 1845 家优质民营企业、1509 家国有骨干企业、383 家高等教育单位、260 家科研设计单位、203 家重点医疗卫生单位提供了进校招聘服务。

挖掘多元化就业机会。推送各级各地的公务员考试、选调生考录、事业单位考录信息 331 条；通过举办军队文职双选会、大学生军官直招宣讲会、宣传大学生征兵政策等措施，邀请 54 个部队单位进校宣传；配合中央有关部门实施"三支一扶""西部计划""特岗计划"等基层服务项目，引导毕业生围绕城乡基层社区各类服务需求就业；主动联系 20 余家国家级双创示范基地进校招聘；持续开发科研助理、管理助理岗位，面向 2021 届毕业生提供管理助理岗 100 个、科研助理岗 400 个，招录学生 284 人；主动为学生收集和提供重点高校、研究所的升学信息，组织举办多场升学宣讲会。

举办特色校园招聘活动。分层次、分类别、分行业举办复合型高端人才双选、医药卫生行业双选、国防军工（部队）双选等高质量线下双选会；联合知名人力资源招聘机构，跨行业、跨区域、联盟性举办寒假暖冬计划，成渝联盟春风行动等空中双选会；充分推广和发挥教育部"24365 校园招聘服务""国聘行动"平台作用，为毕业生提供 24 小时网上校园招聘服务。面向 2021 届毕业生开展线下宣讲会 1316 场、线下双选会 125 场，空中宣讲会 381 场、空中双选会 131 场，引入进校用人单位 4948 家，发布招聘需求信息 9881 条。

【多措并举，着力提升精准服务水平】强化就业育人，引导毕业生服务国家战略。积极开展以"成才观、职业观、就业观"为核心的就业育人主题教育活动，通过就业指导类课程、形势政策讲座、校友职业发展沙龙、职业生涯规划比赛、主题实践活动等多种方式，教育引导毕业生积极服务国家发展战略。针对不同年级、不同学历层次、不同学科背景学生，统筹校内外优质师资资源，综合运用课程、咨询、讲座、活动、培训、比赛等形式，深入开展全程化、系统化、多元化生涯规划教育和就业指导活动，为学生提供职业发展精细化服务。2021 年，校院两级开设职业生涯规划和就业指导类选修课约 16 个教学班，覆盖本科学生 1500 余人，校级层面开展各类职业生涯规划与升学、就业指导活动 200 余场，参与学生逾万人次。

【用心用情，强化重点群体就业帮扶】针对家庭经济困难、少数民族、残疾等重点群体毕业生，深入实施《四川大学困难毕业生就业援助方案》。各部门积极联动，组织开展"毕业生求职意向调查""毕业未就业学生情况调查"等多项调查，逐一梳理重点群体毕业生信息，建立重点群体毕业生信息库，准确掌握学生信息，制定"一生一策"帮扶方案，建立"一人一卡"帮扶档案，落实帮扶责任人；实施重点群体就业进展周报告、月分析制度，逐人逐项实时动态追踪重点群体毕业生就业意向、求职动态、就业进展情况，并从学业、就业、经济、心理等方面深入加强对重点群体毕业生的关心帮扶，确保各阶段重点工作落实到位。

2021 届重点群体就业去向落实率均高于全校平均值，残疾毕业生就业去向落实率为 100%，有就业意愿的建档立卡毕业生就业去向落实率为 99.27%，就业帮扶工作成效显著。

表 20　2021 届不同学历层次毕业生毕业去向分布

毕业去向	本科毕业生		硕士毕业生		博士毕业生		合计	
	人数	比例	人数	比例	人数	比例	人数	比例
就业	3397	38.14%	4992	83.05%	1157	95.54%	9546	59.19%
国内外深造	4570	51.31%	809	13.46%	—	—	5379	33.35%
待就业	940	10.55%	210	3.49%	54	4.46%	1204	7.46%
总计	8907	100.00%	6011	100.00%	1211	100.00%	16129	100.00%
毕业去向落实率	89.45%		96.51%		95.54%		92.54%	

注：毕业去向落实率=[签就业协议形式就业+签劳动合同形式就业+科研助理+其他录用形式就业+升学+出国（境）+国家/地方基层项目+自主创业+自由职业+应征义务兵]÷毕业生总人数×100.00%。

表 21　2021 届毕业生就业地区分布

就业地区	本科毕业生	硕士毕业生	博士毕业生	总人数	占比
四川省	1338	2832	690	4860	50.96%
重庆市	137	243	55	435	4.56%
贵州省	89	66	21	176	1.85%
云南省	75	58	20	153	1.60%
陕西省	49	73	14	136	1.43%
广西壮族自治区	54	35	11	100	1.05%
甘肃省	44	29	13	86	0.90%
新疆维吾尔自治区	53	10	4	67	0.70%
西藏自治区	19	40	2	61	0.64%
内蒙古自治区	11	12	—	23	0.24%
宁夏回族自治区	14	5	2	21	0.22%
青海省	11	3	1	15	0.16%
西部地区合计	1894	3406	833	6133	64.31%
广东省	366	384	49	799	8.38%
北京市	173	229	35	437	4.58%
江苏省	142	188	30	360	3.77%
浙江省	120	173	51	344	3.61%
上海市	166	151	22	339	3.55%

续表21

就业地区	本科毕业生	硕士毕业生	博士毕业生	总人数	占比
山东省	73	61	20	154	1.61%
福建省	40	38	4	82	0.86%
河北省	34	24	1	59	0.62%
天津市	22	17	11	50	0.52%
海南省	13	12	—	25	0.26%
东部地区合计	1149	1277	223	2649	27.78%
湖北省	103	128	16	247	2.59%
河南省	54	44	29	127	1.33%
湖南省	63	51	13	127	1.33%
安徽省	36	27	9	72	0.75%
山西省	32	16	6	54	0.57%
江西省	17	22	7	46	0.48%
中部地区合计	305	288	80	673	7.06%
辽宁省	17	6	2	25	0.26%
黑龙江省	12	6	3	21	0.22%
吉林省	9	6	1	16	0.17%
东北地区合计	38	18	6	62	0.65%
国外	1	1	13	15	0.16%
港澳台	2	1	2	5	0.05%

表22　2021届不同学历层次毕业生就业单位性质分布

就业单位性质		本科毕业生	硕士毕业生	博士毕业生	总人数	占比
企业	国有企业	765	1108	72	1945	23.19%
	民营企业	825	998	70	1893	22.57%
	三资企业	215	375	12	602	7.18%
	小计	1805	2481	154	4440	52.95%
事业单位	中初教育单位	25	144	2	171	2.04%
	医疗卫生单位	115	364	289	768	9.16%
	高等教育单位	61	151	390	602	7.18%
	科研设计单位	64	199	166	429	5.12%
	其他事业单位	73	204	9	286	3.41%
	小计	338	1062	856	2256	26.90%

续表22

就业单位性质	本科毕业生	硕士毕业生	博士毕业生	总人数	占比
党政机关（含选调生）	247	1155	35	1437	17.14%
部队	22	31	7	60	0.72%
其他	81	108	4	193	2.30%

表 23　2021 届毕业生就业单位行业流向分布

就业行业	本科毕业生	硕士毕业生	博士毕业生	总人数	占比
信息传输、软件和信息技术服务业	435	668	10	1113	14.78%
制造业	447	527	51	1025	13.61%
教育	220	380	385	985	13.08%
科学研究和技术服务业	183	478	239	900	11.95%
卫生和社会工作	133	457	298	888	11.79%
公共管理、社会保障和社会组织	96	478	19	593	7.88%
建筑业	240	126	3	369	4.90%
金融业	109	248	1	358	4.75%
电力、热力、燃气及水生产和供应业	132	213	8	353	4.69%
租赁和商务服务业	77	148	7	232	3.08%
房地产业	43	122	1	166	2.20%
文化、体育和娱乐业	55	62	3	120	1.59%
水利、环境和公共设施管理业	39	72	2	113	1.50%
批发和零售业	48	36	1	85	1.13%
交通运输、仓储和邮政业	21	48	1	70	0.93%
居民服务、修理和其他服务业	19	30	—	49	0.65%
军队	17	20	8	45	0.60%
农、林、牧、渔业	10	18	1	29	0.39%
采矿业	12	15	1	28	0.37%
住宿和餐饮业	6	3	—	9	0.12%

（以上资料由就业指导中心林兴国、陈旭东提供）

中国港澳台地区学生教育 留学生教育

一、中国港澳台地区学生教育

【港澳台地区联合人才培养取得新突破】与香港城市大学、香港理工大学达成联合博士培养项目协议，邀请两校举行线上宣讲会，其中与香港城市大学博士生联合培养项目已正式启动。

【进一步加强与友好学校联络交流】更新与香港城市大学、台湾阳明交通大学、台湾金门大学等的合作协议。

【各类交流项目申请获批情况良好】获批教育部“内地与港澳大中小学师生交流计划项目”（“万人计划”项目）14个（已执行4个）、教育部对台项目1个、教育部港澳台学生国情教育项目1个。已申请2022年教育部“内地与港澳大中小学师生交流计划项目”（“万人计划”项目）11个、2022年教育部港澳台学生国情教育项目1个。

【顺利完成港澳台招生工作】完成2021级135名港澳台学生（包括港澳台联考学生、香港中学文凭考试学生、台湾学测生、澳门保送生）的录取和报到工作，开展2022年香港、澳门、内地高等教育展活动。

【大力开展港澳台学生国情教育】入选四川省首批川港澳台青少年交流基地，授牌仪式在我校举行。组织166名港澳台学生参加教育部“港澳台学生国情教育学习平台”网络培训。积极组织学生参加教育部“回首百年奋斗路 迈向复兴新征程”主题征文比赛、中华文化知识大赛等竞赛活动。指导成立了“川澳青年创想社”，组织现有社团主要学生干部专题学习网络自媒体使用的法律法规。开展国情考察活动17次，共400余人次参加，包括“第十一届台湾学生天府夏令营暨长江生态研习营”“千里共婵娟——川台青年中秋联谊活动”“闪耀青春·喜迎大运”城市互动体验营活动等。

表24 四川大学2021年与港澳台地区大学签订合作协议统计表（新签/续签）

序号	协议单位	时间	名称	有效期
1	香港城市大学	2021.3.24	四川大学与香港城市大学学生交换计划协议书	五年
2	台湾金门大学	2021.3.11	四川大学与金门大学学生短期交换暨研修备忘录	五年
3	台湾金门大学	2021.3.11	四川大学与金门大学教师互访讲学交流备忘录	五年
4	台湾金门大学	2021.3.11	四川大学与金门大学学术交流合作备忘录	五年
5	香港科技大学	2021.7.28	四川大学与香港科技大学“环球中国研究”学生联合培养项目续签协议书	五年
6	阳明交通大学	2021.9.26	四川大学与阳明交通大学交换学生合约书	五年

续表24

序号	协议单位	时间	名称	有效期
7	香港城市大学	2021.11.18	四川大学与香港城市大学联合培养博士研究生合作协议	五年
8	台湾台北大学	2021.12.13	四川大学与台北大学学术交流合作协议书	五年
9	台湾台北大学	2021.12.13	四川大学与台北大学学生交流协定书	五年

表25 四川大学2021年赴港澳台人员情况统计表

	学术会议（人次）	交流考察（人次）	培训及短期学习（人次）
赴港	8	2	3
赴澳	2	1	1
赴台	32	0	0
总计	42	3	4

表26 四川大学2021年港澳台侨学生情况统计表

	本科生	硕士生	博士生
香港	234	33	1
澳门	65	4	0
台湾	187	72	8
华侨	5	0	0
总计	491	109	9

表27 四川大学2021年港澳台侨学生招收、毕业情况统计表

	本科生		硕士生		博士生	
	招收	毕业	招收	毕业	招收	毕业
香港	55	37	15	4	0	0
澳门	16	7	2	1	0	0
台湾	22	32	18	11	1	0
总计	93	76	35	16	1	0

二、留学生教育

尽管来华留学工作因为全球疫情影响遇到一定程度的困难，今年我校来华留学生人数与去年基本持平，来华留学生总人数为2295人，来自全球108个国家和地区，其中长期生共2138人，占总人数的93%，学历生共有1976人，占留学生总人数的87%（本科生1471人，硕士研究生293人，博士研究生212人）。

【做好疫情防控新常态下的招生工作】参加德国科隆大学线上宣讲会，教育部留学服务中心THE在线全球教育展等各类线上教育展10余场次。特别是应我驻美大使馆邀请，参加2场对美大学在线宣讲会，向美国学生介绍我校长短期奖学金项目。

【积极开拓短期留学生生源】开发线上短期汉语和中华文化课程，暑期班共吸引英国纽卡斯尔大学、德国克劳斯塔尔工业大学、比利时根特大学、波兰华沙大学、俄罗斯乌拉尔联邦大学等友好合作高校的150余名学生参与。

【顺利完成各类奖学金评选】中国政府奖学金项目、孔子学院奖学金项目、新汉学项目等顺利完成，共招收学生69名。评定成都市政府“友好城市”奖学金生74名，“一带一路”奖学金生39名。167名留学生通过国家留学基金管理委员会（CSC）评审。实施学校第二期“一带一路”来华留学生奖学金项目，在软件工程、土木工程、国际旅游与酒店管理、国际工商管理等全英文授课本科专业共招收180人。

【做好留学生活动组织和中国国情教育】及时组织来华留学生线上线下同时学习习近平总书记给北京大学全体留学生的回信精神。共组织近百名留学生参与“聚四海星火 熠百年峥嵘——无问西东故事会”、中国政府奖学金来华留学生文化交流活动、“备灾与应急”实训课等校内活动，以及“中外大学生社会实践周”北京交流营、东北亚青年可持续发展研习营、“感知中国”活动等校外活动，有效增进了留学生对中国文化的认知，以及对中国发展成就的了解认识。

表28 四川大学2021年留学生情况统计表

	长期生					短期生	合计
	普通进修生（包括语言生）	高级进修生	本科生	硕士生	博士生		
招收	42	0	249	61	20	157	529
在校生	161	1	1471	293	212	157	2295
毕业/结业	128	0	451	55	28	157	819

（以上资料由国际合作与交流处涂典雯提供）

成人继续教育

成人继续教育学院是学校高等学历继续教育（成人教育、网络教育）、高等教育自学考试及非学历继续教育的办学实体。学院共设13个管理部门（党政办公室、学生工作部、教师工作部、技术支持与资源建设部、教学服务部、自学考试办公室、自学考试学习服务中心、教育培训管理办公室、财务与人力资源部、教学质量管理部、后勤服务部、招生与站点建设部和继续教育基地办公室）和10个培训部。

学院教职工138名，其中编制内职工50名，院聘职工88名。具有高级职称的有13名，中级职称的有39名。五级职员6名，六级职员9名，七级职员20名，八级职员8名。

2021年，成人继续教育学院以习近平新时代中国特色社会主义思想为指引，深入学习习近平总书记“七一”讲话精神和十九届六中全会精神，扎实推动党史学习教育，切实增强班子谋划事业发展的精气神，加强对学院事业发展的统筹谋划，主动融入国家重大战略、学校发展全局，系统总结学院“十三五”时期发展成绩，深入分析“十四五”时期继续教育面临的机遇和挑战，加强与学校“十四五”规划及其他专项规划的有机衔接，统筹推进“十四五”规划编制和执行工作。

在中央巡视期间，学院配合完成了巡视组到学院的深入调研工作和非学历教育领域整改的相关工作，修订完成了《四川大学教育培训管理办法》等文件，建立了管理平台，定期汇报整改进度情况。在校内第九轮巡察工作中，学院高度重视，积极响应，成立了巡察整改工作领导小组，制定了巡察整改工作时间安排表和整改方案，对巡察整改情况进行定期督办，确保巡察整改及时推进、落到实处、取得实效。学院认真对照检查，结合巡察提出的反馈意见开展专题民主生活会。根据新问题新情况，进一步梳理了学院工作流程，推动整改常态长效。对已完成的整改事项，按照要求组织开展好“回头看”工作，持续巩固整改成效；对需要长期坚持的整改事项，坚持久久为功，确保整改成果经得起检验。

2021年，学院学历继续教育以“控制规模、提高质量”为原则，严把招生“入口关”、教学“过程关”、毕业“出口关”。网络教育招生方面，共录取新生18905人，其中专科招生录取5816人（占总招生人数的30.8%），专升本招生录取13089人（占总招生人数的69.2%），专科所占比例为历年最低。成人高等学历教育招生方面，录取新生5256人，2021级“三支一扶”免试生录取62人。自学考试招生（注册）方面，2021年注册四川大学自考应用型专业新生3790人，其中本科3432人，专科358人。2021年学历继续教育共毕业30450人，其中2131名学生获得学士学位。

按照树立四川大学非学历教育品牌，提升培训核心竞争力，优化培训内容，巩固线下培训和创新线上培训形式的思路，学院认真执行校院有关非学历继续教育培训工作的方针政策，规范办学，完善各项规章制度和服务标准，在管理上不断创新，建立了高层次、高质量、多学科、多形式的教育培训体系。在疫情防控常态化的特殊时期，根据疫情形势动态调整疫情防控相关要求，加强训前学员和授课教师的健康状况和行程轨迹排查，训中认真落实疫情防控相关措施及训后管理等工作，在做好疫情防控工作前提下做好非学历教育工作。2021年学院积极拓展孵化非学历教育新项目，扎实推进学院非学历继续教育工作：全年共举办培训项目184个，参训学员16317人次。医学进修教育方面，突出传统优势项目，全年录取医学进修生共计5042人次；举办国家级和省级继续医学教育项目7项，培训来自全国各级各类医疗卫生单位的专业技术人员共计

1005人次；组织申报2021年国家级继续医学教育项目9项，备案项目8项，共计17项。

【坚持以评促建，做好网络教育试点评估自查工作】2021年10月，教育部办公厅下发了《教育部办公厅关于开展现代远程教育（网络教育）试点总结性评估的通知》（教职成厅函〔2021〕22号），要求对网络教育试点工作开展总结性评估。学院高度重视，将开展试点总结性评估工作作为配合落实教育部中央巡视整改工作的重要任务，作为规范有序发展学历继续教育的重要环节。学院成立了迎评领导小组，组织校内各相关单位、校外学习中心召开总结性评估工作会，安排部署现代远程教育（网络教育）自查自评工作。组织召开多次专题会对自评报告进行专题讨论，精心凝练办学特色和优势，力争以优异的成绩通过网络教育试点评估。

【完成非学历教育专项检查，落实整改任务】2021年7月，教育部下发了《关于开展高校一些领域腐败风险专项清理整顿核查的预通知》（教财司函〔2021〕226号），学院牵头对全校非学历教育领域腐败风险进行专项清理。在清理学院申报材料和培训合同，完成学院2018年以来974个非学历教育项目办学材料的扫描、归档工作的基础上，学院牵头核实了全校非学历教育办学情况，收集、整理、汇总相关办学部门自查材料；完成非学历领域1950个项目基本情况表和自查清单表、专项检查非学历教育领域自查报告等，配合核查组完成了专项检查工作。专项检查工作共自查问题5条，核查组反馈问题3条，学院根据自查整改清单和反馈问题清单，修订了《教育培训项目备案、申报及审批管理规定》《四川大学教育培训管理办法》《关于规范教育培训资料和数据管理的规定》，进一步规范了学校非学历教育管理。

【积极助力帮扶工作，履行社会责任】充分利用学院办学资源，不断提升帮扶工作科学化水平，进一步提升学院服务社会能力。一是积极推进凉山彝族自治州甘洛县第六期“圆梦川大”学历教育项目。共计招生15人，其中专升本行政管理14人，专科人力资源管理1人。二是贴合实际开展非学历继续教育工作。根据疫情防控情况和具体工作任务，继续采用“线上+线下”“现场+课堂”“送教+送培”相结合的培训方式开展对口帮扶教育培训。2021年共为甘洛县组织开展非学历继续教育培训班21场次，培训学员1485人次，投入培训项目和减免培训费共计144338元。三是积极参与服务国家和地方经济社会发展。为服务新生代产业工人培养，助力产业升级和粤港澳大湾区建设，服务全民终身学习体系建设，学院积极参与了深圳市新生代产业工人骨干培养发展圆梦计划，2021年录取“圆梦计划”新生共计102人。

（以上资料由成人继续教育学院王睿提供）

出国培训

出国留学人员培训部与出国留学预备学院按“一套班子、两块牌子”运行，培训部下设党政办公室、招生科、教学科，设语言课教研室和专业课教研室。2021年培训部有在职教职工（含项目制助理）29人（截至2021年底共1人退休，1人转外聘），其中，行政人员15人，专职教师14人（教授1人，副教授7人，讲师6人）。另外，聘有外籍专家4人，兼职外教1人，编外人员56人。

培训部党政领导班子坚持以习近平新时代中国特色社会主义思想为指导，深入学习贯彻党的十九届五中、六中全会精神和习近平总书记“七一”重要讲话精神，结合全面开展庆祝建党100周年暨党史学习教育活动的成果，树牢“四个意识”，坚定“四个自信”，坚决做到“两个维护”，切实提高政治判断力、政治领悟力、政治执行力，不断增强政治自觉，提高政治站位，推动培训部基层党组织建设取得成效。

【积极配合中央第七巡视组对校党委开展的巡视工作和校党委第九轮巡察第三巡察组对培训部党总支开展的巡察】主动对标中央巡视组整改意见，履行“一把手”职责，根据校内巡察组意见反馈的23个问题制定整改方案，积极落实整改措施29条，完成整改事项54个，召开专题民主生活会，坚定不移落实全面从严治党战略部署，以巡察整改为契机，进一步推动培训部党建与事业深度融合发展，扎实做好巡察整改“后半篇文章”。

【以党的政治建设为统领，不断加强培训部党的建设】制定落实学习方案和计划，强化党总支的引领作用，开展中心组学习15次、党总支会（扩大会）20次，党总支书记专题培训支部书记5次，与支部书记带头讲建党100周年专题党课5次，中层领导干部讲专题党课4次，邀请校宣讲团成员开展专题讲座4次，指导教职工政治学习近20次，送培支部书记、党务、党员同志11人次，推荐优秀共产党员和“立德树人”优秀教师各一名并获奖，全面贯彻党的教育方针，坚持社会主义办学方向。

【落实“办实事”重点项目】完成雅思机考考场改造，满足考生需求；为提升学生思想政治工作水平，从源头抓起，开展辅导员能力提升系列培训；为川大学生提供平安留学、外语培训、海外考试和硕士项目的信息咨询，做好行前培训；发挥分工会作用，为近200名川大教职工及工会会员提供留学讲座及英语通识讲座服务；共建“兰润美育基地”，提升师生美育教育水平。

【基层治理有条不紊】夯实基层党建长效机制，修订、制定中心组理论学习、意识形态、网络意识形态和舆情信息收集等工作制度；制定课程思政实施方案，坚持立德树人，推进师德师风建设；树立正确选人用人导向，加强队伍建设，开展专业技术职务评聘工作和职员制评聘工作，修订兼职教师岗位职责、外国专家外籍教师聘用及管理办法，制定编制外人员考核管理办法；严格执行请示报告制度，贯彻执行中央八项规定精神，持续纠治“四风”；有序推进安全稳定工作和保密工作。

【严格落实疫情防控工作责任】培训部疫情防控工作小组坚持做好常态化疫情防控工作；保障教学正常运行，严格执行考生团进团出，坚持做好平安留学；制定培训部学生突发事件处理流程，妥善处理突发情况，在疫情反复的情况下，抓细抓实，保障部门事业发展顺利运转。

【培训部三大业务稳定发展】外语培训面上班学员人数与去年相比增长63%，与校内相关部处和学院合作的优秀学生语言能力提升课程的报名人数稳中有升；统筹推进和加强14个出国留学项目的招生工作，加强与招生渠道的沟通，在校内外、各地市州进行宣讲，进一步优化全过程留学服务工作，优化后期服务；完成雅思机考建设，加强考务人员培训，满足培训部学员、校内外以及社会各界考生的考试需求。

【按照学校提升全球胜任力的工作部署，进一步服务川大学生】为川大贫困学生、拔尖创新人才等各类学生开展各级雅思、托福、小语种的语言能力培训；深入公共管理学院、商学院、经济学院、轻工科学与工程学院、建筑与环境学院、华西公共卫生学院等，为应届毕业生提供留学申请服务。

【进一步提升服务社会的质量】培训部持续加强与成都市大型企事业单位、机关单位和高校的联系，调研英语培训需求，新增重庆文理学院暑期研学团培项目；走进石室中学北湖校区，为200余名中学生提供了“平安留学”行前培训系列课程；全年行前培训覆盖校内外公派、自费留学人员总计950人次。

【坚持扶贫，推进乡村振兴】组建课题团队，开展民族地区相对贫困的测度及治理研究，走访了凉山州七个县，提交政策建议和结题成果，为推动以凉山州为代表的民族地区由“输血式”贫困转向“造血式”致富提供决策建议。

【切实开展培训部工会工作】坚持院务公开制度，召开年度双代会，逐步落实培训部工会代表们的意见，讨论通过培训部相关制度；组织会员活动，改善办学条件，开展慰问，为师生服好务；推荐并获得年度优秀工会会员和优秀工会工作者各一名，培训部工会行政一小组被评为年度先进基层工会组织。

（以上资料由出国留学人员培训部邱杰提供）

大学生思想
政治工作篇

理论教育与成长指导

一、时政学习与思想政治教育管理

坚持以习近平新时代中国特色社会主义思想为指导，深入学习宣传贯彻党的十九届六中全会、习近平总书记“七一”重要讲话精神，全面落实立德树人根本任务，以理想信念教育为核心，突出红色教育特色，用好建党100周年重要节点，将党史学习教育与爱国主义教育有机结合，一、二课堂教育紧密衔接，持续推进以党史为重点的“四史”学习教育，培育德智体美劳全面发展的社会主义建设者与接班人。

在学生中广泛开展“两会”精神、习近平总书记“七一”重要讲话精神、党的十九届六中全会精神学习教育活动。邀请航空英雄、消防英雄、政法英模等英雄模范走进校园作“学党史 悟思想”“在党旗下成长”等主题报告15场，覆盖学生近3000人；百川青年学生宣讲团围绕党史学习、习近平总书记“七一”重要讲话精神等主题，在学生中开展宣讲140余场，覆盖1万余人。大力开展红色基因传承教育，发布《关于在全校学生中深入开展“学习革命先辈崇高精神 争做又红又专时代新人”主题教育的通知》，以理论学习、宣传宣讲、主题教育、社会实践等形式推动全校基层班团组织传承红色基因并弘扬红色文化。增选法学院2019级三班等6个“江姐班”。开展2020—2021学年春季学期四川大学学生状态及需求调研、2021级本科生调研等7项调研工作，及时掌握学生思想动态及学习生活需求。

紧紧围绕迎接庆祝建党100周年，展现川大青年风采。制定学校《共青团“学党史、强信念、跟党走”学习教育工作指引》等文件，组织全校团员青年开展“青年大学习”网上主题团课学习，覆盖105万人次。开展“不忘初心 紧跟党走”等主题宣讲80余场，发布党史国情、青年榜样等主题的原创推文479篇，总阅读量累计150余万次，制作《火之华》《遇见川大》等文创产品，深受青年喜爱。设立青年研究课题65项，推动青年理想信念教育、青年助力社会治理等项目研究。

夯实基层团组织建设，深化团组织改革。依托“智慧团建”系统开展“学社衔接”工作，全年共完成28236名（转出12910名、转入15326名）团员转出和转入工作，转出发起率达100%，学社衔接率达99.3%；遴选培育20余个示范性团支部和示范性共青团工作项目，评选表彰“五四红旗团支部”“十佳团支部书记”等百余个班团先进典型和百余个优秀主题团日，实现团支部书记“双述双评”、团支部“对标定级”工作全覆盖；推荐学院团支部获评全国高校“活力团支部”“四川省五四红旗团支部”。

加强团学干部队伍建设，全面落实从严治团要求。制定2021年团干部教育培养工作方案，开展校院级团校、团干部专题培训班，团学干部培训班，新任职团支部书记培训班等44个班次；持续推动

“青马工程”提档升级，构建全校协同育人机制和完善六位一体培养模式；持续深化校院两级团校改革，优化课程设置，邀请名师授课，突出研讨互动，完善评教制度，多措并举着力提升培养质量；健全考核评价机制，提升履职能力，制定述职评议考核办法，实现基层团委书记年度述职考核全覆盖。

二、思想政治理论课教学

多措并举提升思想政治理论课质量，全面加强思政课教师队伍建设。召开四川大学思政课质量提升研讨会，邀请国内教学名师开展课堂展示活动，形成学校思政课质量提升系列方案。将马克思主义理论学科纳入新一轮“双一流”建设一流学科，以一流学科建设夯实思政课质量根基。成立“思政微课”工作室，依托新媒体技术打造学生喜闻乐见的 3 期思政微课，网络点击、关注量突破 10 万。持续打造思政课教学内容资源库，建成思政课教学案例中心。持续开展“五备四讲三跨”集体备课，牵头承担了第二届“习近平新时代中国特色社会主义思想概论”多校联动集体备课会议，以及首届思想道德与法治/马克思主义基本原理课程多校联动集体备课会。凝聚师资力量，倾力打造“四史”课程，面向全校学生开设“四史”课程。创新开展“五讲”新模式——专家学者讲理论、革命前辈讲人生、党员干部讲践行、英雄模范讲精神、青年学生讲收获，邀请欧阳淞等国内著名学者 40 余人开展学术报告。

成立四川大学中共党史党建研究院，充分利用全国优质资源，有效整合学院与学校相关力量，构建以中国共产党研究为特色的全国一流的党史党建教学研究中心、学术交流平台，推进党史党建学科建设与学术研究协同发展。承办“深入学习贯彻党的十九届六中全会精神 推进全会精神全面融入思想政治理论课”研讨会，与会专家围绕深入学习贯彻全会精神和推进全会精神全面融入思政课的重要理论问题和实践问题进行了深入研讨，充分展现了思政课教育教学工作者的政治担当、育人使命、思想智慧和教学水平。获立高校思想政治理论课教师研究专项重大课题攻关项目 1 项，举办高层次学术论坛“望江论坛”2 讲，开展庆祝建党 100 周年系列讲座等各类高水平学术讲座 21 次。

三、大学生心理健康教育

制定发布学校《学生心理健康教育工作实施方案》，结合学校《加强学生精细化教育管理方案》《学生阳光成长计划》及最新工作要求梳理确定重点任务工作清单，形成《进一步加强学生心理健康与安全工作的报告》，全面对标新时代的新要求，找准学校心理健康与安全教育的关键点，以问题为导向，提出针对性对策措施。

做好大学生心理健康教育教学工作。开设必修课“大学生心理健康”55 个班、选修课“得觉智慧课”1 个班、“团体心理学”1 个班、通识课“内在的宇宙：探索心灵的奥秘”4 个班、“人际交往心理学”1 个班，选课人数 10050 人。“大学生心理健康”课程结合线上慕课，慕课观看人数为 6720 人。开展必修及通识课程教研会 4 次。组织教师参加四川省高校心理健康教育课程教学比赛，获得二等奖。开设音乐疗愈团体工作坊 2 期。

持续开展日常心理咨询，每周在三个校区提供 33 个单元的面对面心理咨询。每晚开通阳光心理热线（寒暑假期、国家法定节假日除外）。对在心理辅导或咨询中发现有严重心理障碍和心理疾病的学生，及时转介到华西心理卫生中心治疗。

共开展面对面咨询 1891 人次，接受热线电话咨询 237 人次。

全面加强心理危机干预工作，建立危机干预绿色双通道（门诊、住院），成功进行危机干预 91 人次，绿色通道转诊华西心理卫生中心 265 人次。通过“心理健康信息化管理平台”进行心理测评，筛查出警戒与高危学生进行了集中访谈，并将访谈结果反馈给学院。加强对重点人群学生的排查，建立了“三级八类”排查机制。提供自助式心理测评服务。

2021 年 3 月，面向全校辅导员开展学生心理危机干预培训，共 271 人次参加。2021 年 6 月，举办心理咨询和治疗伦理培训，共 51 人次参加。2021 年 8 月—12 月，心理健康教育中心联合高校辅导员网络培训中心对各学院及部门辅导员进行线上心理健康教育能力提升专题培训，共 127 人次参加。创立四川大学心理名师工作室，开展了 2 期辅导员生命规划沙龙。

加强心理健康教育宣传工作。2021 年 3 月—5 月，以“心时代，欣川大”为主题，以“5·25”大学生心理健康日为重点，开展近 70 场特色心理健康教育活动，承办“身心和谐 全面发展——四川省 2021 年‘5·25’学生心理健康教育主题活动”。微信公众号定期推送科普文章和网课内容，面向全体新生发放《四川大学学生心理手册》，由院系联络老师在新生教育周开展教育讲座等。举办校园心理剧大赛，共 17 个队伍参赛。与电子科技大学联手打造的全国首个高校家校心理课堂教育活动“大学生家长空中课堂”，帮助家长了解什么是心理健康、当代大学生心理健康现状及大学生心理健康发展中家长的角色定位和职能发挥，推出 8 期课堂。

四、军事教育与国防生工作

疫情期间，组织完成 2019 级、2020 级 1.8 万余名本科学生军训工作。引入“慕课”教学，借助智慧树教学平台，完成 2020 级、2021 级“军事理论”课程教学任务。大力加强征兵工作，积极落实学校《征兵工作实施办法》《学生应征入伍服义务兵役奖励支持办法》，建立起集转专业、课业支持、保研、评优评奖、贫困资助等于一体的激励、配套机制，2021 年组织 34 名学生应征入伍。认真开展优抚工作，2021 年通过走访、发布慰问信等方式，完成对全校复转军人、伤残军人、离休干部、老红军、军烈属、军人家属等的慰问。

进一步加强国防生的教育管理工作。2021 年在校国防生 6 名，毕业国防生 6 名。组织全体国防生开展“四史”学习教育，学习习近平总书记“七一”重要讲话精神、党的十九届六中全会精神及全国“两会”精神等，重点学习习近平总书记在出席十三届全国人大四次会议解放军和武警部队代表团全体会议时的重要讲话精神以及习近平强军思想，组织国防生开展清明祭英烈等活动，加强国防生军政训练，进一步增强国防生责任担当意识并夯实军政素质。

五、重要事件

【获准教育部“一站式”学生社区综合管理模式建设试点高校】2021 年，学校获准教育部第二批“一站式”学生社区综合管理模式建设试点高校，出台学校《“一站式”学生社区综合管理改革试点工作实施方案》，召开试点建设工作推进会，着力提高管理服务育人水平。首批确定华西临床医学院等 7 个试点学院，江安校区西园十六舍等 4 个试点学生宿舍。

【深入开展“学习革命先辈崇高精神，

争做又红又专时代新人”主题教育活动】为深入贯彻落实习近平总书记关于传承红色基因文化的重要讲话、批示指示精神，学校于2021年12月发布《关于在全校学生中深入开展“学习革命先辈崇高精神 争做又红又专时代新人”主题教育的通知》，以理论学习、宣传宣讲、主题教育、社会实践等多种形式推动全校基层班团组织传承弘扬红色基因。

【持续开展“江姐班”建设活动】2021年11月，评选法学院2019级三班、马克思主义学院2020级马克思主义理论0101班、化学学院2019级化学拔尖班、空天科学与工程学院2020级飞行器控制与信息工程班、水利水电学院2020级深地与地下水利国重创新班、华西公共卫生学院2019级预防医学三合班等6个“江姐班”，持续推动“江姐班”的培育建设，大力弘扬江姐精神，传承红色基因。

【长效化开展以党史为重点的“四史”教育活动】大力发挥“青年视角讲党史”的独特优势，2021年通过主题班会、团组织生活等形式持续在全体学生中开展“讲述身边的党史故事”活动，通过讲述“家庭红色家风故事”“家乡红色革命故事”和“专业红色建设故事”，激发学生自主学习的内生动力。围绕开展党史学习教育、学习贯彻习近平总书记“七一”重要讲话精神等主题，在学生中进行深入的宣讲与实践活动140余场，覆盖人数1万余人。

【持续推进各学院学生成长辅导站建设工作】召开二级心理辅导站建设和推进工作研讨会2次，并开展走访调研16次，推动学院学生心理辅导站规范化运作，保障辅导站有场地、必要设施设备和相关人员配备等。第一批二级辅导站已建设13个学院，第二批已有8个学院获批筹建。

【“大川小思”朋辈学业导师团队初具品牌效应】2021年“大川小思”团队及4名朋辈导师分别被大川专访报道，2名导师在2021年新生开学典礼上发言，2名朋辈导师荣获2021年“感动川大”新闻人物。

【持续开展“大川视界”线上访学计划】2021年度共资助“大川视界”线上访学项目10项，资助学生107人，资助金额60.75万元。

（以上资料由党委学生工作部田蕾、校团委吴银雪、心理健康中心唐加玥、马克思主义学院屈荣提供）

基础管理与服务

一、本科生服务管理

新冠疫情防控。学工部认真履行学校疫情防控师生工作组牵头单位职责，协调各职能部门与学院联动，形成联防联控机制。在疫情防控常态化工作模式下，做好疫情防控知识宣传教育。制定各类学生疫情防控工作预案方案，圆满完成12万余人次学生返校工作。组织完成多批次学生新冠疫苗接种工作。按各级防疫工作要求坚持做好日报告、零报告工作，特殊时期实时掌握学生返校数据。在11月本地疫情反弹期间，与相关单位共同完成学生全员核酸检测、流行病学调查、重点学生隔离留观及转运等工作。充分发挥学工系统总值班（85997000）全天候协调作用，全年处置各类事项共1万余起，高风险事项150余起，学生发热1800余起。2021年为全校学生发放口罩328.2万余只。

推进学生日常管理的规范化、科学化建设。修订再版《四川大学学生手册》《四川大学依法治校学生承诺书》，面向2021级本科新生、学院学生工作组发放《四川大学学生手册》1.05万份，面向2021级本研新生发放《四川大学依法治校学生承诺书》1.95万份。开展防艾系列主题教育活动30余场；面向全校学生发放《四川大学预防艾滋病健康教育处方》《识毒·防毒·拒毒——四川大学毒品预防宣传手册》3万余份。发布《2021年春季学习生活温馨提示》等11次与学生学习、安全和生活息息相关的微信推送，进一步加强学生安全教育工作。2021年共评选出年度奖学金学生12987人，优秀学生、优秀学生干部4218人，优秀毕业生、优秀毕业生干部1349人。2021年共推荐2022届四川省普通高等学校优秀本科毕业生367名。

完善“八位一体，联动互助”资助保障体系。2021年全校本科生中有9128名家庭经济困难学生，其中特别困难学生2702人。为10818名学生发放国家奖助学金4444.94万元；为4212人次发放长学制学生奖助学金792万元；为70名学生发放关工委奖学金11.5万元；为3273人次共计发放社会奖助学金1305.43万元；发放2.7万余人次、1263万余元临时困难等各类补助。为1144人发放高校国家助学贷款1189.68万元，为6487人发放生源地助学贷款5446.40万元。为1063人次发放基层就业、服兵役等补偿代偿款871.89万元；减免79名学生共计36.58万元学费；协助26名学生获得共计25.58万元商业医保理赔。学校勤工助学中心为17585人次发放勤工助学费754.58万元，为413名学生创造了共计57万元的校外勤工助学收入。

完成24个学院、5572名2019级本科学生从江安校区分别搬至望江校区、华西校区的宿舍搬迁工作，以及2021级迎新和2021届毕业生教育工作。

表1　四川大学2021年本科生资助经费一览表（截至2021年12月底）

项　目			人数	金额（万元）
奖助	①国家	国家奖学金	475	380
		国家励志奖学金	1181	590.5
		国家助学金	9162	3474.442
	②学校	长学制奖助学金（学校补贴）	74	27.92
		长学制研究生助学金（八年制补助）	4212	792
		暖冬助学金	2144	192.96
		关工委奖学金	70	11.5
		学年奖学金	12987	916.31
		到艰苦地区艰苦行业就业表彰	808	99.9
	③社会	社会奖助金	3273	1305.426
贷		高校国家助学贷款	1144	1189.684
		生源地国家助学贷款	6487	5446.396
偿		贷款代偿及学费补偿	1012	809.42488
		服义务兵役学费补偿	51	62.462
补		冬衣补助	1862	93.1
		伙食补贴	9914	200
		三八节活动	118	0.39
		明远·启航大学生能力提升计划	1809	43.774235
		雅思英语培训计划	116	46.63
		微爱 阳光行暑期走访调研慰问	147	10.26
		寒假留校学生节日补助慰问及活动费	4435	43.83
		临时困难补助	640	111.637
		重大帮扶基金	13	30
		河南洪灾	884	82.5
		泸县地震	58	5.84
		山西洪灾	47	7.16
		返乡路费补助	757	58.6
		助梦助学铸人奖金	83	8.4
		校内助学金	224	34.782

续表1

项　目		人数	金额（万元）
补	新生资助	1269	53.114
	“微心愿”资助项目	1083	24.6
	困难毕业生各类就业补助	3329	404.76
	核酸检测补助	390	2.7778
	西藏籍农林牧水地矿专业学生免补资金	1	1.32
免	学费减免	79	36.5764
勤	校发	17585	754.575
	院发	2064	115.79472
	引进	413	57
保	商业医保理赔	26	25.5792
合计		90426	17551.92524

二、研究生服务管理

选树先进典型，发挥引领示范作用。华西口腔医学院牙体牙髓第二党支部获评第二批全国百个研究生样板党支部，化学工程学院博士研究生罗杰获“全国百个研究生党员标兵”称号，华西口腔医学院口腔医学博士研究生孙一民荣获2021年全国“向上向善好青年”称号。开展2020—2021学年优秀研究生、优秀研究生干部，2021届优秀毕业研究生、优秀毕业研究生干部评选活动，共评选出优秀研究生3307名、优秀研究生干部841名，优秀毕业研究生1383名、优秀毕业研究生干部363名。

网络思想政治工作取得新成效。《星期日》杂志、《川大研究生报》荣获“中国研究生十佳校园媒体”“四川省十佳校园媒体”“中国高校传媒联盟新闻奖”等荣誉。

开展特色活动，产生广泛影响力。发起举办“百校研究生颂百年——庆祝中国共产党成立100周年网络接力学习‘四史’活动”，在全国产生了广泛影响力。该活动由教育部学位与研究生教育发展中心指导，四川大学研工部与《中国研究生》杂志发起主办，活动持续137天，共有146所高校参加接力，网络讲述213名革命先辈故事，阅读量超100万次，得到了教育部领导的高度肯定，在全国产生了广泛影响力。

提升研究生创新实践能力，学科竞赛成绩显著。在2021年“互联网+”大学生创新创业大赛全国总决赛中，我校研究生作为团队负责人获金奖5项、银奖1项、铜奖4项。在第十七届“挑战杯”全国大学生课外学术科技作品竞赛中，我校研究生作为团队负责人获“红色专项赛”特等奖2项、一等奖2项；“揭榜挂帅”特等奖1项；终审决赛中，我校研究生作为团队负责人获特等奖2项、一等奖1项。在中国研究生创新创业系列大赛中，31人获奖15项，优秀组织奖3项。

精准资助，保障研究生成长成才。为22360名研究生共计发放国家助学金

19745.20 万元。为 876 名研究生发放研究生“助管”岗位助学金 45 万元。启动“星火 启明”系列家庭经济困难研究生能力发展与提升计划，发放励志助学金 71.10 万元。应对灾情，为受灾困难研究生 390 人次发放自然灾害紧急困难补助 37.65 万元。发放临时困难补助 8.91 万元。开展“冬衣补助”“助爱回家”资助项目评选工作，资助困难研究生 653 人。通过“四川大学困难师生帮扶基金”资助罹患重大疾病困难研究生 5 人。

三、学生思想政治管理队伍建设

做好辅导员选聘工作。按照《普通高等学校辅导员队伍建设规定》（教育部第 43 号令）等文件精神，全面落实《四川大学辅导员队伍建设实施办法》，坚持“又红又专”的发展目标和“专兼结合”的配备原则，着力配齐配强辅导员队伍。2021 年选聘 201 名在读硕博士研究生和优秀教师担任兼职辅导员；新进专职辅导员 29 名，专职辅导员队伍规模提升到 357 人。加强辅导员的培育工作。选派 11 名辅导员参加教育部 2021 年度全国高校思想政治工作骨干示范培训；选派 14 人参加四川省高校辅导员培训。组织 68 名辅导员参加国家行政学院 2021 年高校辅导员素质能力提升专题网络培训。选派 2 名辅导员参加四川省教育厅辅导员培训。依托学校干部培训基地，组织 68 名专职辅导员骨干参加“学党史守初心，扎实做好新时代育人工作”专题培训；组织 35 名专职辅导员参加 2021 年四川大学新进辅导员专题培训；组织 256 名学生兼职、教师兼职、机关青年兼职辅导员参加四川大学兼职辅导员素能提升专题培训。组织 24 名辅导员参加第五期辅导员口语能力培训。2021 年，建设首批“明德”辅导员工作室等 9 个辅导员工作室，辅导员队伍职业化与专业化建设得以进一步推进。继续做好学校辅导员队伍双线晋升工作，2021 年推荐晋升五级职员 1 名、六级职员 4 名；推荐晋升思政副教授 2 名。

成立辅导员工作室。设立建设首批 9 个辅导员工作室，分别为“明德”辅导员工作室、“启秀”辅导员工作室、“智绘心理”辅导员工作室、“红研”辅导员工作室、“精准思政”辅导员工作室、“丹心”辅导员工作室、“融乐坊”辅导员工作室、“清茶心语坊”辅导员工作室以及“同心圆”辅导员工作室。

进一步完善教导员工作机制。2021 年，全校教导员共 28 名，走访学生寝室 2736 余次，看望学生 21494 人次，覆盖学生围合 22 个；参加各类学生活动 794 场次；开展学生个别谈话 3614 人次；开展讲座 140 场，覆盖学生 18465 人次；通过短信（含电话）、微信、QQ 与学生开展交流 11563 人次；与家长开展线上交流 2682 次，在帮助低年级学生解决学习、生活中的困难和疑惑方面发挥了积极作用。

四、少数民族学生工作

以铸牢中华民族共同体意识为主线，通过“同心圆”工作坊、演讲比赛、征文比赛、暑期社会实践等形式，深入开展少数民族学生党史学习教育和民族团结进步教育。加强少数民族学生日常管理工作，坚持“三会议事”制度；定期召开少数民族学生工作联席会；不定期召开校领导参加的少数民族学生工作专题会，开展形势研判和专题研究。

（以上资料由党委学生工作部田蕾、泽仁卓玛、彭蜀君，研究生工作部李侠，校团委吴银雪提供）

素质拓展与实践

一、素质教育和创新教育

加强学生综合素养培养工作。向2021届学生开展留学指导6场；邀请127所国外高校校方代表，举办四川大学第二届线下国际教育展。将3800余名2022届学生纳入“研途大川”线上课程学习系统，为全体学员免费发放强化阶段、冲刺阶段教材3万余册；为4348名考研学生选拔配备深造“小导师”384名。举办“大川视界”“筑梦”能力提升计划，开展托福、雅思英语系列精品课程17次；举办托福、雅思、GRE模拟考试11场；围绕小语种表达能力提升，开设法语等小语种课程20次。推进思学工作室学业辅导工作，通过一对一、团体辅导开展线上线下学业朋辈辅导，覆盖学生近10万人次；修订出版《引领 竞逐 共进——“大川小思”大学有效学习攻略》，撰写编印《学在川大——“大川小思”学长学姐有话说》。开展高质量学风建设活动，评选第二届四川大学本科生课程“最美笔记”、四川大学首届“阅读之星”、四川大学首届学习“进步之星”等。

加强大学生创新创业教育。持续建设大学生创新创意实现平台（智造梦工场），做好依托平台建设的12个跨学科交叉创新的主题工坊、4个新工科创新实验室、“青创魔方”服务平台、众创空间实践平台相关工作。开展“青年就业能力训练营”，助力创新创业人才培养。继续推进第二课堂项目落实，举行“睿识川大”第二课堂架构优化大赛，完成“睿川大”第二课堂成绩单信息平台一期建设工作，现有活跃用户数量3.8万人，累计发起活动2210场次，产生学时数量83.7万学时，引入各方资源营造“双创”良好氛围。2021年共选拔17支学生创业团队入驻i创街。发挥多个交叉学科工坊的人才培养功能，孵化国家级奖项11项、省级奖项9项、校级奖项17项。开展创新创业活动100余场，覆盖学生1万余人，将创新创业教育贯穿人才培养的全过程。

开展学生科技创新创业活动。组织开展“挑战杯”四川大学2020—2021年度学生科技节，开展赛事21项，约6500名学生参与。开展“学术大讲堂”“创新之路”“伴你企航”“论文零距离”等学术科技、创新创业系列讲座、沙龙、论坛100余场，共计1万余人次参加。从学生科技节中选拔优秀项目和团队进行孵化培育，以科创组队平台为载体，开展跨学科、跨学历层次组队，提供信息多元化的学术科研、创新创业活动交流，多批次、广覆盖地支持重点学生学术科研和创新创业项目。

大力加强美育工作。出台学校《加强和改进新时代美育工作的实施方案》。以“一团一剧”建设为抓手，持续做好8个学生艺术团建设。积极开展“大川文艺轻骑兵”活动30余次；推广演出音舞诗画《江姐在川大》，以川大悠久的革命传统和深厚的红色文化引导学生坚定理想信念。

深入开展“音乐党史”系列活动，围绕建党百年举办四川大学庆祝中国共产党成立100周年主题音乐会。组织学生艺术团参加全国第六届大学生艺术展演活动，荣获10项全国大奖，其中一等奖4项，二等奖1项，三等奖4项，优秀组织奖1项，获奖总数和一等奖数量创历史新高。持续做好公共艺术选修课教学工作，开设“交响乐鉴赏”等7门课程，选修学生近1600人。

扎实推进劳动教育工作。印发学校《全面加强新时代劳动教育实施方案》，制定任务分工、年度计划、学生劳动个人清单及劳动月计划等，完成校园公共卫生责任区划分、编号并绘制地图。做好“颂红色百年奋斗史，争做新时代最美劳动者”——四川大学劳模大讲堂暨五月劳动月启动仪式各项工作，通过开展丰富多彩的五月劳动月系列活动，进一步增强学生的劳动意识，培养学生爱生活、爱劳动的良好品质。

开展各类艺术文化活动。将中国共产党百年奋斗史融入校园文化活动，创新开展“初心向党 歌唱祖国”红色经典云拉歌系列活动和“初心向党 舞动青春”舞蹈大赛，覆盖学生4万人次。孵化学院文化艺术特色项目37项、学生自发创意的“IWE”精品项目5项。举办首届“艺寝川大”才艺展示短视频大赛，相关短视频网络阅读量达20余万。创办川渝高校辩论邀请赛，活动受到共青团四川省委和共青团重庆市委的重点支持。

以吴玉章学院为主要平台，加强本科拔尖创新人才培养工作。2021年吴玉章学院毕业生人数共181人，其中92人（50.8%）保送至北京大学、清华大学、中国人民大学、浙江大学、复旦大学等国内知名高校，10人成功考研（5.5%），38人（20.99%）申请到国外知名高校的深造机会，总深造率为77.35%。

二、学生社团工作

以“逐梦青春”学生社团文化节为载体，开展“春华秋实 百年风采”主题诗歌大赛等特色活动1835场次。依托传统文化实践平台，培育了25个传播传统文化的学生社团，开展“古韵川大”中华优秀传统文化特色体验等文化艺术活动358场次。扩展和丰富传统文化教育的内容和形式，邀请藏羌绣、竹编、皮影等非物质文化传承人开展理论授课和传统文化培训304次，参与学生13万余人次。学生社团获得国家级及以上奖项60个、市级以上奖项111个。

三、志愿服务工作

2021年学校青年志愿者协会共计组织7000余名志愿者参与核酸检测、疫苗接种、测温检码等校园防疫志愿服务，累计时长达15万小时；深入推进“关爱离退休老同志”志愿服务，2403名志愿者参与其中，一对一结对数量达3007对，直接服务离退休教职工2302人次。积极开展“青春志愿 爱在社区”大学生志愿服务社区行动，增加结对社区27个，实现50个社区的“菜单式”志愿服务供给。

2021年，组织“善行100·聚爱云端”志愿劝募活动，全校近2000名学生志愿者参加，为贫困地区小学生劝募善款共26.2余万元，为1300多名贫困地区小学生送去冬季爱心包裹，志愿时长近1万小时。开展“把爱传承”之青春义卖活动，筹集善款11.7万余元，利用善款在德阳等三所学校开展支教、捐赠、设立公益“馨心伞”等活动。联合川大附小、川大二幼开展“冬衣寄情，温暖同行”冬衣募捐活动，共募得爱心物资1200余件，寄送给凉山州昭觉县树坪乡福和希望小学的学生。开展“新希望·希苗计划”公益游学项目，带领巴中革命老区70名高中学子在成都进行六天五夜的励志教育主题公益游学活动。

四、社会实践工作

以“永远跟党走，奋进新时代”为主题，组织1814支社会实践团队、1.2万余名师生开展形式丰富的社会实践活动，得到中国青年报、学习强国等媒体的报道。圆满完成“相约幸福成都”、第六届大学生艺术展演、“挑战杯”红色专项等大型赛会的志愿服务工作；开展第31届世界大学生运动会升旗手、礼仪等志愿者的选拔，共选拔400余名志愿者参与大运会服务工作。

（以上资料由学生工作部田蕾、校团委吴银雪提供）

科学研究与
科技产业篇

哲学社会科学

一、哲学社会科学人才队伍概况

1. 哲学社会科学师资概况

2021年，四川大学哲学社会科学院所教学科研人员总数1411人，其中正高职称376人，副高职称588人。

2. 在编哲学社会科学优秀人才概况

截至2021年12月31日，四川大学哲学社会科学拥有“杰出教授”5人，中央文史研究馆馆员1人，“万人计划”哲学社会科学领军人才6人；“杰青”人才2人，“四青”人才12人，中宣部“四个一批”人才宣传思想文化青年英才1人，“新世纪百千万人才”4人。

二、哲学社会科学科研基地与平台概况

截至2021年12月31日，四川大学哲学社会科学拥有国家高端智库培育单位1个，中央统战部、中央宣传部、教育部、国家民委四部委联合设立的铸牢中华民族共同体意识研究基地1个，教育部人文社科重点研究基地4个，教育部省部共建协同创新中心1个，教育部区域与国别研究培育基地4个，四川省哲学社会科学重点研究基地13个，四川省协同创新中心2个，四川省新型智库4个，四川省重点中华文化研究院1个，四川省社科普及基地6个。

三、哲学社会科学科研项目和科研经费概况

2021年四川大学哲学社会科学有常规纵向项目315项。其中，国家社科基金项目95项，教育部人文社会科学项目30项，其他部委项目5项，四川省社科规划项目及省级其他规划项目104项，市厅级项目81项。全年哲学社会科学科研经费总额2.197亿元。

四、哲学社会科学科研成果与获奖概况

1. 哲学社会科学科研成果情况

2021年四川大学哲学社会科学科研成果中A类论文成果217篇，C类论文成果766篇。出版著作181部，重要智库成果107项，其中6篇决策咨询报告获得党和国家领导人批示。

2. 哲学社会科学科研成果获奖情况

2021年四川大学哲学社会科学科研成果获四川省第十九次社会科学优秀成果奖83项，其中一等奖13项（全省共29项），二等奖29项（全省共121项），三等奖41项（全省共250项）。此外，还获得国家民委社会科学研究成果奖（调研报告类）二等奖1项。

【实施“创新2035”先导计划，推进哲学社会科学科研有组织地整体提升】2021年1月21日，学校召开“创新2035”先导计划发布暨启动会，启动“创新2035”五大先导计划，其中哲学社会科学聚焦文明和治理领域，启动“文明互鉴与全球治理研究计划”。该计划旨在通过对世界不同文明的比较研究，加强文明交流借鉴，更加坚定我国的文化自信，加快社会主义文化强国建设，推动中华文明

伟大复兴，提出人类命运共同体研究阐释与战略实践的川大方案，推动治理体系和治理能力现代化。四川大学杰出教授曹顺庆和霍巍担任该计划的首席专家，下设中华文化全球传播与文明互鉴、区域历史与考古文明、儒释道思想融合创新与人类命运共同体构建、国家安全治理与应急管理四个研究方向。

【学校考古文博学院全面参与三星堆祭祀坑考古发掘，并在三星堆考古发掘中获重大进展】2021 年 3 月 20 日，三星堆遗址发布最新考古成果，学校考古文博学院参与三星堆祭祀坑考古发掘取得重大进展。为满足三星堆祭祀区考古发掘与研究的需要，考古文博学院成立由不同研究领域的 15 位教师组成的三星堆考古团队，与四川省文物考古研究院的专业人员一道共同发掘祭祀区 5、6、7 号器物坑。

【四川大学杰出教授项楚、文科讲席教授张法在《中国社会科学》上发表论文】四川大学杰出教授项楚撰写的论文《敦煌语言文学资料的独特价值》在《中国社会科学》2021 年第 8 期刊发，论文着重论述了敦煌文学、语言学研究的成绩及其意义。四川大学文科讲席教授张法撰写的论文《中国古代艺术的体系构成》在《中国社会科学》2021 年第 4 期刊发，论文系统地探讨了古代中国艺术观念的起源、定型、演变以及最终形成的独特体系结构。

【四川大学携手阿里、伯克利发布“汉典重光”中国海外古籍“数字化回归”平台】2021 年 5 月 18 日，由四川大学、阿里巴巴集团公益基金会及美国加州大学伯克利分校联合发起的“汉典重光”海外古籍数字化回归与研究整理平台在北京发布。本次首批回归了原藏于伯克利的 20 万页古籍善本，包含 40 余种珍贵宋元刻本、写本，明清至民国时期著名学者钱谦益、翁方纲、王韬的抄本、稿本，以及著名藏书楼嘉业堂、密韵楼的抄本，还有清文澜阁《四库全书》零本等。

【召开由教育部社科司指导的“高校社科界庆祝中国共产党成立 100 周年系列座谈会（四川大学专场）”】2021 年 6 月 25 日，“高校社科界庆祝中国共产党成立 100 周年系列座谈会（四川大学专场）”在学校国际学术交流中心举行。本次会议由教育部社科司指导，以“研究阐释中国共产党革命精神，弘扬红色文化，传承红色基因”为主题，围绕深入开展“四史”教育、传承红色基因，培育时代新人、助推“两个大局”等进行座谈和理论研讨。教育部社会科学司司长徐青森，教育部党史学习教育高校第十一指导组副组长赵忠、谢守成等，教育部高校党建工作联络员肖铁岩，四川省社科联党组书记姜怡等参加座谈会。校长李言荣，校党委常务副书记曹萍，副校长李蓉军、姚乐野，校党委副书记郭勇，以及来自中国社会科学院、武汉大学、重庆大学、湖南大学、四川省委党校等高校和科研机构的专家学者参加座谈会。原中央党史研究室主任、四川大学特聘教授欧阳淞作主旨报告。

【成立“四川大学中共党史党建研究院”】2021 年 6 月 25 日，四川大学中共党史党建研究院揭牌。为进一步加强四川大学全国重点马克思主义学院建设和马克思主义理论学科建设，充分发挥四川大学人文社科优势，深化党史党建研究，学校成立了“四川大学中共党史党建研究院”。

【国家社科基金面上项目立项数并列全国高校第二】2021 年，学校共获得国家社科基金面上项目（年度项目、青年项目和西部项目）立项 57 项，立项数并列全国高校第二。2017 年启动“双一流”

建设以来，学校国家社科基金面上项目共立项 271 项，居全国高校第一。

【四川大学牵头完成的《社会主义发展简史》出版发行】由四川大学马克思主义学院名誉院长张磊教授、曹萍教授牵头的中央马克思主义理论研究和建设工程重大项目暨国家社科基金重大项目“社会主义发展史”顺利结项，研究成果《社会主义发展简史》由中宣部审定，2021 年 8 月在全国出版发行。该书被列为全国党史学习教育重要参考材料。

【《中国城市通史》正式出版】2021 年 8 月，四川大学何一民教授主编的《中国城市通史》由四川大学出版社正式出版。该书是国家社科基金重点项目研究成果，“十三五”国家重点图书出版规划项目和国家出版基金项目。该书以中国城市历史基本脉络及总体特征为中心，以城市文明的演变作为主线，以历史变迁为经，以城市结构为纬，按朝代顺序将中国城市发展历史分为七个时期，每一时期编纂一卷，分别为先秦卷、秦汉魏晋南北朝卷、隋唐五代卷、宋辽夏金卷、元明卷、清代卷、民国卷，再加绪论卷，凡八卷七册，共计 450 余万字，是中国第一部通史性城市史专著。

【主办第四届中印高级别二轨对话】2021 年 9 月 23 日至 24 日，由四川大学国际关系学院、中国南亚研究中心和印度国防研究分析所共同主办的第四届中印高级别二轨对话在四川彭州举行。20 余位中印前政要和学界专家参会。四川大学副校长姚乐野教授、印度国防研究分析所主任齐湛分别代表主办方致欢迎词。中国驻印度大使孙卫东、印度驻中国大使唐勇胜分别做线上发言。双方针对中印关系现状，分别就重建互信、边界问题、地缘政治环境变化、经贸关系与务实合作等议题，进行坦诚深入的交流。

【新增国家“万人计划”哲学社会科学领军人才 2 人、青年拔尖人才 1 人】四川大学文学与新闻学院李怡教授、经济学院张红伟教授入选国家“万人计划”哲学社会科学领军人才，四川大学法学院王竹教授入选国家“万人计划”青年拔尖人才。

【13 项成果获四川省第十九次社会科学优秀成果一等奖】2021 年 12 月 27 日，四川省第十九次社会科学优秀成果奖颁奖大会举行。四川大学 13 项成果获一等奖，分别是道教与宗教文化研究所卿希泰（詹石窗）教授的《中国道教通史》，古籍整理研究所郭齐研究员的《朱熹文集编年评注》，历史文化学院（旅游学院、考古文博学院）李映福教授的《中国古代物质文化史（铁器卷）》、何一民教授的《20 世纪新疆城市与区域发展研究》、徐君教授的《固边图藏：清末赵尔丰川边经营》，文学与新闻学院李怡教授的《国家社会历史形态与中国现代文学》、赵毅衡教授的《当今中国文化现状与发展的符号学研究》、陈华明教授的《网络社会风险论——媒介、技术与治理》，商学院徐玖平教授的《灾害社会风险治理系统工程》，经济学院蒋永穆教授的《新中国“三农”十大理论问题研究：70 年发展与变迁》，法学院左卫民教授的《实证研究：中国法学的范式转型》，公共管理学院姚乐野教授的《跨学科综合集成的应急管理情报体系研究》、姜晓萍教授的《城乡基本公共服务均等化的实现机制与监测体系》。

【获国家社科基金重大招标项目 5 项】四川大学获得国家社科基金重大招标项目 5 项，分别是文学与新闻学院雷汉卿教授申报的“《汉语大字典》修订研究”、阎嘉教授申报的“马克思主义美学史”，历史文化学院黎海超教授申报的“三星堆文化与中国文明研究”，道教与宗教文化研究所盖建民教授申报的“中国西南道教文献整理与数据库建设”，南亚研究所尹锡南教授申报的“印度古代文艺理论史”。

【《道家与道教研究著作提要集成（1901—2017）》出版】 2021年12月6日，《道家与道教研究著作提要集成（1901—2017）》新书发布会在四川大学举行。《道家与道教研究著作提要集成（1901—2017）》是四川大学杰出教授詹石窗先生主持的国家社会科学基金重大招标项目“百年道家与道教研究著作提要集成”（批准号：14ZDB118）的最终成果，获得2020年度国家出版基金资助。2021年9月，由国家图书馆出版社正式出版。全书共六册，分为八辑，呈现了百余年来中国道文化研究的发展历程与学术谱系，有助于推动道文化研究的进一步深化，增强学术自信、文化自信。

【新增3个四川省哲学社会科学重点研究基地】 2021年四川大学新增3个四川省哲学社会科学重点研究基地，分别是马克思主义学院的“建党精神研究中心”，历史文化学院（旅游学院、考古文博学院）的“中国西南考古研究中心”和“铸牢中华民族共同体意识研究中心”。

表1　四川大学2021年社科科研经费总量及其结构　（单元：万元）

	总经费	纵向经费	横向经费
金额	21966.51	9626.83	12339.68

表2　四川大学2021年社科常规纵向科研项目统计表

项目类别	个数
国家社科基金项目	95
教育部人文社会科学项目	30
其他部委项目	5
四川省及其他省级哲学社会科学规划项目	104
市厅级项目	81
共计	315

表3　四川大学2021年科研成果统计表

成果形式	成果数量
出版著作	181部
发表C类及以上论文	1361篇
重要智库成果	107项
总计	1649项（篇）

表4 四川大学哲学社会科学科研成果获四川省第十九次社会科学优秀成果奖统计表

获奖等级	数量（项）
一等奖	13
二等奖	29
三等奖	41
总计	83

（以上资料由社科处刘小娟提供）

自然科学

2021年，四川大学在科研经费、重大重点项目、科研基地建设、科技成果和成果转化工作等方面都取得了新进展。

一、科技项目与经费

科技部项目方面，四川大学（含华西医院）牵头获准科技部各类重大项目30余项，总经费近5亿元，其中获准国家重点研发计划项目8项，获准经费3.03亿元；科技创新2030重大项目1项，总经费5960万元。国家自然科学基金项目方面，获准616项，获准数列全国第8（创历史新高），牵头获准基础科学中心项目，直接经费6000万元，是我国西南地区第一个基础科学中心，获准国家杰出青年科学基金项目8项，获准数并列全国高校第5（创历史新高）。高技术类项目方面，获准286项，获准经费2.26亿元，到校经费2.28亿元，较2020年同期增长55.4%，首次获批国防科工局条件建设项目1项，为研制自主可控大型工业软件提供条件保障，获准国防科技卓越青年人才1项。企事业单位合作项目方面，2021年新签企事业委托产学研项目3650项，合同总金额23.8亿元，其中合同金额1000万以上的项目11项，合同总金额8.81亿元。

二、科研基地建设

2021年，四川大学（含附属医院）作为牵头单位获准国家、部省级科研基地12个。获批部委级科研基地6个：国家应急管理部“山区灾害风险预警与防控应急管理部重点实验室”，国家药监局“创新生物材料与植入器械监管科学重点实验室”“化妆品人体评价监管科学重点实验室”“创新药物临床研究与评价重点实验室”“博鳌乐城真实世界数据研究重点实验室”，中央网信办“国家智能社会治理实验基地—特色基地（教育）”。获批省级科研基地6个：天府锦城实验室（生命健康实验室）、天府永兴实验室（碳中和实验室）、四川省碳中和技术创新中心、四川省真实世界数据技术创新中心、四川省河湖保护与管理工程技术研究中心、四川省行业型数字化转型促进中心（口腔医学）。有序推进“天府工程数值模拟与软件创新中心”和“四川国家应用数学中心”等重点平台建设。

三、科技成果

2021年度四川大学获各级各类科技奖励50项，其中牵头31项。四川省科技奖励方面，牵头获四川省科学技术奖21项，其中一等奖10项、四川省杰出青年科技创新奖1项。其他重要科技奖励方面，张兴栋院士荣获2021年Acta Biomaterilia金奖，四川大学教师牵头获华夏医学科技奖、中国分析测试协会科学技术奖、中国机械工业科学技术奖等各类社会力量设奖9项。2021年各单位牵头获奖情况见表6。

科技论文方面，2021年度四川大学发表A类和A－类论文113篇；SCI论文8122篇。2021年共获得专利授权3370项（同比增长6.5%），其中发明专利1718项，实用新型1591项，国外专利16项。2021年各单位发明专利授权情况见表7。

四、科技成果转化

2021年共签订科技成果转化（含专利转让、许可及作价投资）协议202项，合同总经费3.8亿元。其中，以转让、许可形式转化194项，合同总经费3.5亿元；以作价投资形式转化8项，作价总金额3455万元。2021年各单位专利转化情况见表8。

五、校地合作

深化与华为、中国商飞、东方电气、中石油等行业骨干企业的产学研合作。2021年新签企事业委托产学研项目3650项，合同金额23.8亿元，创历史新高，其中合同金额1000万以上横向项目11项，合同总金额8.81亿元，到校经费12.2亿元，同比增长20%。深化与军工集团的合作，在核技术相关重点领域与核动力院等组建联合实验室5个。

全面融入成渝地区双城经济圈和西部科学城（成都）建设，全面推进与四川省深化战略合作，积极推动与四川省人民政府签署第二轮战略合作协议；与四川省自然资源厅、四川省公安厅等签署战略合作协议。

进一步加强与成都深度融合发展，持续推进与武侯区共建的面向新经济的技术交叉与转化中心项目主体施工建设，推进共建“极端条件下先进材料与器件综合研究装置”项目；推进与成都高新区在大型工业软件、碳中和、人才资金等领域的创新合作。

以“三个一”模式持续推进与四川各市州的战略合作，2021年度新立项115项，立项资金约4500万元，预计带动地方投资约20亿元。积极拓展与省外区域合作，与广西壮族自治区人民政府、黑龙江省人民政府签署战略合作协议。

表5　2021年各单位到校科技经费情况　（单位：万元）

序号	单　位	2021年	2020年	增长率
1	华西临床医学院（含生物治疗国家重点实验室）	42796.58	48505.03	－11.77%
2	高分子科学与工程学院和高分子研究所（含高分子材料工程国家重点实验室）	20222.06	17920.75	12.84%
3	水利水电学院（含水力学与山区河流开发保护国家重点实验室）	17323.86	18406.05	－5.88%

续表5

序号	单 位	2021年	2020年	增长率
4	化学学院	13001.85	7137.28	82.17%
5	计算机学院（软件学院）	11048.92	7375.02	49.82%
6	建筑与环境学院	10934.22	10599.10	3.16%
7	电气工程学院	10769.74	8415.47	27.98%
8	化学工程学院	10623.00	8151.46	30.32%
9	华西口腔医学院（含口腔疾病研究国家重点实验室）	8418.82	11631.31	−27.62%
10	物理学院（含原子核科学技术研究所、原子与分子物理研究所）	8279.23	6925.44	19.55%
11	华西第二医院	7223.40	8098.49	−10.81%
12	轻工科学与工程学院	6444.96	6992.14	−7.83%
13	机械工程学院	6334.92	5132.96	23.42%
14	生命科学学院	6185.04	8637.97	−28.40%
15	数学学院	5815.26	4563.28	27.44%
16	生物医学工程学院（含国家生物医学材料工程技术研究中心、医疗器械监管科学研究院）	5228.93	—	—
17	电子信息学院	4437.00	4229.18	4.91%
18	华西药学院	4309.04	4532.02	−4.92%
19	空天科学与工程学院	4306.52	2764.32	55.79%
20	材料科学与工程学院	3998.29	3466.42	15.34%
21	网络空间安全学院（含网络空间安全研究院）	3506.93	3778.22	−7.18%
22	分析测试中心	2381.20	1760.86	35.23%
23	华西基础医学与法医学院	2338.01	1952.04	19.77%
24	华西公共卫生学院（华西第四医院）	2109.59	2389.94	−11.73%
25	新能源与低碳技术研究院	1175.83	898.47	30.87%

注：1. 本表不含非教学科研单位；2. 表中经费为学校大财务账户经费；3. 生物医学工程学院首次纳入统计。

表6 2021年各单位牵头获奖情况 （单位：项）

序号	单 位	四川省科技奖励				其他奖项
		合计	一等奖	二等奖	三等奖	
1	华西临床医学院（含生物治疗国家重点实验室）	11	4	3	4	

续表6

序号	单 位	四川省科技奖励				其他奖项
		合计	一等奖	二等奖	三等奖	
2	化学工程学院	2	2			
3	华西口腔医学院（含口腔疾病研究国家重点实验室）	2	2			
4	网络空间安全学院（含网络空间安全研究院）	1	1			
5	华西第二医院	1	1			3
6	建筑与环境学院	1		1		2
7	化学学院	1		1		
8	水利水电学院（含水力学与山区河流开发保护国家重点实验室）	1			1	1
9	其他单位（商学院）	1		1		
10	分析测试中心					2
11	电气工程学院					1
12	生物医学工程学院（国家生物医学材料工程技术研究中心、医疗器械监管科学研究院）					1
13	物理学院（含原子核科学技术研究所、原子分子物理研究所）					
14	电子信息学院					
15	数学学院					
16	生命科学学院					
17	计算机学院（软件学院）					
18	材料科学与工程学院					
19	机械工程学院					
20	轻工科学与工程学院					
21	高分子科学与工程学院和高分子研究所（含高分子材料工程国家重点实验室）					
22	空天科学与工程学院					
23	新能源与低碳技术研究院					
24	华西基础医学与法医学院					
25	华西公共卫生学院（华西第四医院）					
26	华西药学院					
合计		21	10	6	5	10

注：本年度国家科技奖励、教育部科技奖励、高等学校科学研究优秀成果奖（科学技术）未进行评审。

表 7　2021 年各单位发明专利授权情况　（单位：项）

序号	单位	发明	实用新型	外观	国防	国外	2021 年合计	2020 年合计
1	华西临床医学院（含生物治疗国家重点实验室）	265	941	13		3	268	132
2	高分子科学与工程学院和高分子研究所（含高分子材料工程国家重点实验室）	201	13			4	205	137
3	电气工程学院	141	19				141	102
4	机械工程学院	125	52	4			125	71
5	电子信息学院	110	20			1	111	67
6	轻工科学与工程学院	105	7	15			105	75
7	水利水电学院（含水力学与山区河流开发保护国家重点实验室）	89	69			3	92	108
8	华西口腔医学院（含口腔疾病研究国家重点实验室）	82	89	1		3	85	34
9	生物医学工程学院（含国家生物医学材料工程技术研究中心、医疗器械监管科学研究院）	77	10				77	62
10	计算机学院（软件学院）	74	3				74	66
11	化学学院	67	7	1			67	59
12	化学工程学院	61	2				61	57
13	物理学院（含原子核科学技术研究所、原子分子物理研究所）	41	24				41	47
14	建筑与环境学院	40	40				40	56
15	华西药学院	40	4	1			40	22
16	材料科学与工程学院	34	3				34	30
17	华西第二医院	30	249	7		1	31	9
18	生命科学学院	27	3	1		1	28	26
19	网络空间安全学院（含网络空间安全研究院）	27	1				27	31
20	空天科学与工程学院	27					27	21
21	分析测试中心	19					19	13
22	华西基础医学与法医学院	14	2				14	6
23	华西公共卫生学院（华西第四医院）	10	19	1			10	5
24	其他单位	6	12	1			6	5

续表7

序号	单位	发明	实用新型	外观	国防	国外	2021 年合计	2020 年合计
25	新能源与低碳技术研究院	4	2				4	5
26	数学学院	2					2	
合计		1718	1591	45	0	16	1734	1253

注：2021 年和 2020 年合计数仅包含国家发明专利、国防专利和国外专利。

表 8　2021 年各单位专利转化情况　（金额：万元）

序号	单　位	转让、许可		作价投资		小计：技术转化	
		成果数	合同金额	成果数	合同金额	成果数	合同金额
1	华西临床医学院（含生物治疗国家重点实验室）	83	28348	6	3155	89	31503
2	机械工程学院	16	287			16	287
3	建筑与环境学院	14	917			14	917
4	轻工科学与工程学院	14	292			14	292
5	电气工程学院	11	808			11	808
6	水利水电学院（含水力学与山区河流开发保护国家重点实验室）	10	422			10	422
7	华西口腔医学院（含口腔疾病研究国家重点实验室）	10	399			10	399
8	电子信息学院	6	194			6	194
9	化学工程学院	6	2117			6	2117
10	物理学院（含原子核科学技术研究所、原子分子物理研究所）	4	74			4	74
11	高分子科学与工程学院和高分子研究所（含高分子材料工程国家重点实验室）	4	86			4	86
12	化学学院	3	145			3	145
13	生命科学学院	3	104			3	104
14	分析测试中心	3	600			3	600
15	材料科学与工程学院	2	47	2	300	4	347
16	空天科学与工程学院	2	15			2	15

续表8

序号	单　位	转让、许可		作价投资		小计：技术转化	
		成果数	合同金额	成果数	合同金额	成果数	合同金额
17	生物医学工程学院（国家生物医学材料工程技术研究中心、医疗器械监管科学研究院）	1				1	
18	华西第二医院	1	100			1	100
19	华西药学院	1	50			1	50
20	数学学院						
21	计算机学院（软件学院）						
22	网络空间安全学院（含网络空间安全研究院）						
23	新能源与低碳技术研究院						
24	华西基础医学与法医学院						
25	华西公共卫生学院（华西第四医院）						
合计		194	35004	8	3455	202	38459

（以上资料由科研院简崇书提供）

科技产业

2021年，产业集团参控股公司有35家，其中控股公司12家，参股公司23家。集团本部及所属控股公司职工有1623人，其中校编177人，聘用1446人。2021年，集团持续抓好集团疫情防控工作，推进校办企业全面从严治党向纵深发展，并围绕企业体制改革、科技成果转化以及大学科技园建设等开展各项工作，完成了华西口腔种植科技中心等7家企业的脱钩剥离，制定了《四川大学所属企业工资总额管理办法》《四川川大科技产业集团有限公司所属企业（含集团部门自设岗位）负责人选拔任用办法》等规章制度，修订了《四川川大科技产业集团有限公司章程》《四川川大科技产业集团有限公司董事会议事规则》《中共四川川大科技产业集团有限公司委员会议事规则》《四川川大科技产业集团有限公司总经理办公会议事规则》等规章制度，组织完成了17家集团本部及所属控股公司和2家全民所有制企业2020年报审计工作，完成了对四川川大工程设计研究院公司、四川川大科技园发展有限公司、四川川大生态环境技术公司和四川拜阿蒙生物活性材料有限责任公司 4 家公司的财务收支审计。

在 2021 年经济下行压力较大的情况下，产业集团所属各公司基本实现了健康平稳发展，产业集团 2021 年年末合并报表显示：资产总额 122963.84 万元，所有者权益 59708.25 万元，营业总收入 57212.61 万元，利润总额 2171.78 万元，净利润 1504.70 万元。

【国家大学科技园创新服务品牌】2021 年，四川大学国家大学科技园被认定为首批四川省知识产权信息公共服务网点，可为学校师生、园区企业和社会公众提供免费或低成本的知识产权信息公共服务。园区的 C-Fab Lab 实验室成为 Fab Academy 2022 node，可即时共享全球 Fab Lab 实验室资源并开展国际交流合作。

科技园每月通过组织（承办）创业沙龙或创业导师闭门诊断会，努力营造创新创业氛围，其中，6 月举办了“首届高校课赛践一体化创新创业教育研讨会”，3 月协办了“2021‘蓉漂杯’高层次人才创新创业大赛”，10 月承办了“海纳百川·智投科创——2021 年海智四川科创新经济项目路演暨投资对接峰会”等高质量会议，初步形成了科技园 TPE（Targeted Professional Effective）创业沙龙品牌。

科技园积极探索双创教育新模式，7 月举办了第十一期大学生创业操盘实践课程，并结合实践经验在 9 月修订出版了《大学生创业概论》教材。12 月面向学校商学院 MBA 学生开设了“技术转移与技术经理人”课程，成为西南地区首次在研究生学历层次开展技术经理人培育的大学科技园。

【工程设计研究院提质增效显著】四川大学工程设计研究院有限公司 2021 年主营业务收入达到 26946 万元，经营业绩连续 4 年保持 29.75%快速增长。规划类项目“中牟县乡村振兴战略规划（2019—2035）”荣获 2020 年度全国优秀工程咨询成果奖三等奖，风景园林专业工程设计资质升为甲级，水利建设市场主体信用评价勘察类、咨询类和设计类获得 AA 级企业信用等级证书。其中，工程设计研究院所属的省级工程技术研究中心“四川省健康人居工程技术研究中心”成功申报发明专利 1 项、计算机著作权 10 项，出版著作 1 本，发表论文 5 篇，并获各类奖 6 项，该中心正在向智慧化科技型健康人居工程技术研究和转化转型。

【校园及周边物业品质升级】为提升“环川大知识经济圈”载体物业品质，2021 年初对科华大厦楼宇公共区域建筑面积约 2700 平方米进行精装修，更换了电梯和陈旧设施设备，增加了人脸识别和智能体温检测设备等智能楼宇设备设施，增设了一个约 30 平方米的会议室，5 月竣工。为配合华为技术有限公司在科技创新中心二楼建设黄大年茶思屋，8 月起对科技创新中心总体环境进行了整治，重点对停车场、二楼平台、全楼空调外机放置处、地下雨污管网等进行了改造，并重新装修了二楼会议室，2021 年底基本完成施工。

【华西药业在国家首次中成药集中带量采购中中标】四川川大华西药业股份有限公司 2021 年 12 月 21 日参加了湖北牵头的 19 省（区、市）省际联盟中成药集中带量采购现场开标会，这是我国首次开展的省际中成药集中带量采购。公司中药注射液参麦注射液 10ml/15ml/20ml 和生脉注射液 10ml 均中标，这将给公司中药注射液销售带来新的机遇。

【科技成果转化取得成效】为进一步推动科技成果转化，2021年产业集团通过大学科技园与四川大学27个理工类学院、研究中心、重点实验室等单位共织“园—院”科技产业化联络网，共同推进科技成果转化落地。2021年成立了2家公司，其中，以四川大学生物治疗国家重点实验室余洛汀科研团队的科技成果作价2030万元注册成立了成都四面体药物研究有限公司，以材料学院刘颖科研团队的2项专利技术作价300万元注册成立了四川省新材料工业设计研究院股份有限公司，开展了以生物治疗国家重点实验室魏于全、邓洪新技术团队研发的“治疗肢端缺血和肝损伤的间充干细胞及平台技术秘密”专有技术作价投资设立新公司的前期工作。同时，为推进企业科技成果转化的深度研发，完成了贵州伊诺其尼科技有限公司和四川国纳科技有限公司的增资工作。

【产业集团第三届职工代表大会暨第三届工会会员代表大会第五次会议召开】2021年12月22日下午，产业集团第三届职工代表大会暨第三届工会会员代表大会第五次会议在双创基地多功能会议厅召开，集团本部及所属公司的100名正式代表、10名列席代表出席了本次大会。大会审议并通过了《产业集团总经理工作报告》《产业集团职代会、工会工作报告》和《产业集团工会主席述职报告》，并对集团企务公开工作、集团工会工作和工会主席履职情况进行满意度测评，对集团工会2021年度先进集体和先进个人进行了表彰。

（以上资料由科技产业集团严萍提供）

医疗卫生篇

医学管理

一、医学学科建设

全力推进医工融合创新发展。完善医工融合的条件保障机制，2021 年度向三中心划拨建设经费 550 万元；完成公房分配，三中心已全部入驻；医工融合实验数据共享平台于 12 月初上线试运行；与重庆大学共同举办“医工融合成渝双城经济圈高峰论坛”。医工融合参与的单位包括 6 个医学院及 4 所附属医院，16 所校内理工科学院，23 所校外院校，40 家企业。汇聚复合型人才 65 人，承担纵向项目 49 项，政府或企业横向项目 18 项；代表性项目 19 项，代表性成果 29 项。医工融合发展基金学校划拨经费 1600 万元，附属医院配套 1.6 亿元，部分基金池约 1 亿元。开展医工融合团队成果调研，为医工融合团队提供必要的成果转化服务。

继续实施医学基础学科振兴计划。设立“基础医学+”专项经费，从“医工融合发展基金”中拨付 2000 万元，支持基础医学、特种医学、药学、公共卫生与预防医学等医学基础学科建设。

服务教育部第五轮学科评估和医学各单位“十四五”规划编制工作，通过梳理医学各单位突出优势和短板弱项，提出未来五年重点发展举措。负责医学技术、口腔医学一级学科目录调整，参与了特种医学一级学科及专业学位类别修订调整工作。根据软科最好学科排名、中国医院及专科声誉排行榜（复旦）、中国医院/中国医学院校科技量值（STEM）等排行榜，对标分析查找发展差距。

在已建超前部署学科群的基础上，推进医文、医理融合，推进高原医学学科群建设。持续推进创新药物集成公共平台和疾病分子网络前沿科学中心建设。持续强化“西部医学人才培养与学科发展基金”“华西医学发展基金”“蒋庆云德医奖学基金”等医学类基金项目使用效能，积极争取企业捐赠资金，助力医学发展。

二、医学人才引育

2021 年医学高端人才人数新增 38 人。人才总量达到 281 人，较 2020 年增长 16%。其中，青年高端人才总量为 118 人，较 2020 年增长 11%。

对 2021 年度抗疫职称倾斜资格进行认定，组织卫技系列职称材料审核、高级职称评审委员会。本年度医科常规职称共晋升正高 46 人、副高 85 人；抗疫职称倾斜人员晋升正高 26 人、副高 38 人、中级及以下职称 95 人；新增抗疫职称倾斜档次认定 18 人。推进卫技系列（医、技、护、药类）职称评聘改革，将卫技系列高级职称评聘指标单列。开通卫技系列正高申报委托评审，优化卫生技术系列职称评聘条件。开展四川大学华西名医评选工作，制定《关于四川大学华西名医延迟退休管理办法（试行）》。

三、医学教育发展

推进《四川大学新时代医学教育创新发展实施方案》落地实施。明确各项任务，成立“四川大学医学教育创新发展工作小组”，以规范化、制度化的长效管理机制保障各项任务的具体实施。

推动一流专业建设。2021年医科基础医学、临床药学、医学检验技术、口腔医学技术和卫生检验与检疫等5个医学专业入围“国家级一流本科专业”建设点，建设点总数已达12个，占医科本科专业总数的80%，医科47门课程通过省级一流本科课程认定。通过医科各学院跨学院教学合作，加强25门基础医学课程教学；“预防医学＋软件工程”“护理＋管理”“医学技术＋智能制造”3个双学士学位项目纳入2021年四川大学本科招生计划。

推动一流教材建设。华西临床医学院（华西医院）获“全国教材建设先进集体”称号，医科教师主编或副主编的9本教材获得全国优秀教材奖（高等教育类）；18名专家受聘全国高校八年制及“5＋3”一体化临床医学专业第四轮规划教材主编和副主编；制定《四川大学人卫e教平台教材作者申报流程》，规范我校医科教材申报参编教材管理流程。

加强医学国际交流。对四川大学牵头创建“中英高校医学联盟”的可行性进行论证并撰写《中英高校医学联盟可行性分析及建设方案》。

举办“四川大学首届华西医学MBBS青年教师英语授课比赛”；筹划组织我校医科相关专业参加第十届全国大学生医学技术技能竞赛；组织推荐中国大学生医学技术技能大赛相关奖项名单；组织医科学生参加俄罗斯第八届“文化的十字路口”国际语言比赛。

四、医学校地合作

推进“成都未来医学城”项目，积极融入成渝双城经济圈建设，与成都东部新区签署合作共建“四川大学华西医学中心（东部）”和“四川大学华西东部医院”协议，制定了成都未来医学城拟建临床研究中心规划方案。服务四川卫生健康事业，持续深化与省内市州及厅局的合作，与四川省机关事务管理局合作共建四川省第四人民医院，挂牌“四川大学华西春熙医院”。持续推进与成都市高新区的合作。

推进华西厦门医院/研究院建设工作，主体建筑已顺利封顶，已派驻管理团队（筹建专班）进驻厦门，华西厦门医院拟于2022年正式开院。华西乐城医院2021年1月开工，12月已顺利封顶。深度领办三亚市人民医院，挂牌“四川大学华西三亚医院”，医院管理团队已选派到位并高效开展工作。

落实市校共建协议，推进天府锦城实验三大板块（未来医学城、成都前沿医学中心、前沿医学研究中心研究极大楼）建设。（1）起草《天府锦城实验室（未来医学城板块）组建方案》，召开专家咨询论证会议，邀请多位行业专家学者进行指导、论证。（2）推进天府锦城实验室（成都前沿医学中心板块）建设，已入驻疾病分子网络前沿科学中心和口腔疾病临床医学研究中心两个国家级平台；已入驻华西医院、华西第二医院、华西口腔医院共计35个高水平研发项目，已聚集多名院士、长江学者、杰出青年等国家级人才，以及正高级专家27名，实际入驻技术型人才近1000名。与华西精准医学产业创新中心有限公司、赜灵生物、朗谷生物、奥睿药业、深探医疗科技等企业合作，产出12个四川大学医药健康类成果转化项目。（3）加速推动天府锦城实验建设前沿医学研究中心板块的研究极大楼建设。

与爱尔眼科医院集团签署战略合作框架协议，加强与优质医疗企业的合作。华西临床医学院、华西公共卫生学院分别与宜宾市人民政府签署《全科医学合作协议》《公共卫生合作协议》。

五、医学社会服务

华西各附属医院积极强化医疗服务质量，提升医疗综合服务能力，面向人民生命健康，积极服务社会。2021 年各附属医院共完成门急诊 1208.52 万人次，出院病人 35.95 万人次，各类手术 22.65 万台次。

定点帮扶甘洛县，巩固脱贫攻坚成果与乡村振兴有效衔接。上线“四川大学帮扶甘洛乡村振兴教育培训”线上培训平台，通过“线上+线下”的方式对 411 名甘洛县人民医院干部、175 名甘洛县村医开展医院管理和基层医疗卫生人员医疗技术能力提升的相关培训，全年共计录制 49 门课程、35 个课时的线上培训视频。四家附属医院选派 7 个专科的专家赴甘洛开展专家巡回医疗服务。

开展援疆援藏的干部选派工作。6 家医学单位 2021 年共计选派 6 名医生和 2 名教师分别赴新疆、西藏、宁夏开展干部挂职和教学工作。

推进学校对口支援西北民族大学、湖北民族大学工作。根据《四川大学 西北民族大学对口支援合作协议》内容，重点推进西北民族大学在临床医学专硕点建设、附属医院建设等方面工作，接收孙东辉等 12 名医师赴四川大学华西医院进修，接收晁增平等 14 名护理人员赴四川大学华西医院进修，召开四川大学华西医院和西北民族大学附属医院对口支援一周年成果论坛/华西医院管理经验交流会，选派华西第四医院谢林伸同志赴西北民族大学附属医院挂职副院长。根据《四川大学 湖北民族大学对口支援合作协议》内容，选派华西第四医院王永伟同志赴湖北民族大学附属医院挂职副院长。录取湖北民族大学医学类对口支援博士 5 人，接收 6 名临床专业技术人员赴四川大学华西医院进修。

发挥四川大学华西医学展览馆的教育、宣传功能，接待兄弟院校、地方政府、中小学学生等团体参观学习，年均接待量达 4000 余人次。

六、校内师生服务

制定《四川大学新冠肺炎疫情防控全员核酸检测工作方案》，2021 年组织开展 2 次共 3 轮全校全员核酸检测工作，选派各附属医院及校医院医护人员 700 余人次，共检测师生近 20 万人次。组织全校师生进行疫苗接种近 15 万剂次。编制《医疗救治工作简报》300 余期。

推进方便师生就医工作。根据师生需求及实际情况，打通师生转诊就医堵点，开放师生“校医院转诊绿色通道”，方便师生就医绿色通道转诊患者年均 200 余人次。协调华西第二医院为学校女性教职工开辟产前建卡绿色通道。

做好学生开学返校、校庆等重大活动期间应急医疗保障工作，守护师生安全。

持续优化伦理申报和服务流程，提升服务效能，开展伦理形式审查 300 余项、正式审查 37 项，促进科学研究项目申报和学科交叉融合发展。

【举办 2021 年新医科人才评价与发展高峰论坛】7 月 16 日，由四川大学主办的 2021 年新医科人才评价与发展高峰论坛在成都召开，邀请来自全国 60 余所医科高校和附属医院的 140 余名专家学者，围绕医学人才分类评价与高层次人才引培等问题进行研讨。进一步提升川大华西医学品牌在全国医学人才建设中的影响力，在医学人才工作领域树立华西医学的“领头羊”地位。

【举办四川大学华西医学改革与发展论坛】10 月 10 日，华西医学系列校友活动——四川大学华西医学改革与发展论坛在上海召开，川大华西校友150余人参会。华西医学中心及医学各单位相关负责人分别在会上介绍华西医学事业发展现状，参会校友就学校医学事业改革发展进行了深入的探讨。论坛围绕“川大因华西越来越好，华西因川大越来越强”这一主题，展示学校事业发展成就，搭建起凝聚校友情感、增强互动交流的平台。

【开展四川大学“医学+”全国巡回招聘活动】10月起，组织医学各单位前往全国各大高校、科研机构开展四川大学“医学+”全国巡回招聘活动，以政策宣讲、人才洽谈、现场招聘等方式，吸引各种类型、不同层次的人才加盟我校。活动在北京大学、清华大学、北大医学部（线上）成功举办。

【国家医学中心和国家区域医疗中心创建】整合校内资源，进一步加大协调力度，推动国家医学中心和国家区域医疗中心建设。华西医院获批首批国家医学中心（辅导类），华西口腔医院获批国家口腔医学中心，华西第二医院获批国家儿童区域医疗中心，华西厦门医院获批国家区域医疗中心。

【推动创新2035未来医学港湾计划实施】以科技创新推动成渝双城经济圈建设，系统推进创新2035未来医学港湾计划的实施。已完成9个特色临床医学中心、5个转化创新中心实施方案的院内论证；组织撰写了生物药与生物治疗研发中心、药物智能创制中心和应急医学创新中心3个新设转化创新中心实施方案；落实“创新2035先导计划”资源配置。

（以上资料由华西医学中心唐瑗璘提供）

医院管理

华西临床医学院（华西医院）

机构设置。华西临床医学院（华西医院）有职能部门37个，临床科室48个，医技科室9个。国家级研究平台9个，省部级研究平台33个，校级平台3个，院内实体研究机构94个，公共服务机构3个，院企合建平台3个。

师资队伍。2021年共有从业人员14297人。在职高级职称专家1404人（正高530人，副高874人）、中级专业技术人员2922人；博士生导师396名，硕士生导师544名；科研和科研辅助人员1321人。有中国科学院院士1人、中国工程院院士3人（双聘），教育部重要人才计划13人，国家杰出青年科学基金获得者16人，高端引进人才44人（双聘21人）。有国家级教学名师2人，省级教学名师3人，国家级教学团队2个。

学科建设。有临床医学、中西医结合、护理学、医学技术4个一级学科。拥有9个国家重点学科：内科学（呼吸系病）、内科学（消化系病）、外科学（普通外科）、外科学（胸心外科）、外科学（骨科）、肿瘤学、影像医学与核医学、精神病与精神卫生学、麻醉学。拥有35个国家卫生计生委临床重点专科及实验室建设项目：消化内科、骨科、重症医学科、麻醉科、病理科、实验医学科、专科护理、心脏内科、血液内科、内分泌科、神经外科、胸外科、耳鼻咽喉—头颈外科、心脏大血管外科、精神科、中西医结合科、呼吸内科、神经内科、肾病科、普通外科、泌尿外科、眼科、皮肤科、急诊医学科、肿瘤科、医学影像科、感染病科、康复医学科、风湿免疫科、器官移植科、疼痛科、老年科、烧伤整形外科、小儿外科以及移植免疫研究室。本科教育设有临床医学（含 5 年制、8 年制和留学生 6 年制）、护理学、医学检验技术、眼视光学、医学影像技术、康复治疗学 6 个专业。研究生教育有临床医学、中西医结合、护理学、医学技术 4 个一级学科博士、硕士学位授权资格；有硕士学位点 68 个，博士学位点 67 个，博士后流动站 10 个。2021 年，临床医学学科基础科学指标（Essential Science Indicators，ESI）学科继续保持在“国际顶尖”（全球前 1‰）行列，排名世界第 296 位（较 2020 年提升 24 位）、国内第 11 位。护理学学科在“软科中国最好学科排名”中连续两年排名第一。四川大学华西医院在复旦大学医院管理研究所“2020 年度中国最佳医院排行榜”中，连续 12 年位列全国综合排名第二。

人才培养。临床医学、护理学、康复治疗学、医学检验技术（新增）4 个专业获批“国家级一流本科专业建设点”。2021 届本科毕业生升学率 58.41%，同比增长 0.8%，其中进入“双一流”高校深造 275 人（占比 91.36%）、出国深造 15 人（占比 2.77%）。2021 届研究生进一步深造率 34.56%，同比增长 5.54%。2021 届毕业研究生 696 人（博士 256 人、硕士 440 人），就业率 99.28%。荣获国家教材委员会“全国教材建设先进集体”荣誉称号，校级教学奖 17 项（特等奖 4 项）、省级教学成果奖 7 项，其中“厚植育人文化，锻造转化能力，基于研究型医院培养拔尖创新人才的探索与实践”获省级教学成果特等奖。在第 7 届中国“互联网+”大学生创新创业大赛中获得国赛金奖 2 项，省赛金奖 7 项、银奖 4 项。连续 10 年被评为四川大学本科教学先进单位。

科研情况。在中国医学科学院 2020 年度中国医院科技量值（STEM）综合排名中连续 8 年位列全国第一。获准科技部项目 44 项，经费 8465.26 万元；国家自然科学基金获准数连续 11 年破百，235 项创医院历史新高，连续 5 年名列全国医疗机构首位，批准经费 11280.4 万元；获准各级各类纵向课题 837 项，含省部级课题 376 项，获批经费 3.46 亿元；签订横向课题 1323 项，合同金额 9.27 亿元，总科研经费 12.73 亿元。2021 年新申请专利 655 项，其中申请发明专利 357 项（含国际专利 19 项）；授权专利 870 项，其中发明专利 170 项（含国际专利授权 4 项）；成果转化 42 项，合同金额 1.06 亿元。拥有自主知识产权的“注射用磷丙泊酚二钠”获 1.1 类新药证书，拥有自主知识产权的“六合丹软膏”获 1 类中药新药临床试验批件；注册成立成都华西细胞治疗研究院有限公司；“国家精准医学产业创新中心”通过国家项目评审中心评审。2021 年自然指数（Nature Index）排名中国医疗机构第一、世界第 15。荣获各类科技成果奖 17 项（创历史新高），其中作为牵头单位荣获省部级以上科技成果奖 7 项，包括四川省科技进步一等奖 4 项、杰出青年科技奖 1 项。

合作交流。进一步拓展与美国匹兹堡大学医学中心（UPMC）的合作，开设医学影像技术专业全英文课程培训并完成开课。与俄罗斯巴什基尔大学签署合作协议，联合申报国家 CSC“2022 年促进与俄乌白国际合作培养项目”。2021 年在读外国留学生共计 568 人，本科 522 人，硕博 46 人，其中来自美国等 8 个发达国家 15 人。加强与以色列舍巴（Sheba）医院的全方位合作，并纳入国家《中以创新合作行动计划（2022—2024）》。主办第七届精准医学大会、华西梅奥重症医学大会、川大华西—牛津消化道肿瘤国际论坛 3 场国际会议。参加首届“BEYOND 国际科技创新博览会”，并受邀访问澳门科技大学。四川大学华西医院荣获“四川省外事工作先进集体”称号，《人类卫生健康共同体的捍卫者——四川大学华西医院国际合作交流纪实》专题双语报道获人民日报 App 推介。

党建及学生工作。严格落实党委领导下的院长负责制，研究制定议事决策规则及会议制度、书记和院长定期沟通制度。以“支部工作法”为切入点，探索支部和党员发挥作用的路径方式。修订《中层干部选拔任用工作纪实办法》，加强干部队伍建设。紧盯重点环节、重点领域和关键岗位，开展专项督查和专项治理。发起倡议并牵头成立国内首个聚焦医院廉洁建设的学会组织。研究制定内部控制建设实施办法，持续拓展内控覆盖面。以“1242”和“两个建设”“两个关键”为抓手，严格落实意识形态工作责任制。落实立德树人根本任务，深化“三全育人”改革，加强学生美育、劳动教育、体育和心理健康教育，探索优化学生管理服务模式。荣获全国五一劳动奖状、全国三八红旗集体、全国民族团结进步示范单位、全国五四红旗团支部等重要表彰和奖励。

【隆重举行建党百年系列庆祝活动】开展迎接建党 100 周年的华西七个“100”系列特色活动，扎实推进党史学习教育，完成“我为群众办实事”项目 5 类 23 项，形成常态化机制 33 项。

【配合巡视、巡察工作并完成整改】四川大学华西临床医学院（华西医院）积极配合中央巡视和延伸调研，针对中央巡视反馈学校和附属医院有关问题，研究制定整改工作方案，确定整改任务 66 项，全部按时完成销号。配合校内巡察并完成巡察整改任务 37 项。

【举办全国公立医院党建工作推进座谈会现场观摩会】2021 年 9 月 15 日，国家卫生健康委在四川大学华西医院举办全国公立医院党建工作推进座谈会现场观摩会，会议对医院党建工作给予高度肯定，认定医院为全国公立医院党建工作标杆单位。

【牵头成立行业内首个医院廉洁建设学会组织】2021 年 4 月 29 日至 30 日，四川大学华西医院发起倡议并牵头成立四川省医院协会医院廉洁建设分会，是国内医疗机构第一个医院廉洁建设的学会组织。同期举办了第二届全国医院廉洁风险防控研讨会。

【在国家卫健委新闻发布会上介绍健康科普工作经验】2021 年 6 月 15 日，四川大学华西医院参加国家卫生健康委“健康中国行动 15 个专项行动”系列新闻发布会的第一场，介绍医（学）院在健康科普管理模式建设、健康科普体系建设等方面的工作经验做法和成效。

【四川大学华西三亚医院正式揭牌】2021 年 1 月 18 日，四川大学华西医院在三亚市人民医院举行“四川大学华西三亚医院”揭牌仪式。

【入选全国首批委省共建高质量发展试点医院】2021 年 7 月，四川大学华西医院入选全国首批委省共建高质量发展试点医院。

【四川大学华西医院转化医学综合楼

正式启用】2021年7月18日，转化医学国家重大科技基础设施（四川）临床研究核心基地——四川大学华西医院转化医学综合楼正式启用，是全国首个正式启用的生物治疗转化医学国家重大科技基础设施。

【四川大学华西天府医院正式开业】2021年10月13日，四川天府新区管委会与四川大学华西医院合作共建的四川大学华西天府医院正式开院。作为天府新区首家“华西牌”的综合性公立医院，医院将建成集医疗、教学、科研、预防保健为一体的区域医学中心、医学人才培养基地和高等医学院校学生实习与教学基地。

【荣获国家科技进步二等奖】李为民教授研究团队“肺癌早期精准诊断关键技术的建立与临床应用”项目获得2020年度国家科技进步二等奖。

【国际顶级学术期刊发表实现重要突破】四川大学华西临床医学院（华西医院）相继在全长四膜虫核酶高分辨结构解析、新冠小分子抑制剂研究以及多巴胺受体新机制研究等方向取得重要进展，成果在国际顶尖学术期刊 *Nature*、*Science*、*Cell* 相继发表。

【刘进教授捐赠1亿元】刘进教授团队研发的“新型骨骼肌松弛药物”“超长效局麻药”两项成果累计转化7.5亿元，其中刘进教授个人所得1亿元全部捐出，用于在四川大学华西临床医学院（华西医院）设立住院医师规范化培训发展基金。

【制定四川大学华西医院首部章程】制定《四川大学华西医院章程》，规范明确医院功能定位、办医方向、管理制度以及举办主体、医院、职工的权利义务等。

【国家三级公立医院绩效考核连续2年排名全国第二】在2019年国家三级公立医院绩效考核中，考评等级为A++，连续2年排名全国第二，其中科研经费总额排名全国第一，四级手术人数排名全国第二，病例组合系数（CMI）排名全国第三。

［以上资料由华西临床医学院（华西医院）彭智翰、周昀提供］

华西第二医院

机构设置。2021年，四川大学华西第二医院核准床位1580张，其中华西院区730张、锦江院区850张。医院设有职能部门37个、临床科室25个、医技科室7个、省部级重点实验室4个，教育部创新团队1个，为国家更年期保健、新生儿保健、孕产期保健特色专科建设单位。承办《中华妇幼临床医学杂志》（中国科技核心期刊)、《国际输血及血液学杂志》两本国家级杂志，与AME出版社共创 *Gynecology and Pelvic Medicine*（GPM）国际学术期刊。

师资队伍。2021年，新增硕士研究生导师17人、博士研究生导师6人、住院医师导师58人。新增2名国家杰出青年基金获得者，5名四川省卫生健康首席专家，6名四川省卫生健康领军人才，3名四川省临床技能名师，16名四川省学术和技术带头人，18名四川省学术和技术带头人后备人选，19名四川省专家委员会评议专家，1名四川大学“双百人才工程”A计划人选，3名四川大学“双百人才工程”B计划人选。

学科建设。2021年，医院先后发布“早产儿全生命周期平台”“胎儿医学平台”，提升交叉学科竞争力。联合四川省药检院、华西药学院获批药物制剂体内外相关性技术研究国家药监局重点实验室。积极推进妇产科国家医学中心预申报，开展国家妇产儿童区域医疗中心（西藏）、四川省儿童早期综合发展示范基地、四川省妇产科学科普基地、康复医学科四川省重点学科等重点项目、学科申报工作。获批2021年国家临床重点专科（超声科）。

人才培养。2021年，选送97人攻读博士学位、151人攻读硕士学位；通过妇幼人才振兴计划培训青年职工445人。引进海外科研人才9人，医院管理专家1人。“筑浪”项目开展管理能力培训83场、业务技能培训38场。培养专家型内训师17位。医院获批国家首批妇女保健专科能力建设区域培训基地、国家级专科助产士临床培训基地、“院士+”西部儿科医师培训基地、四川省专科护士培训基地（妇科护理专业）、2021年四川省第十三批省级场馆类科普基地。创立华西妇幼—奥林巴斯微创技能培训中心。成为省内首家美国心脏协会心血管急救项目儿科高级生命支持培训中心。

科研情况。2021年，医院获批为国家呼吸系统疾病临床医学研究中心分中心。全年获批国家重点研发计划26项，国家自然科学基金23项［其中重点国际（地区）合作研究项目1项、区域创新发展联合基金项目1项］。获批科研经费9514.16万元。发表SCI论文484篇。实施签约3项、技术合作开发2项，确权2项；授权发明专利18项（国外2项）。获四川省科技进步一等奖1项，全国妇幼健康科学技术一等奖1项、三等奖1项，华夏医学科学技术二等奖1项。

合作交流。2021年，选派一名药学部、一名超声科医技人员分别赴加拿大、美国开展科研合作交流。在新冠疫情防控的形势下，遵循学校执行省外办的规定，大部分对外交流活动均改为线上视频会的方式进行。

医院管理。2021年，医院印发章程和“十四五”发展规划。连续两年荣获全国医院绩效大会“最佳案例奖”（6项）。实现“5G+资产管理”“5G+应急救援”“5G+ICU+VR”等智慧医院场景。以“经济管理年”专项活动为契机，创新开展“8专+X”活动。国有资产管理工作连续三年获国家卫健委一等奖，部门决算工作连续四年获国家卫健委一等奖。

党建工作。2021年，医院坚持以习近平新时代中国特色社会主义思想为指导，深入贯彻党的十九大和十九届历次全会精神，按照学校“两个伟大”建设要求，统筹推进疫情防控和事业发展。一是开展中国共产党成立100周年系列庆祝活动。分层分类抓好党史学习教育，推进“我为群众办实事”实践活动。二是强化干部队伍和基层党组织建设。完成中层干部换届调整；以“四强党支部”创建为抓手，推进党支部标准化建设。三是全力配合巡视巡察工作。做好中央第七轮巡视、国家卫健委大型医院巡查的前期准备和后续整改工作。四是推进全面从严治党向纵深发展。落实党委主体责任和纪委监督责任。五是把牢意识形态工作主导权，完善意识形态工作监督检查长效机制。六是加强党对群团工作的领导。七是做好助力脱贫攻坚与乡村振兴有序衔接工作。

社会公益。省级危重孕产妇和新生儿救治中心完成四个片区指导任务，接收各地转诊1210人次。派出院感专家8人次参与省内外疫情防控指导工作；1名妇产科医师参与四川省援圣多美和普林西比医疗队。成立四川省0—3岁婴幼儿托育标准化建设与培训指导中心。深入省内偏远地区、少数民族地区开展儿童先心病筛查3万余人次。救助先心病儿童364名，实现贫困患儿“零费用”。与福棠儿童医学发展研究中心等共建“高原特色”的血液医疗团队。

医疗服务。2021 年，医院门急诊 338.5 万人次，出院 8.8 万人次，手术和操作 12.6 万人次，分娩 1.8 万人次，平均住院日 5.09 天，疑难病例数占比 68.94%，重症病例数占比达 57.48%。保障医疗质量与安全。成立 VTE 防治管理委员会。引入全病历智能质控系统。持续推进单病种信息化管理。获批为全省唯一的儿童结核病定点医疗机构。《“静”益求精，“脉”向安全》在第二季国家医疗相关标准执行竞技赛中获全省第一名。创新开展医疗技术。95 项临床新技术进入临床（监管）应用。新获批 17 个日间手术术式。全省首例显微取精联合显微冷冻单精子试管婴儿于 2021 年 9 月顺利诞生于华西第二医院。持续改善医疗服务。新增儿童心理、儿童神经外科、儿童皮肤、儿童耳鼻喉等专科门诊。新建 MDT 门诊及疑难会诊中心，会诊量同比增长 228%。小儿骨科入驻锦江院区。创建老年友善医疗机构。开设生殖综合病房。上线华西二院官方 App。获评 2020 年度国家卫健委“改善医疗服务示范医院”。深入推动分级诊疗。医联体医院总数达 104 家。线上双向转诊功能全面启用。华西妇儿联盟覆盖四川省及云南省 19 个区县，包括 9 个区级妇幼保健院和 164 家基层医疗卫生服务中心，认证华西妇儿联盟医生 241 人。联盟内总诊疗人次 12.97 万人次，上转率仅 3.7%；基层首诊率达 83.66%，基层复诊率达 73.42%，次均费用仅 85.91 元。

【省部级重点实验室成功获批】联合四川省药检院、华西药学院成功获批药物制剂体内外相关性技术研究国家药监局重点实验室。

【达芬奇机器人手术率先开展】在省内妇幼医院中率先引入第四代达芬奇机器人，开展多项妇幼专科在西南地区的首例高端机器人手术。

【学科平台建设扎实推进】建成中国西部首个完备的胎儿医学平台、全国最有影响力的胎儿宫内疾病诊断及治疗转诊中心之一。搭建并发布“早产儿全生命周期平台”。

【电子病历系统不断升级】通过电子病历系统应用水平五级评审（全省首批）并开展六级应用优化与申报。

【院区改造持续推进】锦江院区二期工程竣工验收，华西妇幼临床教学科研楼装修升级改造工程稳步推进。

【医疗援藏再上新台阶】积极响应中央第七次西藏工作会议有关“部省共建西藏妇女儿童医院”的指示精神，与西藏自治区签订共建西藏妇产儿童医院协议，选派包括院长、副院长在内的 13 名专家入驻，联合申报国家妇产儿童区域医疗中心（西藏），带动西藏自治区妇幼健康卫生事业的高质量发展。

【国字号项目再获重大突破】获批国家重点研发计划 26 项；获批国家自然科学基金 23 项，其中杰出青年基金 2 项、重点国际（地区）合作项目和区域创新发展联合基金项目各 1 项。

（以上资料由华西第二医院喻文菡提供）

华西口腔医学院（华西口腔医院）

机构设置。四川大学华西口腔医学院（华西口腔医院）集医疗、教学、科研、预防为一体，是国家部署在中国西部的口腔疾病诊疗中心，也是国家药物临床试验机构、国家医师资格考试实践技能考试与考官培训基地、国家住院医师规范化培训基地。学院设 6 个学科系、36 个教研室，是国家口腔医学中心、国家级教学团队、国家级实验教学示范中心、国家级虚拟仿真实验教学中心、国家级“双创”示范基地、国家口腔疾病临床医学研究中心。拥有国内本学科领域唯一的国家重点实验室——口腔疾病研究国家重点实验室，以及口腔再生医学国家地方联合工程实验室（发改委）等其他6个部省级重点实验室和工程研究中心。华西口腔医院是中国第一个口腔专科医院，是国家首批三级甲等口腔专科医院。

师资队伍。截至2021年12月，职工总人数1444人，其中专任教师（科研）308人，专任教师（科研）中教授（级）99人，副教授（级）98人。博士生导师67人，硕士生导师81人。2021年获批国家杰出青年基金1人；教育部重要人才计划特聘教授1人，青年学者1人；四川大学“双百人才工程”3人；宝钢优秀教师奖1人。2021年获批国家海外高层次人才引进计划青年项目2人，四川省“天府峨眉计划”2人，四川省“天府青城计划”1人，四川省学术和技术带头人及后备人选7人，四川省卫健委学术技术带头人及后备人选24人。本年度引进特聘研究员1人，特聘副研究员1人。获四川省卫生健康系统先进个人1人，四川省“三八红旗手标兵”1人，四川省“高校辅导员年度人物”1人，四川大学实验室管理与环境保护先进个人2人，四川大学“立德树人奖”1人，四川大学先进个人5人。

学科建设。拥有口腔医学国家级重点学科，含口腔医学一级学科博士学位授权点、口腔医学一级学科硕士学位授权点、口腔医学博士专业学位授权点、口腔医学硕士专业学位授权点、博士后流动站，5个四川省重点学科，分别是口腔解剖生理学、口腔生物学、口腔修复工艺学、口腔整合医学、儿童口腔医学。华西口腔在首轮“双一流”建设中成绩优秀，所有指标全部获得第一档的成绩，获评申请新一轮“双一流”建设“一流培优学科”。发挥学科优势，持续强化在口腔医学学科的领衔地位。软科世界一流学科位列世界第23，全国口腔医学第一；软科中国最好学科排名全国第一；复旦中国医院综合榜排名位列口腔医院第一；自然指数（Nature Index）排名位列口腔类机构第一。

人才培养。截至2021年底，有在校学生2416人，其中本科生1306人（含八年制后三年）、博士研究生419人、硕士研究生691人。2021年本科生招生240人，其中口腔医学技术14人，口腔医学技术（口腔数字化技术双学士学位）10人，口腔医学五年制142人，口腔医学（“5+3”一体化）39人，口腔医学八年制30人，全英文班留学生5人。一流课程建设稳步推进，本年度“口腔修复学”等10门课程获批省级一流课程。优秀教材建设取得成效，在最新一轮的全国优秀教材评选中，《口腔颌面外科学（第八版）》《牙体牙髓病学（第五版）》分别获得全国优秀教材一、二等奖。持续推进教师教学学术能力提升，教师在口腔医学全国教学竞赛中获第一名，口腔医学教学团队获得四川省教育厅“最美教师团队”称号。以教育教学改革推动学院教育事业高质量发展，本年度获批校级教改项目18项，教育部产学合作协同育人项目2项。注重教学成果奖的孵化，本年度获四川大学教学成果特等奖1项，一等奖3项，二等奖1项，三等奖1项。

科学研究。共获准各类纵向科研项目162项，批准经费7609万元；签署横向科研项目28项，经费共计2173万元。以一作一单位发表SCI论文513篇；授权发明专利67项（包含3项国际专利）、实用新型专利 49 项；成果转化 7 项，转化金额 383 万元。获得 2021 年度四川省科技进步一等奖 1 项、四川省自然科学一等奖 1 项，中华医学科技三等奖 2 项。*INT J ORAL SCI* 连续 9 年进入学科领域 Q1 区，连续 9 年获评“中国最具国际影响力学术期刊”，并获评首届西牛奖“十佳精品英文期刊”；*BONE RES* 位列学科领域 Q1 区，连续 6 年获评“中国最具国际影响力学术期刊”，并获评首届西牛奖“十佳优秀英文期刊”；《华西口腔医学杂志》获评“百种中国杰出学术期刊”，入选第 5 届中国精品科技期刊，获评首届西牛奖“十佳精品中文期刊”和“十佳新媒体平台”，位列《中国学术期刊影响因子年报》口腔医学类 Q1 区第一名；《国际口腔医学杂志》2021 年期刊影响力指数（CI 值）位列口腔医学类期刊 Q1 区，获评首届西牛奖“十佳新媒体平台”。

医疗服务。在做好常态化疫情防控工作的同时，2021 年华西口腔医院实现医疗服务“质”“量”双提升。全年门急诊 1265892 人次，出院 6946 人次，手术 6299 人次，与 2019 年相比（2020 年受疫情影响）门急诊人次及手术台次明显增长。积极开展以疑难危重症诊治为核心的临床新技术，2021 年共开展临床新技术 18 项。院际 MDT 模式中，中心联合多家医院开展头颈肿瘤多学科模式，优化就诊流程，提升协作效率，年均诊疗患者超 1000 人次。华西口腔医院牵头成立华西口腔专科联盟。截至 2021 年底，华西口腔专科联盟成员单位 356 家，覆盖全国 31 个省（市、自治区）；建立儿童口腔亚专科联盟，首批试点成员单位 29 家；华西口腔远程协作网覆盖医疗机构数量已达 1170 家，注册医护人员 6381 人。落实对口支援工作，每年派出 10 名专家驻点少数民族和贫困地区进行传帮带；坚持医疗援非工作，2021 年派出 2 名医护人员赴非洲岛国圣多美和普林西比开展医疗援助工作，荣获“四川省援外医疗工作先进集体”称号。获得 2020 年度“患者、医务人员双满意”专科医院第四名，全国口腔专科医院第一名。

合作交流。主办国际牙医师学院（ICD）中国区 2021 年学术年会暨院士授予大会，承办 2021 年中华口腔医学会口腔生物医学国际前沿论坛；协助 IADR 及成都市政府做好 2022 年度 IADR 成都年会准备工作。成功举办“实践及国际课程周”“国际交流营”“海外校友把家还”等品牌活动；2021 年全年参加学术会议 261 人次，业务培训 212 人次，共 473 人次。

党建工作。深入学习贯彻落实习近平新时代中国特色社会主义思想，扎实开展党史学习教育。把学习贯彻习近平总书记“七一”重要讲话精神、党的十九届六中全会精神作为党史学习教育核心内容。精心制定党史学习教育实施方案，组建督查组全程督导。构建“中心组带头学—干部培训专题学—党支部线上线下深度学—政治学习覆盖学—青年学生创新学”五学联动模式，持续挖掘华西口腔红色基因，推进“我为群众办实事”项目，教育部官网等推送相关报道 18 篇。院党委获评四川省高校党建工作标杆院系培育单位，支部获全国卫生健康系统庆祝建党 100 周年专题活动先进基层党组织典型案例、全国高校百个研究生样板党支部，党员荣获“四川省优秀党务工作者”“四川省三八红旗手标兵”等称号。

【华西口腔医院荣获“四川省卫生健康系统先进集体”称号】 2021 年 3 月 2 日，四川省卫生健康委员会、四川省人力资源和社会保障厅联合印发了《关于表彰四川省卫生健康系统先进个人和先进集体的决定》（川卫发〔2021〕2号），华西口腔医院荣获“四川省卫生健康系统先进集体”荣誉称号。

【华西口腔医院叶玲教授荣获2020年度“四川省三八红旗手标兵”称号】2021年3月8日，在四川省表彰的2020年度三八红旗手标兵中，华西口腔医院叶玲教授荣获2020年度“四川省三八红旗手标兵”称号。

【华西口腔医院祝颂松教授课题组荣获2020年度四川省科学技术进步奖科技进步类一等奖】2021年3月17日，四川省科学技术奖励大会在成都举行，会上公布了2020年度四川省科学技术奖励名单。华西口腔医院祝颂松教授课题组牵头完成的“颞下颌关节疾病诊疗关键技术体系的创建与应用”项目荣获2020年度四川省科学技术进步奖科技进步类一等奖。

【华西口腔医院万乾炳/王剑教授团队研究成果在*Nature Communications*上发表】2021年3月，华西口腔医院万乾炳/王剑教授团队在*Nature*子刊*Nature Communications*上发表了题为“A mussel-inspired film for adhesion to wet buccal tissue and efficient buccal drug delivery”的论文。

【华西口腔医院获“四川省脱贫攻坚先进集体”称号】2021年4月22日，中共四川省委、四川省人民政府发文，对扶贫攻坚先进集体和先进个人进行表彰，华西口腔医院获“四川省脱贫攻坚先进集体”称号。

【华西口腔医院满毅教授团队研究成果在*Science Advances*上发表，并被*Science*正刊报道】2021年5月26日，华西口腔医院满毅教授团队在*Science*子刊*Science Advances*上发表了题为“Dissecting the microenvironment around biosynthetic scaffolds in murine skin wound healing”的论文。

【华西口腔医学院牙体牙髓研究生第二党支部获批全国高校“百个研究生样板党支部”】2021年8月24日，教育部公示了关于第二批全国高校“百个研究生样板党支部”和“百名研究生党员标兵”创建工作评审结果，华西口腔医学院牙体牙髓研究生第二党支部获批全国高校“百个研究生样板党支部”。

【华西口腔医院专家团队在*Cell Metabolism*上发表最新研究成果】2021年10月5日，华西口腔医院陈谦明教授团队、刘锐研究员团队在*Cell Metabolism*期刊上发表题为“Innate immune response orchestrates phosphoribosyl pyrophosphate synthetases to support DNA repair”的研究性论文，该研究揭示先天免疫信号途径调控磷酸核糖焦磷酸合成酶促进DNA修复。

【华西口腔医院位列自然指数全国口腔机构第一、全国综合医疗机构第九】2021年11月，自然指数（Nature Index）更新了最新的排名，华西口腔医院位列全球Healthcare综合医疗机构第66，全国综合医疗机构总榜第9，全国口腔类机构第一。

【《华西口腔医学杂志》和《国际口腔医学杂志》双双位列《中国学术期刊影响因子年报》Q1区】《中国学术期刊影响因子年报》2021年版于11月发布，《华西口腔医学杂志》和《国际口腔医学杂志》双双位列Q1区。

【华西口腔医院主办的*International Journal of Oral Science*和*Bone Research*杂志再次荣获“中国最具国际影响力学术期刊”称号】2021年12月6日，华西口腔医院主办的英文期刊 *International Journal of Oral Science*（*IJOS*）和 *Bone Research*（*BR*）再次入选“中国最具国际影响力学术期刊”，这是 *IJOS* 连续 9 次、*BR* 连续 6 次获得该称号。

【华西口腔医院赵志河教授荣获第五届“白求恩式好医生”称号】2021 年 12 月 22 日，白求恩精神研究会、中国医师协会通报表彰第五届“白求恩式好医生”“白求恩式好医生提名奖”获得者，华西口腔医院赵志河教授荣获“白求恩式好医生”称号。

[以上资料由华西口腔医学院（华西口腔医院）唐甜提供]

华西公共卫生学院（华西第四医院）

机构设置。华西公共卫生学院（华西第四医院）集医疗、教学、科研、预防、治疗和康复为一体，设 9 个学系、1 个中心（同时为省级实验教学示范中心）、3 个省级重点实验室，作为第二主办单位出版《现代预防医学》杂志。医院设有 26 个临床医技科室、42 个专科方向、1 个研究中心。

师资队伍。职工 1023 人，其中专任教师 75 人，专职科研人员 40 人，卫生技术人员 736 人，教辅人员 5 人；正高级职称 44 人，副高级职称 87 人；博士生导师 27 人，硕士生导师 62 人。国家海外高层次人才引进计划青年项目 2 人，国家“万人计划”青年拔尖人才 1 人，四川省海外高层次人才项目入选者 5 人，四川省学术和技术带头人及后备人选 7 人，四川省卫计委学术和技术带头人及后备人选 15 人，四川省卫生计生首席专家 2 人，四川省卫生健康领军人才 2 人，四川省临床技能名师 2 人。

学科建设。拥有博士后流动站 1 个，博士点 7 个，硕士点 12 个，专业学位硕士点 1 个，本科专业 3 个。国家级重点学科 1 个，国家临床重点专科建设项目 2 个，四川省重点学科 5 个。预防医学专业、卫生检验与检疫专业入选国家级一流本科专业点建设；卫生检验与检疫专业、食品卫生与营养学专业 2021 年软科全国排名 A+。新申报、设立“预防医学+软件工程”双学士学位点 1 个。

人才培养。招收本科生 214 人，招收博士研究生 33 人、全日制硕士研究生 189 人、非全日制硕士研究生 14 人。2021 年度，在读本科生 942 人、科学学位硕士研究生 259 人，专业学位硕士研究生 233 人，博士研究生 76 人。

科研情况。2021 年全院到账科研经费共计 2852.7 万元。获批国家自然科学基金 7 项，批准总经费 253 万元；获批四川省科技厅项目 19 项，批准总经费 376.4 万元；完成四川省卫生健康委委托卫健系统改革相关科研课题 5 项，申报其他各级纵向项目 70 余项。授权发明专利 3 项。加强科研诚信建设，开展院内医学科研诚信与作风学风建设专项教育整治系列活动。

合作交流。在“实践及国际课程周”期间邀请了来自美国北卡罗来纳大学教堂山分校、荷兰鹿特丹大学医学中心、香港理工大学的外籍高水平学者为全院学生开设高水平全英文国际课程。与武侯区委，就武侯区大健康产业发展，进一步推动医院优质医疗资源向基层延伸，深化院地合作进行交流。与成都鹰阁医院建立医联体合作，与中国长江三峡集团四川分公司正式签订战略合作框架协议，在医疗服务、学科建设、人才培养、远程医疗以及科研等方面将进行全方位交流合作。

疫情防控。坚持疫情防控工作常态化管理，上线微信端抗冠义诊、防控流行病学调查、新冠核酸检测自助开单。11 月，四川省卫生健康委同意将学院由发热门诊改为发热诊室，学院将继续发挥医疗卫生机构“哨点”作用，严格落实院感防控各项措施。在 2021 年的疫情防控工作中，学院的部分民主党派人士积极建言献策，为成都市的科学、精准防疫发挥了专家智库的作用。11 月初，由院学工部和教学培训部组织多名同学组成志愿队参与成都市区疾控的疫情防控工作，共 116 人次，服务时长 1601 小时。为科学做好疫情防控工作，保障川大师生安全，院内组织召集 80 名医务人员，参加四川大学为期 7 天的师生核酸检测及华西校区预检分诊工作，共采集核酸标本 5908 例；组派四批约 100 名医务人员为川大师生进行核酸采样。

党建工作。庆祝建党 100 周年，通过院官网、主题灯杆旗、室内布置、宣传专栏等营造庆祝氛围，宣传党的百年奋斗历史、重大成就和历史经验。开展了“两优一先”等评选，召开了庆祝中国共产党成立 100 周年暨 2021 年“七一”表彰会。组织党史学习教育专题干部培训，包括“医院高质量发展”“学科建设”“组织绩效与服务能力提升”“党史宣讲报告会”等。扎实开展“我为群众办实事”实践活动，同时深入开展关爱老同志活动和党支部志愿服务活动，主动为身边的师生职工、患者群众做好事。对学院定点帮扶的甘洛县新茶乡新茶村开展调研帮扶工作，参加了帮扶工作推进会、派驻干部及支教老师座谈会，入户走访慰问脱贫群众，调研当地茶产业发展情况，开展“我为群众送温暖”、支部结对共建等活动。做好干部选拔工作，选派 2 名干部赴西北民族大学、湖北民族大学挂职锻炼，选送 1 名干部赴四川大学华西厦门医院任院级副职。

医疗服务。2021 年总诊疗 385638 人次，入院 25654 人次，出院 25493 人次，病床使用率为 88.3%，平均住院日为 9.4 天。本年度新技术准入评审 32 项、知情同意书审核 19 份、人员资质授权 130 人、诊疗规范/操作流程审核 32 项、新技术转常规技术 23 项。医疗新技术动态评价 63 项，各项医疗新技术临床应用良好。在医疗业务对外拓展中采用“在线”和“在位”相结合的方式，建立联盟专家委员会，定期组织专家到社区驻点门诊坐诊，开展适宜技术培训采用学术讲座、教学查房、疑难案例讨论、在线病例讨论、在线科普培训等方式为医联体合作医院提供学科技术与学术支持活动。

【各类获奖】2021 年 4 月，四川省脱贫攻坚总结表彰大会召开，学院党委荣获“四川省脱贫攻坚先进集体”称号。学院党委深入贯彻党中央和省委、省政府关于脱贫攻坚的各项决策部署，积极发挥自身优势，围绕党建、医疗、教育、民生等领域实施精准帮扶，使当地村庄村容村貌有了较大的改观，农民生活质量不断提高，为脱贫攻坚取得全面胜利贡献了应有的力量。7 月，学院睡眠医学中心携作品《以呼之名》作为四川省唯一一支入选决赛的队伍，参加第十二届睡眠医学执业技能大赛、第一届睡眠医学科普秀，荣获睡眠医学科普秀第二名。

【热烈庆祝中国共产党成立 100 周年，深入开展党史学习教育】学院认真学习贯彻党的十九届六中全会精神和习近平总书记“七一”重要讲话精神，开展了“两优一先”评选活动，召开了庆祝中国共产党成立 100 周年暨 2021 年“七一”表彰大会，表彰了一批优秀共产党员、优秀党务工作者和先进基层党组织，进一步树立典型、凝聚力量，激发院内广大党员和师生职工积极进取、甘于奉献的精神与活力。通过多种形式开展专题学习，将党史学习教育融入新生入学教育、师德师风和医德医风专题教育中。

【开始学院、医院“十四五”建设新征程】围绕学院、医院“十四五”事业发展规划，共组织召开多次会议，根据学校反馈和院内研究情况，进行大幅修改，编制完成《四川大学华西公共卫生学院（华西第四医院）“十四五”事业发展规划》。

【参加成渝地区双城经济圈医药健康产业高质量发展研讨会】2021 年 9 月，“探索三医未来 守望健康幸福”成渝地区双城经济圈医药健康产业高质量发展研讨会在成都举行。研讨会上，学院与成都市医疗保障局签署战略合作框架协议，双方将在医疗保障大数据项目研究、创新高校人才培养渠道等方面开展深入合作，打造良性互动的“医保—高校大数据生态”，推进成都市医疗健康事业发展，创新高校人才培养渠道机制，最终实现“长期合作、互相促进、共谋发展”的目标。

【全国政协副主席何维到院考察调研】2021 年 5 月，全国政协副主席、农工党中央常务副主席何维到校考察调研，观看了学院宣传片，对近年来在医学教育、师资队伍建设、一流学科建设、国家临床重点专科建设、公共卫生服务等方面取得的成绩给予高度评价。随后，调研了国家级临床重点专科——职业病中毒科和姑息医学科/安宁疗护中心，听取科室建设工作汇报，了解科室发展中面临的问题和困难，走进病房看望慰问患者。

【华西肝豆状核变性罕见病诊疗研讨会顺利举行】2021 年 11 月，由学院华西—协和陈志潜卫生健康研究院慢性病病因及防治研究中心及四川省生物信息学学会消化微创分会筹办的华西肝豆状核变性罕见病诊疗研讨会线上会议顺利举行。学院是四川省唯一能检测尿铜、具备静脉用药驱铜条件的医院机构，同时也是国内尤其是西部地区开展肝豆状核变性临床诊疗病例最为集中的单位，建立起了多学科协作模式，共同携手推动肝豆患者早诊早治的专业救助、诊疗服务与人文关怀，通过职业病科、神经内科多学科在这一领域前期投入的大量工作，推动了四川省作为首个将肝豆纳入特殊门诊省份的进程，为西南肝豆状核变性罕见病的临床诊疗发展及患者的健康保驾护航。

【与中国长江三峡集团四川分公司正式签订战略合作框架协议】2021 年 3 月，与中国长江三峡集团有限公司四川分公司举行了战略合作框架协议签约仪式。本次签约标志着友好合作正式启动，将在职工健康管理、履行社会责任、综合能源应用、科技创新等方面进行全方位、多层次的交流合作。将结合学院资源优势，努力构建全生命周期的健康管理模式，提供精准的、定制化的医疗服务，同时开展高原地区职业医学相关科研合作。

［以上资料由华西公共卫生学院（华西第四医院）刘丽娟提供］

合作与交流篇

国际合作与交流

2021年，国际处全体职工深入学习贯彻习近平新时代中国特色社会主义思想和党的十九届四中、五中、六中全会精神，全面贯彻《教育部等八部门关于加快和扩大新时代教育对外开放的意见》，在学校党委的坚强领导下克服客观困难，在新形势、新常态下主动作为、积极谋划，各项工作取得了一定进展。现将主要工作成绩总结如下。

【有序恢复各类学生国际交流项目】重启2021年“国际课程周”，邀请来自29个国家共124位专家学者参与，采用线上线下相结合的方式开设131门课程。实施“大川视界”海外在线课程资助，2021年暑假共组织12个项目，参与学生107人。举办了第二届校内国际教育展，邀请国外友好合作院校代表到校展示各校风采，有效提高了学生毕业深造率。举办了2021年海外项目宣传月，共开展线上、线下宣讲会16场。计划选派各类学生进行对外学习交流共计45人。

【稳步推进高端国际交流合作】与日本东京大学、加拿大渥太华大学、英国伦敦女王大学、比利时根特大学、俄罗斯莫斯科国立大学等国外高校签署合作协议18项，举办国际会议16场，完成科研合作类协议登记备案58个，与境外非政府组织合作开展临时活动备案1例。接待来访共143人次，重要团组包括比利时驻华大使高洋（Jan Hoogmartens）一行、卡塔尔国驻华大使穆罕默德·杜希米（H. E. Mohamed Al-Dehaimi）一行、尼泊尔驻华大使马亨德拉·巴哈杜尔·潘迪（H. E. Mahendra Bahadur Pandey）一行、新加坡驻成都总领事陈子勤（Tan Chee King）一行等。

【发布学校新版海外形象片】按照学校领导的布置和要求，拍摄制作并正式发布了四川大学新版海外形象宣传片 *Forging Ahead*（中文名《继往圣 开来学》），播放量近100万次，有效加强和改进了学校国际传播工作，提高了学校国际影响力和号召力。

【中德合作办学项目首届新生入学】积极推进与德国克劳斯塔尔工业大学合作的中外合作办学项目的宣传及招生工作，首批共招收新生65人。

【切实做好引智工作】目前，学校共有在校工作长期外国专家和外籍教师145人，高端外籍专家44人。2021年度共组织申报了27个外国文教专家项目，18个项目获批，其中含3个外国青年学者研究基金。新增1个高等学校学科创新引智基地（111基地），目前全校总共有8个在执行期的该类基地。灾后重建与管理学院柯瑞卿教授获得中国政府友谊奖；高端外籍教授朴哲范教授当选中国工程院外籍院士；生物材料中心名誉教授亚瑟·科瑞获得四川省天府友谊奖。

【妥善完成中俄“长江—伏尔加河”高校联盟中方秘书处各项事务】成功举办第四届“长江—伏尔加河”高校联盟智库

论坛。完成“长江—伏尔加河”地区合作数据库建设。组织举办“长江—伏尔加河机制下中（川）俄友好交往图片展”活动。

【不断加强港澳台侨学生和留学生管理】制定出台了《四川大学港澳台学生“第二班级”班主任工作制度》（川大港澳台〔2021〕1号），选聘了3名港澳台学生“第二班级”班主任。审议通过了《国际学生辅导员配备及管理办法》，设置国际学生专职辅导员岗位12个，截至2021年12月已选聘5名专职辅导员，暂聘7名兼职辅导员。

表1 四川大学2021年与外国机构签署协议统计（新签/续签）

序号	国外机构名称	签署时间	我校签字人	对方签字人	备注
1	俄罗斯人民友谊大学	2021年5月17日	姚乐野	拉里萨·埃弗雷莫娃	合作备忘录（新签）
2	俄罗斯莫斯科国立大学	2021年9月7日	李言荣	维·萨多夫尼奇	谅解备忘录MOU（续签）
3	俄罗斯下诺夫哥罗德国立技术大学	2021年7月1日	李言荣	谢尔盖·德米特里耶夫	谅解备忘录MOU（续签）
4	俄罗斯下诺夫哥罗德国立技术大学	2021年7月1日	李言荣	谢尔盖·德米特里耶夫	中俄“长江—伏尔加河”高校联盟活动协议（续签）
5	比利时根特大学	2021年6月15日	姚乐野	Prof. Dr. Rik Van De Walle	谅解备忘录（续签）
6	波兰罗兹大学	2021年12月15日	姚乐野	Prof. Lukasz Bogucki	谅解备忘录（续签）
7	波兰华沙大学	2021年5月24日	李志强	Daniel Przastek	国际关系学院合作谅解备忘录（新签）
8	西班牙格拉纳达大学	2021年4月9日	姚乐野	Dorothy Kelly	伊拉斯谟交流项目 2020—2023（新签）
9	英国伦敦女王大学	2021年4月9日	姚乐野	David Jones	谅解备忘录（续签）
10	英国利兹大学	2021年7月1日	姚乐野	Simone Buitendijk, Roger Gair	谅解备忘录（续签）
11	英国利兹大学	2021年1月19日	曾怡	Roger Gair, Julian Dodd	哲学“1+1+1”（新签）

续表1

序号	国外机构名称	签署时间	我校签字人	对方签字人	备注
12	英国卡迪夫大学	2021年2月2日	王杰	Prof. Jianzhong Wu	工学院与我校机械工程学院“3+1+1”“1+1+1”进阶项目协议（新签）
13	日本东京大学	2021年5月27日	四川大学建筑与环境学院院长 熊峰	东京大学生产技术研究所所长 藤井辉夫	研究项目确定推进书
14	日本东京大学	2021年5月27日	四川大学建筑与环境学院院长 熊峰	东京大学生产技术研究所所长 藤井辉夫	合作备忘录
15	美国匹兹堡大学	2021年8月27日	张嗣杰	美国匹兹堡大学国际研究中心副教务长 Ariel Armony	四川大学与美国匹兹堡大学借读续签协议
16	加拿大渥太华大学	2021年11月18日	姚乐野	渥太华大学教务长和学术事务副校长 Jill Scott，工程学院院长 Jacques Beauvais	“3+1+1”项目续签协议
17	日本东北大学	2021年10月27日	四川大学华西口腔医学院院长 叶玲	日本东北大学口腔医学院研究生院院长 高桥信博	学术交流续签协议

表2　四川大学2021年举办国际会议统计表

序号	会议中文名	会议开始时间	会议结束时间	主办单位
1	2021年（第四届）中国会计与金融国际会议	2021－04－23	2021－04－25	四川大学
2	信息与通信技术在环境保护与污染监测中的应用中英研讨会	2021－05－06	2021－05－08	四川大学
3	第十一届国际信息科学与技术会议	2021－05－21	2021－05－24	四川大学
4	第二届水灾害防治与水环境调控国际会议	2021－07－07	2021－07－09	四川大学水力学与山区河流开发保护国家重点实验室
5	国际视角下的三星堆文明	2021－06－18	2021－06－18	四川大学
6	第六届四川大学—华沙大学国际关系圆桌会	2021－07－09	2021－07－09	四川大学
7	2021年模式识别与机器学习国际会议	2021－07－16	2021－07－18	四川大学

续表2

序号	会议中文名	会议开始时间	会议结束时间	主办单位
8	第四届中印高级别二轨对话	2021—09—24	2021—09—26	四川大学
9	第七届成都精准医学国际论坛	2021—09—24	2021—09—26	四川大学，成都市人民政府
10	第五届国际应激医学研讨会	2021—10—22	2021—10—23	四川大学华西基础医学与法医学院
11	2021 中意生物材料学术论坛	2021—09—27	2021—09—27	四川大学
12	2021 中巴合作国际会议	2021—10—23	2021—10—24	四川大学
13	东亚汉文献与文化交流国际学术研讨会	2021—10—29	2021—10—31	四川大学中国俗文化研究所
14	后疫情时代的中国与南亚	2021—10—28	2021—10—28	四川大学南亚与中国西部合作发展研究中心
15	2021 年四川大学哲学系“古希腊理性主义传统”学术研讨会暨与《古典学年鉴》合作会议	2021—11—12	2021—11—14	四川大学
16	第四届“长江—伏尔加河”高校联盟论坛	2021—12—02	2021—12—03	“长江—伏尔加河”高校联盟

表 3　四川大学 2021 年外籍教师名单

序号	外籍教师姓名	所在单位
1	Alan Nan Yang	出国留学人员培训部
2	John Scott Brown	出国留学人员培训部
3	Khampasong Soutthavy	出国留学人员培训部
4	Lee Hui Shan	出国留学人员培训部
5	Volker Wilhelm Olles	道教与宗教文化研究所
6	Shakeel Akram	电气工程学院
7	Haifeng Wang	电气工程学院
8	梁厚昆	电子信息学院
9	瓦尔特·施瓦德勒（Walter Schweidler）	公共管理学院
10	张威	公共管理学院
11	Muhammad Kashif Javed	公共管理学院
12	Vladimir Dobrenko	国际关系学院
13	Dmitry Zhelobov	国际关系学院
14	Konthoujam Sarda	国际关系学院
15	Richard Alan Fraser	国际关系学院

续表3

序号	外籍教师姓名	所在单位
16	YANG MIN	华西公共卫生学院
17	刘寅	华西基础医学与法医学院
18	YU MEI	华西口腔医学院（华西口腔医院）
19	贺建清	华西临床医学院（华西医院）
20	ZHANG WENGENG	华西临床医学院（华西医院）
21	YUJIAN JAMES KANG	华西临床医学院（华西医院）
22	RAJEEV KUMAR	华西临床医学院（华西医院）
23	William Robert Kwapong	华西临床医学院（华西医院）
24	MARTIN TRAVIS DOVE	计算机学院（软件学院）
25	姚刚（YAO GANG）	建筑与环境学院
26	Brarnabas Cordell Seyler	建筑与环境学院
27	Lei Zhang	经济学院
28	LE RICHE Antoine Michel Sylvain	经济学院
29	Cao Thi Lan Vi	经济学院
30	LI YU NIU	历史文化学院
31	Yudru Tsomu	历史文化学院
32	Leonard W. J. van der Kuijp（高端外籍）	历史文化学院、藏学所
33	James Innis McDougall	匹兹堡学院
34	Mingjian Hua	匹兹堡学院
35	Tony Ho	匹兹堡学院
36	Jangho Yoon	匹兹堡学院
37	Saeed Reza Ghalambor	匹兹堡学院
38	David Mclachlan Jeffrey	匹兹堡学院
39	Areum Jeong	匹兹堡学院
40	Jeungphill Hanne	匹兹堡学院
41	Ali Davoodi	匹兹堡学院
42	Yoo Young Ahn	匹兹堡学院
43	Qi Gang	匹兹堡学院
44	Robin Joseph Cunningham	匹兹堡学院
45	Sai Cheong Fok	匹兹堡学院
46	NAJAR ROBYN LEE	匹兹堡学院
47	Denis Fred Simon	商学院
48	Stein William Wallace	商学院

续表3

序号	外籍教师姓名	所在单位
49	肖智雄（ZHIXIONG XIAO）	生命科学学院
50	韩源平（YUANPING HAN）	生命科学学院
51	黄震（ZHEN HUANG）	生命科学学院
52	梅根·丽奈特·普赖斯（Megan Lynette Price）	生命科学学院
53	刘岩（Yan Liu）	生命科学学院
54	段忆翔（YIXIANG DUAN）	机械工程学院
55	Kai Zhang	生物材料中心
56	Kui Yu	生物材料中心
57	张惠媛	生物治疗国家重点实验室
58	Raphael Ponge	数学学院
59	Carstea，Catalin Ion	数学学院
60	Khan Zafar Hayat	水利水电学院
61	YOUN SEONGHYUN	体育学院
62	James Edward Graham	外国语学院
63	Keith Michael Kilcommons	外国语学院
64	Robert Tanner	外国语学院
65	Christian Guinn	外国语学院
66	Declann Jack Harris	外国语学院
67	WOODWARD MICHAEL WILSON	外国语学院
68	WEISBROD JAYDEN	外国语学院
69	MOHAMED SHAHAZAD CAREEM	外国语学院
70	JAMES LEO DANIEL MIRE	外国语学院
71	CRAIG ARON CHANLEY	外国语学院
72	DIXON DANNY ANTONIO	外国语学院
73	Melanie Ann Moran	外国语学院
74	NICHOLAS CAMPBELL NEWLING	外国语学院
75	KIRSTY LOUISE FROGGATT	外国语学院
76	HOPEWELL EDWARD JOHN	外国语学院
77	市浦计宏（Kazuhiro Ichiura）	外国语学院
78	William John Matsuda	外国语学院
79	Zolotykh Lidiia	外国语学院
80	CANTILLO MOJICA LUIS GABRIEL	外国语学院
81	PIETRZAK SYLWIA	外国语学院

续表3

序号	外籍教师姓名	所在单位
82	CHRISTENSON JOEL ROBERT	外国语学院
83	DALE THOMAS IAN	外国语学院
84	LEVINSON-OBANK MAX	外国语学院
85	DENNY MAXWELL ARTHUR	外国语学院
86	NORRIS ROBERT GEROGE	外国语学院
87	JERRARD ADAM EDWARD	外国语学院
88	MANZI KEVIN PATRICK	外国语学院
89	MANN JOHN KEVIN	外国语学院
90	SALEHI KERMANI ARYA	外国语学院
91	SCHERING TED ANDREW	外国语学院
92	GRAINGER ALEXANDER ANDREW	外国语学院
93	TODARO MARIA LORRAINE	外国语学院
94	JANVIER ALEXANDRE ALAIN LOUIS FREDERIC	外国语学院
95	GANDIN MATTIEU	外国语学院
96	Peer Michael Ranta	文学与新闻学院
97	伍晓明	文学与新闻学院
98	康书雅（SOPHIA GRACE KIDD）	文学与新闻学院
99	司徒雷娜（LENA SPRINGER）	文学与新闻学院
100	莫俊伦（Aaron Lee Moore）	文学与新闻学院
101	Peter Michael Beilharz	文学与新闻学院
102	Tamburello Giuseppa（朱西）	文学与新闻学院
103	Theodoor Louis D'haen	文学与新闻学院
104	郑怡	文学与新闻学院
105	Kristian Bankov	文学与新闻学院
106	山口守（YAMAGCHI MAMORU）	文学与新闻学院
107	Thomas Oliver Beebee	文学与新闻学院
108	Hans Martin Puchner	文学与新闻学院
109	段炼（Lian Duan）	文学与新闻学院
110	Filippo Boi	物理学院
111	James Brister	物理学院
112	Siddharth Dwivedi	物理学院
113	SangKwan Choi	物理学院
114	Maureen Willis	物理学院

续表3

序号	外籍教师姓名	所在单位
115	Borowiec Joanna	物理学院
116	Lee ChengYang	物理学院
117	Andrea Addazi	物理学院
118	Abdul	物理学院
119	Lin Pang	物理学院
120	Homa Shababi	物理学院
121	Nikolaos Dimakis	物理学院
122	Takaaki Nomura	物理学院
123	Srinivas Gadipelli	物理学院
124	Aliu Abdulmumin Omeiza	新能源与低碳技术研究院
125	常青	艺术学院
126	Glenn Fernandez	灾后重建与管理学院
127	Basanta Raj Adhikari	灾后重建与管理学院
128	Dr. Jan Dietrich Reinhardt	灾后重建与管理学院
129	Balikuddembe Joseph KMULI	灾后重建与管理学院
130	LI HAO	灾后重建与管理学院
131	Gretchen Lynn Kalonji	灾后重建与管理学院
132	Xavier Gheerbrant	哲学系
133	赵春田（ZHAO CHUNTIAN RICHARD）	建筑与环境学院
134	Jeffrey Neil Harding	华西临床医学院（华西医院）
135	Ning Jiang	华西临床医学院（华西医院）
136	Gary Gune Yen	计算机学院（软件学院）
137	侯正猛（Zhengmeng Hou）	建筑与环境学院
138	Ma Shouzhi	电子信息学院
139	Zhang Jie	经济学院
140	Sophia Zuoqiu	建筑与环境学院
141	Faig Aghabalayev	国际关系学院
142	Roger Colin Shouse	公共管理学院
143	沈文伟（Timothy Sim Boom-wee）	公共管理学院
144	Hans-Rudolf Kantor	公共管理学院
145	XU Xiaohe	公共管理学院

公派出国

【顺利完成国家公派项目遴选、申报、行前培训】各类国家公派项目共录取师生185人（教师27人，学生158人），其中国家公派高级研究学者、访问学者（含博士后研究）16人；国家建设高水平大学公派研究生项目144人（攻读博士学位41人，联合培养博士103人）。配合国家留学基金管理委员会组织近600名学生参加“在线国家公派欧亚非地区相关中外合作奖学金项目宣讲会”。

【持续完善外事活动备案及出国境管理服务】完善和优化了“四川大学学生出国（境）备案系统”，进一步提升管理效能和服务水平。在“四川大学因公出国网上申报系统”中增设完成国家留学基金委项目出国教师的行前网上报备功能，加强对国家公派教师的过程管理。配合驻外使领馆及国家留学基金管理委员会处理留学人员留学事宜变更及违约等相关管理事件100余件。

表4　四川大学2021年国家公派出国、学校公派出国统计表

国家公派出国（人次）				校际交流及其他出国（人次）			
学生			教师	学生			教师
本科生	硕士生	博士生		本科生	硕士生	博士生	
3	7	63	13	430	48	75	169

表5　四川大学2021年校际交流及其他出国统计表（出访类别）

学生		教师	
短期出国	长期（3个月及以上）出国	短期出访	长期（3个月及以上）出国
330	296	141	41

（以上资料由国际合作与交流处涂典雯提供）

办学条件保障及公共服务体系篇

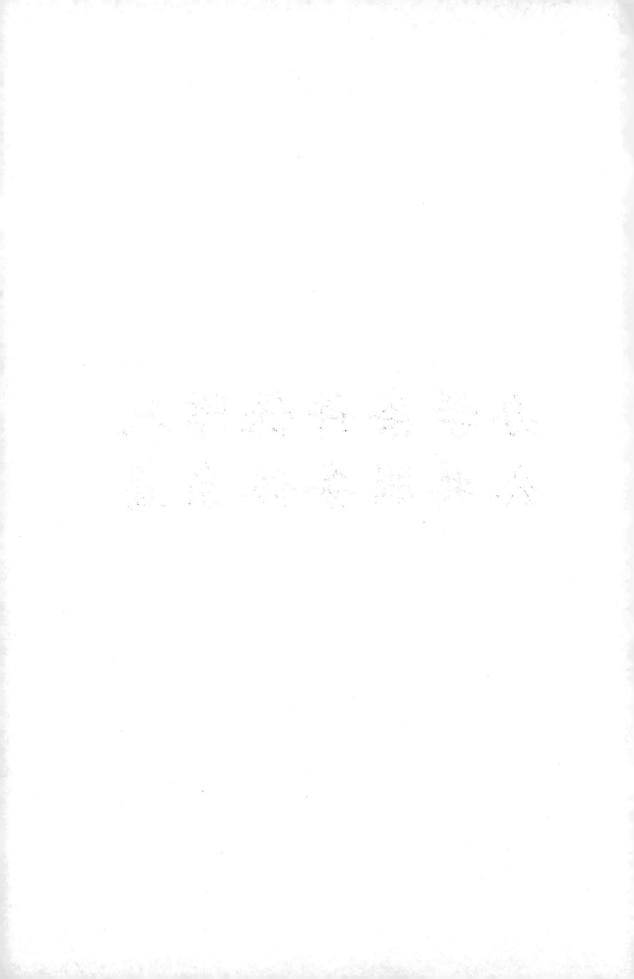

基本建设

2021年，学校以推进“两个伟大”事业为目标，持续统筹推进常态化疫情防控和学校基建事业，扎实推进校园建设高质量内涵式发展。2021年学校竣工转化医学国家重大科技基础设施（四川）、江安校区东园学生宿舍四号楼五号楼、望江游泳馆、新能源与低碳技术研究院（扩建）等9个项目，完成建筑面积约13万平方米，总投资约12.8亿元；按计划正在施工先进材料科研大楼、多学科交叉融合平台及艺术教育中心、江安游泳馆等9个项目（含市校共建在建项目3个），在建项目总建筑面积约42万平方米，总投资约37.6亿元；2022年拟建华西学生公寓、望江博士公寓、江安校区南区学生宿舍3个项目，拟建面积约14万平方米，总投资约7.3亿元。

2021年度累计支付校园建设资金约3.97亿元（含维修修购费用）。其中国拨资金支付约2.12亿元，自筹资金支付约1.85亿元。

【校地合作取得新进展】本年度由成都市和四川大学共建的开放型人文·自然博物馆群、面向新经济的技术交叉与转化中心、前沿医学中心三大项目有序建设，总体进展顺利；同时共建的开放型人文·自然博物馆群二期规划方案已完成，即将实施。双流区人民政府与我校共建的院士公寓项目于2021年底完成竣工验收，计划于2022年1月交付学校使用。四川大学眉山校区功能定位、各学科建设规划和校园建设总体规划基本落实。

【稳步推进学生宿舍建设】随着学校事业发展与招生规模不断扩展，学生宿舍成为广大师生迫切关注的问题，基建处持续加快宿舍项目建设，不断改善学生住宿条件。2021年完成交付的江安校区东园学生宿舍四号楼五号楼项目，新增床位1940个；正在加快推进的望江博士公寓、江安南区学生宿舍、华西学生宿舍三个新建宿舍项目，共计将新增床位约8500个。新建宿舍的建设将有效缓解学生住宿紧张问题，为学生的学习生活提供更好的条件保障。

【提升体育设施场馆建设】加快推进三校区体育场所升级改造与建设。利用大运会场馆建设契机，全面完成望江体育馆、华西体育馆升级改造工程。2021年9月竣工的望江游泳馆及健身中心，是集游泳、健身、舞蹈、瑜伽等功能为一体的多功能小型运动中心。改建望江游泳馆是学校党史学习教育活动中为师生办实事、办好事的重要举措。江安校区游泳馆建设项目也在稳步推进中，力争2022年秋季学期完成竣工验收。华西校区游泳池改造项目已完成设计招标，预计2022年开工建设。全面提升学校体育设施基础条件，对促进我校体育教学均衡发展具有重要意义。

【逐步优化改善校园环境】持续做好校园景观方案论证工作，优化前期设计，提高建设质量，不断提升校园整体美观度。2021年完成了江安校区风雨操场东南侧、多学科研究创新大楼西南侧、东园学生宿舍四五号楼北侧等3个重点区域绿化整治项目，法学院环境综合整治项目已完成施工招标，即将开工建设。

【完善校园医疗保障体系】考虑国家医疗卫生相关规定和疫情防控要求，结合学校党史学习教育“我为师生办实事”实践活动，2021年学校开工建设望江校医院临时体检中心与发热门诊项目，建成后的望江校医院临时体检中心可满足教职工体检和每年数万名学生的体检工作；望江校医院发热门诊可实现发热患者闭环式管理，严防院内交叉感染。该项目关系师生健康，对进一步提升校医院就诊环境和学校医疗保障体系具有重要意义。

【基建领域管理办法正式出台】2021年3月，《四川大学基本建设管理办法（试行）》（川大建〔2021〕5号）、《四川大学基建项目工程变更管理办法（试行）》（川大建〔2021〕6号）正式出台。两个管理办法的出台进一步完善了学校建设工程管理机制，强化项目施工与变更管理。基建处根据基建领域管理办法，进一步修订了立项审批、设计管理、招标及合同管理、施工管理、验收移交及保修、资金管理等细则，并建立了建设项目质量跟踪回访机制，坚持“大基建”管理理念，实现学校建设工程全过程管理。

（以上资料由基建处姚玉娇提供）

实验室及设备

学校拥有国家级实验教学示范中心8个，国家级虚拟仿真实验教学中心3个，四川省实验教学示范中心16个，四川省虚拟仿真实验教学中心6个，部省级重点实验室81个；校级基础实验教学中心12个，校级专业实验教学中心（室）56个。全校教学实验室使用面积115534平方米。开出实验项目（教学）4321个，完成实验教学工作量4574987人学时。全校实验技术与管理人员438人，其中高级职称108人，中级职称281人，其他人员49人。

在全校仪器设备校级管理信息系统中（未含附属医院用于人才培养的仪器设备），现有仪器设备244336台（套），总价值495895.73万元，其中10万元以上的仪器设备7229台（套），总价值为294627.65万元。全校生均教学科研仪器设备值达11.045万元（含附属医院用于人才培养的仪器设备），年度增长额1.395万元。

【教学实验室建设与管理】完成了“中央高校改善基本办学条件专项”2020年度5个项目（约2545万元）的验收、2021年度10个项目（约4660万元）的实施、2022年度15个项目（约1亿元，获准率99.3%）的评审入库；完成了“建设世界一流大学专项”2020年度4个项目（约2040万元）的验收、2021年度6个项目（约3000万元）的实施、2022年度11个项目（3186万元）的申报入库。安全应急技能综合训练中心获批省级实验教学示范中心，化学虚拟仿真实验教学中心、基础医学虚拟仿真实验教学中心获批省级虚拟仿真实验教学中心；组织完成了 8 个国家级实验教学示范中心和 3 个国家级虚拟仿真实验教学中心的年度考核工作。

【实验技术与管理队伍建设】完成了工程实验系列高级职称的推荐评审工作；完成了 2020—2021 年 285 个实验技术立项项目的中期检查和验收结题工作；完成了 100 余人次的交流学习与培训工作。

【实验仪器设备开放共享】完成了全校实验仪器设备开放共享中期考核和年度考核；实施了《四川大学 2021 年新纳入开放共享收费范围的实验仪器设备收费标准》（川大实〔2021〕8 号）等 4 个开放共享收费标准文件；完成了新增 639 台仪器设备共享收费标准的制定，达 1744 台；全年仪器设备开放共享收入较 2020 年增加了 23.9%，达 2280 万元；进入科技部“重大科研基础设施和大型科研仪器国家网络管理平台”设备［单台（件）≥50 万元］新增 25 台，总台（套）数增至 760 台；完成了“四川大学基于可视化大型仪器设备开放共享管理平台”与科技部共享网络平台的预约对接。

【实验仪器设备管理】继续实施《四川大学使用科研经费自行采购仪器设备等合同管理办法》（川大实〔2019〕12 号），审核、签订合同 380 项；进一步优化了仪器设备管理系统，精简优化了设备建账、维修、报废等各项业务流程。新增设备建账 17765 台（套）（总值 4.82 亿元）；报废处置仪器设备 4471 台（套）（原值 4329.14 万元）；维修仪器设备 866 台（套），维修金额 401.56 万元。完成 2020 年度全校仪器设备固定资产清查盘点与抽查工作；完成了 123 项进口合同减免税担保工作；完成了 720 所回旋加速器退役及场所清污工作。

【实验室安全与环保】顺利完成教育部安全专家组对学校教学科研实验室安全工作现场检查和相关隐患的整改工作，学校实验室安全管理工作获得专家组充分肯定；完成了以实验房间为单位的约 5000 间实验室的两轮安保评估与隐患整改工作；进一步完善了校院两级纵横联动的实验室安全环保隐患台账式管理，完成了新一轮实验室风险源清查，进一步完善了全校实验室安全风险源分级档案，强化了风险源的安全管理措施；进一步强化实验室安全与环保教育培训。通过线上“中国大学 MOOC 网”与线下“安全应急技能训练中心”相结合的方式，对全校 5000 余名师生进行了实验室安全与环保理论及安全应急技能的培训；组织开展了实验室领域 2021 年“安全生产月”和“安全生产万里行”系列活动；继续强化“危险化学品安全管理”工作。基于“OA 系统”和“实验技术物资网上服务平台”的管控类危险化学品的精细化管理进一步加强，基本实现了危险化学品的信息化管理；组织校内专家及工作人员 30 余人开展了全校危险化学品专项检查治理及隐患整改跟踪；集中回收处置全校实验室危险废物 650 余吨（其中含剧毒品 11.7 千克）；完成了全校放射性废物的报废与收贮工作，包括 32 枚放射源、500 余千克放射性固体废弃物；实验室安全技防建设取得新进展。完成了望江校区水电大楼 A、B、C 座及水利国家重点实验室、物理馆、第二理科楼基于物联网技术的消防烟感报警系统三期建设；完成了物理馆、第二理科楼监控系统建设；全校实验室废气治理工作取得明显进展。完成了华西生物治疗国家重点实验室化学楼、望江高分子学院科教楼和化学学院新化材楼废气治理工程。

【实验技术物资管理】进一步优化了实验技术物资网上服务平台功能和物资配送服务流程，全年共计完成5万余批次、价值420余万元的各类实验技术物资的申领配送工作；严格执行各级各类管控危险化学品管理条例，高效完成管控类危险化学品的申报、购买和运送约3000批次，涉及管控类化学试剂7055.86升、药品1559.48千克。

【报表统计与各类设备数据上报】完成教育部“2020/2021学年高校实验室信息统计数据（基表一、二、三、四、五、六）”“2021年全国高校教学基本状态数据库”“2020/2021学年高等教育基层统计报表”、教育部国管局“2020年度中央行政事业单位国有资产决算表”“中央行政事业单位新增资产配置表（车辆、设备）”“四川大学2020—2021学年本科教学质量报告”等报表数据的统计上报工作。

（以上资料由实验室及设备管理处陈艳提供）

后勤管理及保障

2021年，后勤保障部在学校党政的正确领导下，在各部门的大力支持下，以习近平新时代中国特色社会主义思想为指导，认真贯彻落实党的十九大和十九届历次全会精神，增强“四个意识”、坚定“四个自信”、做到“两个维护”，坚持和加强党的全面领导，按照学校全年工作总体部署，统筹推进常态化疫情防控和服务保障工作，协调抓好改革发展和安全稳定，深化体制机制改革，加强制度体系建设，圆满完成了学校各项日常服务保障任务，有关重点项目建设取得了良好进展，为学校全面推进世界一流大学建设提供了坚强服务保障。

一、党建与思政工作

按照党中央决策部署和学校工作安排，深入学习贯彻习近平新时代中国特色社会主义思想、党的十九大和十九届历次全会精神。制定实施了《2021年后勤保障部党委理论学习中心组学习计划》《后勤保障部党史学习教育工作方案》，扎实开展党史学习教育。按照《迎接建党100周年行动方案》，策划组织系列活动，积极开展专题宣传，组织干部员工参加学校庆祝中国共产党成立100周年师生合唱比赛、经典诵读比赛，分别获特等奖和三等奖。

认真落实《关于加强学校党的政治建设的实施细则》《中国共产党发展党员工作细则》等有关文件精神，扎实推进党支部标准化规范化建设。全面加强基层党组织建设，加大力度在优秀青年骨干中发展党员，推动党建和业务工作融合发展。

认真落实全面从严治党主体责任和监督责任，全面加强党风廉政建设和意识形态工作。狠抓整改落实，强化成果运用，切实做好巡视巡察“后半篇文章”。修订完善《后勤保障部意识形态工作责任制实施细则》，严格落实意识形态工作责任制，确保意识形态安全。

二、管理与服务工作

【扎实做好疫情防控常态化工作，守牢校园安全底线】严格落实“外防输入、内防反弹”要求，统筹协调常态化疫情防控和优质服务保障协调促进机制，将各项常态化防控工作落到实处。严格管控重点场所，持续深入开展爱国卫生运动，统筹协调学校防疫物资的采购储备、日常管理和分配发放工作。切实做好师生全员核酸检测及疫苗接种工作，全年共接种新冠疫苗118974剂次，开展全员核酸检测6次，累计检测12万余人次。

【高度重视中央巡视和学校巡察，持续深化整改落实】全力做好中央第七巡视组巡视四川大学党委的有关服务保障工作，全面配合学校巡察组巡察后勤保障部党委，认真按照中央巡视和学校巡察提出的问题，立行立改，对账销号，逐项落实，确保整改任务落实到位。中央巡视集中整改任务中，后勤保障部作为主责单位5项、配合1项，校内巡察提出的53条意见，均已按期全部完成。

【加快推进老旧学生宿舍改造，切实提升学生住宿条件】为切实改善我校学生住宿条件，2021年学校全面启动了老旧学生宿舍改造工程，按照“分批分段改造升级”的总体安排和“一楼一策、一楼一规划、一楼一目标”的改造思路，全面推进内部改造、家具更新、外墙翻新、育人阵地打造等改造升级。2021年启动改造15栋，完成12栋，更换家具9204件，惠及学生1万余人。

【加大校园环境整治力度，切实改善我校基本办学条件】全面完成了望江体育馆、文华大道及周边环境的治理与整体打造，确保了大运会场馆改造按时交付。完成了望江校区南门片区及文华大道改造；完成了江安校区英烈纪念广场及周边环境的改造；完成了望江校区明德楼外立面翻新以及局部修缮，正在积极推进望江西五教、望江东区后勤综合楼等维修改造项目实施。

【建设质量后勤，提升校园颜值】在部内广泛开展“我为校园颜值提升做什么”主题讨论。围绕“校园颜值是什么?”“我能为校园颜值提升做什么?”等问题展开了深入热烈的大讨论20余场，形成了《后勤保障部质量提升工程实施框架》《后勤保障部“校园颜值提升工作”任务清单》。组建后勤服务质量微光小队，与校团委联合开展了“微光筑梦·微爱校园行”志愿者活动。通过大讨论、开展大行动，广泛凝聚和动员广大师生尤其是后勤人的智慧和力量，扎实推进以校园颜值提升为核心的后勤服务品质提升。

【落实安全生产主体责任，全力维护学校安全和谐稳定大局】牵头开展了学校第20个全国“安全生产月”活动，扎实推进安全生产专项整治三年行动集中攻坚；与学校保卫等相关部门配合联合开展大排查、大整治，及时消除各种影响安全稳定的隐患苗头；组织开展了“‘6·16’安全宣传咨询日”活动，制作主题展板29个。继续优化安全稳定各项制度和工作预案，完善安全稳定综合防控体系。全年开展集中安全大检查、大整治8次，及时消除各种影响安全稳定的隐患苗头。

【开展节约粮食、优质服务月系列活动】积极响应中央号召，大力开展节约粮食宣传活动，倡导光盘行动。以“提质降耗、服务师生”为目标，开展了2021年优质服务月系列活动，部内各单位根据业务特点，结合工作实际，举办了20余场丰富多彩的为民办实事活动。

【开展大学生劳动教育，为劳动育人提供有力支撑】重新修复改造的江安农场在2021年5月的“劳动教育月”按期开放，面向全校各学院大学生开展劳动教育；将校园部分区域的保洁、除草等工作面向各学院大学生划片分区，作为各学院大学生劳动教育的实践场所。部内相关单位结合工作实际积极开设“四川大学劳动教育课堂”，为大学生劳动教育提供了坚实保障。

【继续推进智慧后勤建设】进一步优化升级后勤信息化系统，开发启用幼儿园网上缴费系统和校园作业车辆智能管理系统；开通了穿梭车智慧电子站台，全面推进校内交通“多媒体网络约车平台”建设；与成都市天府通公司协调定制我校教职工往返江安校区地铁通勤方案；联合学校信息中心开发后勤专项报修OA系统、食堂安全管理系统和学生智慧公寓系统。

【部分老旧社区公房搬迁及拆除、农林村产权办理等专项工作取得阶段性成效】完成了中兴村等老旧小区情况摸底，学校研究并通过了搬迁整体建议方案，拟启动8栋旧楼搬迁与腾挪、拆除工作。完成农林村产权办理近400户，切实解决群众的“急难愁盼”问题。

【校医院、幼儿园改扩建工程完成阶段性任务】望江校医院改造工程竣工交付，新体检中心和发热门诊开工建设。积极推进三所幼儿园老楼排危加固及内部的维修改造；江安幼儿园开工建设，预计2022年下半年主体建成并交付。

【后勤保障部荣获“四川省脱贫攻坚先进集体”称号】认真落实中央和学校决策部署，全力完成学校3项重点扶贫任务。2021年定点采购金额319.3万元，继续选派4名优秀骨干老师前往甘洛县斯觉镇中心幼儿园支教，“川大幼教支教团队”荣获2021年度“感动川大”人物称号。2017年以来，后勤保障部累计完成甘洛县、岳池县农特产品帮扶采购金额1462万元，对甘洛、岳池两地210余名教师开展“影子跟岗”培训，选派8名优秀教师定点支教。后勤人用实际行动为国家取得脱贫攻坚胜利作出了积极贡献，在2021年四川省脱贫攻坚总结表彰大会上，后勤保障部荣获“四川省脱贫攻坚先进集体”称号。

（以上资料由后勤集团汪洋点点提供）

财　务

【学史力行，落实“我为群众办实事”】根据上级党组织的工作部署，组织全处教职工开展了党史学习教育、习近平总书记“七一”讲话、十九届六中全会等重要内容的专题学习会和组织生活会。财务处（招投标与采购中心）党支部结合本职工作，发挥党员先锋模范作用，开展了“我为群众办实事”系列活动。面向各二级单位财务秘书、学生志愿者和院士秘书等开展了2020年度个税汇算清缴专场培训会。与法学院、经济学院学生会联合组织个税法普法暨2020年度汇算宣传志愿活动。再一次梳理办事流程，发布《财务处办事“只跑一次”事项清单（2021版）》，以提高师生财务（招投标）业务办理效率。开展新一轮赴学院宣讲全覆盖工作，由处领导带领宣讲小组赴各个学院开展财务（招投标）工作宣讲，已完成了17个学院的宣讲工作。组织业务骨干、党员干部赴对口帮扶的凉山州、甘洛县，培训全县财会人员100余名。

【全力配合中央巡视工作，落实巡视整改要求】中央巡视组进驻学校工作以后，财务处（招投标与采购中心）安排单位负责人为主，各个科室负责人参与，组成专项工作组，全力配合巡视工作组要求的财务凭证档案查询、科研经费查询、各类财务数据台账、财务管理文件、往来账目核对及招投标存档材料查询等工作。据统计，共为中央巡视工作组提供纸质档材料10余箱，包含财务凭证、台账、文件、档案等100余份，招投标与采购相关材料50余份，资金往来账目查询20余次。

为落实中央巡视整改任务，制定财务、招投标管理制度《四川大学关于落实〈国务院办公厅关于改革完善中央财政科研经费管理的若干意见〉的实施办法》（川大财〔2021〕27号），进一步完善学校财经管理制度。制定《四川大学供应商管理办法（试行）》（川大财〔2021〕26号）、《关于落实〈政府采购需求管理办法〉的通知》（川大财〔2021〕12号），发布《关于维修改造工程项目招投标采购有关工作的补充通知》，进一步完善了学校的财务管理制度和校园维修改造项目各个环节的管理约束。

【进一步加强信息化建设，全面推广“智能报销平台”】为进一步加强财务信息化建设，让信息多跑路，师生少跑腿，全面推广财务“智能报销平台”，实现票据电子化识别、发票认证、资产设备业务对接、无授权填写报账单、部分业务线上办理、自助投递等，实现了基础绩效报销、学生科研劳务费委托打印全流程网上办理，无须到现场投递。

参与学校数据信息整合工作，与信息中心合作搭建迎新系统与财务学费系统、缴费平台的数据共享池，实现新生入学一站式注册、缴费，优化入学流程，减轻学生缴费数据上传工作量，确保费用数据准确性和统一性。

【组织完成2021年度财务管理职称评聘】根据学校人事工作安排，作为牵头单位首次组建学校财务管理（会计、审计）系列专业技术职务学科组，负责全校财务管理系列职称评审工作。经个人申报、资格审查、答辩及评审等程序，学科组首次评审高级会计师4名，初、中级会计师54名，向学校推荐正高级会计师1名。

【进一步加强人才队伍建设，保障学校发展】通过集体业务学习、鼓励人员借调和参加职称考试等方式，全方位提升员工综合素质。2021年，财务处1人通过了学校高级会计师评审，3人获得了四川省高级会计师职称，2人被聘为教育部经费监管专家。年度完成会计凭证量达31万余件，涉及金额524亿元，同比增长16.7%。分配预算金额51亿元，发放人员酬金、基本工资、住房补贴78.5万人次，金额33亿元，完成3089笔科研项目经费立项，全年受理采购1470项，预算金额共10.28亿元。

（以上资料由财务处李军华提供）

审 计

2021年审计处共开展各类审计、评估项目1248项（自审1131项，委托117项），出具审计报告1213份，涉及金额1549328.60万元，节约建设资金1247.24万元，工程平均审减率5%，提出审计建议87条，审计公示262项。

【扎实开展一些领域腐败风险专项清理整顿工作】多次召开专题会议研究讨论，协调相关校内单位开展自查和整改，配合教育部专家现场核查，推动相关领域管理制度化、规范化。

【扎实推进国家审计和教育部财务收支审计后续工作】多次召开专题会研究国家审计整改进展，推动审计整改取得实效。在教育部财务收支审计征求意见反馈和整改阶段，指导相关单位进一步补充说明、限时整改，减少报告问题15个，完成整改问题13个。

【服务科技成果转化】完成无形资产评估24项，促进学校约90项科技成果转化。

【深化经济责任审计】严格审计计划管理，优化审计内容，突出审计重点，聚焦学校决策部署和政策措施贯彻执行，聚焦“三重一大”集体决策和经济活动内部控制，聚焦中央八项规定及其实施细则精神贯彻落实情况，规范权力运行，促进领导人员履职尽责。

【扩展财务审计内涵】完成2020年度学校预算管理审计、教育教改专项经费和基本科研业务费绩效审计，推动完善学校预算管理，提高资金使用效益。完成党费、学生门诊医疗费专项审计，规范相关经费使用。完成口腔种植中心人员安置费专项审计，推进校企改制工作。开展锦江学院专项审计，推动独立学院转设工作。开展望江加油站专项审计，推动博物馆群建设。开展校医院、科华苑宾馆专项审计，深化食堂价格平抑基金专项审计，服务新冠肺炎疫情防控和学生食堂工作。

【坚持建设工程结算审计全覆盖】对“四川大学江安校区22组团学生宿舍项目”等项目工程造价进行审核，出具审计报告1158份，送审金额25531.98万元，审计核减1247.24万元，平均审减率达5%，高于行业平均水平，合理控制了工程造价，节约了建设资金。

【稳步推进建设工程管理审计】对“四川大学先进材料科研大楼工程”“四川大学望江东经管楼维修工程”等项目开展施工阶段或竣工结算阶段管理审计。建立工程项目风险清单，实行“一项目一沟通”，督促被审计单位及时采取措施化解风险。

【完善审计查出问题整改长效机制】建立2017年以来内部审计发现问题整改台账，对所有问题整改情况逐一研判、对账销号，对未完成整改事项持续跟踪。

【推进审计信息化建设】开展审计管理信息系统试运行。完成零星维修项目结算审计管理系统升级改造。

表 1　2021 年审计工作完成情况及审计绩效

序号	类　别	完成项目数（项）	审计金额（万元）	审计绩效				
				提出意见建议被采纳（条）	查纠有问题资金（万元）	节约投资资金（万元）	移送纪监部门（件）	根据审计建议给予处分（人）
1	预算管理审计	3	1111583.43	10	8.48			
2	经济责任审计	7	332950.78	28	2686.07			
3	工程结算审计和工程管理审计	1158	25531.98	10		1247.24		
4	专项审计	6	23234.71	15	298.15			
5	资产评估	24	15910.13					
6	竣工财务决算审计	3	13603.09	1				
7	绩效审计	2	11009.05	7	443.72			
8	报表审计	1	9478.03					
9	财务收支审计	2	4731.61	4				
10	科研经费审计	8	1295.79	12	0.99			
11	科研经费结题审签	298						
12	银行账户对账单复核审签	161						
合计		1673	1549328.60	87	3437.41	1247.24	0	0

（以上资料由审计处何韵提供）

国有资产

【报送国有资产报告报表】按照财政部、教育部要求上报资产月报表；向教育部报送《四川大学关于报送 2020 年度企业国有资产评估项目备案工作的报告》（川大资产〔2021〕3 号）、《四川大学关于报送〈2020 年度行政事业性国有资产报告〉的报告》（川大资产〔2021〕17 号）、《四川大学关于报送 2020 年度中央行政事业单位国有资产决算情况的报告》（川大资产〔2021〕19 号）；收集汇总资产处置材料，处置已达年限资产 5063.36 万元，未达年限资产 689.39 万元，报送教育部；按月向所属街道办提供购置资产信息。

【公房管理】完成 2020 年学校 36 个学院、9 个独立科研机构公房有偿使用核算工作。纳入收费和补贴范围的学院及独立科研机构共 33 个，其中超面积学院及独立科研机构15个，超面积18459.03平方米，超面积费用的标准为100元/平方米，共收费1845903.00元；缺面积学院及独立科研机构18个，缺面积26315.30平方米。按照收支平衡原则，将收费金额按比例补贴给缺面积单位，缺面积补贴标准约为70.15元/平方米。

配置科研用房，支持学校重点学科发展。为电子信息学院、法学院、电气工程学院、计算机学院等7个单位配置教学科研用房，使用面积约4784平方米。为纪委办、巡察办、人事处、科研院等10个单位配置行政办公用房及业务用房，使用面积约1204平方米。

加强公房安全管理。安排专人对房屋建筑进行安全隐患排查；完成为四川大学望江东第一理科楼、华西第七教学楼（志德堂）保护标识挂牌工作；建立健全值班值守、监督检查、重大事项报告制度；建立定期公房巡检及公房巡查制度，及时发现安全隐患。2021年共计巡查公房68997间次，盘点公房7490间。

【公房出租管理】拟定2021年度公房出租规划，出租面积共计62652.16平方米。其中对外出租公房24465.51平方米，对校属企业出租公房37375.02平方米，对挂靠校内单位的行业协会等社会组织出租公房254.21平方米。聘请四川科达信房地产土地资产评估有限公司评估119处、36471.35平方米学校公房的出租基准价格；聘请四川维诚资产评估事务所评估6处通信营业厅（1030.3平方米）及245处基站出租基准价格，作为2021—2022年出租合同的定价依据。完成2021年学校公房出租事项（出租面积29618.98平方米，原值4496.32万元）报批工作。全面清查了除学校批准外的出租出借情况。

【公房维修论证】配合发展规划处、后勤保障部推进2022—2025年中央改善基本办学条件项目房屋修缮大类项目，涉及项目31个，金额2.984亿元。提交了2022年房屋修缮项目华西第四教学楼维修改造、2023年房屋修缮项目华西第五教学楼维修改造的项目文本。

【家具管理和资产处置】全年新建家具资产账69542台（件），建账金额4056.00万元。处置2021年已达使用年限并且应淘汰报废的固定资产，原值共计5063.36万元［其中，通用设备4165台（件），原值3756.69万元；专用设备472台（件），原值756.60万元；家具类17971台（件），原值524.50万元］。处置2021年未达到使用年限但已不能使用，需报废的固定资产、房屋及构筑物5处，面积1256平方米，原值16.57万元；家具21125台（件），原值665.63万元；捐赠资产17台（件），原值8.96万元；图书资产149本，原值1.24万元，将报教育部审批备案。

【无形资产管理】提交商标注册申请36件，提交商标续展注册申请17件；提起商标注册驳回复审2件；对“连续三年不使用撤销申请”提出答辩2件；提起商标无效宣告申请43件；作为第三人参与华西肝病研究院诉国家知识产权局一案（原告不服一审判决已上诉，目前二审进行中）。

【独立学院转设工作】2021年5月17日，教育部发展规划司发布《关于拟同意设置本科高等学校的公示》，2021年5月28日公示结束。锦城学院转设工作已完成。锦江学院转设专项审计现场审计工作已完成，经过与旭峰公司、锦江学院多轮协商，三方对转设协议已基本达成共识。向四川省教育厅报送《四川大学关于报送四川大学锦江学院 2021 年招生计划审核意见的函》(川大资产〔2021〕22 号)。

【产权和土地管理】启动华西校区东校园（人民南路三段 17 号）国土手续办理，已完成胜利村置换土地合同签署。江安校区人才公寓、院士公寓、威龙药厂用地权属正在办理，江安校区七栋业务用房不动产权证正在办理。就望江、华西校区有关建筑办理业务用房不动产权证问题向成都市人民政府去函寻求支持和帮助，目前已收到办文通知且已经与主办单位接洽。将持续长期坚持办理。

【资产评估备案】积极推进校办企业改革。向教育部报送 2020 年度科技成果评估备案（11 项，评估金额 4634.2777 万元）。完成贵州伊诺其尼科技有限公司、四川国纳科技有限公司 2 家校办企业资产评估学校备案工作。

（以上资料由国有资产管理处刘程提供）

图书馆

2021 年，在学校党委的领导下，在学校图书馆工作委员会的指导下，在各部处、业务实体和院/系的支持下，全体党员干部充分发挥模范带头作用，全体职工共同努力，图书馆坚持以习近平新时代中国特色社会主义思想为指引，切实开展党史学习教育，深入学习贯彻党的十九大和十九届二中、三中、四中、五中和六中全会精神，制定和实施图书馆“十四五”发展规划和面向 2035 一流大学图书馆“智慧之光”新发展愿景，以“推动一流大学图书馆高质量发展，绘制四川大学图书馆建设新蓝图”为主题，推进党建工作与事业融合发展、疫情防控和事业统筹发展，一流大学图书馆建设取得新的进展。开展以下亮点工作：

一是文献信息资源保障体系进一步优化。进一步发挥学校图书馆工作委员会和文献信息资源建设工作组作用，多渠道了解学科发展和文献需求，不断加强文献资源保障力度，不断提高文献资源利用水平。切实加强本科教育教学资源建设，积极与教务处合作，进一步加大本科教育课程所需的教材和教学参考资料的采选力度，不断提升纸质和电子教材教参资料的保障率。

二是广大师生管理服务体验进一步提升。积极实施江安图书馆地下室改造建设密集存储书库项目，深挖图书馆现有空间资源，新增主题阅览空间和阅览座位。全面升级扩建“学习书屋”，新“学习书屋”成为集党史学习教育、红色文化教育、红色资源服务、学习阅览研讨等多种功能于一体，具有高颜值、高价值、高品质的综合服务空间。打造以革命烈士、华西协合大学校友余宏文和饶世俊命名的“文俊厅”特色阅览室。新增饮水机和自助咖啡机，更好地满足师生饮水需求。

三是馆藏特色资源开发利用进一步深化。举办“朱德与史沫特莱”“中国共产党在四川大学”等主题文献展。进一步加强图书馆“全国古籍重点保护单位”和

“国家级古籍修复技艺传习中心四川修复中心传习所”建设，实施四川大学典籍陈列馆建设项目，开展《四川全图》、馆藏书画拓片、张之洞捐俸置书、巴蜀地区地方志、CASHL 专类缩微胶卷等特色资源数字化扫描工作。

四是创新型知识服务新体系进一步完善。“信息检索与利用”课程全面改革，启用全新教学大纲，完成新进教师培训标准课件的制作，实现多层次、多样化的信息素养教育全覆盖。进一步建设“大川智产”知识产权信息服务平台，制作并上线知识产权系列微课，并成功举办四川大学首届知识产权知识竞赛。实施“大川智圕”四川大学机构与学者知识库二期建设，推出以“ESI 数据深度分析”“学科发展评估”“学者影响力分析”“专利竞争力分析”“教研成果评价”等为主题的《四川大学知识服务速报》17 期，提供多维度多层次学科服务体系。

五是管理服务社会影响力进一步扩大。完善“两站、两微、两端、两播”融合媒体服务平台，充分利用移动图书馆、微信、微博等新媒体和网络社交平台，开拓管理服务宣传推广的新途径。图书馆努力打造管理服务新标杆和新样板，相关做法和经验得到中央电视台《新闻联播》、《人民日报》、四川电视台《四川新闻联播》、教育部官网等重要媒体报道。

六是校内外管理协同创新进一步推进。加强与国内外高校和图书情报领域的学术交流，接待武汉大学、哈尔滨工程大学、西南大学、西藏大学、中国科学院兰州文献情报中心等近 20 家图书情报机构来访。主办或牵头组织或具体承办“数字化转型中的图书馆变革与发展研讨会暨 2021 年度 CALIS 年会”、“全国高校图书馆服务‘四新’优秀案例大赛”、“首届川渝高校信息素养大赛”、“2021 年双一流大学图书馆建设川大论坛”、第四届“悦读新时代：四川高校阅读文化节”、“四川省高校大学生红色文化经典诵读大赛”、“四川省高校图书馆 2020 年度工作总结大会”、四川省高校“品红色经典 抒爱国情怀”演讲比赛等。

2021 年，图书馆先后荣获“四川省三八红旗集体”“四川大学 2021 年先进基层党委”“四川大学 2019—2020 年度社会治安综合治理、安全生产和消防安全工作先进集体”“四川大学 2019—2020 年度离退休工作先进集体”“四川省古籍保护工作示范单位”等称号，以及四川大学教学成果一等奖、四川大学第五届网络文化节一等奖、四川大学“讴歌百年伟业，携手共创新篇——庆祝中国共产党成立 100 周年”师生合唱比赛二等奖、四川大学“共抗疫情、爱国力行”主题宣传教育及网络文化成果征集展示活动一等奖、CASHL（中国高校人文社会科学文献中心）优质服务二等奖、CASHL 宣传推广奖、CALIS（中国高等教育文献保障系统）联合目录中文数据库建设先进单位和馆藏数据建设先进单位、中国图书馆学会 2021 年特色阅读空间、2021 年全国图书情报创新案例大赛优秀工作案例、四川省第十九次社会科学优秀成果奖三等奖等奖项。

【四川大学图书馆赴甘洛县开展对口帮扶活动】2021 年 4 月 9 日，馆长党跃武等一行 7 人赴甘洛县开展文化发展和图书馆建设援助调研相关活动。图书馆坚持学史力行，结合“我为群众办实事”实践活动，积极开展“学党史、践初心”实践行动，解决甘洛县群众“急难愁盼”问题，真正把党史学习教育转化为为民服务的务实举措，主动为甘洛图书馆把脉问诊，捐助设施设备，开展人员培训和专业指导等工作，探索了高校图书馆面向社会服务和精准式共建的新路径。

【举行第十六届四川大学大学生阅读文化节】2021 年 4 月，以“川阅百年 红动校园”为主题，图书馆在 2021 年第十六届四川大学大学生阅读文化节期间推出“传红色经典，抒赤子情怀”第四届“经典守护者”中华经典美文诵读大赛等 30 余项形式多样、丰富多彩的高校阅读文化活动，献礼中国共产党百年华诞。

【举行“巴蜀文库”——四川省方志馆四川大学分馆（川渝共建）揭牌仪式】2021 年 4 月 21 日，“巴蜀文库”四川省方志馆四川大学分馆（川渝共建）揭牌仪式在图书馆明远讲坛举行。四川省方志馆四川大学分馆（川渝共建）是在 2019 年四川省地方志工作办公室与四川大学图书馆合作建设四川省方志馆川大分馆基础上，增加重庆市地方志内容后重新开馆。

【举行 2021 年度四川大学“阅读之星”颁奖仪式】2021 年 4 月 21 日，由四川大学党委学生工作部、研究生工作部、教育基金会、图书馆共同主办的 2021 年度四川大学“阅读之星”颁奖仪式在图书馆明远讲坛举行，全校共选出 10 名“阅读之星”，每人获得 5000 元奖金，旨在展现四川大学优良学风，推动书香川大建设。

【央视《新闻联播》等媒体报道图书馆】2021 年 5 月 3 日，央视《新闻联播》以“赓续红色血脉 为群众办好实事”为题，报道了四川大学图书馆用好江姐红色文化，赓续红色血脉，扎实开展党史学习教育的情况。5 月 4 日，《四川新闻联播》以“赓续红色基因 勇担时代使命”为题，重点报道了四川大学图书馆“52 经典悦读”红色文献展览的具体情况。

【举行首届四川大学知识产权知识竞赛】为提升大学生知识产权素养，服务高校创新人才培养，2021 年 5 月 22 日，四川大学首届知识产权知识竞赛决赛在图书馆明远讲坛举行。全校共 700 余人参加了线上初赛，最终 12 名同学突破重围，进入线下决赛。

【举办“铭记光辉历史 赓续红色血脉”四川大学图书馆庆祝中国共产党成立 100 周年系列主题展览】2021 年 6 月 29 日，由四川大学图书馆推出的“人生的交汇点——朱德与史沫特莱”专题展览和“中国共产党在四川大学”主题文献展览在图书馆明远文库正式揭幕，并持续展出至 12 月。本次系列展览不仅全面展现了四川大学革命师生在中国共产党领导下为国家解放、民族独立和人民幸福无私奉献、顽强奋斗的英雄事迹，也为新时代四川大学广大师生进一步把红色资源利用好、把红色传统发扬好、把红色基因传承好提供了重要的文献资源服务。

【教育部党史学习教育高校指导组调研图书馆党史学习教育情况】2021 年6 月 24 日，教育部党史学习教育高校第十一巡回指导组副组长谢守成、成员黄玉新到图书馆调研指导党史学习教育情况。指导组对图书馆党史学习教育予以肯定，认为图书馆党史学习教育遵循中央和教育部的总体部署，按照四川大学党委的要求，结合实际，充分挖掘文献资源和空间资源，党史学习教育有序推进、形式多样、初见成效。

【全面升级改造的“学习书屋”特色服务空间和新建的“文俊厅”特色阅览室向师生开放】2021 年 7 月 1 日，在热烈庆祝中国共产党成立 100 周年之际，经过全面升级扩建的江安图书馆“学习书屋”特色服务空间和以四川大学革命烈士余宏文和饶世俊命名的医学图书馆“文俊厅”

特色阅览室正式向师生开放。

【四川大学图书馆馆藏《四川全图》出版首发】2021 年 10 月 23 日，在四川大学举行了四川大学图书馆馆藏清乾隆年间彩绘孤本《四川全图》出版首发式。《四川全图》具有极高的史料价值和学术研究价值，被誉为四川大学图书馆的“镇馆之宝”，入选《国家珍贵古籍名录》和《四川省珍贵古籍名录》。

【举行“2021 年双一流大学图书馆建设川大论坛”】2021 年 10 月 26 日，“2021 年双一流大学图书馆建设川大论坛”在四川大学图书馆举行。上海图书馆副馆长刘炜研究员在论坛现场做专题报告。成都地区的 18 所高校图书馆领导、相关人员和四川大学公共管理学院师生等共 80 余人参加现场会议，来自全国高校图书馆的专家、同仁近千人参加了线上论坛。

表 2　2021 年度图书馆基本数据

<table>
<tr><td rowspan="6">文献资源建设</td><td rowspan="6">新购置</td><td rowspan="2">图书</td><td>中文</td><td>80663 册</td></tr>
<tr><td>外文</td><td>4437 册</td></tr>
<tr><td rowspan="2">报刊</td><td>中文</td><td>745 份</td></tr>
<tr><td>外文</td><td>199 份</td></tr>
<tr><td rowspan="2">数据库</td><td>中文</td><td>7 个</td></tr>
<tr><td>外文</td><td>5 个</td></tr>
<tr><td rowspan="11">基本服务</td><td colspan="2">书刊借还</td><td colspan="2">62 万册次</td></tr>
<tr><td colspan="2">到馆读者</td><td colspan="2">356.9 万人次</td></tr>
<tr><td colspan="2">通借通还</td><td colspan="2">15 万册次</td></tr>
<tr><td colspan="2">预约图书</td><td colspan="2">7.3 万册次</td></tr>
<tr><td colspan="2">周开馆时长</td><td colspan="2">115.5 小时</td></tr>
<tr><td colspan="2">信息素养教育</td><td colspan="2">3.6 万人次</td></tr>
<tr><td colspan="2">文献传递</td><td colspan="2">4792 笔</td></tr>
<tr><td colspan="2">课题检索与查新</td><td colspan="2">4998 项</td></tr>
<tr><td colspan="2">数字图书馆访问量</td><td colspan="2">1.58 亿人次</td></tr>
<tr><td colspan="2">文献数据库访问量</td><td colspan="2">5301 万人次</td></tr>
<tr><td colspan="2">文献数据库下载量</td><td colspan="2">3354 万篇次</td></tr>
<tr><td rowspan="4">资源总量</td><td rowspan="2">纸本图书</td><td>全校</td><td colspan="2">828.79 万册</td></tr>
<tr><td>图书馆</td><td colspan="2">718.77 万册</td></tr>
<tr><td rowspan="2">数据库</td><td>中文</td><td colspan="2">117 个</td></tr>
<tr><td>外文</td><td colspan="2">204 个</td></tr>
</table>

（以上资料由图书馆姜晓、孙诗提供）

档案馆（校史办公室）

2021年，档案馆（校史办公室）在学校党政以及档案管理和校史工作委员会的领导下，坚持以习近平新时代中国特色社会主义思想为指导，认真贯彻落实中共中央办公厅、国务院办公厅《关于加强和改进新形势下档案工作的意见》精神，紧紧围绕学校中心工作和“双一流”建设的总体目标，以优良党风带动优良馆风，以作风建设推进能力建设，以优质服务促进科学发展，取得了良好成效。

2021年，新华社、中央电视台、人民日报、光明日报等20多家主流媒体对档案馆（校史办公室）特色亮点工作进行了40余次宣传报道。档案馆（校史办公室）获得“四川大学2019—2020年度社会治安综合治理、安全生产和消防安全工作先进集体”荣誉称号，全馆有16人次在学校、机关党委、行业协会组织的各类评比中获奖。其中“深挖红色文化资源，培育新时代红色传人的探索与实践”项目获四川大学教学成果特等奖；参与指导的“红梅花开薪火传：革命青年红色精神在当代学生中传播效果的调研报告——以江姐为例”项目，在第十七届“挑战杯”全国大学生课外学术科技作品竞赛红色专项活动中荣获全国一等奖。

第一，加强思想建设。深入学习党的十九届六中全会精神，以及习近平新时代中国特色社会主义思想，深入开展党史学习教育，通过设立专题教育网页、班子成员带头讲专题党课、开展主题党日活动、举办和参观专题展、发放自编红色读本、集中收看电视报道、参观李庄抗日战争陈列馆等途径，不断丰富学习教育形式。严格落实“三会一课”制度。切实加强意识形态工作责任制。

第二，狠抓作风建设。继续实施在全国高校档案馆具有创新性和引领性的9项管理服务新举措；对身边的形式主义、官僚主义进行自查梳理；部门班子成员密切联系师生，定期与联系学院和学生开展沟通交流；坚决贯彻落实新冠疫情防控政策；落实党内激励、关怀、帮扶制度。

第三，加强反腐倡廉建设。开展以“追求卓越争高线、夯实责任沉一线、清正廉洁守底线”为主题的党风廉政宣传教育活动；健全并严格执行“三重一大”集体决策制度、财经管理办法、采购工作规程等相关制度；落实廉政风险防控措施，梳理廉政风险防控职权目录及风险等级；严格执行中央八项规定和反四风相关要求，规范使用三公经费；开展“小金库”专项警示教育；大力推进党务和馆务公开。

第四，加强和谐馆室建设。组织春游、观影等健康有益的文体活动，丰富职工文化生活；建立在职党员一对一联系离退休职工制度，及时向老同志通报校情，送学上门；坚持节日慰问、扶贫帮困送温暖。

第五，健全完善档案资源体系。加强对立卷单位的业务指导和质量检查，对毕业班辅导员加强学生档案转递业务培训，编发学生档案宣传资料。2021 年共收集普通档案 10091 卷，整理入库 12248 卷；接收学生档案 18293 卷，接收材料 17608 份，接收离世教职工档案 31 卷。到中国第二历史档案馆查阅并复制四川大学历史档案电子图片 17000 张，收集到周太玄老校长、杨达烈士的一批珍贵遗物遗稿，丰富了馆藏档案资源。

第六，加强档案文化建设。完成校史展览馆全面改版升级，突出川大特色和文化品位，实现观赏性、文化性、艺术性、思想性的有机融合；加强讲解团队建设，凤鸣志愿讲解队连续三年获评四川大学青年志愿者协会十佳志愿集体，一名讲解员入选 2021 年度“感动川大”十大人物；与川大附小联合开展“小小讲解员”活动；江姐纪念馆被四川省委宣传部授予“四川省爱国主义教育基地”称号；参与自贡市江姐故里、荣县吴玉章故居、华西校区红色历史文化景观、望江街道办望江坊、棕东社区党员活动中心设计打造工作，在校史文化育人和营造社区文化氛围中发挥了积极作用；组织开展 25 项档案和校史科研课题的结题评审和 33 项课题的立项工作；协助举办新生校史校情讲座，全年组织发放《四川大学校史读本》1.8 万余册；承担学校、各级档案校史协会及档案馆科研项目 28 项，发表文章 40 余篇。

第七，提高档案开放利用质效。2021 年共利用各类普通档案 40113 卷、15724 人次，出具学籍学历等证明材料 5 万余份；清理毕业生原档案 18480 余卷，转递离校学生个人档案 18165 份；查阅学生档案 2920 卷（含政审）并出具相关证明；查阅离世教职工档案 38 卷；协助学校干部档案审核工作，协助组织部、人事处完成教职工档案服务相关咨询工作；加大档案开放力度，按程序启动 1.4 万余份到期涉密档案的解密工作；在中央巡视、教育部学籍档案核查、人事档案核查等学校重大专项工作中，加班加点提供大量档案查阅。

第八，守牢档案安全保障防线。与全馆职工签订了安全管理责任书和承诺书；深化档案安全教育培训，定期开展消防、应急处突实战演练；对档案安全工作进行自查自纠，及时消除安全隐患；严格落实档案库房“八防”工作；实施数字档案信息资源的数据治理工作，加强档案信息化安全管理，严格口令设置和身份认证；加强服务器系统及数字化信息资源存储系统的管理，建立了包括图像数据库、目录数据库、全文数据库、胶片数据库和光盘数据库“五位一体”的数字档案信息存储系统；严格执行国家保密制度，加强对涉密档案专用库房、专用设备、专门人员的配备和管理。

第九，扩大档案工作对外协作。作为四川省高校档案工作协会理事长单位，组织全省高校档案管理科研课题立项及评审；国际档案日牵头举办了全省高校档案馆庆祝中国共产党成立 100 周年“档案见证中国共产党百年辉煌”档案红色故事宣展活动；完成协会法定代表人的换届调整工作；与重庆市红岩联线文化发展管理中心、自贡市大安区等开展共同发掘文史资料等交流合作，推动档案资源共享共建；与中国高等教育学会档案工作分会成员单位、中国高等教育学会校史研究分会成员单位、武警警官学院、四川藏语佛学院等开展学习交流活动。

【开发红色档案资源助推立德树人】深入挖掘川大百廿红色文化传统。开展“中国共产党在川大”系列活动，牵头举办“中国共产党在川大百年历程专题展”，编印画册《中国共产党在川大》，拍摄“烈火淬金——四川大学共产党组织的创建与发展”专题片，实施川大革命英烈传记工程编撰工作，推出“川大党史故事”18期。积极推进校园红色文化走出校园、走向社会。在校内外开展川大党史故事宣讲16场，参加川渝地区档案系统“印记100”建党百年档案宣传系列活动，整理档案馆馆藏红色珍档名录，制作档案故事微视频，参加档案故事“云宣讲”。与新华社总社、中央广播电视总台、四川电视台、《四川日报》、成都电视台、《成都商报》等媒体合作，讲好党史故事。协助中央电视台拍摄建党百年百集文献纪录片《山河岁月》第41集“烈火中的永生”并已播出，协助中央电视台“故事里的中国”栏目拍摄“江姐·张桂梅”专题节目，参与中宣部、教育部和中央广播电视总台策划的庆祝建党百年“时代楷模”节目组的节目策划与拍摄。协助成都电视台制作“追寻党史印记、坚守初心如一”系列节目，其中王右木、江姐、吴玉章专题节目已播出。

【大力推进档案数字化建设和信息化建设】完成基于局域网环境的档案数字资源管理和查档利用平台建设；完成学籍档案数字化成果第一期和第二期挂接，实现网上查档；完成文书档案数字化项目，逐步完成挂接并实现网上查询利用；实施基建档案数字化项目，数字化档案3935卷，包括文书18万页、图纸1万张；完善档案数字资源成果妥善保存和有效利用机制；不断完善数字化管理系统，开发“学生档案补派改派”系统并投入使用。

表3　2021年档案管理和服务统计表

馆藏全宗（个）	馆藏档案（卷）	新中国成立前档案（卷）	收集档案/材料（卷、份）	入库档案（卷）	查借阅档案/材料（卷、次）	转递档案（卷）
22	344945	9000	45992	30541	43071	18165

表4　2021年校史工作统计表

接待参观（人次）	接待讲解（场）	大型专题展览（个）	图书及音像制品（画册、专题片）	主题宣讲（场）
40000	1008	1	5	16

（以上资料由档案馆毕玉、王娣提供）

博物馆

四川大学博物馆是中国西南地区建立最早的博物馆，1914年建馆至今已有超过百年历史。现有馆藏文物85000余件，涵盖了石刻、书画、陶瓷、青铜器、古钱币、古印、刺绣、漆器、拓片等几十个门类。2019年，因市校共建四川大学博物馆群项目，博物馆闭馆进行整体改扩建。截至2021年，博物馆共有在编教职工19人，包括中层领导1人，教辅岗12人，行政管理岗5人，工勤岗1人；其中副高级以上职称4人，博士学位7人，硕士学位8人。下设省级社科科普基地、科协科普基地各1个。2021年，博物馆共有1项国家社科基金项目立项，并有6项横向项目，到校经费70万元，发表论文4篇，参与出版教材和专著各1部。

【迎接建党百年 传承红色历史】为迎接建党100周年，博物馆与历史文化学院策划了由四川大学发起，新华社、四川省委党史研究室共同主办的“穿越历史的红色传承”青年党史讲坛，于2021年5月4日青年节之际在新华社客户端、新华网等媒体矩阵面向公众推出。讲坛汇集了全省著名党史专家，孵化了从“早期马克思主义思想在四川的传播”到“抗击疫情共产党员的模范先锋作用”等六个学习主题。除媒体平台外，讲坛也在四川大学等高校系统、四川省党史教育系统、四川文博系统等网站和视频滚动播出，获得热烈反响。5月28日，《人民日报》第二版要闻《中管高校扎实推进党史学习教育——立足自身特色 务求学习实效》一文，以“用好学校自身的红色资源”为题集中报道了四川大学的党史教育活动。2021年，根据历史文化学院党委的工作安排，博物馆强化组织建设，成立了支部支委，严格落实“三会一课”制度，共开展政治学习16次，组织生活会20余次，党课12次，党员民主评议1次。

【从基建展陈到组织管理 全面推进博物馆新馆建设】2021年，博物馆联合自然博物馆，明确了1个基本陈列、3个专题厅、1个临展厅的展陈体系，对展陈内容文本多次进行重构和修改，先后撰写了十余版大纲。博物馆组织相关教师赴成都城市森林博物馆（丹景台）、山东大学博物馆、北疆博物院、国家海洋博物馆、清华大学艺术博物馆等多地调研，并多次召开专家评审会和专题讨论会，听取各方意见后定稿。按照新馆建设的时间安排，博物馆还初步拟定了库区典藏文物分区及柜架设计方案。选取上展文物方案，上展石质、木质和织绣类文物修复加固及清洁方案。拟定新馆运营机制、人员规模和财务预算建议方案等一系列业务方案。

【构建智慧博物馆框架 维护扩充资源数据库】在2020年初步方案的基础上，2021年我馆细化了智慧博物馆方案。经过多方共同讨论评估，已经取得阶段性成果，建立了以业务管理、公众服务、教学科研、智能化弱电和安防系统为基础的智慧博物馆框架，预期将形成人、物、数据全面互联互通的新型数字化协同工作模式和智慧化运行系统。同时，博物馆继续稳定维护原有信息资源，并对资源库的数据总量进行补充完善，到2021年有16个数据库，条目约10万条。其中藏品资源库、华西教会新闻全文库、老卡片库、旧档库和陶然士专题数据库等在2021年皆有不同程度的增补。2021年还完成了4台虚拟服务器的平台迁移，与备份一体机联通，并进行了防病毒演习。

【闭馆期间持续发力 文创宣传推陈出新】2021年闭馆期间，博物馆完成了两项文物借展工作，分别为成都博物馆“红星耀蓉城·百年铸辉煌特展”和四川博物院“山高水阔 长流天际——长江流域青铜文明特展”，利用典藏文物扩大学校影响力，使馆藏文物在闭馆期间依然保持活力。同时，博物馆联合区域历史与民族文化科普基地，组织了多次线下和线上活动，其中学术沙龙“明明朱户：从戴谦和到梁思成——四川古建筑辨识研究”等活动取得了良好反响。以四川大学博物馆新馆开馆活动为主题，与历史文化学院团委共同举办了第二届“博略杯”四川大学文化创意策划挑战赛，并在赛后举办了首届四川大学博物馆文创沙龙。2021年6月，博物馆创新中心推出的“《四川文物精品青铜器》新书发布会暨考古学家沙龙”活动在四川博物院举行。该书由巴蜀书社出版，是博物馆2021年重要科研出版成果。同时，《四川大学博物馆藏品集萃》的续篇和再版工作也逐步推进。7月，博物馆收藏了四川大学三星堆发掘团队研究生手绘纪念建党一百周年工作服，为八十多年来四川大学科学家代代相传、持续探索古蜀文明、服务国家文化建设的崭新见证。

（以上资料由博物馆罗媛媛提供）

出版社

出版工作是党的宣传思想文化工作的重要组成部分，是促进文化繁荣兴盛、建设社会主义文化强国的重要力量。2021年，四川大学出版社以习近平新时代中国特色社会主义思想为指导，继续深入贯彻落实中央《关于加强和改进出版工作的意见》精神，积极贯彻落实省委省政府《关于加强和改进出版工作 推动四川出版高质量发展的指导意见》精神，围绕四川大学2021年度工作要点，坚守意识形态阵地，坚持以党的最新理论成果武装头脑指导实践推动工作，认真落实上级党组织决策部署，努力推动党的建设与事业发展深度融合，坚持一手抓疫情防控、一手抓改革发展，各项工作取得新成绩。2021年，出版社主要从“围绕主题主线，迎接建党百年”“抓住主责主业，服务教学科研”“坚持质量第一，加强规范管理”“生产防疫并重，保持平稳发展”等几个方面开展工作。

【加强党的建设】加强理论武装，努力提高党员干部职工的思想政治素养；认真落实意识形态工作责任制，确保出版物正确出版导向；认真组织党史学习教育，学党史、悟思想、办实事、开新局；以巡视整改为契机，以查促改，以改促进；通过党支部三分类三升级、党支部书记培训、党支部共建、加强党员教育管理、完善制度等措施，夯实基层党组织基础；通过建章立制、开展党建工作品牌创建和优秀“支部工作法”推荐宣传，不断推动党的建设与事业发展深度融合；加强党风廉政建设，进一步加大廉政风险点防控力度；加强对统战、工会、共青团、离退休等工作的领导和联系服务师生工作，努力凝聚共识，形成合力，推动发展。

【迎接建党百年】完成“四川大学革命英烈丛书”首批9种出版。“学习党史国史 弘扬两路精神”新书发布会获得新华社、人民网等主流媒体集中报道，有关新闻阅读量超过10万次。《天路叙事：川藏公路、成阿公路筑路史》入选教育部“全国高校出版社主题出版项目”和“2021四川好书”。

【服务教学科研】教育部人文社科重点研究基地四川大学中国俗文化研究所建设成果“中国俗文化研究大系”累计出版13种，“符号学丛书”累计出版60余种，“四川大学精品立项教材”累计出版100余种。承担各学院20余种学术集刊的编辑出版工作，其中CSSCI来源集刊新增1种，总数达4种。服务学校人才培养，组织实施了“明远星辰文库”校园文学出版工程，出版“明远星辰文库”第一辑10种，在125周年校庆期间召开新书发布会，获得人民网、新华社等中央媒体报道，有关新闻点击量超过50万次。教材中心全年完成了全校本科生教材的计划、订购和发行工作。3个校区全年教材入库数49万册，总码洋约2204万元，出库数约40万册，总码洋约1682万元；共接待学生6万多人次。同时，为毕业生办理对账、退费、盖章等离校手续2000多人次。

【重点出版项目】国家出版基金项目完成3项，新增2项，累计达15项；国家社科基金后期资助项目新增12项，累计达27项；新增“十四五”时期国家重点图书出版专项规划项目2项、国家社科基金中华学术外译项目1项、全国高校出版社主题出版项目1项；新增其他省部级以上重点项目16项。

【获得奖项荣誉】《中国城市通史》等2种图书获得“2021四川好书”荣誉称号；19种图书获得四川省第十九次社会科学优秀成果奖；8种出版物入选全国农家书屋重点出版物推荐目录；3种图书入选四川省干部教育培训“好教材”；3种图书获得四川省优秀科普作品奖；入选“成都市版权示范单位”。

【加强规范管理】继续坚持和不断完善选题论证、重大选题备案、三审三校、质检、新编辑集中培养和导师一对一指导等制度；建立实施了匿名专家审稿制度；结合巡视巡察整改，制定或完善了《重印图书管理办法》《关于加强教材审核的实施办法》《出版物召回处理办法》《图书质检制度实施办法》等制度；强化音像电子流程管理，参照图书完善了全套制度流程；成立印发中心，提高后端工作管理水平；按期完成2021年责任编辑继续教育培训方案全部8次授课。全年出版物未出现意识形态导向问题，在上级组织的检查中未发生编校质量不合格情况。

【加快融合发展】获批国家新闻出版署出版业科技与标准重点实验室1个；云雀数字教材出版服务平台和云雀线上线下混合式教学平台上线；入选“全国新闻出版深度融合发展创新案例”。

【附录】2021年，四川大学出版社出版图书1535种，同比增长15.67%。其中新书870种，同比增长16.77%；再版重印665种，同比增长14.26%。总印数1118.7万册，总生产码洋3.32亿元，同比增长10.66%。

（以上资料由出版社李金兰、欧风偃提供）

期刊社

2021年，期刊社按照教育部、四川省委宣传部等上级部门的工作要求，在学校党委的正确领导下，以习近平新时代中国特色社会主义思想为指导，深入学习贯彻党的十九届五中全会、六中全会精神，认真落实《关于推动学术期刊繁荣发展的意见》等文件精神，持续稳步推进各项期刊工作。

【开展专题学习】2021年5月，期刊社组织所有期刊编辑部主任专题学习习近平总书记给《文史哲》编辑部重要回信精神。2021年6月，以中宣部、教育部、科技部联合下发的《关于推动学术期刊繁荣发展的意见》为学习契机，召集期刊编辑部主任会，研讨高质量学术期刊的创办问题。2021年10月，组织全校期刊编辑部主任会议，学习贯彻习近平总书记在庆祝中国共产党成立100周年大会上的重要讲话精神。2021年11月，组织全校期刊编辑部主任参加党的十九届六中全会精神学习辅导报告会。

【做好各项期刊质量专项检查】根据《四川省新闻出版局关于进一步加强期刊出版管理的通知》，2021年5月对校主管主办的31种期刊的导向管理、内容生产、质量管理、教育培训等工作开展了自查和检查工作。

2021年11月，根据《四川省新闻出版局关于开展期刊滥发论文问题专项检查工作的通知》，开展了非抽检期刊的上门检查约谈、实物检查等具体检查工作。同时，按照文件要求，完成了2家重点抽检期刊的专项自查和29家非抽检期刊的专项核查工作。

【开展2020年度期刊核验工作】根据《四川省新闻出版局关于开展2020年度期刊核验工作的通知》，2021年6月，完成了校主管主办31种期刊的2020年度期刊核验数据填报工作，以及5种被重点抽检期刊的材料上报工作。

【开展期刊编辑业务培训及学术讲座】2021年，为提高期刊社编辑的办刊能力和编辑业务水平，期刊社组织全体编辑参加责编继续教育培训，以及“如何做好意识形态把关工作”“习近平总书记‘七一’讲话精神及中央关于历史问题的两个决议专题讲座”等专题培训。另外，邀请行业专家开展“期刊编辑科研项目申报书的撰写”“学术期刊的出版创新和传播创新”“学术规范与学术伦理”等学术专题讲座。

【不断提升期刊影响力】《信号转导与靶向治疗》荣获中国出版政府奖·期刊奖；*Susmat* 入选“中国科技期刊卓越行动计划高起点新刊”；4种期刊入选2021年度科技期刊世界影响力指数“中国最具国际影响力学术期刊（自然科学与工程技术）”；2种期刊入选2020年“百种中国杰出学术期刊”；《工程科学与技术》《华西口腔医学杂志》等期刊的30多篇论文入选“领跑者5000——中国精品科技期刊顶尖学术论文（F5000）”；《油田化学》获得全国石油和化工行业“十三五”先进

信息单位奖；在“首届方正电子杯中国期刊设计艺术周”评选中，《四川大学学报（医学版）》2021年第3期封面荣获“优秀版式设计”奖，《精准临床医学（英文）》2020年第3期封面荣获“优秀封面设计”奖。

【持续提升办刊能力】《四川大学学报（哲学社会科学版）》为纪念中国共产党成立一百周年，策划了“中国共产党百年：革命与治理”“中国共产党百年：理论与实践”“中国共产党百年：历史与现实”等系列专题；为宣传党的十九大精神，策划了“乡村振兴研究”专题，刊发了一批解读和贯彻党的十九大精神的优秀文章。为学习贯彻党的十八大以来习近平总书记关于弘扬中华优秀传统文化的重要论述，继续组织“中华法系的传承与再生”这一特色专栏。

《四川大学学报（自然科学版）》为充分发挥编委在组稿、审稿等方面的作用，经过编委、栏目责任编辑及相关专家推荐、主编审批，增设了28名青年编委。本年度青年编委共审稿34篇，投稿7篇，青年编委的作用初见成效。同时，加强与优秀科研团队的联系，特约优质稿件，努力提升稿件质量。

《工程科学与技术》紧密联系编委及科研团队，组约高质量论文及专栏，及时报道国家战略性科技成果。发表“科学前沿”1篇，“聚焦国家重点研发计划”2篇；出版专栏3个，特约稿5篇。2021年刊发的文章中，受国家自然科学基金和国家重点攻关课题资助项目以及省部级基金等资助项目的论文占载文量的95.3%，刊发文章100%被EI数据库收录。

《四川大学学报（医学版）》主动服务学校学科建设，充分发挥编委的学术引领作用，重点推出“应激医学专题”“AI影像与病理专题”“干细胞、生物材料与再生医学专题”“新型递药系统专题”“儿童呼吸系统疾病专题”“儿童眼视光与青少年眼保健专题”六期专题报道。

（以上资料由期刊社杨丽贤提供）

信息化建设工作

2021年，信息化办坚持以习近平新时代中国特色社会主义思想为指导，深入贯彻落实党的十九大及十九届历次全会精神。在学校党委的坚强领导下，以党史学习教育为引领，在做好常态化疫情防控的前提下，扎实开展巡视巡察整改工作；以习近平总书记网络强国战略思想为指引，聚焦网络安全、网络与信息化基础设施建设、信息化服务、智慧教学环境建设等方面，开展了扎实有效的工作。

一、全力保障学校疫情防控

根据学校疫情防控工作安排，及时为学校3个核酸检测点、50个检测窗口安装相关设备，为核酸检测提供网络接入和现场技术保障；为三校区新冠疫苗接种工作提供信息化服务，保障疫苗接种工作顺利进行；做好健康每日报系统保障工作，本年度收集疫情防控打卡数据2500万余条；组织单位党员志愿者 40 人次，协助南园小区开展疫情防控工作。

二、大力推进网络及信息化基础设施建设

【校园无线网络覆盖】完成望江校区研究生院大楼无线校园网优质覆盖，全校无线 AP 数量由 8746 个增至 16698 个；实施并完成了江安校区学生宿舍有线无线网络一体化工程和教学区域无线网络整改项目，实现了江安校区学生宿舍校园网无线有线一体化全覆盖，为学生提供更加快捷的上网体验；积极探索校园网与运营商 5G 网络的融合，已实现与中国移动的 5G 网络融合互通，在大成都范围内建成“无边界 5G 融合校园网”，本校师生中的成都移动用户在大成都范围内无须通过 VPN 即可直接访问校内资源。

【优化云平台、存储和备份系统】完成云平台 6.0 和 6.7 版本整合，迁移 280 台虚拟机至新平台，云平台现有物理主机 93 台，虚拟机 905 台，存储双活可用容量近 800 TB，为全校 60 余个单位部门、200 余个应用系统提供云服务；新建两套国产自主可控全 SSD 高端“双活”架构存储；升级优化本地备份项目，已对 23 个重要系统进行备份策略任务调整，保障云平台数据安全。

三、持续推进网络安全与数据治理

【网络安全建设】完成安全自查和常态化监测，发现并整改漏洞 3648 个；整改教育部和公安厅反馈的中高危漏洞 26 个；完成学校部分 Web 资产的梳理和备案，已备案网站和系统 495 个；开展网站、相关域名、服务器的排查工作，已完成 47 个校外网站的清理工作；完成 4 个三级系统和 12 个二级系统的测评和整改工作；加强网络意识形态监控；开展 2021 年网络安全专题网络培训，组织 102 名人员参与培训；修订《四川大学网络安全事件应急预案》，健全网络安全监测预警；组织我校网络安全工作部门负责人和技术骨干共 9 人参加教育系统网络安全保障专业人员培训（ECSP）。

【构建数据中台，建设数据展示系统】构建数据中台，完成以数据交换为主的数据平台建设、从上至下的数据应用场景构建，构建主数据平台并基于主数据构建数据标准，打通核心数据流程（数据接入、数据查询、开放数据服务），现已完成 14 个部处、22 个业务系统、404 张表、4869 项字段的数据接入数据中台；新建数据展示系统，初步实现师生数据“一张表”，实现学生画像、教师画像、通行分析、校园消费、疫情防控、舆情态势等数据展示。

四、稳步推进智慧教学环境建设

【“大川学堂”教学大数据分析决策系统建设】完成该系统的一期以及配套设备建设，现已覆盖学校 3 个校区，支持所有教师和学生访问，已累计存储 10000 余个教学视频资源。

【智慧教室改造】完成江安水上报告厅改造；完成望江、江安校区 249 间智慧教室设备的升级改造和三校区 547 间智慧教室的日常设备维护；完成 2021 年电子考场及督导平台改造，保障平台有效运转。

【在线教学平台应用保障】在线教学平台参与用户数和访问量持续增加。其中“爱课堂”平台已开设有线上课程 118 门和混合式课程 4238 门，服务了 1550 名教师和 51615 名学生；“课程中心”平台教师用户数 766 名，学生用户数 8203 名，用户登录次数达 6.5 万余次，开展在线作业、网络考试等活动共计 300 余次（涉及 48 门线上课程）。

五、有序推进信息化服务保障工作

【“5G+XR联合创新实验室”建立】与中国电信合作建成四川省首家“5G+XR联合创新实验室”，探索沉浸式教学环境建设思路，为学校教育、教学改革提供技术条件保障。现已把与“江姐”相关的音频、视频、图片融合在“虚拟江姐纪念馆”的作品内。参加绽放杯5G+智慧教育比赛，四川大学荣获教育赛道全国一等奖和综合赛道全国三等奖。

【会议技术保障】保障教育部、四川省教育厅、学校重要视频会议、学校重大项目等视频答辩135场；完成学校线下重要会议技术保障368场；完成Welink云会议室建设，实现学校视频会议系统全覆盖。

【新建各类系统】新开发“云上川大”App，整合移动端应用30多项；新建四川大学网上办事大厅系统，实现线上一站式服务；新建迎新系统，实现2021级新生线上迎新；建统一身份认证系统(IDaaS)，完成37个业务系统接入。

【四川大学微服务】日均活跃人数超过6.8万，疫情防控打卡系统生成约2500万余条数据，支付笔数约187万，支付总金额约1.78亿元，提交网络故障工单保修约3000单。

【校园卡系统】完成校园卡充值约2.07亿元，结算约2.06亿元；完成新办校园卡26482张，补办校园卡46499张；为全校10万有效校园卡用户服务，清理注销1万余张临时卡，完成校园卡系统运行维护工作。

【OA系统升级】完成系统升级工作，包括各单位新建流程表单，网上办事大厅，累计新增业务流程20余条，上门服务了全校40多个单位。

【校园网认证系统】2021年9月启动新资费标准，在教学、办公区有线无线网免费接入，为9628人学校编内离退休教职工集中开通校园无线网，完成对2021届约1.9万名新生开户工作，完成对18783名2021年毕业生的校园网退费工作。

【各项服务保障】持续做好四川大学办公及公共资源软件正版化服务、网站群系统、校园卡系统、eduroam、电子邮件系统等日常管理和运营维护工作；持续为全校教师提供音视频拍摄制作服务，已为机关部处和学院拍摄制作各类视频100余次；协助完成第十七届“挑战杯”赛事前期准备工作，完成身份识别、赛事服务及评分系统开发并上线试运行；开展工行e钱包对接服务；完成2021年跆拳道锦标赛、研究生复试、全国英语四六级考试等网络保障及相关设备运行保障工作。

（以上资料由信息化建设与管理办公室刘颖慧、黄丹丹、沈文君提供）

对外联络工作

一、校友工作

2021年，四川大学校友总会以“推进校友工作内涵式发展”为目标，以活动为载体，“点”“面”结合，精准服务校友，不断提升校友服务品质，助力学校世界一流大学建设。

【组织了四川大学125周年校庆相关活动】组织实施了四川大学建校125周年高质量发展大会；组织实施了“四川大学建校125周年第四届‘乐跑回家’校园健身跑”活动；组织实施了“第二届四川大学校友羽毛球团体赛”；组织实施了四川大学校友网球联谊赛；召开了2021年全球校友会会长秘书长工作会；组织了四川大学建校125周年暨华西药学发展论坛；统筹协调了中华文化之旅、第七届生物医学大数据·智能技术应用峰会等全校20多场校庆活动；指导商学院举办“125周年校庆系列活动——中国EDP教育联盟第七届商学院丝绸之路戈壁挑战赛”；与川创联、贵州校友会举办献礼建党100周年、庆祝建校125周年红色之旅暨走访校友企业活动；指导各学院开展线上线下相结合的值年返校活动。

【推动了校友工作组织建设】成立了华西口腔医学院校友会、华西临床医学院眼视光学专业校友联谊会（见表5）。

【搭建一流校友服务平台，校友服务品质稳步提升】入库校友数据18000条；采编、出版了《川大校友》第49、50期；联合高等教育学会出版《百川赴海：四川大学校友创新创业风采录》；召开年级联络人聘任大会，设立2021届校友年级联络人，为205名年级联络人颁发聘书；以电子校友卡为载体，开发建设校友工作管理系统，建立总会—学院—地方三位一体校友工作管理平台；完善电子校友卡功能，推出校友名片、校友资源标签、校友企业注册等功能，更好地服务校友；推出校友邮箱，截至12月7日共有1100余名校友领取了校友邮箱；与民生银行合作，推出民生银行校友联名卡，截至12月7日共计3000余名校友领取了联名卡。配合教务处举办“校友子女夏令营”活动，组织十位校友子女参与为期5天的川大游学活动；举办“大川友爱，益起童行”亲子公益拍卖会，组织60个家庭拍得19100元善款用于四川大学救治先天性心脏病患儿公益计划；举办“大川小友绽Fun青春”文创大赛；开展“大川有我，青春小友”迎新季活动；指导学生联络协会开展“木兰杯”篮球赛、校友联谊篮球赛等活动；举办“我们的青春同属四川大学——2021届毕业季”活动；举办校友创业沙龙和摄影沙龙，邀请校友回校与在校学生互动；举办校史问答活动，通过丰富的形式促进在校生党史学习教育。

【汇聚校友资源，引导校友助力学校“双一流”建设】指导绵阳校友会、眉山校友会、吉林校友会等举办“四川大学2021本科招生咨询会”；组织各地校友分会配合招就处及各学院招生工作组，完成了24个省市的招生宣传工作；邀请杰出校友、中国科学院兰州分院院长肖国青出席“四川大学2021级本科生毕业典礼”，杰出校友、中国科学院院士赵宇亮出席“四川大学2021级本科生开学典礼”，杰出校友、阿里巴巴集团副总裁叶军出席“四川大学2021级研究生开学典礼”；联合就业指导中心举办了两场“智汇百川·四川大学2021校友企业招聘季”（春季/秋季）、一场“2021四川大学校友企业实习季”；举办技转集团周年工作汇报暨川大技转知识产权市场运营展示馆揭牌活动；举办川大校友基金一、二、三期基金年会；牵头促成四川大学与校友企业爱尔眼科医院集团达成战略合作；促成广西壮族自治区人民政府与四川大学达成战略合作。

表5　2021年四川大学成立学院校友会情况

四川大学华西临床医学院眼视光学专业校友联谊会	成立时间	2021年7月
	名誉会长	李为民、张伟、万学红
	会长	刘陇黔
	副会长	阚秋霞、马薇、刘波、马鑫、邹云春、黄压、秦琼、张宁
	秘书长	阚秋霞
	常务理事	杨和平、邱远利、阚秋霞、刘波、陈和梅、赵江华、李茜、马薇、杨必、张霞宇、任仕为、邹云春、李娟、王小涛、李华、唐先东、杨圣、张宁、陈雪阳、黄压、秦琼、王将栏、邓杰颖、马鑫、蓝敏、王雷、巩倩文、邹岭、唐颖、赵姣、叶翔宇、苏焕均、邵裕粟、阿依不拉克·努尔买买提、席炳琪、张延明
	秘书	杨昕、王将栏、李丁坤、邵裕粟、宋雨桐、李静、冯革、陈晓航
四川大学华西口腔医学院校友会	成立时间	2021年4月
	名誉会长	邱蔚六、周学东、王林、樊明文
	会长	叶玲、谭静
	执行会长	赵志河
	副会长	杨征、沈颉飞、王晓毅、孙建勋
	秘书长	韩向龙
	副秘书长	何苗
	常务理事	白玉兴、曹志毅、陈江、陈小冬、程斌、房兵、贺刚、胡开进、黄永清、季平、李刚、李峻、李志华、廖红兵、林野、刘斌、刘建国、麻建丰、王慧明、王雷、王仕锐、徐艳 、许彪、杨懋彬、张海、赵今
	秘书	李夏怡

二、基金工作

2021年，四川大学教育基金会为学校事业发展争取社会各界资金共计1.67亿元，其中捐赠收入1.21亿元，增值收入860万元，成功获取中央财政配比资金3717万元。实施开展190项公益项目，公益总支出共计1.31亿元。其中发放奖学金1168万元，助学金249万元，人才引进及奖教金3654万元；支持科学研究及学科发展3383万元；支持校园建设3098万元；支持学生校园文化活动1073万元；支持社会公益245万元，其他活动138万元，直接惠及千余名在校师生。

2021年，四川大学教育基金会认真履行信息公开义务，不断提升基金会公信力，获得全国基金会中心网“中基透明指数”100分，排名第一的好成绩。

2021年，四川大学教育基金会接受社会各界爱心人士、爱心企业10万元以上（含）现金捐赠名录见表6（以捐赠到账时间为序）。

表6　2021年社会各界爱心人士、爱心企业捐赠名录

捐赠方	捐赠金额（万元）	捐赠项目名称	到账时间
李京梅	10.00	京梅奖教金	20210104
成都来也旅游发展股份有限公司	10.00	珠峰奖教金	20210107
四川顺通实业（集团）有限公司	30.00	顺通奖教金	20210114
公益财团法人 似鸟国际奖学财团	10.00	四川大学 NITORI 国际奖学金	20210115
黄乾亨基金	10.00	黄乾亨奖助学金	20210115
四川西南交通大学教育基金会	62.00	感恩中国近现代科学家奖助学金	20210120
周大福珠宝金行（深圳）有限公司	20.40	周大福奖学金	20210125
江苏豪森药业集团有限公司	50.00	四川大学华西临床医学院教育发展基金	20210126
成都迪康药业股份有限公司	38.00	蓝光生物医学工程奖助学金	20210208
成都市宏信医疗器材有限公司	20.00	华西口腔教育发展基金	20210208
柯惠医疗器材国际贸易（上海）有限公司	129.35	四川大学华西临床医学院—美敦力基金	20210210
无锡时代天使医疗器械科技有限公司	100.00	四川大学华西口腔医学院时代天使教育计划	20210223
美敦力（上海）管理有限公司	170.65	四川大学华西临床医学院—美敦力基金	20210224
四川华宇电力有限公司	10.00	四川大学“星空计划”奖学金	20210316
成都易勤国际文化交流有限公司	23.02	攀登奖（助）学金	20210316
江苏恒瑞医药股份有限公司	400.00	四川大学—恒瑞医药西部医学人才培养与学科发展基金	20210318
浙江龙盛集团股份有限公司	10.00	龙盛奖助学金	20210322
大洋电力科技集团有限公司	18.00	马克思主义学院基金	20210324
周万祥校友	38.00	汪伯良、周万祥贫困生奖学金	20210325
士卓曼（北京）医疗器械贸易有限公司	22.00	华西口腔教育发展基金	20210329
成都西区安琪儿妇产医院有限公司	100.00	四川大学—安琪儿教育发展基金	20210330
成都安琪儿妇产医院有限公司	200.00	四川大学—安琪儿教育发展基金	20210330
昆明安琪儿妇产医院有限责任公司	700.00	四川大学—安琪儿教育发展基金	20210330

续表6

捐赠方	捐赠金额（万元）	捐赠项目名称	到账时间
成都新澳企业管理有限公司	11.00	许川新闻奖	20210402
中国扶贫基金会	29.00	先心病患儿救治公益项目	20210406
四川发现律师事务所	10.00	锦江法律教育基金	20210420
四川鼎仁投资集团有限责任公司	10.00	建筑与环境学院鼎仁集团奖助学金	20210426
张邦鑫校友	496.53	四川大学好未来教育奖	20210427
陈竞苏校友	100.00	四川大学绿林公益计划	20210428
波科国际医疗贸易（上海）有限公司	40.00	四川大学救治先天性心脏病患儿公益计划	20210507
国家卫生健康委国际交流与合作中心	20.50	日本第一三共医药学奖学金	20210510
好医生药业集团有限公司	10.00	好医生奖助学金	20210511
中国核动力研究设计院	12.00	中国核动力奖助学金	20210517
吴丹校友	10.00	四川大学华西药学院吴丹校友励学金	20210520
深圳市中电电力技术股份有限公司	30.00	“川大—CET”优秀青年学者奖	20210520
深圳迈瑞生物医疗电子股份有限公司	16.00	迈瑞—华西杰出超声技师培养奖学金	20210527
中国长江电力股份有限公司	40.00	四川大学长江电力奖（助）学金	20210531
四川众康大使品牌管理有限公司	16.00	第五届四川省大学生“校友杯”营销策划大赛	20210601
易磊	14.24	公共管理学院发展基金	20210601
中国扶贫基金会	90.00	四川大学救治先天性心脏病患儿公益计划	20210603
四川省慈善总会	11.00	四川大学·人间印象爱心助学金	20210625
成都高新复城华誉口腔诊所有限公司	10.00	华西口腔教育发展基金	20210630
宜宾五粮液股份有限公司	2000.00	五粮液—四川大学高端人才专项基金	20210701
波科国际医疗贸易（上海）有限公司	40.00	四川大学救治先天性心脏病患儿公益计划	20210702
四川大学馨心社	11.77	“把爱传承”公益项目	20210706
四川星慧酒店管理集团有限公司	10.00	四川大学校友体育事业	20210728

续表6

捐赠方	捐赠金额（万元）	捐赠项目名称	到账时间
美众亿医疗科技（北京）有限公司	10.00	美众亿捐赠华西口腔研学活动及教学中心建设	20210728
丽珠医药集团股份有限公司	10.00	丽珠奖学金	20210818
卡瓦盛邦（上海）牙科医疗器械有限公司	13.00	卡瓦奖学金	20210903
金友信建筑劳务有限公司	20.00	四川大学金友信助学金	20210906
姜维平校友	300.00	四川大学姜维平优秀教学奖	20210907
宁波海曙尚善口腔门诊部有限公司	10.00	华西口腔教育发展基金	20210909
赵钧校友	15.00	哲学系“思问”基金	20210910
王朋、文潇、郭欣校友	13.00	四川大学·王文郭创新人才奖助学金	20210912
中国成达工程有限公司	30.00	四川大学“中国成达”奖学金	20210914
成都新得利电子有限公司	10.50	四川大学“新得利奖助学金”	20210915
湖北汇富纳米材料股份有限公司	18.00	四川大学汇富奖学奖教金	20210915
成都康弘药业集团股份有限公司	25.00	康弘奖助学金	20210916
深圳爱尔创数字口腔有限公司	10.00	四川大学华西口腔医学院爱尔创奖学金	20210918
南昌海灵听力	10.00	海灵之音奖学金	20210923
海思科医药集团股份有限公司	20.00	四川大学华西临床医学院教育发展基金	20210924
李卫伟校友	500.00	四川大学商学院三七互娱教育发展基金	20210927
腾讯科技（深圳）有限公司	12.00	腾讯奖学金	20210927
北京伊顿国际幼儿园有限公司	50.00	83王伟教育奖励资助捐赠项目	20210927
北京民生中国书法公益基金会	80.00	四川大学民生传统文化与书法研究中心建设项目	20210927
顶新公益基金会	10.00	顶新明日朝阳奖学金	20210927
四川科瑞德制药股份有限公司	30.00	科瑞德药学研究生培养计划	20210927
中国民生银行股份有限公司成都分行	120.00	民生银行捐赠四川大学教育事业发展	20210928
安徽禾臣新材料有限公司	12.00	禾臣奖学金奖教金	20210929
北京雅展展览服务有限公司	54.50	四川大学同心奖学金	20210929

续表6

捐赠方	捐赠金额（万元）	捐赠项目名称	到账时间
浙江敦和慈善基金会	30.00	尹昌衡思想研究及学术研讨项目	20210930
北京天达共和（成都）律师事务所	10.00	国际关系学院—天达共和奖学奖教金	20210930
杭州牙科医院集团有限公司	20.00	四川大学华西口腔医学院新希望杭牙励学计划	20210930
潍坊三力本诺化学工业有限公司	14.00	晓光化学奖助学金	20211009
潍坊三力本诺化学工业有限公司	15.50	高分子学院“晓光奖助学金”	20211009
金发科技股份有限公司	17.00	金发科技奖学金	20211009
江苏吴江高新技术产业园区管理委员会	10.00	大学生科技创新奖助学金	20211011
四川孔子教育基金会	12.20	四川大学孔子奖助学金及校园文化活动	20211013
成都棠湖华府房地产开发有限公司	10.00	商学院阅览室建设	20211013
卫材（中国）药业有限公司	10.10	卫材药业奖助学金	20211013
四川科伦药业股份有限公司	100.00	四川大学华西药学院“科伦班”建设	20211014
彭辉校友	10.00	彭熙泽助学金	20211015
孙勇校友	20.00	四川大学化学学院赛默罗奖学奖教金	20211018
山东东岳高分子材料有限公司	10.00	山东东岳奖学奖教金	20211027
成都拓利科技股份有限公司	30.00	拓利奖学奖教金	20211028
赠与亚洲（美国）北京代表处	31.30	放射治疗专业人才培养项目	20211101
四川科瑞德制药股份有限公司	30.00	四川大学华西临床医学院教育发展基金	20211102
华为技术有限公司	10.00	华为奖学金	20211103
四川东材科技集团股份有限公司	10.00	四川大学东材科技奖学金	20211104
重庆圣华曦药业股份有限公司	20.00	四川大学圣华曦奖学奖教金	20211105
阿里巴巴公益基金会	127.50	汉典重光海外中文古籍数字化回归及研究整理公益项目	20211109
高永忠校友	500.00	四川大学华西药学院红叶实验奖学奖教金	20211111
山东宏坤进出口有限公司	13.20	宏坤捐赠化学学院学生竞赛	20211116

续表6

捐赠方	捐赠金额（万元）	捐赠项目名称	到账时间
上海纽脉医疗科技股份有限公司资本金	10.00	纽脉医疗奖助学金	20211116
周辉、彭丹校友	10.00	四川大学化学学院手性物质科学奖助学金	20211119
浙江大华技术股份有限公司	10.00	四川大学大华股份奖学金	20211122
中汇会计师事务所（特殊普通合伙）成都分所	11.26	四川省大学生财经素养大赛	20211130
泰和泰律师事务所	10.00	锦江法律教育基金	20211130
莫莱斯柯花野压铸涂料（上海）有限公司	10.00	MORESCO奖学金	20211203
成都赛普瑞兴科技有限公司	10.00	赛普能源励志奖学金	20211206
四川科伦药业股份有限公司	200.00	四川大学华西临床医学院教育发展基金	20211210
广东省广药白云山公益基金会	35.00	四川大学王老吉奖学金及文体活动	20211210
唐仲英基金会（美国）江苏办事处	45.00	川西石窟调查与保护	20211213
四川赛宁文化传播有限责任公司	10.00	四川大学自力—志东奖学金	20211215
成都骅光医疗器械有限公司	40.00	华西口腔医学院骅光奖学金及学院教师队伍建设	20211220
湖南省湘江公益基金会	1100.00	爱尔眼科捐赠四川大学教育事业发展	20211221
会通新材料股份有限公司	20.00	会通奖教金、奖学金	20211221
百联安企业管理有限公司	20.00	四川大学商学院红色教育传承计划	20211221
唐仲英基金会（美国）江苏办事处	49.60	唐仲英德育奖学金	20211223
广州市天河区华附教育培训中心	20.00	四川大学自力—志东奖学金	20211224
北京仲裁委员会办公室	10.00	锦江法律教育基金	20211227
陕西海纳同创科技发展有限公司	10.00	四川大学自力—志东奖学金	20211228
三峡集团公益基金会	175.00	四川大学救治先天性心脏病患儿公益计划	20211228
东莞飞思凌通信技术有限公司	10.00	四川大学自力—志东奖学金	20211229
伟创力电脑（苏州）有限公司	10.00	四川大学伟创力残健融合教育发展计划	20211230

续表6

捐赠方	捐赠金额（万元）	捐赠项目名称	到账时间
北京中伦公益基金会	17.00	锦江法律教育基金	20211231

2021 年，四川大学教育基金会接受 10 万元以下捐赠 183 笔，共计 358.17 万元。

三、扶贫工作

2021 年，根据中央、教育部、四川省有关文件和部署要求，学校继续定点帮扶凉山州甘洛县，不再帮扶广安市岳池县。直接支持甘洛县帮扶资金 303.27 万元，帮助引进 1 家优质企业落户甘洛县，注册资本 1 亿元。直接采购脱贫地区农产品 565.82 万元，帮助销售脱贫地区农产品 340.85 万元；累计培训地方党政干部 721 人、专业技术人员 1030 人。落实帮扶力量下沉，2021 年派出县级副职挂职干部 1 名，派驻格布村、新茶村第一书记 2 名、驻村工作队员 2 名。接续派出 2 名幼教支教老师赴甘洛县斯觉镇中心幼儿园支教，9 名研究生支教团成员赴甘洛县职业中学支教。当前学校共承担了 11 类 18 项帮扶和对口支援任务，目前仍有大量干部教师战斗在国内外帮扶一线。2021 年学校被中共四川省委教育工委、四川省教育厅表彰为记功集体。学校 5 个个人、5 个集体荣获“四川省脱贫攻坚奖先进个人”“四川省脱贫攻坚奖先进集体”；1 人被四川省教育厅记功，20 人被四川省教育厅嘉奖；1 人被四川省国家脱贫攻坚普查领导小组表彰为重大专项普查先进个人。

【坚持教育当先，探索乡村振兴育人新模式】一是持续在教育培训方面拓展。依托成人继续教育学院、干训基地、各学院（医院）教育平台资源，面向甘洛县各级党政干部，农技、医务、教师、财务、企业经营等方面专业技术人才群体，开展多维度、多层次的教育培训，提升乡村振兴治理能力和技能水平。举办各类培训班 13 场次，已完成党政干部、专业技术人员培训共计 1751 人。持续开展“圆梦川大”干部学历提升继续教育项目。设立“学业有成”奖学金，对圆满完成学业的予以奖励，已开展 5 期，149 人完成学业，99 人在读。二是持续在幼儿教育方面重点发力。坚持选派幼儿教师驻甘洛县斯觉镇中心幼儿园开展支教工作，利用远程互动教学平台实现与四川大学附属幼儿园“同上一堂课”。三是持续推进职业教育帮扶。2021 年接续选派研究生支教团 9 名成员赴甘洛县职业技术学校开展支教工作，承担了多年级、多学科的教学工作，囊括语文、数学、英语、物理、化学、生物、历史、地理、电子等科目，覆盖共 22 个班级、近 1200 名学生，教学达 5000 余课时。

【坚持医疗同行，不断拓展帮扶广度与深度】一是加强医疗对口支援，提升基层医疗服务水平。四川大学华西医院与昭觉县人民政府签署嵌合型医联体合作协议，四川大学华西第四医院与甘洛县人民医院续签医联体合作协议。二是采用“请进来+送出去”模式帮助培养医疗骨干人才。开展门急诊和手术示范教学，完成门急诊 1444 人次，疑难病例讨论 128 人次，手术示教 181 台次，举办学术讲座 143

次，推广适宜新技术40项。畅通当地医务人员赴华西进修渠道和门槛，每年提供临床各学科、医院管理培训班（运营、医务、护理管理等）的免费进修学习名额，培养进修医护人员20余人。三是帮助开展医疗管理模式创新和推动科研成果转化。四川大学华西医院创新艾滋病患者“社区＋医院＋互联网”三位一体的多元化管理模式。

【优化产业布局，夯实乡村振兴产业发展基础】一是帮助引进龙头企业，助力甘洛县打造茶产业示范园区。四川大学充分发挥校友资源和情感优势，主动牵线搭桥。引荐校友企业成都蒙顶投资（集团）有限公司，到甘洛落户成立了四川蒙顶黄芽茶业股份有限公司，注册资本1亿元。二是在脱贫攻坚产业示范的基础上，进一步壮大精准帮扶村集体经济，持续支持斯觉镇菊花产业发展，将万寿菊种植面积扩大到全镇多个村，共有191户农户种植万寿菊1400亩，产花800吨，花农总收入96万元，户均收入5000元，累计增加集体经济20万元。三是帮助拓宽农特产品销售渠道。借助教育系统“e帮扶”平台，四川大学牵头联动四川省冶金地质勘查局、四川省残疾人联合会、四川产业振兴发展投资基金、人保财险四川省分公司等帮扶单位共同开展消费帮扶，举办“大川汇爱、消费有情”线上甘洛专场展销活动，组织企业和学生直播带货，扩大消费帮扶影响力，形成“常买常帮”多方合力共促消费帮扶的良好氛围。

【巩固结对共建，以高质量党建引领乡村振兴】一是将党建扶贫、结对共建、驻村帮扶等脱贫攻坚经验再升华，学校党委学工部（学生心理中心）党支部、资产管理处党支部、成人继续教育学院党支部等持续赴精准帮扶村开展专题培训、农民夜校、党课等。二是与当地相关部门密切配合，在精准帮扶村开展脱贫常态化监测，持续跟进脱贫群众收入变化和“两不愁”巩固情况，帮助监测户解决实际困难。三是持续帮助改善基础条件。支持县融媒体中心升级新闻采访设备、县政法机关新购办理案件所需的智能辅助设备、斯觉镇公共厕所建设，新茶村村活动室维护，食堂改造、村道修缮等100余万元。四是持续推广“新风超市”、环境卫生评比积分制等脱贫攻坚形成的经验做法，以人民群众易于接受的方式宣传新风正气，破除陈规陋习，树立文明新风，把乡村振兴的“乡风文明”落到实处。

【探索文旅宣传＋志愿服务的帮扶新模式】在彝族年期间整合咪咕音乐多个新媒体平台，开展甘洛县优秀民族文化和文创产品推介活动，进行“走进彝族文化，体验多彩非遗”“爱心助农，共富甘洛”等专题推送。利用暑假时间，组织帮扶志愿团队前往甘洛县青少年活动中心开展“情暖童心，七彩甘洛”主题暑期志愿服务活动。从思想引领、文明生活、身心成长、科技创新、快乐学习、艺术素养、文化传承等板块开展了一系列内容丰富、寓教于乐的活动，并向甘洛县捐赠四川大学出版的“实用医疗健康丛书”、科普读物共计580本。

（以上资料由对外联络办公室林家如提供）

学院篇

经济学院

【概况】经济学院下设经济系、经管与财税系、国际经济与贸易系、金融系4个教学单位和中国特色社会主义政治经济学研究中心、科技经济学研究中心、成渝地区双城经济圈高质量发展研究院、四川省社会科学普及基地“金融知识普及基地”、经济发展研究院等14个研究单位，以及金融保险实验室、行为模拟实验室、量化交易实验室、EM云路演实验室4个高水平现代化实验室。

师资队伍。教职工146人，专任教师127人，教授45人，副教授59人。其中，名誉教授1人，“中央马克思主义理论研究和建设工程”首席专家1人，国家“万人计划”教学名师1人，文科讲席教授1人，享受国务院政府特殊津贴专家7人，国家社科基金重大招标（委托）项目首席专家5人，“让·莫内”讲席教授2人，教育部“新（跨）世纪优秀人才支持计划”4人，四川省“天府万人计划”入选者2人，四川省学术和技术带头人11人，四川省有突出贡献的优秀专家2人，四川省学术和技术带头人后备人选12人。1人入选四川大学“双百人才工程”A计划，8人入选B计划。

学科建设。设有一级学科博士学位授权点2个（理论经济学、统计学）；一级学科硕士学位授权点3个（理论经济学、应用经济学、统计学）；理论经济学博士后流动站1个，专业学位硕士点7个（含MPA）；政治经济学国家重点学科1个，本科专业7个，国家级一流本科专业建设点4个（经济学、国际经济与贸易、国民经济管理、金融学）；省级一流本科专业建设点2个（财政学、金融工程）。

人才培养。在院学生3143人，其中在读本科生1859人，在读研究生1284人。开设本科课程246门，共431门次，学院主讲课程219门，教授为本科生上课比例达100%。修订数学经济学双学士学位专业人才培养方案，与计算机学院合作开设计算金融交叉试验班。开设全英文课程24门，MOOCS课程9门，其中1门课程在国际慕课平台开课。开设国家一流课程2门，获批四川省线上线下混合式一流课程2门、线下一流课程2门，孵化建设国家级一流社会实践课程1门，新增校级“课程思政”榜样课程9门。组建“改革开放史”课程组，为全校1200多名新生开设“改革开放史”课程。蒋永穆教授担任首席专家的中央“马工程”重点教材《马克思主义政治经济学概论（第二版）》正式出版。新增实习实践基地2个，高水平教材使用率80%，“探究式—小班化”课程比例达到36%。

科研情况。申报国家社会科学基金项目36项、国家自然科学基金项目16项。获批国家社会科学基金项目6项（其中重点项目1项）、省级项目17项、省教改项目1项。发表A级期刊21篇，进校科研经费1830万元。获四川省社会科学成果奖一等奖1项、二等奖4项、三等奖

6 项，四川省高等教育教学成果奖一等奖 2 项。重点建设四川大学国家级科研培育基地平台“四川大学中国特色社会主义政治经济学研究中心”、中国特色“川大学派”培育团队“长江上游生态文明建设”学派以及四川省教育厅高校重点研究基地“成渝地区双城经济圈高质量发展研究院”、成都市哲学社会科学重点研究基地“中国特色社会主义政治经济学研究中心”和四川省社会科学普及基地“金融知识普及基地”。

合作交流。举办中国政治经济学 40 人论坛、第五届中国劳动经济学者论坛年会、对外开放与成渝地区双城经济圈建设论坛、国民经济管理学科建设暨《中国宏观经济学》教材编写研讨会、第四届全国政治经济学博士研究生论文选题研讨会等一系列高水平学术会议。选派学生出国留学 6 人，接收境外留学新生 11 人。

党建及学生工作。党支部 22 个，其中教工（含离退休）党支部 6 个，学生党支部 16 个。新发展党员 211 人，转正党员 42 人。学院深入学习贯彻习近平新时代中国特色社会主义思想和党的十九届五中、六中全会精神，召开党委理论中心组学习会 12 次；在院网、微信公众号开设学习专栏，推出学习稿件 30 余篇；邀请专家到院宣讲 5 次；举办高端论坛 4 场；设置专项科研课题 20 余项；3 名专家参加四川省委专家宣讲团到各地区、高校开展宣讲报告近 10 场，受众 5000 余人。经济系教工党支部荣获“四川高校先进基层党组织”称号。学生中先后有 758 人次荣获国内赛事奖励和各类荣誉，其中国家级比赛获奖 138 人次、省部级比赛获奖 89 人次、校级比赛获奖 531 人次。2021 届总体就业率为 81.82%，本科生就业率为 79.79%，深造率为 49.87%；硕士研究生就业率为 97.49%，博士研究生就业率为 91.3%。

【扎实推进高水平人才引育工作，完善高层次人才队伍建设机制】学院坚持内培外引，严格落实人事工作双组长制，充分发挥“人才工作专委会”和“人才工作办公室”的职能，完善海内外高端人才遴选推荐机制。修订学院《四青人才、青苗人才培育计划》，优化人才培育制度，做好人才“蓄水池”建设。2021 年引进文科讲席讲授 1 人（另成功申报 1 人）、兼职特聘教授 1 人。新增国家重要人才 2 人，“校百人”B 计划 3 人。

【全面推进课程思政建设，深入落实新时代“立德树人”要求】坚持将“中国特色”元素深度融入课程设置、教学内容、教材建设全过程，注重课程思政育人功能发挥，形成门门有思政、人人讲思政的良好局面。蒋永穆教授入选“中央马克思主义理论研究和建设工程”首席专家。张红伟教授获评国家“万人计划”教学名师。蒋瑛教授荣获“卓越教学奖”，龚秀国教授荣获四川大学“姜维平优秀教学奖”，邹瑾教授荣获四川大学“未来教学名师奖”，邓忠奇副教授获得四川大学“好未来”青年社科之星一等奖。

（以上资料由经济学院朱丹宇提供）

法学院

【概况】法学院设有理论法学、宪法与行政法、刑法、民商法、经济法、诉讼法、国际法等教研室 7 个，实践教学中心 1 个，刑侦实验室 1 个，校院两级科研机构 22 个。

师资队伍。教职员工 86 名，其中专任教师 69 人，教授 24 人，副教授 28 人，讲师 7 人，专职科研人员 10 人。思政教师 7 人，教辅、行政人员 10 人，具有博士学位人数 69 人。硕士生导师 45 人，博士生导师 22 人。享受国务院政府特殊津贴专家 7 人，教育部"长江学者奖励计划"特聘教授 1 人，"全国杰出资深法学家" 1 人，"国家级百千万人才" 2 人，"全国十大青年法学家" 2 人，四川省学术带头人 10 人，四川省教学名师 1 人，四川大学杰出特聘讲座教授 1 人，四川大学二级教授 4 人。2021 年，2 人获评"天府万人计划"天府社科菁英，1 人入选四川大学"双百人才工程" B 计划，王竹教授入选"国家高层次人才特殊支持计划"青年拔尖人才。

学科建设。法学专业入选国家级一流本科专业建设点名单，具有博士一级学位授权点和法律硕士专业学位授权点，以及法学博士后科研流动站。有四川省哲学社会科学重点基地 1 个，四川省社会科学普及基地 1 个，成都市哲学社会科学研究基地 1 个，四川大学"985 工程"研究平台 2 个。法学学科为四川省一级重点学科，学校"双一流"重点建设学科之一。牵头建设的"智慧法治"学科，是学校"双一流"建设的超前部署学科之一。2021 年，上海软科法学学科排名由 2017 年第 15 位上升到 2021 年第 10 位，进入前 5%，达到历史最高水平。由里赞、刘昕杰主编的《法律史评论》入选中文社会科学引文索引（CSSCI）来源集刊。

人才培养。2021 年，新增省级一流课程 3 门，新增校级"课程思政"榜样课程 3 门，获批四川大学新世纪高等教育教学改革工程（第九期）研究项目立项 3 项，包括重大项目 1 项，一般项目 2 项，获批"高水平教育教学改革研究项目培育计划"立项 2 项。教学竞赛实现重大突破，徐继敏教授领衔讲授的"行政法与行政诉讼法"在第三届全国高校混合式教学设计创新大赛中获得二等奖。2021 年，"网络空间安全与法学"双学士学位开始招生，法学和法律硕士研究生优质生源比例分别达到 85%和 62%。

科研情况。2021 年，国家社科基金项目获批立项 6 项，其中重点项目 1 项，一般项目和西部项目共 2 项，后期资助项目 3 项。省部级项目获批立项 15 项，其中四川省社科规划项目 9 项，四川省软科学项目 3 项，最高人民法院司法案例研究课题 1 项，最高人民检察院检察理论研究课题 1 项，国家民委研究项目 1 项。校级项目获批立项 16 项。法学院教师共发表四川大学 C 级以上期刊论文 67 篇，其中 A 级 7 篇，B 级 13 篇，C 级 47 篇。省部级科研成果获奖丰硕，获四川省第十九次社会科学优秀成果奖 8 项，其中一等奖 1 项、二等奖 3 项、三等奖 4 项。获四川大学“好未来优秀学者奖”1 人。

合作交流。对接法治国家和法治社会建设重大需要，助力法治四川建设，积极参与天府中央法务区建设，发挥社会服务功能。成立四川大学律师学院，承接国家律师学院（西部分院）运营工作。牵头成立成渝地区双城经济圈高校法治教育联盟。积极参与四川省全面依法治县示范试点工作，助力法治四川建设。承办“一带一路”法治研讨会，推进“一带一路”建设法治保障和法律服务研究。

党建及学生工作。通过多种形式开展党史学习教育，做到学史明理、学史增信、学史崇德、学史力行，师生党支部开展四个大类 20 项形式多样的党史学习教育活动，达 200 余次。本科 2019 级 3 班获得四川大学“江姐班”称号。加强党员队伍建设，配备党建组织员，细化党员发展流程，突出党员发展政治性要求。2021 年共发展党员 177 人，教师党员转正 1 人，培养发展对象 228 人；本科低年级学生提交入党申请书比例达 70%。2021 届毕业研究生党员选调生 95 人，占毕业生总人数的 1/3，党员基层就业率达到 67.5%。承办 2021 年“国家宪法日”暨宪法周宣传活动，以法科竞赛促进学生法治素养提升。召开 2021 年律所专场招聘会，满足学生高质量就业需求。2021 年，研究生就业率 94.6%，本科生就业率 86.17%，本科生深造率 36.02%。

【参与四川省全面依法治县示范试点工作】参加四川省全面依法治县示范试点暨示范推动解决法治建设八个具体问题动员部署会、示范试点参观调研暨联席会议 5 次，参与全面依法治县示范试点课题研究报告和典型案例编撰工作，为对口联系地区绵阳游仙区和甘孜康定市提供法律咨询。

【牵头成立成渝地区双城经济圈高校法治教育联盟】召开成渝地区双城经济圈高校法治教育联盟联席会议、工作推进会共 4 次，讨论交流合作事项。为加强两校间学生互访交流，组织 20 余名学生参加西南政法大学主办的“天伦杯”全国政法院校辩论赛、全国大学生模拟法庭竞赛等法学专业赛事，邀请西南政法大学学生来四川大学参加“王老吉杯”川渝高校辩论邀请赛。

（以上资料由法学院李双君提供）

文学与新闻学院（新闻学院）

【概况】文学与新闻学院现有 15 个教研室，20 个科研基地。创办学术刊物 12 种，其中《东方与西方》（*Comparative Literature*：*East* & *West*）为国际刊物；CSSCI 来源集刊 5 种，分别为《中外文化与文论》《汉语史集刊》《现代中国文化与文学》《符号与传媒》《阿来研究》。

师资队伍。在职教职工 181 人，其中教授 73 人，副教授 44 人，博士生导师 58 人。国务院学科评议组成员 1 人，国家社科基金评委1人，享受国务院政府特殊津贴专家10人，四川大学文科杰出教授2人、文科讲席教授3人，欧洲科学与艺术院院士1人，国家级人才13人，教育部社会科学委员会委员1人，教育部教学指导委员会副主任委员1人，全国专业学位研究生教育指导委员会委员3人，教育部跨世纪优秀人才及教育部新世纪优秀人才9人，四川省学术带头人13人，全国百篇优秀博士论文获得者1人，国家级学会正副会长9人。

学科建设。学院拥有中国语言文学（国家重点一级学科）、新闻传播学、艺术学理论三大学科群。设有中国语言文学、新闻传播学、艺术学理论3个一级学科博士学位授权点，下含22个博士点，28个硕士点，3个专业硕士学位点；设有中国语言文学、新闻传播学和艺术学理论博士后科研流动站。设有7个本科专业，教育部"中国语言文学拔尖学生培养基地"和"强基计划汉语言文学（古文字方向）培养单位"。2个"211工程"重点建设学科，2个全国高等学校特色专业，2个四川省重点学科。设有1个"985工程"哲学社会科学创新基地，1个教育部人文社会科学重点研究基地，1个国家文科基础学科人才培养和科学研究基地，1个教育部国家语言文字推广基地，1个省部共建"2011计划"协同创新中心，1个国务院侨务办公室华文教育基地，1个四川省本科人才培养和科学研究基地，2个四川省哲学社会科学重点研究基地，1个四川省哲学社会科学普及基地。

人才培养。2021年共招收博士生78人，硕士生367人，本科生342人，留学生16人。汉语言文学等4个专业入选国家级一流本科专业。5门课程列入首批国家级一流本科课程；1门课程入选教育部课程思政示范课程；1门课程入选四川省课程思政示范课程；43位老师参与的32门课程入选四川大学"课程思政"榜样课程。获批教育部第一批新文科教改项目2项；新增省级一流本科课程6门，总数达11门。学院教师获评"全国教材建设先进个人"1人，四川大学"立德树人奖"1人，四川大学第七届"姜维平优秀教学奖"一等奖1人。

科研情况。《汉语大字典》修订工作列入国家"十四五"规划重大文化工程。在教育部第八届高等学校科学研究优秀成果奖中获奖励8项，其中二等奖6项、三等奖1项、普及读物奖1项。新增国家级项目13项，其中国家社科基金重大项目2项、后期资助重点项目1项、冷门绝学研究专项1项。在《中国社会科学》等权威期刊上发表论文20篇。在四川省第十九次社会科学优秀成果评奖中，学院共获奖18项，其中一等奖4项、二等奖5项、三等奖9项。《阿来研究》进入CSSCI来源集刊，目前学院共有CSSCI来源集刊5种。筹建的教育部哲学社会科学重点实验室——中华文化传承与全球传播数字融合实验室，成为四川大学文科"2035先导计划"的重点建设项目。学院选送参评第31届中国新闻奖的作品斩获一等奖，这也是本届中国新闻奖一等奖中仅有的三篇文字评论之一。操慧教授作为选送单位代表，在北京人民大会堂得到了习近平总书记的接见。

合作交流。在遵守疫情防控总体要求的情况下，举办12场高水平学术会议；邀请国际国内知名学者线上线下讲学，举办学术讲座70余场。以科研促共建，"中华多民族文化凝聚与全球传播省部共建协同创新中心"发展3家协同单位；7个项目获批2021年"新时代中国特色社会主义新闻传播学研究”部校共建项目。

党建及学生工作。全面落实从严治党主体责任和监督责任，严格落实疫情防控工作责任；高度重视并不断促进党建工作与中心工作的高度融合，依托特色资源开展党史学习教育，扎实推进学院一流学科建设向前发展。学院入选四川省“全省高校党建工作标杆院系”培育单位，并被学校党委和四川省教育工作委员会推荐参评全国高校党建标杆院系。曹顺庆教授荣获四川省教育工作委员会“优秀共产党员”称号。学院荣获“四川大学先进集体”称号。组织党员师生参加第十七届“挑战杯”全国大学生课外学术科技作品竞赛红色专项活动，获特等奖 2 项、一等奖 3 项。

【制定学科建设“十四五”规划，全方位助力学科建设】完成第五轮学科评估和首次专业硕士评估，完成学院“十四五”建设、第二轮“双一流”学科群建设和“创新 2035”先导计划方案的编制。积极推进《汉语大字典》修订工程，中华文化传承与全球传播数字融合实验室、智库建设等多个重点项目的实施。

【落实“我为群众办实事”，开展人才“精准服务”】院党委积极推进落实“我为群众办实事”活动，以“精准服务”来“帮老师成功、助学生成才、为师生服务”，通过“摸清家底、个别诊断、制定计划、提供支持”强化服务，共计实施完成 6 项重点项目。

【依托特色资源开展党史学习教育，庆祝中国共产党成立 100 周年】院党委及各基层党支部认真贯彻学习习近平总书记重要讲话精神，依托刘福春新诗文献馆，策划推出党史学习系列专栏，举办“诗言志 可爱的中国”诗歌朗诵会、“庆祝建党100 周年红色诗歌珍稀文献展”系列活动，做到“用学术讲政治、用党史增信念”。

（以上资料由文学与新闻学院陈羲提供）

外国语学院

【概况】学院下设英文系、日文系、俄文系、法德文系、西班牙文系、大学外语一系、大学外语二系和波兰语专业等 8 个教学单位；设有美国研究中心、欧洲问题研究中心、加拿大研究中心、拉丁美洲研究所、日本研究中心、法国研究中心等 6 个科研机构；设有外语专业实验室 1 个，拥有数字云语言实验室、情景实训互动实验室、同声传译实验室、计算机机辅翻译实验室、虚拟仿真实验室、大学外语写作中心等语言类专用实验室和外语广播电台、卫星电视等现代化教学设施。学院建有图书室、日本研究中心文献库，拥有汉语、英语、俄语、日语、法语、德语、西班牙语、世界语等语种书刊 5 万余册。学院主办刊物有英文期刊 *Forum for Linguistic Studies*（《语言研究论坛》）、中英双语期刊《探索与批评》（*Inquiry and Criticism*）和中文学术刊物《外国语言文学与文化论丛》。

师资队伍。2021 年 12 月，学院有在岗教职工（不含外籍教师）218 人，其中专任教师 184 人，行政管理岗 16 人，实验教辅岗 11 人，教学思政岗 7 人。专任教师中有教授 14 人，副教授 73 人，特聘副研究员 2 人，专职博士后 15 人。学院有博士生导师 7 人，硕士生导师 36 人。外籍教师有 32 人。2021 年引进特聘副研究员 2 人，选聘专职博士后 2 人，行政管理岗 3 人，教学思政岗 1 人。

学科建设。学院有外国语言文学博士学位一级学科授权点，英语语言文学和外国语言学及应用语言学博士学位二级学科授权点；外国语言文学硕士学位一级学科授权点；翻译硕士专业学位（MTI）授权点，招收英语口译和英语笔译专业硕士研究生。外国语言文学一级学科为四川省重点学科。学院设有英语、日语、俄语、法语、西班牙语、波兰语等 6 个本科专业。英语专业是国家级特色专业和国家级一流本科专业建设点。俄语专业是四川省特色专业和四川省一流本科专业建设点。日语专业是四川省一流本科专业建设点。除外语专业教学外，学院还承担了全校文、理、工、医科研究生和本科生约 2.5 万人的公共外语教学工作。

人才培养。2021 年，学院招收本科生 206 人（含境外学生 11 人），硕士研究生 127 人，博士研究生 7 人。2021 年 12 月，学院在籍学生人数 1255 人，其中本科生 805 人，硕士研究生 404 人，博士研究生 46 人。2021 年 6 月，本科生毕业 220 人，硕士研究生毕业 132 人，博士研究生毕业 9 人。截至 11 月 30 日，本科生就业率为 85.45%，硕士研究生就业率为 95.45%，博士研究生就业率为 88.89%。本科生深造率为 44.55%。2021 年，学院有慕课 8 门，SPOC 课程 24 门，校级“课程思政”榜样课程 64 门。“英汉口译”是国家级精品资源共享课，“大学英语”和“外国语文导论”是省级精品课程。“英国文学-1”和“旅游俄语”是四川省一流课程（线下），“英语教学法”是四川省一流课程（社会实践课程），“英语语音基础”和“西班牙语高级听力”是四川省一流课程（线上线下混合式课程）。“文学/文化批评”是四川省高等学校“课程思政”示范课程。

科研情况。2021 年，学院各类到校科研经费 150 余万元。获批国家社科基金后期资助项目立项 1 项，教育部人文社会科学项目 1 项，四川省社科规划项目 6 项，四川大学中央高校基本科研业务费项目及其他校级项目 50 余项，四川大学 2021 年专职博士后研发基金项目 4 项。发表 C 级以上期刊论文 38 篇，包括 A 级期刊 5 篇、B 级期刊 9 篇。荣获四川省第十九次社会科学优秀成果奖二等奖 1 项、三等奖 2 项。出版专著 13 本、译著 7 本。

合作交流。俄文系师生协助学校主办第四届“长江—伏尔加河”高校联盟智库论坛活动，承担上海合作组织相关新闻翻译、参加四川省与俄罗斯鞑靼斯坦共和国结好 5 周年纪念论坛翻译等服务工作。英文系教师参与第四届中印高级别二轨对话同传、2021 中巴合作国际会议同传等翻译服务工作。组织 179 名学生报名参加第 31 届世界大学生夏季运动会志愿服务。组织师生参加“走进三星堆，读懂中华文明”中华文化全球推广志愿服务活动。波兰语专业 2019 级本科生 9 人赴波兰华沙大学学习。10 名学生获国家留学基金委中俄政府奖学金遴选推荐。3 名学生获国家留学基金委日本政府文部科学省日本与日本文化研修奖学金。3 名教师参加国家留学基金委研修访学项目。1 名教师应美国哈佛大学燕京学社邀请赴美国开展研究工作。

党建及学生工作。外国语学院党委坚持学习贯彻习近平新时代中国特色社会主义思想，强化学院党委政治功能，召开党委会 23 次，党委理论学习中心组集中学习 10 次。召开纪委全委会 5 次。开展了党风廉政教育主题宣传月活动。举行了庆祝建党 100 周年“百年奋斗路 启航新征程”2020—2021 年度优秀共产党员表彰活动。学院荣获“四川大学 2019—2020 年度离退休工作先进集体”称号。学院有在职教职工党支部 5 个，离退休教职工党支部 1 个，学生党支部 7 个，在职教职工党员 98 人，退休教职工党员 58 人，学生党员 235 人。2021 年发展党员 80 人（含教职工 2 人），转正党员 25 人。学院分团委获评“基层团建工作先进单位”；学生会获评“十佳学院学生会”；研究生分会获评“十佳研究生分会”；学院十九大精神宣讲团获评四川大学“优秀宣讲团”。学生参加省级及以上学科竞赛获奖 35 人次，参加省级及以上非学科类竞赛活动获奖 22 人次，参加校级以上社会实践活动获奖 36 人次。

【课程思政建设】英文系石坚教授参与由教育部高等教育司指导、全国高校教师网络培训中心主办的“高校教师课程思政教学能力培训”系列讲座，主讲“外语类专业课程思政建设探索与实践”。

【教师获奖】王欣获全国宝钢优秀教师奖。王安、程锡麟、罗怿获 2021 年四川省第十九次社会科学优秀成果奖二等奖，方小莉、彭玉海获三等奖。马文颖获四川大学“好未来优秀学者奖”三等奖。夏婉璐获四川大学“未来教学名师奖”。左红珊获四川大学“姜维平优秀教学奖”。殷明月、罗金、杨敏获 2021 外研社“教学之星”大赛总决赛二等奖，钟昉、游航、曹漪那、肖莎、熊庭获三等奖。胡敏霞获第十二届“外教社杯”全国高校外语（英语专业组）教学大赛四川赛区一等奖。崔梦田、张露露获四川大学第四届“探究式—小班化”教学竞赛暨首届教师教学竞赛一等奖，游航获二等奖，赵毅获优秀奖。

【外语专业赛事获奖】英语口译专业研究生伍鑫获第十届全国口译大赛（英语）全国总决赛同传邀请赛一等奖（全国第 6 名）。在余淼老师指导下，由英语专业本科生林芷竹和李卓耘组成的四川大学代表队荣获 2021 年 CUDC 全国大学生英语辩论赛总决赛一等奖；由英语专业本科生邓稚凡和刘洪珲组成的四川大学代表队获第二十三届“外研社·国才杯”全国大学生英语辩论赛总决赛一等奖。

【大学外语赛事获奖】在 2021 年“外研社·国才杯”全国大学生英语挑战赛总决赛中，由殷明月老师指导的华西药学院莫子懿获演讲大赛全国季军，外国语学院李奕飞获全国二等奖，外国语学院颜修齐、空天科学与工程学院王子豪获全国三等奖；由陈昕彤老师指导的外国语学院李昀卓获阅读大赛全国二等奖。

（以上资料由外国语学院胡刚提供）

艺术学院

【概况】艺术学院下设美术学系、绘画系、设计与媒体艺术系、环境设计系、舞蹈系、影视与戏剧系、音乐系7个系，设有党政办、团委（学生科）、教务科和发展规划科、实验室与资产管理办公室5个行政部门。另有四川大学艺术研究院、环境艺术研究所、新艺术研究中心、书法研究所和四川大学非物质文化遗产研究中心5个科研机构，1个国家级教学实验中心。

师资队伍。在岗教职工137人，其中行政教辅26人（含外聘6人），专任教师111人，退休教职工36人。专任教师中，正高24人、副高43人、讲师44人，博士学位比例为42.48%，有硕博导45人，其中博士生导师12人。教育部重要人才计划入选者1人，教育部“新世纪优秀人才”1人，四川省学术和技术带头人1人，四川省学术和技术带头人后备人选6人。

学科建设。艺术学院办学层次丰富，构建了本科、硕士、博士一体的人才培养体系，3个一级学科硕士授权点和2个艺术专业硕士（MFA）授权点；3个艺术类一级学科博士授权点；2个国家级一流本科专业建设点和3个省级一流本科专业。

人才培养。有本科生1504人、硕士研究生335人、博士研究生47人。学生党员共计148人，其中正式党员95人，预备党员53人。2021年度，在校生发表核心C刊论文21篇，参与科研项目40项。2021届总体就业率88.79%，本科就业率88.56%，硕士就业率89.33%，博士就业率100%。

科研情况。本年度全院科研项目立项29项，其中国家社科基金项目2项（含国家社科基金年度重点项目1项）、教育部社科基金项目1项、四川省社科规划年度及各类专项项目7项。在C级及以上刊物发表论文42篇（含A刊9篇、B刊10篇），出版学术专著及译著10本。学生创作表演的全国性展出、演出作品34项（省级作品21项），8项作品入选四川大学红色教育资源库。学院教师参加全国性展演8场、省级展演15场。在第十七届“挑战杯”全国大学生学术科技作品竞赛红色专项中荣获全国特等奖1项，全国一等奖1项，省级一等奖2项，省级三等奖1项。

合作交流。学院以美术馆为依托，先后举办展览10余场、高级别学术交流5场，如“新文科建设中美术学专业的方位与发展论坛”“‘视见无界’——新文科建设中艺术与科技交融高峰论坛”“‘空间的延异’——2021第五届中建杯西部‘5+2’环境艺术设计双年展”。学院官方微信“川大艺坛”专栏推送师生学术成果7期；艺术学院2021年优秀大学生暑期云夏令营圆满举行。

党建及学生工作。2021年学院党委以庆祝中国共产党成立100周年为契机，全面加强党的建设，不断加强党风廉政建设，推进红色文化工程建设，推进党支部规范化、标准化建设。学院共有13个党支部，其中教职工党支部4个、学生党支部9个，在职教工党员65人、离退休党员13人、学生党员181人。2021年学院党委开展了形式多样的党史学习教育活动，如在中央高校学院自主项目中增设建党100周年红色创作类项目、开展“领略红色经典，重温辉煌历程”——艺术中前行的中国系列艺术党课等。全年组织党史教育专题辅导报告7场、领导干部和支部书记讲党课25人次，举办庆祝建党100周年展览5场，完成红色诗意话剧《待放》巡演12场。

【建设红色＋艺术N党建工作品牌】探索借助红色资源、赓续红色血脉的方法与路径，总结出将红色文化与艺术研究、艺术创作、艺术教育、艺术实践深入融合的育人模式。深入挖掘校园红色资源，推进红色资源创造性转化，拓宽艺术研究和教育内涵，促进思想政治教育入脑入心见行动，激励师生汲取奋进力量。

【教材建设取得零的突破】在首届全国教材建设奖中，独著和参编教材3项获奖，其中《中国美术史纲》和普通高中教科书《美术鉴赏》分别荣获高等教育类和基础教育类的二等奖，参编的“马工程”教材《艺术学概论》荣获高等教育类二等奖。

【探索新文科建设背景下的学科交叉】本年度共召开高级别学术会议4次，同时发挥学科优势，积极融入成渝双城经济圈建设，与四川美术学院联合举办中国社区美育行动计划展；与索贝集团建立产学研深度合作关系；与华西心理卫生中心、艺术与医学健康研究中心共同促成“艺术×设计×心理”跨学科实验艺术项目。

【发挥专业优势，美育工作助力社会文化建设】本年度先后2次登上中央电视台舞台（“2021年春节联欢晚会”和“《百年礼赞——庆祝中国共产党成立100周年大型交响音诗画》庆典晚会”）；组织参与包括全国第六届大学生艺术展演和“2021年中俄大学生艺术联欢节”在内的高级别展演4次；协助校工会为全校教师开设艺术兴趣班；顺利举办与四川公安合作举办的“警民共建·同绘英模”美术作品展、“不忘初心担使命，砥砺奋进新征程”抗战文献艺术展、视觉乡愁：四川大学非遗传承人培训教学汇报展，开设非物质文化遗产传承人的研培班、传统竹编技艺与传承研修班、木雕非遗研培班等。

【弘扬江姐精神，传承红色基因，开展革命教育】精心组织创作、再度排演反映江姐在川大学习、生活、战斗和成长的红色诗意话剧《待放》，并成功开启省内巡演，本年度完成校内演出3场、市内演出6场、江姐故里——自贡巡演3场。组织博导团队参与江姐故里红色教育基地的改造提升工程，设计完成自贡红梅广场江竹筠大型雕塑。

（以上资料由艺术学院苑雨萌提供）

历史文化学院（旅游学院、考古文博学院）

【概况】历史文化学院（旅游学院、考古文博学院）下设中国古代史系、中国近现代史系、世界史系；旅游学院下设国际旅游与景观学系、会展与休闲学系；考古文博学院下设考古学系、文化遗产系。学院拥有古籍整理研究所和历史研究所2个国批所，教育部人文社科重点研究基地“四川大学中国藏学研究所”，以及“四川佛教文化遗产研究中心”“四川大学古文字与先秦史研究中心”“中国西南考古研究中心”“铸牢中华民族共同体意识研究中心”4个四川省社会科学重点研究基地，四川省哲学社会科学普及基地“区域历史与民族文化社科普及基地”。此外，学院拥有四川大学考古学国家级实验教学示范中心、四川大学旅游实验教学中心，设有城市研究所、旅游规划与开发研究所等10个研究所，巴蜀文化研究中心、四川大学中国西南文献中心、中国休闲与旅游研究中心等研究机构。学院还办有学术辑刊《藏学学刊》《南方民族考古》《宋代文化研究》《儒藏研究》《巴蜀文献》等。

师资队伍。在职教师166人（不含高端外籍教授1人），其中四川大学杰出教授2人、四川大学文科讲席教授3人、教授（研究员）52人、副教授（副研究员）49人；享受国务院政府特殊津贴专家6人，四川省学术和技术带头人12人。

学科建设。启动了学校第二轮“双一流”区域历史与边疆民族学科（群）和超前部署学科山地考古学科的建设工作，“区域历史与考古文明”成功入选四川大学“创新2035”先导计划。学院专业设置全面，是教育部首批博士与硕士授权点、“国家文科基础学科人才培养和科学研究基地”及一级学科博士学位授权点。设有历史学、考古学、博物馆学、旅游管理、会展经济与管理5个本科专业，民族学、考古学、中国史、世界史、旅游管理、会展与节事管理、酒店管理7个学术型硕士专业，文物与博物馆、旅游管理2个专业型硕士专业，考古学、中国史、世界史、旅游管理、文化遗产与旅游开发以及藏区历史、经济与社会发展6个博士专业，中国史、世界史、考古学3个博士后流动站。

人才培养。在校本科生801人、研究生841人；招收博士生47人、硕士生224人、留学生7人；2021年硕士生毕业196人，授予硕士学位196人；博士生毕业37人，授予博士学位51人。“基于铸牢中华民族共同体意识的历史学课程体系建设”项目成功入选教育部首批新文科教改项目。

科研情况。出版专著30余部（套）；发表论文200余篇，在《历史研究》《考古学报》等权威核心期刊、SSCI A级期刊上发表论文30余篇，B级期刊上发表论文30余篇，C级期刊上发表论文60余篇。科研立项蝉联全校文科第一，新增部级以上课题20余项，其中国家社科基金重大项目3项、国家社科基金项目13项、国家社科基金后期资助项目 5 项，国家自然科学基金项目 3 项，国家社科基金中国历史研究院专项一般项目 1 项，国家社科基金铸牢基地专项 2 项（含重大专项 1 项），教育部项目 2 项；获四川省第十九次社会科学优秀成果奖一等奖 5 项、二等奖 4 项、三等奖 9 项。

党建及学生工作。坚持以习近平新时代中国特色社会主义思想为指导，深入学习贯彻党的十九届六中全会和习近平总书记“七一”重要讲话精神；以开展党史学习教育和巡视整改为契机，坚定不移落实全面从严治党部署，推动党的建设与事业发展深度融合。

【深入开展党史学习教育】学院将党史学习教育与学科专业紧密结合，在党史学习教育活动中彰显特色成效。以专题讲座、党史竞赛等形式开展主题教育活动 50 余场，完成“我为群众办实事”实践活动重点项目 3 项；举办的“穿越历史的红色传承——青年党史讲坛”特色党建项目通过新华社四川分社和新华网等媒体平台向公众播出，受到广泛关注。

【全面加强基层党组织建设】建立本科生低年级党支部，年度发展本科低年级党员 14 人；建立三星堆临时党支部，发挥党建引领优势，助力考古发掘工作提质增效。召开庆祝建党 100 周年暨“七一”表彰大会，对 41 名优秀共产党员、22 名优秀党务工作者、5 个先进党支部进行表彰。

【党建引领，厚植师生家国情怀】以文化建设为切入点，扎实推进以党史为重点的“四史”学习教育，在第十七届“挑战杯”全国大学生课外学术科技作品竞赛红色专项活动中，陈廷湘、范瑛教授分别指导项目获全国特等奖。

【一流专业与“拔尖人才”建设获新进展】学院持续推进国家级一流专业建设，历史学、考古学、旅游管理专业成功入选国家级一流专业建设点；历史学（拔尖计划）成功入选国家级基础学科拔尖学生培养计划 2.0 基地。

【上海软科各类排名获佳绩】在上海软科发布的 2021 年“中国最好学科排名”中，学院考古学列第 2 位，中国史列第 8 位，世界史列第 16 位。在上海软科发布的 2021 年“中国大学专业排名”中，学院历史学入选 A 学科，考古学入选 A+学科、列第 2 位，文物与博物馆学入选 A 学科、列第 4 位，旅游管理入选 A+学科，会展经济与管理入选 A 学科。

【新增省级社科重点研究基地】学院获批铸牢中华民族共同体意识研究中心、中国西南考古研究中心等 2 个四川省社会科学重点研究基地。

【学科影响力显著提升】与贵州省文物考古研究所、成都文物考古研究院联合发掘的贵州贵安新区招果洞遗址入选“2020 年度全国十大考古新发现”；全面参与三星堆遗址新一轮考古发掘工作，主持发掘金面具等一批珍贵文物，多次受到新华社、中央电视台、学习强国等媒体报道，引发热烈反响；西藏考古新成果受主流媒体集中报道，彰显川大考古在西藏考古领域的领先地位；“汉典重光”海外古籍数字化回归与研究整理平台在北京发布，受到国家高度重视。

［以上资料由历史文化学院（旅游学院、考古文博学院）胡乐玺提供］

数学学院

【概况】数学学院设有拓扑学、几何代数、数论及其应用、微分方程、函数论、信息与计算科学、经济与金融数学、概率与统计、高等数学9个教研室，建有国家天元数学西南中心、四川国家应用数学中心以及成都国际数学中心、四川大学数学研究所、四川大学统计学研究中心和包括四川省重点实验室在内的3个专业实验室。

师资队伍。学院有教职工187人，其中专任教师136人，研究人员29人，行政人员22人；教授53人，特聘研究员2人，副教授55人，特聘副研究员14人，副研究员2人，讲师27人，助理研究员1人，专职博士后11人；博士生导师55人，硕士生导师33人。有中国科学院院士1名，国家重要人才计划入选者15人，海外高层次人才引进计划入选者7人，国家有突出贡献中青年专家3人，国家百千万人才工程第一、二层次人才2人，教育部跨（新）世纪优秀人才13人，教育部高校青年教师奖获得者1人，教育部优秀青年教师资助计划5人，省部级有突出贡献优秀专家5人。

学科建设。数学学科是国家重点学科，具有一级学科博士学位授予权，是首批进入国家基础科学人才培养数学基地和国家基础学科拔尖学生培养计划的学科，2017年进入国家世界一流学科建设名单。学院设有四川大学数学博士后流动站，博、硕士学位授权学科包括数学、统计学两个一级学科及所有二级学科；设有数学与应用数学、信息与计算科学、统计学3个本科专业。

人才培养。2021年学院招收本科生235人、硕士生84人、博士生61人。在读本科生766人，分布在拔尖班、强基班、基地班、数经班、数学大类等；在读硕士研究生228人，在读博士研究生179人，在站博士后研究人员11人。获批省级一流课程5门，课程思政榜样课程4门；出版教材1部；获四川大学教学成果奖6项，其中特等奖1项、一等奖2项、二等奖2项；获四川大学“姜维平优秀教学奖”二等奖1人，获四川大学“未来教学名师奖”1人。获全国大学生数学竞赛（专业类）决赛一等奖4项、二等奖3项、三等奖8项，获全国大学生数学竞赛（非专业类）决赛一等奖3项、二等奖2项、三等奖1项。

科研情况。到校科研经费3708万元。全年发表论文249篇。获批国家自然科学基金项目19项，含“杰青”1项、面上13项、青年5项，总经费1070万元；获批四川省科研项目5项，总经费95万元；获批横向项目7项，总经费536万元。

合作交流。全年开展各类学术会议20余场次，举办学术报告会300余场次。学院持续举办西部高校数学教师暑期学校，开设控制理论、计算数学、动力系统与微分方程、几何与代数短期课程，服务西部69所高校教师发展。

党建及学生工作。学院党委以习近平新时代中国特色社会主义思想为指导，通过党委会、党政联席会、理论学习中心组、教职工大会等方式开展党史学习教育、庆祝中国共产党成立100周年以及党的十九届六中全会精神学习宣传等。推进宣传工作，严把意识形态关。持续加强党风廉政建设，积极营造风清气正的良好氛围。

【加强交叉学科平台建设】与中国航空工业成都飞机工业（集团）有限公司成立“成飞—四川大学先进制造技术联合实验室”；与中国核动力研究设计院成立“中国核动力院—四川大学数学联合实验室”；与中国电子科技集团公司第二十九研究所成立“数学应用与电子信息控制联合实验室”。

【基层组织工作获奖】获评四川省先进基层党组织1个，获评四川省高校“双带头人”教师支部书记工作室1个。

【人才队伍建设持续提升】新增“杰青”1人，教育部重要人才计划（青年学者）1人，四川省“引进海内外高层次人才计划（青年人才）”2人。全职引进海纳特聘教授1人，新入职海外高层次人才引进计划（青年项目）1人。

【我为群众办实事】学院坚持“班子联系基层教研室”“党委委员联系基层党支部”制度；组建大学数学答疑团队服务全校本科学生，开设博士生工作室改善博士生学习环境，组织学生党员深入社区开展志愿服务等。

（以上资料由数学学院杨亚兰提供）

物理学院

【概况】物理学院是四川大学规模最大和办学历史最悠久的学院之一，现设有物理学系、核工程与核技术系、微电子学系等3个系，基础物理教学中心、基础物理实验教学中心等2个教学中心，原子核科学技术研究所、原子与分子物理研究所等2个研究所。

师资队伍。现有教职员工271人，包括中国工程院院士1人，教授（研究员，含特聘）78人，副教授（副研究员）93人。现有国务院学位委员会学科评议组成员1人，教育部高等学校教学指导委员会委员3人，四川省学术和技术带头人16人。2021年引进双聘院士1人、高端海纳人才1人、“双百”人才8人；1人入选四川省学术带头人，2人入选四川省学术带头人后备人选；完成教学科研岗、实验技术岗、管理岗等12位教师的聘期考核工作；积极参与学校举办的第八届全球青年学者云论坛，多措并举吸引人才。

学科建设。拥有物理学、核科学与技术2个一级学科，拥有原子与分子物理、核技术及应用、凝聚态物理3个国家重点学科及培育学科，拥有辐射物理及技术、高能量密度物理及技术2个教育部重点实验室，以及微电子技术、光学、原子分子工程与高压合成3个四川省重点实验室；拥有原子与分子物理、凝聚态物理、理论物理、光学及粒子物理与原子核物理等博士后流动站。量子科学与新型外场下的物理学、基于加速器的核科学与技术2个“双一流”建设超前部署学科再创佳绩，在超快激光与物质相互作用及量子调控、量子弱测量、量子计算、二维量子材料、极端条件物理、加速器平台建设、核探测器、微电子学等方面取得突出成果，获学校第二轮“双一流”学科超前部署学科资助。

人才培养。招收本科生280人，硕士研究生148人，博士研究生65人；毕业本科生250人，硕士生112人，博士生36人；在读本科生1104人，硕士生291人，博士生190人。物理学专业入选国家“拔尖计划2.0”；核工程与核技术专业入选国家级一流本科专业建设点；获四川省优秀教学成果二等奖1项，获第五届全国高等学校电子信息类专业青年教师授课竞赛决赛全国一等奖1项，获四川大学教学成果奖一等奖2项，“极端物理及相关交叉学科仿真实验平台”被认定为第二批省级一流本科课程。

科研情况。进校科研经费首次突破8000万元，总计8233.66万元。高洁教授、张红教授、张坤教授获理科“0到1”特色项目资助，昂然教授、雷力教授、马建毅教授获理科“0到1”青苗项目资助。高能量密度物理及技术、辐射物理及技术2个教育部重点实验室顺利完成年度任务，积极谋划建设高水平创新平台和大科学装置。

合作交流。顺利完成2021年“国际课程周”工作，继续实施与英国牛津大学、俄罗斯下诺夫哥罗德国立技术大学、德国伊尔梅瑙工业大学签署的合作协议，正在与新加坡国立大学进行科研合作协议的签订；与中国科学院物理研究所、高能物理研究所、清华大学、北京大学等进行深度合作；积极推进校内合作，积极推进“医学+”，与华西临床医学院开展科研合作及研究生联合培养。牵头举办“促进物理学科共建共享、服务成渝双城经济圈”线上会议，努力为成渝地区双城经济圈建设作出贡献。

党建及学生工作。学院深入学习贯彻习近平新时代中国特色社会主义思想，开展党史学习教育和庆祝建党100周年系列活动，增强“四个意识”、坚定“四个自信”、做到“两个维护”，持续推进各项党建工作。2021年学生升学深造取得好成绩，7名学生保送清华大学及四川大学继续深造。

【人才引进取得重大突破】引进“杰青”1人，实现四川大学物理学科“杰青”零的突破；聘请双聘院士1人，引进青年海纳人才1人，入选学校“双百”人才计划5人。

【学科建设取得突出成绩】量子科学与新型外场下的物理学、基于加速器的核科学与技术2个“双一流”建设超前部署学科再次入选第二轮超前部署建设学科，近5年累计获各类资助达2.8亿元；以第一作者身份在《科学》杂志发表评述论文；科研经费首次突破8000万元，再创历史新高。

【本科专业建设及人才培养取得突破】物理学专业入选国家“拔尖计划2.0”，标志着物理学拔尖学生培养正式进入国家培养计划；物理学、核工程与核技术、微电子专业全部入选国家一流本科专业建设点；获四川省优秀教学成果二等奖1项；1名优秀教师获四川大学“好未来优秀教师奖”。

（以上资料由物理学院汪雁南提供）

化学学院

【概况】化学学院设有化学、应用化学、化学（基地班）、化学（拔尖班）以及化学（强基计划班），设有无机化学、有机化学、分析化学、物理化学、高分子化学与物理、放射化学、绿色化学、化学生物学等8个教研室及化学基础实验中心和仪器测试中心。主办有化学类中文核心期刊《化学研究与应用》。

师资队伍。现有在职教职工187人，专任教师139人，专职博士后7人，实验教辅人员30人。专任教师中正高级职称84人，副高级职称34人，博士生导师75人，硕士生导师109人。有中国科学院院士2人（含双聘院士1人），中国工程院院士1人，教育部重要人才计划特聘教授3人，教育部重要人才计划讲座教授1人，国家杰出青年基金获得者9人，国家教学名师1人，国家海外高层次人才2人，新世纪百千万人才工程国家级人选4人，教育部重要人才计划青年项目1人，国家优秀青年基金获得者8人，海外高层次人才引进计划青年项目9人，四川省海外高层次人才引进计划入选者12人，四川省学术和技术带头人14人。

学科建设。设有化学一级学科博士学位授权点及化学博士后科研流动站。建有环保型高分子材料国家地方联合工程实验室、环境与火安全高分子材料省部共建协同创新中心、绿色化学与技术教育部重点实验室等国家级及省部级科研基地。建有国家双创示范基地，2个国家级创新引智基地（111基地）。学院有国家自然科学基金委员会创新研究群体1个，教育部创新团队2个。有机化学学科是国家重点学科，高分子化学与物理学科是国家一级重点学科“材料科学与工程”重要建设单位之一，化学学科是四川省重点学科，化学专业是国家特色专业，放射化学学科是国家“特殊学科点”。

人才培养。学院有国家教学团队1个，国家级精品课程1门，建有理科基础科学研究和教学人才培养基地，是国家拔尖人才培养试点单位。化学专业首批入选国家级一流本科专业建设点。获批基础学科化学拔尖学生培养计划2.0基地，2门课程入选首批国家级一流本科课程，6门课程入选省级一流本科课程。招收本科生304人、硕士生221人、博士生119人；授位本科生203人、硕士生114人、博士生68人；在读本科生1062人、硕士生496人、博士生301人。本科生就业率95.37%（升学率57.9%）、硕士生就业率100%、博士生就业率100%。

科研情况。获批国家自然科学基金项目27项，牵头获批国家自然基金委基础科学中心项目1项、联合基金项目3项、“杰青”2项、“优青”2项；获批牵头国家重点研发项目2项，新增500万元以上横向项目2项。到校科研总经费9040万元；申请中国发明专利42项，授权发明专利79项；入选“从0到1”原创研究青苗计划2项；发表SCI论文336篇，其中A级期刊28篇，B级期刊141篇。

合作交流。入选国家建设高水平大学公派研究生项目出国联合培养3人、攻读博士1人；邀请3名外籍教授开设化学线上“国际课程周”课程；邀请牛津大学、剑桥大学国际知名化学专家5人开展线上化学前沿课题讲座、科研思维技能实训和学生圆桌论坛会议；与英国利兹大学签订“3+1+1”本硕联合培养协议。

党建及学生工作。学院深入学习贯彻习近平新时代中国特色社会主义思想，认真贯彻落实习近平总书记重要指示精神和党中央重大决策部署，积极开展庆祝中国共产党成立100周年系列活动，深入组织开展党史学习教育活动，推动党建和事业发展深度融合。持续开展岛津科技创新、银杏杯化学知识竞赛、画中有“化”化学实验动画制作活动；评选颁发“顺通奖教金”。

【获得多项奖励】学院荣获“四川大学先进基层党组织”“四川大学国家安全保密先进集体”等称号；获四川大学教学成果奖特等奖1项、一等奖5项、二等奖2项、三等奖1项；获第六届全国高等学校教师自制实验教学仪器设备创新大赛三等奖1项；获全国“互联网+”大学生创新创业大赛产业赛道金奖1项，获四川省“互联网+”大学生创新创业大赛金奖、银奖各1项，获第十六届“挑战杯”省赛一等奖1项，获全国大学生化学实验邀请赛一等奖1项、二等奖2项；2019级化学拔尖班获四川大学“江姐班”荣誉称号。

【人才队伍建设持续提升】王玉忠院士团队入选第二批“全国高校黄大年式教师团队”；胡常伟教授团队获四川大学第七届“德渥群芳”育人文化建设标兵团队称号。冯小明院士获“全国杰出专业技术人才”“成都市最美科技工作者”称号，以及陈嘉庚科学奖、四川省科学技术杰出贡献奖、中国化学会—中国石油化工股份有限公司化学贡献奖；王玉忠院士获“四川省优秀共产党员”称号，以及四川大学“立德树人奖”。

（以上资料由化学学院程肖玲提供）

生命科学学院

【概况】生命科学学院始建于1916年，2012年入选全国首批教育教学改革试点学院。学院设有3个系（生物科学系、生物技术系、生态学系），拥有教育部重点实验室1个（生物资源与生态环境教育部重点实验室），与成都大熊猫繁育研究基地联合建立“四川濒危野生动物保护生物学”部省共建国家重点实验室培育基地，设有7个省级重点实验室、3个研究中心和3个研究所。学院所属自然博物馆已有近90年历史，是全国最大的大学自然博物馆，馆藏动植物标本94万余件（份）。

师资队伍。学院有教职工169人，其中专任教师134人。全院教授（研究员）51人，副教授（副研究员）40人；博士生导师54人，硕士生导师37人。高端外籍教师2人，国家特聘专家4人，教育部特聘教授1人，国家杰出青年基金获得者

2人，国家百千万人才工程入选者1人，国家优秀青年基金获得者3人，教育部青年学者2人，国家有突出贡献中青年专家1人，教育部跨（新）世纪优秀人才培养计划入选者8人。

学科建设。学院有博士后流动站2个（生物学和生态学），国家重点学科2个（植物学和遗传学），一级学科博士学位授权点2个（生物学和生态学），专业学位硕士授权点1个（林业）。“资源生物学与高原生态学”入选“双一流”重点建设学科。

人才培养。学院设有生物科学、生态学和计算生物学双学士学位3个本科专业，拥有国家生物学人才培养基地、国家生命科学与技术人才培养基地、首批基础学科拔尖学生培养计划2.0基地及“强基计划”，拥有国家级生物科学实验教学示范中心，拥有国家级虚拟仿真实验教学中心，拥有国家级“四川大学—四川峨眉山环境科学、生物多样性野外实践教育基地”，生物科学和生态学均被评为国家级一流专业。招收本科生200人、硕士研究生183人、博士研究生81人、博士后8人。在读本科生755人、硕士研究生559人、博士研究生298人，在站博士后18人。开设本科生课程127门，小班教学163门次。本科毕业177人，深造率为63.07%。

科研情况。到校科研经费8258万元，其中国家自然科学基金项目22项，经费1203万元；新增横向项目30项；新增纵向项目44项，其中国家自然科学基金区域创新重点基金项目1项，国家自然科学基金青年项目1项，国家重点研发计划2项，四川省科技厅重点研发项目1项。发表SCI论文202篇，其中A级期刊5篇，B级期刊56篇，平均影响因子5.04；授权专利24项。生物资源与生态环境教育部重点实验室在教育部评估中获得优秀。

合作交流。主办四川大学第九届全球青年学者论坛生命科学分论坛，邀请4位海外青年学者来访；举办“望江论坛”24期，邀请包括施一公院士、康振生院士在内的30位国内外专家到院开展学术交流。

党建及学生工作。深入学习党的十九大精神，扎实开展党史学习教育活动。学院党委组织开展中心组理论学习15个专题，组织教职工政治学习24个专题。学院现有学生党员498人，在职教职工党员92人，离退休党员35人；新发展党员137名，转正预备党员42人。“江姐班”建设成效显著，获评“四川省五四红旗团支部”、2020—2021学年高校“活力团支部”称号。

【队伍建设取得优异成绩】培育和引进国家人才计划入选者3人。新进专职科研队伍特聘研究员1人、专职博士后研究人员2人。新增学校“双百”人才计划10人。

【本科教育获国家级奖项】获国家级及以上奖项8项，获全国大学生生命科学竞赛特等奖1项、二等奖2项，获全国大学生生命科学竞赛二等奖2项、三等奖2项，获国际遗传工程机器大赛（iGEM）全球总决赛金奖。

【本科人才培养工作成效显著】生态学专业入选国家级一流本科专业建设点。遗传学、细胞生物学、23价肺炎球菌多糖疫苗GMP生产制备实验入选首批国家级一流本科课程。细胞生物学、植物生物学、普通生物学、动物生物学、医学生物学入选第二批省级一流本科课程，5项虚拟仿真实验教学项目被认定为省级虚拟仿真实验教学一流本科课程；5门课程在中国大学MOOC（慕课）网络教学平台上线；出版教材2部。

（以上资料由生命科学学院王东磊提供）

电子信息学院

【概况】电子信息学院设有信息与通信工程系、光学工程系和电子科学与技术系，拥有2个专业实验室（电子信息技术专业实验中心、光电专业实验室）、2个本科创新实验室、6个研究所（激光微纳工程研究所、应用电磁学研究所、图像信息研究所、智能控制研究所、信息显示研究所、群体智能与控制研究所）和5个研究团队（院士团队、三维传感与机器视觉团队、激光技术团队、通信与信号处理技术团队、中红外超快激光团队），以及1个校级研究中心（四川大学光电子研究中心），1个省级电子信息工程本科人才培养基地。

师资队伍。现有在编教职工132人，其中专任教师98人，包括中国工程院院士1人，国家杰出青年基金获得者1人，新世纪百千万人才工程国家级人选1人，教育部跨世纪优秀人才1人，教育部新世纪优秀人才4人，高被引学者1人，四川省学术和技术带头人6人，四川省学术和技术带头人后备人选11人，省市突出贡献专家3人；专任教师中正高级职称37人，副高级职称43人，其中博士生导师37人，硕士生导师73人，研究人员19人，教辅人员9人。

学科建设。有一级学科博士学位授权点2个（信息与通信工程、光学工程），均设有博士后流动站；二级学科博士学位授权点6个（光学工程、光学、通信与信息系统、信号与信息处理、智能信息系统、无线电物理）；硕士点8个（通信与信息系统、信号与信息处理、电路与系统、电磁场与微波技术、无线电物理、智能信息系统、光学工程、物理电子学）。工程博士招生领域1个（电子信息），工程硕士招生领域1个（电子信息）。本科专业5个（电子信息科学与技术、电子信息工程、电子科学与技术、光电信息科学与工程、通信工程），其中招生专业3个（电子信息工程、通信工程、光电信息科学与工程），国家级一流专业建设点2个（电子信息工程、光电信息科学与工程）。四川省重点学科3个（光学、光学工程、通信与信息系统），省部级重点实验室4个，人才培养基地2个（省级电子信息工程本科人才培养基地、校级电工电子基础课程教学基地），国防特色学科1个（电磁场与微波）。

人才培养。在读本科生1376人，硕士生801人，博士生150人。2021年招收本科生339人，全日制硕士研究生254人，博士研究生42人，硕博士研究生总优质生源比例为70.84%，比2020年提升8.13%。2021届本科毕业生371人，毕业率98.92%，深造率59.3%，就业率96.76%；硕士毕业生272人，就业率99.26%；博士毕业生20人，就业率100%。4门课程被认定为第二批省级一流本科课程，5门课程被认定为四川大学2020年“课程思政”榜样课程及思政标杆课程。获批教育部高等学校光电信息科学与工程教指分委2020年教育教学研究项目3项；获批四川大学新世纪高等教育教学改革工程（第九期）10项，其中重大项目1项。获得校级教学成果一等奖3项、三等奖2项，组织申报四川省教学成果奖2项。学生获第九届全国光电设计竞赛、全国大学生电子设计竞赛等学科竞赛国家一等奖3项，国家二等奖12项，国家三等奖14项，省级奖项200余项。

科研情况。学院牵头获批国家自然科学基金项目5项；获批国家自然科学基金区域联合基金项目2项；组织申报两批四川省科技计划项目22项，获批四川省杰出青年科技人才项目1项，第一批项目获批5项；获批四川大学科技领军人才培育项目1项。2021年学院到校科研经费4199万元。

合作交流。引进外籍教师1名，派遣11位老师参加国际会议和学术交流；2021年“国际课程周”邀请6名海外知名教授为本科生开设了6门课程；早稻田大学IPS项目录取13人；11名同学参加“大川视界”项目；获准四川大学2021年国家建设高水平大学公派研究生出国项目推荐攻读博士学位1人，联合培养博士4人。

党建及学生工作。持续贯彻疫情常态化防控工作要求，全院无师生感染新冠肺炎。全力推进党史学习教育活动，党委中心组开展专题学习4次，开展党史学习教育专题讲座2次，组织师生开展赴泸定桥等各类现场教育活动、各类学习教育活动160余次，为群众办实事的3项工作已全部完成。深化十九届六中全会精神学习，党委会专题学习了《关于认真学习宣传贯彻党的六中全会精神的通知》，将学习活动同党史学习教育活动结合起来，开展专题学习30余次。认真落实中央巡视整改工作，召开专题整改民主生活会，查找问题，落实整改。强化意识形态工作，召开意识形态专题研判会3次。全面推进学院师德师风建设，召开3次全院警示教育大会以及师德师风教育大会等，深入学习习近平总书记在清华大学讲话精神、教育部有关会议精神以及《新时代高校教师职业行为十项准则》《四川大学教职工师德师风建设规范》《新时代高校教师职业行为十项准则》等。2021年度学院50余位教师分别获“四川省脱贫攻坚先进个人”、四川大学第七届“姜维平优秀教学奖”一等奖等奖项。狠抓党员发展工作，党校培训发展对象结业287人，吸收预备党员319人，转正58人。

【高被引学者】杨鑫松教授入选2021年科睿唯安全球高被引科学家。

【国家级一流专业建设点】光电信息科学与工程专业获批国家级一流专业建设点。

【省级“课程思政”示范教学团队】曹益平教授负责的信息光学教学团队获评2020年省级“课程思政”示范教学团队。

【承办CSIG图像图形中国行活动】2021年5月8日，由中国图象图形学学会（CSIG）主办，CSIG三维视觉专委会与四川大学联合承办的CSIG图像图形中国行活动在四川大学召开，交流主题为“智能视觉及应用”，学院副院长雷印杰担任执行主席，共吸引了300余人参会。

（以上资料由电子信息学院李运国提供）

材料科学与工程学院

【概况】材料科学与工程学院设有3个教研中心（基础课程和实践教育教学研究中心、材料科学与工程专业教学研究中心、新能源材料与器件专业教学研究中心），1个国家级和省级实验教学示范中心（材料科学与工程教学实验中心）和1个教育部重点实验室（共建）（先进特种材料及制备加工新技术教育部重点实验室），1个后续能源材料与器件教育部工程研究中心，1个“材料科学与工程”国家大学生双创示范基地，5个部省级研究中心和实验室，8个校级研究所。

师资队伍。2021年有教职工99人，其中教学科研岗教师82人（博士学位获得者79人），教辅人员3人，思政教师6人，行政管理人员8人。专任教师中二级岗教授2人，三级岗教授6人，正高级职称37人，副高级职称34人；博士生导师33人，硕士生导师64人。教师中有中国工程院院士1人（特聘院士），特聘外籍院士1人，国家级人才计划入选者3人，高被引科学家3人，享受国务院政府特殊津贴专家2人，四川省学术和技术带头人6人，四川省有突出贡献的优秀专家3人，教育部跨（新）世纪优秀人才5人，四川省人才计划入选者11人，四川大学“双百人才工程”计划入选者13人。2021年新引进国家级人才计划入选者1人，科睿唯安高被引科学家1人，特聘研究员2人，特聘副研究员9人，专职博士后2人。

学科建设。学院现设有材料科学与工程博士后科研流动站，有材料物理与化学、材料学、纳米材料与纳米技术、新能源材料与器件、凝聚态物理等5个博士和硕士学位授权点，在材料与化工专业招收工程硕士；设有材料科学与工程、新能源材料与器件等2个本科专业，均为国家一流本科专业建设点。参加了材料科学与工程一级学科国家重点学科的建设工作，参加了材料学、材料加工工程等2个二级学科国家重点学科的建设工作。2021年上海软科世界一流学科和专业排名中，材料科学与工程排名世界前100，新能源材料与器件专业排名全国第1，无机非金属材料工程专业排名全国第2，金属材料工程专业排名全国第3。

人才培养。2021年学院招收本科生247人，硕士研究生111人，博士研究生39人。毕业本科生178人，硕士研究生86人，博士研究生25人。截至2021年12月31日，在读本科生851人，硕士生321人，博士生92人。开设本科生课程152门次，研究生课程31门次。有国家级精品课程2门，省级精品课程7门；国家一流课程1门，省级一流课程5门；获四川省教学成果特等奖1项。34名学生获国家和省部级学科知识竞赛等奖励，学院本科生总体升学率为53.95%。在四川大学首届研究生优秀学位论文评选中获博士优秀学位论文1篇（全校10篇），获硕士优秀学位论文3篇。

科研情况。2021年学院到校科研经费4008万元，新增科研项目63项；国家攀西试验区重大科技专项立项4项，作为课题或参与国家重点研发项目3项，获准国家自然科学基金项目7项，获准省市级项目11项；授权国家发明专利27项，成果转化2项，获校级专职博士后基金3项。新获批与宜宾、自贡、攀枝花、遂宁、泸州等地的校企合作项目12项。2021年学院共发表基础研究成果280余篇，其中发表A级基础研究成果8篇。

合作交流。学院同南充市高坪区人民政府、南充三环电子有限公司等签署了推动创新发展合作项目协议；推动学校与武侯区共建集超快变温、超高真空、高温、静高压为一体的极端条件下先进材料与器件综合研究装置。举办了青年学者论坛，线上线下共邀请到了24位优秀青年学者。邀请了4位外籍专家开设三门线上课程、一门线下课程，组织1期国际交流营线上活动。2021年，校友共捐赠209万元支持学院人才培养和师资队伍建设工作。

党建及学生工作。积极开展党史学习教育，全面落实学校《迎接建党100周年行动方案》。学院党委理论学习中心组开展集中研讨学习15次，各党支部开展学习活动近50次。深入开展了“我为群众办实事”活动，共推进了8个项目近100次（人次）“我为群众办实事”活动。发挥党委政治核心作用，共召开党委会和党委专题会17次，党政联席会31次，各类专项工作会议30余次。落实全面从严治党根本任务，召开党委会和党政联席会专题研究全面从严治党具体工作4次，意识形态和安全稳定工作专题研判会4次，党委会和党政联席会专题研究意识形态和安全稳定工作10余次。党政班子成员落实一线规则，密切联系师生，深入基层调研22次，严格执行疫情防控工作相关措施。持续开展支部“规范化、标准化”建设，新发展党员76人，转正26人，发展对象预审86人。获评学校“先进基层党组织”1个，“先进共产党员”1名。

【教学改革】打破原4个教学系并行的教学运行模式，集中资源组建了基础课程和实践教育教学研究中心、材料科学与工程专业教学研究中心、新能源材料与器件专业教学研究中心3个教研中心，同时重构学院课程体系，调整了人才培养方案，初步实现了学院课堂教学的“减量提质”。由彭寿院士领衔，集全院之力打造“材料科学与工程创新实验班”，探索材料类专业创新创业人才培养模式。

【师资队伍建设成效显著】深入实施人才强院战略，2021年引进15名青年人才。目前学院45岁以下专任教师占比超过60%，师资队伍结构明显优化，师资队伍建设取得显著成效。

【教师团队及个人获多项荣誉】新获评四川大学“德渥群芳”育人文化建设优秀团队1个，获四川大学教学成果特等奖1项、一等奖1项、二等奖2项，获评学校“先进基层党组织”1个；获四川大学第七届“姜维平优秀教学奖”二等奖1项；获四川大学“好未来优秀学者奖”2项；27名教师获四川大学本科教学单项奖。此外，林紫锋研究员与美国Yury Gogotsi教授、法国Patrice Simon院士等共同获得英国皇家化学学会2021年度地平线奖（Horizon Prize）。

（以上资料由材料科学与工程学院王志超提供）

机械工程学院

【概况】机械工程学院由始建于1945年3月的国立四川大学机械电机工程系演变发展而来，是四川大学办学规模较大的学院之一。学院设有党政办公室、教学科研科、人才引进及对外交流办公室、学生思想政治教育及就业指导科4个科室，机械工程、材料成型及控制工程、测试技术与控制工程3个教学系所，四川大学工程训练中心（国家级实验教学示范中心）和四川大学工程设计教学实验中心（国家级文科综合实验教学示范中心）2个校级中心，创新设计与创新方法、先进制造技术、人机系统及仿生工程、先进材料成型及模具技术4个四川省重点实验室。

师资队伍。学院有教职工190人，其中专任教师（专职科研人员）及教辅人员144人，党政管理及思政教师21人，工勤人员27人。专任教师中正高级职称36人，副高级职称60人，特聘院士1人，国家海外高层次人才引进计划创新长期项目入选者1人，海外高层次人才创业项目获得者1人，海外高层次青年人才项目获得者1人，四川省学术和技术带头人4人，四川省学术和技术带头人后备人选4人，教育部“新世纪人才”2人，四川省“千人计划”4人，“香江学者计划”1人，“洪堡学者计划”1人，学校“双百人才工程”计划6人。

学科建设。学院有四川省一级学科重点学科2个、四川省二级学科重点学科1个、教育部高等学校特色专业1个、四川省特色专业2个、一级学科博士学位授权点1个、二级学科博士学位授权点2个、一级学科硕士学位授权点3个、二级学科硕士学位授权点1个、博士后流动站1个、本科教学专业4个。基于微机电与柔性电子的医疗检测研究平台入选四川大学“双一流”建设超前部署学科。

人才培养。学院2021年招收本科生428人，全日制硕士163人，全日制博士20人；在读本科生1649人，全日制硕士496人，博士83人。材料成型专业获批国家一流专业建设点，机械设计制造及其自动化专业通过国家级一流专业建设点中期检查；3门课程入选第二批省级一流本科课程；获四川大学教学成果一等奖3项、二等奖1项、三等奖5项，其中1项被学校推荐参评四川省教学成果奖。1名教师获第七届“姜维平优秀教学奖”，1名教师获“四川大学先进个人”称号。

科研情况。2021年学院科研总经费6280.47万元，授权发明专利120项，发表高水平学术论文127篇。1名教师获得国外发明专利1项，2名教师获得国家自然科学基金资助，1名教师牵头获准工业软件四川省重大科技专项，1名教师牵头获准国家重点研发计划课题。正式成立四川省切削刀具智能设计与服务工程技术研究中心。

合作交流。2名本科生赴日本早稻田大学、11名本科生赴新加坡国立大学参加硕士课程学习，14名本科生参加与新加坡国立大学的“3+1+1”联合培养项目；1名博士赴新加坡南洋理工大学进行联合培养，3名学生参加线上国际学术交流活动。新接收中国政府奖学金留学生3人，现有外籍留学生5人，在校港澳台侨学生6人，学历生比例为100%。

党建及学生工作。2021年组织对党支部书记、支部委员、辅导员等开展专题培训6次。一年级申请入党学生达到266人，占新生人数的65%。优化学生党支部设置，规范学生党员发展工作，确定入党积极分子296名，组织开展两期发展对象培训班，共培训56名学员，发展学生党员102名；2名教职工递交入党申请书，1名教师党员发展对象参加学校党校培训。1名教师荣获“四川大学优秀共产党员”称号，博士生党支部获学校“优秀党支部”称号。2021届毕业生深造率47.8%，较2020年增长0.92%；2018级本科生考研报考率60.98%，较2020年年增长9.03%。荣获四川大学“十佳青年志愿服务组织”“五四红旗团委”“十佳研究生分会”“学生社团工作先进集体”等多项荣誉，“川滇黔”理论宣讲团社会实践团队被列为国家级重点团队，“四川大学红色基因深植我心队”获评成都市优秀实践团队。学生获宝钢优秀奖1人、学校五四青年奖章1人、十佳团委书记1人、研究生“优秀学术之星”1人。

【教学改革】获批“医学技术+智能制造”双学士学位培养项目；2门课程推荐申报国家级一流本科课程。

【征兵工作】2021年，学院有6名学生参军入伍，人数位列全校各学院第一。

【创新竞赛】学院学生获挑战杯专项黑科技竞赛全国特等奖、中国工程实践与创新大赛全国金奖、“互联网+”国赛银奖等全国奖项10余项。7个团队在2021年度大学生创新创业训练计划中获国家级立项，12个团队获省级立项，104个团队获校院级立项。

【机构调整】2021年，学院将工程设计教学实验中心和原工业设计系合并，合并后机构名称为工程设计教学实验中心。

（以上资料由机械工程学院李腾提供）

电气工程学院

【概况】学院下设电气工程系、自动化系、通信工程系、专业实验中心和电工电子基础教学实验中心5个教学研究单位。拥有1个智能电网四川省重点实验室，拥有2个四川省高校重点实验室（电能质量与电磁环境学、信息与自动化技术），拥有四川大学“能源互联网”研究中心、四川大学—国网四川省公司能源互联网联合研究中心、四川大学罗克韦尔智能制造协同创新中心，建有国家双创示范基地平台“超导与新能源中心”，全国示范性工程专业学位研究生联合培养基地、省级电气信息科学与工程本科人才培养基地和校级工科电工电子基础课教学基地。

师资队伍。学院有教职工182人，其中专任教师101人（含思政教师9人），专职研究人员38人，实验教辅人员26人。专任教师中正高级职称28人，副高级职称87人，博士生导师55人（含兼职21人），硕士生导师64人。拥有全职返聘院士1人，国家海外高层次人才引进计划专家1人，双聘“海纳青年学者”2人，短聘科睿唯安高被引科学家2人，爱思唯尔“中国高被引学者”1人，享受国务院政府特殊津贴专家2人，省级青年科技创新研究团队2个，四川省学术和技术带头人1人，四川省学术和技术带头人后备人选6人，四川省有突出贡献的优秀专家3人，四川省海内外高层次人才计划专家5人，学校“双百人才工程”计划专家9人（其中A计划1人）。

学科建设。设有电气工程一级学科博士点、电子信息工程博士点；设有电气工程、控制科学与工程2个一级学科硕士点，信号与信息处理1个工学硕士点，以及能源动力、电子信息2个工程硕士专业学位点。设有电气工程及其自动化、自动化、通信工程3个本科专业和电气工程及其自动化专业（中外合作办学项目）。其中，电气工程及其自动化专业为首批国家级一流本科专业建设点、中国工程教育认证专业、国家级“卓越工程师教育培养计划”试点专业，自动化专业为国家级“卓越工程师教育培养计划”试点专业、入选2020年四川省一流本科专业建设点。2021年电气工程及其自动化专业通过工程教育专业认证中期审核。智能电网四川省重点实验室周期评估获得优秀。

人才培养。招收本科生514人（含首届中外合作办学项目61人），硕士生240人，博士生33人，博硕士优质生源占比76%。在校生2685人，其中本科生1867人，硕士生743人，博士生75人。入选省级“本科一流课程”4门，校级年度思政榜样课程11门。获高校电气类专业课程教学方法创新奖1项；教育部产学合作协同育人项目立项8项，校级教学成果奖获评7项，其中特等奖1项。学生获国家级竞赛奖项21人次，省级竞赛奖项48人次，授权专利15项。2篇博士学位论文获中国电工技术学会优秀博士学位论文提名。学院整体就业率92.22%，其中研究生就业率99.26%。荣获四川大学“宝钢优秀教师”“姜维平优秀教学奖”各1人，荣获成都市大中专学生志愿者暑期文化科技卫生“三下乡”社会实践“优秀组织”奖、成都市“优秀实践团队”“优秀指导教师”。

科研情况。获批国家自然科学基金项目15项，电气科学与工程学科获批数全国排名第11；获批国家重点研发计划“工业软件”重点专项1项。获省部级项目22项。新增成果转化类项目10项。2021年到校科研经费首次破亿，达11259.5万元，较上一年度增长34%。新签合同260项，合同金额合计1.6亿元。发表高水平学术论文118篇。新增国家发明专利授权138项。获省部级科学技术奖励二等奖2项，三等奖3项。出版教材1部。

合作交流。成功协办2021全球绿色发展高峰论坛、IEEE PES电力系统保护控制技术委员会（中国）年会，学院多名教授担任专题论坛主持人或发表主题演讲；多位教师在中国电工技术学会青年云沙龙、中国电源学会第二十四届学术年会等作特邀报告。2021年度学院派出学生26人（含线上国际交流），其中早稻田联合培养项目7人，留基委公派出国项目6人；中德合作办学项目首届招生61人，4名学生代表线上参加德国克劳斯塔尔工业大学“中国周”活动。与国网四川省电力公司联合承办“2021 年国家电网与高校双创示范基地‘1+N’校企融通创新创业活动日”。

党建及学生工作。现有 21 个党支部，其中教工（含离退休）党支部 6 个、学生党支部 15 个。2021 年发展党员 97 人，转正党员 41 人。扎实开展党史学习教育，实施“我为群众办实事”重点项目 9 项，开展志愿服务 27 项，参与党员 210 人次。与化工学院、建筑与环境学院联合举办“学习百年党史，汲取奋进力量”党建培训班，33 名党务工作干部参加培训。召开“七一”先进表彰大会，表彰 42 名先进典型和 4 个先进党支部。获准四川大学党建特色项目 1 项、工会特色项目 1 项。开展师德师风专题教育工作，1 个团队获校“德渥群芳”育人文化建设标兵团队称号；1 个支部获校“先进基层党组织”称号；荣获校级先进个人和优秀共产党员 4 人，校级管理类个人奖 5 人。

【师资队伍实力提升】王海风教授入选 2020 年度爱思唯尔中国高被引学者榜单和斯坦福全球前 2%顶尖科学家榜单；孟鹏飞副研究员入选福布斯中国 2021 年度 30 岁以下精英榜；王渝红教授通过国际注册工程师资质认证。

【学科建设发展咨询理事会第三次会议召开】6 月 19 日，召开学科建设发展咨询理事会第三次会议，会议主题是“学科发展与建设”和“内涵式、高质量人才培养”。

【竞赛获奖】荣获 2021 年全国大学生电子设计竞赛国家级一等奖 1 项、二等奖 1 项，全国大学生机器人大赛 RoboMaster 机甲大师赛获得国家级二等奖 4 项，第七届中国国际“互联网+”大学生创新创业大赛省级金奖 1 项。

【科研获奖】周凯教授研究团队牵头的“长寿命抗老化电缆基础理论、关键技术及装备”项目荣获 2021 年度中国机械工业科技进步二等奖；苗强教授牵头的国家重点研发计划“工业软件”重点专项“大规模制造产业网状结构价值链数字生态理论研究”项目获批立项。

【教师团队及个人获多项荣誉】周凯教授获评学校“宝钢优秀教师”，赵莉华副教授荣获学校“姜维平优秀教学奖”，李长松副教授获评学校“优秀共产党员”，刘俊勇教授、赵涛副教授、胡劼老师获评“四川大学先进个人”，王顺亮副教授荣获“直流电力优秀青年人物奖”，向月副教授荣获 IEEE PES 电力系统保护控制技术委员会电网运行控制技术分委会杰出志愿者奖。

（以上资料由电气工程学院邓丽华提供）

计算机学院（软件学院）

【概况】计算机学院（软件学院）下设四系、一所、三中心：计算机科学系、物联网工程系、人工智能系、软件工程系，计算机图象图形与软件工程研究所，计算机基础教学实验中心、高性能计算中心、天府工程数值模拟与软件创新中心。

师资队伍。学院有教职工246人，其中正高级职称43人，副高级职称84人；博士生导师43人，硕士生导师91人。有中国科学院院士2人（双聘院士），四川大学杰出教授1人，国际电气与电子工程师协会会士（IEEE Fellow）2人，国家杰出青年科学基金获得者2人，教育部重要人才计划获得者1人、卓越青年人才计划1人，国家优秀青年科学基金获得者1人，海外高层次人才（青年）2人，教育部新（跨）世纪人才6人，四川省海外高层次人才（青年）3人，四川省有突出贡献的优秀专家7人，四川省学术和技术带头人9人，四川省学术和技术带头人后备人选11人，四川省教学名师2人，学校“双百人才工程”计划入选者6人。

学科建设。学院有“计算机科学与技术”“软件工程”“人工智能”交叉学科博士学位授权点，“电子信息”工程硕士和工程博士授权点，“计算机科学与技术”博士后科研流动站。有计算机科学与技术（国家一流专业）、软件工程（国家一流专业）、物联网工程（省级一流专业）、人工智能4个本科专业，计算生物、预防医学—软件工程、口腔医学数字技术3个双学位专业，计算金融、力学＋软件工程、互联化工3个交叉专业试验班，基础学科拔尖学生培养计划2.0基地。学院有“计算机应用技术”国家二级重点学科和“计算机科学与技术”四川省一级重点学科各1个。

人才培养。2021年招收博士研究生49人，全日制硕士研究生243人，硕士优质生源比85%，博士优质生源比94%，推免生优质生源比100%。在校硕博士研究生共1062人。248人获得硕士学位，38人获得博士学位。面向硕博士研究生组织高水平学术讲座42次，研究生参加线上境外高水平学术交流活动48人次，发表SCI等高水平论文86篇。招收本科生540人，其中港澳台本科生5人，“基础学科拔尖学生培养计划”学生15人，计算金融交叉学科创新班学生27人。在读学生共2487人，其中港澳台学生27人。开设课程623门次，27638人次参与课程学习。本科生参加学科竞赛获得国家级奖励226人次，省部级奖励209人次。获批“大学生创新创业训练计划”项目立项129项。实施“本硕博贯通式未来领军人才培养计划”，出台《计算机—四川大学本硕博贯通式人才培养学生遴选实施办法》；口腔数字化技术专业作为“跨学科专业—贯通式”人才培养平台正式招生运行。招收本科留学生51人、硕士留学生1人。在校留学生196人，其中本科生182人、博硕士生14人。本科软件工程全英文授课专业开设在线课程共32门。

科研情况。学院有天府工程数值模拟与软件创新中心1个国家级工程中心，视觉合成图形图像技术国防重点学科实验室、国家空管自动化系统技术重点实验室2个国家级重点实验室，部级工程研究中心2个，教育部111引智基地1个，四川省工程实验室3个，四川省协同创新中心2个，四川省高校重点实验室2个。2021年到校科研经费11048万元，创历史新高。发表CCF－A会议论文等B级成果26篇，其中IEEE汇刊4篇，新增ESI高被引论文7篇，实现A类论文零的突破；获批自然科学基金各类项目19项，取得历史最好成绩；2021年苗子工程四川大学共获得13项，数量和资助额居全省第一；开展12场次院企科研交流。

合作交流。12名学生出国（境）学习或交流，78名本科生线上参加海外联合培养项目或短期实训项目。“国际课程周”邀请9位国外高校教授为本科生开设线上全英语课程15门共计256学时，选修学生978人。

党建及学生工作。学院党委扎实开展党史学习教育，制定党史学习教育“一方案三清单”，班子、支部、师生通过学习研讨、专题培训、主题报告、专题党课等形式学党史、悟思想，设立“我为群众办实事”实践活动重点项目5项，为师生办实事45件；学院工会获得“讴歌百年伟业 携手共创新篇”庆祝中国共产党成立100周年四川大学师生合唱比赛一等奖。开办第150、151期发展对象培训班，培训学生党员发展对象152人，教职工党员发展对象2人，结业率100%；发展学生党员158人，教师党员2人，46名预备党员按期转正；举办支部书记培训2次，24个支部开展述职考核和“三分类三升级”定级；软件工程系党支部获得“四川大学2021年度先进党支部”荣誉称号，2020级研究生刘浪获得“2021感动川大人物”称号。全年中心组开展学习12次，召开党政联席会43次、党委会32次。配合开展中央巡视整改，引导师生积极开展疫情防控，2名老师在西藏大学挂职、援教。持续抓好学生思想政治教育等各项工作，建设校级“智绘心理”辅导员工作室及二级心理工作站。

【人才队伍建设成绩突出】游志胜教授当选为中国图象图形学学会会士；新增国家级卓越青年人才计划1人、海外优秀青年人才1人，四川省杰出青年科技人才1人。

【人才培养成效显著】学生竞赛团队荣获第七届“互联网+”高教主赛道本科生创意组金奖、产业赛道银奖，全国大学生软件设计大赛特等奖，第十四届全国大学生创新创业年会两项大奖，中国高校计算机大赛微信小程序应用开发赛全国一等奖，中国大学生计算机设计大赛全国一等奖等荣誉。36支研究生队伍参加2021年高校人工智能创新大赛，获得6项大奖及最佳组织奖。

【教学改革成果众多】获批教育部—华为智能基座课程虚拟教研室建设项目；获批教育部第二批产学研协同育人项目立项1项；获批省级线上线下混合式一流课程1门；获得校级教学成果奖特等奖1项、一等奖6项、二等奖2项、三等奖2项；获批四川大学第九期教改项目12项，其中重点项目2项。

【集体和教师个人获奖】获评四川大学本科教学先进单位、招生先进单位、专业建设先进单位、双创实践教学先进单位、高中大学衔接培养先进集体；章毅教授团队获评四川大学第七届“德渥群芳”育人文化建设标兵团队；陈良银获得四川大学十大基础研究进展奖，刘权辉获得四川大学学术新人奖；张意、贺喆南获评四川大学“好未来优秀学者奖”。68人获评本科教学单项奖，其中张意、赵启军获评四川大学“未来教学名师奖”，赵启军、张卫华、李征获得四川大学智能基座产教融合协同育人基地奖教金；聂靖获评学校优秀党务工作者。

［以上资料由计算机学院（软件学院）聂靖提供］

建筑与环境学院

【概况】建筑与环境学院的前身是由教育部批准成立于 1988 年的城建环保学院。下设力学科学与工程系、土木工程系、环境科学与工程系和建筑系；有力学、土木工程、环境科学与工程、城乡规划学 4 个一级学科；有固体力学、岩土工程、生物医学工程 3 个国家重点学科；有工程力学、土木工程、环境工程、建筑学 4 个本科专业，其中工程力学、土木工程、环境工程为国家级一流建设专业；有国家烟气脱硫工程技术研究中心、深地科学与工程教育部重点实验室，有破坏力学与工程防灾减灾、生物力学工程、环境工程、有机废弃物资源化利用 4 个四川省重点实验室；有教育部西部资源与环境网上合作研究中心、四川省力学实验教学示范中心。学院形成了一套完备的人才培养体系和科研体系。

师资队伍。学院有教职工 279 人，其中专任教师 225 人，博士生导师 34 人，正高级职称 54 人，副高级职称 78 人。有中国工程院院士 1 人、特聘院士 2 人，国家首批百千万人才工程入选者 2 人，国家杰出青年基金获得者 2 人、国家优秀青年基金获得者 1 人，国家重要人才计划入选者 7 人，教育部跨（新）世纪优秀人才 5 人，四川省杰出青年科技人才 2 人，四川省人才计划 8 人，四川省学术和技术带头人及其后备人选 42 人，宝钢教师奖获得者 3 人，四川省教学名师 2 人，四川大学“高端外籍教师”特聘教授 2 人。

学科建设。学科门类齐全，有一级博士学位授权点 5 个，一级硕士学位授权点 5 个，专业硕士学位授权点 3 个，博士后流动站 4 个。《学院“十四五”发展规划》重点突出了学科发展目标。新增城乡规划学一级学科博士学位授权点。学科排名提升显著，上海软科学科排名数据显示，城乡规划学排名第 19（前 25%），较 2020 年提升 7 名。木工程排名第 14（前 9%），力学排名第 13（前 15%），环境科学与工程排名第 47（前 24%）。

人才培养。全年招收本科生 399 人，硕士研究生 226 人，博士研究生 56 人；在校本科生 1654 人，硕士研究生 615 人，博士研究生 185 人，留学生 120 人。2021 届本科生已毕业 426 人，就业率 90.61%；硕士研究生已毕业 188 人，就业率 96.28%；博士研究生已毕业 19 人，就业率 100%。总体就业率 92.58%，高于全校平均就业率。

新增 1 个国家级一流建设专业，1 个专业顺利开展“拔尖计划”，1 个专业被认定为省级一流专业。获四川省第二批一流本科课程 6 门，获学校第二批通识教育核心课程 2 门、“课程思政”榜样课程 14 门。获学校 2020 年立项建设教材 5 门、新世纪高等教育教学改革工程项目立项 11 项、教学成果奖 7 项。2 位教师、1 个教学团队在学校第四届“探究式—小班化”教学比赛中获奖。大学生创新创业项目立项 168 项；本科生在学科竞赛中获国际一等奖 1 项，全国一等奖 1 项、二等奖 6 项、三等奖 42 项，省级奖 119 项。

研究生学位论文实施全盲审。硕士论文复审率 5.31%，博士论文复审率 9.84%；优秀论文 110 篇，优秀率 70.96%；加强研究生教育教学改革建设，获学校研究生课程思政建设项目 2 项，培养教育创新改革项目 2 项。

科研情况。到校科研总经费 10759 万元。获学校 A−类成果 2 项。四川省碳中和技术创新中心成立。获国家自然科学基金项目资助 22 项，排名工科学院第一。获横向项目 117 项，获批 800 万元重大横向项目 1 项。获批四川省科技厅项目立项 15 项，成都市科技局项目立项 27 项，均创历史新高。获四川省科技进步二等奖 1 项。完成专利转化 3 项（合同金额 576.8 万元），1 项专利许可项目合同金额达 500 万元。

党建及学生工作。有教工支部 7 个，学生支部 10 个，党员 549 人。严把党员发展质量关，举办党校发展对象培训班 2 期，入党积极分子培训 1 期；发展党员 74 人，转正 24 人。组织关系转接子系统实行无纸化办理转接，党员转出 99 人、转入 67 人，无口袋党员现象。全年收缴党费 22 万余元。新增教师入党积极分子 1 人，发展对象 1 人，1 人获评四川大学优秀共产党员，3 人获评四川大学先进个人。13 位老党员获颁“光荣在党 50 年”纪念章，组织开展七一走访慰问老党员活动，向老党员表达关心关爱。

【党史学习教育暨庆祝中国共产党成立 100 周年系列活动】制定《中共四川大学建筑与环境学院委员会关于开展党史学习教育的实施方案》，成立党史学习领导小组及办公室，开辟宣传专栏，分解实施方案四大类 20 项，开展系列活动 320 余项。深入学习宣传贯彻落实“我为师生办实事”实践活动方案要求，开展调研 269 次；收集各类意见 42 条，整理归纳 26 大类，重点清单 7 项。学习贯彻习近平总书记在庆祝中国共产党成立 100 周年大会上的讲话精神，召开表彰大会 1 次，树立先进个人 20 人，先进支部 3 个；走访慰问 30 人次，发放慰问金 1.45 万元。

【疫情防控】疫情防控研判 33 次。严格执行“非必要不离川”，教工出省提前报备并报告行程，全年 183 人次报备离川，劝返 20 人次。做好疫苗接种工作，教职工接种率 94.56%，退休教工接种率 73.33%，学生接种率 98.37%。做好疫情防控宣传，获学校“共抗疫情、爱国力行”主题宣传教育和网络文化成果各类奖励 4 项，学院获优秀组织奖。

（以上材料由建筑与环境学院钱玉琼提供）

水利水电学院

【概况】学院设有水利水电工程系、水文与水资源工程系、农业水利工程系、岩土与地下工程系、能源与动力工程系及水利水电工程实验中心。有水力学与山区河流开发保护国家重点实验室、山区灾害风险预警与防控应急管理部重点实验室、四川省河湖保护与管理工程技术研究中心、四川省山区流域水灾害与水环境国际科技合作基地、四川大学深地科学与工程研究所、四川大学地质工程与地质灾害研究所、四川大学智慧水利中心等科研平台与基地。

师资队伍。有教职工 221 人，包括正高级职称 70 人，副高级职称 77 人，博士生导师 64 人。其中有中国工程院院士 2 人、中国科学院院士（双聘院士）1 人，国家自然科学杰出青年基金获得者 6 人、优秀青年基金入选者 5 人，教育部重要人才计划入选者 4 人，国家高层次人才特殊支持计划入选者 4 人，国家海外高层次人才计划入选者 4 人，“973”首席科学家 1 人、国家重点研发计划项目负责人 3 人，四川省学术和技术带头人、四川省有突出贡献的优秀专家 26 人。

学科建设。有水利工程、土木工程 2 个博士后流动站，水利工程、土木工程 2 个一级博士点学科，14 个博士点和 15 个硕士点。学院学科建设先后经历“211 工程”重点建设学科现代水利水电科学与工程与“985 工程”西南资源环境与灾害防治科技创新平台。2017 年四川大学进入世界一流大学建设 A 类行列，学院牵头的“深地岩体力学与地下水利工程”学科（群）列入四川大学重点建设学科（群）。

人才培养。设有水利水电工程、水文与水资源工程、农业水利工程、能源与动力工程、城市地下空间工程 5 个本科专业，其中水利水电工程、水文与水资源工程为国家特色专业和国家一流本科建设专业点，农业水利工程为省级特色专业，水利水电工程为国家首批“卓越工程师教育培养计划”建设专业。有在校学生 1965 人，其中博士、硕士研究生 762 人，本科生 1203 人。

以深造率提升为发力点，高质量推动本科生核心竞争力提升。2021 届本科毕业生深造率 55.07%，较 2020 届提升近 4%，均高于学校平均水平。学院团委连续第四年获评四川大学“五四红旗团委”，学院研究生会荣获 2021 年度“十佳研究生分会”。2017 级水利水电工程专业本科生徐希蒙同学在第十一届全国大学生数学竞赛决赛中荣获一等奖。硕士生何强获评 2021 年度“感动川大”新闻人物。学生在学科竞赛中表现突出，在第七届全国大学生水利创新设计大赛和第二届华维杯全国大学生农业水利工程及相关专业创新设计大赛中均斩获特等奖、一等奖和二等奖。博士研究生闫泽霖获评四川大学第十三届研究生“十佳学术之星”。学生发表论文 198 篇，其中 SCI 论文 80 篇；授权专利 71 项；获省级以上奖励 89 人次。

科研情况。2021 年度到校科研经费 1.71 亿元，其中纵向项目 0.92 亿元，横向项目 0.79 亿元。申报国家自然科学基金项目 78 项，获批 24 项，其中杰出青年基金项目 1 项、优秀青年基金项目 1 项、海外优青项目 1 项，重点类项目 4 项、重大项目 1 项，面上项目 4 项、青年科学基金项目 11 项，专项项目 1 项。

合作交流。与四川省水利厅、四川省应急管理厅的战略合作顺利推进。对口帮扶凉山州甘洛县的科技服务项目“山区河流智慧管理与防灾减灾——以四川省凉山州甘洛县为例”获第一批教育部直属高校服务乡村振兴创新试验培育项目资助。

党建及学生工作。学院治理能力持续提升，疫情防控、事业发展两不误，各项工作有序推进。学院共有支部 30 个，新发展党员 156 人，按期转正党员 94 人。学院党委获评 2021 年四川大学“先进基层党委”。学院关工委获评“关心下一代工作先进集体”。参加四川大学“讴歌百年伟业、携手共创新篇”师生合唱比赛，获二等奖。教职工运动会获得团体第七名。

【教材选用审定会】1月4日，学院召开教材选用审定会，对教材选用严格把关，认真审核。

【李言荣校长一行视察智慧水利研究中心建设情况】3月26日，校长李言荣、副校长褚良银等莅临水利水电学院智慧水利研究中心，视察中心建设进展情况。

【“世界水日、中国水周”系列主题活动】3月22日是第29届“世界水日”，3月22日至28日是第34届“中国水周”，水利水电学院在全校范围内举办“世界水日、中国水周”系列主题活动。

【工科特色团队建设推进会】5月13日，水利水电学院“流域防灾减灾特色研究”“山地流域生态水利学”“深地科学与深部工程”工科特色团队建设推进会顺利举办。

【优秀大学生暑期云夏令营】7月7日至8日，2021年优秀大学生暑期云夏令营顺利举办。

【献礼建党100周年系统活动】学院围绕建党100周年开展了一系列活动，如师生夜跑打卡、讲述身边的党史故事、我为群众办实事、校企联合主题党日、《民法典》知识竞赛等活动。

（以上材料由水利水电学院毛华丽提供）

化学工程学院

【概况】学院设有化学工程系、过程装备与安全工程系、国家工科基础课程化学教学基地、制药与生物工程系和工程实验教学中心。有2个教育部工程研究中心、4个省级重点实验室、1个省级工程实验室、1个省级国际科技合作基地和2个省级创新中心。拥有教学实验大楼22000多平方米。

师资队伍。在职教职工198人，其中专任教师169人，教辅人员13人。教授（研究员）56人，副教授（副研究员、高级工程师）63人。博士生导师57人，硕士生导师72人。特聘院士6人，杰出教授1人，国家级高端人才2人，杰青3人，国务院学科评议组成员4人，国家百千万人才工程入选者1人，国家有突出贡献中青年专家2人，全国优秀百篇博士论文指导教师1人，国家级优秀青年人才10人，四川省各类人才计划入选者17人。

学科建设。拥有“化学工程”国家重点学科，“化学与绿色化工”一流学科群和“绿色磷化工前沿技术”超前部署学科。有“化学工程与技术”和“动力工程及工程热物理”两个一级学科博士学位授权点和博士后科研流动站。设有绿色化工与生物医药、互联化工、动力装备与安全3个工科试验班，涵盖化学工程与工艺、过程装备与控制工程、生物工程和制药工程4个本科专业和1个交叉试验班。本科专业全部通过工程教育认证。有3个国家级一流本科专业建设点和1个省级一流本科专业建设点。

人才培养。招收本科生378人，博士生67人，硕士生222人，在校学生共计2070人（其中本科生1225人、硕博士生845人）。2门课程入选省级一流本科课程。“大学生创新创业训练计划”立项100项，覆盖本科学生384人次。获全国高等院校（本科）化工类专业教师课程思政能力大赛特等奖、二等奖各1项，全国化工类专业优秀课程思政案例视频一等奖、二等奖各1项以及课件二等奖1项。黄卫星教授获四川大学“立德树人奖”和“卓越教学奖”。获学校教学成果奖7项。新修订硕博士生管理制度4项。学位论文全部实现盲审。

科研情况。到校科研经费1.068亿元。获批国家自然科学基金项目21项，基金获批总数创新高。授权发明专利40项。绿色化工国际科技合作基地获2021年四川省评估“优秀”。获批国家重点项目5项。获横向项目82项，合同金额9719万元。

合作交流。现有境外学生5人。4人获批国家公派研究生项目。承办中国化学会第32届学术年会燃烧化学分会、首届中国硫磷钛产业高端论坛、教育部磷资源综合利用与清洁加工工程研究中心年会、高等学校有机化学教学研讨会等重要会议。邀请专家、校友开展“化工学术大讲堂”20余场。

党建及学生工作。有党支部27个。发展党员114人，转出党员158人，接收党员119人。深入学习贯彻习近平新时代中国特色社会主义思想和党的十九届六中全会精神，扎实开展党史学习教育，“我为群众办实事”13项重点事项全部完成。举办党支部书记培训5次，开展中心组学习19次，各类主题活动100余次，教育部党史学习教育指导组两次到学院调研。推进党支部标准化规范化建设，开展党支部书记述职评议。制定学院全面从严治党工作要点和四张责任清单，推动党委主体责任和纪委监督责任一体落实。开展相关警示教育30余次，实现了重要内容和重要人员全覆盖。召开意识形态工作专题研判5次，专项排查2次，牢牢把握意识形态工作领导权。开展党务、院务公开300余项，离退休慰问全覆盖。坚持立德树人根本任务，大学生思想政治工作成果突出。积极探索“三全育人”新模式。评选发放奖学金160余万元。帮扶学生539人次，开展心理干预101人次，平均就业率97%，位居学校前列。

【科技奖励和科学成果突出】3月，获四川省科学技术奖励4项，其中一等奖3项。10月，“燃烧动力学平台”发布，建立了国内首个发动机核心技术研发的燃烧动力学数值平台。

【第四届“双代会”第五次会议召开】4月，学院召开第四届“双代会”第五次会议。会议的主题是“科学谋划推动化工‘十四五’开好局起好步，以优异成绩迎接中国共产党成立100周年”。

【学科排名持续上升】6月，2021软科世界一流学科排名正式发布，“化学工程”学科排名上升至全球第15位。获准“动力工程及工程热物理”一级学科博士学位授权点。

【党建成果丰硕】学院获评“四川省关心下一代工作先进集体”。化学工程系党支部获评“四川省教育系统先进基层党组织”。罗杰同学荣获全国“百个研究生党员标兵”称号。

【学生创新实践能力持续提升】化工

学子参加全国大学生各类竞赛，共获得特等奖1项、一等奖9项。获第六届“互联网+”大赛省级金奖和银奖各1项。

【教育教学质量持续提升】梁斌教授主编的《化学反应工程（第三版）》和赵长生教授主编的《材料科学与工程基础（第三版）》获得首届全国优秀教材（高等教育类）二等奖。获四川省教学成果奖3项。

【成立省级教学指导委员会】牵头成立四川省普通本科高等学校化工制药与轻工纺织类专业教学指导委员会（含化工与制药类、轻工类、纺织类），梁斌教授任主任委员，唐盛伟教授任秘书长。

【扎实推进“我为师生办实事”实践活动】修订完善学院科研公房管理实施办法，全力改善江安校区化工楼教学科研环境，打造学生社区自习室等，切实解决师生“急难愁盼”问题。

（以上资料由化学工程学院高敏提供）

轻工科学与工程学院

【概况】学院设有生物质与皮革工程系、食品工程系、纺织与服装工程系、纺织研究所。建有制革清洁技术国家工程研究中心、皮革工程国家专业实验室、皮革化学与工程教育部重点实验室、国家固态酿造工程技术研究中心、食品科学与技术四川省高校重点实验室、合成革研究中心、农产品加工研究院、杂志社（《皮革科学与工程》中文核心期刊和 *Journal of Leather Science and Engineering* 英文期刊）。有轻化工程、食品科学与工程、生物工程（轻工生物）3个工科专业，服装与服饰设计艺术类专业。现有一级学科博士学位授权点2个，工程博士学位授权点2个，硕士学位授权点5个（科学学位点3个、专业学位点2个）。牵头建设四川大学“先进轻工技术与环境保护”一流学科群和“轻工技术与工程”高峰学科，开办“生物质科学与工程”名师领衔创新班。

师资队伍。教职工141人，其中教学科研岗105人，专职思政教师岗6人，教辅岗19人，行政管理岗11人。专任教师中有教授（研究员）32人、副教授（副研究员）40人、博士生导师32人、硕士生导师75人，包括中国工程院院士1人，国务院学位委员会学科评议组成员1人，国家有突出贡献中青年专家1人，国家杰出青年基金获得者1人，国家高层次人才计划专家5人（含青年专家3人），全国优秀百篇博士论文获得者1人，教育部跨（新）世纪优秀人才培养计划入选者7人，四川省学术和技术带头人9人，四川省有突出贡献的优秀专家5人，学校“双百人才工程”计划入选者15人（其中2021年新增8人，含A类2人）。

学科建设。组织编制“先进轻工技术与环境保护”一流学科群二期建设方案，在完成学院内部学科深度融合基础上，凝练出生物质加工工程和先进轻工材料等2个重点建设的特色学科方向，引领高峰学科建设。组织食品科学与工程专业申报并入选国家级一流专业建设点，组织服装与服饰设计专业申报并获批省级一流专业建设点和国家级一流专业的学校推荐资格。组织轻化工程专业完成工程教育专业认证的进校考查工作（线上），食品科学与工程专业开展工程认证的中期检查工作，有望实现工程教育专业认证对学院工科专业的全覆盖。

人才培养。继续推进工科专业的新工科升级改造，重点打造了“生物质科学与工程”创新班的特色课程，圆满完成第三届创新班的选拔组班工作。组织10门课程申报省级一流课程，其中5门课程获批省级“金课”，2门课程和2项虚拟仿真项目获得推荐申报国家级“金课”资格；1部教材入选教育厅首届全国教材建设奖初评推荐名单。获批教育部第二批新工科研究与实践项目立项1项、首批新文科研究与改革实践项目立项1项，立项学校九期教改项目重大项目1项、重点项目1项、面上项目5项。组织8个项目申报并获得学校教学成果特等奖1项、一等奖2项、二等奖1项、三等奖3项，其中2项获推申报省级奖。组织修订学院《博士研究生招生工作实施细则》，顺利完成42名博士生与110名硕士生的招生工作。

科研情况。组织教师63人次申报自然科学基金项目，获批11项（面上项目5项、联合项目1项、青年项目5项）。获批教育部人文社会科学研究一般项目1项。进校科研经费6152万元（含社科22.3万元）。获部委级奖励2项。牵头/参与完成国家标准、行业标准18项。授权发明专利117件。发表论文398篇，其中高质量论文303篇，B级及以上103篇。组织并推进制革清洁技术国家工程实验室重组升级工作。加快建设生态皮革工业互联网研究中心并进入主体设备调试阶段。完成“酶资源四川省科技资源共享服务平台”首期建设并通过评估。组织完成首批20项拟参与学校“创新2035”先导计划、教育部集成攻关大平台建设计划、天府永兴实验室建设等重大项目申报意向书的征集工作，有望形成学院科研事业的新增长极。

合作交流。克服新冠肺炎疫情的影响，邀请5位世界一流大学/机构的高水平学者为本科生、研究生在线开设“实践及国际课程周”的全英语国际课程。选送14名学生赴境外深造。组织师生参加“第36届国际皮革工艺师和化学家协会联合会大会”，7名学生做大会专题报告。

党建及学生工作。学院党委认真贯彻落实学校关于全面加强党的建设和推动事业发展的重要文件精神，凝心聚力推动学院的建设与发展。开展理论学习中心组学习会20次，召开党委会21次和党政联席会议34次，举办专家报告会1场。党委书记讲授专题党课、形势报告会5次，院长讲授专题党课、形势报告会3次。重点推进党支部的规范性建设，强化政治功能。依托学院党委设立的12项党建特色活动，继续推动党支部建设与系所业务发展的深度融合。推进党支部的组织发展工作，发展学生党员132名，预备党员转正24名。进一步强化以“强思想引领、重规范管理与促能力提升”为重点的学生工作思路，加强青年大学生思想政治、行为规范与综合能力的塑造与提升。多种形式开展300余场次理论学习与主题实践活动，努力夯实青年大学生爱党爱国爱社会主义的理想信念。以思学中心为平台，以学风建设为抓手，全面开展学生核心竞争力培育。2021年在校本科生1043人，在校硕博士490人，2021届毕业生就业率达93.2%，本科生深造率37.89%，较上一年上升 5.48%。

【学术期刊】《皮革科学与工程》刊发学术论文 115 篇，*Journal of Leather Science and Engineering* 上线学术论文 71 篇。

（以上资料由轻工科学与工程学院李艳提供）

高分子科学与工程学院

【概况】学院设有高分子材料工程国家重点实验室、新型聚合物加工技术及装备四川省重点实验室、高分子研究所、高分子材料系、高分子材料加工工程系、医用高分子材料及人工器官系和高分子材料与工程专业实验室等教学科研机构，是教育部直属重点高校中第一个以高分子学科为主体的学科型学院。

师资队伍。在岗教职工 242 人，其中专任教师 195 人，实验技术人员 24 人，管理人员 17 人，学生工作组 8 人。教授（研究员）89 人，副教授（副研究员）76 人，高级工程师（高级实验师）9 人；博士生导师 95 人，硕士生导师 43 人。中国工程院院士 1 人，国家“万人计划”3 人，国家百千万人才工程 3 人，国家杰出青年基金获得者 6 人，国家优秀青年基金获得者 9 人，教育部跨（新）世纪优秀人才 20 人，教育部骨干教师计划人选 6 人，四川省学术和技术带头人 18 人，四川省学术和技术带头人后备人选 38 人。

学科建设。学院设有本科专业高分子材料与工程，5 个研究生培养专业：材料学（高分子材料）、材料加工工程（高分子材料加工工程）、高分子科学与工程、复合材料、生物医学工程（生物医用高分子材料及人工器官工程），5 个学科点均具有硕士、博士学位授予权，并建有博士后流动站。材料科学与工程、生物医学工程为国家一级学科重点学科，材料学、材料加工工程为国家二级学科重点学科。所属高分子材料工程学科是“211 工程”重点建设学科、“985 工程”重点建设学科。高分子材料与工程是国家级特色专业，与材料科学与工程学院共同建有国家级“材料科学与工程实验教学示范中心”，以先进高分子为特色的材料科学与工程进入国家“双一流”学科建设名单。

人才培养。全院在校学生 2226 人，其中本科生 1152 人、硕士生 641 人、博士生 351 人，工程硕士 82 人。2021 年招收本科生 284 人、硕士生 236 人、博士生 107 人。2021 年建设 SPOC 课程 1 门，新增首届全国优秀教材奖 1 项，新增省级线下一流课程 3 门、省级线上一流课程 1 门、第二批通识教育核心课程 1 门，新增“课程思政”榜样课程 13 门。构建双创育人机制，组织学生参与创新创业大赛、科技竞赛等，获 20 余个奖项；专人指导大创项目，2021 年立项 106 项，结项 118 项。2021 届本科生就业率达 95.50%，国内升学率达 49.64%，深造率达 57.55%；研究生就业率达 97.5%，博士生就业率达 96.2%。

科研情况。到校科研经费创历史新高，共计2.02亿元（学院7039万元，高研所、国重室13183.06万元），科研项目新立项247项，其中国家重点研发计划项目1项，自然科学基金项目36项，其中面上项目18项，青基项目13项，优青项目1项，杰青项目1项，区域联合基金项目3项。发表高水平学术论文632篇（学院310篇，高研所322篇）。获得省部级科研奖励一等奖1项。邹华维教授团队参与研制的分系统特种泡沫材料有力保障了"天舟二号"货运任务，为我国载人航天事业作出重要贡献。王琪院士团队发明了旋转挤出塑料管加工新理论新技术，研制了全球首套旋转挤出塑料管新装备与旋转挤出流变仪，成功通过"2021年度中国轻工业联合会技术发明一等奖"会评。

合作交流。与全国多家企业建立了长期合作关系，与眉山市共建川大高分子产业中试基地，持续推动重庆铜梁、荣昌政产学研合作平台建设。积极推动科研成果转化，谭鸿教授的水性聚氨酯乳液及制品项目、李乙文教授的黑色素项目、吴锦荣教授的仿生保水材料项目等成功实现产业化或应用。积极开展关键、重点领域项目开发，解决"卡脖子"问题，参与电子、通信、医疗等方面的关键材料攻关项目，学院老师牵头主导"医学+"、华为川大研究院等。

党建工作。深入学习贯彻习近平新时代中国特色社会主义思想和党的十九届五中、六中全会精神。坚定不移推进全面从严治党向纵深发展，全力配合中央第九巡视组驻校开展专项巡视工作，制作"高分子科学与工程学院落实中央第九巡视组反馈意见整改任务分解表"。落实意识形态工作责任制，抓实学院各类阵地管控，加强统战工作，做好保密工作，维护学院安全稳定。新发展党员100人，转出毕业生党员116人，转入新生党员49人。在学校庆祝中国共产党成立100周年"两优一先"表彰中，高性能与功能高分子材料研究中心党支部获评校先进党支部，潘孝臣同志获评优秀共产党员，牟德富同志获评优秀党务工作者。学院获评四川大学2021年先进集体。

【抓实常态化疫情防控工作】响应习近平总书记"疫情就是命令，防控就是责任"的指示，及时掌握师生健康信息，督促完成每日健康打卡，对出差离校等情况进行请假登记，配合做好突发疫情地区旅居史人员的跟踪检测工作以及学生返校隔离工作。配合学校组织全院师生做好疫苗接种工作。多次组织相关会议或视频会研究疫情防控，全力做好防疫物资保障，保证疫情防控期间教学科研有序推进。

【推进"十四五"规划编制和教育教学改革创新】以国家和四川大学"十四五"事业发展规划总体思路为指导，组织召开专题研讨会，结合学科发展规划系列专题会精神，完成了学院"十四五"事业发展规划编制。牵头制定材料与化工材料工程领域专业学位硕博贯通培养方案，打通工程硕士硕博连读途径。推进高等教育高质量内涵式发展，作为四川省材料类教学指导委员会主任委员单位成功组织召开四川省普通本科高等学校材料类专业教学指导委员会（含无机类、有机类、高分子类）成立大会暨第一届全体委员会议。

【开展新一轮"双一流"建设和第五轮学科评估工作】在认真总结学科首轮"双一流"建设成效基础上，紧密对接学校和学院"十四五"规划，以建成"中国特色、川大风格"的世界一流学科为目标，由学科专家组一致通过论证，形成了四川大学材料学科新一轮"双一流"建设方案。在教育部第五轮学科评估工作方面，学院积极组织收集整理学科评估公示材料，认真分解剖析材料学科各重点高校相关指标数据，切实做好对标对表；积极开展学科评估问卷调查相关组织工作。

【"一带一路"国际科技合作】高度重视国际高水平交流与合作，主办"纪念徐僖院士诞辰100周年暨高分子材料科学与工程学术研讨会"，19位中外院士齐聚川大，纪念徐僖院士诞辰100周年，共商高分子材料科学与工程学科的建设与发展。高分子材料与工程国际联合研究中心获"四川省科技系统先进集体"称号。高研所主办的国际期刊 *SusMat* 成功入选"2021年度中国科技期刊卓越行动计划高起点新刊"，并在北京、上海两地举办可持续发展材料系列研讨会。

【甘洛县定点扶贫工作】作为学院专项工作。积极与对口帮扶贫困户联络，通过电话及时掌握其近况，帮助解决相关问题，鼓励贫困户多种多养或者外出务工，发展种养殖业，增加收入。

（以上材料由高分子科学与工程学院蒋雨芹提供）

华西基础医学与法医学院

【概况】华西基础医学与法医学院设有12个教研室（系）［人体解剖学教研室、组织胚胎学与神经生物学教研室、药理学教研室、病理生理学教研室、生物化学与分子生物学教研室、生理学教研室、免疫学教研室、法医物证学教研室、法医病理学教研室、法医毒（药）物分析教研室、法医精神病学教研室、病原生物学系］，3个研究室（生物医学工程研究室、应激医学研究室、放射医学研究室），1个研究所（法医研究所），1个公共服务平台，2个专业教学实验室（基础医学实验室、法医学实验室），1个四川大学国家级实验教学中心（由解剖学实验室、形态学实验室、机能学实验室、生物分子实验室组成）。学院行政机关下设党政办、学科办、教学科、学生科四个科室。

师资队伍。学院有在岗教职工187人。其中，教授、研究员和特聘研究员42人，副教授、副研究员和特聘副研究员52人，讲师、助理研究员和专职博士后42人，教辅人员33人，行政人员18人。国家重大科学研究计划（"973"计划）项目首席科学家1人；国家重要人才计划入选者7人次；国家杰出青年科学基金获得者1人；国家优秀青年基金获得者1人；爱思唯尔高被引学者1人，四川省峨眉计划入选者3人，四川大学"双百人才工程"计划入选者A类1人、B类3人。2021年，学院引进特聘研究员1人、专职博士后进站2人，获批国家重要人才计划入选者2人次。

学科建设。2021年学院有一级学科5个（基础医学、特种医学、生物医学工程、生物学、药学）；博士、硕士学位授权点各18个，博士后流动站4个（基础医学、特种医学、生物医学工程、生物学），本科专业2个（基础医学、法医学），均为国家一流建设专业。学院有国家“双一流”建设学科1个（基础医学），国家重点学科1个（法医学），“211工程”重点建设学科2个（病理生理学、法医学），四川省重点学科5个（人体解剖与组织胚胎学、生理学、生物化学与分子生物学、病理生理学、法医学），四川大学超前部署学科1个（应激医学引领的特种医学）。有卫健委重点实验室1个（国家卫健委时间生物学重点实验室），四川省国际科技合作基地1个（四川省应激医学示范型国际科技合作基地），四川省重点实验室3个（医学分子生物学开放实验室、干细胞应用研究中心、疾病基因组与法医学实验室）。学院于2008年被教育部批准为国家“基础医学科学研究和教学人才培养基地”。有国家优秀教学团队1个（法医学）。

人才培养。2021年，本科招生142人，其中基础医学（基地班）54人，法医学38人，法医学与法学双学士学位班30人，基础医学（强基计划）20人。选拔基础医学（拔尖计划）14人，其中8人来自基础医学（基地班），6人来自其他学院。共计开课381门次，13门课程被认定为四川省一流本科课程，8门课程获评2020年校级“课程思政”榜样课程；基础学科拔尖学生培养计划2.0研究课题立项1项，校级九期教改立项15项，专项经费资助首期院级教改立项15项；获评2020年校级教学成果奖特等奖1项、一等项1项、二等奖2项、三等奖1项，获评2020年本科教学工作先进单位。基础医学专业入选国家级一流本科专业建设点。方定志教授、刘敏教授分别担任副主编的《生物化学与分子生物学（第9版）》《法医病理学（第5版）》获全国优秀教材奖（高等教育类）二等奖。配合招收临床医学专业留学生46人，口腔医学专业留学生9人，线上线下开设基础课程共计19门次。招收博士研究生26人，硕士研究生51人。博士生在校人数101人，硕士生在校人数137人。研究生开课总门数60门。

科研情况。2021年申报国家自然科学基金项目45项，获批7项，获批经费542万元。2021年各类到校科研经费共计2090.419万元。发表各类学术论文共计73篇，其中高水平学术论文10篇。

合作交流。2021年，共接收留学生39名，线上线下为留学生开设基础课程共计19门次。1名老师赴海外进修。举办线上国际学术会议1次，开设“国际课程周”课程4门，3名学生参加线上“大川视界”项目。

党建及学生工作。2021年，学院以习近平新时代中国特色社会主义思想为指导，深入学习贯彻党的十九届六中全会精神和习近平总书记“七一”重要讲话精神，扎实开展党史学习教育。设立院级党建研究课题10项，开展党建特色活动12项。获评学校党建研究重点课题1项，党建特色活动1项。党员领导班子讲党课11次，举办党史教育暨干部能力提升培训班1次，邀请专家做党史宣讲报告2次，开展政治学习156次，为师生购买党史学习材料570套，发放覆盖率达100%。组织党员师生赴邛崃红军长征纪念馆、四川卫生党史馆等红色教育基地学习6次，举办建党一百周年暨“两优一先”表彰大会、学党史诵读经典比赛、党史知识竞赛等6次。组织党史知识竞赛，答题242人次，党史理论学习成效显著。深入开展“我为群众办实事”活动，制定办实事清单17条，其中重点项目3项。其中，助力青年骨干教师成长、暖手和饮用水工程、升级考研自习室等3项重点项目广受师生好评。学生党支部结合实际情况，制订党史学习计划，做到党史学习全覆盖。班团支部开展“学党史、感党恩、跟党走”党史学习教育活动。为了进一步提高党史学习教育效果，不断丰富党史学习教育活动形式。优化学生党支部建设，加强学生党员发展。充分发挥党组织对低年级学生的教育引导作用，开展低年级入党积极分子、发展对象的培养和教育。本年度择优推荐入党积极分子53名，发展对象61名，吸收81名优秀学生成为中共预备党员。

【主办“华西基础医学论坛”】学院主办、西藏大学医学院协办的“华西基础医学论坛”5月在华西校区第五教学楼报告厅隆重举行。论坛邀请了来自北京大学、上海交通大学、复旦大学、浙江大学、中山大学、澳门大学、澳门科技大学、空军军医大学、首都医科大学、中国药科大学、广西医科大学以及西藏大学等国内知名专家、青年学者、博士研究生和校内师生进行学术交流。

【主办第五届“国际应激医学前沿论坛”】四川大学125周年之际，学院举办了第五届“国际应激医学前沿论坛”。本次论坛由四川大学华西基础医学与法医学院主办，四川大学华西第二医院、四川大学华西公共卫生学院（四川大学华西第四医院）、成都医学院第二附属医院·核工业四一六医院、西藏大学医学院共同协办。论坛邀请了来自澳大利亚蒙纳士大学、荷兰莱顿大学、德国海德堡大学、德国埃尔朗根—纽伦堡大学、浙江大学、复旦大学、南昌大学、中科院昆明动物研究所等国内外知名院校及研究机构共9位专家学者进行学术交流。

【以赛促创，着力提升本科生创新意识、创业精神和创新创业能力】学院学生负责的“乡振智疗——聚焦乡村医疗人才，赋能乡村医疗建设”项目斩获“互联网+”大学生创新创业大赛全国总决赛金奖，“ibra抗癌卫士——基于石墨烯远红外的乳腺癌无创治疗方案”项目获得高教赛道省级金奖，实现学院在该项赛事上省级金奖和国家级金奖零的突破。在第七届全国大学生基础医学创新研究暨实验设计论坛总决赛上，由我院学子负责的项目“基于多关节MRI与改进型Xception网络的自动化骨龄评定体系”“药物预刺激促进支架植入后再内皮化”分别斩获国家金奖和国家银奖。

（以上资料由华西基础医学与法医学院诸虹提供）

华西临床医学院（华西医院）

详见医疗卫生篇的相关内容。

华西口腔医学院（华西口腔医院）

详见医疗卫生篇的相关内容。

华西公共卫生学院（华西第四医院）

详见医疗卫生篇的相关内容。

华西药学院

【概况】华西药学院有使用面积12848平方米的教学楼和实验楼，设七系二中心，即药物化学系、药剂学系、天然药物学系、药物分析学系、药理学系、生物技术药物学系、临床药学与药事管理学系、现代药学专业教学中心实验室和分析测试中心。学院靶向药物与释药系统实验室为教育部和四川省重点实验室。《华西药学杂志》为学院公开出版刊物。

师资队伍。学院有在职教职工107人。专任教师84人，其中教授21人，研究员2人，正高级实验师1人；副教授34人，特聘副研究员7人，副研究员3人，高级实验师2人。在岗博士生导师31人，硕士生导师30人。人才队伍中有双聘院士1人，国务院学位委员会学科评议组成员1人，海纳特聘教授10人次，海纳青年学者5人，全国优秀百篇博士论文指导教师4人，教育部优秀青年教师资助计划入选者1人，教育部新世纪优秀人才支持计划入选者7人，卫生部有突出贡献中青年专家2人，四川省学术和技术带头人7人，四川省有突出贡献的优秀专家4人，四川省百人计划入选者1人，四川省天府峨眉计划入选者4人，四川省杰出青年基金获得者5人，四川省“天府万人计划”天府创新领军人才2人，四川省“天府万人计划”天府科技菁英1人，四川省卫生和计生委员会首席专家1人，四川省卫生和计生委员会领军人才8人，四川省卫生和计生委员会有突出贡献中青年专家1人，四川省级教学名师1人，成都市有突出贡献的优秀专家1人。

学科建设。学院为药学一级学科博士学位授权单位，有药学博士后流动站1个，二级学科博士授权点3个，二级学科硕士授权点6个，9个学科点均可招收博、硕士研究生，设药学硕士专业学位，其中药剂学为国家重点学科，药物化学为四川省重点学科。2021年度共开设研究生课程70门，其中一级平台课博士1门、硕士4门；新开课1门，全英文课程3门。“新药研究与职业发展”“药事法规实务”2门专业学位核心课程，作为专业学位硕士研究生一级平台课。学院开设本科生专业2个：药学、临床药学，均为国家级一流专业建设点。开设本科生课程共计204门次。其中，国家级一流课程2门，省级一流课程1门；国家级精品在线开放课程1门，省级精品在线开放课程3门；国家级精品资源共享课程1门，省级精品资源共享课程4门；国家级慕课1门；国家级精品课程1门，省级精品课程4门；新上线中国大学慕课2门。

人才培养。2021年招收博士生44人，硕士生167人。在读研究生634人（博士生166人，硕士生468人）。获得博士学位33人、硕士学位127人。本科招生228人，在读889人。研究生获四川大学优秀博士论文1篇，四川大学优秀硕士论文3篇；“互联网+”大学生创新创业大赛国家级金奖1项，省级银奖1项，校级二等奖2项、三等奖1项；紫禁城国际药师论坛等会议优秀论文3篇。教师荣获2021年四川大学教学成果奖特等奖1项、三等奖1项；第五届全国药学专业学位优秀教学案例2个，并入选教指委案例库；四川大学研究生培养教育创新改革项目5项。

本科教育方面，完成一流专业建设点（药学专业）中期建设检查工作；入选省级第二批一流课程2门，被推荐参评国家级第二批一流课程4门；新增四川大学通识教育核心课程1门。学院龚涛、宋颢获第七届四川大学“姜维平优秀教学奖”，符垚获2021年四川大学“未来教学名师奖”；荣获四川大学校级教学成果奖共8项（特等奖1项、一等奖3项、二等奖1项、三等奖3项）。参加第13届全国大学生药苑论坛，获优秀论文奖2项、创新成果特等奖1项、创新成果三等奖3项。参加第七届四川大学“互联网+”大学生创新创业大赛，获校级一等奖1项、二等奖2项、三等奖1项；省级银奖1项；国家级金奖1项（国际赛道）。参加2021年全国大学生英语竞赛，获二等奖3项、三等奖1项。参加四川大学2021届本科生优秀毕业论文评选，获一等奖1篇、二等奖3篇、三等奖7篇。

合作交流。3名研究生获得国家建设高水平大学公派研究生项目。53人参加高水平会议，其中壁报展示8人，口头报告2人。王雅施等参加国际控释协会年会（线上）、CRS2021虚拟年会［美国，新泽西州（线上）］。

科研情况。获批国家级项目12项，其中国家自然科学基金区域创新联合基金重点支持项目1项，重大研发计划培育项目1项，优秀青年基金项目1项，海外优秀青年基金项目1项，青年基金项目1项，面上项目6项，国家重点研发计划政府间重点专项1项。发表SCI论文共计195篇，高级职称人均2.6篇，IF>10的40篇。学院教师与企业签订科技协作项目55项。科研经费总计3999万元，其中，纵向经费1899万元，横向经费1918.7万元，校级经费181.3万元。申请专利47项，授权专利40项。

党建及学生工作。贯彻落实中央、学校决策部署，扎实开展党史学习教育，开展专题学习120余次、主题活动80余次、专题党课20余次；开展党史教育宣讲和培训；深入开展“我为群众办实事”实践活动；召开专题组织生活会。全年开展党委理论学习中心组学习9次，支部组织生活400余次，政治学习180次，召开党政联席会议20次，党委会11次，完善和制定12项制度。落实意识形态安全和实验室安全检查，全年无一例安全事故和意识形态舆情。召开全面从严治党工作会议，班子成员完成廉洁谈话20余人次。

大学生思想政治教育工作扎实推进。深入开展“四史”学习活动，为迎接党的100周年华诞，引导广大青年学生听党话、跟党走，学院分团委学生会、社团以及学生党支部以“红心向党，志存高远”“百年青春心向党 矢志建功新时代”等为主题累计开展活动60余次。学院学生作为团队负责人的参赛项目“在山的那边：支教扶贫扶智模式助力脱贫攻坚的调查研究——基于四川省凉山彝族自治州连片特困地区的实地调研”获得第十七届“挑战杯”全国大学生课外学术科技作品竞赛红色专项活动全国一等奖。

【学科建设、科研工作取得历史性突破】药理和毒理学学科ESI排名上升3名（目前居79名）；QS药学与药理学排名保持在51～100区间内（目前居88名）；药学学科软科2021年排名居全国第4，综合性大学排名第2。实现国家科学技术奖零的突破，以第一单位第一完成人身份获得国家技术发明二等奖和科技进步二等奖各1项。科研经费稳步提升，基础研究水平显著提高。

【启动建设“基础学科拔尖学生培养计划”药学拔尖班】药学拔尖计划是学校和学院培养药学领域优秀人才的重要举措之一，旨在培养具备家国情怀、国际视野、全球竞争力、懂医精药、善研善成的优秀人才，学院于2021年10月22日举行首届药学拔尖班开学典礼，秦勇教授担任拔尖基地首席专家，何勤教授担任执行主任。

【承办全国高等学校药学类专业第九轮规划教材编写会议】由人民卫生出版社主办、华西药学院承办的全国高等学校药学类专业第九轮规划教材编写会议于2021年6月4日在成都召开，来自国内高等院校和出版单位的近百名专家学者出席会议。

【校友工作取得新进展】学院积极组织庆祝建校125周年暨“米玉士教育发展基金成立四周年成果展暨华西药学发展论坛”系列活动，邀请30多名校友代表返校参与，受到广大校友的充分肯定；成功召开四川大学华西药学院校友会第二届理事会议；“米玉士教育发展基金”获得高永忠校友1000万元的捐赠支持；周万祥校友获四川大学2019—2021年度“感动川大新闻人物”称号。

【开展庆祝建党百年系列活动】学院13名老党员党龄超过50年，荣获“光荣在党五十年”纪念章。组织学院党委委员、基层党支部书记、支部委员等近30名党员师生赴重庆开展“追忆先烈足迹，探寻红色重庆”党史学习教育主题干部培训暨参观校友企业重庆华邦制药的融合培训活动；学院各党支部结合自身专业特色，开展志愿服务活动50余场次；召开先进党支部、优秀共产党员表彰暨新党员宣誓大会，表彰优秀党支部和优秀党员，颁发“光荣在党五十年”纪念章，为党龄逢五逢十党员颁发纪念品；通过发放慰问金、慰问品、走访等形式慰问学院老党员近10人。

（以上资料由华西药学院谭畅、彭梦如提供）

公共管理学院

【概况】公共管理学院下设社会学与心理学系、信息管理技术系、行政管理系、公共事业管理及公共政策系、劳动与社会保障系、土地资源与房地产管理系、秘书档案学系和信息资源管理系共8个教学单位和12个科研机构。

师资队伍。公共管理学院教职工人数为126人，教学科研岗专任教师99人、短期外籍教授2人、思政教师7人、教辅人员1人、管理人员17人。教授（研究员）40人，副教授（副研究员）47人。硕士生导师79人，博士生导师24人。其中，教育部教学指导委员会委员4人，全国MPA教育指导委员会委员1人，四川省学术带头人7人，四川省有突出贡献的优秀专家5人，四川省教学名师1人。

学科建设。公共管理学院拥有1个一级学科博士学位授权点（公共管理），1个博士后科研流动站（公共管理博士后科研流动站），16个硕士学位授权点（含4个专业学位授权点）。融合管理学、法学、政治学、教育学4个学科门类，拥有公共管理、图书情报与档案管理、社会学3个一级学科；拥有2个国家级一流本科专业建设点（行政管理专业、劳动与社会保障专业），3个省级一流本科专业建设点（信息资源管理专业、土地资源管理专业、档案学专业）。

人才培养。2021年，公共管理学院录取本科生330人；录取全日制硕士178人，其中学术学位硕士133人，专业学位硕士45人；录取非全日制公共管理硕士337人，全日制西藏班公共管理硕士40人；录取公共管理博士生23人。在读学生共3208人，其中博士生87人，全日制学术学位硕士410人，全日制专业学位硕士135人，西藏班全日制MPA专业学位硕士120人，非全日制MPA专业学位硕士1204人，本科生1252人。

科研情况。公共管理学院2021年获批各级各类项目47项，到校经费1894.26万元。其中，国家社科基金项目10项（其中重大项目1项，重点项目2项，一般项目2项，西部项目1项，后期资助项目2项，青年项目2项）；国家自然科学基金青年项目2项；四川省社科规划项目9项（其中重大项目2项，重点项目1项，青年项目5项，统计专项1项）；四川省科技厅软科学项目5项。

党建工作。公共管理学院全面贯彻党的十九大及十九届二中、三中、四中、五中、六中全会精神，以习近平新时代中国特色社会主义思想为指引，全面推进从严治党，深入开展“五个一流”工程。一是认真落实学校《关于开展党史学习教育的实施方案》，制定实施《中共四川大学公共管理学院委员会关于开展党史学习教育的实施方案》，引导党员干部学史明理、学史增信、学史崇德、学史力行。围绕“学党史、悟思想、办实事、开新局”的主题，践行“读原著、学原文、悟原理”的学习理念，认真组织全院师生学习习近平总书记系列重要讲话和党中央指定的《习近平新时代中国特色社会主义思想学习问题》《中国共产党简史》《毛泽东邓小平江泽民胡锦涛关于中国共产党历史论述摘编》《论中国共产党历史》等学习材料，重点学习习近平总书记在党史学习教育动员大会上的重要讲话以及在庆祝中国共产党成立100周年大会上的重要讲话。二是开设“党史学习教育系列讲坛”，开展“党史故事大家讲”比赛，开展“学党史 践初心”专题培训班等活动，实施“中国共产党在川大”系列红色文化工程，精心组织庆祝中国共产党成立100周年系列活动，教育引导党员干部和师生员工不忘初心、牢记使命，接续奋进新征程。三是积极引导优秀教职工、学生向党组织靠拢，2021年新发展党员172人、转正党员97人。

学生工作。一是持续推进“灯塔计划”活动，推进家校联动“一人一册”关爱活动，成立“I DO社区”，成立学生心理健康教育成长辅导站，举办“大世界 小确幸”2021年大学生心理健康节系列活动，举办成长沙龙及论坛，从学生就业、学业、人际等方面全面关心学生心理健康教育。二是充分依托校级关于经济困难学生的系列帮扶政策，帮助学院家庭经济困难学生解决生活、学习问题。三是举办第二课堂活动，举办青年思想宣导活动，开办首期学生骨干“领头雁”培训班，开设“职来职往”系列职业素养讲座，组织开展青年志愿服务活动等，全方位助力学生成长、成才。

【获评“四川省高校先进基层党组织”】四川大学公共管理学院全国干部教育培训基地党支部荣获“四川省高校先进基层党组织”称号。

【获四川省第十九次社会科学优秀成果一等奖2项、二等奖3项】姚乐野教授、姜晓萍教授获四川省第十九次社会科学优秀成果一等奖；夏志强教授、范逢春教授、李桂华教授获四川省第十九次社会科学优秀成果二等奖。

【获四川省高等教育人才培养质量和教学改革项目立项】范逢春教授负责的“‘学科竞赛+科研项目’双驱动的卓越公共管理人才培养的探索与实践”获四川省高等教育人才培养质量和教学改革重点项目立项；罗亚玲教授负责的“公共管理类专业课程思政教学改革实践探索”获四川省高等教育人才培养质量和教学改革一般项目立项。

【获教育部首批新文科研究与改革实践项目立项】姜晓萍教授获教育部首批新文科研究与改革实践项目立项。

【获四川大学“卓越教学奖”】乔健教授荣获四川大学“卓越教学奖”。

【获评四川大学“五四红旗团委”】公共管理学院分团委获得2020—2021年度四川大学“五四红旗团委”称号。

【获评四川大学“十佳学生会”】公共管理学院研究生会获得2020—2021年度四川大学“十佳学生会”称号。

【获评“成都市优秀研究生会”】公共管理学院研究生会获得2019—2020年度“成都市优秀研究生会”称号。

【获第五届“策论中国”一等奖】由唐银彬、杨舒雯、尹雨晴、郑冰鑫、李千惠、杨晓玉等同学组成的学生团队荣获第五届“策论中国”一等奖。

【获第三届全国社会公共安全案例大赛一等奖】由樊颖、郭一帆、周海宁、林紫薇等同学组成的学生团队荣获第三届全国社会公共安全案例大赛一等奖。

【获第十七届“挑战杯”全国大学生课外学术科技作品竞赛红色专项活动特等奖】罗钰婷、元洁、杨慧等同学获第十七届“挑战杯”全国大学生课外学术科技作品竞赛红色专项活动特等奖。

（以上资料由公共管理学院刘珊提供）

商学院

【概况】商学院设有5个教学系、20个工作部门（中心），拥有7个实验室，挂靠26个科研机构（另有4个院设），公开出版1份外文学术刊物（季刊）和1份中文学术集刊。

师资队伍。截至2021年底，商学院共有教职员工203人，其中专任教师141人（含高端外籍教师），月薪制教师5人，专职博士后26人，思政教师10人，行政岗15人，教辅岗1人。在专任教师中，正高级职称54人，副高级职称77人，中级职称41人，高级职称（副高及以上）教师占76%；18人有硕士学位，114人有博士学位（含中国大陆以外高校博士学位18人），有博士学位教师占81%；博士生导师47人。

商学院有国家级人才4人，国家杰出青年基金获得者3人，国际电气与电子工程师协会会士（IEEE Fellow）1人，国家有突出贡献中青年专家1人，享受国务院政府特殊津贴专家2人，中国青年科技奖获得者2人，教育部高校青年教师奖获得者1人，教育部新世纪人才6人，四川省学术和技术带头人12人，四川省有突出贡献的优秀专家5人，四川省学术和技术带头人后备人选29人、四川省教书育人名师2人，全国会计领军人才（学术类）培养工程2人，2021年入选教育部重要人才计划（青年）2人。科睿唯安2021年度全球高被引科学家5人，爱思唯尔2020年度中国高被引学者4人，斯坦福大学发布的全球前2%的科学家7人。2021年度引进人才5人，选留专职博士后6人。

学科建设。商学院拥有管理科学与工程、工商管理两个一级学科博士点与博士后流动站，有管理科学（自设）、工程管理（自设）、管理系统工程（自设）、工业工程（自设）、低碳经济与管理（自设）、能源战略与经济管理（自设）、会计学、企业管理、旅游管理、技术经济及管理、公司金融（自设）等11个硕士点，拥有工商管理硕士（EMBA、MBA）、工程管理硕士（MEM，含工程管理、工业工程与管理、物流工程与管理）、会计硕士（MPAcc）、审计硕士（MAud）等4个专业学位（7个专业方向）授权点。2021年，商学院本科设有6个专业，分别归在3个招生入口：工商管理类（含财务管理、人力资源管理、市场营销3个专业），管理科学类（含管理科学、工业工程2个专业），会计学（ACCA）。商学院有3个国家级一流本科专业建设点（会计学、管理科学、工业工程），1个省级一流本科专业建设点（市场营销），1个省级人才培养基地（管理科学）。

人才培养。商学院2021年各类在读学生4200余人（不含成教、二专和留学生），包括本科生1426人（年度招收313人，含ACCA专业88人）、普研研究生455人（年度招录博士生53人、硕士生99人）、MBA在读1814人（年度招录537人）、其他专业硕士在读516人（年度招录174人）。2021年，商学院有83人获硕士学位，44人获博士学位，MBA教育333人毕业，本科生430人毕业。

科研情况。商学院2021年获四川省第十九次社会科学优秀成果奖8项（一等奖1项、二等奖2项、三等奖5项）、四川省科学技术进步奖二等奖1项；获批纵向科研项目82项（含国家级16项、省部级27项）；科研经费年度到账2001万元（不含校级项目）。教师发表C级及以上论文347篇（含A-级论文59篇），出版专著10部。2项决策咨询报告获得国家领导人批示，5项决策咨询建议获得其他有关部门采纳。商学院获"2021年度科研管理先进单位"称号。

合作交流。商学院与美国亚利桑那州立大学签署"3.5＋0.5＋1"本硕项目；邀请6位境外知名高校教师开设UIP课程；与香港理工大学商学院签署博士生督导计划；接收台湾交换生10名（预计2022年3月入读）。2021年度招录留学生102人（本科生64人、硕博士生38人）。

党建及学生工作。2021年，商学院设有24个党支部，共有教工党员182人（含离退休50人）、学生党员591人（含新发展269人，另有49人转正）。支部书记讲授专题党课48场；党校开展培训共两期，培训发展对象235人，确定教工发展对象4人；开展中心组学习13场，领导干部讲党课15场，先进典型讲党课4场，专题宣讲11场，专题培训12场，主题教育16场，领导班子深入一线调研19场，走访慰问2场，志愿服务7场，专题组织生活会24场；完成"为师生办实事"重点项目12个；评定优秀党支部14个。管理科学与系统科学系党支部入选"四川省高校党建工作样板支部培育单位"。在学生培养工作中，商学院依托专业教师、学术及企业导师等资源，开展思想政治教育和学风建设。2021年，承办3个省级学科竞赛，受到人民网等媒体报道。在第六届中国国际"互联网＋"大学生创新创业大赛中，商学院学生获5金2银4铜的成绩。

【获批国家级一流本科专业建设点】2021年2月，商学院3个专业（管理科学、工业工程、会计学）获批国家级一流本科专业建设点。

【举办2021年（第四届）中国会计与金融国际会议】2021年4月24日—25日，由四川大学商学院主办、国际高水平期刊*Accounting and Finance*和中央财经大学中国资产管理研究中心联合支持的2021年（第四届）中国会计与金融国际会议（CAFC），以腾讯会议直播方式成功举办。

【商学院AACSB国际认证初次自评估报告获得通过】2021年3月31日，国际高等商学院协会（The Association to Advance Collegiate Schools of Business，AACSB）总部函件通知：经初次认证委员会（Initial Accreditation Committee，IAC）成员会议集体投票表决，商学院提交的初次自评估报告（Initial Self Evaluation Report，iSER）获得通过。

【荣获全国工业工程应用案例大赛特等奖】2021年10月30日—31日，商学院团队（刘棓丹、陈雯婷、曹杰、罗倩、张轶博等5位同学）在第十六届"东风日产杯”清华工业工程IE亮剑全国工业工程应用案例大赛中获特等奖，由商学院郑建国、罗利、刘柱胜、邓富民等4位教师指导。

【荣获第八届“学创杯”全国大学生创业综合模拟演训活动总决赛创业综合模拟竞赛一等奖】2021年12月11日，商学院团队（张继丹、张瑶、李姝玥）荣获第八届“学创杯”全国大学生创业综合模拟演训活动总决赛创业综合模拟竞赛一等奖。

【在第七届中国国际“互联网＋”大学生创新创业大赛全国总决赛中取得佳绩】2021年10月12日—15日，商学院学生参加第七届中国国际“互联网＋”大学生创新创业大赛全国总决赛，获国家级奖11项：金奖5项、银奖2项、铜奖4项。

【获高等教育教学成果奖特等奖】2021年12月24日，网上公示高等教育教学成果奖获奖名单，商学院教师团队（徐玖平、李小平、卢毅、应千伟、牛永革、胡知能、吴鹏、张攀、刘海月、郑洪燕）的成果“大学生财经素养通识教育的实验教学体系创建与实践”获得高等教育教学成果奖特等奖。

【获四川省社会科学优秀成果奖】2021年12月，商学院教师领衔获四川省社会科学优秀成果一等奖1项、二等奖2项、三等奖5项。

【徐泽水教授当选英国运筹学会会士】商学院徐泽水教授当选2021年度英国运筹学会会士（ORS Fellow）。

（以上资料由商学院孙志宏提供）

马克思主义学院

【概况】四川大学马克思主义学院下设习近平新时代中国特色社会主义思想概论教研室、马克思主义基本原理教研室、马克思主义中国化教研室、思想道德与法治教研室、中国近现代史纲要教研室、研究生思想政治理论课教研室、马克思主义理论专业教研室、形势与政策教研室8个教学单位，设有四川大学习近平新时代中国特色社会主义思想研究中心、四川大学中国学中心、四川大学预防腐败研究中心、四川大学农村发展研究中心、四川大学应用心理与心理健康教育研究所等研究机构。为了适应新时代学院和学科建设需要，依托学院成立了四川大学中共党史党建研究院、建党精神研究中心。

同时，学院设有高校思想政治工作队伍培训研修中心、全国高校思想政治理论课教师社会实践研修基地（四川）、四川省高校思想政治理论课教师培训中心。学院承担了全校文、理、工、医各学科的博士、硕士研究生和本科生思想政治理论课的教学任务，以及马克思主义理论等学科本科生和研究生的培养任务。

师资队伍。2021年，全院教职工共109人，其中教授22人，副教授42人。现任教师中享受国务院政府特殊津贴专家3人，教育部马克思主义理论类专业教学指导委员会委员2人，教育部新世纪优秀人才3人，四川省有突出贡献的优秀专家2人，四川省学术和技术带头人7人，四川省学术和技术带头人后备人选10人，四川省“天府万人计划”天府文化领军人才1人，四川省天府社科菁英2人，四川大学“双百人才工程”B计划3人。

学科建设。“马克思主义与当代中国”学科群被纳入学校“双一流”建设学科群。马克思主义理论学科在2021软科中国最好学科排名中位列25名，进入全国前10%。学院按时完成二级学科归属调查，改选了二级学科带头人和负责人。编辑出版了《当代马克思主义研究论丛（第二辑）》。

教育教学。举办了思政课质量提升研讨会，邀请国内思政课教学名师进行课堂展示活动，出台思政课各门课程质量提升方案。成立“思政微课”工作室，依托新媒体技术打造学生喜闻乐见的3期思政微课，网络点击、关注量突破10万。持续打造思政课教学内容资源库，建成思政课教学案例中心。持续开展“五备四讲三跨”集体备课，牵头承担了第二届“习近平新时代中国特色社会主义思想概论”多校联动集体备课会议，以及首届思想道德与法治/马克思主义基本原理课程多校联动集体备课会。

人才培养。2021年，共招收硕士研究生76人，博士研究生27人。完成2022年研究生推免招生工作，招收35名硕士推免生，10名硕博连读生。9名博士研究生毕业授位。修订了研究生培养方案，进一步规范了研究生的培养及管理工作。

科研情况。获批高校思想政治理论课教师研究专项重大课题攻关项目1项，国家社科基金重点项目1项、面上项目4项、后期资助项目2项，教育部社科项目5项，中央部委项目3项，省级重大项目1项、面上项目8项、软科项目3项。举办望江论坛2讲，开展庆祝建党100周年系列讲座等各类高水平学术讲座21次。

合作交流。充分依托部省“两中心一基地”，积极搭建培训平台，通过线上线下相结合的培训模式，高质量开展指定和自主培训工作。扎实推进党史学习教育主题培训。组织举办甘肃省高校马克思主义学院负责人研修班、西部战区基层指（教）导员第二期培训等培训，参训人数近700人。围绕抗震救灾精神、长征精神、红色文化、乡村振兴等主题举办2期思政教师实践研修培训，全国参训高校30余所，参训教师近600人。

党建工作。深入学习贯彻习近平新时代中国特色社会主义思想和党的十九届六中全会精神，深入落实习近平总书记“七一”重要讲话精神。制定学院《党史学习教育方案》，认真完成“学史明理、学史增信、学史崇德、学史力行”4个专题学习。加强“四史”教育，凝聚师资力量，倾力打造“四史”课程，面向全校学生开设了“四史”课程。创新开展“五讲”新模式——专家学者讲理论、革命前辈讲人生、党员干部讲践行、英雄模范讲精神、青年学生讲收获，邀请欧阳淞等国内著名学者40余人做学术报告。扎实开展党风廉政建设工作，定期推送各类廉政学习材料和警示材料50多次。

学生工作。紧密围绕庆祝中国共产党成立100周年等重大时间节点，组织开展了“云览百年奋斗史、共筑百年新征程”线上红色观影活动、“信仰川大青年说——研究生微党课大赛”、“竹�论坛”、“传讲党史故事，赓续红色血”党史故事征集等系列学术品牌活动50余场，其中“竹�论坛”品牌项目被四川省教工委

《党史学习教育简报》专题报道。学院团委在学校“五四”表彰中获校园文化建设单项奖和示范性共青团工作项目，2020级本科团支部获评学校示范性团支部。

【成立四川大学中共党史党建研究院】2021年6月，在“高校社科界庆祝中国共产党成立100周年系列座谈会（四川大学专场）”开幕式上，由四川大学校长李言荣和四川省社科联党组书记姜怡为四川大学中共党史党建研究院揭牌。研究院将充分利用全国优质资源，有效整合学院与学校相关力量，构建以中国共产党研究为特色的全国一流的党史党建教学研究中心、学术交流平台，努力推进党史党建学科建设与学术研究协同发展。

【建党精神研究中心获批四川省社会科学重点研究基地】2021年10月，建党精神研究中心获批四川省社会科学重点研究基地。中心将立足四川、辐射西南、面向全国，聚焦建党精神和中国共产党精神谱系，整合校内外、省内外研究力量和研究资源，推出具有中国特色、巴蜀风格的高水平研究成果，建设全国一流的建党精神研究机构和学术交流平台。

【举办庆祝建党100周年学术研讨会暨中国历史唯物主义学会成立40周年高层论坛】由中国历史唯物主义学会、中国社会科学院国家文化安全与意识形态建设研究中心、四川大学联合主办，四川大学学报（哲社版）、四川大学马克思主义学院承办的庆祝建党100周年学术研讨会暨中国历史唯物主义学会成立40周年高层论坛于2021年4月召开，来自全国高校、社会科学院、党校、学术期刊等历史唯物主义领域的200余位专家学者参加了现场会议。论坛采取线下与线上相结合的方式，扩大了会议的参与度、辐射面和影响力，线上参会人数达到11000多人。

【举办“深入学习贯彻党的十九届六中全会精神 推进全会精神全面融入思想政治理论课”研讨会】由四川省委教育工委、四川省教育厅、四川大学主办，四川大学马克思主义学院、四川大学习近平新时代中国特色社会主义思想研究中心、四川大学中共党史党建研究院承办的“深入学习贯彻党的十九届六中全会精神 推进全会精神全面融入思想政治理论课”研讨会于2021年12月召开，教育部社科司副司长宋凌云、四川省委教育工委副书记李国贵出席会议。与会专家围绕深入学习贯彻全会精神和推进全会精神全面融入思政课的重要理论问题和实践问题进行了深入研讨，充分展现了思政课教育教学工作者的政治担当、育人使命、思想智慧与教学水平。

【打造理论宣讲精品项目博士生宣讲团】宣讲团开展“到人民群众中去——百年党史·百场宣讲”活动、“以智战疫”云端宣讲活动等，面向国企、基层社区和农村等开展党史学习教育、十九届六中全会精神等系列宣讲，人民网、光明网、学习强国等全国权威媒体进行了报道。宣讲团获评学校2021年度“感动川大”新闻人物（集体）。

（以上资料由马克思主义学院屈荣提供）

体育学院

【概况】四川大学体育学院承担和负责的主要工作有大学公共体育教学与管理、学生课外体育活动组织、高水平运动队建设与管理、体育学科建设、体育专业研究生招生与培养、学校体育场馆管理等。下设4个教研室、3个办公室、3个科室和2个中心。此外，四川大学体育运动委员会办公室和四川大学体育科学研究所、公众健康与社会发展研究所、户外运动研究所也挂靠我院。

师资队伍。截至2021年12月31日，体育学院共有教职工92人，教师80人，其中教授10人，副教授34人，讲师35人，助教1人。行政人员共计12人（包括教辅人员2人）。拥有博士学位的教师19人，在读博士的教师4人；拥有硕士学位的教师39人。硕士生导师20人，具有海外经历教职工14人，国际级裁判5人，国家级裁判5人，国家级社会体育指导员1人，国家级健身指导员5人。2021年引进优秀人才李静、朱亮宇博士。正在引进高水平教练员、女排世界冠军张晓雅，男子篮球全国冠军孟达。

学科建设。体育学院是体育学一级学科硕士学位授权点（学术型），拥有体育教育训练学、体育人文社会学、人体运动科学和民族传统体育学4个二级学科专业，并且是体育教学专业的硕士学位授权点（体育硕士专业学位）。

人才培养。体育学院现有硕士生导师20人，自1997年正式招生至今，已培养25批共530名硕士研究生，其中288人进入大中专院校从事教育工作，45人考取选调生，30人攻读博士学位，40人从事体育教练员工作，74人进入企业或自主创业53人，进入党政机关科研设计单位及其他事业单位。体育科学研究所现有在读硕士研究生136人，其中2019级47人（其中非全日制5人），2020级45人，2021级44人。2021年度接收推免生17人，推免生完成率100%。

科研情况。2021年度获批国家社科基金项目2项，四川省社科重大项目1项，四川省社科一般项目1项，四川省教育厅项目1项，并荣获四川省第十九次社会科学优秀成果三等奖1项。2021年度师生公开发表A刊1篇、B刊3篇、C刊7篇，出版著作2部，到校经费115万元。

党建及学生工作。2021年度，体育学院党总支以“五个到位”为引领，全面从严治党、全面深化改革、全面制度建院，以“三牛”精神朝着学校“双一流”目标奋勇前进，认真贯彻落实党中央及学校党委各项决策部署，重点贯彻落实党史学习教育，学院党员180余人参与“我为群众办实事”活动，组织师生党员集中学习习近平总书记在庆祝建党100周年大会上的重要讲话，贯彻落实党的十九届六中全会精神等。在研究生思想政治工作方面，以主题党日、班团组织生活、专题学习等多种方式，结合学院实际，持续开展党史学习教育；组织学生团队赴遵义、赤水开展走近历史转折红色社会实践活动；组织师生前往陈毅故居开展爱国主义教育活动；体育学院2021届毕业生56人，进入国内外高校继续攻读博士学位6人，深造率10.7%，全院齐心稳就业，重点关注学生毕业走向，目前我院就业率为94.6%，在保就业、稳就业的基础上实现了高质量就业；鼓励学生积极申请青年课题，积极开展志愿服务及社会实践相关工作。2021年，获评优秀志愿者1人，优秀社会实践团队1支，优秀社会实践个人3人，优秀指导老师1人。

【通过公共体育课教改项目切实提高学生身体素质】体育学院在2021年深入推进“全过程、立体化”的课内课外一体化教学改革。开设公共体育课943门次，项目丰富，包含篮球、足球、排球、气排球、网球等25门公共体育教学项目，新增氧踏板、游泳项目供公共体育课学生选择学习。同时开设攀树、形体舞蹈、舞蹈啦啦操、运动心理学等广受欢迎的文化素质公选课87门次，为高水平运动队开设运动训练课程16门次，为少数民族预科班专门开设体育课程1门，为留学生专门开设全英语授课体育课程1门，秋季学期开设游泳技术与救护课程6门次。

【开展丰富多彩的学生群体竞赛活动】2021年各项群体性体育活动走出疫情带来的低谷，逐步在校园内蓬勃开展起来。年度共计开展校级体育比赛18项，上半年11项，下半年7项。结合“建党100周年”主题，为培养学生的爱国主义精神，强健其体魄，特增设了真人CS比赛，深受学生喜爱。在学院的监督和安排下，各学生体育类协会积极开展学生体育活动和竞赛，为校内体育文化氛围快速恢复注入了一剂强心针。体育学院作为承办单位之一，参与组织了四川大学建校125周年庆——第四届“乐跑回家”校园健身跑活动。

序号	比赛名称	时间	参与学院数	参与人数	观众人数
1	2021年四川大学学生网球联赛	2021.4	20	160	300
2	2021年四川大学学生羽毛球联赛	2021.4	33	396	500
3	2021年四川大学学生乒乓球联赛	2021.4	27	324	300
4	2021年四川大学学生排球联赛	2021.5	26	520	300
5	2021年四川大学学生趣味运动会	2021.5	28	1350	500
6	2021年四川大学学生足球联赛	2021.5	30	750	1000
7	2021年四川大学学生篮球比赛	2021.5	33	495	1000
8	2021年四川大学学生棋牌比赛	2021.6	21	200	200
9	2021年四川大学学生游泳比赛	2021.6	23	183	200
10	2021年四川大学学生定向系列赛	2021.6	28	300	500
11	2021年四川大学学生真人CS比赛	2021.6	31	465	500
12	2021年四川大学学生“乐跑回家”校园健身跑	2021.9	36	2000	1000

续表

序号	比赛名称	时间	参与学院数	参与人数	观众人数
13	2021 年四川大学学生瑜伽比赛	2021.10	18	288	200
14	2021 年四川大学学生健身操舞比赛	2021.10	22	440	200
15	2021 年四川大学学生体育舞蹈比赛	2021.10	20	400	200
16	2021 年四川大学学生太极拳比赛	2021.10	22	440	200
17	2021 年四川大学学生田径运动会	2021.10	37	3767	2000
18	指导各单项体育协会活动	下半年	所有学院	1000	800
合计				12478	9100

【开展丰富多彩的教职工辅导及群体竞赛活动】2021 年，体育学院通过联合校工会，派出骨干教练团队共计 45 人次，拿出稀缺和优质的场馆资源，分别在望江、华西、江安三个校区对全校教职工进行了网球、羽毛球、健美操、篮球、乒乓球、太极推手、游泳等课程项目的免费指导，全校受益超过 3000 人次，受到学校广大教职工的一致好评。

【运动队成绩优异且冠军效应凸显】2021 年，在疫情导致很多比赛无法参加的背景下，学校高水平运动队仍然获得了全国冠军 3 项，亚军 2 项，季军 6 项；学校普通运动队也获得了全国冠军 7 项，亚军 3 项，季军 5 项，第 4 至 8 名共计 24 项，获省市级大学生赛事冠军 4 项。

【配合政府全面做好成都大运会相关工作】体育学院抽调精干教师力量，配合政府和学校高质量做好第 31 届世界大学生运动会服务保障及赛事筹备、技术指导工作，展示川大体育人良好精神风貌。第一，配合成都市政府对大运会场馆改造而进行的“拆、迁、转”工作。第二，组织场馆管理方面的专门力量，配合场馆改造工作有序、保质、高效推进，按时完成了场馆改造工作。第三，学院抽调精干力量，积极配合政府及学校相关部门做好大运会筹备及技术指导工作。第四，学院抽调精干力量，与学校其他机关部处抽调人员一起，协助、配合成都市执委会、武侯区赛委会、川大望江跆拳道场馆中心、川大华西柔道场馆中心顺利完成大运会测试赛，测试赛质量在全市 30 多家场馆中做得最好，完成质量最高，获得全国参赛选手、同行、媒体、市执委会、区赛委会、场馆中心的一致好评，为成都大运会的场馆改造和测试赛的顺利运行作出了较大贡献。

（以上资料由体育学院韩海军、王晓均、陶海波、孙景权、缪美灵、潘峰提供）

灾后重建与管理学院

【概况】2008 年“5·12”汶川特大地震后，四川大学联合香港理工大学，充分发挥两校多学科和人才优势，在香港赛马会慷慨捐资 2 亿元人民币的支持下，共同创建了灾后重建与管理学院。这是一所围绕防灾减灾与灾后重建领域从事科学研究、人才培养和社会服务的多学科、国际化、高水平新型学院。学院建立了教育部全国青少年防灾减灾教育培训基地、四川省应急管理厅—四川大学综合减灾研究中心、四川省自然灾害应急管理与灾后重建研究智库、四川大学—香港理工大学服务学习教育基地、成都市防灾减灾教育科普基地、四川大学安全应急技能训练中心等各级平台。

师资队伍。现有教职工 42 人，专任教师 10 人，专职研究人员 20 人，行政管理人员 6 人，教辅人员 5 人，思政教师 1 人。专任教师及研究人员中，正高级职称 4 人，副高级职称 13 人，中级职称 13 人；教辅人员中，中级职称 4 人。非全职高端外籍教授 3 人，全职外籍教师 5 人。客座、讲座、特聘教授 10 人。四川省学术和技术带头人后备人选 3 位，四川省其他高层次人才 3 人。

学科建设。继续推进超前部署学科“综合灾害科学与管理”内涵式发展，编制学科建设周期总结报告，对建设周期工作进行系统梳理和全面总结。在第五轮学科评估中，为护理、环境与科学等学科提供支撑。学院与香港理工大学的联合培养灾害护理理学硕士项目续签了两校合作协议，并完成了五年一次的合作办学评估工作。

人才培养。继续加强学院人才培养制度化、规范化管理，研究生学术水平及学位论文规范化程度不断提升，完成了目标任务。在超前部署学科“综合灾害科学与管理”框架下，硕士和博士课程开发取得明显进步。通过开展多种形式招生宣传，学院优秀生源率 75.9%。2021 年录取硕士生 13 人，在读硕士生共 34 人；录取博士生 16 人，在读博士生共 61 人。9 名硕士生与 11 名博士生顺利授位与毕业。

科研情况。成功获批国家自然科学基金项目 1 项，四川省科技厅和四川省社科联项目 2 项，参与国家重点研发计划等重大项目 5 项。获得四川省第十九次哲学社会科学优秀成果奖 1 项，累计科研到校经费达 465 万元。发表系列高水平学术论文，其中 C 类及以上期刊论文 22 篇，A 类期刊论文 4 篇。依托四川省“自然灾害应急管理与灾后重建研究智库”和“四川省应急管理厅—四川大学综合减灾研究中心”两个科研平台，承担“四川省风险普查”“驰援河南重建行动救灾及灾后重建项目评估”等政府委托项目多项，获得中央部委肯定性批示 2 篇。

党建及学生工作。学院以习近平新时代中国特色社会主义思想为指导，贯彻落实习近平总书记关于教育的重要论述。以弘扬爱国主义精神为指导，庆祝中国共产党成立100周年，扎实推进党史学习教育活动开展，开展专题主题党日活动9次，聚焦为民办实事，完成7项办实事重点项目改善师生治学环境，提升群众防灾减灾意识与能力。完成学校党委第八轮巡察提出的问题整改，制定整改措施42项。持续组织好学院理论中心组学习、政治学习、支部“三会一课”、团支部学习等活动，引导师生员工增强“四个意识”、坚定“四个自信”、做到“两个维护”。全年开展理论中心组集中学习14期，政治学习17期，“三会一课”52次，团支部学习活动10余次。坚定不移推进全面从严治党向纵深发展。全年召开从严治党专题工作会议6次，结合学院师德师风建设工作，组织开展党风廉政、师德警示教育活动，全年开展警示教育5次，积极构建风清气正的治学环境。

合作交流。柯瑞卿院长出席第五届联合国水与灾害特别主题会议，并主持科学技术专题会议，许唯临常务副校长代表学校作主旨发言。柯瑞卿院长出席第三届世界科技与发展论坛及国际科学联盟主办的女性与科学研讨会。学院与联合国环境署合作，举办了“基于生态系统的防灾减灾和气候变化适应方法工作坊”。“5·12”期间举办了四川大学—新加坡南洋理工大学抗震减灾学术大讲堂。学院作为水与灾害科研与教育组织联盟的秘书处，成功举办第二次指导委员会会议。同时，继续推进与国际灾害风险综合研究计划国际卓越中心、联合国国际工程科技知识中心和全球灾难研究机构联盟的合作伙伴关系。

【柯瑞卿院长获得2021年中国政府友谊奖】2021年9月30日，柯瑞卿教授荣获中国政府友谊奖，颁奖仪式在人民大会堂举行。中国政府友谊奖是中国政府为表彰在中国现代化建设和改革开放事业中作出突出贡献的外国专家而设立的最高奖项。此次奖项由国务院副总理刘鹤亲自颁发，获奖专家受邀出席在人民大会堂河北厅举行的李克强总理会见活动，李克强总理发表讲话并与获奖专家合影。随后柯瑞卿及其他获奖专家参加国庆72周年招待会，习近平主席出席招待会。柯瑞卿是我校首位获得这项荣誉的外籍专家。

【香港赛马会支持学院可持续发展项目】2021年4月15日，学校校务会和党委常委会会议研究同意建设灾后重建与管理学院二期香港马会大楼B栋项目，项目建设规模7900平方米，大楼总投资4800万元，科研设备平台投资2390万元。6月29日，香港赛马会董事会通过项目方案，准备签署合作安排协议，并计划于2022年启动大楼施工建设。

（以上资料由灾后重建与管理学院侯永振提供）

空天科学与工程学院

【概况】空天科学与工程学院下设航空航天工程系、飞行器控制与信息工程系。牵头建设空天信息与智能装备四川省国际科技合作基地、机器人卫星研究所等研究机构。拥有空气动力学基础实验室、飞行器设计与仿真实验室、飞行器结构振动实验室、飞行器加工制作实验室、飞行器控制实验室、飞行器模拟实验室6个教学实验室。在江安校区建有川大智胜—川大空天飞行模拟机基地和飞行器创意设计与体验中心各1个。

师资队伍。学院共有全职教职工47人，包括教学科研人员38人、行政人员5人、辅导员3人、实验教辅人员1人，正高级职称8人、副高级职称25人、中级职称8人，博士生导师7人、硕士生导师17人。另有实际从事本学科教学、科研工作的兼职教授27人。专兼职队伍中有院士3人、国务院学科评议组成员6人，国家杰出青年基金获得者2人，国家“万人计划”青年拔尖人才1人，教育部跨世纪人才和新世纪人才9人，享受国务院政府特殊津贴专家11人，何梁何利基金科学与技术奖获得者4人，国家国防科技创新团队、教育部创新团队带头人4人。

学科建设。获准增设“航空宇航科学与技术”博士学位授权一级学科点，预计2022年招生。拥有“航空宇航科学与技术”一级学科硕士学位授权点1个。本科按大类招生，分设航空航天工程和飞行器控制与信息工程专业；飞行器控制与信息工程专业为国家级一流本科专业建设点。重点打造学科创新平台，与航天五院共建机器人卫星研究所，获批学校工科共性学科特色方向1个、特色团队1个，筹划创建国防科技工业机器人卫星创新中心、机器人卫星领域国防科技重点实验室。超额完成智能空天信息与先进装备超前部署学科建设工作。航空宇航科学与技术学科在中国软科2021年中国最好学科排名中上升至第13位。

人才培养。2021年，招收30名硕士研究生、15名博士研究生和119名本科生，共有在校学生468人，其中研究生124人、本科生344人。第二届本科毕业生59名，深造率达80%；研究生毕业生29名，其中硕士毕业生23人，深造率达47.83%，连续第6年硕、博士就业率达100%。开设本科生课程62门、研究生课程20门。4门课程获评四川大学首批“课程思政”榜样课程，实现课程思政100%全覆盖。举办“挑战杯”四川大学未来飞行器设计大赛和第七届四川大学研究生未来飞行器大赛，在第七届中国研究生未来飞行器创新大赛中获全国二等奖和优秀组织奖，学生在学科竞赛中获得国家级二等奖2项、三等奖3项，省部级奖励6项。2017级苏翎菲荣获第二届全国高等学校航空航天类专业本科毕业成果特等奖。

科研情况。2021年到校科研经费4307万元，同比增长55.8%，立项科研项目52项，立项经费总额3400万元。正高级职称人均到校经费359万元，副高级职称人均到校经费143万元，均排名全校第1。发表高水平SCI论文（川大C级以上）36篇，其中川大B级19篇。获批国家自然科学基金项目3项；牵头获批国家国防科技工业局基础科研、装发基础研究重点等项目，立项经费超百万项目6项。

合作交流。依托“空天论坛”打造了“战略前沿讲坛”高水平学术交流平台，邀请校内外杰青、优青等国家级人才到学院开展学术交流活动，2021年度共举办5期，青年教师参与度达100%。承办有14位院士、40多所高校/研究院所参加的“面向2040信息与电子领域技术预见研讨会”。

党建及学生工作。召开党史学习教育

动员大会1次、理论中心组学习会12次，利用班子会、党总支会、党政联席会开展集中学习研讨近20次，组织政治学习17期，邀请专家主题宣讲2次，开展现场学习100余人次，展播红色电影6期、党史宣传片/纪录片20余部，学院官方公众号推送《习近平总书记谈航空航天》3期、《图说党史》10期，编发党史学习材料11期，下发理论学习书籍10余种，制作专题展板2期。深入开展“我为群众办实事”实践活动，通过“空天种子计划”“条件改善计划”等计划完成近20个重点项目。完成学校第八轮巡察整改工作。学院党总支下设3个教工党支部、4个学生党支部，党员214人，其中正式党员119人、预备党员95人，教职工党员35人、本科生党员89人、研究生党员90人，发展对象35人，入党积极分子82人。1人获评四川大学“优秀共产党员”称号。打造具有川大空天特色的“三全育人”体系，建立班主任—辅导员常态化沟通机制，选配4名优秀青年教师担任2021级新生班主任。围绕“空天报国”精神，组织开展“空天大讲堂”专题报告2场，开展团校、五四座谈会、团支部书记培训、“青马工程”骨干培训等10余次，举办“庆祝空天科学与工程学院成立10周年暨2021年迎新晚会”“团支部风采大赛”等文体活动20余次。

【谭述森院士走进“空天大讲堂”开展专题报告会】2021年4月21日，四川省“中国航天日”系列活动启动仪式在四川大学成功举行，首场报告会邀请我国北斗卫星导航系统主要开拓者和建设者、中国工程院院士、四川大学双聘院士谭述森走进“空天大讲堂”，进行了一场主题为“GNSS从哪里来，到哪里去?”的专场报告会。

【学院顺利召开庆祝中国共产党成立100周年暨七一表彰大会】2021年6月30日，学院举办庆祝中国共产党成立100周年暨七一表彰大会，学院全体教职工和学生党员参加。会上，表彰了过去一年在工作岗位上表现突出的5名教职工党员和在学习科研中表现优异的7名学生党员，为15年以上党龄的党员颁发纪念奖牌。

【包为民院士走进“空天大讲堂”开展专题报告会】2021年7月10日，学院邀请中国科学院院士、国际宇航科学院院士、第十届中国科协副主席、中国航天科技集团科技委主任包为民院士走进“空天大讲堂”，为师生作“弘扬航天精神 建设航天强国”专题报告。

【樊会涛院士、向锦武院士、梁晓捷副局长莅临学院指导】2021年9月13日，中国航空工业集团有限公司科技委副主任樊会涛院士，北京航空航天大学航空科学与工程学院院长向锦武院士，中国工程院一局副局长兼战略咨询中心副主任、咨询办公室副主任梁晓捷一行莅临学院，了解学院机器人卫星研究所在总体设计与多臂协同仿人操控、智能传动驱动与摩擦学等方向取得的研究进展，同时对学院研究方向凝练、学科交叉和产学研协同等提出指导意见。

【学院成为全校唯一拥有两个四川大学“江姐班”的学院】2021年12月17日，在学校江姐纪念馆举行的新入选“江姐班”授旗仪式暨交流座谈会上，学院2020级飞行器控制与信息工程班被授予四川大学“江姐班”荣誉称号。

（以上资料由空天科学与工程学院胡林岚提供）

匹兹堡学院

【概况】四川大学匹兹堡学院是四川大学与美国匹兹堡大学合作于2014年7月2日由教育部正式批准成立的中外联合学院。

师资队伍。学院按照国际一流高校师资标准，2021年招聘专任教师9人，包括高端外籍教师3人。学院有教职员工共55人，其中专任教师32人（含教授5人，副教授14人，助理教授11人，讲师2人），30人具有博士学位，占比93.8%。中国籍教师18人（含中国台湾2人），外籍教师14人。有从事教务、科研、实验室以及学生事务相关工作的行政管理人员23人。

学科建设。学院设工业工程、机械设计制造及其自动化、材料科学与工程3个本科专业。

人才培养。学院有“4+0”“2+2”“3+1”“3+1+1”等多种培养模式。截至2021年12月31日，在校生总人数为891人，其中新增通过“2+2”或“3+1”方式赴海外联合培养学生54人。学院在全国14个省市，包括四川、重庆、湖南、辽宁、北京、山东、浙江、安徽、上海、广东、河南、江苏、湖北、福建共招录235名学生。其中，工业工程112名，机械设计制造及其自动化75名，材料科学与工程48名。学院2021届毕业生深造率近90%，多位学生获得包括斯坦福大学、加州大学伯克利分校、哥伦比亚大学、康奈尔大学、卡耐基梅隆大学等世界名校的录取通知书。学院2019级学生中，46名学生通过“2+2”联合培养模式进入国外一流大学深造，除匹兹堡大学外，有进入包括康奈尔大学、密歇根大学、南加州大学、伊利诺伊大学厄巴纳—香槟分校、俄亥俄州立大学等世界名校。2018级学生中，通过“3+1”模式进入全球一流大学深造人数为8人，获得包括匹兹堡大学、哥伦比亚大学、早稻田大学等世界名校录取。

科研情况。学院已有国家自然科学基金面上项目按进度顺利进行，新获批1项青年基金项目，1项四川省科技计划项目，1项四川大学“医学+信息”中心项目，横向项目经费取得新突破。学院老师发表的科研论文获得 *IISE Transactions* 期刊国际学术奖。

合作交流。学院陆续推进与国际顶尖高校在学生联合培养方面的交流与合作，此类合作将基于现有与匹兹堡大学的“2+2”和“3+1”联合培养模式，着重为学生提供更加丰富多样的学习体验与创新平台。

设施配套。学院作为我国西部地区首个中美合作办学机构，对标国际一流标准，结合学科发展需要，在过渡办学区建成4间教学实验室、1间创客空间、2间科研实验室，面积300余平方米，设备台套数200余套。此外，位于江安校区南校区的新大楼二次装修及配套系统建设准备工作也全面展开。

党建工作。学院全面贯彻习近平新时代中国特色社会主义思想，结合学院中外联合办学实际，围绕为党育人、为国育才使命，紧抓国际化工程人才培养核心任务，以政治建设为统领，推动基层党组织和党员队伍建设，不断加强师生思想政治教育和意识形态工作，抓好党建工作流程化管理，做好支部标准化规范化建设，为学院各项工作的顺利开展提供了组织保证。

学生工作。制度建设方面，学院制定《四川大学匹兹堡学院学生表彰奖励办法（试行）》，修订《四川大学匹兹堡学院奖学金评定实施细则》《四川大学匹兹堡学院学生操行评定实施办法》，优化评定程序和评分细则。学业指导方面，学院持续强化已有的特色指导项目，为学生提供前瞻性指导；各年级相继开展发展意向调查和学业跟踪调查，动态把握学生发展进度。学生活动方面，学院首次举办国际文化周，帮助同学尽快了解、适应海外学习和生活。安全稳定方面，学院注重将日常安全教育管理与特色活动相结合，提高学生的自我保护和安全意识。心理健康教育方面，各年级开展辅导员一对一谈话共计270次；与学校心理健康教育中心联动做好危机干预与帮扶；定期与家长就同学情况保持联系沟通。学生学术成果方面，逾225名在校学生获得国家级、校级或院级奖学金；共发表论文17篇，授权专利1项；获学科竞赛奖24人次，其中国家级奖项16人次，省级奖项8人次；共有10项大学生创新创业计划获得立项，其中国家级2项，省级2项，校级4项；结题项目中1项获得国家级优秀，1项获得国家级良好，1项获得省部级良好。

【对标国际、扎根国内、贡献川大，“十四五”规划开启新篇章】学院基于“对标国际、扎根国内、贡献川大”的定位，2021年上半年编写了“十四五”发展规划，提出在“十四五”期间将聚焦做好“3+2+1”工程。“3”指的是形成3个交叉集成、协同创新的学科体系，“2”指的是实现ABET认证和提升办学规模及质量，“1”指的是发力健康系统工程医工融合平台。“3+2+1”工程为学院的学科建设、人才培养、科技创新、办学规模、国际合作等工作指明了方向。

【机电一体化实验室正式投入教学使用】面对信息化与智能化的科技潮流，匹兹堡学院立足学科布局，抢抓发展机遇，在短时间内完成了机电一体化实验室实验场地建设、硬件设备调试和教学项目准备，共孵化出10个“虚实结合、畅想智能”的实验教学项目，并从2021年春季学期开始全面服务于实验教学工作和学生创新创业活动。

（以上资料由匹兹堡学院周青提供）

国际关系学院

【概况】国际关系学院由国际政治系、中国南亚研究中心［中宣部国家高端智库（培育）］、南亚研究所（教育部人文社会科学重点研究基地、教育部国别与区域研究培育基地）、欧洲问题研究中心（教育部国别与区域研究培育基地、“让-莫内最佳欧洲研究中心”）、美国研究中心（教育部国别与区域研究培育基地）、当代俄罗斯研究中心（教育部中俄人文合作工作机制框架内下设中心）、波兰与中东欧问题研究中心（教育部国别与区域研究中心）、欧亚研究中心（民委“一带一路”国别和区域研究中心）、巴基斯坦研究中心、中国西部边疆安全与发展协同创新中心等优势学科和研究平台组成，公开出版期刊《南亚研究季刊》和学术专辑《西部发展研究》。

师资队伍。学院有教职工 85 人，其中在编教职工 77 人，高端人才 3 人，外聘人员 5 人。在编教职工中，思政管理教辅岗人员 13 人，教学科研岗人员 64 人（高级职称 39 人，占比 61.9%）。2021 年引进文科高端讲席教授 1 人，特聘副研究员 1 人，专职博士后 4 人（外籍学者 2 人）。

学科建设。学院设有政治学一级学科，本科招生专业为国际政治，硕士招生方向为政治学理论、国际政治、国际关系和外交学，另外还设有边疆学交叉学科授权点，同时招收硕士与博士研究生。2021 年学院正式获批政治学一级学科博士点，完善了本硕博贯通式人才培养模式，学科建设迈上新台阶；积极配合学校安排，组织教学力量申报“国家安全学”二级交叉学科；“西方国际关系理论”“宗教与国际关系”成功申报省级一流本科课程。

人才培养。学院的办学规模不断扩大，2021 年新增本科生 34 人，硕士生 58 人，博士生 17 人，在读学生总人数 337 人。2021 年度开设本科生课程 74 门，其中通识核心课程 2 门、全英文课程 7 门、团队教学课程 16 门；2021 年度开设研究生课程 41 门，其中全英文课程 1 门；2021 年共授予 27 人学士学位（其中 1 名同学考入外交部工作），授予 50 人政治学、边疆学硕士学位，授予 5 人边疆学博士学位；与四川省遂宁市委统战部签订共建教学实践基地协议，并陆续派出 6 名本科生和 10 名研究生前往四川省经济合作局参加实习活动。

科研情况。新立项各类纵向项目 57 项，横向项目 2 项。其中，省部级以上纵向项目 15 项，包括 7 项国家社科基金项目（1 项重大项目，1 项重大专项，1 项重点项目，2 项一般项目，1 项青年项目，1 项西部项目），另有国家民委、教育部、司法部及其他省部地市级项目 20 项，2021 年到校经费 310 万元（不含校内科研项目费）。出版编译学术著作 2 部，发表 C 级以上学术论文 31 篇，其中 A 级学术论文 3 篇。新增省部级以上决策咨询报告 36 篇，其中有 7 篇 A 级成果获中央政治局常委批示。

合作交流。学院及下属中心机构积极主办各类国际国内高水平学术会议，包括四川大学中国南亚研究中心理事会暨学术委员会会议、首届南亚民族研究会议、“对外教育合作的机遇与挑战”学术研讨会、第六届四川大学—华沙大学国际关系圆桌会、国际安全高端论坛暨“国际安全秩序与治理”学术研讨会、第四届“长江—伏尔加河”高校联盟智库论坛、第四届中印高级别二轨对话、“中波青年学子论坛”线上研讨会；接收境外学历留学生 5 名，邀请到来自华沙大学的 15 位留学生参与线上国际交流营活动，邀请国内外学者举行线上线下讲座近 40 场；与北京天达共和律师事务所（成都）签署合作备忘录，该所在国际关系学院设立“天达共和奖学奖教金”，用于表彰事业发展和学业成绩优秀的学院师生；启动与四川省外事办公室、上海国际问题研究院三方合作协议签署流程。

党建及学生工作。学院深入学习贯彻习近平新时代中国特色社会主义思想，精心组织开展党史学习教育，隆重庆祝中国共产党成立100周年；进一步完善基层党组织设置，选举产生第一届国际关系学院党总支委员会，增设2个本科生党支部；全面从严治党，加强党风廉政建设，认真做好四川大学党委巡察整改工作，配合四川大学党委完成中央巡视整改事项；获评“四川大学2019—2020年度国家安全保密工作先进集体”；党建融合事业发展，打造“家·国·天下”特色品牌；2021年共发展60名预备党员，学生党员比例近40%。学生管理工作成效明显，截至2021年底，2021届毕业生就业率为96%；国家级学科竞赛获奖7人；青年大学习参学率长期位居全校第二，获评校级社会实践先进单位，研究生会获得“四川大学优秀研究生会”荣誉称号。

【社会服务】由国际关系学院主办，原国务委员戴秉国领衔的二轨对话已形成机制，为国家外交战略提供重要支撑，中国外交部专门发函表示感谢；院内教师在国内国际主流媒体上发表文章，并接受中国国际电视台（CGTN）采访；南亚研究中心向国家高端智库办公室、中共中央办公厅、外交部、水利部、四川省委办公厅等部门报送多份研究报告；在“全球对话论坛”上为印度高级研习班进行专题授课，得到主办方的积极评价；学院教师积极参加中国高等教育学会“一带一路”研究分会、第24届欧亚经济峰会等国际国内重要会议，并在会上发言，传播川大声音；学院与成都商报—红星新闻签署战略合作协议，双方将充分利用各自的内容生产、平台传播优势及专家资源、高端智库、政策咨询优势，携手提升国际传播力。

【中印高端二轨对话机制】2021年9月23日至24日，由四川大学国际关系学院、中国南亚研究中心和印度国防研究分析所共同主办的第四届中印高级别二轨对话在四川彭州举行。原国务委员戴秉国出席会议并发表主旨演讲，20余位中印前政要和学界专家参会。四川大学副校长姚乐野教授、印度国防研究分析所主任齐湛分别代表主办方致欢迎词。中国驻印度大使孙卫东、印度驻中国大使唐勇胜分别做线上发言，对此次会议的成功举办表示祝贺。

【建立长效国际交流机制】经过五年的探索与尝试，学院牵头建立起多个稳定的机制性国际交流平台，分别为由四川大学牵头的中俄“两河流域”高校校长论坛、四川大学—俄罗斯远东所高端学术交流机制、四川大学—华沙大学国际关系研究圆桌会交流机制以及中国南亚研究中心—印度三军协会合作机制。

（以上资料由国际关系学院周怡杉提供）

网络空间安全学院

【概况】2015 年在整合计算机学院（软件学院）、电子信息学院、信息管理中心和数学学院等相关优势资源的基础上，成立网络空间安全研究院，承担网络空间安全一级学科的建设任务。2016 年 3 月成立四川大学网络空间安全学院，是国务院学位委员会批准的首批 29 个网络空间安全一级学科博士点培养单位之一。学院设置了网络安全系、信息安全系和网络空间安全实验中心；拥有国家网络空间安全人才培养基地；有计算机网络与安全研究所、网络与可信计算研究所和信息安全研究所等特色研究机构。2017 年 9 月被中央网络安全和信息化领导小组办公室、教育部确定为首批一流网络安全学院建设示范项目高校。

师资队伍。学院在职教职工 45 人，其中专任教师 38 人（含思政教师 5 人），教辅人员 3 人，管理人员 4 人。专任教师中正高级专业技术职务 9 人，副高级专业技术职务 16 人，中级专业技术职务 13 人。全职博士生导师 6 人，硕士生导师 26 人。专任教师中国家重点研发计划项目首席科学家 1 人，四川省学术和技术带头人 2 人，教育部新（跨）世纪人才 1 人，四川省有突出贡献的优秀专家 2 人。

学科建设。学院拥有“网络空间安全”一级学科博士授权点、“网络空间安全”本科专业（国家一流本科专业）和网络空间安全博士后流动站、2 个国防特色学科。

人才培养。截至 2021 年 12 月 31 日共有学生 998 人，其中本科生 680 人，硕士研究生 268 人，博士研究生 50 人。2021 年招收本科生 152 人（含网络安全少年生 5 人），接收本科生转专业学生 15 人；2021 年招收硕士研究生 93 人，博士研究生 17 人。

本科教学工作方面，2021 年开设本科课程 86 门次；100％的教授为本科生上课；网络空间安全专业获批国家一流本科专业建设点；“计算机通信与网络”（杨频）和“操作系统及安全”（梁刚）获批四川省一流本科课程；陈兴蜀教授主持的教改项目获得四川大学教学成果一等奖；梁刚副教授获得四川大学“姜维平优秀教学奖”；网络空间安全与法学双学士学位复合型人才培养项目获批招生；首次面向中学生举办“优秀中学生网络安全体验营”，近 30 名学生参加体验营，评出优秀营员 6 名；创新实践能力培养成绩显著，第十四届全国大学生信息安全竞赛中获得全国一等奖 2 项，二等奖 2 项，三等奖 3 项；李贝贝老师指导的 2018 级本科生王沛然等的论文获得 IEEE ISCC 2021 最佳论文奖；2021 届网络空间安全专业 130 名本科生毕业，深造率 52.33％。

研究生工作方面，2021 年学院 78 位硕士研究生取得硕士学位，其中科学学位 39 人、专业学位 39 人，5 位博士研究生取得博士学位；2021 年度学院开设专业课程27门，课程总学时1314学时；组织优秀大学生暑期云端夏令营；完成2021年硕士研究生招生93人（含3个专项计划），其中科学学位38人、专业学位55人，硕士研究生招生优质生源率为80.6%；完成17名博士研究生申请考核与录取；完成2021年推免生录取35人，其中科学学位16人、专业学位18人，直博生1人；申请2020年度研究生教改项目3项，获准1项。

科研情况。网络空间安全学院（含研究院）新增科研项目35项，到校经费3195.2319万元，高级职称主持非学校资助科研项目人数比例84%；组织申报并获准国家重点研发计划子课题1项；组织国家自然科学基金项目申报的动员和指导交流，完成国家自然科学基金项目申报10项，获准2项；学院支持基础研究基金培育项目10项；组织完成省部级科技成果奖励申报2项，获得四川省科学技术进步奖一等奖1项；学校获批国家智能社会治理实验基地（教育）；取得C级及以上基础研究成果39项（2021版分级方案），获得国家发明专利授权27项，网络空间安全学院获评四川大学科研管理先进单位。

合作交流。2021年学院教师与美国1位专家进行了线上学术讲座（会议），并为学生介绍了领域前沿信息；学院积极联系国外合作高校并派学生出国留学深造，2021年有3名本科生赴日本早稻田大学深造；聘请2名外籍教师在“国际课程周”期间为学院本科生开设2门实践类课程。

党建工作。截至2021年12月31日，有党员220人，其中教职工党员37人，学生党员183人。2021年发展学生党员97人，转正预备党员12人，培训党员发展对象83人。党总支通过“三会一课”、主题党日、专题学习等形式狠抓党史学习教育，推动学习教育走深走实，疫情期间深入学习贯彻落实习近平新时代中国特色社会主义思想，认真贯彻落实中央重大决策部署、上级党组织重要工作部署，加强党风廉政建设和意识形态工作。王海舟获评四川大学2021年优秀共产党员。

学生工作。2021年在继续完善学生工作精细化体系的同时，精准思政辅导员工作室获得校级立项，正在申报省级名师工作室，成立了院级学业发展辅导员中心。

【复合型人才培养】网络空间安全与法学双学士学位复合型人才培养获批招生，首届招收学生20名。

【实验室建设】2021年9月，四川大学牵头入选首批国家智能社会治理实验基地（教育）。2021年12月，四川省发展与改革委员会同意四川大学牵头建设四川省网络靶场工程研究中心。2021年，四川大学与公安厅合作共建网络犯罪生态研究中心。

（以上资料由网络空间安全学院刘艳梅提供）

海外教育学院

【概况】海外教育学院是专门从事来华留学生汉语教育和海外孔子学院管理的学院，其前身为1988年创建的四川大学对外汉语教学中心，于2001年更名为海外教育学院。学院是国内较早开始专门从事来华留学生汉语教育的单位，教学质量和规模层次在国内高校中名列前茅。近年来，伴随着孔子学院的建设与发展、汉语言本科专业留学生的增多以及多国别、多目标、多项目生源的不断扩展，海外教育学院在四川大学国际化进程中发挥出日益重要的作用。

师资队伍。学院在职教职工43人，其中专任教师34人（含孔子学院专职教师7人），行政人员9人（不含双肩挑干部2人）。34名专任教师中，正高级职称4人，副高级职称14人，中级职称14人，未定职2人；博士生导师1人，硕士生导师8人；19人具有博士学位；所有教师均拥有海外交流或执教经历。

学科建设。学院设“汉语言”本科专业，与文学与新闻学院共同建设“汉语国际教育”硕士点。

人才培养。学院授课对象涵盖汉语言本科生、各级各类长短期语言进修生、全校公共汉语生、合作交流项目生和各类政府奖学金生。其中，汉语言本科生共计95人。2021年，为来自40多个国家的1075人（次）来华留学生，按时区划分开设线上线下教学班56个、课程门次195个。线上线下混合式课程“汉语成语与俗语”和留学生通识必修课程“中华文化”获批四川省一流本科课程，实现我院一流本科课程零的突破；线上课程“学成语，知中国”和“学汉字，知中国”均已通过学校审核并推荐到四川省进行评选；“学成语，知中国”被学习强国平台收录，并在慕课栏目首页推荐。

科研情况。2021年新增国家级项目1项（教育学专项），省部级项目4项，地市厅级项目1项，校级项目29项；2项国家级项目、3项省部级项目顺利结项。新发表核心期刊6篇（A类成果1篇，SSCI 1篇，C类成果4篇），普刊13篇；出版学术专著2部，撰写研究报告1篇。科研成果研究方向涵盖汉语作为第二语言教学、汉语国际推广、现代汉语词汇、语法，古代汉语词汇、中国文化及跨文化传播交际等多学科全方位的研究内容。2021年，学术辑刊《国际汉语文化研究》第6期出版。

合作交流。2021年12月25日，海外教育学院联合国际合作与交流处、四川省语言学会、重庆师范大学国际汉语文化学院，成功举办首届“川渝地区国际中文教育教学技能大赛”，80余名来自川渝两地20余所高校的教师参加决赛。大赛成功搭建川渝两地国际中文教育的交流平台，强化区域师资交流，提升区域整体教学水平，推进区域国际中文教育协同发展。为落实落细教育部八部委提出加快和扩大新时代教育对外开放，做强“留学中国”品牌的要求，积极筹备“中国高等教育学会外国留学生教育管理分会第六届理事会第四次全体会议”和“2021 年来华留学教育学术研讨会”。

党建工作。学院直属党支部全面落实从严治党政治责任，推进党的建设与学院事业融合发展，坚持双周支部生活会和政治学习制度，加强学生纪律教育和联系机制，牢牢把握意识形态工作的主动性和话语权，持续统筹推进常态化疫情防控。按照学校统一部署，顺利完成支部换届选举工作，扎实开展党史学习教育和“我为群众办实事”活动，认真落实校内第八轮巡察反馈意见整改工作。召开中心组学习会 11 次、专题党课 3 次，邀请专家宣讲 2 次。2021 年，确定入党积极分子 1 名，新接收入党申请书 1 份，1 人获得“优秀共产党员”称号。

学生工作。完善学生工作体制机制，正式设立学生辅导员岗位并以此为契机进一步提升管理效率和服务水平。完善意识形态工作，建立学生宗教背景台账，建设学院二级心理辅导站。推动学生活动提质增效，探索国际传播新思路，成功打造“‘留传经典’（China in Our Eyes）来华留学生文化育人品牌”，获评中共四川省委教育工作委员会第二批四川省高校思想政治工作文化育人类精品项目，是四川大学获此殊荣的三个项目之一。

孔子学院工作。2021 年四川大学国际中文教育工作以孔子学院为载体，通过师资建设、交流与合作、运营保障等方面的协同发展，取得了新的进步。四川大学韩国又松大学孔子学院外方院长甘瑞媛博士荣获“优秀中外方院长纪念奖章”。2021 年 7 月，四川大学被授予成渝地区双城经济圈孔子学院（国际中文教育）联盟理事长单位及四川省孔子学院（国际中文教育）联盟的理事单位。申报的教育部中外语言交流合作中心 2021 年国际中文创新项目“国际中文教育多元化师资培养资源的开发与建设”获批立项，批准立项经费 35 万元。

【海外教育学院建院 20 周年系列活动】庆祝海外教育学院成立 20 周年系列活动精彩纷呈。成功举办首届“川渝地区国际中文教育教学技能大赛”。编写出版《风起五洲——庆祝四川大学海外教育学院成立 20 周年》《初心载梦 砥砺前行——四川大学海外教育学院教研成果集萃》两本书。积极筹备“中国高等教育学会外国留学生教育管理分会第六届理事会第四次全体会议”和“2021 年来华留学教育学术研讨会”。

【各类获奖情况】海外教育学院教职工在 2021 年全校各类评奖评优中成绩优秀，获评四川大学“姜维平优秀教学”二等奖 1 人，获评四川大学“先进个人”1 人，获评四川大学“离退休先进个人”1 人；在四川大学本科教学工作先进奖励的评选中，共获评课堂教学质量优秀奖 6 人；2 人获校级成果二等奖。

（以上资料由海外教育学院黄娟提供）

哲学系

【概况】哲学系设立马克思主义哲学、中国哲学、外国哲学、伦理学与宗教学、科学哲学与逻辑学、美学共6个教研室；设立四川大学西方古典哲学研究所、四川大学哲学研究所、四川大学伦理学研究中心、四川大学生命哲学（学派）研究中心共4个研究所（中心）；设立党政办、本科教务、研究生教务、学生团委、学生综合共5个办公室。

师资队伍。现有教职工44人，其中教学科研岗专任教师37人，党政管理人员7人。教授（研究员）12人，副教授（副研究员）15人。硕士生导师24人，博士生导师6人。其中，教育部高等学校教学指导委员会委员2人，享受国务院政府特殊津贴专家2人，四川省“天府万人计划”天府社科菁英2人，四川省学术和技术带头人2人，四川省学术和技术带头人后备人选3人，四川大学文科讲席教授1人。

学科建设。哲学系为一级学科博士点授权单位。目前在马克思主义哲学、中国哲学、外国哲学、伦理学、科学技术哲学、逻辑学和美学7个二级学科招收硕士研究生；在马克思主义哲学、中国哲学、外国哲学、逻辑学和美学5个二级学科招收博士研究生；在普通招考、拔尖计划、强基计划3个方向招收本科生；哲学学科为四川省一级学科重点学科，哲学本科专业为国家一流本科专业建设点。

人才培养。录取本科生54人（包括平行班24人、拔尖班10人、强基班20人），硕士生25人，博士生6人；在读学生共289人，其中博士生26人（含延毕）、硕士生78人、本科生185人。教师获四川大学本科第九期教育教学改革立项2项，四川大学本科教学成果奖3项，研究生教改立项3项；学生在第十七届“挑战杯”全国大学生课外学术科技作品竞赛红色专项活动中荣获特等奖1项。

科研情况。获批国家社科基金立项3项、四川省社科基金立项2项，到校纵向经费152.5万元、横向经费51.9万元。入选国家哲学社会科学成果文库1项。获得四川省第十九次社会科学优秀成果奖3项（二等奖1项、三等奖2项）。设立“思问文库”，资助学术著作出版（已签订出版合同2部）。出版《生命哲学研究》辑刊（1—2辑）。发表A级论文7篇、B级论文2篇、C级论文29篇，出版系列译著和专著10余部；主办国际国内学术会议、学术论坛及学术讲座60余场。

合作交流。与英国、法国、德国等国家，以及国内一流院校建立了学术交流与教研联系，在读国际留学生6名（含博士生5名、本科生1名）。同贺麟基金会（贺麟故居）、卓安律师事务所等共建教学实践基地。作为四川省哲学学会、四川省马克思主义哲学史研究会会长单位，负责学会年会等工作。派出或受邀参加学术会议教师共20余人次。

党建及学生工作。深入学习和贯彻

习近平新时代中国特色社会主义思想和党的十九届六中全会精神，开展党史学习教育系列活动。完善党总支组织、机制和制度建设，设立本科低年级党支部。完成四川大学党委第八轮巡察整改、中央巡视学校意识形态专项整改。落实“全员育人”制度，持续推进“综合导师”制。通过思问哲学社、江安柏拉图学社、古琴社、诚社等社团活动，开设读书班、读经班，丰富学生第二课堂。毕业生就业率和深造率名列文科学院前茅。

【强化党建引领，推进党总支全面建设】2021 年完善党总支委员会、党政联席会规则和制度建设，设立本科低年级党支部，优化党支部组织建设、团总支组织建设，发展 86 岁离退休教职工刘慧群同志入党成为中共预备党员。

【引进高端人才，优化师资队伍结构】2021 年引进四川大学文科讲席教授 1 人，正高级职称骨干教师和学术带头人 2 人，青年教师 5 人，实现了师资队伍结构的优化。

【优化学科设置，建设一流本科专业】2021 年哲学本科专业入选国家一流本科专业建设点，新成立美学教研室，新增生命哲学、逻辑学博士招生方向，2021 年软科排名中，哲学学科进入前 10%。

（以上资料由哲学系胡康林提供）

生物医学工程学院

【概况】国家生物医学材料工程技术研究中心于 1999 年经国家科技部批准组建，是我国第一个开放性国家级生物医学材料专业研发机构。生物医学工程学院是在国家生物医学材料工程技术研究中心的基础上整合四川大学优势资源于 2020 年成立的理工医交叉的学科型学院。学院/中心下设生物医学材料系、医学仪器与信息系、医疗器械监管科学系等 3 个教学系和 1 个实验教学中心。拥有 1 个国家级、5 个省部级、1 个国际科技创新平台。国家一级学会中国生物材料学会亦挂靠本单位。

师资队伍。学院/中心现有在岗教工 266 人。其中在编教工 124 人，含教学科研岗 97 人（正高级 39 人、副高级 41 人、中级 17 人），实验技术岗 9 人，管理岗 15 人，图书资料岗 2 人，工勤岗 1 人。非全职聘用、在职博士后、科研助理、合约制等自聘人员共计 142 人。有博士生导师 42 人、硕士生导师 80 人，国际生物材料科学与工程学会联合会会士（IUSBSE Fellow）4 人，美国医学与生物工程院会士（AIMBE Fellow）4 人，中国工程院院士（含双聘院士）4 人，海纳特聘教授 8 人，高端外籍教授 1 人，国家百千万人才工程入选者 1 人，享受国务院政府特殊津贴专家 5 人，国家外专局创新创业领军人才 1 人，中国科学院“百人计划”专家 1 人，海纳青年学者 5 人，教育部新世纪优秀人才 4 人，省级特聘专家 10 人，四川省学术和技术带头人 6 人，四川省学术和技术带头人后备人选 4 人，中国科协青年托举人才 4 人，成都市特聘专家 3 人，四川大学“双百人才计划”9人。

学科建设。四川大学生物医学工程学科为一级学科博士学位授权点。有工程博士招生领域3个（生物医学工程、材料与化工、生物与医药），工程硕士招生领域3个（生物医学工程、材料与化工、生物与医药），本科专业2个（生物医学工程、医学信息工程），是四川大学重点建设的“双一流”学科和“高峰学科”，2021软科全球一流学科排名世界第13位，2021软科中国最好学科排名全国第5位。2021年软科中国大学专业排名，生物医学工程专业位列全国第11，医学信息工程专业位列全国第1。

人才培养。2021年，学院招收本科生130人、硕士研究生94人、博士研究生48人。医学信息工程专业恢复招生并接收转专业学生28人。截至12月31日，在读本科生415人（含泰国籍留学生1人）；在读硕博士研究生412人，其中硕士生261人、博士生151人。开设本科生课程70余门次；举办“落实立德树人、牢记教育使命、建设一流课程”和“基于智慧教学工具的教学改革和过程性评价”教学研讨会2次；已认定省级一流课程3门、“课程思政”榜样课程2门；获校级教学成果奖5项、省级教学成果一等奖1项；教育教学改革项目校级立项7项、省级立项4项。

科研情况。2021年到校科研经费5175.75万元；新增纵向项目和横向项目73项。申报国家自然科学基金项目53项（包括面上项目24项，青年基金项目18项，优青项目7项，杰青项目1项，联合基金项目1项，重大项目2项），获准11项（其中面上项目3项，青年基金项目8项）；获“十四五”重点研发项目1项（国际合作重点专项）、课题1项，四川省科技厅项目8项；发表SCI收录论文152篇，其中Nature Index论文4篇，B级以上论文83篇；申请国家专利91项，授权国家发明专利82项。

合作交流。通过举办高层次、高质量的学术交流活动以及建立开放的科技交流平台，促进国内外合作与交流。2021年4月组织召开了首届川渝材料基因工程会议；6月举办了重庆医疗器械创新发展高端论坛、首届四川省生物医学工程创新设计大赛、“医疗器械和体外诊断试剂产品标签与使用说明”培训会；9月承办了第十九届中国西部海外高科技人才洽谈会分论坛、2021中意生物材料学术论坛；10月举办了2021中国生物材料大会等高水平学术会议。学院/中心名誉教授Art Coury荣获天府友谊奖、Antonios Mikos当选为中国工程院外籍院士。

党建及学生工作。2021年1月，完成学院第一届党委委员会和纪委委员会选举工作。学院党委认真开展党的十九大及系列全会精神学习，深入推进党史学习教育。以“学党史、践初心，庆百年华诞；守党纪、砺作风，谱一流新篇”为主题，切实开展党风廉政和反腐倡廉建设。学院党委博士第一支部获四川大学2021年“先进党支部”称号。

【科研工作】联合研发的体外膜肺氧合设备（ECMO）进入临床试验；软骨诱导性胶原基软骨修复基质通过了国家药品监督管理局第三类创新医疗器械特别审批申请，进入特别审批程序的“绿色通道”。

【平台建设】获批建设国家药品监督管理局组织再生生物材料质量研究与控制重点实验室。

【创新创业大赛】获第一届四川省生物医学工程创新设计大赛一等奖6项、二等奖10项、三等奖11项。“腱倍特——

全球首款诱导性腱骨愈合注射剂”项目获第七届中国国际“互联网+”大学生创新创业大赛高教主赛道研究生创意组金奖；“心相瓣——基于自由基聚合交联的可预装人工主动脉瓣”“3D打印精准适配多层级仿生骨诱导椎间融合器”获第十六届“挑战杯”四川省大学生课外学术科技作品竞赛科学发明制作类一等奖，前者作为获奖项目代表在大赛闭幕式公开路演展示并入选国赛。

【学术期刊】创办的英文期刊 *Regenerative Biomaterials*（《再生生物材料》）2021年影响因子6.353，在同学科期刊中排名前26%，取得了国内刊号和出版许可证。

（以上资料由生物医学工程学院/国家生物医学材料工程技术研究中心许秀娟提供）

附　录

学校概况

岷峨挺秀，锦水含章。巍巍学府，德渥群芳。

四川大学是教育部直属全国重点大学，是国家布局在中国西部的重点建设的高水平研究型综合大学，是国家“双一流”建设高校（A类）。四川大学地处中国历史文化名城——“天府之国”的成都，有望江、华西和江安三个校区，占地面积7050亩，校舍建筑面积280.64万平方米。学校正与眉山市合作共建四川大学眉山校区。校园环境幽雅、花木繁茂、碧草如茵、景色宜人，是读书治学的理想园地。

四川大学由原四川大学、原成都科技大学、原华西医科大学三所全国重点大学经过两次合并而成。原四川大学起始于1896年四川总督鹿传霖奉光绪特旨创办的四川中西学堂，是西南地区最早的近代高等学校；原成都科技大学是新中国院系调整时组建的第一批多科型工科院校；原华西医科大学源于1910年由西方基督教会组织在成都创办的华西协合大学，是西南地区最早的西式大学和国内最早培养研究生的大学之一。1994年，原四川大学和原成都科技大学合并为四川联合大学，1998年更名为四川大学。江泽民、李鹏等党和国家领导人就两校合并为学校题词并寄予深切厚望。2000年，四川大学与原华西医科大学合并，组建了新的四川大学。李岚清同志在考察新四川大学时说：“四川大学是我们改革最早的大学，对我国高校的改革作出了历史性的贡献，可以说是高校体制改革的先锋。”在2008年“5·12”汶川特大地震抗震救灾期间，温家宝等党和国家领导人先后到四川大学视察慰问。2016年，李克强总理来校视察，勉励川大要为全国“双创”带头，多出世界一流学科。

四川大学承文翁之教，聚群贤英才。百余年来，学校先后汇聚了历史学家顾颉刚、文学家李劼人、美学家朱光潜、物理学家吴大猷、植物学家方文培、卫生学家陈志潜、数学家柯召等大师。历史上，吴玉章、张澜曾执掌校务，共和国开国元勋朱德、共和国主席杨尚昆、文坛巨匠郭沫若、人民作家巴金、一代英烈江竹筠（江姐）等曾在川大求学。中国科学院和中国工程院院士中，有70位是川大校友。

四川大学学科门类齐全，覆盖了文、理、工、医、经、管、法、史、哲、农、教、艺等12个门类，有36个学科型学院（系）及海外教育学院等学院。我校为学位授权自主审核单位，现有博士学位授权一级学科49个，专业学位授权点38个，博士后流动站39个。

四川大学大师云集，名师荟萃。学校教学科研岗共6571人，中国科学院和中国工程院院士23人（其中双聘院士11人），四川大学杰出教授7人，国家杰出青年科学基金获得者72人，国家优秀青年科学基金获得者71人，“973”首席科学家9人，国家级教学名师14人，国家科技重大专项课题负责人22人（24项），国家重点研发计划项目负责人 62 人，国家社科基金重大招标（委托）及各类专项项目获得者 69 人（77 项），国家创新人才推进计划“中青年科技创新领军人才”22 人、“重点领域创新团队”3 个。

四川大学在长期的办学历程中形成了深厚的人文底蕴、扎实的办学基础和以校训“海纳百川，有容乃大”、校风“严谨、勤奋、求是、创新”为核心的川大精神。近年来，学校围绕建设具有中国特色、川大风格的世界一流大学的奋斗目标，确立了“以人为本，崇尚学术，追求卓越”的现代大学办学理念，建立了“以院系为管理重心，以教师为办学主体，以学生为育人中心”的管理运行新机制，提出了“精英教育、质量为本、科教结合、学科交叉”的人才培养指导思想，确立了培养“具有崇高理想信念、深厚人文底蕴、扎实专业知识、强烈创新意识、宽广国际视野的国家栋梁和社会精英”的人才培养目标。面向新时代，学校将更加聚焦和强化“厚通识、宽视野、多交叉”，让“开放、包容、厚重、大气”的文化特质成为每一个川大学子的人生底色，让“志存高远、追求卓越”的精神品质成为每一个川大学子的人生境界。学校建“金专”、铸“金课”，持续推行“探究式—小班化”等课程教学改革，扎实开展创新创业教育，擦亮“川大通识教育”名片，以内涵式发展推进教育升级。学校成功举办 8 届“国际课程周”，开展了“大川视界”大学生海外访学计划。学校有全国高校中华优秀传统文化传承基地 1 个，国家大学生文化素质教育基地 1 个，全国高校心理健康教育与心理咨询示范中心 1 个，国家人才培养和科学研究及工科基础课程教学基地 9 个，国家级实验教学示范中心 8 个，国家级虚拟仿真实验教学中心 3 个，国家级工程实践教育中心 19 个，国家临床教学培训示范中心 1 个，国家级教师教学发展示范中心 1 个，国家级大学生校外实践教育基地 9 个。2003 年以来，学校获批立项 28 个国家级特色专业建设点、63 个国家级一流专业建设点，教育部“三全育人”综合改革试点院系 1 个，获得国家教学成果奖 31 项（其中特等奖 1 项）、国家级一流课程 64 门，国家级精品视频公开课 12 门、精品资源共享课 31 门，国家精品在线开放课程 19 门，主编或副主编 14 种教材获首届全国优秀教材奖（高等教育类）。2015 年以来，学校共获得中国“互联网+”大学生创新创业大赛金奖 13 项，金奖数位居全国第五，近三年在“挑战杯”国赛中获得特等奖和金奖 11 项。学校现有全日制普通本科生 3.7 万余人，硕博士研究生 2.9 万余人，外国留学生及港澳台学生近 3000 人。

四川大学科研实力雄厚，标志性成果不断涌现。学校现有国家重大科技基础设施 1 个，国家重点实验室 4 个，国家工程技术研究中心 2 个，国家应用数学中心 1 个，国家临床医学研究中心 2 个，国家工程实验室 1 个，国家地方联合工程实验室 3 个，国家地方联合工程研究中心 1 个，国家 2011 协同创新中心 1 个，国家国际科技合作基地 5 个，教育部前沿科学中心 1 个，教育部重点实验室 10 个、工程研究中心 7 个，省部共建协同创新中心2 个，国家卫生健康委员会重点实验室 2 个，国家药品监督管理局重点实验室 4 个、监管科学研究基地 1 个，国家应急管理部重点实验室 1 个，中央网信办国家智能社会治理实验室基地 1 个，省级科研基地等 78 个；国家高端智库培育单位 1 个，铸牢中华民族共同体意识研究基地 1 个，教育部人文社会科学重点研究基地

4个、区域与国别研究培育基地4个。近4年，学校共牵头获得国家科技三大奖10项。2021年，学校科研经费达33.5亿元。在人文社会科学方面，学校先后编撰出版了《甲骨文字典》《汉语大字典》《全宋文》《中国道教史》《儒藏》等大型文化建设成果。

四川大学主动服务国家和区域经济社会发展，大力推进创新创业，服务社会能力不断增强。四川大学国家技术转移中心是全国高校中最早设立的6家国家技术转移中心之一。四川大学国家大学科技园是国家最早批准的15个国家大学科技园之一，是国家高新技术创业服务中心。2016年，学校被批准成为首批国家“双创”示范基地之一、全国首批深化创新创业教育改革示范高校。学校是教育部推荐入选全国首批赋予科研人员职务科技成果所有权或长期使用权试点单位的7个部属高校之一，是国家知识产权局、教育部认定的首批国家知识产权示范高校和科技部、教育部认定的首批高校专业化国家技术转移机构建设试点单位。近年来，学校与国内近30个省（自治区、直辖市）、200多个地市和1万余家企事业单位建立了产学研合作关系，共建了300多个校地企合作平台。近5年来，学校承担了国内外企事业单位委托的技术开发、转让、许可、服务和咨询项目1.5万余项，一大批重大科技创新成果已成为相关行业的主导技术。2009年，学校被批准成为首批13个“全国干部教育培训高校基地”之一。学校设有4所国家卫生健康委员会预算管理医院，在汶川特大地震、青海玉树地震、雅安芦山地震等重大自然灾害伤员救治和新冠肺炎医疗救护、疫情防控过程中发挥了重要作用，为促进我国卫生事业发展、提高人民群众健康水平作出了重要贡献。华西医院组建的中国国际应急医疗队（四川）通过世界卫生组织认证，成为全球首支非军方Ⅲ类国际应急医疗队（Type3 EMT）。华西医院获批首批国家医学中心（辅导类），华西口腔医院获批国家口腔医学中心，华西第二医院获批国家儿童区域医疗中心，华西厦门医院获批国家区域医疗中心，华西远程医学网络成为中国最大规模远程医学教育与分级协同医疗体系，网络医院总数达到1137家。

四川大学坚持开放办学，不断推进国际交流与合作，国际影响力和竞争力显著提升。目前，学校不断深化与国（境）外高水平大学开展“2+2”“3+1”“3+1+1”等模式的联合培养项目，与34个国家和地区的268所知名大学、科研机构建立了交流合作关系。与世界一流的研究型大学和相关机构建立了四川大学九寨沟生态与可持续发展国际研究中心、四川大学中德能源研究中心、四川大学中英联合材料研究所、四川大学—意大利国家研究会国际多功能聚合物和生物材料合作研究中心、川大—牛津华西消化道肿瘤中心联合研究中心、四川大学欧洲研究中心等20余个国际高端科研合作平台。学校与香港理工大学共建了四川大学—香港理工大学灾后重建与管理学院，与美国匹兹堡大学共建了四川大学匹兹堡学院。

四川大学现有纸本文献829万册、中外文文献数据库321个，收藏文物8.5万余件、动植物标本94万余件（份），各类档案约36万卷（其中珍贵历史档案9000余卷）。学校体育场馆设施齐全、设备先进。学校还建有分析测试中心、国家外语考试与出国留学人员培训机构以及成人继续教育学院等。

锦江黉门，弦歌铿锵。当前，四川大学已经确立了“全面推进学校党的建设新的伟大工程和建设世界一流大学新的伟大事业”的宏伟目标。展望未来，学校将始终肩负集思想之大成、育国家之栋梁、开学术之先河、促科技之进步、引社会之方向的历史使命与社会责任，再谱中国现代大学继承与创造并进、光荣与梦想交织的辉煌篇章！

四川大学2021年校级、处级领导人员名单

一、机关党政系统

（一）校领导

王建国　党委书记（副部长级）
李言荣　校长、党委副书记（副部长级）
许唯临　常务副校长
曹　萍　党委常务副书记
张　卓　党委副书记、校纪委书记（2021年5月任职）
侯太平　党委常委、副校长
梁　斌　党委常委、副校长
李蓉军　党委常委、副校长
张　林　党委常委、副校长
姚乐野　党委常委、副校长
郭　勇　党委副书记
褚良银　副校长
张　伟　党委副书记（2021年11月任职）

（二）校长助理

徐玖平　何继业

（三）党群系统

党委办公室、校长办公室（对内简称“党政办”）

党委办公室主任兼保密委员会办公室主任：李中锋（任职至2021年11月）
校长办公室主任兼督查办公室主任：李正赤
副主任兼江安校区管委会办公室主任：曲景学（正处级）
副主任：吕　蓉
副主任兼保密委员会办公室副主任：李喜庆
副主任兼信访办公室主任：任泰山
副主任兼督查办公室副主任：吴　刚
副主任兼政策研究室主任：曹勇明
副主任：黄雯雯
法律顾问室主任：张春霞
副处级秘书：秦远清

副处级秘书：赵昱辉

党委组织部（党校）

部　长：曹　萍（兼）

常务副部长：王智猛（正处级，任职至 2021 年 10 月）

副部长：管清贵（正处级，兼）　范　瑾

四川大学党校常务副校长：管清贵（正处级）

党委宣传部（四川大学新闻中心）

部　长：郭　勇（兼）

常务副部长（主任）：徐海鑫（正处级）

副部长（副主任）：张宏辉　纪志耿

副部长：王　军（正处级，兼）

段　磊（正处级，兼）

校刊编辑部主任：罗云丹

校教育电视台台长：蔚　钰

党委统战部

部　长：李蓉军（兼）

常务副部长：邱　梅（正处级）

副部长：查　庆　唐　锐

纪委办公室（监察处）

纪委副书记兼纪委办公室主任、监察处处长：滕文浩

纪委副书记：范嗣云（正处级）

监察处副处长兼校纪委办公室副主任、案件审理室主任：范洪远

监察处副处长兼校纪委办公室副主任：廖　毅

执纪审查室主任：李　鲲

监督检查室主任：丁忠毅

案件监督管理室主任：苏勇林

党委巡视工作办公室

主　任：范嗣云（正处级，兼）

专职副主任：李玉峰

党委学生工作部（处）（就业指导中心、心理健康教育中心）

部（处）长：陈　森

副部（处）长：卢　莉　蒲于文

潘霜柏（兼，任职至 2021 年 4 月）

王英梅（兼，2021 年 5 月任职）

副部（处）长兼江安校区管理办公室主任：周志文

江安校区管理办公室副主任：卢希芬　邓　薇

就业指导中心主任：潘霜柏（正处级，任职至 2021 年 4 月）

就业指导中心副主任：刘若冰

心理健康教育中心主任：李　涛（任职至 2021 年 1 月）

王英梅（2021 年 5 月任职）

心理健康教育中心常务副主任：陈　森（正处级，兼，任职至 2021 年 5 月）

副主任：王英梅（任职至 2021 年 5 月）

党委保卫部（处）

部（处）长兼防范和处理邪教问题办公室主任：袁　斌

副部（处）长：简渝嘉　叶　勇

副部（处）长兼江安校区管理办公室主任：李佳伟

江安校区管理办公室副主任：兰新宇　杨丙军

防范和处理邪教问题办公室副主任：张俊磊

校工会

主　席：李蓉军（兼）

常务副主席：罗德明（正处级）

副主席：冷　泠　吕海涛

校团委

书　记：赵　露

副书记：黄菲娅　苏德强　姜　新

党委教师工作部

部　长：胡　兵（兼）

副部长：马　涛　纪志耿（兼）

机关党委

书　记：曹　萍（兼）

副书记兼纪委书记：韩　杰（正处级）

副书记：兰利琼（正处级，兼）

（四）行政系统

人事处（人才工作办公室）

处长、人才工作办公室主任：胡　兵

人才交流中心主任：李天富

副处长兼青年教师与专职科研队伍管理办公室主任：彭　舰

人才与师资管理办公室主任：杜力力

副处长：蒋莉华（兼）

人才工作办公室副主任：范　瑾（兼）　蒋莉华（兼）

刘丸源（2021 年 3 月任职）

发展规划处（“双一流”建设与质量评估办公室）

处　长（“双一流”建设与质量评估办公室主任）：李忠明

副处长（“双一流”建设与质量评估办公室副主任）：孙克金

邓　益（2021 年 3 月任职）

贺喆南（2021 年 3 月任职）

副处长：尹　怡　罗　锋　成　果（兼）

教务处

处　长：张红伟

副处长：兰利琼　李　华　冉桂琼　严斌宇

张　磊（正处级，兼）　卿　平（兼）

教育创新改革办公室主任：刘　黎

创新创业工作领导小组办公室专职副主任：吴　迪

招生办公室主任：张　磊（正处级）

招生办公室副主任：廖爱民

社会科学研究处

处　长：傅其林

副处长：李　昆　张洪松

科学技术发展研究院

院　长：刘　超

高技术处处长：黄　海（正处级）

科技合作与技术转移部部长兼副院长：武　梅（正处级）

重大项目与基地管理部部长兼副院长：邹　勇（正处级）

基金项目与成果管理部部长兼副院长：吴　尧（正处级）

国际合作与综合管理办公室主任：李　蓉

重大项目与基地管理部副部长：胡　涛

科技合作与技术转移部副部长：高德友

基金项目与成果管理部副部长：龙　毅

研究生院

院　长：梁　斌（兼）

常务副院长：万学红（正处级）

副院长兼培养教育办公室主任：朱　天（正处级）

副院长兼研究生学位与教育教学改革办公室主任：赵红军（正处级）

副院长兼研究生工作部部长：陈华明（正处级）

招生办公室主任：刘　猛

培养教育办公室副主任：杜　瑛

实验室及设备管理处

处　长：敖天其

副处长：夏建钢　金永东

资产管理处

处　长：宋戈扬

副处长：徐　明

国际合作与交流处、港澳台事务办公室

处长、港澳台事务办公室主任：张嗣杰

副处长、港澳台事务办公室副主任：杨　光

副处长兼留学生管理办公室主任：高　健

财务处

处　长：王宝富

副处长：熊　艳　王　娟

邓　益（兼，2021 年 3 月任职）

招投标与采购中心主任：何　艳

审计处

处　长：江文清

副处长：刘用明　黄云生

老干部党总支、离退休工作处

老干部党总支书记：罗　卡

老干部党总支副书记：陈　岗（兼）

离退休工作处处长：杨静波

离退休工作处副处长：陈　岗　马绍琼

华西医学中心

主　任：张　林（兼）

常务副主任兼办公室主任：沈　彬（正处级）

副主任兼办公室副主任：林云锋

医院管理处处长：韩　宇

医学人才部部长：蒋莉华

医学学科建设部部长：成　果

医学教学部部长：卿　平

基建处

处　长：华国春

副处长：彭　亮　姚向征　黄绪永

信息化建设与管理办公室

主　任：段　磊

副主任：黎　生　崔亚强　王绍朋

二、业务管理和办学实体单位

后勤保障部（社区建设办公室）

党委书记：惠新强

党委副书记兼纪委书记：万海清

部　长：肇启伟

副部长：周　密　杨凌云　兰　京

邓　益（任职至 2021 年 3 月）

范庆军　严成辉（正处级，兼，2021 年 3 月任职）

社区建设办公室主任：严成辉

社区建设办公室副主任：魏　忠　康　平

对外联络办公室（校友总会、教育基金会）

主任（秘书长）：荣建国（任职至 2021 年 1 月）

副主任（副秘书长）：白　鹏　贾秀娥

定点帮扶工作领导小组办公室专职副主任：魏　忠

档案馆

馆　长：毕　玉

副馆长：李金中

校史办公室主任：毕　玉（兼）

校史办公室副主任：王金玉

图书馆

党委书记：陈明惠

馆　长：党跃武

副馆长兼党委副书记、纪委书记：杜小军

副馆长：李锦清　张盛强

分析测试中心

党总支书记：侯贤灯

党总支副书记：吴　兰

主　任：吕　弋

副主任：谭新禹

出版社

党总支书记：宋绍峰

社　长：王　军

总编辑：邱小平

副社长：李天燕

期刊社

党总支书记、社长：宋绍峰

期刊社副社长兼学报（哲学社会科学版）常务副主编：原祖杰

期刊社副社长兼学报（自然科学版）常务副主编：陈忠林

期刊社副社长兼学报（工程科学版）常务副主编：费德君

期刊社副社长兼学报（医学版）常务副主编：别明江

博物馆

馆　长：霍　巍（兼）

副馆长：周　静

实验动物中心

主　任：杨寒朔（副处级）

副主任：刘　寅（副处级）

成人继续教育学院

党委书记：潘霜柏（2021 年 4 月任职）

党委副书记：乔长江

党委副书记兼纪委书记：刘　勇

院　长：冉蜀阳

副院长：张必涛　唐　洪　罗　娜　李　博　李勇军

出国留学人员培训部（出国留学预备学院）

党总支书记：刘　俐

主任（院长）：陈　兵

副主任（副院长）：鄢　澜　唐雪虹

全国干部教育培训基地

常务副主任：姜晓萍（正处级，兼）

副主任：王慧敏

产业集团

党委书记、董事长：王安文

党委副书记兼纪委书记：刘　杰

总经理：王金友

副总经理：颜锦江

川大华西药业股份有限公司党总支书记、董事长：张　平（正处级）

川大华西药业股份有限公司总经理：杜　江（副处级）

四川川大置业有限公司总经理：刘礼波（正处级）

文化科技协同创新研发中心

主　任：姜　生

副主任：袁　雯

三、学院（系、医院）

经济学院

党委书记：熊　兰

党委副书记兼纪委书记：涂　刚

院　长：蒋永穆

副院长：邓　翔　梁　剑　龚勤林

法学院

党委书记：何继业

党委副书记兼纪委书记：悦　洋

院　长：左卫民

副院长：刘昕杰　谢维雁

文学与新闻学院

党委书记：古立峰

党委副书记兼纪委书记：张　莹

院　长：李　怡
副院长：胡易容　周维东　操　慧

外国语学院

党委书记：王　彬
党委副书记兼纪委书记：黄小虎
院　长：段　峰
副院长：王　欣　黄丽君　池济敏

艺术学院

党委书记：熊　伟
党委副书记兼纪委书记：杨　梅
院　长：何　宇（2021 年 4 月任职）
副院长：何　宇（任职至 2021 年 4 月）
　　　　焦　阳

历史文化学院（旅游学院、考古文博学院）

党委书记：陶　宏
党委副书记兼纪委书记：姜　华
院　长：霍　巍
副院长：鲍成志　李映福　李志勇　王　果

数学学院

党委书记：覃孟念
院　长：张伟年
副院长：陈柏辉　寇　辉　徐友才

物理学院

党委书记：龚　敏
党委副书记兼纪委书记：廖勇明
党委副书记：张　波
院　长：张　红
常务副院长：杨朝文（正处级）
副院长：刘　宁　朱建华　向　钢　李志强

化学学院

党委书记：谢　均
院长：游劲松
副院长：刘　波　郑成斌　李　坤

生命科学学院

党委书记：林宏辉
党委副书记兼纪委书记：吴近名
院　长：王红宁
副院长：赵　云　李中瀚　冉江洪

电子信息学院

党委书记：郜明松

党委副书记兼纪委书记：陈笃海

院　长：冯国英

副院长：张启灿　杨　阳　雷印杰

材料科学与工程学院

党委书记：蒋　青

党委副书记兼纪委书记：张晓满

院　长：刘　颖

副院长：吴家刚

机械工程学院

党委书记：樊庆文

党委副书记兼纪委书记：唐世红

党委副书记：张　毅

院　长：王　杰

副院长：赵　武　方　辉　刘　剑

电气工程学院

党委书记：韩　芳

党委副书记：戴婷婷

党委副书记兼纪委书记：张英敏

院　长：肖先勇

副院长：李长松　周步祥　李成鑫

计算机学院（软件学院）

党委书记：蒋　斌

党委副书记：朱　敏

党委副书记兼纪委书记：董柯平

院　长：吕建成

副院长：洪　玫　郭　兵　段　磊　章　乐

建筑与环境学院

党委书记：蒋文涛

党委副书记：王　晖

党委副书记兼纪委书记：孙伯雷

院　长：熊　峰

副院长：兰中仁　李沄璋　刘　敏

水利水电学院

党委书记：杨兴国

党委副书记兼纪委书记：黄晓荣

院　长：杨兴国

副院长：戴　峰　谢红强　聂锐华

化学工程学院

党委书记：庞国伟

党委副书记兼纪委书记：李天友

党委副书记：姜利寒

院　长：赵长生

副院长：唐盛伟　钮大文　郭孝东

轻工科学与工程学院

党委书记：刘晓虎

党委副书记兼纪委书记：冯国涛

院　长：何有节

副院长：何　强　肖　凯　彭必雨

高分子科学与工程学院

党委书记：牟德富

党委副书记兼纪委书记：钱祉祺

党委副书记：吴　宏

院　长：傅　强

副院长：李艳梅　冉　蓉　杨　伟

华西基础医学与法医学院

党委书记：李昌龙

党委副书记兼纪委书记：郭晓伟

院　长：黄灿华

副院长：方定志　刘肖珩　梁伟波

华西临床医学院（华西医院）

党委书记：张　伟

党委副书记兼纪委书记：程永忠

党委副书记：罗凤鸣

院　长：李为民

常务副院长：黄　勇（正处级）

副院长：程南生　曾　勇　龚启勇（兼）
刘伦旭　黄　进　王坤杰

护理学院执行院长：李　卡（副处级）

内科党总支书记：罗凤鸣

外科党总支书记：胡建昆

门诊医技党总支书记：申文武

临床联合党总支书记：李志平

机关党总支书记：姜　洁

学生党总支书记：廖浩君

后勤党总支书记：余　淳
科研党总支书记：林　苹

四川大学华西厦门医院

院　长：龚启勇（2021 年 7 月任职）

华西第二医院

党委书记：王素霞
党委副书记兼纪委书记：王红静
院　长：刘瀚旻
常务副院长：母得志（正处级）
副院长：王晓东　牛晓宇　张伶俐

华西口腔医学院（华西口腔医院）

党委书记：谭　静
党委副书记兼纪委书记：沈颉飞
党委副书记：孙建勋
院　长：叶　玲
副院长：赵志河　杨　征

华西公共卫生学院（华西第四医院）

党委书记：方　云
党委副书记兼纪委书记：张　琦
常务副院长兼华西第四医院党总支书记：赵立强（正处级，任职至 2021 年 12 月）
院　长：张　本
副院长：裴晓方　潘　杰　沈　江　杨　罗

华西药学院

党委书记：黄　园
党委副书记兼纪委书记：章　程
院　长：秦　勇
副院长：宋振雷　何　勤

公共管理学院

党委书记：姜晓萍
党委副书记兼纪委书记：杨　磊
院　长：史云贵
副院长：夏志强　罗亚玲

商学院

党委书记：李晓峰
党委副书记：张黎明
党委副书记兼纪委书记：李小平
院　长：徐玖平（未纳入学校中层干部管理序列）
常务副院长：邓富民（正处级）

副院长：顾　新　米德超　吴　鹏

马克思主义学院

党委书记：李栓久

党委副书记兼纪委书记：刘　渊

院　长：曹　萍（兼）

副院长：刘　肖　王洪树　李建华

体育学院

党总支书记：夏泽友

党总支副书记、副院长：韩海军（2021年4月起任党总支副书记）

院　长：向　勇

副院长：邱硕立

四川大学体育运动委员会办公室主任：向　勇（兼）

灾后重建与管理学院

党总支书记、常务副院长：陈　勇（正处级，2021年4月起任党总支书记）

党总支副书记、副院长：第宝锋（2021年4月起任党总支副书记）

副院长：李　睿

空天科学与工程学院

党总支书记：高志华

党总支副书记、副院长：季袁冬

副院长：黄崇湘

匹兹堡学院

直属党支部书记、副院长：陈　薇

国际关系学院

院　长：罗中枢

党总支书记：汪东升

党总支副书记、副院长：宋志辉（2021年4月起任党总支副书记）

常务副院长：李志强（正处级）

副院长：黄云松

网络空间安全学院

院　长：许唯临（兼）

常务副院长：陈兴蜀（正处级）

党总支书记、副院长：秦　燕（2021年4月起任党总支书记）

副院长：刘嘉勇　杨　频

海外教育学院

院长、党支部书记：高　伟

副院长：侯宏虹　雷　莉

哲学系

哲学系与宗教所党总支书记：史冰川

哲学系与宗教所党总支副书记：李　裴

哲学系主任：熊　林

哲学系副主任：曾　怡

生物医学工程学院

党委书记：尹光福

党委书记兼纪委书记：田　单

院　长：赵长生（兼，任职至 2021 年 4 月）

常务副院长：王云兵（2021 年 4 月任职）

副院长：林江莉　林云锋（兼）

2021 年成立和调整的全校性工作领导小组名单

一、工程建设领导小组（常委会纪要〔2021〕第 3 期）

原则同意《四川大学基本建设管理办法（试行）》《四川大学基建项目工程变更管理办法（试行）》。学校成立工程建设领导小组，作为学校工程建设管理决策、监督机构，负责审议决策工程建设过程中的重要事项。学校工程建设领导小组组长由分管基建的校领导担任，副组长由分管财务的校领导担任，领导小组下设办公室和投资评审小组。办公室设在基建处，成员单位为发展规划处、资产管理处、财务处（含招投标与采购中心）、审计处、基建处、后勤保障部。

二、四川大学党史学习教育领导小组及工作机构（川大委〔2021〕13 号）

（一）党史学习教育领导小组

组　长：王建国　李言荣

副组长：曹　萍　侯太平　梁　斌　李蓉军　张　林　姚乐野　郭　勇

（二）党史学习教育工作机构

领导小组下设办公室，负责日常组织实施。办公室设在校党委宣传部。办公室成员由党政办、组织部、宣传部、统战部、纪委办、学生工作部、机关党委、教师工作部、社科处、研究生工作部、离退休工作处、校史办公室、马克思主义学院等单位主要负责人组成。

主　任：曹　萍

副主任：郭　勇

成　员：李中锋　李正赤　王智猛　徐海鑫　邱　梅　滕文浩　陈　森　韩　杰
胡　兵　傅其林　陈华明　杨静波　毕　玉　李栓久

（三）党史学习教育工作小组

党史学习教育领导小组办公室设 4 个专项工作组，具体职责如下：

1. 学习宣传组

责任单位：宣传部、组织部、党政办、社科处、校史办、马克思主义学院

主要职责：制定实施党史学习教育方案、组建党史学习教育宣讲团开展校内宣讲、做好党史学习教育宣传报道工作、总结宣传学习教育的好经验好做法等。

2. 党员教育组

责任单位：组织部、宣传部、学生工作部、研究生工作部、教师工作部、离退休工作处

主要职责：指导基层党组织“三会一课”和主题党日活动，指导党员领导干部、基

层党组织书记、先进典型讲党课活动，组织专题培训活动，组织召开专题组织生活会等。

3. 督查指导组

责任单位：党政办、纪委办、组织部、宣传部

主要职责：组建成立督查指导组，对校内各单位学习教育工作开展情况进行督查指导。

4. “我为群众办实事”实践活动组

责任单位：党政办、人事处、学生工作部、研究生工作部、组织部、宣传部、校工会、校团委、机关党委、后勤保障部、社区建设办公室

主要职责：组织开展“我为群众办实事”实践活动。

三、四川大学巡视整改工作领导小组（川大委〔2021〕64号）

组　长：校党委书记、校长

副组长：党委常务副书记、校纪委书记

成　员：校领导班子其他成员

工作职责：全面负责学校巡视整改工作，研究审核反馈意见整改任务分解和整改方案；定期召开会议，听取巡视整改进展情况汇报，研究解决整改中遇到的重大问题，确保按时完成整改任务；研究审核向中央巡视办报送的整改情况报告等。

学校党委巡视整改工作领导小组下设办公室（督查督办工作组）和政治建设工作组、立德树人工作组、党委领导下的校长负责制落实工作组、意识形态工作组、“两个责任”落实工作组、组织路线落实工作组、高质量发展工作组，信访和问题线索处置工作由校纪委办公室（监察处）牵头。

四川大学各级人大代表、政协委员、政府参事、民主党派负责人等人员名单

一、各级人大代表（30 人）

1. 第十三届全国人大代表（5 人）

代　表：许唯临　四川大学常务副校长　（民进/中共）
徐玖平　商学院　（九三）
里　赞　法学院　（民革）
甘华田　华西临床医院（华西医院）　（农工党）
李为民　华西临床医院（华西医院）　（中共）

2. 第十三届四川省人大代表（7 人）

代　表：谢和平　四川大学原校长　（中共）
赵　霞（女）　华西第二医院　（民革）
蔡小于（女）　商学院　（民建）
雷景新　高分子科学与工程学院　（民进）
李　睿（女）　灾后重建与管理学院　（民革）
周　波　建筑与环境学院　（无党派）
王坤杰　华西临床医学院（华西医院）　（无党派）

3. 第十七届成都市人大代表（9 人）

代　表：解慧琪（女）　华西临床医学院（华西医院）　（九三）
郑　艾（女）　华西第二医院　（民盟）
赵　宇（回族）　华西临床医学院（华西医院）　（九三）
侯一平　华西基础医学与法医学院　（农工党）
黄婉霞（女）　材料科学与工程学院　（民进）
杨家印　华西临床医学院（华西医院）　（九三）
骆　红（女）　水利水电学院　（农工党）
刘　莘　公共管理学院　（民进）
项　涛　华西基础医学与法医学院　（民建）

4. 第八届武侯区人大代表（8 人）

代　表：郭　勇　四川大学党委副书记　（中共）
褚良银（土家族）　四川大学副校长　（九三）

王红宁（女）　生命科学学院　（中共）
史　江（女）　公共管理学院　（民建）
宗志勇　华西临床医学院（华西医院）　（无党派）
王　杭（女）　华西口腔医学院　（无党派）
张楚虹（女）　高分子研究所　（中共）
郭孝东　化学工程学院　（九三）

5. 第十九届双流区人大代表（1人）

代　表：侯太平　四川大学副校长　（中共）

二、各级政协委员（58人）

1. 第十三届全国政协委员（4人）

常　委：石　碧　轻工科学与工程学院　（无党派）
王正荣　华西基础医学与法医学院　（农工党）
委　员：李言荣　四川大学党委副书记、校长　（中共）
冯小明　化学学院　（致公党）

2. 第十二届四川省政协委员（15人）

常　委：刘　进　华西临床医学院（华西医院）　（无党派）
姚　进　机械工程学院　（农工党）
褚良银（土家族）　四川大学副校长　（九三）
委　员：许唯临　四川大学常务副校长　（民进/中共）
朱建华　物理学院　（民盟）
罗德云　华西临床医学院（华西医院）　（民革）
罗懋康　数学学院　（九三）
王　杭（女）　华西口腔医院　（无党派）
尹如铁（女）　华西第二医院　（农工党）
母得志　华西第二医院　（致公党）
黄灿华　华西基础医学与法医学院　（民盟）
张　彬（女）　电子信息学院　（九三）
熊　峰（女）　建筑与环境学院　（无党派）
陈德才　华西临床医学院（华西医院）　（九三）
吕建成　计算机学院　（无党派）

3. 第十五届成都市政协委员（27人）

副主席：徐玖平　商学院　（九三）
里　赞　法学院　（民革）
甘华田　华西临床医学院（华西医院）　（农工党）
常　委：刘长武　水利水电学院　（致公党）
林鹏智　水利水电学院　（无党派）
方定志　华西基础医学与法医学院　（无党派）
委　员：胡　昂　建筑与环境学院　（中共）

李蓉军（女） 四川大学副校长 （中共）
曹 钰（女、回族） 华西临床医学院（华西医院） （中共）
任世杰 高分子科学与工程学院 （民革）
谢凌志 新能源与低碳技术研究院 （民革）
邓菊秋（女） 经济学院 （民建）
龚玉萍（女） 华西临床医学院（华西医院） （民建）
高庆红 华西口腔医院 （民进）
陈龙奇 华西临床医学院（华西医院） （农工党）
刘用明 审计处 （农工党）
黄 宁 华西基础医学与法医学院 （农工党）
符文熹 水利水电学院 （农工党）
李玉函（女） 华西临床医学院（华西医院） （农工党）
蒋晓莲（女） 华西临床医学院（华西医院） （农工党）
雷 鹏 华西基础医学与法医学院 （致公党）
裴晓方（女） 华西公共卫生学院 （致公党）
唐玥玓（女） 华西临床医学院（华西医院） （致公党）
张 蕊（女） 经济学院 （九三）
刘 芳（女） 华西临床医学院（华西医院） （九三）
刘昕杰（土家族） 法学院 （无党派）
游劲松 化学学院 （无党派）

4. 第八届武侯区政协委员（7人）

常 委：唐 柳 工程设计研究院 （中共）
委 员：邓国营 经济学院 （民建）
商慧芳（女） 华西临床医学院（华西医院） （九三）
吴 良 经济学院 （致公党）
文玉华 机械工程学院 （无党派）
朱 渝（女） 华西第二医院 （农工党）
张大伟 生命科学学院 （民进）

5. 第十二届双流区政协委员（5人）

常 委：李 赛 化学工程学院 （民建）
李沄璋 建筑与环境学院 （致公党）
委 员：昂 然 物理学院 （无党派）
蒋 炜 化学工程学院 （民盟）
王大伟 哲学系 （民革）

三、民主党派各级任职人员

（一）民主党派中央委员（9人）

1. 中国国民党革命委员会第十三届中央委员会

委 员：里 赞 法学院

2. 中国民主建国会第十一届中央委员会

委　员：干胜道　商学院

3. 中国民主促进会第十四届中央委员会

委　员：许唯临　四川大学常务副校长

4. 中国农工民主党第十六届中央委员会

常　委：王正荣　华西基础医学与法医学院

委　员：甘华田　华西临床医学院（华西医院）

姚　进　机械工程学院

5. 中国致公党第十五届中央委员会

委　员：冯小明　化学学院

6. 九三学社第十四届中央委员会

委　员：徐玖平　商学院

褚良银　四川大学副校长

（二）民主党派省委委员（21人）

1. 中国国民党革命委员会四川省第十二届委员会

副主委：里　赞　法学院

委　员：李　睿（女）　灾后重建与管理学院

2. 中国民主同盟四川省第十二届委员会

委　员：尹海林　实验动物中心

朱建华　物理学院

3. 中国民主建国会四川省第九届委员会

常　委：蔡小于（女）　商学院

干胜道　商学院

委　员：史　江（女）　公共管理学院

项　涛　华西基础医学与法医学院

4. 中国民主促进会四川省第八届委员会

副主委：许唯临　四川大学常务副校长

常　委：雷景新　高分子科学与工程学院

委　员：黄婉霞（女）　材料科学与工程学院

5. 中国农工民主党四川省第十二届委员会

副主委：甘华田　华西临床医学院（华西医院）

姚　进　机械工程学院

委　员：曹　亚（女）　高分子科学与工程学院

6. 中国致公党四川省第七届委员会

副主委：冯小明　化学学院

委　员：母得志　华西第二医院

刘长武　水利水电学院

7. 九三学社四川省第八届委员会

副主委：徐玖平　商学院

褚良银　四川大学副校长

常　委：张　彬（女）　电子信息学院

委　员：解慧琪（女）　华西临床医学院（华西医院）

（三）民主党派市委委员（34 人）

1. 中国国民党革命委员会成都市第十三届委员会

主　委：里　赞　法学院

副主委：李　睿（女）　灾后重建与管理学院

委　员：李楠静（女）　华西临床医学院（华西医院）

谢凌志　新能源与低碳技术研究院

2. 中国民主同盟成都市第十五届委员会

副主委：朱建华　物理学院

常　委：陈雪融（女）　华西临床医学院（华西医院）

黄丽君（女）　外国语学院

委　员：陈东林　华西药学院

高　戈　化学学院

蒋　炜　化学工程学院

宋　颢（女）　华西药学院

王　仲　电气信息学院

3. 中国民主建国会成都市第十五届委员会

常　委：史　江（女）　公共管理学院

陈玉成　华西临床医学院（华西医院）

4. 中国民主促进会成都市第十二届委员会

常　委：荀马玲　华西临床医学院（华西医院）

委　员：况伟宏　华西临床医学院（华西医院）

高庆红　华西口腔医院

张大伟　生命科学学院

5. 中国农工民主党成都市第十三届委员会

主　委：甘华田　华西临床医学院（华西医院）

副主委：尹如铁（女）　华西第二医院

祝　烨　华西临床医学院（华西医院）

常　委：章　乐　计算机学院（软件学院）

委　员：许　恒　华西临床医学院（华西医院）

赵绍阳　经济学院

黄仲英（女）　华西第二医院

符文熹　水利水电学院

6. 中国致公党成都市第八届委员会

副主委：李沄璋　建筑与环境学院

常　委：吴　良　经济学院

7. 九三学社成都市第十三届委员会

主　委：徐玖平　商学院

副主委：张　彬（女）　电子信息学院

陈德才　华西临床医学院（华西医院）

常　委：赵　宇（回族）　华西临床医学院（华西医院）

委　员：郭孝东　化学工程学院

应千伟　商学院

（四）四川大学各民主党派负责人（38人）

1. 民革四川大学第四届委员会

主　委：李　睿（女）　灾后重建与管理学院

副主委：李瑞海　高分子科学与工程学院

罗德云　华西临床医学院（华西医院）

陈红莹（女）　图书馆

2. 民盟四川大学第四届委员会

主　委：朱建华　物理学院

副主委：陈彬兵（女）　电气信息学院

陈东林　华西药学院

黄丽君（女）　外国语学院

高　戈　化学学院

陈雪融（女）　华西临床医学院（华西医院）

3. 民建四川大学第四届委员会

主　委：项　涛　华西基础医学与法医学院

副主委：徐晓东　外语学院

李　赛　化学工程学院

龚玉萍（女）　华西临床医学院（华西医院）

史　江（女）　公共管理学院

邓菊秋（女）　经济学院

4. 民进四川大学第四届委员会

主　委：雷景新　高分子科学与工程学院

副主委：黄婉霞（女）　材料科学与工程学院

姜猛进　高分子科学与工程学院

况伟宏　华西临床医学院（华西医院）

牛永革　商学院

张大伟　生命科学学院

荀马玲　华西临床医学院（华西医院）

5. 农工党四川大学第四届委员会

主　委：陈龙奇　华西临床医学院（华西医院）

副主委：刘用明　审计处

朱　渝（女）　华西第二医院

骆　红（女）　水利水电学院

陆　方（女）　华西临床医学院（华西医院）

6. 致公党四川大学第五届总支委员会

主　委：李沄璋　建筑与环境学院

副主委：谭庆华　华西临床医学院（华西医院）

雷　莉（女、回族）　海外教育学院

7. 九三学社四川大学第四届委员会

主　委：张　彬（女）　电子信息学院

副主委：刘兴年　水利水电学院

张　蕊（女）　经济学院

商慧芳（女）　华西临床医学院（华西医院）

揭筱纹（女）　商学院

赵　宇（回族）　华西临床医学院（华西医院）

余　徽　化学工程学院

四、各级政府参事（11人）

（一）四川省人民政府参事室参事（4人）

姜晓萍（女）　公共管理学院　（中共）

周　东　华西临床医学院（华西医院）　（无党派）

刘长武　水利水电学院　（致公党）

蒋文举　建筑与环境学院　（无党派）

（二）成都市人民政府参事室参事（7人）

邓　翔　经济学院　（无党派）

蒋国庆　经济学院　（民盟）

王建平　法学院　（民革）

蔡小于　商学院　（民建）

张　苏　艺术学院　（致公党）

龚秀国　经济学院　（九三）

刘　毅　华西公共卫生学院　（民进）

五、各级文史馆馆员、特约馆员（15人）

（一）中央文史研究馆馆员（1人）

陈　力　历史文化学院　（民盟）

（二）四川省文史研究馆馆员（8人）

向　熹　文学与新闻学院　（九三）

马继贤　历史文化学院　（民革）
何　崝　历史文化学院　（无党派）
陈　兵　道教与宗教文化研究所　（无党派）
侯开嘉　艺术学院　（无党派）
江玉祥　文学与新闻学院　（无党派）
舒大刚　古籍整理研究所　（中共）
黄宗贤　艺术学院　（中共）

（三）四川省文史研究馆特约馆员（4 人）

徐新建　文学与新闻学院　（无党派）
霍　巍　历史文化学院　（中共）
易　丹　文学与新闻学院　（无党派）
尹　波　古籍整理研究所　（致公党）

（四）成都市文史研究馆馆员（2 人）

陈廷湘　历史文化学院　（中共）
俞理明　文学与新闻学院　（无党派）

六、成都市知识分子联谊会第二届理事会（6 人）

会　长：林鹏智　水利水电学院
副会长：王　军　华西口腔医院
副秘书长：吴　潇　建筑与环境学院
理　事：杨　鑫（女）　商学院
林江莉（女）　生物医学工程学院
张　阳　生命科学学院

七、四川知识分子联谊会第四届理事会（12 人）

副会长：石　碧　轻工科学与工程学院
王坤杰　华西临床医学院（华西医院）
林鹏智　水利水电学院
理　事：王　杭（女）　华西口腔医院
会　员：熊　峰（女）　建筑与环境学院
吕建成　计算机学院（软件学院）
吕红亮　历史文化学院（旅游学院、考古文博学院）
吴　潇　建筑与环境学院
宗志勇　华西临床医学院（华西医院）
王　军　华西口腔医院
姚　强　华西第二医院
王文涛　华西临床医学院（华西医院）

八、四川欧美同学会·四川留学人员联谊会第二届理事会（8 人）

会　长：王正荣　华西基础医学与法医学院

副会长：李沄璋　建筑与环境学院
理　事：李　睿（女）　灾后重建与管理学院
李延浩　艺术学院
王云兵　生物医学工程学院
王　欣（女）　外国语学院
昂　然　物理学院
张俊然　电气工程学院

九、成都欧美同学会·成都留学人员联谊会第一届理事会（31人）

副会长：王玉忠　化学学院
副秘书长：张嗣杰　国际合作与交流处
黄灿华　华西基础医学与法医学院
常务理事：王玉忠　化学学院
张嗣杰　国际合作与交流处
黄灿华　华西基础医学与法医学院
任世杰　高分子科学与工程学院
余希杰　华西临床医学院（华西医院）
闵　理　华西临床医学院（华西医院）
苟马玲　华西临床医学院（华西医院）
昂　然　物理学院
曹　钰（女、回族）　华西临床医学院（华西医院）
理　事：成　果（女）　华西公共卫生学院
刘　杰　华西临床医学院（华西医院）
汤岳琴（女）　建筑与环境学院
许　恒　华西临床医学院（华西医院）
孙　美（女）　商学院
苏　丹　华西临床医学院（华西医院）
李　睿（女）　灾后重建与管理学院
沈颉飞　华西口腔医院
张凯山　建筑与环境学院
林　涛　计算机学院（软件学院）
胡　昂　建筑与环境学院
袁一民　艺术学院
高　鸿　轻工科学与工程学院
高庆红　华西口腔医院
郭维华　华西口腔医院
曹中炜（女）　华西第二医院
雷　莉（女、回族）　海外教育学院
雷　鹏　华西基础医学与法医学院

熊静远　华西公共卫生学院

十、成都市新侨联谊会（4 人）

副会长：游劲松　化学学院
秘书长：胡　昂　建筑与环境学院
理　事：刘艺婷　建筑与环境学院
李　燕　华西口腔医院

十一、四川大学第一届知识分子联谊会（28 人）

会　长：熊　峰（女）　建筑与环境学院
副会长：刘昕杰　法学院
昂　然　物理学院
文玉华　机械工程学院
杨　征　华西口腔医院
秘书长：吴　潇　建筑与环境学院
理　事：杨　鑫（女）　商学院
蔡尚伟　文学与新闻学院
杨　坤　化学工程学院
王津涛（女）　华西公共卫生学院
刘　凯　电气工程学院
孙　群（女）　生命科学学院
叶　英（女）　外语学院
林之恩　化学学院
曾英姿（女）　图书馆
李婉宜（女）　华西基础医学与法医学院
谭　鸿　高分子材料与科学学院
姚　强　华西第二医院
张文学　轻工科学与工程学院
林江莉（女）　生物医学工程学院
胡文传　数学学院
尹宗宁（女）　华西药学院
范　炜　公共管理学院
林　涛　计算机学院
王坤杰　华西临床医学院（华西医院）
李大海　电子信息学院
孙立成　水利水电学院
于　璐（女）　经济学院

十二、四川大学第一届留学人员联谊会（28 人）

会　长：石　碧　轻工科学与工程学院
副会长：李延浩　艺术学院

刘　波　化学学院
万学红　华西临床医学院
李沄璋（兼秘书长）　建筑与环境学院
理　事：章　乐　计算机学院（软件学院）
雷　鹏　华西基础医学与法医学院
王　欣（女）　外国语学院
戴　峰　水利水电学院
钮大文　化学工程学院
周维东　文学与新闻学院
文玉华　机械工程学院
龙炳蔚　物理学院
袁　嘉　法学院
唐英凯　商学院
曹中炜（女）　华西第二医院
杨晓庆　电子信息学院
郑　柯　化学学院
韩向龙　华西口腔医院
张楚红（女）　高分子科学与工程学院
胡泽春　数学学院
李　彬　电气信息学院
朱小红　材料科学与工程学院
曾忠东（女）　经济学院
成　果（女）　华西公共卫生学院
张　阳　生命科学学院
张嗣杰　国际合作与交流处
李　睿（女）　灾后重建与管理学院

十三、成都市侨联第一届青年委员会（5 人）

副会长：王　丹（女）　海外教育学院
委　员：杨　洁（女）　建筑与环境学院
张凌华（女）　国际关系学院
阎　斌　轻工科学与工程学院
卜　迁　华西公共卫生学院

十四、四川大学归国华侨联合会委员会（15 人）

主　席：昂　然　物理学院
副主席：雷　莉（女、回族）　海外教育学院
高　鸿　轻工科学与工程学院
成　果（女）　华西公共卫生学院
秘书长：杨　洁（女）　建筑与环境学院

委　员：章　乐　计算机学院（软件学院）
朱彤波（女）　华西基础医学与法医学院
陈　悦（女）　华西口腔医院
胡文传　数学学院
龙慧拓（女）　社科处
张楚红（女）　高分子研究所
钟治晖　华西临床医学院（华西医院）
程小钰（女）　国际合作与交流处
张大伟　生命科学学院
江　竹（女）　党政办

四川大学2021年先进基层党组织、优秀共产党员和优秀党务工作者名单

一、先进基层党委（5个）

1. 化学学院党委
2. 水利水电学院党委
3. 华西口腔医学院（华西口腔医院）党委
4. 马克思主义学院党委
5. 图书馆党委

二、先进党支部（23个）

1. 法学院2020级博士研究生党支部
2. 外国语学院英文系党支部
3. 艺术学院2019级硕士研究生党支部
4. 历史文化学院（旅游学院、考古文博学院）考古教工党支部
5. 物理学院微电子学系教工党支部
6. 生命科学学院本科生党支部
7. 材料科学与工程学院博士生党支部
8. 机械工程学院博士生党支部
9. 电气工程学院研究生第一党支部
10. 计算机学院（软件学院）软件工程系党支部
11. 化学工程学院离退休第二党支部
12. 轻工科学与工程学院食品教工党支部
13. 高分子科学与工程学院高性能与功能高分子材料研究中心党支部
14. 华西临床医学院（华西医院）重症医学科党支部
15. 华西公共卫生学院（华西第四医院）急诊/ICU党支部
16. 华西药学院药剂学系教工党支部
17. 商学院管理科学与系统科学系党支部
18. 体育学院小球教研室党支部
19. 生物医学工程学院博士第一党支部
20. 机关校纪委办公室（监察处）、党委巡察工作办公室党支部
21. 机关发展规划处（“双一流”建设与质量评估办公室）党支部

22. 成人继续教育学院教工第二党支部
23. 产业集团工程设计研究院党支部

三、优秀共产党员（40人）

1. 经济学院党委　贺立龙
2. 经济学院党委　曾　阳
3. 法学院党委　李双君
4. 法学院党委　黄晨桀
5. 文学与新闻学院（新闻学院）党委　朱　姝
6. 历史文化学院（旅游学院、考古文博学院）党委　陈　艺
7. 数学学院党委　胡泽春
8. 物理学院党委　廖勇明
9. 生命科学学院党委　刘明春
10. 电子信息学院党委　李运国
11. 材料科学与工程学院党委　朱小红
12. 机械工程学院党委　余德平
13. 电气工程学院党委　李长松
14. 建筑与环境学院党委　王　宠
15. 水利水电学院党委　孟玉川
16. 轻工科学与工程学院党委　程海明
17. 高分子科学与工程学院党委　潘孝臣
18. 华西基础医学与法医学院党委　云利兵
19. 华西临床医学院（华西医院）党委　杨胜勇
20. 华西口腔医学院（华西口腔医院）党委　赵志河
21. 华西口腔医学院（华西口腔医院）党委　罗　天
22. 华西公共卫生学院（华西第四医院）党委　张彩林
23. 华西药学院党委　张　训
24. 公共管理学院党委　何　玲
25. 马克思主义学院党委　陈文泽
26. 体育学院党总支　袁志华
27. 灾后重建与管理学院党总支　王　蓉
28. 空天科学与工程学院党总支　蒲　伟
29. 匹兹堡学院直属党支部　殷紫璇
30. 国际关系学院党总支　雷　鸣
31. 网络空间安全学院党总支　王海舟
32. 海外教育学院直属党支部　周　丹
33. 哲学系与宗教所党总支　詹石窗
34. 机关党委　吴　刚
35. 机关党委　曹　薇

36. 机关党委　王　锐
37. 后勤保障部党委　罗　华
38. 图书馆党委　王兴伦
39. 出版社与期刊社党总支　李金兰
40. 出国留学人员培训部（出国留学预备学院）党总支　鄢　澜

四、优秀党务工作者（10 人）

1. 外国语学院党委　冯泽辉
2. 艺术学院党委　赵　怡
3. 计算机学院（软件学院）党委　聂　靖
4. 化学工程学院党委　谢　锐
5. 高分子科学与工程学院党委　牟德富
6. 华西临床医学院（华西医院）党委　曾　锐
7. 华西第二医院党委　王红静
8. 生物医学工程学院党委　许秀娟
9. 机关党委　马　涛
10. 分析测试中心党总支　吴　兰

四川大学 2021 年先进集体、先进个人名单

一、先进集体（10 个）

1. 文学与新闻学院（新闻学院）
2. 数学学院
3. 高分子科学与工程学院
4. 华西临床医学院（华西医院）
5. 华西第二医院产科
6. 商学院工业工程与工程管理系
7. 科学技术发展研究院
8. 财务处
9. 对外联络办公室（校友总会、教育基金会）
10. 后勤保障部

二、先进个人（100 人）

1. 经济学院 李江一
2. 经济学院 李佐红
3. 法学院 何继业
4. 法学院 郑莉芳
5. 文学与新闻学院（新闻学院） 曾元祥
6. 外国语学院 王 安
7. 艺术学院 许 亮
8. 历史文化学院（旅游学院、考古文博学院） 罗 凯
9. 历史文化学院（旅游学院、考古文博学院） 马 轩
10. 数学学院 覃孟念
11. 数学学院 卢 明
12. 物理学院 齐建起
13. 原子与分子物理研究所 彭 放
14. 化学学院 肖 波
15. 化学学院 余达刚
16. 生命科学学院 吴传芳
17. 电子信息学院 曹益平
18. 材料科学与工程学院 张 云

19. 机械工程学院 梁 岚
20. 机械工程学院 刘晓宇
21. 电气工程学院 胡 劼
22. 电气工程学院 刘俊勇
23. 电气工程学院 赵 涛
24. 计算机学院（软件学院） 张 意
25. 计算机学院（软件学院） 赵启军
26. 建筑与环境学院 熊 峰
27. 建筑与环境学院 戴靠山
28. 建筑与环境学院 杨志山
29. 水利水电学院 崔宁博
30. 水利水电学院 刘怀忠
31. 化学工程学院 李晓燕
32. 轻工科学与工程学院 范浩军
33. 高分子科学与工程学院 钟淦基
34. 高分子研究所 陈 洋
35. 华西基础医学与法医学院 林 佳
36. 华西基础医学与法医学院 罗 涛
37. 华西临床医学院（华西医院） 程南生
38. 华西临床医学院（华西医院） 邓学学
39. 华西临床医学院（华西医院） 冯 萍
40. 华西临床医学院（华西医院） 姜春玲
41. 华西临床医学院（华西医院） 柯博文
42. 华西临床医学院（华西医院） 李 红
43. 华西临床医学院（华西医院） 李罗红
44. 华西临床医学院（华西医院） 李水英
45. 华西临床医学院（华西医院） 刘 丹
46. 华西临床医学院（华西医院） 刘 均
47. 华西临床医学院（华西医院） 刘 翼
48. 华西临床医学院（华西医院） 唐梦琳
49. 华西临床医学院（华西医院） 田永明
50. 华西临床医学院（华西医院） 王 刚
51. 华西临床医学院（华西医院） 文黎敏
52. 华西临床医学院（华西医院） 吴 波
53. 华西临床医学院（华西医院） 杨 霖
54. 华西临床医学院（华西医院） 杨 梅
55. 华西临床医学院（华西医院） 于永扬
56. 华西临床医学院（华西医院） 张 凌

57. 华西临床医学院（华西医院）　赵　莎
58. 华西临床医学院（华西医院）　邹立群
59. 华西第二医院　宁　刚
60. 华西第二医院　王春举
61. 华西第二医院　伍金林
62. 华西口腔医学院（华西口腔医院）　刘治清
63. 华西口腔医学院（华西口腔医院）　裴锡波
64. 华西口腔医学院（华西口腔医院）　石　玉
65. 华西口腔医学院（华西口腔医院）　赵　蕾
66. 华西口腔医学院（华西口腔医院）　祝颂松
67. 华西公共卫生学院（华西第四医院）　全立明
68. 华西公共卫生学院（华西第四医院）　宋静媛
69. 华西公共卫生学院（华西第四医院）　汪克纯
70. 商学院　罗　利
71. 商学院　郑洪燕
72. 马克思主义学院　吴　敏
73. 体育学院　潘　峰
74. 灾后重建与管理学院　田兵伟
75. 空天科学与工程学院　周广武
76. 国际关系学院　霍仁龙
77. 海外教育学院　鲜丽霞
78. 哲学系　黄路苹
79. 国家生物医学材料工程技术研究中心　范红松
80. 党政办　郭立琼
81. 党委组织部（党校）　桑启源
82. 校纪委办公室（监察处）　廖　毅
83. 党委学生工作部（处）　迪力木拉提·尼亚孜
84. 党委保卫部（处）　兰新宇
85. 校工会　贾丝云
86. 校团委　周　宁
87. 党委教师工作部　张同修
88. 人事处　岳　华
89. 教务处　伍红雨
90. 科学技术发展研究院　覃世扬
91. 发展规划处（“双一流”建设与质量评估办公室）　杨晓龙
92. 华西医学中心办公室　赖毅翔
93. 图书馆　舒　予
94. 成人继续教育学院　张婧怡

95．产业集团 陈丽莉
96．产业集团 苏 春
97．后勤保障部 毛正利
98．后勤保障部 牟君明
99．后勤保障部 谢 东
100．社区建设办公室 刘 欣

2021 年度学生工作主要获奖成果一览表

参赛项目名称	等级	获奖情况	获奖学生/人次数
美国大学生数学建模竞赛	国际级	国际一等奖 23 项，国际二等奖 72 项，国际三等奖 193 项	256
APMCM 亚太地区大学生数学建模大赛	国际级	国际一等奖 2 项，全国二等奖 3 项，全国三等奖 1 项	8
WUPENicity2021 城市可持续调研报告国际竞赛	国际级	国际一等奖 1 项，全国二等奖 2 项	11
国际遗传工程机器大赛(iGEM)	国际级	国际一等奖 1 项	22
2021 年中国“互联网+”大学生创新创业大赛	国家级	金奖 6 项，银奖 2 项，铜奖 5 项	166
第十六届“挑战杯”四川省大学生课外学术科技作品竞赛（含红色专项）	国家级	全国特等奖 9 项，全国一等奖 8 项，省特等奖 1 项，省一等奖 19 项，省二等奖 21 项，省三等奖 11 项	339
2021 年全国大学生英语竞赛	国家级	全国特等奖 15 项，全国一等奖 18 项，全国二等奖 173 项，全国三等奖 297 项	482
第七届全国大学生水利创新设计大赛	国家级	全国特等奖 2 项，全国一等奖 1 项	15
第二届“华维杯”全国大学生农业水利工程及相关专业创新设计大赛	国家级	全国特等奖 1 项，全国一等奖 2 项，全国二等奖 1 项	14
全国大学生生命科学竞赛	国家级	全国特等奖 1 项，全国二等奖 4 项，全国三等奖 3 项，省一等奖 2 项，省二等奖 9 项，省三等奖 16 项	149
2021 年全国大学生化工设计竞赛	国家级	全国特等奖 1 项，全国二等奖 1 项，全国三等奖 6 项，省特等奖 1 项，省二等奖 3 项	60
第九届中国大学生高分子材料创新创业大赛	国家级	全国特等奖 1 项，全国二等奖 1 项，全国三等奖 1 项	15

续表

参赛项目名称	等级	获奖情况	获奖学生/人次数
第十六届“东风日产杯”清华IE亮剑全国工业工程应用案例大赛	国家级	全国特等奖1项，全国三等奖6项	32
第十三届全国大学生药苑论坛	国家级	全国特等奖1项，全国三等奖3项	20
全国大学生英语能力竞赛	省部级	全国特等奖1项，全国三等奖2项，省二等奖1项	2
全国大学生软件创新大赛	国家级	全国特等奖1项，省一等奖1项	8
第二届“贸仲杯”国际投资仲裁赛暨第十三届法兰克福投资仲裁模拟法庭中国赛区预选赛	国家级	全国特等奖1项	4
2021年第十四届全国大学生信息安全竞赛作品赛	国家级	全国一等奖6项，全国二等奖5项，全国三等奖2项	59
全国大学生数学竞赛	国家级	全国一等奖6项，全国二等奖2项，全国三等奖7项，省一等奖190项，省二等奖343项，省三等奖433项	15
2021年大学生创新创业训练计划	国家级	全国一等奖6项，省一等奖11项	79
全国“互联网＋化学反应工程”课模设计大赛	国家级	全国一等奖4项，全国二等奖5项，全国三等奖3项	46
第八届“泰山杯”全国医学影像技术专业大学生（本科）实践技能大赛	国家级	全国一等奖4项，全国二等奖2项	5
全国第六届大学生艺术展演活动艺术表演类	国家级	全国一等奖3项	9
全国大学生光电设计竞赛	国家级	全国一等奖3项，全国二等奖5项，省一等奖7项，省二等奖16项，省三等奖17项	120
全国高校计算机能力挑战赛	国家级	全国一等奖2项，全国二等奖5项，全国三等奖8项	15
第六届全国大学生生物医学工程创新设计竞赛	国家级	全国一等奖2项，全国二等奖4项，全国三等奖3项	22
中国高校计算机大赛	省部级	全国一等奖2项，全国二等奖3项，全国三等奖5项，省一等奖6项，省二等奖7项，省三等奖5项	90

续表

参赛项目名称	等级	获奖情况	获奖学生/人次数
全国大学生市政环境类创新实践能力第三届“北控水务杯”大赛	国家级	全国一等奖 2 项，全国二等奖 3 项，全国三等奖 2 项	9
2021 年第 46 届 ICPC 国际大学生程序设计竞赛亚洲区域赛	国家级	全国一等奖 2 项，全国二等奖 2 项，全国三等奖 4 项	22
2021“外研社·国才杯”全国英语竞赛	国家级	全国一等奖 2 项，全国二等奖 2 项，全国三等奖 2 项	7
“锦江学院杯”第二十三届全国机器人锦标赛暨第十二届国际仿人机器人奥林匹克大赛	国家级	全国一等奖 2 项，全国二等奖 1 项	7
“欧冶云商杯”大学生编程/算法大赛	国家级	全国一等奖 2 项，全国三等奖 2 项	4
全国大学生计算机技能应用大赛	国家级	全国一等奖 2 项	2
2021 中国大学生 Chem-E-Car 竞赛	国家级	全国一等奖 2 项	8
2021 年 CUDC 全国大学生英语辩论赛	国家级	全国一等奖 2 项	2
2021“高教社杯”全国大学生数学建模竞赛	国家级	全国一等奖 1 项，全国二等奖 6 项，省一等奖 26 项，省二等奖 36 项	207
第七届全国大学生基础医学创新研究暨实验设计论坛	国家级	全国一等奖 1 项，全国二等奖 6 项，省二等奖 3 项，省三等奖 5 项	36
第十一届 MathorCup 高校数学建模挑战赛	国家级	全国一等奖 1 项，全国二等奖 3 项，全国三等奖 4 项	9
中国大学生计算机设计大赛	国家级	全国一等奖 1 项，全国二等奖 3 项，全国三等奖 2 项，省一等奖 2 项，省二等奖 10 项，省三等奖 7 项	72
全国大学生电子设计竞赛	国家级	全国一等奖 1 项，全国二等奖 2 项，省一等奖 3 项，省二等奖 9 项，省三等奖 22 项	64
中国大学生工程实践与创新能力大赛	国家级	全国一等奖 1 项，全国二等奖 2 项，省一等奖 2 项，省二等奖 2 项，省三等奖 2 项	33
第十届中国大学生医学技术技能大赛	国家级	全国一等奖 1 项，全国二等奖 2 项，全国三等奖 2 项	22

续表

参赛项目名称	等级	获奖情况	获奖学生/人次数
第二届“大龙杯”全国大学生高分子材料实验实践大赛	国家级	全国一等奖1项，全国二等奖1项，全国三等奖1项	3
第二十届全国大学生机器人大赛ROBMASTER2021机甲大师高校联盟赛	国家级	全国一等奖1项，全国二等奖1项，省一等奖3项	4
第二届全国高分子材料创新创业大赛	国家级	全国一等奖1项，全国二等奖1项	6
第十二届“卓然—科新杯”过程装备实践与创新赛	国家级	全国一等奖1项，全国三等奖3项	14
中国大学生广告艺术节学院奖	国家级	全国一等奖1项，全国三等奖2项	9
第四届“一汽丰田杯”工业工程与精益管理创新赛	国家级	全国一等奖1项，全国三等奖2项	12
2021中国大学生计算机设计大赛	国家级	全国一等奖1项，全国三等奖1项，省一等奖1项，省三等奖1项	10
第十届全国大学生金相技能大赛	国家级	全国一等奖1项，全国三等奖1项	2
第二届全国高校创新英语挑战活动英语词汇赛	国家级	全国一等奖1项，全国三等奖2项	3
第八届“天赐材料杯”全国大学生化工安全设计大赛	国家级	全国一等奖1项，全国三等奖1项	12
第四届全国大学生化工实验大赛	国家级	全国一等奖1项，省特等奖1项，省一等奖1项，省二等奖1项，省三等奖31项	105
中国合唱节	国家级	全国一等奖1项	49
浙江省第十一届会展创意策划大赛	省部级	全国一等奖1项	3
全国高校商务英语竞赛决赛	国家级	全国一等奖1项	1
全国大学生创新创业训练计划年会展示	国家级	全国一等奖1项	4
第一届全国高校商务翻译（英语）能力挑战赛	国家级	全国一等奖1项	1
第四届全国社会公共安全案例大赛	国家级	全国一等奖1项	5

续表

参赛项目名称	等级	获奖情况	获奖学生/人次数
第十三届全国大学生版权征文活动	国家级	全国一等奖 1 项	1
第二届全国高等院校数学能力挑战赛	国家级	全国一等奖 1 项	1
第二届全国大学生计算机能力挑战赛	国家级	全国一等奖 1 项	1
2021 首届极客少年挑战赛	国家级	全国一等奖 1 项	1
2021“巅峰极客”网络安全技能挑战赛	国家级	全国一等奖 1 项	1
2020 年全国大学生财经素养大赛	国家级	全国一等奖 1 项	1
第九届全国高校数字艺术设计大赛	国家级	全国一等奖 1 项，全国二等奖 2 项，全国三等奖 1 项，省一等奖 8 项，省二等奖 16 项，省三等奖 28 项	81
第 20 届全国大学生机器人竞赛 ROBOMASTER 2021“机甲大师”赛	省部级	全国二等奖 14 项，省一等奖 9 项，省二等奖 2 项，省三等奖 2 项	213
2020 年第 45 届 ICPC 国际大学生程序设计竞赛亚洲区域赛	国家级	全国二等奖 7 项，全国三等奖 5 项	23
第十二届“蓝桥杯”全国软件和信息技术专业人才大赛	国家级	全国二等奖 9 项，全国三等奖 11 项，省一等奖 26 项，省二等奖 13 项，省三等奖 18 项	77
第 7 届中国大学生程序设计竞赛	国家级	全国二等奖 4 项	11
“园冶杯”大学生国际竞赛	国家级	全国二等奖 2 项，全国三等奖 7 项	16
全国大中学生第十届海洋文化创意设计大赛	国家级	全国二等奖 2 项，全国三等奖 3 项	7
2021 年中国大学生程序设计竞赛	国家级	全国二等奖 2 项，全国三等奖 2 项	10
第四届全国大学生冶金科技竞赛	国家级	全国二等奖 2 项，全国三等奖 1 项	9
2021 年第四届“中青杯”全国大学生数学建模竞赛	国家级	全国二等奖 2 项，省二等奖 1 项	3

续表

参赛项目名称	等级	获奖情况	获奖学生/人次数
2021 第五届“强网杯”青少年专项赛	国家级	全国二等奖 2 项	6
第十三届全国周培源大学生力学竞赛	国家级 省部级	全国二等奖 1 项，全国三等奖 34 项，省一等奖 29 项，省二等奖 42 项，省三等奖 38 项	144
第十四届“力诺瑞特杯”全国大学生节能减排社会实践与科技竞赛	国家级	全国二等奖 1 项，全国三等奖 10 项	49
中国包装创意设计大赛	国家级	全国二等奖 1 项，全国三等奖 2 项	3
第六届高校学生课外“核＋X”创意大赛	国家级	全国二等奖 1 项，全国三等奖 1 项	5
第二届水科学数值模拟创新大赛	国家级	全国二等奖 1 项，全国三等奖 1 项	5
2021 年第十届“中国软件杯”大学生软件设计大赛	国家级	全国二等奖 5 项，全国三等奖 9 项	37
全国大学生数据统计与分析竞赛	国家级	全国二等奖 1 项	1
第四届中国会展院校大学生辩论赛	国家级	全国二等奖 1 项	1
第十二届全国大学生服务外包创新创业大赛	国家级	全国二等奖 1 项	1
第二届全国高校创新英语挑战活动英语翻译赛（英译汉）全国总决赛	国家级	全国二等奖 1 项	1
2021 年第 7 届中国大学生程序设计竞赛	国家级	全国二等奖 6 项，全国三等奖 1 项，省一等奖 1 项	10
第 18 届全国大学生信息安全与对抗技术竞赛	国家级	全国二等奖 1 项	3
2021 年“强网杯”人工智能挑战赛	国家级	全国二等奖 1 项	6
2021 年第五届普译奖全国大学生翻译比赛	国家级	全国二等奖 1 项	1
2021 年第十四届全国大学生信息安全竞赛创新实践能力赛	国家级	全国二等奖 1 项	4

续表

参赛项目名称	等级	获奖情况	获奖学生/人次数
“花旗杯”金融创新应用大赛	国家级	全国二等奖1项	4
第三届城市水环境与水生态科普创意大赛	国家级	全国二等奖1项	6
第十一届全国大学生市场调研与分析大赛	国家级	全国三等奖3项，省二等奖2项，省三等奖5项	46
中国大学生服务外包创新创业大赛	国家级	全国三等奖2项	8
全国大学生“互联网+”创新大赛暨第八届“发现杯”全国大学生互联网软件设计大奖赛	国家级	全国三等奖2项	6
第二十届全国大学生机器人大赛	国家级	全国三等奖2项	42
第十一届“正大杯”全国大学生市场调查与分析大赛四川省选拔赛	省部级	全国三等奖1项，省二等奖12项，省三等奖7项	4
中国大学生机械工程创新创意大赛铸造工艺设计赛	国家级	全国三等奖1项	1
全国高校绿色计算创新大赛	国家级	全国三等奖1项	2
全国大学生英语翻译大赛	国家级	全国三等奖1项	1
全国大学生FPGA创新设计竞赛	国家级	全国三等奖1项	3
第四届“人民中国杯”日语国际翻译大赛	国家级	全国三等奖1项	1
第十届全国大学生遗产保护提案大赛	国家级	全国三等奖1项	5
第十二届中国大学生物理学术竞赛	国家级	全国三等奖1项	6
第六届中国大学生程序设计竞赛总决赛	国家级	全国三等奖1项	3
第二届东方创意之星设计大赛	国家级	全国三等奖1项	1
2021年第四届中国高校智能机器人创意大赛	国家级	全国三等奖1项	4

续表

参赛项目名称	等级	获奖情况	获奖学生/人次数
2021年大学生口腔科普作品创作与传播活动	国家级	全国三等奖1项	4
2021第一届“派逊杯”校服设计大赛	国家级	全国三等奖1项	3
第十一届“正大杯”全国市场调研与分析大赛	国家级	全国三等奖1项	1
四川省第六届大学生普通物理知识竞赛	省部级	省特等奖3项	3
2020年四川省大学生校园戏剧展演季	省部级	省特等奖1项	3
2021“外研社·国才杯”四川省大学生英语挑战赛	省部级	省一等奖5项，省二等奖3项，省三等奖3项	11
第一届四川省生物医学工程创新设计大赛	省部级	省一等奖4项，省二等奖6项，省三等奖9项	39
2021年四川省“中汇杯”财经素养大赛	省部级	省一等奖4项，省二等奖4项，省三等奖12项	93
2021年（第十三届）四川省大学生程序设计竞赛	省部级	省一等奖3项，省二等奖2项，省三等奖1项	16
2021年四川省大学生营销策划大赛	省部级	省一等奖2项，省二等奖4项，省三等奖2项	32
四川省大学生生物与环境科技创新大赛	省部级	省一等奖2项，省二等奖3项，省三等奖2项	32
2021年四川省大学生工业工程创新应用案例大赛	省部级	省一等奖2项，省二等奖2项，省三等奖1项	20
2021年四川省大学生企业管理挑战赛	省部级	省一等奖2项，省二等奖1项，省三等奖5项	24
四川省生物医学工程创新设计大赛	省部级	省一等奖2项	3
四川省大学生智慧文旅创新创作大赛	省部级	省一等奖2项	2
第五届西南地区大学生物理学术竞赛	省部级	省一等奖2项	12

续表

参赛项目名称	等级	获奖情况	获奖学生/人次数
第十一届全国大学生电子商务“创新、创意及创业”挑战赛	省部级	省一等奖 1 项，省二等奖 5 项，省三等奖 2 项	2
2021 年大学生互联化工设计竞赛	省部级	省一等奖 1 项，省二等奖 4 项	25
2021 年四川省大学生化工设计竞赛	省部级	省一等奖 1 项，省二等奖 3 项，省三等奖 2 项	30
四川省大学生环保科普创意大赛	省部级	省一等奖 1 项，省二等奖 2 项，省三等奖 4 项	12
四川省大学生口腔医学技能大赛	省部级	省一等奖 1 项，省二等奖 2 项，省三等奖 3 项	22
“空间的延异”——2021 第五届“中建杯”西部“5+2”环境艺术设计双年展	省部级	省一等奖 1 项，省二等奖 2 项，省三等奖 3 项	12
第十一届四川省大学生电子商务“创新、创意及创业”挑战赛	省部级	省一等奖 1 项，省二等奖 2 项，省三等奖 3 项	30
四川省第三届“恒宇—舜宇杯”金相技能大赛	省部级	省一等奖 1 项，省二等奖 1 项，省三等奖 8 项	10
2021 年第七届全国大学生工程训练综合能力竞赛四川省比赛	省部级	省一等奖 1 项，省二等奖 1 项，省三等奖 2 项	12
第二届“铸剑杯”纪念人民军工创建九十周年文化创意大赛	省部级	省一等奖 1 项，省二等奖 1 项	2
2021 年四川省大学生生物与环境科技创新大赛	省部级	省一等奖 1 项，省二等奖 1 项	8
第二届四川省大学生智能建造与管理创新大赛	省部级	省一等奖 1 项，省三等奖 1 项	10
2021 年四川省大学生版权征文活动	省部级	省一等奖 1 项，省三等奖 1 项	2
首届“成渝杯”数字媒体艺术作品大赛	省部级	省一等奖 1 项	1
首届巴蜀合唱节	省部级	省一等奖 1 项	50

续表

参赛项目名称	等级	获奖情况	获奖学生/人次数
第五届四川省大学生光电设计竞赛	省部级	省一等奖 1 项	1
2021 四川省大学生区块链技术应用创新大赛	省部级	省一等奖 1 项	4
2021 年第十三届四川省 ACM-ICPC 大学生程序设计竞赛	省部级	省一等奖 1 项	3
2021 第一届“天虹杯”食品创新大赛	省部级	省一等奖 1 项	3
2020 年全国高校计算机能力挑战赛 Office 高级应用赛	国家级	省一等奖 1 项	1
“剧美天府”回望百年路 奋进新时代——四川省庆祝中国共产党成立 100 周年优秀剧目展演季	省部级	省一等奖 1 项	57
2021 年四川省大学生工业设计大赛	省部级	省二等奖 4 项，省三等奖 4 项	14
第 13 届全国大学生广告艺术大赛四川（西藏）赛区	省部级	省二等奖 2 项，省三等奖 7 项	13
2021 新加坡金沙艺术设计大赛	省部级	省二等奖 2 项，省三等奖 5 项	7
全国大学生物联网设计竞赛	省部级	省二等奖 2 项	2
第十六届全国大学生智能车竞赛全国总决赛	省部级	省二等奖 1 项，省三等奖 4 项	16
两岸新锐设计竞赛·华灿奖	省部级	省二等奖 1 项，省三等奖 1 项	2
第 23 届中国机器人及人工智能大赛	省部级	省二等奖 1 项，省三等奖 1 项	10
四川省 2021 年中华经典诵写讲演系列活动	省部级	省二等奖 1 项	1
“杭博杯”第四届中国会展院校大学生辩论赛	省部级	省二等奖 1 项	5
第十一届全国大学生红色旅游创意策划大赛	省部级	省二等奖 1 项	4
2021 中国高校生肖设计大赛	省部级	省二等奖 1 项	1

续表

参赛项目名称	等级	获奖情况	获奖学生/人次数
2021年四川省大学生ERP数智化企业沙盘模拟经营大赛	省部级	省三等奖3项	12
第五届全国大学生集成电路创新创业大赛	国家级	省三等奖2项	6
第六届四川省大学生结构设计竞赛	省部级	省三等奖2项	6
第13届大学生广告艺术大赛	省部级	省三等奖2项	2
2021年四川省舞蹈新作比赛	省部级	省三等奖2项	24
中国日报社“二十一世纪·可口可乐杯”全国大学生英语演讲比赛	国家级	省三等奖1项	1
第五届“国青杯”全国高校艺术设计大赛	省部级	省三等奖1项	1
第二届全国大学生语言文字能力大赛	省部级	省三等奖1项	1
IFF营养与健康两岸学生创新大赛	省部级	省三等奖1项	5
2021年“菁蓉杯”四川省大学生知识产权竞赛	省部级	省三等奖1项	3

四川大学2021届省级优秀毕业生名单

经济学院

李敬　郭潇蔓　孟佳　周博　王嘉帆　曾妙　范静媛　罗浩川　王静
李娅莉　夏瑾喆　张佩瑶　任康睿　秦范　张亚婷　曾阳　鞠慧贤　闫睿怡
褚悦　张道涵　刘岩冰　周逸鸣　幸咏轩　陈应　姜博瀚　唐彬鹏　王婷
李杨鑫　韩佳峻　谭静　刘佳琳　刘巍巍　符旭　虞璐彦　杨晓冬　曾磊

法学院

熊鑫　谭明阳　何涛　敖靖　李佩洁　黄振　梁博文　漆青文　李善妹
吴磊城　成润　韦香怡　杨杰　阮嘉禾　朱昱衡　马燕宇　梁智　汪鑫
王文丽　王婕　向纹烨

文学与新闻学院（新闻学院）

陈婷　高小珺　王迪　郑思捷　赵青　马晓敏　张益智　夏甜　黄川蓉
周雨虹　吴雅雯　王风珊　姚慧　白洁　朱磊　丁梦　陈涵宇　杨凯
吴明红　权湄荻　孙琬祎　汪麟威　刘雨凡　常乐　陈名艺　陈昱晓　曾维涵
杨宜霖　励依妍　吕清怡　吴嘉敏　肖威搏　冉诗媛　陈崴　薄王逸

外国语学院

李念　王婷婷　陈之童　熊军　王潇　李梦琳　郭芸伊　毛心仪　肖莜
葛璐　孙钰贤　柳贺玮　李雨桐　吴红萱　张舒婷

艺术学院

秦瑾　席鹏卿　于鹏　张珊山　谭榜眼　朱音洁　黄青　王静　张嘉迅
李彦熹　王睿杨　邵子怡　王艺霏　谢亦博　幸自强　姜雨孜　周鑫健　代青
王雨莜　张蔓艺　李睿仪

历史文化学院（旅游学院、考古文博学院）

江超民　杨洪永　宋丹　赵玄蓉　熊建慧　曹豆豆　易艳丽　李磊鑫　温涛
殷欣　廖秋灿　张大利　张怡秋　李梓嫣　孙唯祎　孙玲敏　郭康佳　刘湘源

数学学院

李晓薇　陈荔靖　陈聪　李静　邓朝文　李云鹤　李昊轩　刘念　张颢瑀
李雨萱　贺钰淇　曾月

物理学院

林乐澎　沈苏　陈志禹　叶迪银　郑江　郑祖骏　王鑫雨　郝峻丰　王鑫

汪清泓　秦阳辉　马凌燕　陈国捷　范思捷　曾　绪　邓啸宇　虞博文

化学学院

张　东　赵立兴　石　磊　宋　磊　徐超然　廖黎丽　王　芳　张　咪　谭翀云
陈　亮　龚钰扉　马靖雨　王丽莹　王曼茜　吴艳玲　殷倩莲　赵　琦　周林苑

生命科学学院

王　颖　梁鹏宽　魏　淋　周　敏　李　丹　杨恩来　吴孟璠　王　晨　杨　巧
操小桐　潘怡潼　斯云昊　任肖锟　谢冰莹　杨晓彤　张俊辉

电子信息学院

吴周杰　田莉兰　吴雅婕　何淼楹　张志成　申庆浩　钟南亚　袁大力　何俊岭
孙雪曼　周祥屿　赵　丽　丁军明　张雪琳　柳　震　唐　为　郭鸿韬　陈　璐
刘姝琪　郭显瑜　陈志豪　崔涌静　李佳豪　李　顺　杨迎哲　李冰怡　商　涛

材料科学与工程学院

王博雅　谢洪涛　张　亮　刘陶懿　陶　红　黄灵芝　符　晓　何　柳　王桐欣
杜　旭　张劭晨　徐　利

机械工程学院

苏武丽　刘成勇　李文洋　王　黎　王晨妍　王晨丞　杨　键　张煜杭　苗欣冉
姜　春　黄恺翔　张亚博　徐光宇　韩雨轩　肖　斌　张　萌　李玉婷　徐艺丹
朱浩文　张润花　于永洁　刘雨杨

电气工程学院

唐　早　舒　稷　吴　刚　张美颖　何函洋　饶显杰　谭　瑞　季陈林　邰克强
倪扶瑶　陈池瑶　杨　莉　徐瑞廷　吴佳奇　唐桢馥　陈铨艺　杨子石　廖　鑫
程杨帆　马　帅　梅　圳　伍彦豪　李昕镁　黄　达　陈依崭　罗　昕　邵晨颖

计算机学院

王　丹　王　旭　张译丹　付菲菲　赖志宸　杨　婷　陈　钉　赖彦村　刘雨森
王超凡　竺正邦　程鑫华　童　瀚　李雨昊　马林涛　马　龙　汪照文　胡书杰
刘安芳　陈　庄　余文瀚　袁　博　李林峻　王凤杰　雷　舜　朱寒冰　王以珩

软件学院

余　坚　施宇昂　吴　迪　高天予　何周淼　林同灿　文　璐　郭沛祺　唐郅杰
李方钏

建筑与环境学院

方　雪　金　蕾　甘凤丽　张为珍　李春容　周冠宇　方　晓　李　伟　杨小迪
瞿　欣　张韦艳　周嘉莉　滕海东　张小冉　梁子涵　沈子烨　张向阳　罗逸雯
易梦瑶　谢瑞媛　干卓臻　娄广亚　王文欣　樊志超　易　鑫　高　畅

水利水电学院

姜守政　严天曈　张锦涌　周星宇　王晓东　彭方俊　胡德茂　雷佳明　崔芷慧
王洪涛　徐佳琪　徐希蒙　刘燕平　郑珺文　侯正辉　张楹婧　周俸嘉　李一林
曹小敏

化学工程学院

刘玉妹　刘文英　王玉滨　王福欢　谢　艺　胡婉蓉　韩子柯　许　驰　贾璐菡
蔺育菲　秦蕴竹　谢文国　张宇豪　蹇萍秋　吴玉婷　任俊宇　徐钰萱　徐浩瀚
胡庭瑗　王冰冰

轻工科学与工程学院

肖　月　陈利维　唐　宏　邓子叙　王　璐　马　娅　宋　彬　李瑜琪　白　洋
孙伊纯　周箬萱　任俊烨　田　雪　刘　雅

高分子科学与工程学院

聂子君　袁　斌　郭宇航　戴　宇　余海林　喻媛媛　蒲俊宏　王　婷　冷　杰
纪海锋　曹　杰　丁　磊　梅骏琪　潘思宇　林婉婷　汪文洁　薛泓睿　张霄羽
郝媛媛　夏　玮　胡博涵　陈浩东　李昊天　汪　慧

华西基础医学与法医学院

鲁　婷　胡俊梅　邹　星　钟　妍　刘桂宏　李　涛

华西临床医学院

叶连松　王丽亚　周骏腾　熊于勤　谭　丽　唐小琼　刘　菁　李　慧　王秋入
王启光　罗泽宇　吴廷奎　黄　阳　苏筱芮　张菲菲　石　睿　张帘青　蒋　丽
鲁　璐　钟　兵　许　洋　罗云瑶　王若然　孔维丽　黄宏燕　赵文玲　倪云霞
牟晓丽　朱玲玲　税　璘　李培艺　葛汾汾　卜　暄　尚启新　徐　旭　王　彦
刘　琦　谭家兴　胡　旭　郭玲宏　马瑞欣　张心怡　万方芳　刘林虎　边晓晖
李英纳　卢　坤　田博文　熊芷仪　李云环　程一帆　吴帅奇　邓文祎　奚素非
青婉怡　郭瑞华　任如钰　胡小芳

再生医学中心

田格尔

华西口腔医学院

万　婷　罗俊元　田陶然　戴雯玉　向臻婷　陶思颖　仇学梅　李　博　武云舒
王禹弘　陈娅飞　徐　嘉　赵一凡　谢雅馨　程俊鑫　李诗佳　易祖木　汪子又
陈良瑞　饶思晗　吴嘉诚

华西公共卫生学院

王礼群　陈　婧　尹　烁　陈　婷　吴　凌　杨晨煜　谭晓霜　殷　韵　刘越男
郭　易　代雨岑　王恬瑶　薛怡婷　李灵杰

华西药学院

陈　健　胡　瑶　唐宝兰　王旭辉　徐慧贝　陈雯霏　吴思娴　陈芷倩　汪小蓉
张苗苗　王宣宇　宋钰珺　阳星月　孔金霞

公共管理学院

姜奕良　郭慧冰　马浩原　于　超　陈露梦　徐焕斌　杨成虎　徐丽新　徐校溪
谢佳瑶　王沛懿　邓　欢　谭淋丹　康　健　高振华　张佳欣　郭仕菡　卢　玮
阳　静　陈裕琪　吴昕阳　陈　露　刘淞月　柯　帆　吕奥博　齐　宇

商学院

胡栩铭 王 艳 张 申 王以勒 蒲中敏 张慧翔 米晓妹 李 杨 王婷婷
陈运翔 杞 迪 张露洋 詹承燕 刘倬萌 谭润芝 耿玉玉 张凌云 张心童
刘婷婷 柯昕玥 陈 汉 陈婧怡 张志群 吴晶滢 邹佶珊 李婉华 张赵博涵

马克思主义学院

冷文益 唐华琼 孟 娇

体育学院

巫前锦 杨莉莉

灾后重建与管理学院

李 博

空天科学与工程学院

李 爱 陶芯怡 戴之峻

匹兹堡学院

张心亮 伍 戈 赵金波 樊光熙 吴 波 余源盛 李佑壬 陈九龙

国际关系学院

路 顺 项晓莹 奂亚东 胡可怡

网络空间安全学院

蔡顺婉 孙天放 高 健 陈 扬 李思宇 蔡易成 吴怡欣 李 劭 李 滢

哲学系与宗教所

李 铭 时杨杰 任芮妮 闫天霖

生物医学工程学院

胡 成 马博轩 李黎嘉 周雪映 李国浩 杨骐彰 吴思毅 杨 惠 王宁远

生物治疗国家重点实验室

杨静云 李越山 李琪琪 杨 涛 刘芙蓉 唐 伊 郭银萍 李 攀 洪泽华
乔婧昕 张 洁 熊 亮 龚松林 黄 成 汪明瑶 陈瑾新

分析测试中心

黄小英

新能源与低碳技术研究院

吴 阳

吴玉章学院

李殷韬 陈宗鸿 张凯凡 成凤祥 杨忻程 王兆基 李博洋

四川大学2021届校级优秀本科毕业生、优秀本科毕业生干部名单

经济学院（92人）

优秀毕业生（58人）

王旭娇　唐彬鹏　石芮华　杨子晨　吴冰妍　孟思雨　曾慧娴　薛赵琴　秦　露
谭　静　刘　婷　高　飞　程谟瀛　任思念　韩佳峻　王　博　周逸鸣　王　玥
何思颖　曾　菲　陈　应　高心语　李嘉楠　孔昕晖　韩梦珂　王若曦　梁志恒
唐久琳　刘佳琳　袁懿纯　钟嘉琳　芦志杰　梁秋婷　康蓝月　曾　磊　杨晓冬
韩　捷　孙秋怡　陈紫灵　褚　悦　闫睿怡　凌　冰　刘　成　姜铭烽　李敬业
李　怡　廖语嫣　曾　阳　鞠慧贤　贺易楠　蒲佩芝　南凯轩　秦　范　张亚婷
瞿婷婷　王雅墨　赵雪伊　冯　晨

优秀毕业生干部（34人）

张道涵　陈　曦　刘岩冰　刘圣烨　虞璐彦　符　旭　潘晨煜　李佳忆　赵婉杉
幸咏轩　王昳莹　侯志强　白　奎　高　姗　张雨婷　张冰冰　李雅婷　王　力
杨浩辉　刘巍巍　李雯琪　周　杰　佘思阅　周　旭　李杨鑫　王　婷　姜坤鹏
牛树欣　蒋妍怡　周　欣　杨子瑜　杨亦逍　姜博瀚　欧禹泽

法学院（25人）

优秀毕业生（19人）

焦丽薇　王　琪　王一潇　徐　响　张安妮　王文丽　朱昱衡　王冠锜　梁　智
张昊鹏　简玉洁　敬翔宇　赵璟皓　向纹烨　汪佳媚　金雨涵　王　婕　阮嘉禾
张馨月

优秀毕业生干部（6人）

马燕宇　陈雨薇　曹　云　汪　鑫　蹇　露　张瑞露

文学与新闻学院（新闻学院）（63人）

优秀毕业生（42人）

肖威搏　吴宇昆　王盛乾　吕清怡　王逸潇　邸　婧　冉诗媛　何思源　吉　音
陈　崴　谭　佳　谭　婷　张雨婷　刘　影　张茗瑞　赵珂爽　赵进涵　曾维涵
左可欣　常　乐　覃　滢　杨晓芸　陈名艺　李语欣　董　笑　赵柏屹　彭可诣
钟明悦　张晶晶　李嘉怡　王　璠　权湄荻　潘金枝　毛雪迎　斯彦鑫　何汉珍
励依妍　严可健　李林珂　朱解语　纪　旭　程丽岚

优秀毕业生干部（21 人）

宋丽菁 崔展鸿 张 洁 胡 炎 廖 璇 赵惠茜 何香静 赵家昂 唐 佳
刘 玏 孙琬祎 曹之欣 王小翠 汪麟威 杨宜霖 刘雨凡 钱青云 朱婷婷
吕 旅 郭峻宏 王利楠

外国语学院（33 人）

优秀毕业生（23 人）

赵婉彤 柳贺玮 李雨桐 李元哲 毛心仪 卢雨欣 田 佳 王紫薇 陈 琛
肖 莜 张 稷 桂烨菲 任悦星 孙钰贤 周沛瑶 盛婉昀 陈 倩 任珂欣
隋安然 葛 璐 张舒婷 吴红萱 郭芸伊

优秀毕业生干部（10 人）

刘思羽 王瑜婷 李津晶 黄亚蕾 张兰心 魏 莎 杨雪涵 李奇谋 韩若谦
杨媛迪

艺术学院（54 人）

优秀毕业生（40 人）

杨 茜 朱音洁 严紫薇 严俊雄 刘永伟 姜雨孜 李彦熹 袁 可 马雅坤
李泽罡 周鑫健 范朝阳 陈楚祎 谢亦博 罗才竣 边子捷 邵子怡 李逸伦
代 青 唐瑜岑 李飞跃 许佳祺 余梓凌 张蔓艺 余心怡 高俊杰 贾圆圆
冯 婕 康可馨 陈晓美 张嘉迅 刘伯驰 许宇航 王 静 张 宁 杨笥琪
王渃冰 李睿仪 郭 畅 江姿颖

优秀毕业生干部（14 人）

吴 桐 王 俊 孙佳伟 王睿杨 易钥钏 王艺霏 姚睿远 柴僮舸 幸自强
王雨莜 徐佳山 魏凤卓 张俊飞 杜卓然

历史文化学院（旅游学院、考古文博学院）（28 人）

优秀毕业生（19 人）

马子婷 郭康佳 李梓嫣 彭俊霖 孙玲敏 陆泽敏 刘湘源 胡思可 杜泽宇
刘 檠 孙唯祎 张怡秋 廖秋灿 曹丛钰 杨小乐 梁语珊 王雪芹 张大利
赵一凡

优秀毕业生干部（9 人）

宋业红 黄韵竹 赵 龙 刘 泽 陈 邦 郑黎明 苏瑞东 刘金鑫 田胡宏琰

数学学院（29 人）

优秀毕业生（19 人）

李叙锦 何雨恒 罗扬帆 魏品正 杨 谦 贺钰淇 曾 月 李雨萱 张霖秋
李 曼 徐文婧 邓朝文 李云鹤 张子涵 刘昕旸 李俊成 张颢瑀 刘 念
李昊轩

优秀毕业生干部（10 人）

徐嫣然 郑 博 李雨晴 谷飞扬 宋金鸿 邹柏毅 赵纪舒 王 丹 秦 滨
黎威辰

物理学院（39人）

优秀毕业生（28人）

喻萌翌　马凌燕　王鑫雨　陈国捷　卫妍玉　张秋丽　陈　然　葛威葳　郝峻丰
浦彦恒　胡　倩　张璐童　张　倩　肖万伟　隆定江　邓昊瑀　周志杰　曾　绪
黎洲君　周　展　汪清泓　邓啸宇　梁正臣　虞博文　秦阳辉　杨　楠　顾苇杭
杨海阔

优秀毕业生干部（11人）

江一鹏　凌浩铭　朱铭毅　宋绍炜　王　鑫　何宇涛　田超中　吴　晗　钱政宽
范思捷　许菁怡

化学学院（39人）

优秀毕业生（26人）

袁　菱　王嘉暄　桑新鹏　李春波　吴　迪　黄靖雄　左　晗　韦运洁　龚钰扉
王丽莹　康丽媛　陈　雪　魏明恺　刘炉璐　戴路晗　王曼茜　范长江　张　玥
邹莹迪　万子聪　王梦欣　陈　珍　周林苑　徐逸菲　喻贝迪　王　婕

优秀毕业生干部（13人）

赵　琦　罗　钰　陈昱瑾　马靖雨　杨火青　宋　露　张　莜　方　谦　吴艳玲
谭翀云　周　敏　陈　亮　殷倩莲

生命科学学院（26人）

优秀毕业生（17人）

杨晓彤　张俊辉　程　峰　刘俞希　王钰清　谢冰莹　任肖锟　胡知行　姚天歌
操小桐　胡雅楠　何雨桐　胡酉炜　陈旸康　潘怡潼　斯云昊　陈　曦

优秀毕业生干部（9人）

张燿鑫　刘　橦　斯云昊　任肖锟　张　琦　卢恒杉　王钰清　刘　晨　潘明昊

电子信息学院（55人）

优秀毕业生（37人）

周远洋　张仁磊　袁伟皓　徐　彬　胥　柯　陈雪莲　代礼鹏　陈志豪　方建凤
张子怡　吴东岳　邱从攀　何振纲　何鸿添　陈家辉　吴鹏宇　李欣意　崔子涵
杨天成　冯丹蕾　李　顺　王　韬　左芸聪　车　丹　王振州　郭鸿韬　唐　为
熊昆洪　崔涌静　李奕霏　陈　璐　林魁杰　李冰怡　丁宇琨　丁军明　唐　莉
张雪琳

优秀毕业生干部（18人）

张仁磊　何鸿添　丁　逍　钟莉君　吕　颂　蔡泽斌　柳　震　李益源　段昌炫
李秋梅　李月佳　何婷婷　陈　潇　王玮琦　何　沐　张玮晗　刘真汗　王绎涵

材料科学与工程学院（24人）

优秀毕业生（18人）

魏伟然　杜　旭　温谨如　王　钊　杨孙伟　任启源　程云亭　王桐欣　徐　利
杨新纪　吴灵洁　廖　菁　徐菀璐　何　柳　黄灵芝　高山峻　程　星　符　晓

优秀毕业生干部（6 人）

张劭晨　杨艾霖　高雨莎　郑　欣　刘士源　鲁航语

机械工程学院（57 人）

优秀毕业生（37 人）

张润花　徐艺丹　谯镜桦　文皓光　朱浩文　马博仪　于永洁　杨鑫雨　蔡　丽
邸嘉宁　王伟全　宁齐红　孙嘉程　刘昭廷　黄扬洲　张煜杭　范　敖　孙　昕
黄恺翔　冯巧生　苗欣冉　高锦婷　杨唯一　张　萌　张亚博　施黄帅　韩雨轩
汤智凯　任李挚　姜　春　杨钰蕊　谈雪莲　李　棋　秦　晟　蒲佳俊　阿什里拉
余佳鹏

优秀毕业生干部（20 人）

宋　芯　张玉佳　梁正正　龙智明　刘雨杨　刘　炎　李玉婷　唐　锐　程子康
肖　斌　隋明远　焦晨阳　徐光宇　邓孟诗　陈远波　余泳静　樊虹岐　林言卓
吴金泽　葛　灵

电气工程学院（56 人）

优秀毕业生（46 人）

王沿胜　曹鑫宇　谭　晶　陈池瑶　游雨薇　程杨帆　陈铨艺　张继行　徐仕林
张春林　杨　莉　安冬阳　谢家锐　吴佳奇　徐瑞廷　司睿绮　杨子石　吴雨杭
黄瑞睿　邵晨颖　尚　豪　廖　鑫　兰贵天　杨玲钰　佃钰林　杨　惠　王宁远
黄　达　高　露　李昕镁　张雪丽　尹　旺　宋希璐　马恺宸　梅　圳　万　静
蒋和利　张程浩　郭　强　罗　昕　赵雨昕　汪颜雯　陈依崭　谭　涛　马　帅
龚宇航

优秀毕业生干部（10 人）

代佳琨　杜　婷　唐桢馥　张翰林　吴鸿岳　唐金坪　李轶恒　伍彦豪　张智琛
陈妍凝

计算机学院（69 人）

优秀毕业生（46 人）

陈　庄　林子伟　廖苑钧　童　瀚　祝生乾　马　龙　王　辛　郭　帆　阿苏石坦
侯雪娟　付铄雯　吴美璇　郝鹏举　胡书杰　周　锋　史瑜君　赵子川　戴精松
王思启　蒋惠莹　严一钦　伍斯思　王凤杰　刘雨轩　陈雪羽　张冰倩　郝偲成
余文瀚　任益苇　武晓瑶　詹宗逸　王凯槟　江良伟　王以珩　王贞灼　张鼎文
刘宜珈　王常飞　朱嘉宁　竺正邦　刘小瑜　程鑫华　朱寒冰　雷　舜　齐　旺
张吉辛

优秀毕业生干部（23 人）

刘应萱　马林涛　徐凡杰　李佳莲　谢俊宇　刘志飞　刘安芳　王　瑄　李思颖
林奕彤　黄永杰　袁　博　汪照文　万　虎　徐鹏举　高小茗　匡　梅　李雨昊
李林峻　赵雯欣　高钰博　张　堃　李天琦

软件学院（39人）

优秀毕业生（26人）

施宇昂　苏昌盛　陈迎语　叶　岗　杨　鑫　李志成　李方钏　刘双嘉　高天予
宋俐潼　郭沛祺　陈熳熳　林同灿　孟中原　彭文俊　陆沈源　张泽宇　刘舒月
唐晔晨　林子博　赵　龙　方嘉豪　吴　锐　汪　力　刘雨欣　金　靥

优秀毕业生干部（13人）

周绍焕　吴青云　蒋璐煜　余　坚　周雪梅　耿雨萱　宋晋瑜　周蓓佳　蒋辰昊
兰　超　夏　铭　朱泓淼　文　璐

建筑与环境学院（52人）

优秀毕业生（38人）

张韦艳　樊志超　邓海鳞　李　唱　谭　林　杨文悦　宋一鸣　王文欣　罗逸雯
瞿　欣　刘博文　许霄楠　李紫嫣　梁子涵　谢瑞媛　唐　怡　寸芬贤　丁玉洁
于潇文　陈东阳　郑焱红　王裕豪　张小冉　干卓臻　张婵青　陈佳璇　袁志鹏
柴嘉敏　张哲乐　杜震霆　刘飞虎　史育凡　廖华龙　高　畅　魏勤谨　张　彦
贾烨凡　孟　爽

优秀毕业生干部（14人）

娄广亚　王莘皓　林卓敏　易　鑫　安　彤　杨小迪　黄晓芳　沈子烨　欧阳罗蔓
滕海东　张向阳　卫绍松　周嘉莉　易梦瑶

水利水电学院（42人）

优秀毕业生（28人）

徐佳琪　曹小敏　侯正辉　江　雪　罗　炜　安钟衔　陈心怡　刘小玲　邓虎超
刘东亮　朱　嘉　刘诗雅　樊梦阳　谢晨希　郎智凯　郑珺文　苑如玮　张俊东
喻　琢　张良泉　郝悦彤　段　乐　王修铭　张岚斌　刘方铭　丁　璐　杨　悦
周长发

优秀毕业生干部（14人）

王洪涛　李一林　崔芷慧　徐希蒙　时　畅　周俸嘉　李多惠　刘燕平　陈国庆
周沛璇　刘　洋　徐嘉宁　张楹婧　廖沛彦

化学工程学院（35人）

优秀毕业生（24人）

谭江涛　张　正　王冰冰　王玉珏　岳喜硕　从文杰　黄英杰　徐浩瀚　张婷英
黄志鸿　张雪琳　王若阳　胡庭瑗　徐钰萱　罗娇娇　骆　茜　胡燕琼　匡　悦
陈诗瑶　韩鸿博　高子航　李玉铭　谢成林　潘夏爔

优秀毕业生干部（11人）

张宇豪　刘婷婷　任俊宇　蹇萍秋　刘雅洁　吴玉婷　孙　珊　孙思胜　秦蕴竹
王　琦　谢文国

轻工科学与工程学院（33人）

优秀毕业生（22人）

何舒艺　甘雨泓　杨　恒　赵　鹏　白　洋　于　洁　林怡瑞　冯　敏　龙宝霞

刘　浩　刘文庆　黄　驰　宋　彬　周箬萱　黄　琰　马　娅　冯祎林　李雨萌
李瑜琪　徐佳宁　刘　雅　蒋心丽

优秀毕业生干部（11 人）

严　慧　叶步青　张　珍　胥瑞雪　田　雪　冯芳慧　杨裕兴　袁子岚　任俊烨
严怀俊　孙伊纯

高分子科学与工程学院（39 人）

优秀毕业生（29 人）

梅骏琪　冯娇娇　杨　博　贾先祥　李　凯　李　岩　张霄羽　彭孜麟　汪文洁
朱本涛　潘思宇　徐子喆　郝媛媛　薛泓睿　张佳怡　刘　鑫　晏冰清　袁　权
刘　臻　蒋邵平　邢振宇　夏　玮　汪　慧　王子昂　胡博涵　张　璐　杨东升
张近知　何欣雨

优秀毕业生干部（10 人）

宋语晨　郑慧玉　张蕴婕　沈紫芮　樊念晴　林昱希　高云菲　杨　晨　程振浩
彭敏哲

华西基础医学与法医学院（12 人）

优秀毕业生（8 人）

蒋林芝　江兰睿　郑亚子　洪新杰　杨昕蒙　雷雯淇　王春雷　晏晓杰

优秀毕业生干部（4 人）

钟　妍　刘桂宏　李　涛　陈雪琴

华西临床医学院（79 人）

优秀毕业生（56 人）

王　彦　卢　坤　陈惠铃　胡　旭　田博文　赵天淼　张许兵　殷钰冰　朱正婷
郭玲宏　刘林虎　张可馨　李佳坤　吴铸衡　李　韫　卓泽国　尹　为　黄　涵
王常屹　姜绮安　程一帆　范依萌　陈　宇　钟　华　彭　千　李英纳　文　静
任硕芳　李凡琳　程宇慧　吴瑞麒　徐秋实　欧晓琪　郑艾萍　陈佳伟　胡小芳
陈未驰　肖宜南　付　歆　齐少冲　赵小慧　陈媛媛　谭　源　朱　峻　王拉多纳
于欣茹　郭瑞华　张金源　金悠悠　甘雨蒙　贺明栋　张佳玲　张　雯　张　雨
付晓渝　贺海萍

优秀毕业生干部（23 人）

刘　琦　包素雅　李云环　谭家兴　游茗柯　朱婧瑶　胡元媛　邓文祎　吴帅奇
马瑞欣　奚素菲　任如钰　边晓晖　韩欣洋　李晓莹　万方芳　崔　健　青婉怡
熊芷仪　李　昕　罗珠羽　张心怡　邱首继

华西口腔医学院（23 人）

优秀毕业生（15 人）

鲍旻玥　蒋　宸　花语菲　黄立维　赵呈智　易祖木　张　仲　朱　莉　孙纪奎
张恺文　饶思晗　解嘉慧　陈良瑞　程俊鑫　王小霞

优秀毕业生干部（8 人）

徐　嘉　赵一凡　曾崇迈　张宇凝　王昕宇　周婷慧　廖安琪　吴嘉诚

华西公共卫生学院（32 人）

优秀毕业生（22 人）

戴　钰　蔡宇琪　谭晓霜　李星月　王赵婷　陆浩楠　李　瑞　潘晓樱　代雨岑　杨晨煜　黄馨仪　廖诗艺　娄莉萍　李灵杰　王洋洋　李雪琳　林晓宇　张晨阳　王玉洁　毕馨文　刘越男　薛怡婷

优秀毕业生干部（10 人）

郭　易　王恬瑶　孙艺璇　唐雪薇　马苗苗　王光耀　胡登辉　李思蒙　殷　韵　于慧敏

华西药学院（30 人）

优秀毕业生（21 人）

陈芷倩　吴思娴　宋钰珺　刘绍宇　汪小蓉　金丽敏　黄天懿　陈　盈　赵　恒　蒋宜恒　杨文沁　贺思琴　徐寰宇　赵　宸　陶　静　欧玥伶　邓颖乔　阳星月　张臣宇　孔金霞　胡晓雯

优秀毕业生干部（9 人）

熊　坤　葛　迪　董姿雁　张苗苗　王宣宇　张淑雯　白文静　谭玉婷　刘　鑫

公共管理学院（53 人）

优秀毕业生（31 人）

齐　宇　童　妍　郭仕菡　丁　羽　吴昕阳　陈宜星　曹　驰　柯　帆　张　丽　吕奥博　肖珏琳　刘天畅　陈　露　阳　静　陈裕琪　常巧丽　卢　玮　唐伟焱　唐榕蔚　郑欣桐　朱叶儿　马晨雪　张承文　杨玉燕　林娜娜　肖牧遥　张晓宇　许强宁　高振华　杨　鑫　张佳欣

优秀毕业生干部（22 人）

曹宇翔　郭育栋　杨　丹　何　睿　郝伟琛　于佳淼　刘淞月　吴　笛　周玉瑗　郝梦媛　杨蕴琦　杨　亚　靳　铭　赵雨欣　张微娟　韩佩玲　苏文虹　张巧洁　徐婉玉　吴晓梅　刘思妍　罗　娜

商学院（56 人）

优秀毕业生（40 人）

杨媛媛　张心童　李灵儿　牟晓颖　张凌云　彭莉杰　耿玉玉　谭润芝　李欣怡　康　彧　柯昕玥　刘倬萌　杞　迪　刘婷婷　陈　汉　詹承燕　肖　亮　李国庆　徐淼淼　焦庆汇　王思晨　李思璇　王鸽谕　赵云靖　顾佳琪　邹宛谕　李晚秋　牛　童　白雨帆　高敏曦　邹佶珊　易小琪　刘　佳　祝汪芮　赵露莹　陈婷婷　陈玥彤　李文睿　李婉华　张　悦

优秀毕业生干部（16 人）

王晓丽　黎家伟　韩学浩　陈鹏飞　张志群　李凌志　任冶霖　濮玉仲　张赵博涵　徐诗颖　袁莉莉　陈婧怡　张露洋　陆锦分　吴晶滢　文　一

空天科学与工程学院（10 人）

优秀毕业生（6 人）

曾繁宇　李冰倩　李思思　戴之峻　李铭茁　张贤相

优秀毕业生干部（4 人）

汪邦彦　余卫倬　陶芯怡　杨涵杰

匹兹堡学院（44 人）

优秀毕业生（22 人）

张　阳　陈园卿　丁鑫涛　胡艺桓　吴章旭　刘　宇　张雨馨　余源盛　伍　戈
张心亮　冯佩芸　池欣芸　章　韵　陈　煜　杨沛东　黄子扬　李佑壬　许天宇
张欣瑞　李雨蓁　陶思丞　樊光熙

优秀毕业生干部（22 人）

陈九龙　邵童菲　尹嘉国　吴　波　赵金波　胡耕硕　陈孟和　阮文杰　邓梁鑫芸
陈子义　李一申　刘　钰　钟　涛　梅　源　鲁苏皖　谷禹开　卞婧娆　吴晨嘉
王　拓　陈卓熙　文　雯　李名成

国际关系学院（4 人）

优秀毕业生（3 人）

胡可怡　万容荣　王宏宇

优秀毕业生干部（1 人）

曾　浩

网络空间安全学院（17 人）

优秀毕业生（13 人）

代　伟　蔡易成　王一丁　黄国宇　陈欣雨　李　滢　吴怡欣　卢永健　武玉豪
马一心　项宇媛　蒯逸飞　商福盛

优秀毕业生干部（4 人）

李小霜　梁艾青　严梓菡　李思宇

哲学系（6 人）

优秀毕业生（3 人）

聂楚玉　项思佚　刘　琪

优秀毕业生干部（3 人）

何美锋　闫天霖　邓维嘉

生物医学工程学院（7 人）

优秀毕业生（5 人）

吴思毅　谢宇华　杨骐彰　许媛媛　赵　泉

优秀毕业生干部（2 人）

郭　琪　曹　聪

生物治疗国家重点实验室（8 人）

优秀毕业生（6 人）

汪明瑶　陈秋竹　陈瑾新　徐星雨　罗宇翔　王艺轩

优秀毕业生干部（2 人）

尚泽华　全　源

吴玉章学院（63 人）

优秀毕业生（36 人）

林润基　杨明焘　周君栋　郑　鑫　黄幼成　欧阳名　胡佳艺　吕　璇　林镇阳
韩　雪　朱　姝　左　逸　沙桀民　刘昊昂　陈泽源　陈兆一　庄晓怡　曾梓云
张家昊　白　谦　张　楠　白钊远　张昊哲　周正祥　郭遇尔　邓天男　吴若婷
张桐瑞　李丁艺　董方明　贺歆媛　张欣怡　张　淳　杨佳瑞　张之栋　张恩农

优秀毕业生干部（27 人）

顾开来　王崇智　徐建军　王安娜　马　宁　王兆基　陈家宝　夏乙月　徐龙怀志
胡轩于　夏浩铨　郭静蓉　蒋金佚　叶　桐　陈昱衡　陆雨庭　郑子旸　张凯凡
胡　岳　杨忻程　成凤祥　陈宗鸿　李博洋　刘贤达　李殷韬　陈可馨　张奕凡

四川大学2021届校级优秀毕业研究生、优秀毕业研究生干部名单

经济学院（42人）

优秀毕业研究生（29人）

李　敬 曾　妙 范静媛 周　博 曾钰婷 夏誉芸 张建羽 周　倩 李　想
罗　宸 赵晓龙 白佳琦 孟　佳 袁继朵 董欣越 吴　林 付海芸 肖玉维
王　静 程婷婷 夏瑾喆 刘盈杉 张子美 王佳乐 张佩瑶 吴文明 赵志翔
郭思雨 任康睿

优秀毕业研究生干部（13人）

郭潇蔓 王嘉帆 赵洵彦 廖　茂 郭　香 易　伟 董诗琳 贾志莉 罗浩川
李娅莉 黄婷婷 马雪晴 严翊铭

法学院（80人）

优秀毕业研究生（64人）

漆青文 敖　靖 蔡芸蔓 周代宇 杜坤瑾 邓　梁 邓　雪 李　阳 李婧瑶
王曼茜 闫静文 杨　洋 钟　鑫 何　涛 谭小莉 唐兴琴 熊　鑫 张　兵
韦香怡 吕　敏 代　鑫 温大鹏 刘青松 高建梅 张毓菲 梁博文 成迪雅
李善妹 刘诗意 罗小燕 郭　晋 王　驰 蔡银杰 廖　慧 马金秀 李粼莉
张立宇 杨　杰 王韫乔 陈红秀 魏秋豪 凌永兰 成　润 胡凌洁 黄　振
陈春宇 李文献 赵任绘 郭云帆 闫雨濛 凌寿强 何雪梅 王元震 朱萌越
邹梦媛 唐兴兴 刘　迁 丁志明 赵杨杰 廖英彤 周　秘 罗雅文 彭　昕
欧阳辰虹

优秀毕业研究生干部（16人）

杨冰洁 宋　菡 谭明阳 吴磊城 卓佳琪 徐　超 李博文 李佩洁 车莹君
魏书琴 苏雅玫 刘雅蓉 蒋心瑜 景晓艳 石安坤 王宏举

文学与新闻学院（新闻学院）（105人）

优秀毕业研究生（81人）

郑思捷 张佳奇 王周迅 周　怡 魏晓炜 关若好 陈　容 王　迪 朱善智
刘淑婷 何汝贤 郭婷婷 杨　倩 李默涵 李　奥 张少助 张舒艺 朱晓媛
何京芮 陈　佳 吴少颜 龙　萧 刘　婧 邓　瑶 孙铭蔚 夏　甜 潘鹏程
叶诗嘉 诸葛纯 徐子涵 刘　原 李思琪 段彦会 漆依依 黄川蓉 周雨虹

吴雅雯　金锐锐　袁宇霄　杨文乐　高世玉　王昭月　原豆豆　陈　曦　龚朴玉
宋倩倩　吴靖楠　杨成玲　金　琳　苟隽卿　田　媛　靳晓沛　张乐盈　陈振鹏
王轶澜　尹　玲　陈　玉　钟华隆　曾　琦　杜杨玲　刘军君　白　洁　杨园梦
杨　钊　李隽薇　胡逸鸣　吴明红　刘裴玮　刘娅蒙　智晓婷　袁佳怡　杨轲轲
赵　明　陈　婷　郭鹏程　张帅东　陈思宇　高小珺　夏迪鑫　夏晓非　邱子昊

优秀毕业研究生干部（24 人）

张佳奇　赵　青　南春玉　丁　梦　马晓敏　张益智　姚　慧　邱子昊　王　迪
任思雨　孙铭蔚　白兴平　孙艺嘉　刘伊辛　朱　磊　陈涵宇　陈　谦　史　肖
王风珊　李函语　宋佳芮　杨　凯　金高阳　廖傲梅

外国语学院（37 人）

优秀毕业研究生（30 人）

王婷婷　李　念　王　潇　熊　军　王　钰　谢淑婷　沈傲月　赵萌萌　罗文静
李果忆　戴　婕　黎昭琴　宋抒彧　胡　萌　陈之童　周俊宏　陈婉静　张方静
余　颖　魏　圩　张雨晴　谢　雯　张雨洁　丁宛宁　刘晓雨　李梦琳　曹韵竹
张世磊　赵　红　艾雨鑫

优秀毕业研究生干部（7 人）

李　念　王　潇　熊　军　陈之童　王婷婷　王　钰　余　颖

艺术学院（29 人）

优秀毕业研究生（23 人）

刘婧尧　曹艳晶　邓佳其　李惠民　白荣芳　张莞卿　陈　坚　李源甜　张珊山
刘梓成　刘星月　杨艺璇　张荻薇　席鹏卿　孙　甜　孙　硕　王宇偲　李梦诗
郭峙含　秦　瑾　杜晓燕　姚腾飞　李远杰

优秀毕业研究生干部（6 人）

谭榜眼　向懿锦　于　鹏　张　颖　简　月　粟婧雯

历史文化学院（旅游学院、考古文博学院）（57 人）

优秀毕业研究生（46 人）

刘　耕　黄　霞　陈　毅　刘　莹　胡　露　范　婷　李　旻　杨洪永　舒皓羽
谈北平　姜　伊　欧修勇　赵　悦　袁　欢　李磊鑫　徐瑶艺　张　钰　魏新柳
易艳丽　郭　嘉　王　瑞　邱　婷　马雨凝　杨楠楠　张义梵　王　帅　何东琴
唐凤莲　陈雅坚　李宁馨　宋贤钰　陈虹霖　朱　莹　袁雯雯　刘立宇　赵晨竹
殷　欣　周茜茜　刘　磊　冯俊佳　董　静　彭　慧　朱　梅　刘雨曦　刘　卫
黎　飞

优秀毕业研究生干部（11 人）

宋　丹　江超民　熊建慧　曹豆豆　李　杨　袁　盟　赵玄蓉　张恒锦　华　畅
温　涛　张万磊

数学学院（23 人）

优秀毕业研究生（18 人）

向多惠　张建华　郝玉洁　何林霜　谭理琴　张修竹　钟扬帆　刘　颖　杨钰晗

曹竹君　牟彦霖　张砾匀　谢奇伶　段函言　贾宇竹　吴　昊　张　颖　张创亮

优秀毕业研究生干部（5 人）

张　宇　李晓薇　陈荔靖　陈　聪　李　静

物理学院（42 人）

优秀毕业研究生（34 人）

郭旭明　李志伟　高钰跃　王晓霖　吴彬彬　苏玉竹　张　陆　唐琦琪　江明全
邓　浩　陈志禹　陈伯乐　杨星霞　叶迪银　李　宇　廖仲辉　曾　倩　曾　阳
朱昌达　宋琳琳　陈小芳　何　柳　孔月月　侯逍遥　冯　钊　王朝棋　周　瑜
师兰婷　石　柯　李　玲　马丹丹　赵　亮　杨　瑶　段君静

优秀毕业研究生干部（8 人）

庞　军　王　桢　赵梦溪　田　毅　郑祖骏　张　娜　林乐澎　沈　苏

化学学院（54 人）

优秀毕业研究生（43 人）

徐超然　熊　骞　李相强　唐　琼　郭　倩　刘旭东　许曙光　聂旭凤　周翠清
容　智　黄自立　李紫嫣　冯　洋　贾志敏　何　璐　范　君　何纪双　吴佳鸿
陆冬明　杨　娜　王　芳　陈慧君　何爱丹　王　静　杨　洋　杨　晴　肖　超
林　潇　张　敏　廖黎丽　颜思顺　宋　磊　郭兴华　石　磊　裴雪宇　祝雨红
杨　蕊　张　咪　杨　军　钟　静　张依婷　符爱苹　张　东

优秀毕业研究生干部（11 人）

田　俊　江玉玲　杨　晗　谭　飞　陈　雨　刘　欣　黄雅琳　张美成　魏玲玲
王亚林　浩涛涛

生命科学学院（58 人）

优秀毕业研究生（46 人）

郑宏一　孙　霞　何小清　杨朝君　何瑞源　周　敏　李　亚　崔鹏飞　孙意冉
翟亚如　马博恒　王雪纯　李　豪　顾　菊　何　娟　周　洁　赖　衍　张　政
李　丹　吴孟璠　熊秀红　江　钠　杨恩来　李蒙蒙　王　焜　王　晨　王德彦
廖　静　艾凡荻　李明群　舒云菲　曾亚兰　廖　婷　郭先林　朱博伟　麻锦楠
张　宇　王　颖　田　蕾　韩林利　梁鹏宽　李　娟　胡清勇　王　旺
杨巧（2018222040124）　杨巧（2018222040131）

优秀毕业研究生干部（12 人）

康新科　魏　淋　李梦雪　罗　瑶　朱芮佳　罗　越　邱　洪　高　雅　王　鑫
唐小雅　黄　莉　代玉烜

电子信息学院（76 人）

优秀毕业研究生（61 人）

张靖晗　陈盛嘉　孙雪曼　余　洁　林铄金　刘艳景　刘婵娟　周祥屿　顾小倩
李　咪　李秋月　张一丹　李　波　王晓航　王　倩　杨　洋　雷　静　冯　逍
温　雨　别芳宇　蔡　倩　陈训敏　马子珺　叶书函　徐艺菲　赵则明　张记会
朱　磊　李佳倩　陈沁梅　柴权珂　高承睿　杨瑞双　卢　亮　段雪羽　申庆浩

袁大力 王兆延 崇闯越 杜培德 杭鹏程 黄 润 李伟泽 郭一璇 吴 艳
李 爽 朱 筝 吴雅婕 黄 斐 张志成 陈 锦 唐善发 刘淑斌 钟亚君
陈晓旭 田莉兰 吴周杰 刘伊航 李城梦 朱栩毅 王一皓然

优秀毕业研究生干部（15 人）

陈 洁 陈 然 唐 瑞 李在润 何淼楹 赵 丽 曾丽丽 钟南亚 李奇生
高锦瑞 刘肖萧 于雨田 林 航 何俊岭 廖崇蔚

材料科学与工程学院（30 人）

优秀毕业研究生（24 人）

陈 勇 吴肖骏 周金伟 周称新 黄艳莉 殷 杰 陶 红 万振西 王亚栋
王宇辰 鲜春香 牛国栋 郎 东 曹 鹏 杜 壮 廖乐乐 庄登铭 张 亮
郭天震 王 丹 杨亚军 蒋 静 季 航 蒋晓晴

优秀毕业研究生干部（6 人）

董涛生 陶智建 唐际斌 陈婷婷 张 杨 梁纯平

机械工程学院（39 人）

优秀毕业研究生（31 人）

陈加才 程亚军 张仕双 吴爱强 胡 涛 吴 杰 曾 波 蒋 薇 李文洋
邱吉尔 廖青林 付 玉 吴俊杰 雷 超 王棕世 王晨丞 苏武丽 李 强
方 涵 付 磊 王瑞瑞 李 波 郭 达 李存程 刘光辉 杨 键 凌思彤
刘成勇 易 涛 王 黎 薛 令

优秀毕业研究生干部（8 人）

邓 希 邬焕欣 张 坤 杨 洋 颜 虎 张 欣 王晨妍 刘俊波

电气工程学院（64 人）

优秀毕业研究生（51 人）

过婷婷 施家博 李泽明 马宇航 倪扶瑶 邓凌峰 吴 刚 饶显杰 林思衍
李诗雨 叶汉新 周立立 何函洋 彭 杰 谭 瑞 罗 浩 王明捐 王冠贵
郑鸿儒 郜克强 寇 然 崔嘉滢 孙 旭 陈 杰 彭宇锋 赵 亮 李 淼
夏依莎 王俊翔 徐金鹏 张 宇 罗雍溢 万良彬 黄 河 姚先禹 谢佳妮
袁 鑫 王 星 左 航 李 斌 张美颖 刘麒麟 张云天 刘 坤 张 帅
陶 艳 宋 航 李彦君 王 川 孟锦鹏 王秋爽

优秀毕业研究生干部（13 人）

刘凯奇 邓紫荣 周驭涛 罗 兰 尹 航 张颖梓 高文逸 杨晓丽 张亢亢
商皓钰 邓靖微 林芝羽 朱愉田

计算机学院（软件学院）（71 人）

优秀毕业研究生（57 人）

周 颖 李小庆 吴 冲 刘 宁 郭孟夏 张译丹 赵杨玉 朱俊洁 朱先震
刘 芮 王 旭 徐修远 冯启林 王 勇 代欢欢 曹万平 陈学超 崔丁山
代湖明 付菲菲 龚星衡 贺玉华 黄 婕 黄 琪 黄永强 黄志勇 贾吾财
赖彦村 赖志宸 李天宁 刘 洁 刘立成 刘霄宇 刘雨森 马 辉 马 文

庞 瑞　庞 潇　申航杰　宋岱松　孙孟川　孙世辰　唐天航　王超凡　王 帆
王 韬　王翔坤　王新澳　王怡明　王艺璇　文湘兰　闫建荣　杨静波　杨明明
杨 艳　尹 浩　张世豪

优秀毕业研究生干部（14 人）

曹梦琦　郭妍彤　黄 健　李坤坤　罗 彬　罗莘涛　王 康　吴肖伶　吴妍秀
杨 婷　易 红　张静宸　朱飞扬　银虹宇

建筑与环境学院（49 人）

优秀毕业研究生（40 人）

方 晓　周夏芳　朱昱璇　周冠宇　弓 成　付艳婷　陈玉雯　陈兴兴　丁 林
王 姝　方 雪　田孜欣　舒敬恒　冉迪斯　吴俣思　陈晓馥　刘 杨　张宽裕
李浩然　暴 笛　张明月　谢冰心　谢玲玲　陈灵珠　吉 韬　刘欣童　宋世华
蒲仪娟　赵 晗　董玉清　牛草原　王云天　于雅琪　张 恒　佘倩倩　吕棂糠
姜亚成　廖 维　李鑫（2018223050084）　李鑫（2018223059177）

优秀毕业研究生干部（9 人）

韦金承　张为珍　赵家艺　李文晶　李佳佳　杨世利　甘凤丽　李春容　应 鹏

水利水电学院（50 人）

优秀毕业研究生（40 人）

张锦涌　张 钊　毛浩宇　黄晓桦　黄 琦　严天瞳　陈明亮　刘清园　汪婧婷
谢荻雅　彭浩男　龚 静　薛睿瑛　王 瑶　张巨翼　杨 沙　潘祥东　彭方俊
邓 多　张芮瑜　刘可心　胡德茂　王晓东　刘洪里　唐 凡　张 颖　周星宇
刘小帆　朱载祥　王明耀　郭广鑫　周 月　李 翔　罗茂溢　徐志鹏　张歆蒴
姜晓琼　李文奇　鲁会军　甘滨蕊

优秀毕业研究生干部（10 人）

张亚东　赵洪彬　李雅琪　侯 杰　董 爽　雷佳明　单 郸　姜守政　李 昕
程 凯

化学工程学院（65 人）

优秀毕业研究生（52 人）

秦海跃　邹 雄　邹梦豆　王泓岚　吴金奎　吴依凡　胡婉蓉　赵鲁丹　冯雪婷
徐佳佳　刘义华　张雨露　郑卓超　王 玮　张 杰　许 驰　贾璐菡　刘郭洁
曹 丹　任秀云　尹彦羽　罗 利　王文静　刘芸秀　李新娇　袁 科　吴 霞
刘园园　陈 琛　苗育民　王逸楠　秦佳旺　李 龙　舒弋芮　李 倩　徐 琦
李志凯　邓 宽　刘 祥　刘 浩　刘永鹏　周 慧　王 杨　刘润蝶　蒋 艺
唐婧怡　肖 燕　刘敬芸　刘玉妹　刘文英　王玉滨　王福欢

优秀毕业研究生干部（13 人）

谢 艺　韩子柯　张涛先　赵 宁　肖 勇　曹红艳　郝仁杰　韩 淼　蔺育菲
林 庆　王 勇　陈鼎山　夏志鹏

轻工科学与工程学院（32 人）

优秀毕业研究生（26 人）

文嘉婷 孙　哲 肖　月 陈利维 胡　瑶 姜　静 谢秋萍 朱瑞鑫 王　璐
曹胜魁 王　梅 游川锐 肖涵中 黄婉丽 唐　宏 王桂华 张　悦 陈　南
曾红棱 杨双盼 王星月 邱　文 任碧波 张　康 罗　婷 徐　腾

优秀毕业研究生干部（6 人）

岳雨曦 刘　娴 林智贤 邓子叙 杜　玫 王　双

高分子科学与工程学院（75 人）

优秀毕业研究生（60 人）

余海林 胡俊飞 袁安钱 兰　伋 李月山 曾兵兵 战泽莹 陈兴帅 何　弦
王群豪 杨　燕 陈传亮 何韬钰 袁成云 孔令民 严　鹏 宋权乘 汪　鹏
王　伟 严　彬 梁书恒 陈梦豪 尹淑雅 张慧丽 曹金龙 喻媛媛 薛　旋
冷　杰 张云鹏 杨　生 王　婷 刘明金 陈　屹 杜祖臣 谢泽祥 徐平平
胡梦龙 杨　屹 宋莹楠 任　悦 蒲俊宏 纪海锋 柯　翔 王艺霖 许晓洋
杨　瑞 李晨曦 邢家琪 达　祥 曹　杰 丁　磊 朱　勇 费　洋 石绍宏
徐大伟 梁艳丽 李瑞光 廖洪辉 袁　斌 刘天宇

优秀毕业研究生干部（15 人）

李川龙 聂子君 张铭丹 黄　凤 戴　宇 冯　媛 柯　翔 陈胜求 刘警峰
陈　鸿 戢　元 姚　菊 高萍苹 王　晗 查湘军

华西基础医学与法医学院（16 人）

优秀毕业研究生（13 人）

张逸飞 马鹏娇 屈胜秋 王　倩 王萌鸽 王双双 国琪伟 郑亚云 邹　星
杜春春 胡俊梅 胡渝涵 鲁　婷

优秀毕业研究生干部（3 人）

宋梦媛 尹　璐 周怡君

华西临床医学院（210 人）

优秀毕业研究生（168 人）

汪秀文 王丽亚 向　婷 马晚霞 黄　宏 袁龙辉 权　月 田格尔 石秋晓
王　唯 蒋　英 张　妤 刘凤娇 刘玉杰 赵　明 马春香 匡　欢 靳雪莲
杜　娆 向玲亚 周骏腾 王　杰 郭　琼 叶连松 魏甜甜 王一婷 刘　菁
谭　丽 唐小琼 陈　飞 赵倩雯 熊于勤 陈利鸿 高芸艺 王成成 刘润文
杨靖国 丁子川 胡　旭 许家科 袁铭成 王珏翰 黄　阳 杨文明 邓逸飞
刘佳鑫 王　婷 吴廷奎 罗泽宇 曾俊峰 赵　鑫 温定岢 赵劲歌 刘　彧
李根棚 赵　锐 尹晓南 彭爱军 周兴旺 王　忝 李　慧 王启光 牛小东
杨玉帛 杨先伟 何海伦 姚佳琦 郭大鑫 谭玲玲 肖　月 王嘉玥 黄颂雅
韩沛伦 田　甜 杨成敏 石　睿 张　勋 李汶蔓 赵婉聿 游紫梦 鲁　璐
王燕林 苏筱芮 张菲菲 张帘青 罗　强 蒋　丽 李亚梅 黄　丹 汪　翊
庞富文 杜白雪 白雨薇 张学广 包佳佳 尹杨雪 李玉璟 仇一超 袁　爽

蒋子涵 张 悦 王若然 张 婷 万雪梦 伏洪玲 杨 雪 蒋 政 王亚雯
段美帆 宋 瑶 陈 璐 侯建文 李伟然 程亚军 罗云瑶 杨奉玲 郑美君
孔维丽 钟 兵 郑碧鑫 古 丽 黄宏燕 李俊英 李林佶 何 玲 胡 蕾
张星霞 田茂浪 牟晓丽 周卉洁 锁娇娇 吴秋月 谢静颖 税宇萍 王玲玲
税 璘 倪云霞 宋媛媛 李 青 舒 佩 刘 芳 邓云富 朱玲玲 王 越
卢 晨 向小娜 张 庆 梁秀芳 李晓洁 廖 静 谢苏杭 陈 意 彭 丽
王莙蔓 姚 霞 祁雄伟 杨 荣 路素素 侯 静 葛汾汾 薛 佩 刘佳利
卜 暄 焦雪峰 李培艺 尚启新 张 恒 欧袁伟翔

优秀毕业研究生干部（42 人）

赵雪婷 沈梦益 陈昱秀 韩 宁 向 巧 陶 欢 韦诗友 陈晓航 赵 梦
张 琪 陈 波 王秋入 张龄允 彭 景 吴友伟 向宇凡 宋小海 贾淑利
曾玉萍 余 燕 詹同英 侯文秀 魏 鸿 肖 宇 周年鑫 孙雪梅 敬维维
牛 望 杨 朔 许 洋 赵文玲 陈代娟 王光宇 王 霞 李旻露 刘 颖
白亮亮 杨杉杉 陈樾馨 徐 旭 戴谷宇 杨 钿

华西口腔医学院（32 人）

优秀毕业研究生（28 人）

陈娅飞 崔伟同 戴雯玉 邓程丹 邓涵丹 刁其林 郝 渝 周玉兰 朱君瑶
何 泽 胡 琛 李 博 李博磊 李彦静 刘航航 陆洋宇 罗俊元 秦 鑫
石宇超 孙 玥 陶思颖 王禹弘 徐佳蕾 许 琳 余 萍 张 梅 张 琦
田陶然

优秀毕业研究生干部（4 人）

仇学梅 李 璇 万 婷 武云舒

华西公共卫生学院（32 人）

优秀毕业研究生（26 人）

李晓蒙 罗会强 陈 婧 邓仁丹 王 贺 田思成 何夏梦 沈丹芸 段若男
程如越 梁惠菁 陈静娴 刘思静 孙承媛 胡逸凡 尹 烁 谢 悦 吴 凌
范超楠 刘 艳 陈 婷 许 欢 蒋丰岭 陈 慧 郝 宇 谢志豪

优秀毕业研究生干部（6 人）

董新燕 韩雨桐 王礼群 姚 强 赵婉妤 吴 瑞

华西药学院（47 人）

优秀毕业研究生（38 人）

陈 丹 陈 健 肖 斌 胡 瑶 唐宝兰 陈 蝶 何春婷 钟玉琴 周 黎
朱 丽 杨 力 胡沁园 李胜男 曲明亮 王莹莹 张文青 刘馨阳 常 寒
黄丽英 郑紫星 陈沁敏 戴 冰 刘 喜 付 敏 陈 雪 郭兆飞 何鹏辉
薛 圆 秦 硕 刘 贺 王旭辉 徐慧贝 陈雯霏 向宇成 贺 庆 薛 姣
杨倩倩 李 林

优秀毕业研究生干部（9 人）

徐莹莹 李东果 王 逍 周 婷 李 悦 张钦燕 夏春玉 向虹霖 施月森

公共管理学院（71 人）

优秀毕业研究生（52 人）

俞　杰　杨西茂　杜悦嘉　姜奕良　郭慧冰　李丹丹　施利民　韦会芳　马浩原
杨　颖　黄佳敏　李明悦　欧　皓　苏　山　吴　敏　王维多　史清悦　刘万余
于　超　任　俊　李圣兰　黄燎华　徐焕斌　杨成虎　陈　尧　黄　琳　吴群英
徐丽新　石明玉　陈楚寒　韩　洁　汪红利　王镱儒　张福容　赵海堂　何晓婷
刘　晴　谭淋丹　康　健　解明洁　谢佳瑶　高　林　王沛懿　余小英　李佳鸿
曹　薇　左欣悦　文　媛　郭春蕊　龙彦辰　刘　涵　陈　甜

优秀毕业研究生干部（19 人）

郑晴予　杨　茹　黄　冉　周泽龙　陈露梦　罗　强　张瀚东　范九江　任运月
文传玲　徐校溪　董家鸣　陈启晗　邓　欢　罗晓瑶　张　莉　侯雨贝　彭军杰
黄飞虎

商学院（65 人）

优秀毕业研究生（49 人）

任茹雪　宋　升　贺佳思　廖志强　文　植　严福海　聂　松　郑宁艺　王邈森
杨奥宁　米晓妹　赵　路　杨　旭　潘　丽　温丽君　朱曼卿　黄　敏　温　娴
何　佳　张慧翔　王以勒　戴伊宁　鄢勤琴　何冬梅　朱颖童　易佳佳　叶　菲
杨　丽　刘温迪　蒋雪灵　程婷婷　吴思琦　谈夏维　王　艳　朱梦媛　王亚东
钟　余　熊　凯　兰　天　孙鉴亮　彭兰雅　文　蕾　谢佳君　林屹川　文　明
李　箔　黄艾颖　陈　琪　陈运翔

优秀毕业研究生干部（16 人）

宋路明　李　杨　黄　晴　戴　威　王婷婷　杨　壮　胡栩铭　张　申　张　敏
刘　蛟　孟丽萨　金兴连　王一单　马　俊　蒲中敏　夏　鹏

马克思主义学院（20 人）

优秀毕业研究生（16 人）

孟　娇　戚方楠　魏在乾　安　雨　王　伟　唐华琼　李银桥　母丹丹　肖　霞
游　玲　常　璇　丁　郁　郭玲丽　薛小平　冷文益　陈家玲

优秀毕业研究生干部（4 人）

李妮辉　程　倩　吴广川　苏彦玲

体育学院（12 人）

优秀毕业研究生（10 人）

李志超　李　言　谭　凤　宣玉珍　王　耀　秦丽雯　张　浩　龚柳洁　李　涛
陈　蕾

优秀毕业研究生干部（2 人）

巫前锦　杨莉莉

灾后重建与管理学院（6 人）

优秀毕业研究生（5 人）

李阳辉　缪易辰　李佳莲　顾诗瑶　单前程

优秀毕业研究生干部（1 人）

陈玉婷

空天科学与工程学院（9 人）

优秀毕业研究生（6 人）

罗　冲　代文鑫　杨　民　蒋　京　时志奇　张比浩

优秀毕业研究生干部（3 人）

李　爱　蒋汶君　罗晓波

国际关系学院（18 人）

优秀毕业研究生（14 人）

张　慧　罗晓东　王紫东　谢　肖　张　帅　皮婉婷　项晓莹　段柏旭　吴慧元
吴展羽　杨晓会　王俭平　路　顺　陈　蕴

优秀毕业研究生干部（4 人）

张天宇　汪山景　刘碧璇　朱　珠

网络空间安全学院（23 人）

优秀毕业研究生（18 人）

蒋　超　陈　扬　苏　瑜　杨　悦　张与弛　高玉君　许益家　张红霞　文　奕
冉　涛　高　健　金泓键　黎　颀　刘　谦　徐华露　蔡顺婉　孙天放　赵珂雨

优秀毕业研究生干部（5 人）

赵珂雨　高　健　徐华露　蔡顺婉　孙天放

哲学系与宗教所（18 人）

优秀毕业研究生（14 人）

刘雪丽　任芮妮　钟泽喆　时杨杰　谌晓律　李　铭　林　泓　李　霄　袁　容
范　芮　张　雷　马晓政　施秦生　羊本才让

优秀毕业研究生干部（4 人）

何　瑶　周玉全　杨萍萍　冷先立

生物医学工程学院（25 人）

优秀毕业研究生（20 人）

马博轩　胡　成　陈亚芳　潘晴晴　周小熙　龙仕和　徐　娜　卢　艳　周雪映
李　星　李黎嘉　江青松　许良鹏　罗昭聪　毕群杰　李国浩　吴丽娜　罗　杰
史年丰　刘　旭

优秀毕业研究生干部（5 人）

王　璟　吴承恒　陈　柱　李志宇　郭宇强

生物治疗国家重点实验室（55 人）

优秀毕业研究生（43 人）

袁利萍　唐　伊　赵盛炎　吴梦丹　李越山　吴文碧　刘芙蓉　闫　伟　高　升
曾丽诗　万国权　张　蓉　黄玉兰　郭银萍　严仕鑫　贺欣龙　李　攀　刘　杨
苏兴萍　郑云华　洪泽华　周　悦　乔婧昕　李文镇　姚冬萍　张　洁　杨　闻
明　扬　熊　亮　龚松林　黄　成　滕　飞　牟泽东　田　洋　王华丽　林良斌

刘　超　张　倩　刘化一　兰　江　李琪琪　陈雪英　杨　涛

优秀毕业研究生干部（12人）

许庆嘉　陈韵颖　万国权　李　攀　洪泽华　杨　闻　龚松林　黄　成　张　倩　李琪琪　杨　涛　李越山

分析测试中心（5人）

优秀毕业研究生（4人）

魏　瑶　郑皓月　黄小英　黄金会

优秀毕业研究生干部（1人）

袁　琛

新能源与低碳技术研究院（4人）

优秀毕业研究生（3人）

何　剑　蒙俊霖　吴　阳

优秀毕业研究生干部（1人）

邓　杰

四川大学2020—2021学年本科生优秀学生、优秀学生干部名单

经济学院（227人）

优秀学生（147人）

于济冲　谢斐然　冷辰茜　徐可欣　冯雪婷　王佩妮　陈嘉璐　张子淳　王泽钰
吴子涵　张晨昕　郝时好　杨秋瑜　程　丽　谢天航　张舒婷　杜茂婷　卞亚蓝
柳志强　黎丹婷　彭家艺　陈睿颖　阚文蕴　罗盛业　梁英明　胡子薇　黄薪颖
林子清　周　旗　刘雪妍　姜焯瀛　刘振雨　缪　言　王庭威　肖　娅　邓媛元
杨雁南　白昊霖　苗玥彬　蒋　睿　杨　侃　何佳宜　王锦洋　王孟雨　谢汇丰
黄诗颖　何　楠　吴　桐　廖　左　赵诗源　顾徐阳　李　毅　李　京　马　帅
向　琳　韩佳诚　李安琪　王宇航　刘　畅　王艺情　李　坤　何欣倩　胡春雨
罗　悦　徐婧雯　万一孜　鲁世宇　李思佳　曾滟茹　宗晓雪　孙璐瑶　马滢珊
王子玉　邓又嘉　李　骏　许建南　康　毅　申　乙　潘娅颖　于抒含　刘羽琦
艾静思　吴素素　范宇辉　陈诗意　勒熙平　赵文羽　李添龙　赵安琳　刘笑言
王怡然　刘铭轩　赵孟洋　王艺颖　俞淑敏　袁雅馨　孙若熙　张梓浩　王安绪
王博琳　陈宣豪　袁小丫　杜　沐　曾　爽　钟　超　钟　骋　顾绍坤　向欣宇
王阳军　杨卓远　雷　燚　李瑞琪　史思研　柯贤良　李青怡　徐菀岐　杨子涵
游璐祺　桑羽桐　张智程　胡雅雯　张根豪　李安琪　牛光耀　王虹雨　黄　珽
汪琦钧　张　惠　李轩光　周子涵　吴雅琪　于思怡　李安谛　陈　瑶　黄　珊
唐　越　张静怡　宋雨静　邹　畋　杨　澜　任之楠　陶京昀　王子怡　李雅秋
杨昕悦　欧阳皓玥　上官文芳

优秀学生干部（80人）

芦冠岫　周芷珺　何骏笛　金佳琦　罗昱颖　银　璐　樊　琳　伦佳悦　余佳阳
任琛维　王骐腾　孟童真　谈周涛　吴延博　姚佳睿　王嘉乙　李赟麒　向柔颖
梁笑雪　钮冰清　魏嘉烨　赵博冉　先　进　王　瑶　王一丹　马艺源　马潇涵
李佳睿　林　森　张依婕　谢子涵　郑祖扬　陈思羽　王　珊　李浩霖　刘蓉馨
张泽琦　刘曼玲　周　敏　杨忠震　张嘉尧　李　驰　何慧璇　何晓宇　甘雨璐
汤婷惠　朋元媛　唐　玲　庄奕航　梁敏琪　张羽鸿　丁　畅　吴子硕　李维妙
褚哲忱　赵梓含　胡　莲　丁睿奇　蒋龚祎　马丹妮　何　巧　林　顺　佟知晓
宋佳珩　黄　璞　谭清阳　傅　淇　陈鹏翔　罗冰岩　陈　慧　谢一飞　张新圆
胡永峰　练青龙　程雅钰　何韫琪　郑子宜　蔡文君　杨泓屹　朱昱蓉

法学院（93 人）

优秀学生（58 人）

邹欣然 杜　妮 陈恺頔 黄恩珂 向祉曦 叶树衡 王瑞坤 刘海颜 吴蕴涵
金义婷 刘严木 赵启康 谢佳凝 郑玮洺 李玥萱 李钱钱 王壮壮 潘雅葵
李文秀 郑凯文 张玉萍 唐金翎 张海洋 李金津 林健星 郑　扬 刘孟妍
姬海尧 曹　晶 龚欧影 何佳佳 李云蕾 徐艺菲 张晓纳 曾一笑 邓　维
罗淑娴 宋奕辰 赵　昕 周梦琳 蔡静文 蒋婉莹 潘梦璐 张美思 吴宇琨
周馨悦 黄业雄 李欣蕊 邓哲心 唐子淳 赵宇灵 徐静茹 陈明远 高振国
王　娟 何婧铭 陈　爽 郭香男

优秀学生干部（35 人）

徐方照 杨子硕 左昌立 夏岷镁 邓浩宇 张馨予 朱伊宁 黄肖寒 康琦崟
张广权 赵　锟 秦文宇 张婉秋 卢涵彬 郑欣悦 王宇轩 余艾佳 宋茹萍
崔僖倩 代兴茂 姚　雪 王　瑛 张浩然 张烨萱 张　倩 刘晓楚 颜　铭
赵谷凰 肖衍飞 简渝珂 任佳莉 路晨曦 田佳鑫 徐毓霖 古莉娅

文学与新闻学院（新闻学院）（173 人）

优秀学生（114 人）

彭笑秋 欧阳漫 牛　童 刘若楠 莫凯洁 左雯婷 刘淑瑾 刘怡竫 赵嘉宁
张瑜倩 李萌萌 张　懿 田仕顺 陈思红 张渝葭 董欣儒 李珑颖 曾　成
时婧婧 李健辉 李佰珏 白　娟 卢　旸 陈蒙蒙 苏佩杰 李　萌 钟雅晴
刘　颖 冉媛婧 吴欣宇 贺郅奕 马语涵 易思思 尹梦奇 刘小炼 赵雨晴
严佳敏 朱　凡 石秦一 吴　起 庞雯昕 潘俊涛 谢　萌 郭敬远 李　婷
王羽涵 史　晨 李　焱 林芷妍 周虹利 冯馨田 郑钰科 吕　叶 孙天艾
万雨亭 贾　玲 戴可欣 胡　霞 卢敏琪 熊益芳 张琳媛 陈玉纯 叶　拯
左良姝 黄嘉凝 彭橹汀 刘雨秋 梁　可 黄宇豪 田思雨 邹沁圆 冷思言
赵帅智 康雨晨 林书棋 郭静楠 李雪琴 李夏妍 孙盈睿 容东霞 余子悦
周泽豪 徐　潇 胡缘欣 孟怡璇 郑安琪 马瑞雯 李　喆 陈奕轩 叶心愉
高　歌 傅雅君 尚瑞萱 李语曦 刘　婧 张　杨 郑含嫣 梅紫阳 李为琳
杨巧如 王安迪 任凯迪 张　森 李　佳 夏泽禾 黎雨晗 都杨洁 郑　怡
张纪泽 吴萌萌 杨舒云 曾雨洋 苏婉楸 葛梅清

优秀学生干部（59 人）

吴白羽 向宇歌 罗佳雨 刘祥慧 闫　凯 赵　旭 王一丹 谢江山 汪姝含
林艾翡 崔逸灵 李佳欣 李　艳 田　田 金　芮 李佳逊 王一豪 叶傲林
龙　雨 尹李梅 蒋菡婷 边　洁 陈瑜晗 张小艾 车宇轩 温新芮 陈心怡
曹敏娜 罗艾东 雷梦雪 丁秋葭 代婉琦 姜　沣 朱思欣 袁洁荣 谷明珊
吴若阳 杨青欣 张龙赫 冉雨阳 刘泳馨 闫如玉 王　锋 张乐妍 解淼芳
余贤隽 刘丹枫 李可伊 康汪洋 毕庭硕 陈佳鑫 童　易 王佳琪 陈鹤婷
戴融融 牟皓冰 朱晏霖 伍诗涵 张玉梓叶

外国语学院（94 人）

优秀学生（62 人）

王　雯　王道姮　吴佳玲　蔡小女　白祎佳　黄朝阳　袁佳佳　仲　文　张妍楠
张铃林　孙　扬　刘静娅　宋　悦　韩依婷　李　露　王　金　陈骏逸　刘玉兰
明　瑞　赵汝慧　胡新雨　王　晴　孟　雯　王潇雨　曹甄莹　张　越　赵玉玮
李思瑜　包佳平　张丽姗　张莹玥　吕媛媛　潘书培　南　希　李昀卓　李　莉
许婷婷　罗梦琳　董天爱　李雨昕　陈雯欣　周祉涵　庞欣雨　许泓一　杨璐雨
吴毓祥　宋　薇　黄潇涵　邓萌琳　林心怡　方佳诺　袁　齐　胡纪超　陈小棵
齐　帆　姜路灵　何嘉炜　黄卉馨　杨瑞麟　苏升垚　林芷竹　吴佳乐

优秀学生干部（32 人）

赵　航　刘玉香　何俊杰　冷长龙　李婧怡　汪　叙　陆楚枫　李熙蕾　王诗越
江丽萌　张心如　杨舒琦　吴　未　逯梓睿　张怀亓　卢云芮　李　馨　周子涵
李姝颀　胡　洁　王丁可　赖弘毅　黄奕婷　张雪怡　廖凤玲　鄢涵露　段宇飞
丰思倩　洪振昭　涂　丹　江晴雯　曾　妮

艺术学院（148 人）

优秀学生（110 人）

周林锋　陈衍伊　汤贝贝　陈思洁　赵　晗　李　涛　付中豪　杨卓颖　黄嘉雯
陈凯华　吴　迪　戢　涯　张　瑜　覃吉万　王雪莲　陈思言　牛梦婷　卢怡菲
刘佳韵　沈倚繁　解勋成　尹　琦　包珂华　冯麟乔　蒋　怡　卢霞依　张静宜
程羡君　邓如萱　陈蕗瑾　田旖琳　周　鳞　卓传宇　朱　琳　唐与田　贾　唯
王禹心　吴姣濛　刘晓雨　闫成龙　叶　彬　刘林益　周煜瑶　姜玥伊　黄梦昀
田　洋　牟　童　祝一宁　谷小钰　王　简　楚凯屿　周星汝　高艺轩　邱子扬
汪希睿　汤从洋　岳　章　殷　平　柳青云　王苗媛　叶兴雨　彭伊雯　张俊彦
杜昌林　李添乐　张麟倍　冷柯君　杨聪英　杨　鸿　陈泰格　毕玉琳　马舶源
朱恩静　王雨晴　关栩菁　马荣荣　王怡文　王裕霖　张淮瑜　徐　可　郑心歌
马嘉遥　程柏僮　钟晓轩　梁　茜　王科涵　赖嘉祎　吴了了　谢海瀚　杨致远
周雪澜　戚芮菡　白夏阳　林　珂　张馨月　李雨欣　李笑菡　江　程　赵欣悦
李少云　张　粲　丁思尹　李佳颖　刘辛夷　李思雨　张曼迪　杨昊美　王梦晖
张曼由页　王郑畅翔

优秀学生干部（38 人）

唐　祎　赵子琪　向睿秋　汪智伟　田　钰　王秋月　刘伊晅　马　颖　朱姝颖
蔡嘉皓　杜庸谨　李洋娜　王可欣　靳昱乔　张淄博　董栎婷　李佳音　杨文杰
沈枫耘　燕　阳　黄雨萱　邓依婷　冯佳钰　王晓琪　曾小芮　曾琬晴　吴冰倩
杨雨飞　唐婉铭　翁兆仪　唐英祺　戴　彧　万孝涛　刘德明　王　裕　唐利枭
周静怡　欧阳聿格

历史文化学院（旅游学院、考古文博学院）（89 人）

优秀学生（59 人）

崔成成　喻飞菲　姜怀瑜　杨　倩　高嘉伟　周雨榛　张　娇　李思进　王应瑄

杨翌厚　范思瑞　安其轩　刘芸伶　沈颖映　张瑞婷　何睿琦　张嘉华　刘佳艺
龙佳琦　姚培琪　魏菡一　黄卓贤　彭柏凌　李一豪　卢　珧　唐梦晨　何虹霖
徐以渐　李佳涵　张秋雨　张可心　樊宇涵　史珈恺　张欣乐　刘阁丰　任梦佳
叶镇豪　刘英杰　杨珺秋　王　越　刘丝语　刘鑫玥　霍明敏　曾思茹　孙　菲
章馨元　王予汐　张雨田　闫红梦　方　维　罗合敏　马小媛　胡诗雅　张　悦
袁　凤　王欣怡　袁　圆　孟　恒　李仁杰

优秀学生干部（30 人）

任正智　陈　正　邓洁芮　王圣斌　常开远　孙正阳　张若静　沈可馨　李健祎
胡龙超　刘晓焕　孙圣婕　高梓霏　周新冉　张幸莹　李子威　陈思伟　曹睿媛
唐嘉禧　王　秋　梁憬之　马　蓉　刁本荣　伍小雯　谷瑞童　郭可薏　吴　桐
侯雨坤　袁志辉　刘静秋

数学学院（89 人）

优秀学生（59 人）

龙垣桥　孙聿辰　杜佩恩　马艺宁　陶梦峣　文锦星　熊俊辉　王娟仪　陈玉源
郭　蕾　杨兴艳　陈　彪　罗　亚　张雨川　张珊珊　严诗量　王子舜　李　垚
刘　昱　孙雨薇　刘高屹　吴嘉炜　李慧凝　杨嘉平　张世航　熊尉然　赵本艳
任欣宇　曾笑语　谭宸奕　龚浩扬　曲　婷　周泓宇　龚雯琦　夏宏鲲　刘琳珑
郭一岑　李雯雯　高远荣　屈重辰　王璐瑶　叶　童　笪馨予　张雅雲　郭祎彤
吴林原　陈奕铭　郑　雷　顾金廷　张　珊　赵　阳　孟一凡　王雅轩　王念伟
谢家骏　郭思琪　谢良奇　陈　薇　敬璐如

优秀学生干部（30 人）

黄乐婧　王　婧　郭京舒　陈佳洛　胡元麒　周宇洋　秦文静　杨浩宇　税治豪
王雨叶　胡昕瑜　邢　阳　冯　颖　陈　瑜　方艺曈　谢昕玥　曹译月　邓紫怡
景成朗　杨月晨　陈柯宇　李佳宁　胡可欣　张洺铨　刘泽景　王琦语　刘龙举
文胜兰　李雨株　张海翔

物理学院（118 人）

优秀学生（84 人）

马如玉　吴　铖　贾冉晟　张明阳　陈天宇　提　前　谢小林　坤雨潇　董慧敏
冷应瑞　何翔宇　冀　壮　徐弘辉　蒋雨丹　杨铭宇　贾敬业　冯云龙　孙宏杰
任飞翔　王濠涌　罗继红　周星宇　陈　力　张　森　陶　铠　徐子振　陈宜煊
王若存　侯郡任　杨昊彦　俞亦腾　彭　益　张祎轩　程　锦　吴嘉君　唐珑畅
文尚宇　王丹琦　余思源　李诗睿　宋雨康　段　寒　沈震宇　黄威宏　崔刘雨
郭入铭　宋庆康　彭国庆　王依然　唐　诚　郭　涛　兰　川　田柏汀　常珮杰
胡启城　鲁宇航　高祎霆　陈骁羽　欧纪阳　刘霁原　周妍含　田　野　张乙海
康晏杰　颜显权　杨　溢　林新旭　岳佳仪　易虹宇　马惠泽　童博文　董小平
杨　彬　王　涵　曹瑞昕　王嘉骏　胡珮瑾　骆成涛　赵阳程　谢鸿盛　吴奇益
常佳晨　吴雨洋　张刘天翼

优秀学生干部（34 人）

李馨蕊 荣晨硕 张露丹 虞 钦 刘 迪 虞智超 程馨可 杨诗涵 涂 缘
张千里 李 煜 徐 娇 晏浩洋 贺 洁 何 颖 袁科霖 樊 奔 冉 虎
郭入铭 刘桂琪 杨景茹 李俊豪 苗 森 郭俊尧 任奕宁 缪文澜 王 朝
赵 爽 郭帅科 周钰卜 陈俊文 史聚民 徐 倩 汪 溪

化学学院（132 人）

优秀学生（88 人）

鲁七源 邹兴艳 石芸志 吴坦平 赵晓婷 理松涛 欧阳雪 肖 颖 潘雨欣
张华龙 刘 辉 陈梦婼 卓林锋 董 欣 余 珊 辜娅欣 王紫霓 吴 津
张 海 王亚雯 邹 梅 蔡春贤 周博巍 刘孟龙 胡仁龄 刘镇仲 刘 静
邓雅尹 杜嘉瑜 王淏宁 赵劲一 陈 恒 冯子君 马 奕 陈民琪 廖济邦
张荠丹 刘 锐 刘子瑞 徐嘉盈 张鑫源 万 巍 魏振轩 李晨雨 任 瑶
宋一诺 王少培 李圣哲 孙 璇 李秋凝 周雨普 关 喆 武艺洁 熊 媛
李 扬 罗 毅 李麟瑞 肖存存 陈鸿康 贾子昂 肖歆芮 火嘉辰 李明远
钱可馨 冯熙媛 王 珂 滕 熠 赵奕初 夏胜蕊 孙大武 贾栩栩 余乔乐
宋恬熠 熊婧蕾 呼延瞳 詹菁菁 佟 磊 张 莉 兰可欣 辛 欣 卢泽钜
李柯璇 王艺阳 李远楷 刘阳名 徐嘉仪 王永泽 张 顺

优秀学生干部（44 人）

叶 晨 曾雅心 庞 嫚 张怡颖 张诗婷 朱泓宇 冉园玲 李俊彦 胡龙成
李翔宇 陈行健 郭美琳 青雯玥 鲁心蕊 王泳澍 杨冰倩 匡雅含 龙洪汐
张若愚 汪小钧 刘俊博 湛佳谕 胡鸿杰 周 亮 杨雨荷 刘 湘 银浩翔
江戎蓉 许晓非 张砚语 郭寅彬 邹欣甫 沈晋如 聂传熹 杨洁琼 姚欣桐
喻文静 赵文婷 孙钰邦 李胜宽 刘佳琪 徐逸铖 陈虹钢 金明光

生命科学学院（84 人）

优秀学生（57 人）

邵启亮 乔孟婷 吉佩雯 刘思邑 何 爽 张世辰 周 蓉 吴鸿宇 孙 伟
贾皓昊 严 馨 田宇昂 张艺暄 唐沁兰 陈珊珊 魏思璇 徐逸龙 李歆睿
樊 婷 徐 田 陈曦冉 张硕颖 彭谨宏 贾开源 吕卓婷 刘绪燃 朱美如
向东佑 方梦远 房映旭 张萌倩 孙洋龙 吕 杉 高欢欢 张云海 翟 轩
张九戈 郑冰权 金依蕾 尹康群 郭才琬 李雨芯 秦芳楠 毛铃雅 顾欣然
刘新苠 朱姿霖 夏浩宇 陈泓月 向星宇 陈熹楠 成 溪 宫梓馨 何宗谕
吴玉玲 刘一佳 杨崇艺

优秀学生干部（27 人）

邵启亮 何 爽 吉佩雯 刘思邑 吴鸿宇 陈珊珊 周 蓉 徐逸龙 游万邦
周书豪 张玉龙 刘晓亮 李 艺 郑沁雨 苏 航 曾佳怡 李昊阳 孔文清
蒋丽莉 李雨晴 李 悦 刘艾嘉 彭悦蕾 张 铎 曹一唯 游世洋 张睿佳

电子信息学院（146 人）

优秀学生（102 人）

赵梓合　陈锦周　陈美琪　王晓涵　蒋宇航　王雯钰　范勇奇　张博闻　谢李睿枝
洪　瑞　倪海智　甘　序　张筱健　户媛媛　刘　倩　邓懿斌　张财榕　杜函书
蒋光启　谭韧轩　陈敬源　刘馨睿　宋媛媛　陈煜霖　陈昌朴　刘建乐　王与同
汤　灿　陈　明　罗明懿　李　强　李　凯　杨月欣　罗　艺　何　达　庄　毅
黄宇清　秦山河　黄夏杰　崔艳娇　王培丁　宋慧琳　张凌溥　邓永衡　谢婧荣
伍　念　王　萌　白礼俊　潘柞舟　徐子昂　刘奕池　文思涵　翟博涵　黄　河
崔恒昱　邓　淼　王翠鹏　唐　玺　韩召兴　张云帆　彭　俊　王笑寒　王安琪
王　静　徐擎天　彭　显　欧阳康　陈睿思　何　雨　吴宇峰　章　张　唐　曦
吴黄巍　胡永康　陈玮烜　严　康　吉宇航　郭　梦　任家乐　杜遇林　姜　浩
陈益潇　敬小炜　师羽飞　徐日升　易胜峰　胡佳佳　刘丰怡　王勃皓　李杨雨
赵文德　赵　攀　马异凡　王　靖　王道叶　岳秋宇　魏天喜　廉瑶秀　侯学凯
李雨姗　于　桥　黄奕翔

优秀学生干部（44 人）

范卓尧　王之尹　冯弋格　武雨萌　曾宣达　刘　綦　高　源　刘思媛　邱丽如
成一铭　王璐瑶　程才松　兰　洲　高　源　吴翊都　李萌萌　陈铁元　董千韵
孙泽宇　仵庆熹　张峻豪　王　城　张　杨　罗诗羚　廖佳佳　王伟丁　刘春江
倪得翔　陈鹏冰　王　涛　刘志俊　程靖倪　张馨方　张伟鑫　余克俭　谢秉坤
杨　姿　胡　雪　韦　创　周　奥　区　杰　任红达　李建平　李宾宾

材料科学与工程学院（91 人）

优秀学生（66 人）

张华博　董晓宇　周家民　吴秉政　张嘉欣　傅胤燊　陈倩雯　李东生　张天泽
李攀茹　曹　画　余晓沛　安天宇　王天一　缪思成　李朝越　李秦雨　徐欣松
曾新月　尤　福　吴义昊　徐力凡　周丰凯　汤宇虹　肖闳畅　吴　移　韦霁芸
杨　雨　曹栩浩　郝立昌　邵嘉惠　官子涵　廖荣龙　牛铭佑　沈桢贞　冯秋月
江芳芳　王佳兵　郑长江　马子涵　林一晟　曾　宇　吴一凡　廖桐霄　张金全
方穆诚　严仁态　高葶婷　殷东民　罗云仁　陈启帆　马言哲　曾　宏　孙士林
杨　涛　张芸胜　王弥粲　张涵洁　王昊雨　王　帅　冷润霖　程文宇　张鸿杰
焦继煌　段邦彦　彭正瀚

优秀学生干部（25 人）

陈奕廷　雷博睿　周世森　宋志诚　熊志炜　何方楠　王偲漪　黄　兴　钟孟锦
崔光垚　冯　琳　董浩然　黄俊嘉　张清源　潘帅成　吴毅杰　杨　璐　李梦瑶
李诚逸　刘梓楠　李　栋　郭　金　曹桂雄　陈　帅　李红亮

机械工程学院（183 人）

优秀学生（123 人）

夏禹辰　郭舆豪　李世坤　贾燕滨　张宇鹏　刘家伟　葛增乐　张　颖　华军涛
汪晨晨　王林风　王雅蔓　周　权　卫逸扬　范　颖　朱世豪　颜　荣　蒋卓岑

杜玲羽　徐海涛　朱仁宇　汪迈　吴磊欣　彭小刚　成志辉　吴宏瑞　刘翔
甘伟　刘相江　董晓妍　王宇杰　袁玉文　易浩强　王思宇　林霜岚　刘茜茜
邓文清　罗燕妮　宋瑞琪　董雪仪　黄一鸣　范昕源　胥杨洋　黄尹强　高云飞
娄长风　荣苏楠　宋沁泽　何长浩　康弘　钟涛　张凌辰　杨晓萌　吴健
王小英　谭博文　闫创业　李灏旭　田钊　张世远　凌娜　陈佳杨　梁慧敏
魏世鹏　孙昊瑞　刘卫民　张耘博　倪奕帆　柯瑞　高小尧　杨子涵　梁永刚
凌新　刘陈杰　何沁遥　薛思佳　郑军　刘宇琪　宁成　刘青姝　范林涵
王渊　赵子鑫　金维聪　韩耀霆　李心茹　刘俊毅　朱邦德　原野　曾艺昭
蒋泉泉　向天乐　高晗　舒适　张文潇　胡锦瑶　肖家欣　杜忠璟　廖胜伟
张雯杰　王良文　陈骁　李鑫　王奕朦　陈佳敏　胡钥鹏　杜柏钰　陈佳倍
贾睿　张一凡　孟程磊　王惠真　农崇瀚　仆昊　金鑫　向从文　鲁海洋
周虹均　陆正强　姚雯莉　蔡阅悦　刘志鹏　杨凌云

优秀学生干部（60 人）

黄浩　方增　刘童　李泽博　汪涛　何燚炜　李世岐　陈家燕　赵梓伊
陈嘉溢　李欣蕊　陶成梁　张亚男　罗仕杰　苏文卓　童宇航　卫书铭　杨天
张义群　吴千一　葛海洲　段应龙　孙礼鑫　王忠庆　庞玲蓉　张文瑄　何奕兴
廖婧如　彭宇翔　史尧扬　方紫驹　陈政达　黄茜垚　蒋金海　余彬豪　钱礼凡
莫云轩　王谢谢　李凯　胡潇屹　李傲懿　何静雯　金雍卜　谢腾远　刘倚良
王涵　刘唯智　赫彦杰　高昂　张欣悦　张温函　赵岩松　杨丰硕　胡天然
宋若驹　谢城翔　任文娟　万宇航　刘彦麟　李文婷

电气工程学院（172 人）

优秀学生（132 人）

王景帅　闫志江　王海东　肖剑桥　包鹏　余胜　杨令龙　王永飞　陈冠润
唐子涵　姜德威　黄锦洋　刘新霆　师洋　李梓帆　刘可欣　龚锐　卞高宇
方思瑞　梁琳琳　董凯愃　解蒙蒙　陈淞　谢奕　刘胤宏　田诗雨　王澍
高天然　文柯皓　袁邦书　丁浩　李欣宇　李昊励　熊贤科　严璐　李英豪
曾明泉　王康宁　韩雪　万安池　秦福星　张立　张宇鑫　朱绍杰　陆厚函
刘帅　庞涵之　罗子康　李文婧　高明宇　马世宇　孙昊楠　潘禹飞　沙鹏程
杨峻　焦浩宇　张良　王杰　张昊天　李欣璐　关智文　宋相林　金彦霖
辛明远　和永盟　周子琦　冯攀　张瀚中　张孟雷　邓德瑞　苟俊华　吴雨芮
姚凌君　邱玉科　郭宗传　毕洁范　胡睿祺　刘倩云　李洋　毋戈　王俊骅
张一睿　范琳烜　韩晓轩　石芳瑜　王梓薇　王淳立　黄海超　周子涵　江小舟
金心源　王兴铭　黄俊成　熊志强　罗梁骁　安锐　熊学浩　周泽宇　许昊天
牛滟葶　赵婧冰　毛睿　张杰　李思颖　张过　梁泷旖　冉励搏　周子琛
杨杰　彭明杰　苏健　罗熹萌　陈兴伟　官香莲　孙崇杰　黎文鑫　蒋奇良
蒋旭　梅峻炜　黄文俊　王昊霖　史斯予　姜伟　陈昱林　张航　马兴培
黄虹　王腾飞　曾飞扬　邓淮俸　吴雨轩　刘甘琬茗

优秀学生干部（40人）

李钟平　刘　蓓　陈　林　郝予涛　牛天宇　熊艳雪　周恭成　张帅康　杨小露
郑银娜　范梓远　陈泓名　张秋实　刘　蔚　孙　航　林皓阳　戴昌龙　张　潇
辛明远　李　洋　王梓薇　祝泳琪　胡睿祺　庞涵之　曾佑鑫　杜婉莹　赵　菲
关智文　徐佰仟　许桉绮　鲁乐天　梁程皓　吕智勇　周　骏　贾峻博　程　睿
高惠珍　牛继堂　李嘉欣　郭是凯华

计算机学院（132人）

优秀学生（99人）

冯永锴　史笑涵　袁　源　朱伟业　汪诗惠　冯思立　张嘉玮　蒋卓航　焦润翌
周士钧　冯莉婷　谭　杰　唐梦洁　邓之凌　唐敬堃　王浩立　杨欣威　张中辉
郑　涵　吴甜馨　陈晓培　丁宗康　王佳莹　刘却桓　金杨翔　詹宜瑞　张笑庸
包鸿辉　代灵奕　王天行　梁　航　翟　震　李国防　孙韵韬　饶　达　李永乐
陈飞宇　高铭辰　胡义林　王睿潇　陈志恒　温振宇　杨　涛　杨浩政　刘沛雨
袁兆一　张天浩　李　昊　罗杰惠　曾　琪　刘知源　吉昱阳　程锦国　姚普懿
文　康　唐　润　郭美彤　谭　言　朱旭辉　罗庚欣　徐天怡　宋明清　李　涛
郭怡琳　程佳涛　罗海颖　邵　恒　李　磊　肖子霖　朱　锐　耿仕洪　冯宣植
方雨涵　戴　豪　胡　镀　唐　琦　朱家辉　赵泽源　刘庆勇　彭宗铭　金森杰
何巧云　王梦勤　尚天淇　洪一超　费彩霞　胡冰玉　王秋雨　闵可欣　杨彦军
何祖缘　罗　正　荣春玉　杜韦宏　贺宇瑄　黄禹博　张丁业　王佳宇
旦尔曼·塔依尔（2019141460298）

优秀学生干部（33人）

庞舒婷　牛佳文　任　凯　王相麟　王瀚弘　臧　驰　杜文杰　朱纬韬　李　佳
陈孟卓　朱泽旸　李宇嫦　李　懿　宋文斐　刘沛东　罗雨骁　杨欢欢　杨　文
林辰宇　殷浩然　钟程澜　顾宇轩　张浩天　顾　瞿　张伯威　王文昕　张曦月
侯业君　鲁邦彦　曹馨心　郭旭坤　赵哲园　任浩龙

软件学院（81人）

优秀学生（56人）

阚子文　奉仰麟　汪成飞　杨一鸣　李一民　刘一凡　范晓宇　汤志曹　李政霖
周思源　朱千奥　许重阳　张志成　彭尉力　杨蔡胤　兰　鑫　田金珑　李　旺
王新龙　程俊嘉　黄玉娇　李嘉茵　童昭旗　李　欢　薛冬昀　邓婷丹　李美瑾
黄飞炀　伍胤玮　黄琦琨　李奇宇　李伊琳　陈　城　王钰夫　刘　红　张鸿斌
冯绍杰　樊　杨　张皓为　贾昀峰　陈　晨　张子恺　冯　源　黄拓森　邱亢迪
刘扬友　赵天志　李东凌　瞿冰垚　黎　昊　瞿　毅　石紫锋　解佳慧　石　佳
胡未名　姚凌俊

优秀学生干部（25人）

肖旻玥　邹耀徵　李　丹　蔡明昊　王欣雨　陈　玥　何明锦　王新航　黄益柯
邵天熠　陈蓝玉　薛　喆　卫昱杰　刘泓麟　何雨声　吴闻笛　蔡雨鑫　赵元培
王麒藻　刘雨果　叶力瑞　都霓凯　夏　溪　陈博恒　殷睿莹

建筑与环境学院（192 人）

优秀学生（132 人）

陈欣桐 李圣美 申 颖 袁 蕾 林欣雨 陈雨萧 王钰昕 汤子龙 白马腾
谷雨新 何长沛 黄家悦 季明瑞 季鑫豪 刘佳懿 刘潇航 刘 玥 聂广程
彭堃恩 秦沛然 邱近贻 万睿琳 吴峻宜 邢紫曼 杨 禧 杨哲熠 尤敬尧
赵伟萁 甄昭淦 蒋雨含 李真耀 柴志卓 李牧遥 杜星慧 胥清波 张奕萱
卓江华 陈 飞 付代鑫 欧新颖 李洪辉 董哲镐 陈雨薇 吴静妍 王 涵
路翔仪 沙 鑫 张心怡 刘世晗 高子凌 林嘉炜 杨泺嘉 薛刘缘 颜伶西
王天余 陈奕驰 祁敬茗 楼贝宁 束庆生 谭 鹤 张志豪 郭俊辉 安 然
刘 锐 杨 浩 刘 航 张红丹 吴启明 丁能杰 曾庆凯 孙卓煜 余佩洋
陈天诚 杜绍敏 金治能 祁梦雨 汤梓焓 李艺峰 王欣宇 刘思妍 梁雨晴
杨泓宇 高 嵩 李俊龙 卢宇航 凌灼灼 杨梓艺 曾夕丁 苏端阳 赵吉祥
孙弋明 何 意 张世新 李柃燕 李子怡 安怡竞 谢源浩 金泓杉 李岚晰
林 霖 马欣田 王一沛 谯可卿 李韵佳 周韵妮 贾适夷 谢佳蒙 郑 玺
项羽煊 廖文杰 于 潞 张芷瑜 白禹南 郑国重 衡明珠 杨淳怡 刘昊飞
陈 炅 杨俊杰 王雯璐 杨 菲 毛 凌 苏琪博 黄春贵 薛浩楠 郭天翼
白旖濛 王 宇 宋 扬 朱子瀚 沈寄傲 程林苗

优秀学生干部（60 人）

唐嘉欢 苏梦杰 陈袁媛 吴其林 陈泽霖 杜欣怡 蒋 凯 罗竣潇 秦颖莹
向思颖 熊雪倩 姚沐夏 姚 楠 张智源 赵昶旭 秦嘉玲 武晓楠 印康玮
石守诚 温馨越 张安俐 杨 蔓 肖 扬 武晨阳 叶 康 曹 静 张逸绯
吴克场 龚滔林 邹锐雯 吴维栋 罗子昂 陈光耀 颜子又 李 航 黄越强
王政启 陈家骏 陈思诺 赵雲飞 刘晨彤 刘演锟 黄文韬 辛秋霞 郭燚桃
赵小满 雷超颖 高攀越 魏奇媛 张 瑞 胡钧植 冯亦潇 王珏文 郭佳宏
任玮楠 丁一航 王泽宇 朱宝莹 李泽宇 李佐佑尔

水利水电学院（142 人）

优秀学生（94 人）

梁焕雄 谭安强 赵 慧 陈羿志 何家杰 张 钰 王韵涵 陈乔奕 刘鑫檑
廖 欣 杜长泯 刘阳辉 梅馨墨 刘辰博 杨睿童 朱忠帅 曾 妍 安之阳
汪国维 苗志毅 左佑铭 余明睿 谢静萱 谷 健 张斓菲 王 涵 谭 畅
余秋黎 董力志 赵希远 曾 理 高 婷 周玫臻 翁子乔 谢智鹏 黄 蕊
曹宇鑫 党 晨 李青青 戚 萌 田加洛 李 川 付兆凯 廖 旭 孙一冰
杨博闻 黄家姝 游俊宏 周 岗 牟珮雯 刘明霜 张 怡 陈倩倩 陈兴蔓
张 睿 陈蓬旭 袁 颖 杨 洋 罗展鹏 杨安元 蒋 龑 蒲 磊 陈秋宇
宋思源 李奇临 崔凯路 吕光潮 贾媛媛 罗一鸣 王 络 王亚忠 杨雅琪
董亚欣 方 佩 黄欣悦 黄 尧 赵雨婷 杨佳怡 陈子婷 许 奥 吕雁飞
刘德航 马旺东 滑 朵 吕旭东 赵卓奇 吴 洋 周相苗 郑 好 袁 旗
黄一峰 张冰玥 陈严己 欧阳鑫睿

优秀学生干部（48 人）

顾琼薇	彭　程	张　柳	朱品多	卫佳怡	张秋曦	何显廷	宋佳玟	潘姝瑶
汪　彬	赵　桐	袁诗宇	周禹昕	李昌辉	杨秋祝	赵乐天	王赫南	岳　洋
云　丽	罗　欣	冉宇涵	吕子健	何　松	于雨弘	高风胜	单　雪	常　坤
杨昊坤	张青青	尘　义	李佳林	凌淇淞	王宏涛	覃　月	董启奥	张岂凡
白鑫荣	李奕霖	严　筱	白骐瑞	陈永涛	郑皓暄	苏永祺	王秀桃	李美晨
刘昊臣	仁增罗布	马李高阳						

化学工程学院（146 人）

优秀学生（97 人）

杨泽洲	弓　琪	秦　川	许　涛	史靖琪	周高锦	陈奕孚	张岳群	黄心怡
李佳泽	谭开元	徐晓燚	赵俊乔	刘新怡	李　晴	吕雅婷	王君礼	郭绍晖
任姣姣	廖海帆	张思琪	王昊天	王安婧	吴程洁	辛炳儒	胥海琪	张依璐
冷广童	熊方荧	刘冬妹	官芷懿	袁　立	佟　尧	李孟鑫	徐佳晖	卢虹冰
赵铭宇	姚程予	朱瑶瑶	鲍楚儿	王志巍	王育衡	梁莹霄	卿乐罗	陈　响
何淑娟	刘禹铎	谭森珂	李尚淞	李　涵	王夏文	王云龙	钟佩羽	邱舒扬
付冰洁	李　帅	陈荟芝	方仪婷	张　雪	胡　菲	李明扬	秦淑贞	杨　巧
刘昕昊	蹇思雨	徐　靳	张欣霖	柳丁祎	王踏秋	刘晓婷	刘若楠	孙宇航
杨重宇	邢雪晶	王丁可	黄瑞翔	付珺瑶	何　勇	刘浩然	向志强	张新宇
张　维	张世豪	曹子成	何轩岩	兰旭超	殷　凯	郭骅昱	皮双城	马骥飞
郑晖瑶	唐嘉玲	花茂森	李永祥	杨杭睿	张天懿	邝芸瑞		

优秀学生干部（49 人）

陈　凤	白晶荧	钟　琪	李晨红	严文韬	马霖睿	朱珺莉	雷苏苏	张韶峰
张华夏	许　洲	陈　莹	唐毅苗	王璐希	李万洪	许皓岚	黄　熠	周廖敏
付开楙	杜苏婷	王照彤	康乃馨	高宇恒	郑心越	苏千翔	王安琪	蒋明媛
张鑫博	赫佳琳	陈锐达	唐麒杰	张耘陌	陈桂鑫	魏　巍	李尚明	肖紫晴
冯　禄	周旭东	汪瑾扬	戚晋瑜	李沁聪	罗　欣	黄祖杨	赵云杰	汤　鑫
高雨庆	宋欣宸	余丁豪	熊沁林					

轻工科学与工程学院（121 人）

优秀学生（81 人）

甘林灵	谢宇欣	程晗斐	曹贺尧	王怡佳	冯子超	刘晨辉	卢高鑫	李子雨
李　伟	魏佳佳	傅庚韬	韦　娜	金　红	范子窈	代志远	李　俊	王韬然
张　瑶	刘万萌	李辰晖	黄　祺	石　佳	胡奕萱	王若涵	陈雨彤	唐亚娜
张辰钰	王　柔	李　怡	汤天永	洪梦婷	兰天齐	柯　涛	徐浩杰	盘亚航
伍家杰	许　可	龙　建	李奕莹	朱子俊	唐艺丹	李　硕	甘　坤	杨　森
赵　越	秦林雨	刘洋杰	庄舒涵	陈筱雨	孙至洁	褚　煦	林　涛	赵芮竹
贺梓溪	谢康顺	黄炜杰	王奥琪	侯静雯	杨赏娟	王浩亮	董怡青	月　望
周黔川	陈兴龙	梅洪嘉	李　玲	莫晓慧	黄力慧	潘尚义	刘兰香	杨云霞
许树荣	李若水	朱虹霖	许　佳	李杭遐	肖钰茹	李安娜	魏禧连	张泽楠

优秀学生干部（40 人）

朱海洋　陈俊予　徐可清　白雪珍　龙举达　杜兴楠　张　杰　刘梅浩　李一鸣
黎　鑫　杨世荣　刘恒宇　娄　颢　张　鑫　张诗怡　琚　桐　帅芃宇　宋贞容
吕欣迪　孔　浪　陈　倩　何培君　原晓龙　张　源　陈雨馨　宛如玉　黄　攀
周　钰　王　帅　白　聪　曹赛超　彭钰嫣　阮心建　刘霞雨　汪　京　方　焮
甘雨洋　韦　笑　郑淼文　杜娅丽怡

高分子科学与工程学院（130 人）

优秀学生（91 人）

王心怡　左净玉　成　振　姚　洋　何世博　向泓宇　郝田昕　唐子涵　陈少鹏
刘晔青　王维好　杨　宾　王彦骅　施兴煦　汪　玲　董明辉　相紫晶　安子墨
何金莹　杨佳林　穆瑞琪　黎震宇　王　兴　王　逸　李泽波　张之慧　肖雨寒
黄灵杰　彭万里　吴官玲　安琳璘　冯雨琪　周传凯　向培劼　黄家欣　郑怡然
周江龙　尚思远　刘九洲　顾梓睿　宋俊梅　周　婧　莫雅婷　余沛文　谢明东
唐　瑞　王　淳　杨　乐　钟玥辉　周宇航　袁梓轩　吴冰洁　栗兴昊　胡伊凌
赵伊然　吴昌伟　兰科钰　王瑞庆　高努男　朱家园　刘艺璇　贺晓溶　冉献川
管　艳　管晓璇　杨凤英　徐　豪　张一晨　褚　幸　乔　晴　袁　睿　李彦江
李　峥　郭馨宇　杨佳睿　李千阳　蒲治臣　朱瑾瑶　凌子玥　周　博　高亚婷
蔡雨松　邱　月　朱道炀　胡颖玥　罗　奕　汪依然　陈诗帆　苏资茹　李江慧
秦熠填

优秀学生干部（39 人）

邹梓堃　舒子芯　赵梓冰　王怀志　李　洁　黄钰婷　谢可庆　吴睿智　刘涵文
毕心愿　李思昱　李　希　李文浩　易周翔　段芳红　马于嵩　游雨昊　黄惠宇
谢剑峰　周　桥　吴宗键　郭涵宇　李沛阳　胡灏弋　俞开元　曾莹虹　孙旖旎
宋忠昂　林嘉颖　田　然　庞　睿　梁嘉豪　葛晨璐　李长春　冉夏暄　王之灏
成生俊　唐才捷　李　骁

华西基础医学与法医学院（41 人）

优秀学生（31 人）

王鑫迪　徐　杨　吴宇航　李焕卿　王悦琦　陈建辉　朱　梅　卫闪闪　卢闻谦
邹　旸　陈聪亮　史雅翰　郑明睿　陈　汪　程　奥　魏子义　袁睿轩　刘馨雨
魏　璇　王艺恬　俞棋翊　陈茂淼　张婕妤　孙玉文　周燕萍　叶敏杰　李瑞茜
冯　芊　明天悦　席　娅　尹向蕙君

优秀学生干部（10 人）

赵梦瑶　闵诗桐　周典怡　马艺珈　张灵轩　何婧秋　郑　鑫　谢颖昕　邓　宇
韩一玮

华西临床医学院（321 人）

优秀学生（229 人）

刘诺舟　廖英华　张嘉丽　张志刚　李欣柯　漆　芯　黄一鸣　张子为　张　淇
蒙力扬　李　澔　田展飞　荣伟莉　李　燊　廖文静　陈　洺　冉泽超　郦　峥

塞林格 王又劼 甘科禹 刘语桐 胥飞宇 杨修齐 滕 禹 杜东儒 余盈莹
杨靖锋 刘天佑 张 倩 陈娇婷 于芷若 杨雨希 杨世茹 张志硕 严祥群
曾雨潇 丁星文 陈佳丽 刘依璇 苏娅文 王丽娜 张零生 陈星羽 陈凤玉
刘玉琪 武芸宇 张艺航 贺钰瑶 郑 玉 陈 希 许安若 李虹俊 钟诗童
魏维阁 杨梓炎 李一璠 闫冰姿 吴思蕊 何梦婷 任叶蕾 李佩纹 余可欣
王毅斐 金依颖 陆天怡 杜静怡 曾祥虎 林明莺 何翊君 赖红历 孟令昊
余兴陟 冯晓然 孙骁驰 安丽珉 孟泽宇 邹雨恒 王紫逸 项熙衍 沙雷皓
刘 婷 赵雨暄 贾梦露 屈丙意 张欣雨 贺思宇 黄治宇 彭晨假 储 金
谭松涛 李经纬 贾婷婷 彭翎旖 贾宇恒 胡千蓉 欧桐彤 刘桂娜 万丁源
林 楠 武梦芮 江 红 卓 樾 李卫秀 吴岐佑 顾芯源 李泽华 程星翰
陶 杰 王彦文 沈雁荣 赵哲昊 郑 越 赵紫晨 袁子沐 张 婷 姚明鹤
禹世龙 蒋德诚 谭裕奇 时叙远 奇 鑫 马可航 韦宇豪 周嘉茗 吕欣阳
赵天浪 成 夕 孟青阁 王培宇 叶华丽 刘 莹 尹 越 彭蕾锡 周翔鸿
郭佳瑛 蔡博宇 高梓洋 李丛骏 成 欣 吴贝依 王双文 王子宁 沈寅知
谢欣然 李濮含 孙凯博 李 健 王 康 王孟华 陈琳燕 杨嘉庆 李英昊
王 翰 霸坤仪 苏梦婵 李佳龙 卓小雪 陈珊珊 金 坤 任昱洁 周 靓
李昌玲 金泓宇 李诗欣 赵羽诺 张 蔓 陈 识 卢天健 陈雨麒 何 倩
唐钰莎 张 涛 李文苑 朱旭东 武立民 王一霏 王 渝 郭佳隽 高玥珊
周梦云 郝健淇 杜思唯 魏意欣 黄 玥 谭 薇 谢宁清 郝小虎 李承霏
赵文婷 许晓梅 李琳娜 朱紫琪 刁 聪 姚文墨 郑巧文 罗浩伦 颜龙萍
朱佳怡 周雨蓓 罗文静 张 澍 张 雪 张天杰 李 雅 林章宇 陈雅麒
纪鉴芮 李雅楠 王浩源 杨炎霖 张雨田 余禾野 潘 攀 黄 宇 刘梦茜
赵 磊 戴幸航 刘森浩 张欣怡 姚 磊 朱玮臻 曹忠泽 杨可艺 杨汀航
万云天 海如拉江·阿力甫江（2020151620518）
古丽牙尔·艾尼（2018141624143） 帕孜莱提·托乎提（2018151621184）

优秀学生干部（92 人）

张艺腾 彭圣岚 傅宇童 赵凡郁 谭 芬 邱星雨 赵浩辰 包婉莹 国灿灿
赵 鑫 黄宇薇 武永昶 牟可凡 黄也茜 黄伟嘉 李欣橦 李 芊 严淳议
刘豪阳 钟雨婵 何婧婧 陈晓烨 高 睿 蔡武峰 余一凡 郑 权 吴文韬
马新月 陈坤豪 陈梓馨 王泓天 尹茜雅 王 维 杨蒙竹 王腾勇 倪钰超
张斯睿 李培玮 郭 文 蔡见文 徐文静 宋文鹏 胡海瑶 陈雅雯 余泓彬
曾 皓 林书妍 瞿 佳 刘 香 伍怡琴 龙海文 李明阳 常 烨 蔡和锦
游嘉颖 唐诗怡 刘 敏 袁 驰 谢钰清 王思帆 李 苒 葛玲玲 柴 正
柳善睿 娜米冉 尹筱萌 陈雪峰 周 欢 苟嘉妮 王佳玲 陶梦娇 朱雨涵
孙若男 李硕元 宋国姣 詹悦涓 黄轶男 吴修竹 和晟渊 屈 展 范骏平
李吉利 刘定邦 刘 鑫 吴承芋 白 舟 徐新禹 唐恬敏 刘梦雪 罗欣瑶
冉昕昕 热法凯提·毛拉克（2020151620515）

华西口腔医学院（119 人）

优秀学生（86 人）

李家赫　林雅祺　阮显淳　姜志深　吴秉峰　黄心悦　杨　玥　时彬冕　蔡欣雨
刘佳怡　闵子洋　岑月妍　陈明阳　李昊霖　黄天宇　嵇　灵　潘子建　张滨婧
杨舒婷　刘　桢　迮奕婷　黄　宁　隋尚言　黄文龙　冯淑琦　戴清仪　朱　涛
李玥天　陈彦赤　钱语然　陈艺灵　申佳琪　奚雨珂　袁雪纯　杨佳瑾　韩睿盈
颜　妍　向倩蓉　林恺丰　王　玥　陈　野　蒋青松　曾心怡　蔡正文　李　梦
赵双元　林夕秋　姚羽菲　周安琪　甘鑫琰　魏雅莉　庞　瑜　张　琳　王婧宜
宋沁璇　郭圣钊　张梦芸　黄沁琳　文　雯　王歆萌　苗艺萱　罗文欣　樊　禧
秦友苇　常俐俐　杨　娟　李怡臻　阳宇函　熊义辰　林榆蒙　周　末　蒋瑞仪
刘福双　李厚泽　李一洲　胡　钰　谭心乔　牟倍辰　郑耘昊　王双成　邓含知
周梓瑞　葛　璇　季怡轩　宋蕊均　万紫千红

优秀学生干部（33 人）

温馨雨　江瑞宁　秦艺纯　庄颜嘉　王蕊欣　潘心悦　王秋昊　单珅瑶　牛嘉璐
洪嘉乐　扈　宁　黄梓恒　李佩桐　李奕君　赵佳璇　任瑞阳　张舜皓　周雪儿
吴卓轩　钱春林　王海溦　赵宇曦　雷林山　吴昊妍　段承辰　符向清　吴妍廷
刘彭博　丁若邻　程　斌　向帅羲　黄凌依　吕潇颖

华西公共卫生学院（111 人）

优秀学生（75 人）

常　洋　叶雨果　吴佳阳　李　霖　杨佳敏　吴梦瑶　邹雁秋　丁莉文　王雅晨
吴祥瑞　常　红　王丽楠　李沁璐　徐世曦　林瑾怡　韩媛媛　阮丹华　蒋梓轩
陈鉴辞　杨威怡　重竺君　张若涵　林籽安　彭小凡　徐思华　熊　倪　曹海菲
杨　楠　张云洁　韩　韬　徐浩源　周进宇　张　璐　林驰量　张梓渲　黄舒骏
王美娟　王清逸　章雨琪　王琳瑶　刘心玥　江　南　覃思晗　谭音希　唐傲怡
胡富尧　颜欣然　陈家浩　张紫怡　胡祎宁　卞之琳　秦一帆　盛宏宇　杨　超
李禾婷　钟婉珍　马　蕊　申雨珂　张倩薇　苏晓艺　费　宇　朱江波　刘　璐
李志爽　杜佳依　邱声越　李　玟　黄熙雅　于　洁　向南雁　董思敏　贺睿欣
朱璟捷　韩昕玥　李里诗洛

优秀学生干部（36 人）

陈玉玲　武　依　邵子伦　周月阳　李欣妍　王雨萌　周林星　达希奥　刘　畅
王志秋　蒋桂昱　李珍艳　胡子帆　王明慧　李运龙　张雯迪　钟扬丹　经文铎
张宇骐　黄明豪　胡林霞　郑怡然　石洪達　朱紫裕　丛　雪　刘雅丹　王　璇
雷博文　孙梦婷　郭　婕　顾先林　张添艾　唐　静　陈嘉怡　贾　雯　曹袁一诺

华西药学院（104 人）

优秀学生（68 人）

刘　璇　时舒萍　张智朝　缪柔柔　李紫嘉　何迪月　吴紫仪　吴艾珈　陈　爽
杨凌晓　颜　倩　丁俊舟　贾富雅　刘　冰　江如蓝　杨子潇　袁家容　陈黎伟
张　烈　王芮婕　叶美玲　陈　燕　谢　昊　洪　渝　曹明浩　杜雨凡　米琳静

刘　梅　贺　轩　李若冰　张　可　陈　飒　李　雨　宋雨茜　潘姝霖　曾思怡
王　昕　赵钰洁　王　尊　高　瑜　张萌琳　陈怡廷　张凤梅　刘怿晗　胡皓洋
刘懿贤　朱泠静　贺　彤　张　洁　倪苑铭　李艾玲　洪舒睿　袁　梦　田心宇
张玉明　茹锦晓　夏文静　刘　欢　陈杉杉　韦　祎　巩嘉龙　谭清青　钟　琳
邹　倩　韩瑞智　罗添一　姜锐杰　唐祎璐

优秀学生干部（36 人）

杜梦真　张玙璠　李予婕　王雪燕　邬紫敬　杨　静　周晶奕　高若楠　胡叶艺
龚明亮　李丹妮　陈欣怡　唐　雪　吴承训　康馨洁　陈且昕　周　宁　薛鑫彤
杨　倩　冯心仪　刘圆媛　严　懿　丁紫嫣　赵尹瑜　余晨曦　李　箫　刘逸珩
陈　安　杨秋玲　都奕舟　李若琦　侯姝伊　宁文慧　邱梓轩　王亚婷　李嘉传

公共管理学院（125 人）

优秀学生（93 人）

张祺珲　安　淇　蒲　纯　曾　磊　孙伟琪　孙雨轩　刘春雨　徐玥瑶　崔雨琦
都佳文　田　甜　王贝加　林云鹏　鲁怡君　冯城妮　韦雅琳　唐　诗　许艳群
郑文杰　王佳慧　沈伊果　文欣怡　金珂安　申佳佳　单浩楠　葛楚莹　夏　凡
姬聪慧　梁　蕊　韩颐堃　黄思诗　赵雨婷　万洪玲　胡　萍　苏健骉　董喜锋
田　欣　薛森元　石玉环　陈淑涵　徐睿滢　刘雨佳　陈紫萱　梁钰之　李沛颀
谢圆圆　付源滨　张　甜　邓书婷　刘祎凡　程乐逸　蒋忻玲　王德超　王堂蓉
于新月　王欣蕊　肖　垚　廖　珊　杨丽欢　闵芝菲　黄思睿　戴　婷　谭玉洁
樊　颖　郭一帆　陈　龙　许　越　李心影　孙春玲　蔡欣仪　邓　佳　于世博
张　敏　陈　灿　李沅洁　廖雨柔　韩　译　李彦可　罗波瑾　林紫薇　胡玉玲
元　洁　李　晓　贺谭涛　赵　伟　吴　琼　郭庆蕊　谭淋丹　何雨娟　何瑞敏
林淑如　何国喜　王谌诗棋

优秀学生干部（32 人）

牟芳娇　李泽芳　杨　妮　田国庆　邵佳兴　刘婷田　杨丽琛　蔡金铁　罗　漫
晋荣欣　马丹妮　李佳淇　任　钞　许　洁　曹懿璇　李思婕　王煜玥　李佳怡
张明泽　朱佳怡　姚纳川　蔡凌晨　肖　青　程浚潇　徐宇航　胡志伟　宋媛靓
廖盛宇　郭精磊　孔思维　宋欣萌　唐鹏程

商学院（167 人）

优秀学生（119 人）

刘一星　杨紫艺　吕亦新　黄烨炯　李怡君　杨雨潇　张珮青　钱颖洁　马芊卉
陈欣蔚　曾　俊　纪心雨　王　凯　童娇慧　郑馨萍　郑兴毫　勾　越　余光阳
樊宸君　高　隽　郑瑞敏　徐　述　关惠尹　冷沈芩　冯湘婷　骆顺淇　廖心怡
余治庆　胡茗栋　沈建宇　唐嘉泽　李姝玥　黄利娜　赵晨瑞　杨　晨　涂　宏
张倩玥　余露云　胡荣戎　李寒玉　行美慧　于煊荷　杨弘毅　蒋明君　常贵雄
徐　冰　杨昌健　于源鸿　李稚萱　龙凌霄　林文靖　王豆豆　张贝蓓　邓睿茜
张笑然　林龙杰　邱涵茜　胡　佳　孟姝含　黄　越　孙诗微　陈冠桥　任　倩
张倪惠　王润婷　刘纹君　熊　霏　彭今城　邹媛媛　熊文琪　周恺耘　曹欣悦

张琼文 刘顺迪 陈天悦 郭润凡 王小丫 李 响 尚佳琪 马青兰 赖俊逸
焦文颖 刘 琦 陈午丹 卢慧如 肖梓婷 陆芯怡 张靖蕊 褚 瑶 杨一爽
袁 慧 范怀亿 田家欣 刘泽来 马思睿 李凤华 刘 秀 董嘉萌 朱芷曼
傅朋雪 李丹妮 罗峥卓 李 暄 魏新力 连笑情 江晓筱 王可好 孙紫玮
李韵诗 黄梓欣 李丹阳 杨清月 张一帆 刘舒萌 陈心怡 覃 涵 蒋雪婧
曾 萌 向李晗璐

优秀学生干部（48 人）

曹 曦 舒汉廷 马 杰 张 艺 陈欣尉 陈星宇 吴姝姝 丁乔文 吕沛霖
兰 天 岳 坤 龚 政 杨文杰 杨玉玺 解 唯 吴 颖 郭玉莹 刘珊辰
高 天 张轶博 曾雨婷 杜煜龙 梁城羽 高雅澜 徐宝琪 刘翘楚 朱思培
刘 颖 周晨凯 王瑾瑜 魏天舒 吴佳棹 黄柳雯 丁 蕊 王玉娇 邓鸿文
柯林敏 陈俊宏 尹 琪 林 熠 刘荷露 陈欣雨 武瑞君 李文迪 李蓝鸽
涂金艳 麦尔丹·买买提明 菲路热·吐尔逊江

马克思主义学院（10 人）

优秀学生（6 人）

李子怡 曾亚玲 刘 江 邓璐佳 王珞凡 谭思懿

优秀学生干部（4 人）

杨毓林 李思岩 范 钰 李香凝

空天科学与工程学院（33 人）

优秀学生（22 人）

沈相达 刘正锐 郝嘉贤 杜泽宁 吴家同 吕 鹏 李嘉安 葛朝玮 刘自力
李瑞雪 肖 锴 韩文钦 吴 怡 杨毅帆 王子璇 郭可晴 张昱轩 王可蕾
谭启达 白 芸 何闪闪 姜 丹

优秀学生干部（11 人）

雷龙清 王 珏 蔡鑫宇 王浩成 钟 友 刘梁爽 雷 震 冯浩清 钟翰明
黄华宇 罗宏彬

匹兹堡学院（69 人）

优秀学生（51 人）

张偌涵 黎 楠 杨 帆 刘睿智 魏汝涵 凌阅微 盛淑伟 徐可然 沈家妮
刘嘉洋 贺子琛 孙雨涵 李婧鸣 何 好 陈心仪 金刘超 马语嫣 张光灿
陈路安 耿宝骏 王思萱 娄禹辰 向芳涵 焦 峥 沈楷传 肖其佳 陈僖妍
史辰威 陈宇轩 赵纬祎 杨行健 杨岱威 崔荣凯 吴 桐 秦汉泽 张文韬
马思源 隋师源 杨坤龙 张泽龙 刘文睿 刘 悦 魏 岚 徐亦韬 张译心
严 韵 邓皓月 陈予洲 廖志红 侯逸钊 陈政铠

优秀学生干部（18 人）

吴昊洋 李 想 聂嘉翼 余家辉 曾韵璞 邓晴月 陈潇羽 韩谨潞 温嘉林
马金鑫 董元烨 王宇喆 吴卓洵 汪 阔 王培禹 彭风箫 石天奕 钱仕奇

国际关系学院（12人）

优秀学生（8人）

徐弋卓　曹亚男　刘　诚　陈　卓　李妍枢　马韵如　张佳雪　赵玮琦

优秀学生干部（4人）

李欣蔓　张惠霖　廖靖博　李冰梓

网络空间安全学院（75人）

优秀学生（51人）

胡海馨　曾智鑫　王清宇　朱奕杰　程乐凡　宿悦茨　孙国恒　范润琦　冯　孙
王莎莉　王逸飞　刘征宇　龚昱嘉　曹　好　刘汉臣　罗小虎　赵轶洋　吴逸飞
陈泳冰　李　馨　王楠楠　陈　强　侯清源　方淑芬　李　杰　刘轶博　邱煜彭
付广淇　代爱莹　唐春燕　黄飞扬　田开元　颜可翔　钱炳州　吴屹涵　张文彧
胡硕渝　陈　勇　张　杰　裴皓程　吴　奇　罗家乐　徐　皓　高骁宇　黄　焯
周煜桢　张云龙　董璐浛　简欣娅　周沿江　马　祯

优秀学生干部（24人）

赵书立　唐　帅　金帅帆　杜萍萍　王鹏宇　邓骐雨　董　娣　曾舜阳　张波涛
王昕凯　李静涵　刘　育　徐伯韬　曾雨潼　马楚云　钱文韬　徐可意　许雅轩
李星煜　闵　海　段仁语　范书贤　占明明　李　丹

哲学系（22人）

优秀学生（13人）

陈俊强　罗棠尹　王意婷　杜启启　谈知辰　云　炜　卢少蕴　唐滋芃　任育禾
田一润　吴江天　周　亮　时雨荷

优秀学生干部（9人）

张瀚元　谢国庆　崔　晋　段家鑫　曹海涛　赵梓钰　刘倩辰　叶　子　李毓泽

生物医学工程学院（31人）

优秀学生（25人）

周晓雯　何祎杰　赖思治　吴　玉　张嘉煜　曹志高　余婉欣　宋徐春　安小然
侯　垚　姜俊彦　朱亚东　刘伊琳　翁希雅　李慕飞　折佩怡　王靖宇　李鹤领
徐骁扬　詹　雪　聂凤云　刘悦豪　乌　仁　高明耀　俄木依欣

优秀学生干部（6人）

夏　萍　杨松齐　朱圳荣　徐敬业　徐思安　牛芳铭

生物治疗国家重点实验室（14人）

优秀学生（11人）

程泽生　阴天宝　缪雯倩　弯　月　汤景翔　周　峰　郑钦文　乔梓琪　汪雅莹
鲜润奇　冯子源

优秀学生干部（3人）

罗海天　张　田　刘雅虹

吴玉章学院（181人）

优秀学生（108人）

段为刚　陈尚贤　宋京傲　桑浩杨　陈彦希　孙士博　王泓深　陈　宇　李若辰
肖欣怡　陈　直　江思颖　程列新　杜秋男　王一初　万梦桐　高　凡　吴润民
王　博　侯俊臣　于成龙　黄一粪　黄欣怡　裴泓迪　马鑫然　贾义国　吴明宇
姜越炎　李润一　彭昌浩　蔺书铭　刘　晨　胡晨辉　陈舒迪　彭子坚　周　洋
虞丽锋　全洧可　袁境徽　李　晴　施若楠　李　智　刘骏瑶　石华磊　李仟怡
王一珂　宋子昊　雷应翔　刘越崇　孙　昊　刘莉铃　刘莫辰　田嘉仪　仇陈之
万　劼　王　彬　邹雨桐　林琛果　赵锦涛　姚子睿　闫耕图　孙寒青　徐陈天野
薛思言　杨春来　罗佳琦　唐俊哲　袁榕澳　陈致远　乔泓凯　张睿霖　王蜀冀
彭子瀚　张宇坤　刘俊辉　曹　原　张钰奇　韩子毅　潘思宇　赵宇飞　黄宇凡
莫了了　周渝博　宫昊辰　毛璐露　刘宇科　柏明英　龙欣怡　曾　杰　闫怡彤
刘　宇　彭　睿　熊悟捷　焦祎晨　邱　玥　石一帆　郭钰香　周　照　苏文妍
代宇盛　刘子辰　丁斯奇　程龙昊　李世辉　戎　征　陈宗劭　李洋溢　蒋丝雨

优秀干部学生（73人）

尹若童　谭卿珊　张焱成　许王泽　郭孟琦　赵　霜　李云飞　何晨玮　杨浩霖
王子睿　黄宇清　闵润诗　常天祐　姜惜词　张啸云　张宏图　李思娴　童　瑶
程景良　李　鑫　程　轲　赵志龙　李宗音　陈超荻　宋　涛　林平欣　许思悦
臧正卿　刘思航　张祎蜜　王渝翔　刘　沂　张雨轩　张峻菘　王新博　缪天晴
张子灵　王亦奇　柳叶子　陈　旭　王子康　王　森　董奕玮　温仕玉　丁雪羚
戴雨江　文心怡　黄奕举　郁茜伦　吴直雪　代雨秋　吴雨婷　熊浩男　任斌辅
唐　赫　余　跃　何彦希　朱　洁　喻兴隆　赵杰锋　周　添　袁子棋　周子圆
翁凡雁　张恭芮　郭晓虎　冯钲皓　张　瀚　刘　莹　唐金龙　王冠智　毕一平
米晓露

四川大学2020—2021学年本科生奖学金获得者名单

经济学院（631人）

特等奖学金（2人）

马潇涵　冷辰茜

综合一等奖学金（30人）

钟　骋　陈诗意　陈睿颖　雷　燚　何欣倩　宋佳珩　赵博冉　姚佳睿　黎丹婷
马艺源　康　毅　任琛维　刘艺璇　王　珊　白昊霖　何骏笛　曾滟茹　黄　璞
徐菀岐　马滢珊　金佳琦　万静馨　王安绪　王佩妮　周　敏　徐可欣　庄奕航
孟童真　郑祖扬　缪　言

综合二等奖学金（58人）

孙艺文　王诗琪　柳志强　陈广生　孙璐瑶　丁　畅　向欣宇　朋元媛　何杰琳
汪琦钧　吴素素　向柔颖　张　惠　刘曼玲　谭清阳　王骐腾　罗昱颖　赵诗源
晏艺航　张梓浩　李佳睿　李青怡　梁敏琪　李赟麒　任之楠　李　骏　王锦洋
李安谛　林　森　李　鑫　魏嘉烨　申　乙　周芷珺　刘青昀　袁小丫　李梦雪
孙雨佳　吴雅琪　顾徐阳　钟　超　李轩光　陈鹏翔　伦佳悦　郑子宜　王泽钰
宗晓雪　陶京昀　傅　淇　王子玉　李雯欣　邓媛元　梁笑雪　蒋龚祎　苗玥彬
赵梓含　谢汇丰　姜焯瀛　王博琳

综合三等奖学金（129人）

王　瑜　杨　星　曾滢滢　李瑞琪　秦国钧　杨子涵　李　驰　游璐祺　霍思颖
郑　扬　桑羽桐　朱芯林　王嘉乙　杨卓远　李奇林　佟明烨　杨诗源　曾怡然
练青龙　张根豪　宋雨静　顾一迪　王虹雨　程楠梨　牛光耀　周子涵　王舒环
李安琪　李玮姝　张静怡　谢汶珈　卫子寒　杨　澜　黄　珽　邹　畋　薛了了
李思雨　蔡文君　陈梦雅　王馨瑶　邓君妍　王怡心　李　坤　邓又嘉　范宇辉
罗　悦　张嘉尧　赵文羽　罗冰岩　于抒含　王　瑶　谈周涛　勒熙平　刘笑言
刘瑞琪　赵安琳　韩懋宁　朱丽婷　刘铭轩　张羽鸿　艾静思　俞淑敏　袁　野
严　文　倪泽林　吴子硕　李添龙　王一丹　李安琪　王怡然　舒丹怡　袁　梦
汤婷惠　谢子涵　王偲潞　杜　沐　余佳阳　马　帅　王唯一　陈宣豪　邓　莉
徐婧雯　陈南潼　吴智悦　李思佳　张泽琦　刘雪妍　钟晓颖　刘羽琦　潘　琪
李晰轲　胡永峰　宁思颖　于济冲　韦晓婷　谢黔源　丁睿奇　刘振雨　翟　琦
李浩霖　阚文蕴　田佳浩　张曼琳　杜茂婷　何杍航　胡子薇　王孟雨　廖　左
程雅钰　刘　星　王宇航　陈嘉璐　宋　茗　吴　桐　樊　琳　银　璐　谢一飞

杨雁南 芦冠岫 陈思翰 王庭威 黄诗颖 谢斐然 盛睿 肖娅 黄馨怡
康馨怡 上官文芳 欧阳皓玥

单项一等奖学金（141 人）

顾绍坤 徐璐 杨忠震 王阳军 李子仪 林子清 王坤旭 唐堂 梁英明
柯贤良 赵孟洋 王小丫 李婧 邹珊珊 何巧 陈慧 胡莲 胥执锐
任芮利 褚哲忱 唐姝雅 唐恩洁 袁雅馨 周旗 叶雅欣 胡春雨 李婷
曾爽 万一孜 朱雯祺 唐越 王昱皓 侯云康 钱嘉宝 林楠 彭莹雪
强齐齐 石金岷 刘积莎 黄珊 郑依茗 程丽 夏天骏 王艺娜 先进
鲁世宇 张智程 韦若晗 钮冰清 刘芯铭 何楠 蔡欣渝 杨欣彤 廖娟
张依婕 沈子敦 杨泓屹 潘娅颖 王勃然 张子淳 张新圆 杨昕悦 项铭铭
罗鸿耀 何玥 金灵 佟知晓 张书源 陈婷 孙若熙 代其丹 李毅
王艺颖 唐国贤 张晨昕 顾胜男 罗嘉琦 薛涵彧 杨冰姿 陈佳怡 李雨洁
洪婷筠 林顺 段召菊 邬翰隆 何晓宇 吴雨珊 白家树 李川江 刘思婷
王友祺 丁盼 张瀚兮 史思研 李维妙 杨可欣 沈铮遥 马建策 李京
李艺琳 陶斯美 牟自鑫 胡雅雯 庄楷滨 刘畅 邓蕾 王艺情 黄弋洋
王偲怡 何韫琪 韩佳诚 张子平 刘蓉馨 郝时妤 付杰 张美婷 李斯林
刘纪文 程瑶 彭家艺 李敬洵 何慧璇 刘欣 于思怡 陈林文 顾玮烨
陈瑶 赵一茹 刘涵颖 王子怡 张舒婷 李佳 时可 杨秋瑜 黄麒霖
朱昱蓉 张睿睿 赵星浩 刘任睿涵 杨洋江澜 卡维赛尔·买买提

单项二等奖学金（271 人）

王少存 叶濛濛 周昱含 雒洛 周晨艳 李博文 马芮 曹元柳 杨坦
程龙 范旖旎 汪延玺 胡姝娅 崔舜武 杜天翊 张程 吴波 晋曼溶
苏茂 邓诗洋 赵杨 鲍杰 张仟 余沐阳 高科萌 陈思羽 钟宇欣
聂婷婷 沈甲昊 曾倩 吕萱 曾鑫 安相林 李丽 雷耶天 尹纪曦
肖冉 侯浩澜 吕炜遥 殷傲雪 朱相姮 李茁 成博謂 崔津铭 刘兰
杨泽锐 覃欢 汤迪凯 卢香静 牛露瑶 吴冬悦 马昱豪 官颖 何帆
王灏 马丹妮 刘佳杰 唐晓龙 李佳昀 黄清 吴婧雅 蒲柯宇 焦浩洋
陈森森 何明蔚 王家阡 陈诗雨 曾莉真 何佳宜 宋欣蕖 王晨甜 胡芳芳
许桂银 肖子嫣 熊英 杜书鸿 冯慧玲 叶子琳 肖竹书 白歆悦 王雅莹
王莉丹 曾祝迎 范帨虹 熊雅梅 冯建琪 李乐瑶 何晨韵 卢子豪 梁丰
徐涵池 曾淇 王可依 林宇杰 江晗 李亚宁 王靖鑫 屈超常 唐浩然
华语婕 徐昊 周思越 戴宇林 徐云 张子洋 毛兴芫 刘国萍 陈斯媛
赵燕 石晓恬 马仁忠 汪佳乐 王恰 吕千一 李璟 徐欣扬 李涵馨
杜孝妮 赵敏江 李晨燕 武思琦 刘松 唐锋 吴芸杉 王承富 杨侃
陈雨薇 王柠 滕浩 代鸿 杨欢欢 蒋睿 刘芝伶 余卓美 甘雨璐
余思邈 陈宇 陈岸林 孙忆琦 蒋涵迅 程斯琪 彭弘博 蒋明坤 吕飞
张进凯 贾瑞欣 向琳 刘畅 张瀚文 赵鑫冉 魏宇 高萍 李婧一
罗俊 王岚 伍鑫 贺双丽 张冰蕙 冯雪婷 张淑敏 谢沛宇 庞兴华

祁　妙　李海涛　陈菡茹　冯千一　许建南　何亭妤　刘怡瑾　殷庆梅　刘钰辰
盛戴铮　余怡萱　黄薪颖　鄢语杉　高子涵　罗盛业　左　旭　赵芊涵　邱　涵
魏　鑫　李甲天　熊曾娜　鹿韵笛　邹芳琪　李新宇　李彦霖　张艺博　赵晓娜
林佳昀　彭　玺　王涵悦　张馨月　祁丹阳　向妮旭　伏梦阳　陈　典　田丽君
冷　颜　叶庆华　梁文茜　张惟喻　蔡　艺　陈萱玲　方全发　郎旭琦　卞亚蓝
罗润希　陆学采　马醒醒　张雨萌　张淑琦　和子琳　蒋紫嫣　何春江　杨文霄
彭　晴　李佳轩　谢天航　坤心怡　许三茹　吴雨潼　黄宇同　解雨欣　吴延博
夏言希　李海一　李乐雯　于雪瑞　秦雨露　陈　苗　熊佑澄　唐　玲　于　陶
王　鑫　王一帆　葛婷婷　李雅秋　曹　洁　高丛萱　徐林峰　冯冰涵　陈　仿
朱俊青　梁钰婕　粟诗雨　鲁　晴　金洪如　王宇姣　华　迪　黄　田　邓超锋
崔纬铮　者卓邈　刘　丹　李星玥　张濒月　张音音　徐丽婷　张绍鹏　王翌焘
方偲蕊　吴子涵　周子焱　班钰奇　吴浩然　何　佳　王敬萱　李郭英琪
才项杨宗　包额日古纳

法学院（260 人）

特等奖学金（1 人）

卢涵彬

综合一等奖学金（13 人）

邹欣然　刘严木　叶树衡　黄恩珂　向祉曦　陈恺頔　王瑞坤　苏琦航　张馨予
唐先勇　代兴茂　秦文宇　陈　爽

综合二等奖学金（24 人）

彭俊铭　蔡静文　康琦崟　周乃兴　李彦瑾　吴宇琨　李钱钱　杨雅涵　吴蕴涵
徐　辉　余艾佳　赵启康　夏岷镁　杨宇蝶　郑欣悦　陈　辰　张浩然　宋茹萍
林健星　赵　锟　潘雅葵　姬海尧　周新宇　刘颜辰

综合三等奖学金（53 人）

张　帅　郑　扬　马宇宁　何佳佳　曹　晶　颜　铭　朱伊宁　李云蕾　龚欧影
张晓纳　刘晓楚　赵　桐　张广权　杜　妮　卢玉婷　罗淑娴　宋奕辰　王　娟
王凌玉　杨子硕　李启萱　周梦琳　曾一笑　田佳鑫　潘梦璐　王　璇　徐艺菲
邓哲心　岳元元　刘孟妍　徐静茹　黄何靖　赵宇灵　张婉秋　黄海僮　赵　昕
颜萌萌　邓浩宇　顾晴雯　郑　有　张秋怡　雷卓尔　左燕颐　赵谷凰　高振国
王瑜鸿　戴　博　范家旭　王宇轩　魏　天　简渝珂　高煜婕　李世恒

单项一等奖学金（59 人）

张恒玉　张嵘鑫　唐靖雯　彭新宇　侯常红　杨瑞锋　田雨婕　邱兰舒　季　萌
崔僖倩　王思文　张烨萱　陈靖文　郭子琪　尚虹瑞　汪　洋　邵可馨　王艳阳
黄依文　唐子淳　肖　琴　夏涵秋　郑玮洺　张　涵　叶好雨　马　芸　胡　曼
董松崧　康皓奕　蒋婉莹　曾浩悦　任芸阅　田　丰　魏文洋　谭雯文　夏鑫杰
万玥珂　王旖雨　毛　剑　陈可欣　王钟靓　栗瑞瑞　阮楷城　吴瑾若　杨　琦
向　倬　刘敏嘉　肖炫培　徐　雯　毛佳蕊　张露晞　梁　旖　杨梦川　肖乐萱
令狐姿倩　唐漪雯　徐小越　司昊远　王麒凯

单项二等奖学金（110 人）

杨新羽　郭慧敏　任　爽　吴红梅　张泽宇　白晓雨　王天琪　谭笑熹　毕榆茜
王　瑛　彭恋紫　熊　昊　马　佳　章　睿　姜坤瑜　蒋　锐　汪婷婷　严　雪
邓梦媛　袁梦莹　李欣蕊　张　倩　赵　睿　丁子善　毛　雪　陈　婷　赵　芮
董辉瑜　路媛春　柯贤卓　阎珮玥　熊　颖　周恩茜　徐毓霖　陈　航　刘思琦
任佳莉　王裕文　高文锴　周　航　田静雯　肖雅婷　丁　潇　何久源　罗梅雅竹
胡喜裕　徐　可　黄小蝶　田一涵　陈语涵　张一驰　漆胡瑶　张　琴　曾宪婷
李纯晓　孔梓轩　郭　阳　罗安琦　苏　奥　雷　雨　王　婧　万晓天　孙　愿
刁一心　唐林婕　程　扬　赵　婕　张　硕　张　然　孙晓凝　曾海云　吴梦晓
言　丹　张　雪　郭孜煜　许浩炜　赵　丹　郑　倩　刘　鑫　陈彦汀　赵　进
郑静仪　王昕悦　俸世界　李姝阳　姜语晨　梁　艳　郑芸嫣　陈艾芗　陆俞静
向以晗　李瑞莹　陈馨兰　王乙帆　侯承洋　徐金玮　李锐勃　苏柔静　孙汝琪
冯威科　方　超　王　倩　袁虎林　曹耀中　罗双艺　冉　姝　古莉娅　翟金辉
彭梓轩　张雨浩

文学与新闻学院（新闻学院）（512 人）

特等奖学金（1 人）

石秦一

综合一等奖学金（23 人）

刘若楠　钟雅晴　边　洁　李萌萌　易思思　王晓萱　张瑜倩　王羽涵　陈瑜晗
刘怡峥　林芷妍　罗艾东　彭橹汀　孙盈睿　李　焱　谷明珊　王安迪　方嘉宇
戴融融　张乐妍　梅紫阳　郑安琪　夏泽禾

综合二等奖学金（45 人）

彭笑秋　刘淑瑾　赵嘉宁　董欣儒　田仕顺　陈思红　朱艳羽　冉媛婧　王晨露
卞宇轩　孔雅萱　朱　凡　卢　旸　吴　起　兰姿珊　张笑语　曾子洋　宾秋雨
郑钰科　万雨亭　张琳媛　冯馨田　吕　叶　张龙赫　孙天艾　陈玉纯　刘泳馨
杜　语　黄嘉凝　林　琪　李欣泽　梁　可　冉雨阳　孟怡璇　左鑫雨　郑　怡
康汪洋　刘格格　胡缘欣　高　歌　易书棋　曾雨洋　陈熙柔　黎雨晗　潘致远

综合三等奖学金（102 人）

欧阳漫　傅灵钺　牛　童　秦若镜　杨　帆　李珑颖　张渝葭　曾　成　赵　旭
梁子扬　任灵钰　徐之韵　周怡冰　徐晓雅　王一丹　王雨枫　王惠洁　李佳逊
马语涵　黄　湘　张楚漪　叶傲林　郭之傲　梁兴源　尹梦奇　严佳敏　刘小炼
赵雨晴　陈蒙蒙　田　田　苏佩杰　周祺蕙　陈泓儒　潘晶垠　蒋菡婷　李佰珏
陈天麟　王意清　罗鸿宇　丁秋葭　温新芮　戴　佳　左良姝　贾　玲　叶　拯
刘雨秋　邹沁圆　张佳妮　田思雨　康雨晨　黄宇豪　赵帅智　李雪琴　张　怡
朱思欣　冯欣娅　林书棋　李　越　张楠萱　李夏妍　黄　霖　周思佳　肖彦瑶
王艳婷　李　婷　王露涓　许晨曦　熊益芳　陈心怡　吴若阳　史　晨　刘　婧
周泽豪　马瑞雯　丁玥文　余贤隽　叶心愉　毛子涵　贾若愚　饶若晗　陈　仟
李　喆　周　飞　樊一菲　王昌硕　苗艺涵　唐之雨　陈泓宇　周芳妍　郑博文

张　森　都杨洁　杨　晨　程雅萱　冯予时　杨舒云　黄灿栩　尚瑞萱　彭　丽
李静怡　李宏宇　蒋曾雯萱

单项一等奖学金（114 人）

向宇歌　孟蕊蕊　李仲轩　刘可欣　陈思奇　朱虹霖　唐诗源　禹汭君　徐嘉红
羊春秀　秦涵宇　何波宏　王乐楦　蔡浩川　罗佳雨　马小乔　曾楚涵　林昱汝
宋依鸿　崔逸灵　廖依漫　范开元　曹童童　庞雯昕　吴雨蔚　李钰萱　黄月玲
梅　煊　黄文添　太艺憬　郝心荣　罗睿雪　刘熹薇　王皓珂　尹李梅　周欢乐
王悦莲　叶　帆　王敏行　邵湘倪　王君傲　杨唯潇　彭嘉瑞　王　锋　宋佳益
费诗怡　王小雨　文怀敏　孙怡璇　罗浩然　雷梦雪　郑志晟　陈　晨　张菲娅
俞沈峰　代婉琦　李姿星　季雨洁　刘筱卉　姜　沣　徐　怡　李雯丽　杨　露
高　冉　杨义珑　田雪韵　商恩菲　袁洁荣　曹　迅　马林君　邵　琦　曹闳禹
郭静楠　周彬灵　宋盼盼　谭茹月　潘诗颖　汤欣凯　黄　博　丁　丁　毕庭硕
李姝莹　隆　沁　王昊洋　李语曦　包若曦　林津津　童　易　程　惠　傅雅君
刘翰宇　张仲起　欧思晨　伍诗涵　李可伊　王　尚　陈　杨　刘丹枫　陈佳鑫
李玉莲　赵梦莹　陈鹤婷　余子悦　张纪泽　李嘉宁　朱晏霖　杨璐繁　解淼芳
牟皓冰　徐　潇　闫如玉　葛梅清　杨人可尔　张玉梓叶

单项二等奖学金（227 人）

马康雅　张鑫榕　黄　璐　夏婷玉　阙发琳　刘奕辰　吴白羽　毛　渊　李　辉
曹　祎　李宇晴　任晓瑜　邓甜甜　魏采竹　秦小涵　陈贝贝　任志岩　蒋冰纯
赵子晴　田铭旗　王雨晨　曹冰砚　李宛潼　赵子涵　李舒童　黄若涵　郑　珂
李沁珂　汪姝含　谢江山　王思题　王雨潇　唐澜溪　宋晗睿　张澜影　杨庆哲
廖晨雨　何云帆　黄建明　黄晓玲　李泽宇　李　函　王一豪　张　捷　柳姗姗
张若涵　王钰涵　张昕妍　邓　越　肖文清　孙昊霖　王佳宁　李奕蒙　舒伦娜
彭欣怡　徐紫菱　刘　月　钟菱嫣　刘秋穗　方梓绮　卜红艳　王弋戈　王殊凡
金　芮　龚婧徽　黎　玥　刘雨婷　李静怡　古艾灵　潘俊涛　蔡亚纯　白　露
卜月阳　侯兰亭　马丹妮　杨智诒　刘　彦　唐　俊　张薰月　林艾翡　叶　杨
张　涵　阮佳宁　穆华侨　陶秀姜　陈　琰　王　潇　黄欣然　孙俊东　董若萱
石　超　周苏瑜　文成芳　陈彭真　罗　菁　李欣玥　杜明宇　周　炫　樊玙萱
燕奕彤　刘晋林　彭　晶　向欣然　王冀为　李昕瑜　周锦玉　马欣钰　帅子妮
周子琪　姜丽菲　朱翰文　袁梦梦　罗梦馨　迟欣怡　张子轩　王梓潼　舒静仪
葛湘雯　陈怡君　周　萱　鲜正东　于嘉欣　李洁仪　张雨桐　陈奕吟　蒋巧巧
赵晶晶　潘泳璇　钟　泠　陈雨洁　郎绍凝　段珂宇　郭天金　乔静坤　冯秀萍
朱　袒　赵雨琪　谢汶芮　赵天悦　王祎冉　陈雅琪　王曼卿　陈思梦　江惠盈
盖恒熙　吴思潮　徐一庆　王一寒　杜滟林　祁文轩　李昕遥　王梦婷　宋雯萱
胡宗怡　黄灵子　陈如叶　韩清卓　马　洋　黄梦婷　甘　露　邓奕涵　赵文哲
许家赫　陈思帆　李抒妍　牛明金　杨秋燕　石文丽　车晴阳　李佳芮　刘欣畅
戴绮婷　龙雨帆　赵无双　黄　逸　刘淑蕾　史嘉欣　黄子怡　车小熙　苏芝霖
李兴尧　彭雨亭　赖希帆　谢　晓　黄姝萌　胡宏宇　冯　倩　吴昊楠　孔　玲

王子伊　王宇轩　王芷翎　王雨欣　陈滢旭　张毓蓉　杨佳乐　何晨晨　邓　怡
张程程　李佳益　罗文贝　李璟纯　袁可怡　赵嘉欣　刘　婷　史雅芬　周　杰
鲁修齐　兰希文　张梦婷　赵　玥　张玉如　韩佳玉　武思彤　张卓越　马暄迪
刘雯文　陈娟娟　昝梓萌　段玉玺　徐向优　王婕宇　蒋欣怡　万文玥　党燕格菲
邓石紫杉　图尼萨古丽·阿卜杜艾尼

外国语学院（285 人）

综合一等奖学金（13 人）

李筱璐　孙　扬　王　金　刘玉兰　宋云鸿　南　希　李昀卓　胡子进　邓稚凡
卢丹宜　刘洪珲　高　放　段宇飞

综合二等奖学金（26 人）

同　帅　胡斐然　廖梓暄　吕　雯　林鑫怡　宋　悦　万　帆　伍丽媛　王　琪
宋　鑫　梅清越　王潇雨　邹孟含　殷文昕　胡　洁　王丁可　王　晴　熊　英
鲍　周　林春蕊　林心怡　王昕雨　何嘉炜　方佳诺　陈雯欣　刘　可

综合三等奖学金（55 人）

郑欣然　汪　叙　李婧怡　王道姮　刘静娅　黄婉宁　袁佳佳　赵　航　石濡玥
姜　翱　陈昱橦　胡慧巧　陆文瑶　旷　艳　李熙蕾　王　娟　刘珂涵　江丽萌
袁　梦　龙　洋　张心如　吴　未　张人月　姚昕怡　张　越　赵玉玮　李　馨
包佳平　李姝颀　颜修齐　潘书培　张晨旭　李　莉　陈雨欣　李紫茹　董天爱
王雍南　江晴雯　邓萌琳　陈丽郦　卢科宇　张秋莹　王　旖　邹新如　詹欣雨
贾钰菁　陈子青　张晓玮　张丽娜　宋　薇　林芷竹　黄卉馨　陈辞羽　张雨欣
陈涵韵欣

单项一等奖学金（63 人）

白祎佳　黄　馨　黄朝阳　何俊杰　金书宇　邹新玥　刘玉香　唐红萍　张竞文
张佳钰　鞠亚杰　韩依婷　李贝格　郭雷宇　赵汝慧　陈灵星　杨思蕊　陈骏逸
罗雯杰　陈钰婷　陈雪艳　许慧琳　赵紫薇　李　贺　龙诗彤　莫晚平　王思琪
王静唯　邓淇丹　刘燕柠　曹海心　段雅茹　何苓淋　刘泉希　许婷婷　任富源
郑雅茜　李雨昕　房　雨　李彦妮　李茂琳　李雨欣　黄书瑶　黄潇涵　李奕飞
赵雅辰　朱雅涵　辜心怡　王可珊　王　妍　钱亭伽　陈鑫倬　俞星宇　胡纪超
杨瑞麟　姜路灵　张雪怡　曾　妮　陈小棵　陈欣雨　林雨婕　许桔榕　胡尧禹

单项二等奖学金（128 人）

胡淳静　蔡小女　丁乔璐　商洁晰　尹红苏　吴家轩　郝艾霄　吴佳玲　彭舒婷
魏　伊　覃钰涵　吴　雨　陈有璐　王乙丁　濮依萍　童馨雨　冉晗娜　冷长龙
杨佳璐　仲　文　汤雪萍　李　英　朱能照　蒋碧莲　付林蔚　许华桂　黄诗茹
白　灵　陆楚枫　陈思霓　许诗佳　闫心雨　葛熳煜　李佳欣　胡籽仪　王诗越
邹欣蓝　霍嘉琪　邵佳薇　李　晨　张　骏　明　瑞　陈韵西　黄秋壹　张怀亓
孟　雯　王　欣　邓烨涛　曹甄莹　杨舒琦　王可菲　逯梓睿　吴　梦　卢云芮
黎佳妮　岳恺媛　陶玲玲　姜小雪　方源清　王君悦　周子涵　蒋柠莲　罗志乐
张丽姗　刘思红　吕媛媛　杨睿敏　孟　童　冯佳琛　唐美婷　田文艺　胡新雨

谢双飞　李　颖　周　瑶　张皓凝　马远征　金昊然　李　轩　袁　源　曾子逸
蒯昕冉　黄苏燕　卞一炜　刘　可　吴瑾玥　曹潇玥　李哲睿　赵宇川　谢　静
何雨佳　张　越　代袁媛　周祉涵　袁　齐　魏文慧　杨璐雨　陈佳浥　庞欣雨
金好丽　毕司琦　吴佳颖　鄢涵露　王　堉　张可心　王怡宁　袁康鑫　江夙珍
任鹏雯　冯　宇　齐　帆　洪振昭　吴沛莲　吴林晓　黄奕婷　马雪薇　吴佳乐
缪渝佳　刘梦珂　梁衍萍　陈弘越　鄭心怡　马欣然　沈祎琳　黄诗萦　丰思倩
文翰卿　周秋宇

艺术学院（484人）

特等奖学金（1人）

杨昊美

综合一等奖学金（22人）

王沛茹　蔡嘉皓　赵　燕　李　喆　唐钰婷　黄小龙　朱　琳　郭天娇　汤从洋
徐忱卓　谢振铭　朱恩静　沈枫耘　郭　旭　李添乐　曾琬晴　赖嘉祎　戴　彧
白夏阳　王　裕　唐利枭　张曼由页

综合二等奖学金（44人）

张静宜　陈云凤　倪馨玥　吴　迪　吴明蔚　覃子桐　陈凯华　刘佳韵　周　鳞
惠华骁　王智辉　刘晓雨　吴姣濛　王雪莲　闫成龙　黄星源　王浩祺　谷小钰
郑可依　蒲昱语　毕玉琳　南一帆　吕　洋　翁翠莲　和翰珊　张俊彦　李博雯
饶珈慧　田　洋　龚雪儿　王　莹　郑心歌　吕筱煊　李诗逸　黄紫蓝　曾穗莹
钟晓轩　程柏僮　李笑菡　周阳阳　戴景雨　张　粲　关栩菁　王郑畅翔

综合三等奖学金（101人）

卢霞依　贾　唯　张　瑜　曾雨蝶　马镜雯　韩雨琦　吴佳妮　尹　琦　陈衍伊
戢　涯　黄子奚　贺嘉琪　张少帅　朱姝颖　陈思洁　孙念彤　万孝涛　孙　巧
马　颖　奉洛颜　杨卓颖　付中豪　李洋娜　李志鑫　刘雨倩　谢嘉颖　卓传宇
王禹心　牛梦婷　周芳林　王秋月　卢怡菲　林若然　戴玥彤　沈倚繁　高青青
姜雨西　杨清中　杜晨轩　陈泰格　冯佳钰　岳　章　李奕璋　张静闻　柳青云
付静怡　郭　言　陈笑之　李佳音　石敏江　邱子扬　胡　冰　彭伊雯　杜昌林
燕　阳　冯煦晨　李雅如　黄雨萱　申　奇　黄梦昀　刘昱汝　姜玥伊　牟　童
彭琦琪　马舶源　林泱含　潘春燕　王　简　许媛洁　张庆智　王怡文　彭　丹
谭雯文　冯潇影　吴了了　项　鸿　周雪澜　唐英祺　谢海瀚　林　珂　张馨月
刘恒志　毕雅琴　耿惠泽　江　程　梁　茜　王科涵　庞悦颖　张　驰　唐婉铭
丁思尹　李佳颖　董文鑫　张曼迪　谢嘉颖　周思源　魏佳乐　郑浩扬　王　千
查凌姝滢　欧阳嘉璐

单项一等奖学金（113人）

陈艺炜　谢姣阳　董佳敏　刘美琳　魏颖慧　覃吉万　赵子琪　郑诗佳　郝雪瑜
代天逸　解勋成　高梦茜　詹浩源　汪英哲　付佳岚　王羽菲　钱德瑾　曹馨予
刘礼彤　陈璐瑾　傅　琦　肖　翔　刘玉鸿　刘伊晅　黄云潇　赵学莲　田旖琳
曹玉琥　王　越　谭帷丹　杨镇宇　陈　恬　屈鑫玥　张瑞洁　王俊杰　袁雨莎

刘静怡　陈思言　李　珂　万立扬　杨　光　杨镇宏　叶文佳　屈洋洋　文茂林
唐园园　李朝阳　李林芋　殷　平　罗嘉颖　唐李玲　邓依婷　杨聪英　苟文博
魏　璇　张　澜　谭嘉欣　周星汝　刘欣宇　向康杰　李晓桐　熊倩羽　吴　婧
邓　滟　吴唯伊　熊子晗　张煜来　郭展硕　周煜瑶　何佳雪　张　羽　祝一宁
代星怡　王　洁　马泳茵　王雨晴　叶　锐　叶鉴慧　樊润杰　雷明婷　黄与涵
马荣荣　李　孟　罗心怡　夏　瑜　谷贝尔　董慧琳　易嘉木　蒋雨含　蔡紫晗
王奕萱　邹紫怡　杨致远　何家祺　陈卓娅　徐万彤　张筱萱　张　语　赵欣悦
刘佳鑫　王　依　李　月　邓雨萌　郝如梦　赵心雅　田皓坤　黄　蓉　陈乐瑞
李龙枭　杨漫琳　刘德明　刘思彤　钟梓萌

单项二等奖学金（203 人）

鲍泓羽　李欣莉　王向毅　齐心宇　杨　坤　彭湉睿　罗　霜　蒲雪琪　熊钗宏
祝明岐　米怡欣　甘　雯　毛婷婷　刘威廷　梁君怡　万雪雯　谈霞霞　罗文龙
马　婧　唐与田　唐　祎　张诗孟　黄　越　谭诗芊　凌宏杨　晏全新　汤贝贝
蒋　怡　胡亦鸣　郭星伶　冯麟乔　侯雨馨　张　倩　麻毓珂　任小霞　赵　晗
苏浩然　蒋欣怡　刘婧怡　黄　晶　杨南亭　张　睿　段耀雯　李　钰　夏崇尧
卢雪霏　王高琴　李卓凡　黄嘉雯　陶　鑫　王珂伊　李　涛　缪　延　郭蕊钰
陈锦媚　李锐滢　熊　艳　朱佳琳　刘亚楠　刘　庆　刘文洁　周诗熠　文　曼
李浩瑄　李长锦　肖裕泓　吴　楠　李佶芮　张　媛　李叶果　刘佳佳　向睿秋
尹茉妮　王思思　眭　瑗　唐朝格　杨　莎　叶　彬　吴茜茜　蒋雨含　安亦娜
靳昱乔　王增辉　田世同　肖晨阳　叶浙蒙　罗千千　潘钰琦　谭　宏　郑浩天
刘　芮　赵晚舟　乔　璇　凌　菁　严慧茹　潘昱文　黎诗洁　李　尤　雷　婷
袁龙凤　向玙瑾　陈　辉　蒋亚洲　孟　瑜　楚凯屿　钱罗洋　王梓欣　高艺轩
王怡阳　罗宇菲　张淄博　朱美琦　陈益姣　夏　榛　杨荞屾　张逸帆　何放歌
孙　坦　邱诗琪　梅筱琛　徐海玲　薛钰婉　曹嘉丽　贾梦媛　曾　韬　周丽媛
宗　琳　吴雨珂　辜珂芸　马睿莎　尹海怡　王　彤　肖思玉　任真昀　李梓玉
梁思琪　贾　茹　罗尚蕾　刘雪梅　周　婕　李铃玉　郭仲谋　刘林益　商永淼
王雨萱　单欣怡　张尉群　蔡裕柔　曹彤彤　罗宏奕　罗家怡　申　利　王李鹏
陶雨彤　黄芊泽　罗嘉欢　高欣瑜　张将为　黄执煊　范宸呈　喻　佩　冯　逸
黄琳景　张璐瑶　吕秋菊　戚芮菡　李肖玥　张馨瑶　李雨时　饶星雨　刘雨婷
韦龙驹　刘明月　胡　莉　彭维胜　杨雨飞　杨骏业　冉丽莎　吴剑尧　吴　玥
陈庆琰　聂逸芊　郝禹桥　郭晓蕊　李　超　张佳瑞　刘辛夷　陈景源　徐素雅
葛苏蕙　毕锦芃　沈　静　王云天　周静怡　黄　俊　石淇华　徐礼杰　王子怡
杜怡飞　杜明钊　谢雨双雪　赵代昕冉　何李伊曼

历史文化学院（旅游学院、考古文博学院）（277 人）

综合一等奖学金（12 人）

任正智　喻飞菲　张瑞婷　张若静　姚培琪　李一豪　李子威　李佳涵　梁憬之
马　蓉　刘晓焕　伍小雯

综合二等奖学金（25 人）

崔成成　陈　正　孙正阳　杨　倩　常开远　王应瑄　何睿琦　刘丝语　刘佳艺
黄卓贤　刘英杰　何虹霖　唐嘉禧　彭柏凌　张秋雨　霍明敏　高嘉伟　刘静秋
章馨元　李思进　杨珺秋　龙佳琦　郭可薏　刘鑫玥　侯雨坤

综合三等奖学金（55 人）

王圣斌　范思瑞　姜怀瑜　张　娇　沈颖映　周雨榛　杨翌厚　张嘉华　安其轩
赵雨欣　吴　霜　魏菡一　赵彩宇　陈佳慧　祝之仪　黄小珊　唐梦晨　谷心玙
卢　珧　张笑菲　史珈恺　徐以渐　王博宇　任梦佳　张可心　陈思伟　陈雨欣
张楚珏　樊宇涵　张　莉　张欣乐　周新冉　孙　菲　叶镇豪　曾思茹　张雨田
闫红梦　王予汐　罗合敏　马小媛　杨秋雨　张　悦　袁　凤　郭益伶　毕语桐
李文佳　张　洋　袁　圆　汤悠琴　胡诗雅　王欣怡　普　通　袁志辉　孟　恒
汪文彬

单项一等奖学金（62 人）

饶海洋　赵治羽　蔡蒙平　张　玥　李欣玥　孙圣婕　魏　欢　陈　晨　魏玺洋
蓝劲松　陈沛柔　雷嫣然　魏欣雨　何佩佩　杜雨蒙　何　佳　刘慎言　赵晨森
金正南　辛小可　奉彦岑　吴圣尧　梁思露　张玉良　苏子昂　陈紫云　李灵嫣
李君仪　陈奥佳　王　浩　王　越　王　秋　吴可馨　戴汶熹　王云朗　张加鹏
刘恣杰　周纪媛　周蓬若　梁　姗　黄雪琦　张乐怡　冯　冰　苏裕杰　李晓遇
周嘉丽　李易宁　侯　麟　吴学仪　汪雨聪　黄明珍　严　雨　杨　滢　蒲超群
郭安捷　杨逸乐　彭思怡　胡龙超　徐嘉朔　赵玉颖　熊之茜　尹玉洁

单项二等奖学金（123 人）

于许诺　廖佳宏　郭俊成　易哲卉　陈祥麟　沈冠瑜　张　可　宋婧怡　孙　萱
王奕人　童　楠　肖　丹　胡修名　周雨婷　张幸莹　彭　洁　李发全　夏文慧
伍秀红　陈耀佳　于润雨　李至城　杨云霄　周心雨　邓雅琳　黄琪琪　王俊芑
邱　添　龚念欣　吉怡蓉　高　璇　马玉静　史倩羽　姚新雨　汤　雨　鞠秀莲
代　溶　王音播　李汉章　颜佳雯　郭禹梦　张　雪　黄安琪　邱　蓉　魏七月
曹亦君　陈佳瑜　王蓝婕　高海涛　杨鑫浩　曹睿媛　陈　诚　卢泓妤　马　成
刘浦之　何点玥　聂琪豪　李雨露　陈旭东　白　翎　幸　韵　高淙淙　石文戈
邓　琳　李梦珠　邱　霞　贾玉玮　张婧雅　刘函源　杨秋颖　刘顺铭　谢艺华
林　凤　张晨雅　李仁杰　司雨寒　刘绍珏　张锦海　赵昱森　朱国灿　何　祎
刘玉娇　李先垚　任中杰　李甜甜　杨昱彤　卢冰莉　文清越　阚胡竣　周明昊
王　丹　高晟昊　舒　心　颜晓彤　刘若妍　孙亚苇　罗　芳　陈佩娴　周　露
房　馨　刘新宇　严聪慧　刘　聪　康午鹏　唐倩如　王　婧　邱雨杰　邵茵茵
王悦颖　卢霈莹　孙悦茹　杨智涵　谢　堃　李雨桐　白玉娟　严艳霞　管世雨
刘　易　朱卫楠　杨　晨　李家辰　魏筱妍　卢　米

数学学院（265人）

特等奖学金（1人）

杨于宸

综合一等奖学金（12人）

叶子怡　李逸凡　周宇洋　杜佩恩　彭万清　孟一凡　吴林原　李佳宁　高小航
张洺铨　高远荣　李永浩

综合二等奖学金（23人）

罗亚　杨丰萁　戈瑞阳　黄雨霏　秦文静　段鳕玲　郭京舒　龚雯琦　孟谦
王俊杰　汪浩楠　周学宇　李佳蔚　苏雷　杨嘉平　陈宇　陈爽　彭子涵
敬璐如　郭一岑　周泓宇　刘琳珑　王念伟

综合三等奖学金（53人）

宋爽　于可凡　陈新　杨婧琦　韩宜洲　熊俊辉　张济鳞　蒋苗　宋小雨
姚铭　李文璨　李垚　伍歆　陈玉源　贾丁溢　陈佳洛　王婧　刘高屹
笪馨予　梁爽　裴辰龙　顾金廷　张君怡　肖洋好　邹文荣　夏宏鲲　杨森友
曹译月　张世航　孙佳琪　马静　邓睿智　张心俣　曾笑语　陈奕铭　后延年
李书翰　蒋文蕊　赵梦飞　谢家骏　胡可欣　王奕辰　谭宸奕　陈欣　郭思琪
周小琳　甘广燕　兰禹麟　赵阳　冯颖　彭煜琳　吴嘉炜　田丰睿

单项一等奖学金（58人）

苏若瑜　冯霞　邵毅诚　冯劲涛　王子舜　孙聿辰　王聪哲　黄乐婧　李郅玮
严诗量　柳楠　李瀚博　朱青松　潘竟铎　王迪　周楠翔　马艺宁　阎馨雨
白昕雨　陈梓翔　刘欣宇　杨寒宇　安邦　方艺曈　熊尉然　陈耀辉　胡方雅
邢阳　何嘉琪　曲星宇　陈柯宇　谢昕玥　叶绿洲　孙茜　余书沛　张海翔
马钰　肖婷　叶童　朱艺轩　杨沛予　文胜兰　郭珂桢　朱鹏润　谢良奇
张珊　姚志钰　陈薇　季节　张喜陇　向超　李睿一　郑悦暄　黎光明
高静薇　王璐瑶　祝巧佳　毛雨欣

单项二等奖学金（118人）

文锦星　胡元麒　杨浩宇　邱宇轩　李彦伯　陈栩帆　蒋学超　张雨昕　梁妍
何英杰　张雨川　陈沁薇　杨起年　谢光栋　何易　郭家澍　侯冉　何沁洋
戴雨桐　韩荣辉　马德沅　陈凌峰　谭皓文　张珊珊　牛艳茹　杨兴艳　葛旭瑞
曾浩通　苏俊豪　颜方毅　郭蕾　王娟仪　黄浩中　高雪辰　徐欣　王雨叶
刘丛峥　李诚　高睿　胡思程　廖新锐　张夏　邓姿锐　黄翊轩　庞雷
杨彩昀　陈昌睿　余荣华　王兰雅　王语馨　梁兴宇　刘伦序　郑宇龙　桂辉
张益宁　范东阳　秦嘉伟　李慧凝　赵竞天　李佩璇　陈瑜　黄皓鹏　刘岳彤
谯棚　潘佩铃　胡奇晓　于晶晶　王雅轩　刘泽景　龚浩扬　宋鹏程　罗金涛
沈巾晶　秦新　陈钰　刘荣睿　景成朗　罗守为　何昱恒　向新宇　李阳铭
邓紫怡　李佳鑫　郭祎彤　曲婷　师昱佳　何维清　杨月晨　杨皓然　王晓宇
刘斯亮　王师翔　武頔　侯妍冰　江丰羽　代汶伶　范鑫楠　高建波　王肇庆
谢婧天　朱峻添　杨皓翔　卢肇圳　曹玥洋　文濛渠　黄心武　杨崇伟　熊沁语

柴光豪 胡昕瑜 蒋 涵 徐 源 舒 斐 王琦语 潘玥同 黄雨吉 唐语遥
龚如月

物理学院（381 人）

特等奖学金（1 人）

王若存

综合一等奖学金（18 人）

张明阳 欧纪阳 提 前 冷应瑞 吴嘉君 杨景茹 俞亦腾 施崇楠 杨昊彦
陈骁羽 常佳晨 王 朝 周妍含 袁睿泓 杨 溢 苗 森 贾冉晟 张刘天翼

综合二等奖学金（34 人）

徐弘辉 田柏汀 孙宏杰 程 朗 刘浩洋 戴令仪 原泽宇 李思慧 姜 帆
李诗睿 岳佳仪 陈宜煊 王依然 蒋 勤 唐珑畅 陈博文 龚晨阳 张祎轩
喻俊峰 彭 益 余 鑫 马惠泽 王 涵 董小平 周 鹏 何翔宇 曹瑞昕
王嘉骏 陈 力 骆成涛 康晏杰 李玮琰 吴奇益 陈怡竹

综合三等奖学金（76 人）

贾敬业 童博文 张露丹 虞 钦 胡珮瑾 刘钰荣 任飞翔 吴雨洋 虞智超
程馨可 孙子青 杨云龙 白文欣 吴静祥 王庆员 周华川 缪文澜 杨 野
董超杰 乔友凯 王圣惠 周星宇 赵苛衣 刘熹源 陶 铠 覃立言 常珮杰
程子艺 孙博闻 沈臻睿 徐雅雯 薛潮辉 潘秋彤 何俊杰 贺 洁 李鹏戌
马英铭 樊 奔 周彦尧 许欢骉 王润基 冉 虎 包瑞瑾 孔 成 杨 宁
黄 骅 刘瑞洋 管庆来 秦浩然 赵雪菲 方宇坤 赵阳程 冯云龙 高祎霆
杨丰睿 陶若昕 杨宗轩 徐子康 龙 山 钟海凡 申嘉轩 杨凡毅 李 明
毛致媛 赵飞扬 倪宇恒 周 琪 吴 铖 王晓宇 杨学鹏 陈鹏伟 邱 艺
胡祎啸 汪 溪 周钰卜 鲁宇航

单项一等奖学金（85 人）

王翊伦 裴滦弘 王之恒 焦 扬 陈琪凌 窦 杰 时豪宇 崔浩然 刘政超
罗枭芮 鲍亦慧 韩文瀚 杨志海 郭帅科 邓天杰 彭昊泽 武俊霖 袁廷飞
黄子瑞 熊 锐 付韵来 文尚宇 李世杰 蒋宏轩 张千里 段绪淳 卜炫德
周昊杰 杨 早 刘沁鑫 杨俊豪 陈天宇 谭富元 代留洋 王濠涌 庄 晓
高瑞含 钟坤岑 韩寰宇 齐紫竣 粟厚然 江 林 覃艺楚 李沛锴 陈 耀
邹智钧 付瑞宵 熊剑飞 蒋鸿森 郭君宝 夏梦之 贾卓轩 李昕蔓 廖文龙
郑力文 冷浩杰 王雨欣 李俊豪 张智豪 米俊霖 任奕宁 李伶俐 刘垚森
彭 果 郑泽坤 任玺锦 杨文祥 杨诗涵 张睿严 曾夏菁 陆天骐 许玉茹
陈 飞 袁 浩 吴 昊 毛池龙 张西篱 左洲凌 蔡承亮 杨泽华 冯 睿
胡志强 李江欢 黄文德 唐 广

单项二等奖学金（167 人）

鲁怀远 胡锦彪 李海志 陈雪峰 唐 诚 王思哲 夏 天 胡晓龙 张前松
张芷铭 邹旭阳 涂 缘 高美欣 彭泓杰 鲍俊泽 程劲渊 张津毓 魏 晨
徐鹏飞 龙天洋 王佳文 兰天欣 舒以科 肖 琛 段州航 杨建松 梁睿琦

唐安鑫　杭加娟　王耕耘　陈江波　薛亚东　叶君豪　赵泽林　高　琦　孟哲廷
王彦博　王永恒　梁嘉诚　廖俊熙　贺　喜　郑航宇　付运龙　付英帆　王耀弘
徐　琦　王　璇　侯江林　阙　嵩　马天驰　杨　文　赵一丞　李含宇　武辰旭
周　静　曾凌霄　张成义　杨璐银　罗仁慧　卫长正　冯庭贺　王靖恺　杨金鑫
王必飞　骞树豪　周玉龙　范祥志　王元庆　张雨婕　夏梓豪　马炳慧　冯禹涵
邱爱霖　周浩瑜　李　杰　缪欣怡　李羽峰　余　阳　李易迅　李　煜　王梦轩
彭志豪　张　凯　余晓霞　陈家鸿　周　涛　陈　暾　谢文杰　陈　磊　罗元阁
王玉洁　汪　鑫　何屹松　陈星宇　侯志睿　田　龙　刘冠君　张龙龙　黄晨阳
晏浩洋　罗　倩　赖相鹏　徐晗熙　蒲国翠　邓以潇　杨瑞麟　陶昱州　赵娇艳
楚未来　李佳骏　鲍焕玮　陈妍宇　刘　迪　欧雯馨　陈璿宇　达程浩　罗斯纤
陈子奇　冯诗棋　王冬阳　李雨薇　关文江　吴亚军　秦苏林　坤雨潇　闻　鼎
贺文玮　张钰恒　徐　倩　张文博　魏贤涛　骆　强　胡常浩　郭轩君　赵雪纯
赵　爽　陈俊文　王常有　张芯铷　何　磊　郭俊尧　徐文静　杨一洋　汪　俊
刘铁尔　荣晨硕　胡希迪　杨　广　李颖欣　况雨轩　王一帆　王彦淇　李府唐
刘　欣　林佳瑜　卢金龙　周艺霖　杨　巍　段　雨　顾博森　张著良　符　添
白书帆　张昆仑　王璇钰　梁子岳　张正昕

化学学院（366 人）

特等奖学金（1 人）

李　金

综合一等奖学金（16 人）

吴　津　梓竹鑫　欧阳雪　肖　颖　陈行健　王淏宁　杜嘉瑜　刘麒麟　邓雅尹
郭寅彬　王　靓　夏胜蕊　冯熙嫒　宋恬熠　李柯璇　许彦嘉妮

综合二等奖学金（33 人）

徐　衡　张海鹏　胡逸飞　张怡颖　吴坦平　刘圆圆　侯云倩　周博巍　胡仁龄
刘镇仲　蒋　励　赵劲一　杨冰倩　王兴亮　匡雅含　唐雨阳　赵　璇　郜睿琪
谌熙蕾　张文镓　龙洪汐　王　珂　刘世航　熊婧蕾　韩继贤　余乔乐　梁涵玉
骆晓笑　滕　熠　肖歆芮　李远楷　谭明濠　张砚语

综合三等奖学金（73 人）

蒋昕睿　庞　嫚　张华龙　王紫霓　王　蓉　陈　洁　范馨月　理松涛　陆睿萱
张贝贝　陈欣睿　邹兴艳　余佳岭　李俊彦　潘雨欣　李翔宇　张　澜　李金乐
龚福龙　刘孟龙　唐浩然　贾阿龙　万　巍　陈新南　王景力　李　倩　肖楠天
陈　恒　徐嘉盈　廖济邦　冯子君　张鑫源　李思奇　张若愚　肖若男　张荠丹
马　奕　肖凤南　刘　锐　陈民琪　杨　静　刘子瑞　彭　宇　汪小钧　吴滨舰
曾西明　刘俊博　许晓非　杨欣媛　贾栩栩　韦玉航　王宇佳　聂传熹　刘旻昊
辛　欣　沈晋如　贾子昂　杨洁琼　卢泽钜　孙钰邦　张力文　陈　斌　吴嘉钰
王圣月　李金馨　闫双昊　刘　娜　谢　铮　张书涵　郑悦暄　赵　桐　陈虹钢
徐嘉仪

单项一等奖学金（81 人）

曾雅心	黎诗雅	张诗婷	徐启帆	李浩泽	徐子力	董 欣	叶 晨	李 隼
范怡怡	李金隆	鲁七源	杨松燃	陈香伶	高雨萱	田晋霄	黄楦皓	付 令
黄佳明	贺宇劼	庄金燕	李 悦	郭帅棋	青雯玥	蔡睿思	胡鸿杰	李金婵
徐逍远	唐啸吟	湛佳谕	李 倩	俞 超	肖琳茜	舒文浩	吴 昊	齐昱林
刘佳欣	王琬琪	任 瑶	魏振轩	吴留燕	吴 仪	张 桐	李晨雨	代梦哲
奚宇涵	陈 卓	杜沐蓉	杨雅捷	陈 玥	苏 群	宋伊人	王永泽	张 顺
赵伟业	徐逸铖	呼延瞳	董必勍	张 莉	邹欣甫	苏 畅	詹菁菁	罗 喆
艾 恒	张 雨	何冠睿	兰可欣	苏涵予	韩 维	沈若涵	赵乐皓	徐正阳
李焕真	翟胜秋	梅逸文	马雨静	李兆艳	王艺阳	杨骏鸣	朱文豪	张荣桢

单项二等奖学金（162 人）

卢羽央	余 珊	彭紫晨	陈 明	门晓凤	石若懿	陈起游	王 瑞	辜娅欣
骆思言	冉园玲	刘 辉	翁 瑞	王梓宁	陈梦婼	李彩霞	孙小龙	胡龙成
朱泓宇	田 媛	高汇佶	郭 铁	李家辉	文 欣	昝嘉懿	杨淳粤	郭 彦
邓 茹	张高路	吕思潼	张 洋	向培宇	蔡京燕	石芸志	李濛垚	何 攀
苏鹏刚	谢泽隆	李生皓	王渊灏	单 童	彭冠宇	吴炳城	李珞停	刘 学
杨雪婷	蓝 昊	张华昱	付 岭	骆鹏宇	宋一诺	赖嘉文	王 雪	刘 湘
周 亮	王少培	李圣哲	李 敏	王 智	银浩翔	周牧谦	杨宇辰	何 钱
王柯欣	刘若霖	孙亦洋	彭子豪	陈馨扬	刘万鑫	蒋 铮	李祖培	赵子程
雷 雨	丁中鹏	李一飞	赵海港	杨 超	王澜霏	姚宇童	刘德阳	邹运国
刘同轩	王超凡	林 煦	许仁捷	钟春萌	刘禹辰	魏璟轩	胡璧涛	周文浩
王博雅	王 浩	王镜淇	张家耀	杨雨荷	孙 璇	蔡环声	刘依鳗	江戎蓉
吴洪达	袁 易	代琳茜	杨 情	肖存存	孙大武	吴东晖	李 锦	蹇子骥
凌 亿	胡永吉	颜藐懿	贾 雯	姚紫涵	曾庆乾	毛俊杰	夏文丽	赵奕初
李佳伟	秦亚男	付君茹	何佳佳	李晓君	禹佳丽	封雨桐	陈 彬	李明远
潘奕宁	赵文婷	胡欣宇	王云开	刘雪妍	李胜宽	蒋煜晨	牟永莹	刁彦博
柯易宏	孙瑞超	杨城和	张和龙	向俊杰	蔺冬辉	陈鸿康	佟 磊	张皓翔
曹峻豪	谢南向	宁重翼	江志硕	李超然	王延熙	王径舟	陈虹羽	刘阳名
金明光	喻增成	苏 旸	张雨宁	刘励为	肖 瑞	曾圣权	欧阳正东	
欧阳蒙予								

生命科学学院（240 人）

特等奖学金（1 人）

何 爽

综合一等奖学金（10 人）

邵启亮	乔孟婷	张世辰	吕卓婷	曾佳怡	刘晓亮	彭悦蕾	朱姿霖	陈佳欣
易 洋								

综合二等奖学金（22 人）

周 蓉	贾皓昊	魏思璇	吴鸿宇	严 馨	孙 伟	田宇昂	李歆睿	吴佳林

彭谨宏　魏淇卉　普天伟　刘恩言　陈皞楠　张翔宇　向星宇　秦芳楠　郭才琬
尹康群　毛铃雅　宫梓馨　刘一佳

综合三等奖学金（46 人）

卢泽晨　侯宇曈　杨轶凡　滕俞希　景泽凡　罗　可　柏忠谏　姜霁洋　梁琳悦
唐沁兰　刘子奕　张怡田　陈珊珊　代春洋　邓　杰　李佳慧　游万邦　王涵冰
沈瑞晋　余晋宇　金书毅　郑冰权　张九戈　刘绪燃　张杏雨　孙洋龙　刘文龙
董梦玥　陈秋贝　陈韬宇　李昊阳　宋麟康　方哲翊　顾欣然　薛奕熙　吴语典
彭佳琪　余小溪　成　溪　杜宝婵　孟天健　蒋丽莉　蹇　越　刘姝琪　张榆卓
张恩泽

单项一等奖学金（57 人）

欧宏鑫　侯　伟　庞嘉欣　徐婧童　陈逸菲　刘奕潇　周　游　白宇汐　王若涵
郭玮琪　籍玄乐　唐刁开　章琼琼　李　睿　张皓昱　韩　聪　王泓力　李洋均
温婷瑶　高欢欢　朱佳琪　陈晶珍　张玉龙　孔文清　陈曦冉　梁申奥　李　艺
张硕颖　胡泽琳　谭瑾睿　樊雨欣　吕　杉　唐佳艺　靳智超　徐心炜　祝婷婷
陈睿琳　张云海　邱叔逸　张齐瀚　孔文颀　张帅帅　曹竞月　陈熹楠　高文瑾
舒楷乐　邹子豪　张昊恬　夏浩宇　苏仕祺　张楚帆　李雨晴　甘佳源　何宗谕
游世洋　金依蕾　欧阳成州

单项二等奖学金（104 人）

万晓钰　丁永铭　李悦耳　杜闻峥　张　娜　何乐为　毛　璇　冯佰欢　郑安矜
穆　雨　邹　义　刘天舒　彭　婕　罗香梦　雷文雁　张玉梅　白　婧　王　增
游奕菲　朱铭鑫　付向欣　肖渝霖　宋骄阳　陈　芸　金青春　李　晴　王贝爻
徐德钰　王佳玉　钟敏嘉　岁晨晖　赵梓瑞　董雨萌　彭纬纶　张泽弘　贾开源
康　克　苏　航　孟霖宜　夏琦妮　陈霆风　郭新宇　李祖昂　宋　超　肖彦姿
肖　彤　刘祉雨　张萌倩　王　愿　王文杰　李成钰　伍金龙　翟　轩　唐艺玮
刘松林　隋栋庭　周书豪　王若琳　方一珺　江中俊　谭智勇　张雨婕　向东佑
安晟志　贺志芳　杨佳逸　高天泽　焦彭芮　王　琛　韩颖玥　彭锐怡　姚佳琦
李　悦　赵一鸣　高子瑞　张　铎　袁嘉妮　彭文麒　李雨芯　周　瑞　李蜀宇
彭玉杉　蒲乐莹　莫丽桦　郭荣炳　阳思颉　张　洋　韦柔婷　唐靖萱　陈舒啸
王家乐　李申奥　方智麟　韦礼焜　刘瑜瑾　曹一唯　蒋琳萱　杨崇艺　杨璐璇
李嘉钰　万　谦　王子俊　张睿佳　欧阳新雨

电子信息学院（464 人）

特等奖学金（1 人）

陈铁元

综合一等奖学金（21 人）

赵梓合　甘　序　邓懿斌　王晓涵　陈锦周　刘建乐　蒋光启　邓　淼　刘奕池
吴宇峰　于　桥　赵　攀　文思涵　秦山河　徐擎天　杨文皓　陈玮烜　胡永康
刘家汶　吴　奇　王道叶

综合二等奖学金（41 人）

杨月欣　谭韧轩　罗明懿　张毕德　庄毅　陈昌朴　洪瑞　李鸣阳　邱丽如
张筱健　刘倩　李凯　陈美琪　蒋宇航　侯学凯　唐玺　邓永衡　黄河
张文浩　王萌　王翠鹏　盛雨洁　王培丁　周园圆　彭俊　王睿喆　任奕吉
邱建龙　姚思羽　黄奕翔　任家乐　章张　郭梦　徐日升　吉宇航　姜浩
刘丰怡　杜遇林　师羽飞　王涛　廉瑶秀

综合三等奖学金（92 人）

刘一　晏立杰　蹇鹏飞　范勇奇　陈敬源　关舒堃　范卓尧　杜函书　陶宇
王雯钰　张博闻　任鹏　汤灿　高源　倪海智　刘馨睿　王中岳　刘思媛
李强　何达　范坤阳　罗艺　陈煜霖　单诗盈　张财榕　王与同　谢李睿枝
吴鑫恒　冯弋格　陈明　户媛媛　宋媛媛　李雨姗　潘柞舟　黄翠　胡泽涛
崔艳娇　赵晏锋　宋慧琳　廖佳佳　张韶田　陈绘郦　周艺林　常仕麒　常祥辉
郑凌凡　杨欣仪　何茂林　周爱霖　陆海铭　王安琪　王静　吴超强　谢婧荣
吴安琪　翟博涵　韩岳彤　朱思怡　邓舒楠　张欣欣　欧阳康　龙子滢　黄钰
王城　任淼　吕琼　吴黄巍　石雅琪　唐曦　严康　胡佳佳　敬小炜
廖纪阳　谷思艳　易胜峰　陈益潇　赵文德　王勃皓　李杨雨　王靖　姜忆思
马异凡　冯文珊　刘志俊　岳秋宇　陈鹏冰　李梦骢　徐亚美　王智勋　魏天喜
周振兴　朱煜頔

单项一等奖学金（103 人）

方江兵　展大睿　成一铭　史佳和　田丁丹　杨家旺　刘越之　杨泽文　闫绣文
张晨　曾宣达　吴玉红　韩庆业　杨逸云　武雨萌　侯倩倩　谭露　贺庆
冯智伟　周小康　王薪茹　丁丹丹　许丹燕　曾庆渝　马雨澂　高睿恒　凌唯
李怡璇　刘綦　蒋港钦　范宇轩　惠佳怡　郎黔喻　廖航　王之尹　皮家维
江富熊　王家豪　张垚　兰洲　任红达　王笑寒　杨东　李萌萌　吴翊都
黄宇清　肖梦瑶　董千韵　王梓星　张玮航　张丹婷　伍念　朱世豪　何雨
陈一华　徐子昂　孙泽宇　崔恒昱　韩召兴　白礼俊　吴海艺　方雯静　黄夏杰
洪玮　周莉　赵国涛　王璐瑶　王馨瑶　元庆龙　程才松　彭显　仵庆熹
宁颖聪　张肖依　刘春江　庄晓琪　胡怡婷　刘浩然　梁钰坤　韩梦影　张伟鑫
王君航　丁灵杉　佟逸飞　王玮基　张沂　储小文　倪庆龙　邓平　谢彤
傅宬彧　冯俊球　韦界良　钟朝贵　王诚然　王珞鑫　胡雪　陈照升　周奥
王治铭　张泽坤　韦创　牛珺濡

单项二等奖学金（206 人）

庄诺　张金涛　杨林枫　林道学　曹子健　丁雨欣　魏青轲　周驰湄　张博
李钰晶　凌婧雯　廖泓怡　张家宁　兰睿茜　刘广佳　胡兆银　鞠鼎　吴骞
周姗姗　田安琪　杨稼彤　卿露　张秭千　杜荷荟　刘馨璐　张崇唤　杨一之
于迦骅　刘诗莹　王嘉驹　王雯婧　戴卓言　冯婧怡　吴国航　何旭洋　陈阳
王正　侯宇　赵冰杰　兰永康　李咏怡　张雨琪　钟锐　甘爽　许贤杰
叶骐畅　邱佳楠　祖新捷　陈思宇　沈雨楠　周涛林　王子轩　杨承琛　张陈源

施文涛 陈 静 顾笑铭 荣逸阳 谢嬖华 朱建斌 叶池奕 陈奕锟 孙九猛
施 锴 金梓博 纪宁妹 唐莹颖 井宇森 马秀兰 沈嘉欣 杨雨枫 许腾骁
刘燕玲 罗 洁 尹永锋 张 靖 邵文祥 史遵琳 何懿宣 卢显鑫 胡 碟
钱琪斌 毛东江 石 锋 王中豪 皮守壮 曾天意 王天觃 陈思洋 汤绿怡
卢奥军 尹 灿 陈睿思 张凌溥 刘成敏 任子航 文梓屹 孙 瑶 胡元鹏
邹浩宇 王文萱 田 靖 魏晓敏 张峻豪 宋育莲 罗俊豪 杨 龙 蔡明达
邹照华 屈 晨 郭宇恒 李 铮 高 源 张玉伦 潘源源 占宸轩 李雨航
冯东铭 胡清越 宋悦瑕 安琪儿 袁 浩 薄天媛 赵永辉 陈旭妍 梁凯霖
黎 畅 张云帆 郑嘉楠 蒲 香 牛瑞辰 蒋佳亦 叶 琛 陈禹希 焦一帆
安成昊 陈啸东 李建博 魏哲闻 缪芸锺 吕 松 李 升 胡涌奇 杨 姿
罗 兵 周俊杰 黄麟皓 明 信 李宾宾 赖 毅 王雨潇 区 杰 潘逸轩
倪得翔 罗诗羚 王博闻 王三聘 韩承儒 黄 浩 文润玉 王雅宁 董瑞欣
金启千 林子震 陈俊达 张 杨 陈宗嗣 李吉龙 欧绮霞 王伟丁 范华清
张 涛 吕淑阳 傅嘉智 谢秉坤 王 祥 陈佳豪 张馨方 程靖倪 肖佩芮
胡 伟 潘一飞 史嘉辉 王梓源 张哲宁 许宇龙 宋 迪 余克俭 涂子豪
李孜梁 谢 雷 饶 悦 高圆圆 李建平 李昊鹏 王林琳 黄治霖 倪 欢
霍宇鹏 张博洲 张文昭 李宇翔 刘文强 张启洪 宋春雪 郑 杰

材料科学与工程学院（295 人）

特等奖学金（1 人）

陈奕涵

综合一等奖学金（13 人）

马 然 王 新 焦继煌 邵嘉惠 杨 雨 李 然 官子涵 傅胤燊 欧阳贝林
董浩然 张天泽 李攀茹 徐力凡

综合二等奖学金（26 人）

冷润霖 吉 诚 陈启帆 高葶婷 程文宇 张鸿杰 汤诗奕 唐艺芸 黄琳桦
牛铭佑 郑长江 陈鹏飞 黄 兴 刘成伟 岳月霞 蔡辛泽 宋雨霏 周家民
徐欣松 曾新月 汤晨可 汪 超 崔光垚 刘照艺 宋志诚 李朝越

综合三等奖学金（59 人）

刘宇翔 李千雅 李红亮 江权安 王昊雨 王 帅 孟子添 罗云仁 李诚逸
陈 帅 张涵洁 童惠敏 杜嘉豪 李 博 马言哲 吴可凡 李伟建 黄云涛
李汉军 吴佩熹 李梦瑶 马子涵 杨 璐 钟沅桐 罗 雁 周湛人 黄旭灿
李睿杰 肖闵畅 谭 欣 周世森 郝立昌 王佳兵 吴子龙 吴佳玲 沈桢贞
吴一凡 王 玮 董晓宇 王天一 安天宇 陈倩雯 李秦雨 黄思哲 杨 健
尤 福 朱俊弛 樊诗渤 陈彦昕 罗 川 宋 萌 张鹿溪 李嘉翌 张嘉欣
余佳阳 吴秉政 李东生 何方楠 赵方州

单项一等奖学金（66 人）

彭正瀚 王鹏展 杨 维 段梦林 杨 涛 蒋 昊 罗夕艾 刘毅诚 王倩倩
周 凡 张唯桐 高晨溟 王弥粲 荣 川 蔡丽平 黄晓龙 陈佳新 李雯静

刘梓楠 王　宇 杨瑞泽 钟孟锦 汪　旭 王宇轩 詹永乐 尤敬斌 刘　嘉
谭梅洁 林一晟 汪嘉轩 吴　移 唐　敏 张　倩 黄俊嘉 姚　杰 朱思红
张春池 刘汉青 李梦瑶 徐晨浩 雷博睿 秦　悦 陈丹纳 张媛媛 罗鑫浩
杨杭晓 胡安荣 刘邦华 江泽天 张　浩 权瑞妮 刘浩楠 潘　微 唐霄弋
代骥川 张金成 吴义昊 林森豪 易绍杰 周丰凯 杨琳馨 陈　芃 王凯龙
张华博 徐　力 李欣博

单项二等奖学金（130 人）

宋明淇 倪谨严 蒋　婷 徐恩浩 王砺之 张芸胜 李垂羽 龚改林 姚宇翔
傅雨昕 胡伟成 曹桂雄 曾　宏 严仁态 李　栋 段邦彦 李行言 郝雅宁
高心越 刘　磊 殷东民 金致远 蔚　皓 庞雨晨 郭桐吟 吴克林 雷宏涛
陈祥艳 李雪潇 肖红毅 李正荣 陶宏伟 王润华 柴　纤 董　然 杨　兴
罗浩楠 殷浩淼 周　吉 廖桐霄 吴毅杰 黎　李 肖熠瑒 沙逢源 曾　宇
曹栩浩 潘帅成 柴兆财 邱家振 郭军飞 雷　翔 廖燕玲 邹倓林 文　灿
陈雨珑 方穆诚 廖荣龙 周艳阳 石俊杰 江芳芳 敬杨天 徐　亮 王　金
唐啟航 王　睿 张可严 雷铮宇 刘振海 郑裕秦 熊梦宇 冯秋月 黄治立
吕俊玲 涂一帆 王偲漪 王知行 钱依雯 任彩昉 冯贤军 韦霁芸 张清源
张金全 张龙健 王　骞 随心愿 夏　雨 杜昕玥 张恒源 万志林 姚奕铭
陈　璐 王默涵 张翼飞 戴明强 陈宇谦 冷艾沙 侯松洁 杨莉萍 王　宇
王嘉艺 缪思成 熊志炜 陈奕廷 罗　瀹 潘高洁 胡中兴 汤宇虹 余晓沛
肖依冉 王何雯 唐东涞 朱文骏 杨骏池 肖永辉 黄兴宇 陈满坤 罗启秀
汪　驰 欧昊威 高珞雅 李忠山 徐怀怡 徐庆龄 冯　琳 吴文浩 刘华青
张芮铭 秦宇翔 刘艺畅 曹　画

机械工程学院（548 人）

特等奖学金（1 人）

杨子涵

综合一等奖学金（24 人）

蒋泉泉 向从文 杨凌云 原　野 曾艺昭 胡锦瑶 杜忠璟 谢城翔 高云飞
张凌辰 黄一鸣 路博飞 何沁遥 沈　遇 郑　军 赵子鑫 董晓妍 魏有熠
王宇杰 贾燕滨 张宇鹏 夏禹辰 郭舆豪 李世坤

综合二等奖学金（49 人）

韩耀霆 赫彦杰 范皓天 姚雯莉 李　凯 蔡阅悦 吴程宇 杨丰硕 孟程磊
曲文杰 杨祎伟 高　晗 张温函 孙家盛 吴付豪 向天乐 宋沁泽 杨嘉琦
杨晓萌 范昕源 荣苏楠 娄长风 陈子怡 闫创业 钟坤林 凌　新 宁　成
田　钊 潘龙宇 兰雅雯 王心蕊 戴尚坤 周　勇 董雪仪 苏文卓 易浩强
于　琪 童宇航 刘茜茜 葛增乐 张　颖 周　权 卫逸扬 范　颖 蒋卓岑
吴宏瑞 朱仁宇 田淮森 汪　涛

综合三等奖学金（109 人）

沈晋阳 江小琴 郭小蔓 黄　达 赵岩松 宋若驹 胡天然 刘俊毅 温友福

仆　昊	舒会平	刘玉姬	杜柏钰	项晋凡	刘志鹏	代　言	王惠真	张　朔
刘振明	白怡村	李　鑫	金　鑫	蹇代强	丁家宇	何函蔚	张一凡	黄健鸿
肖　杰	徐广玄	杨　浩	农崇瀚	程东杰	张溥涵	于　航	贾　睿	陈佳敏
黄尹强	刘　菁	赵博学	朱　江	杨智勇	吴德凯	钟　涛	巫佳明	田棋嘉
张堂莉	何孟祺	康　弘	林富凯	何长浩	王　旌	薛思佳	余彬豪	肖明宏
宗　辰	金雍卜	柯　瑞	王　渊	杨　欢	梁永刚	梁慧敏	史尧扬	潘正通
李灏旭	崔默涵	朱彦臣	刘宇骁	邱锦川	何奕兴	凌　娜	何姿仪	王开庆
林　辰	张文瑄	余慕洁	卫书铭	黄　燚	李梓轩	肖　鸿	施永鹏	杨　天
张义群	吕林朋	文心雨	聂　沛	桑江燕	杨昕迪	何燚炜	陈家燕	赵梓伊
蔡耘峰	陈嘉溢	孙宏飞	李欣蕊	陶成梁	王丽霞	孔群冈	冯信丽	蔡学长
徐　超	李清清	马育祺	薛嘉清	张贤云	李　强	田宇航	郝增辉	廖政洲
杨傲博								

单项一等奖学金（122 人）

黄诗晋	张　栎	杨　超	缪佳欣	张梓锐	梁梅叶	易小青	周　妍	叶泽皓
罗明熙	孙　冰	邹东昊	王奕朦	梅寒宁	李晓睿	张雯杰	李金戈	汝小龙
张嘉诚	陆正强	李哲沛	王乐琛	陈　旭	吴雅芬	洪智贤	吴昊东	王昕林
白逸凡	蔡金鑫	刘心语	刘　坤	刘　茗	陈则奕	洪　森	蒋金伯	钟俊琼
杨浩华	陈景蔚	杜国玉	李严沛	吴千一	康自强	段应龙	孙礼鑫	陈佳雨
王忠庆	李鹏宇	李康渊	梁天祥	李梓千	庞玲蓉	陈春宏	余　欣	刘文鹏
杜奇艳	李　阳	丁国峰	赵元波	赵俊彦	李　凯	蒋金海	王项辉	邓寒郡
赵久斌	胡潇屹	陈政达	谢腾远	莫云轩	潘长江	李徽懿	何静雯	李付腾
侯岩峰	黄　睿	钱礼凡	刘倚良	施禹轩	李　多	刘绍峰	方紫驹	黄茜垚
苏勤钟	彭宇翔	夏　旭	冉飞洪	伍小丫	赵若琳	王宗文	窦靖杰	陈　颖
王　容	郭启轩	张　婺	宁佳凡	伍　彪	尹浩丞	郭佳辉	赵中平	邹　博
吴星宇	邹　澳	秦铂涛	白天宇	程凯伦	张奕冰	高　源	邓明沛	丁　雪
黄子康	阳俊宏	苏润石	张潇丹	廖围围	蒋启鹏	付　帅	敖弟前	鲍斯刚
刘元凯	洪　国	张　凯	刘泽江	张亦轩				

单项二等奖学金（243 人）

王佳旭	张本田	杜凯峰	孟　程	张文浩	黄少宇	郭怀远	曹永平	张宇扬
邓　博	赵治宇	洪一博	梁　涛	袁　馨	李俊杰	刘　亮	易成功	宋依林
沈　川	张育川	温文豪	曹宏炜	程志成	柳成饶	何子衿	王书馨	曾恒霖
程　钦	陈中涛	杨　洋	饶丛笑	张称心	范世满	钟　磊	梁光波	王文博
张　超	杨晟杰	黄彪闯	黄　雨	戚文骏	马文杰	杨沂羲	蒋李超	朱　雄
史钦凯	游丽娜	孙政绩	张旖航	徐晓铭	张艺潇	赵嘉豪	罗金环	许　晴
刘　媛	段雨彤	张亚龙	王宇航	陈金健	革宏宝	梁嘉祥	陈　洋	黄子涵
熊康平	刘李嘉	李沅恒	何　泳	黄骏天	马喆玮	张哲瑞	仝　玥	李朕午
谢仁毅	袁逸雯	张智义	秦　琦	吴　麒	莫钰玺	田一凡	王若愚	段浩宇
高华键	黄晟传	尚旺君	杨灿然	李　薇	李尚临	许益奖	王　立	唐　哲

李　霄　胡　龙　李青林　高鸿萱　黄　好　朱苏曈　时浩天　刘文凤　唐维友
钟灵慧　王伟州　唐梓彬　朱梦姣　田　舴　梁矩明　王　丹　杨启帆　黄　镇
冷　旭　吴　沁　王海权　马　培　王鸿浩　陈川章　陈梓乔　殷家驹　张智勇
杨泽毅　史佩奇　卢宇东　卢　昱　牟振斌　徐家裕　孙婷婷　聂嘉雯　文　城
黄刘李　刘　飞　黄晴明　贺　勋　唐清泉　蔡　虎　张佳诚　张宗帅　杨紫辰
张　腾　骆开富　黄兴昀　牛开宇　李念靖　张瑞松　张永帅　刚发智　陈昌秋
赵继钰　李俊琪　李　翔　陆仲瑛　刘玉顶　雷　新　蒋忠勋　侯孟博　黄豪乐
程科然　王　晗　贾家轶　李　锐　龙　萱　陈昊翔　方泓杰　冯雨宁　管庆宇
黄娴静　胡　彬　肖　浪　杨心媛　邓皓文　曾行健　吴　斌　马洪寿　张迁怡
高震华　吴俊铭　魏　鑫　程　磊　张若水　张　蕾　罗仕杰　任　菊　任正沛
黄浩铭　卢俊文　曹晓敏　孙　琪　杨　晨　刘朝辉　李诗杰　邱锦锜　汪峰宇
班啸天　王珑钢　许颢曦　唐仕彪　陈　开　李若海　王汉哲　田　煜　邓程如意
王　浩　安　旺　程嘉豪　刘瑞鹏　马冠男　彭明春　王金潮　汪彬彬　张靖雨
曾思溢　王玉龙　胡文豪　姜　荣　孟志龙　张志超　訾小满　王江望　郑金城
杨清清　袁　媛　张天朔　郭语涵　邓智文　侯　欢　覃海林　范文品　黄杰华
何从波　杨仪天　陈银松　蔡文强　白儒轩　高道英　王自尊　张　康　朱琪峰
马苜梓　黄宇航　吴　旭　王永奇　周晨昊　王一迪　王孝虎　曲王沁沁
吾拉森·哈瓦拉甫

电气工程学院（598人）

综合一等奖学金（27人）

刘新霆　肖剑桥　陈　林　李梓帆　李汶龙　刘达夫　秦　震　熊艳雪　王康宁
陶君奕　张一睿　王　杰　李文婧　范梓远　毕洁范　张瀚中　刘倩云　朱晨光
徐浩然　王兴铭　黄俊成　周泽宇　安　锐　熊学浩　蒋奇良　牛继堂　梅峻炜

综合二等奖学金（55人）

陈姣娇　许梓荣　师文杰　阮　亮　王佳骏　师　洋　叶殊杉　陈　淞　徐维炜
陈　鹏　廖焌龙　董澍达　田诗雨　周恭成　文柯皓　廖旋冲　韩　雪　万安池
张　立　代梦凯　金彦霖　汪顺其　杨　峻　谢祎铎　赵若轩　李欣潞　关智文
张瑜祺　罗　贤　黄明皓　庞涵之　和永盟　付寒雪　邱玉科　曾昱升　王俊骅
孙　航　游天宇　梁程皓　周　骏　张广庆　贾峻博　牛滟葶　张欣煜　赵婧冰
毛　睿　张　过　梁泷旖　黄文俊　王昊霖　史斯予　李嘉欣　陈昱林　马兴培
刘甘琬茗

综合三等奖学金（119人）

周佩奕　周　翔　龚　锐　沈　豪　刘可欣　梁琳琳　赵宇枭　刘浩然　程驰宙
徐　涛　李凌涛　陈　曦　张力中　于超凡　尹　成　郝予涛　解蒙蒙　王永飞
董　璇　邹　轶　雷　昆　张竹露　丁　浩　李欣宇　王　澍　王子瑞　牛天宇
徐学通　李英豪　张　蒙　龙振威　许高阳　杨心远　胡　磊　曾祥民　薛皓中
王明远　严子豪　刘　帅　缑绪朋　焦浩宇　谭梦媛　辛明远　杨晨曦　梁智昊
刘西洋　廖　鹏　潘松焜　潘禹飞　吴睿思　廖泉森　高明宇　赵志恒　刘　凯

刘　畅　晋许桐　陈泓名　迟傲冰　李正帆　邓浩文　王智星　沈静雯　张秋实
张　良　李　想　罗宗浩　王淳立　谢鑫鹏　周子琦　黄亦凡　胡睿祺　王鹏程
杨超逸　吴　霞　王家桐　周　锐　黄海超　张凌轩　郑逸轩　张　潇　刘宇凝
李丝婷　冉励搏　周子琛　汪梦灵　杨　杰　唐健豪　肖凯文　单佳楠　杨天雨
金　可　张　帆　罗迅奕　谢婧怡　孙　文　陈　晗　金虹羽　苏　健　罗熹萌
薛迪心　冉朝阳　温孟浩　张承杰　乔文琪　周文荣　王亚超　黄　虹　曾飞扬
王　浩　吴雨轩　许　诺　官智钊　张泽昱　黎梓羲　张晗桐　王嘉骜　田思程
刘嘉仪　古春双

单项一等奖学金（133 人）

赵昱翔　吴浩然　唐子涵　苏纪豪　黄泽瑜　王海东　廖若愚　张明涛　赵文焕
刘　蓓　朱元勇　徐　伟　卞高宇　陈逸飞　李莎莎　张　艳　蒋翱阳　成清儿
李卓雅　陈冠润　李彦昊　谢梓楠　林沐泓　吴启伟　刘　然　曹源杰　陈义鹏
祝华宇　雷春瑞　熊贤科　杨　湞　张鑫阳　吴泓霖　胡秋婷　戎丹迪　冯淞园
张　洋　温宇航　崔　畅　向岑鹏　汪　海　曲晨溪　徐天屹　青桂平　张昊天
张一鸣　陈　湘　金文杰　梁　会　濮川苘　周　立　崔琦龙　吴玉菲　孙昊楠
曾　心　匡昱洁　范琳烜　史炎林　何　为　张林江　郭　晖　冯思轶　曾佑鑫
何思科　旷　玮　张鑫媛　崔宇馨　夏　茜　陈罗成　袁雨诺　陈飞帆　郭宗传
莫海昕　马豪天　徐佰仟　黄彬艳　卢深涵　袁佳婧　杜嘉良　邹冰杭　刘成禹
杨怡珮　周子涵　张思远　董骁汉　胡周星　鲁武俊　孙择宸　吴修正　乔　琰
陈兴伟　黄群惠　蒋　欢　何雨桁　何昱成　官香莲　王义剀　蒋棹骏　安阳坪
杨涵瑞　孙崇杰　黎文鑫　康　亮　陈宇希　蔡金宏　陈孔炯　廖海波　彭天航
张钊熙　段秋雨　金裕超　何渠帅　赵忠涛　唐潇潇　黄　佳　胡　韬　高万黎
吴诗雨　巫鎵辛　郑雅涵　张渤武　黄晨骁　胥馨月　李文雯　张绪鲲　谢晗宇
汪　磊　周　瑞　梁嘉诚　何　欣　郑云天　陆虹宇　卿湫惋喻

单项二等奖学金（264 人）

石晨宇　夏婉婷　南泽文　宁　冲　李越洋　罗佳恒　庞衍泽　姜德威　郭炫麟
李沛霖　张皓南　杨令龙　陈　浩　王　腾　李嘉雨　赵轩浩　李奕璇　吴千惠
许岑楷　李立业　马丽雄　吴长登　谭子鹏　何小龙　安笑妍　李诗琪　刘欣雨
余昕雨　陈科宇　谭苏昆　董　稷　黄锦洋　翟冰杰　覃渝文　田富政　李家希
骆泳佳　谢　奕　姚羽萌　苏琳湇　杨紫超　余　胜　黄心仪　刘志栋　刘玉龙
李　燚　董凯愃　袁邦书　曹泰来　胡自航　马奕辰　许如玉　杜量涵　蒋正鑫
魏　乐　侯慕阳　汪雨甜　宋雨萱　喻茂龙　刘慧敏　赵林昕　王宗焯　张怡妮
李劲松　潘建徽　高智邦　朱诺妍　安泽宇　尹燕雨　白润辰　杨　柠　贾　迪
徐凡丁　蔡谦颀　陆经纬　王子昭　陈俊霖　高　强　陈　序　杨小露　华静怡
鲁向涛　彭鹏宇　罗子康　陈凯伦　罗一恒　徐东瑞　卢诗琴　宋馨月　杨松语
曹　旭　段宇轩　陈　亮　陈彦昕　杨卓衡　张　浩　赵炫榕　郭嗣鑫　何静怡
刘禹盟　张浩玮　袁泽惠　艾高民　曾瑞池　彭新宇　夏紫璇　张　乾　赵雨垠
云一帆　刘福朗　曾海斌　石金倩　向麒宇　徐　鹏　郑新铭　张嘉怡　晏鑫宇

何季尧　郭昱甫　刘家垲　刘永杰　廖　欣　李林虹　宋明航　杨　丹　尹伯阳
李　洋　李　想　朱绍杰　李无忧　朱汶楷　李欣宇　陈真仪　刘　蔚　董　秋
赵　菲　毛晓亮　邓德瑞　刘常禄　任昊阳　宋相林　梁智轩　徐　春　魏　粤
程维伟　王法全　文　威　尚睿辰　黄　华　赵杭涛　陈俊哲　刘诗音　岳卓筠
闵　敏　黄星瑞　何正阳　陈文琪　曹馨月　李鹏程　赵博宁　杨树宇　贺升权
张凌杰　周　涛　林皓阳　刘星航　颜琪霖　江孟航　王　斌　任兴乾　杨海鹏
李宇航　吴　玥　马桂军　李宜轩　魏　铫　赵　亮　刘志豪　张博毅　曾　卓
陈旷宇　孙星霖　刘伟锋　毕璨然　郑林鑫　杨潇涵　胡静雯　文俊懿　黄河霖
郭兆茗　袁浩云　许航亚　杨一航　伍鹏伟　高　鸿　刘祎泽　黄逸文　叶桐彤
李振霖　林家承　翟润如　唐　萱　卢祥文　黄星月　夏程驰　刘雪珂　胡耘瑞
潘文骁　杨世雄　李卓洋　陈毅林　李燕燕　李　雪　刘素敏　胡贵民　张智轩
龚理政　杜浩然　吕林婧　马鹏宇　陈金驰　谭逸轩　王一帆　宋学帅　朱腾飞
唐海峰　姜　鑫　陈　睿　耿嘉伟　缪有鹏　毛宇迪　郑雨林　左茂琦　张煦初
李博文　江岩李　郑润泽　王新瑞　王至行　杨　涛　卞语荷　朱天立　崔　旭
周子祺　逯振宇　张　杰　肖翔榕　李雨濛　杨贵雅　金　典　邹　爽　王龄逸
钱洋杰　丁超蕃　李必豪　王嘉阳　崔　麟　乔吉洋　唐　睿　刘嘉俊　黄　越
武雨晨　岳阳鸿博　郭是凯华

计算机学院（508 人）

综合一等奖学金（23 人）

庞舒婷　王瀚弘　丁宗康　邓之凌　羊思宇　任　凯　马英梓　顾曦骏　赵婧彤
朱凌峰　赖　伟　王雅璇　陈孟卓　吉昱阳　罗雨骁　郭秋彤　孙思雨　徐天怡
汪美林　林俊卿　林辰宇　洪丽凤　曾琳清

综合二等奖学金（47 人）

谭　杰　臧　驰　杜文杰　韩笑语　杨欣威　张　甜　李雨霆　刘却桓　陈晓培
卿　桐　王忠锐　毕　琤　王子怡　张嘉玮　朱伟业　史笑涵　詹宜瑞　雷思雨
陈志恒　梁　航　曾　琪　马晓晨　戴阳彬　刘　欣　吴咏蔚　郭美彤　杨　文
杜诗仪　何思雨　崔嘉琪　薛芊祎　郭怡琳　冯雨麒　陈　悦　顾宇轩　朱　锐
曾心毅　康彩新　曾品闲　邵　恒　邓书超　鲁一丁　张瀚文　程健峰　王　茜
李昊伶　邓佳乐

综合三等奖学金（105 人）

蒋卓航　朱纬韬　唐梦洁　杜　博　唐孟玲　熊宇翔　朱可欣　王乐颖　林俊宇
王佳莹　骆梦悦　张静如　郭可欣　刘　鑫　张家帅　张伽茜　王相麟　郑　涵
冯莉婷　唐敬堃　邵译祯　刘启才　杜双君　郭　凯　周云弈　蒋雨轩　龚艺崚
汪诗惠　高俪嘉　崔哲源　周寅杰　冯思立　丁永霖　牛佳文　袁　源　胡宇佳
张中辉　朱　耀　王　杰　陈飞宇　郭利民　杨　扬　王友军　欧玲珑　喻如辰
琚　理　罗杰惠　林九州　贺霰锐　珠齐明　王天行　徐灵婧　李　昊　赵云骁
杨　涛　廖骏龙　程锦国　徐婉滢　杨浩政　肖永洁　刘晶玉　刘沛雨　张　森
周元龙　王韦涛　叶洪宇　王高远　彭子铭　高雨晨　尹琪源　申露涵　赵振江

方雨涵　张浩天　宋明清　谭伟淘　洪一超　晁　洋　张伯威　卢　慧　余济铖
唐　琦　王秋雨　李浩斌　杨双瑜　徐知祥　罗庚欣　刘庆勇　马　欢　管宇杰
何巧云　张　远　冯宣植　唐世龙　赵攀诚　廖思睿　张　桐　何祖缘　金森杰
赵海宇　杜韦宏　万明睿　张道康　尚天淇　杨宇翔

单项一等奖学金（116人）

曾开权　罗文典　李天夫　沈玉兰　徐俊龙　郭庆宏　赵晓颖　廖依馨　王浩立
王偎有　周　馨　刘锶涵　高宇涛　江雨歆　李佳芮　魏凌霄　周秦禹　陈仲文
李艳婷　高睿涵　汪佳怡　李培泽　王蓥遐　颜　旭　叶明豪　冉梦辰　刘佳佳
甘文杰　郭　骏　刘茂鑫　刘清岭　金杨翔　付嘉兴　周佳穆　罗　鑫　李长龙
李思泉　谢艺萍　毕之语　楚博然　唐田湉　王天择　姚普懿　廖健康　孙秋林
秦培鑫　袁兆一　梁　鑫　张春蕊　高铭辰　谭　言　李　烨　封　毅　莫志嵩
刘知源　陈家强　张天浩　文　康　许兰心　刘沛东　李建平　李　懿　李冬昊
王世杰　陈　亮　殷嫦藜　宋文斐　翟　震　郭睿明　李宇嫦　李小溪　李远城
杜林峰　杨　勤　刘梦竹　饶　达　牛馨葶　刘水云　郑翔天　陈泓锦　赵逸宁
张海伦　冯宣榕　黄　华　蔡和城　孙　毓　张丁业　程佳涛　耿仕洪　王佳宇
周泠宇　彭胤洲　戴　豪　龙雁翎　郭旭坤　朱家辉　李华萌　朱泽远　李　涛
曹　烨　杨彦军　罗海颖　孟钰琪　彭鹏宇　韩尚坤　王文昕　钟程澜　殷浩然
李　磊　周　奇　肖英劼　鲁邦彦　黄禹博　任浩龙　时润峰　陈泓全

单项二等奖学金（217人）

王佳艺　王馨蕊　杨　翔　谭淞允　吕艳玲　龚南旭　唐艺芳　张琚杰　郑玉玲
冯静思　谭卓行　林依平　李元鹏　樊润迪　高　纯　李嘉禾　起　航　谭义洛
赵宏宇　许敬茹　张文浩　廖李为　陆宇轩　张瑞华　曾覃朗　敖瑞成　胡周闳渊
何　钦　韩佩竺　罗力予　王一凡　蒋　旭　胥申薇　杜华东　李欣润　李朋峰
杨旭东　程郅超　尹雅绩　汪　鑫　甘世泽　郭宪坤　吴甜馨　马文婕　陈玉浓
林　旺　刘　朋　魏家伟　潘航明　陈逸文　李坤阳　王智城　陈　乐　石　玺
沈李森　李浩宇　王思涵　刘天一　李　帅　彭礼康　张涵阳　李　毓　辛梓杰
汤思语　金正泽　蒲思宇　王睿潇　李擎宇　卢　恬　韦雅媛　廖鸿坤　黄浩洋
程诗童　朱泽旸　向建鑫　章巧月　胡致远　冯奕凯　杨鸿儒　黄文炜　姜振翔
肖　航　刘婧瑶　包鸿辉　李海涛　王启鹏　李泽锴　戴晓靖　胡义林　郭嘉伟
胡何银　娄艺敏　刘宇珂　甄明凯　邹国栋　骆致远　康　桉　左浩岚　李宇轩
付建鑫　杜　凡　娄智鹏　赵秉杰　彭雨杨　杨欢欢　代灵奕　董勉岐　甘　霖
车浩鑫　温振宇　李　鑫　李嘉豪　李卓玲　王国梁　张　烜　刘星宇　刘昊昊
李彦霏　刘羊周　郑　帅　齐志杰　向彦儒　杜　杰　许龙泽　黄锦滔　曲超超
曾　川　许家辉　李永乐　罗高天　陈虹利　曹杰铭　曾　攀　刘珂岐　薛智涵
张　睿　黎乾隆　彭宗铭　胡广靖　黄思源　蒲柯汛　闵可欣　公一涵　许雪微
张心怡　刘旭芃　杜星瑞　秦　政　张炳喆　顾　瞿　骆高凡　宋　杰　郑云淼
赵忠敏　颜侨威　荣春玉　罗　正　解　俊　张曦月　赵哲园　李坤桐　王海嫣
闫薪如　孙郅灵　张祥瑞　丁　浩　刘　威　夏文羿　李清清　豆怡乐　徐龙青婷

龚　余　周宇浩　余金宝　殷艺海　申城铭　胡冰玉　贺宇瑄　肖子霖　龚泽楠
范锦山　李哲玮　曹馨心　赵曰皓　罗　晨　胥瞰宇　方　菲　胡　镀　王梦勤
郭晨璐　赵泽源　付彦博　陈　杰　卢鹏程　郑雨茹　于　涵　冯宇帆　黎宇鑫
刘明轩　李元皓　邓心如　崔　粲　徐嘉敏　赵德松　侯业君　邓逸飞　胡靖祺
周闵文　黄文弘　潘　洋　吴雨恒　张雨慧　费彩霞　周吴越　何　帅　李欣洋
艾尼卡尔江·艾买提

软件学院（273 人）

综合一等奖学金（14 人）

张皓为　陈　玥　廖思佳　何雨声　张麒翔　刘雨果　邓雅文　唐舒琪　王麒藻
冯　源　刘泓麟　陶恒屹　马启航　吴沛颖

综合二等奖学金（24 人）

胡未名　汪成飞　龚立颖　徐洪波　刘泓昕　刘宇轩　解佳慧　伍胤玮　李奕含
任松铖　黄益柯　奉仰麟　刘进益　蔡雨鑫　王浩博　王文博　王新航　段兆麟
魏心怡　刘一璇　杨一鸣　陈建帮　李　欢　黄飞炀

综合三等奖学金（54 人）

韩　硕　樊　杨　高继垚　王　澳　李伊琳　李奇宇　孙昌彬　童昭旗　李承烨
李东凌　黄晨钊　王钰夫　李　洋　谢禹秦　邱雪雁　赵天志　吴博涵　段士童
于照洋　刘子菡　马千焜　郑佳妮　张鸿斌　刘桐源　韩雨轩　李满园　刘庆一
史成龙　李雪怡　杨　钊　马　扬　廖　鑫　彭尉力　张子恺　张宇馨　李一民
石紫锋　汤承颐　庄棋滨　沈宜璇　陈蓝玉　贾昀峰　周云鹏　李政霖　梁　堉
杨崇一　许重阳　朱千奥　张成程　董如冰　范晓宇　秦泽涛　任　捷　周思源

单项一等奖学金（60 人）

黄拓森　邹耀徽　肖　艺　邱亢迪　陈云星　曾　派　曾童路　曾　平　李佩翰
刘　帅　郭运鹏　齐培贵　夏国庆　阮高立　高维新　都霓凯　张乐一　苏　凯
姜其祎　李佳冶　肖旻玥　刘扬友　陈泽西　刘　锋　曾　恒　冯奕程　王世龙
冯筱杰　唐靖宇　吴闻笛　潘诚杰　欧阳婷　李苏航　刘程鑫　翟雨辰　张诗齐
刘雅琦　李　丹　刘佳琪　贾起越　郑沧平　李宇翔　郭映杉　汤耀轮　杨　晗
莫欣文　刘君昊　杨　禧　粟建业　黄玉娇　杨易霖　康誉雷　曹鸣皋　熊　伟
王唯一　王俊超　范若曦　薛争争　牟　傲　乔俊龙

单项二等奖学金（121 人）

王道成　田璞尧　耿俊杰　石　佳　张书宇　肖明亮　陈鸿宇　邓　波　李柳娴
邓宇航　黄琦琨　周渝谦　夏　溪　游　赟　邓　拳　朱凯凯　彭陈程　吴　昊
赵元培　陈　晨　邓张杰　鹿青青　李瀚文　邵天熠　瞿冰垚　隆浩楠　周　鸿
李郭华　李　旺　彭　奥　韩　笑　赵宜泠　吕恒烨　章岩峰　韩一丹　司　丹
唐　鹏　钟婉儿　李嘉茵　王军雄　许季豪　何　赛　齐贺远　李金志　甘子铜
陶功林　程俊嘉　张志成　詹维璐　毛泓霖　陈枕熙　陈　杰　王元辰　顾大鹏
张紫萱　郑成志　冯绍杰　郑铖俊　李　博　倪　瓒　杨泽恺　海江涵　李进杰
田嘉雯　刘书廷　李　萌　朱　玮　全俊嘉　钟　程　王嘉晨　陈铭乾　杨远霆

孙殿御　林佳琦　宋恩雨　唐　靓　沈聿航　蔡明昊　钟媛媛　王欣雨　闫朝阳
高宝硕　廖柏龙　林经韬　刘奕恒　闫　禹　张汇林　瞿　毅　黄宇威　陈旭东
肖　云　李沐恒　潘　悦　薛　喆　彭瑞杰　田金珑　陈博恒　张鲁刚　谭兴成
倪　杰　黄鸿飞　冯铖喆　潘友赫　贾　浩　罗　旋　叶力瑞　姚　谊　曹　鹏
李嘉欣　王心雨　王新龙　何元海　杜昊良　周杨梓　石慧中　蒋　祎　朱熠凯
程　传　郦千辰　娄泰宇　孙曲佳承

建筑与环境学院（604 人）

特等奖学金（2 人）

欧新颖　谢文君

综合一等奖学金（27 人）

陈袁媛　陈欣桐　秦沛然　陈泽霖　万禹婷　白马腾　武晓楠　蒋雨含　陈雨薇
吴静妍　颜伶西　武晨阳　王天余　孙　享　吕少雄　张世新　金治能　陈光耀
胡婷婷　赵雨默　刘子逸　田博文　贾望晓　王珏文　王泽宇　苏琪博　沈寄傲

综合二等奖学金（54 人）

林欣雨　李圣美　汤子龙　郭思好　罗婕颖　夏婉婷　熊雪倩　邱近贻　何长沛
倪　嘉　万一然　甘宇雄　李真耀　印康玮　柴志卓　陈　飞　王　涵　路翔仪
沙　鑫　张心怡　李洪辉　陈奕驰　祁敬茗　干珂莹　楼贝宁　束庆生　谭　鹤
郭俊辉　谭一笑　叶　康　易佳欣　陈天诚　农清舜　曾雯琳　曾夕丁　刘晨彤
吴曹滨　江　灿　黄文韬　谯可卿　谢欣迪　金泓杉　贾适夷　王勘宇　林　霖
张成林　白旖濛　李泽宇　赵　迅　白禹南　王雯璐　杨淳怡　杨俊杰　冯亦潇

综合三等奖学金（120 人）

陈雨萧　王　旭　申　颖　梁　晨　闫宇轩　邹浩华　黄俊杰　杜欣怡　顾梅警
杜雨桐　张智源　姚沐夏　王玉佳　刘佳懿　刘潇航　唐春生　刘　佳　白鹤翔
谢天荞　甄昭淦　张海童　姚　楠　苏　阳　管筠箫　赵雪峰　毛如石　李牧遥
杜星慧　张奕萱　卓江华　潘炜林　向珏林　林连鑫　吕冠霖　阮　畅　邹佳宏
刘世晗　高子凌　肖　扬　娄玉坤　罗佳佳　宋　淼　郝娟娟　孙海若　林　琛
刘　航　张红丹　张逸绯　吴克场　吴启明　丁能杰　龚滔林　曾庆凯　易芳羽
胡锦驰　陈禹良　陶一郡　梁文清　何默睿　刘珊旎　王兴龙　程寿馨　刘家舜
卢宇航　王政启　黄小瀚　徐江通　高　嵩　梁雨晴　赵小锋　胡虹扬　刘运军
刘　鹏　何　意　杨泓宇　赵雲飞　易成相　李佳奕　岳家芃　刘思妍　杨治伟
邢昕怡　宋　杨　刘演锟　仇乙宇　廖文杰　杜云祥　兰志懿　姚可欣　李子怡
李韵佳　王　菲　安怡竞　李雨芝　詹源源　梁洪瑜　孙嘉馨　周千海　王露瑶
项羽煊　张芷瑜　辛秋霞　陈文彬　赵　榕　王默涵　高攀越　杨　菲　程焱国
李沛霖　毛　凌　郭天翼　程林苗　郭佳宏　姜　野　张　程　段柏存　张　瑞
孙贵洪　刘郑宇　丁一航

单项一等奖学金（134 人）

师　洋　彭维康　赵可心　敬馨怡　谢沙桐　吴其林　李可月　袁樱格　彭赛凡
邓　媛　季鑫豪　吕一诺　邹天乐　黄家悦　单子祺　李浩源　梅瑞冬　刘相何

刘曾培　罗竣潇　姚婷婷　李靖　梁嘉欣　江紫仪　向思颖　叶楠　许开耀
王韵茹　张鑫　林嘉译　潘威　唐琪萱　胥清波　代怡雪　张轶铭　李稞雷
闫子奇　沈郑钰　张意达　罗浩轩　高孟婕　陈喆　杨蔓　秦宇轩　孙天然
刘诗叶　林焕　谢嘉伟　计小凡　崔婉祺　邹锐雯　刘相志　吴维栋　陈勇
石荃　李思聪　汪俊铭　王志成　王鑫　胡皓翔　蔡莹钊　刘萧迪　黄国桂
魏旭江　祝心怡　韩昊宇　周琦　唐东升　熊宇航　冯泽巍　陈思诺　刘胤柯
苏端阳　刘阳　李珮瑜　李航　罗子昂　高琛　于欣龙　龙观平　陈家骏
周鹏里　黄朝勇　何海波　康诗梦　祁梦雨　吴梦璠　段梦博　罗婕　闷玉帕旺
李艺峰　刘千山　李凤　谢源浩　李青仪　林北　莫阳　代维泞　李杨
杨春馨　史梦超　周逸霞　尹果　刘展昕　蔚明炜　文宇　雷超颖　李佐佑尔
马欣田　汪雨彤　刘又嘉　蒋涛　黄哲若　郭洋辰　郑历康　李杜基　魏志龙
方坤　徐安明　吴智恒　任玮楠　唐钰骞　王斌　黎李航　马熙朦　李仵睿阳
王楠　李欣原　孟国龙　高杭　钟炯杉　马健翔　余俊卓　热依沙·马合木提

单项二等奖学金（267人）

张思琪　李缘缘　孟凡　陈超逸　田德平　洪冰清　李培萌　王佳萱　王轶祺
邱姜浩　刘畅　许永辉　陈文杰　胡磊　洪傲林　资勤勇　谷雨新　魏维
王君雅　李诗炫　洪鑫海　赵伟萁　段永祺　刘玥　黄若鑫　张九霄　黄雯
罗贤贤　黄健　熊敏芝　王海岚　杨业帆　陈璐　温世杰　易树东　胡振邦
闫闯　赖聪慧　彭涛　查浩　聂广程　邢紫曼　杨禧　秦颖莹　廖海岑
张涵怡　陈玮君　石川　王荟茹　杨生娟　蔡恺悦　王静宜　吴峻宜　徐晓龙
李沛燃　赵映沣　蒋凯　张艺馨　姜依涵　张柏林　唐兆彤　彭诗琪　王元新
林楠　王晨骁　石伟　丁子豪　王俊杰　宋骏一　许沐城　赵子怡　陈孙玮
廖明浩　龙羿澔　张峻葳　刘迪　孙熙哲　原欣怡　张良璐　黄蕊　王依蕾
何子涵　周宇辰　李艾玲　蒲宇薇　龙金戈　胡诗琪　赵曼汝　李鹏程　林姝含
罗航　温馨越　吴雨芸　刘佳艺　李晨阳　张天亮　王笑典　母钰凡　杨敏
周祥洁　强登凯　伍嘉杰　常天奇　黄楠岚　黄路鹏　吴政源　熊宏荃　王笛清
曹霁凡　刘可遥　吴迪昕　董宇璠　杨贵顺　杜恩桐　杨正军　解高林　高翔
刘伟　刘葆华　贺银龙　宋少辉　楚天舒　刘雨珂　叶海鑫　游丽琴　李志远
侯安域　陈新雨　唐欣雨　王祚临　胡逸凡　李婉星　卢玉刚　杨联辉　杨雯垚
田志远　文瑜　张辰　张炜佳　何君　杨雄磊　袁梦　孙弋明　汪意
吉祥龙　王雯露　陈航　余佩洋　曾可　陈庆　钟化雨　董籽祥　叶姝阳
林德智　王思睿　唐超　王逸飞　翁旗松　施新语　黄晓佳　张文倩　陈腾盛
喻永杰　周德滨　杜梓玮　衡彦沛　杨梓艺　李梦诗　王丹　肖泽铭　汤梓焓
林为泽　田曼琳　程春淇　李飞龙　许宇新　杨海　张传飞　白涛　双付阿妹
于添　衡喆　梁贤郑　孙瑞柠　白胜兰　何佳龙　吴凤雨　苏万溶　郑玺
靳鑫　夏小舒　李鑫　程子涵　贺鹏林　罗薇薇　司鸿刚　龚虹宇　郭焱桃
付江洪　庞静宜　倪梦洋　魏宇浩　游佳铭　蒋婉冰　蔡韫杰　潘泓静　陈春雨
高永婧　彭宏志　韩璐滢　敬思岑　高明月　李炎桐　许珂　赵小满　魏奇媛

李彬玥　黄承汉　姜文婧　黄丽娟　徐小圆　刘新颖　王勤雲　杨继超　卢　晟
吕昆元　陈军汗　王　蕾　王昭植　徐　炜　张　棋　虞江艳　徐秋雷　赵清龙
杨天智　陈光城　于　洋　张航瑞　张明阳　黄　好　赵作栋　宋　扬　韩宇轩
王儒林　李宜洋　吴佳硕　乾宇阳　龚　周　杜雨芮　蒋卓林　凌　晟　李　彪
胡钧植　王　宇　吕　锌　朱子瀚　王昊阳　赵灼远　谢文集　熊智琦　王文翰
刘昊飞　凌富强　宁　静　彭炳智　徐　源　端木行知

水利水电学院（417 人）

特等奖学金（1 人）

蔡　智

综合一等奖学金（19 人）

曾　理　翁子乔　陈乔奕　王　涵　刘鑫檑　杨睿童　安之阳　宫嘉豪　田纪辰
廖敏希　唐熙阳　庄煜彬　孙紫琬　郑清文　李润童　唐　熠　赵卓奇　郑　好
蔡亦婷

综合二等奖学金（36 人）

赵希远　顾琼薇　朱品多　赵恒健　唐玉杰　胡　悦　劳佳乐　刘润东　王　莹
隆思源　刘朝晖　张秋曦　王继岚　刘开铭　陈俊霖　刘雨曈　王焱龙　刘明霜
江梁玲　牟珮雯　李　涛　刘璐瑶　宋丁然　刘存友　刘德航　许　奥　李珊琦
黄晓文　滑　朵　刘昊枞　张岂凡　罗雨知　季桓旭　易文聪　郑皓暄　马李高阳

综合三等奖学金（83 人）

赵　桐　王思瑶　雷　霆　吴征宇　张　博　李东昊　宋旻玥　唐　暄　吴　婷
江梅林　罗长圆　范　森　李昌辉　张　婧　王赫南　孙路童　梁文唐　康奉阳
吴耀东　姚子辉　张敏媛　冷亚君　阳　光　余　昊　卢思量　毛铭轩　董博文
汪　青　郭十全　梁万熙　李嘉颖　杨昊坤　刘　瑶　石　磊　杨婧蕾　游俊宏
党　晨　曹宇鑫　梁发荣　周子钰　戚　萌　宋志豪　袁　颖　窦璐明　陈兴蔓
陈倩倩　张青青　何　松　杨臻桓　宋　阔　吕子健　罗箱陇　李宇晨　易彩浩
王梦妮　朱鹏程　吕旭东　李旭东　何欣颖　吕听雪　饶晋一　刘　鹏　李星海
徐加瑞　陈柯逸　马旺东　马　英　姚致东　王亚忠　吕光潮　黄陈锦　姚健山
易绍雯　杨雅琪　周　浩　于俊博　苏永祺　崔凯路　黄欣悦　袁　月　童浩然
贾　嘉　赖韦寒雨

单项一等奖学金（94 人）

王　冉　王慈骏　王寓可　周东其　钟明艺　刘　玲　苏华珍　王栎森　郑立航
李家乐　李冉冉　李俊杰　张　权　王晨阳　刘桂萌　王涌喆　何显廷　黄程翔
郑斯宇　李婷婷　李紫雁　赵乐天　应　佳　朱容葉　毛映卫　王　洁　孙泽荣
曲文博　杨明杰　李昕宇　闫卓尔　张俊怡　潘姝瑶　王麒俊　纪　鹏　杨博闻
魏　曦　王鑫鹏　吴家镇　蒋　龑　于雨弘　彭根涵　谢子澳　蒲　磊　任雨婷
辉尚强　卢文煊　郭培琳　张　睿　尘　乂　王智明　许　敏　白　婷　罗展鹏
苑千秋　梁　浩　金　阳　陈蓬旭　白彦博　吴嘉琦　李　尢　张旭文　常　坤
云　丽　陈俊衡　冯靖颖　兰霆峰　梁志成　司丁华　徐李濠　梁邓芳　严　筱

姚　爽　黄从礼　丁嘉伟　韩飞宇　刘俊寅　郭艳琳　曹晨曦　郑春旭　邓祥慧
赵洪博　唐清华　谭家旺　甘　金　易诗雨　田张怡　雷　钊　刘大勇　易新盛
甘思源　罗一鸣　林国超　吕亚龙

单项二等奖学金（184 人）

蒋婷婷　何浩然　付兆凯　冷媛媛　黄家姝　田加洛　李　川　冉宇涵　王浩晨
蒲中意　谢智鹏　杨安元　刘大瑞　何志钢　刘景智　杨权军　张　怡　盘钰蕾
杨　洋　李云霄　张天祥　朱钰铃　孙一冰　王欣桐　高永琛　王隽逸　岳子琪
税琬喻　王警玉　郑婉儿　黄　蕊　李佳林　梁文馨　罗　欣　陈太伟　向　璐
付海涛　吴天辉　甘雪岑　陈秋宇　曹贺虹　杨华庚　廖　旭　苏　涵　叶　汉
程文卓　黄芸菲　凌淇淞　付晨曦　景　蓓　郑泽涛　黄　煜　向伟宁　苏丁域
段红振　席小威　罗淑嵘　朱泽宇　李美晨　吕雁飞　李世鑫　王汶森　杨浩然
白骐瑞　冯　瑞　李松霖　李亚东　谭　瑶　叶代丽　姜宗成　刘星池　宋茂林
权琳琳　刘应松　任子希　谢家齐　马艺萍　张智程　李婷婷　李涵琪　何　好
郭林峰　焦彬健　尹才铭　黄笃晨　蒋何昱　龙玉梅　黄　浩　钱关心　傅晨霞
薛子锐　张　祺　罗　琰　王宏涛　周佳音　刘绪娅　冷诗瑶　张乃心　张云凯
卢嘉晋　瞿子祥　陈鹏飞　董启奥　杨　硕　王嘉豪　马靖凯　陈永涛　王　森
刘源欣　郭梦芝　张　润　吴思远　周宝荣　马可为　舒　弦　李珂丰　班皓轩
张宇琛　杨舒洋　赵张瑄　宋　丽　陈　鑫　徐　诚　覃浩炜　吴政龙　王小璇
吴舒雯　肖　峰　石沁可　伍学龙　李仁佳　黄小曼　陈博远　张　莹　林超奇
袁诗宇　梁少彤　黄吉鑫　杨秋祝　马卓珺　刘明鑫　赵粤黔　成笑冰　林奕竹
赵丙涵　吴泽羽　董沁蓉　林　锃　刘家一　陈　鑫　何雨蓓　崔　昶　李鑫丞
廖智勇　潘　江　刘轩宇　杨　帆　胡经略　李佳璐　王　睿　李　青　张梦晗
熊　羽　于文博　段治攀　冯玉凡　王靖雪　易　鑫　陈　辰　王文杰　刘星雨
曾志祥　晁韦霖　贾奕瑾　李静茹　方铭锐　周炉鑫　向　文　黄　宸　杜中强
陈太勇　仁增罗布　杨海艺播　达哇央宗

化学工程学院（436 人）

特等奖学金（1 人）

薛雨蓁

综合一等奖学金（19 人）

宋晓维　蒋　聚　李　晴　匡　霞　史靖琪　孙　诺　郭思妃　邱舒扬　王夏文
康乃馨　付冰洁　方心怡　何轩岩　李明扬　唐嘉玲　郭骅昱　黄祖杨　郑晖瑶
蹇思雨

综合二等奖学金（39 人）

袁一凡　余莎莎　吴欣悦　张　丹　邱　珂　王嘉浩　何佳洪　廖海帆　唐仕海
荣秦朗　杨艺博　胡立然　赵铭宇　谭森珂　王华泱　汪沁玥　李尚凇　张国旭
陈荟芝　司　杭　王育衡　郭镇宇　符纪源　洪琦贤　刘晓婷　曾镇涛　孟令星
徐欣然　秦淑贞　张尚乐　张欣霖　尹佳怡　杨慕童　王文鑫　李墨斐　付珺瑶
邝芸瑞　熊沁林　陈桂鑫

综合三等奖学金（87 人）

方厚涵　王珊珊　陈　洁　孙赫阳　吴雨馨　朱　毅　许师凡　熊方荧　杨泽洲
郭俊含　刘思源　郑程瑞　任泽华　马霖睿　万镇洋　吕雅婷　莫雯娟　杨敏轩
刘彬洋　秦　丽　刘蜀庆　张华俊　王君礼　郑瀚洋　江雨欣　黄慧芸　雷　伟
李孟鑫　王云龙　李冰羽　刘雨霏　梁莹霄　谭若秋　谢黎珣　陈晓东　张梦萱
王永杰　苏千翔　周启骧　吴雨珠　江俊达　高宇恒　江宛航　王静伊　董浩辉
吴若彦　邓世涛　李高淼　冉兆祺　赵泽鹏　张　雪　陈　响　邱紫柔　胡泳辉
曹馨月　周　庆　陈松彬　刘嘉文　唐　蕾　李灿阳　丁苏晗　杨杰梅　马骥飞
刘昕昊　温　娴　杨　巧　李铭彬　张平乐　王振宇　戚晋瑜　赵思宇　徐　钊
王劭璁　赵云杰　文　艺　周文煊　陈　芳　李浚贤　张毕娜　尚中桃　王嘉炜
杨　赢　李沁聪　熊晨曦　余丁豪　王在杰　徐　靳

单项一等奖学金（97 人）

秦　川　郭绍晖　李贵海　邓　杰　唐毅苗　叶　枫　傅文新　陈又璟　赵玥皓
姜　明　刘新怡　钟　琪　许皓岚　辛炳儒　李黎姿　瞿　洋　李晓彤　胥海琪
许　涛　黄心怡　冷广童　何　琳　曹蔚文　王　涛　兰雨蓓　白晶荧　朱丽璇
黄　芮　许　洲　徐友胜　周廖敏　刘纪阳　贺雨馨　罗慧琳　施雨舟　罗　杰
胥丁浩　蒋明媛　谷佳禧　黄芳艳　胡玥明　卿乐罗　王佳琦　李承伟　李依然
李　凡　向治东　邓琨议　魏　然　刘启荣　周奕航　林义开　欧　盼　赫佳琳
李昊天　熊前进　张雨洁　杜苏婷　刘玉栋　高雨庆　尹卓凡　刘雪萍　张巧荟
陈路遥　宁逸轩　李　意　冯治兵　任　宇　赵英喆　董卓凡　李尚明　黄丹彤
康启明　陈嘉乐　颜继龙　胡国光　饶姝扬　王俊烨　张昊迪　邓惠娟　张天懿
张　维　向志强　张家维　汪寿腾　曾钰雯　原家浩　廖雨薏　刘文晴　刘若楠
罗　镕　姜翰达　邓　骏　唐语婷　沈龙飞　檀子怡　久治多杰

单项二等奖学金（193 人）

肖　邦　徐亚芩　王昊天　徐晓燚　李佳泽　张云刚　李晨红　赵俊乔　朱红慧
雷雨萱　张华夏　田浪川　何雪玲　陈自强　曾鸿锟　陈　凤　弓　琪　于　航
孙小咪　何佳雯　周高锦　马　全　周一山　杨文翰　戴明晨　黄婉馨　张韶峰
李金石　马浩斌　朱好问　吴　焜　廖鑫柯　李源慧　陈奕孚　李晨玥　杨　怡
杨思琦　王科飞　钟　真　李依楠　韦　双　严文韬　朱珺莉　李万洪　潘荟全
马智林　宋　旭　陶心悦　吴靖琳　朱开天　魏小龙　赵胜龙　赖重华　徐文梁
王智超　张彩玲　刘子豪　宋翊哲　杨澎泽　陈　昆　陈锐达　何淑娟　吴　岳
叶宸希　杨晓龙　陆广源　刘玉池　杨淏然　吴宛庭　洪逸航　陈嘉伟　黄　熠
甘志洋　唐麒杰　王　荣　张雨轩　叶霆霄　王志巍　沈思琦　马　琳　郭詩怡
杜祎程　覃仁国　赵仪婷　孙加雨　向芮涵　钟佩羽　唐兆廷　邹旋阳　刘禹铎
祝婵容　胡晋源　蒋坤岑　田慧兰　闵德芳　徐佳晖　游宇辉　杨　晨　张俊璟
徐钰林　周晋辉　程献凯　邱彬哲　刘会如　徐本柯　蒋思柔　吴春会　姚程予
赵源泽　肖　杨　金曼婷　陈皓秋　张意琳　周涵皓　穆明泽　罗　畅　付开株
陈美桦　郑心越　钱卓群　黄赵维　王　鑫　覃　朗　黄家榮　王茹杰　檀可沂

冯　禄　梁华倩　杨茂生　殷世罡　张新雨　吴泽娜　魏　良　谭金安　刘一男
刘俊辰　田小龙　徐　婷　周可欣　肖紫晴　彭绍为　马若宇　张耘陌　花茂森
彭梫峰　周旭东　魏晨希　宋珺喆　蒋诗怡　张荟镌　李冰晨　张伟进　郭衍超
黄瑞翔　李　未　陈心怡　肖　羽　蒋佳仪　赵舒鸿　姜　旋　王　芮　汪瑾扬
王　俊　张勤勤　姚冠宁　彭松林　曾子越　王有默　毛　威　王　洁　朱奕帆
李　睿　罗　欣　汤　鹏　尹　琴　梁旭杲　张艺蒙　施文琦　徐继莉　杨灵芸
邢雪晶　杨武琨　李延利　游仁杰　卿雯洋　李建文　党若语　宾致远　周　恺
段　琼　杨浩群　傅康泽西　阿丽米热·牙克甫

轻工科学与工程学院（323 人）

综合一等奖学金（17 人）

张辰钰　石　佳　王云培　洪仁祥　陈俊予　傅庚韬　刘恒宇　孙　楠　刘冠彤
李　硕　孙渤林　成　梁　汪　京　周朝梅　董怡青　严雅倩　林晓雅

综合二等奖学金（32 人）

胡奕萱　李　怡　张　瑶　王若涵　沈子绮　黄　祺　谷婷薇　姜　双　秦　朦
何　奕　黄吉进　宋姝玥　贺梓溪　张晨曦　贺宇杭　王培霖　马秋越　秦林雨
徐依琳　陈筱雨　黄靳月　陈金歌　梁洪铭　邢丹丹　韦　笑　倪正航　史雅辰
杨文静　彭钰嫣　刘青云　杜娅丽怡　童曾祺琪

综合三等奖学金（73 人）

张　鑫　李　伟　何文迪　陈雨彤　戚朝霞　程晗斐　胡乐言　谢怡飞　侯翰婷
陈奕贝　陶彤庆　周建成　李　曦　甘林灵　朱鸿睿　赵宛晴　路童博　郎　健
龙举达　李子雨　王韬扬　代志远　刘万萌　谢　军　金　红　王俞臣　汪前锋
魏佳佳　曾子萍　杜兴楠　黄剑旭　李东昌　林琨岩　许　可　陆　天　李奕莹
陶继岭　陈一芬　唐艺丹　吴联群　周晨曦　陈　楠　刘洋杰　张　源　林睿泽
杨晖琦　陈雨馨　宛如玉　林　涛　项振宇　刘　侠　王奥琪　赵婉彤　周晓宇
宋　玲　任健美　吴骁洋　谭子艾　马瑞瑭　刘兰香　唐　倩　李晓河　郎啟迅
李杭遐　赵　茜　李惠容　周舒婷　莫晓慧　周渝翔　姚淑莉　黄力慧　潘尚义
月　望

单项一等奖学金（81 人）

王　柔　李帅浩　尹晓雅　佟林翰　王韬然　王　玲　郭旸昀　徐　路　李兆欣
邢介尘　刘梅浩　周唯怡　张怡凡　冯子超　范子窈　卢梦琦　林　硕　李　俊
王嘉婕　李辰晖　张城嘉　顾坤鹏　孙纪鹏　朱海洋　刘桐羽　詹先浩　徐文心
杜欣雨　丁志恒　周　牧　叶　慧　程　通　王博文　舒财洪　伍家杰　张跃超
陈　琴　丁　宁　冷小勇　汤　杰　向　燕　侯晓蓉　杨　杰　刘　颖　何培君
杨　森　陈冰艺　庄舒涵　李鑫宇　褚　煦　卿　汭　孟子衿　朱欧阳　郭义凡
林吕扬　谢康顺　周　钰　周易阳　樊香伶　刘思琪　郑淼文　魏竞涛　李安娜
肖钰茹　许树荣　徐步青　钟陶英　周　波　李艾蒙　阮心建　谭美玲　和文婧
刘东蔚　张　鑫　杨云霞　黄鹏程　张志松　王中孝　朱　坤　冯江涛　刘霞雨

单项二等奖学金（120 人）

陈漫霏　张伟骏　宋子康　姚钰芊　曹永蕾　刘炯甫　艾家骏　赵祥宇　何沅涛
邵梦文　张　杰　唐　涛　刘　艺　谢金兰　李一鸣　刘彦君　王　博　朱一坤
娄　颢　刘　明　刘　畅　刘永鑫　魏文琪　魏逍遥　邢靖玉　盘亚航　陈良豪宇
潘正浩　蔡　林　李　威　吕欣迪　赖晨旭　王碧超　魏世伟　洪　鹏　孔　浪
金敬茹　范锐宇　冯毅俊　邓涵予　甘　坤　魏嘉彦　赵晗楚　李梦阳　迟惟之
杨启鹏　李祎林　原晓龙　陈奕杉　王子铨　俞荣辉　胡雪阳　李乐妍　杨冷予谦
帅可玥　马　菁　罗欣悦　王　玥　黄谭灿　万雨菲　郑涵莹　巫可欣　赵芮竹
吕　田　郑斐匀　王雁冰　刘璇琦　郝浩然　郑天宇　黄炜杰　冀嘉岐　詹洋鉴
李雨希　罗翠玲　陈兴龙　赵梓彤　唐　聪　李清怡　周雪伟　方　烣　芦思佳
杨学昆　曾庆莹　胡婷舒　陈嘉怡　常霄飞　林彩凤　耿晨东　朱虹霖　李果纯
李镇甫　甘雨洋　郑泽凡　郭　浩　田红红　杨小云　梅洪嘉　杨晓燕　董伟进
陶一玮　曹俊杰　胡桎强　张佳兴　黄子龙　肖　扬　药子敬　王丹瑞　辛　文
谭子誉　许凤桐　张泽楠　魏禧连　谢雨晨　王佩萱　王健宇　王　隆　易夏薇
秦亦星　唐思民　黄浩特

高分子科学与工程学院（406 人）

特等奖学金（1 人）

高努男

综合一等奖学金（18 人）

彭恋思　文未然　梁　靖　聂明喜　王彦骅　韩宇翔　李双珠　杨少捷　武菲菲
李江慧　何金莹　顾梓睿　翟雪媛　黄灵杰　肖　窈　胡伊凌　郑富元　周　婧

综合二等奖学金（36 人）

赵文杉　吴亚楠　成　振　省绍琦　孙旖旎　杨佳林　蒲治臣　董明辉　肖雨寒
李雨臻　梁嘉豪　庄锦骏　周　村　唐定岐　尚思远　张一晨　穆瑞琪　王怀志
李　洁　郝田昕　吴　非　王路宁　王　兴　姚思童　谢怡欣　钟　强　符馨文
熊鹏淇　李冬瑞　郭涵宇　赵咨宇　周宇航　赖嘉诚　邹梓堃　郭俊伟　赵率江

综合三等奖学金（81 人）

范徐龙　罗皓升　段定怡　刘依依　吴睿智　王可坚　冯星为　姜力超　罗　曼
胡灏弋　李小涵　石鸿宇　李长春　缪子昀　刘绘懋　尹浚懿　杨杰珲　葛晨璐
吕嘉程　陈煦晖　陈梁昱　徐啸天　庄伟南　郭　亮　李　攀　任　垚　唐　密
吴宗键　瞿嘉铭　周传凯　朱宇宏　马渤钧　黄钰婷　黄　焯　唐宇倩　彭万里
程敏涵　安琳璘　安　静　刘怡伶　左净玉　赵春晖　游雨昊　冯雨琪　张艺芸
杨夏粤　刘佳豪　陶鑫钰　申雨祥　陈少鹏　熊　杰　周江龙　王子涵　姚　洋
刘博雅　陈　颖　黄孝意　赵伊然　胥云皓　文予然　毕心愿　张子昊　张焕怡
吴嘉俊　潘燕仪　李丽萍　吴昌伟　何小雨　柳坤锐　胡诗雨　赖　飞　杨宇轩
刘洪琨　侯宇澄　陈前凯　曹志雄　张佳乐　陆语乐　王　喆　刘周云彤
汤诺伊玛

单项一等奖学金（90 人）

罗梦娜 周芯竹 章嘉豪 程泽蛟 杨 洋 刘静静 成生俊 连绍雄 蒋定军
张 丹 刘如晔 马承业 秦立鹏 何宁宁 刘浩楠 郭东林 侯倩倩 刘栋华
宋春阳 张璐薇 张俊哲 娄 亮 向泓宇 赵 溪 戴瑞贤 闫敬越 陈鸿烨
黄惠宇 金兴源 宋忠昂 欧洋伶 杨盛铭 王宇杰 吴敬寒 陈玲丽 白翊辰
刘 豪 吴作栋 俞开元 夏育金 孟海康 谢剑峰 张杨涛 张琳琳 卢天晨
雷 乐 高梦婕 于进洋 舒子芯 邓博文 郭东鑫 杨添淏 沈北辰 彭志勇
黄明慧 胡靖卓 殷懋秋 伍昱洁 陈家辉 房怡朵 杨燕霞 屈禹良 刘鹏宇
张桢溥 张霖俊 邝言昊 戴沂珂 罗 政 张晓冰 杨秀华 何世博 姚 奇
黄镇东 王清铎 周熙萬 侯雨桑 汪 玲 毛海良 陈诗雨 杨浩琦 周 俊
赵勇建 杨 爽 唐鉴泓 王世源 焦子良 周美西 王僖苓 欧阳元梓
艾依买尔·哈尼肯

单项二等奖学金（180 人）

黄印杰 曾莹虹 刘涵文 岳宇轩 黎荣杰 朱贞谕 刘世伟 赵梓冰 田 然
刘家元 刘谨洋 王之灏 祝海灵 王 帅 陈 铸 李慕瑶 陆睿智 黄钟桦
孟海潮 刘 磊 唐才捷 高 康 王茂田 毛治谋 蔡顺兵 张世恺 赵伟杭
彭一飞 王冠宇 王洪谈 李 翃 曾鸿晔 严 悦 刘兴慈 巨光睿 张 博
文 洁 刘 科 张铸锴 杨一鸣 李林蔓 曾湘童 刘雨萱 霍舒恺 张 源
郑 珂 杨林潇 李佶姝 欧明晖 李宇航 申昌丽 蒋青泉 石若楹 施兴煦
谭倩月 陈泓熹 蒋健斌 田 芮 王靖元 向文荟 范哲源 宋 哲 曹亦璇
彭歌歌 肖凌逸 徐小雅 姜 婷 袁 涛 张紫嫣 晋 沛 朱怡蓉 龙泳池
郑颖聪 何海滈 杨 李 吴汶峰 李博饶 赵梓宇 胡桂林 杨 宾 吴姣竹
杜亚星 李汭坪 罗冰祺 梁 昊 郭睿卓 汤竣涵 田春林 冯骏杰 龚积梁
黄 磊 谢 华 匡贤彬 尹泓祎 林昌锡 潘哲宇 曾子航 常青怡 罗嘉良
郑颜妮 陈兴茹 兰余梦 周钰凌 钱兴鑫 张宇航 谢正惠 何 菊 董沂承
陈金祺 叶柯锐 汤皓博 蔡民杰 沈通尧 陈 洵 王增荣 陈金恒 张珈瑜
王 柯 刘鸿森 王思怡 赵明峰 杜 辉 李光辉 唐嘉欣 王文博 李怡珂
舒育才 武逸轩 陈政元 杨胜林 毕梓萌 李驰驰 周子琪 刘威威 于若林
赵培吉 夏宇航 叶彬彬 张佳博 谢可庆 吕悦松 冯文蕾 李佳乐 田 昊
史文昊 王学良 成俊鹏 李沛阳 唐佳康 岳思宏 李晨宇 李少文 刘清皓
张莉玫 王鼎盛 伍虹霖 许瀚闻 温林瑾 崔 畅 汤沐寰 舒成帅 项 锐
沈凯军 杨 艺 王建良 高 尚 朱嘉伟 林世奇 夏自豪 胡 博 汉金龙
文国江 盛朝华 朱晓玥 赵君毅 刁振康 杨承顺 宋志洋 王昱龙达
伊萨克·亚森

华西基础医学与法医学院（144 人）

综合一等奖学金（6 人）

赵梦瑶 尹向蕙君 卫闪闪 张灵轩 许 晴 韩一玮

综合二等奖学金（13 人）

吴宇航 王悦琦 孙舜玉 史雅翰 李浩琪 邹 旸 卢闻谦 张婕妤 王艺恬
潘 颜 孙玉文 明天悦 郑明睿

综合三等奖学金（29 人）

李焕卿 刘泽杰 杨雨霏 陈劲宇 闵诗桐 赵晨宇 冯理想 邓鸿瑜 刘海伟
陈韦西 刘 波 谭钰逸 李雨洋 陈亦新 靳云天 刘馨雨 魏 璇 袁睿轩
郑 鑫 李思旭 俞棋翊 罗太富 周燕萍 叶敏杰 李瑞茜 李 卓 姜昊言
郑凯元 孙超然

单项一等奖学金（32 人）

厉 健 李家豪 王 南 王 欣 徐子淇 沈诚忱 秦宇昂 方 菲 刘津邑
陈星宇 徐超宇 戈 颖 杨培娜 方芃霏 孙雨潇 肖雨桢 孙兴驰 张一宁
张 敏 许梦桐 王虹燕 陈雨珊 吴沛言 孙中杰 刘晴蓉 金有容 王镛伦
刘巧妮 吴梦娜 林雨山 李苏豫 姜子涵

单项二等奖学金（64 人）

桂宇凡 刘俊宏 疏志龙 顾浩宇 文 汇 汤 贺 刘 凯 杨 森 李 仟
易言郅 张嘉窈 曾 琰 李 欣 殷照茹 吴奕楠 张丁月 于祖祥 王玉珏
孙亚男 金 蕾 林禧龙 王镇业 刘红椰 王 楚 付诗琪 冯梓琦 周小舜
吴若禹 张星语 周成业 陈明扬 左声远 胡宗豪 徐晨馨 陈依妮 李兴瑞
杜明达 焦建明 谢颖昕 赵仕杰 任祉屹 赵子玉 罗 越 王晓乐 梁斯尧
陈含笑 张润璇 唐韵优 陈仕威 李宇豪 孙钰婷 王文强 于恒响 何享旺
叶芷杉 宋金龙 毋静婷 孙一铭 孙焕斌 严秋怡 李仁杰 张 畅
茹柯耶·奥斯曼 伊力塔比尔·吐尔洪

华西临床医学院（1025 人）

特等奖学金（2 人）

包婉莹 禹世龙

综合一等奖学金（46 人）

赵 鑫 储 金 贺思宇 贾梦露 罗欣瑶 徐新禹 李经纬 贾宇恒 余一凡
赵天浪 韦宇豪 时叙远 谢欣然 胡海瑶 张艺腾 魏维阁 马可航 姜皓腾
蔡和锦 林书妍 赵雨暄 赖红历 杨梓炎 陈雨麒 陈琳燕 张 蔓 黄伟嘉
严淳议 赵文婷 谭 薇 张 澍 杨炎霖 柳善睿 陈雪峰 林章宇 甘科禹
丁星文 李 澔 李珮瑶 谭佳妮 钟诗童 胡雅楠 廖文静 陈 洺 李欣柯
郦 峥

综合二等奖学金（92 人）

赵浩辰 陈晓烨 胡千蓉 牟可凡 程星翰 万丁源 刘豪阳 沈雁荣 邱星雨
陆天怡 赵紫晨 钟雨婵 贾婷婷 郑 越 李泽华 张驰宸 颜龙萍 李文苑
朱紫琪 王傲琪 张欣怡 王浩源 陈雅麒 张天杰 娜米冉 潘 攀 李雅楠
张雨田 曹忠泽 李 健 李濮含 李丛骏 杨嘉庆 尹 越 蒋德诚 蔡见文
郭佳瑛 奇 鑫 王泓天 马新月 周嘉茗 闫冰姿 何翊君 杜静怡 吕欣阳

武永昶 周梦云 陈雅雯 许晓梅 王维 罗浩伦 冯晓然 彭益鸿 李佩纹
杨妍 孟泽宇 郝健淇 刘香 倪钰超 周翔鸿 李明阳 武立民 蔡武峰
王翰 郭佳隽 袁驰 高梓洋 姚文墨 周琳 和晟渊 李硕元 周宜可
魏雨涵 李燊 孙悦文 邓淇丹 贺子妍 宋国姣 杨修齐 蹇林格 李承熙
余盈莹 陆俊宇 滕禹 杨雨希 刘语桐 王丽娜 许安若 张零生 陈凤玉
刘玉琪 张艺航

综合三等奖学金（204 人）

何梦婷 黄治宇 薛绍龙 方艺桥 谭松涛 王心玥 林明莺 彭翎旖 何声怡
孙骁驰 吴岐佑 宋嘉琪 沙雷皓 肖宇 王航 刘俪苓 徐杨 李光宸
于嗣民 罗紫月 安丽珉 胡明 邱子隽 王紫逸 姚明鹤 郑心仪 刘婷
卓樾 周圣梁 高睿 郭心怡 武梦芮 王彦文 李卉 李培玮 曹乐
杨可艺 刘森浩 孟鑫宇 杨汀航 苟嘉妮 朱雨涵 朱玮臻 戴幸航 郭旭
梁颢严 尹筱萌 杨斯琪 金禹汐 张铭烜 张艺琪 寻斯琪 黄宇 刘梦茜
姚磊 钱瑞仪 陈欣阳 曾意淼 李泽西 成夕 王灵慧 许嘉伟 彭蕾锡
王雨琪 曾红宇 杨蒙竹 杨昱霏 黄靖婷 蔡博宇 马燕妮 周诺亚 王歆
王湛滢 陈宇浩 成欣 王康 田睿 王子宁 王宏 陈璇 任昱洁
霸坤仪 王培宇 卓小雪 杨丹 覃韬霖 周璇 阮晓苗 孔文哲 于尧
刘莹 柴双玮 宋杰妮 左妍 刘心雨 周雨蓓 王乙休 何婷 张宇
刘格 梅红 魏意欣 陈梓馨 陈识 谢宁清 吴文韬 张明轩 李倩
任燕 白惟依 熊英 梁佳芮 张欣雨 孙婉婷 王楠 项熙衍 周晓涵
李佳龙 黄玥 吴贝依 金坤 王耀辉 沈寅知 赵羽诺 张怡 李英昊
卢天健 王一希 秦政 游嘉颖 杨雨菡 王紫瑶 唐钰莎 张锦珏 高清扬
贾凯宇 邱轲 骆倩 张耀文 刘媛 李琳娜 王一霏 郑巧文 李承霏
陈泞夙 朱玲 钱柯伊 黄炫 王一琳 罗诗琪 高玥珊 杨转花 彭义娟
陈星羽 黄楚 张煜竹 游琪 黄轶男 耿祺焜 柏馨瑜 薛倩媛 刘依璇
张淇 曹语佳 韩廷睿 刘畅 许怡谨 蒙力扬 粟红霞 黄雨晨 苏语
钟雅楠 刘霜 李双儿 吴淳炜 朱麒宇 王泽旭 姬青韵 杨泽艺 杨奇正
雷舒婷 张俊麒 陈娇婷 汤柠畅 王禹童 连晟陆 胡凡 唐睿思 刘定邦
党新雅 叶子 郝运 郑野 石玉霞 向涛 张严昕 杨靖锋 范骏平
张显硕 张志刚 万云天 孟香璇 孟子涵 古丽牙尔·艾尼

单项一等奖学金（228 人）

熊哲宇 何相霓 张书涵 江可欣 徐佳淇 张琳敏 胡正炎 李函聪 苏婧
范旸 谢亚文 徐友汇 李毓明 何春雷 方壮霖 陈权 林丹 刘泽涛
屈楠 黄鹤枭 仇宇悦 刘玉强 邓思思 肖雨佳 戴昕烨 王博 郑义琛
张睿娟 肖卓杰 范元媛 翁嘉晖 邹胤曦 黄军 尹茜雅 刘蕴佳 邓宁越
刘思玉 李之阳 夏琦 夏逸林 黄彦立 刘惟静 彭友恒 龙雅静 段宗浩
任芳洲 曾渝 李雪瑛 周家豪 王甜甜 周若凡 何逸飞 唐梦蝶 张力凡
张润东 由屹先 李田歌 陈丛利 齐心怡 陈星宇 周雪 张发贞 朱煜欣

袁云龙　赵俊杰　郭梦瑶　周伊静　任治臻　王浩然　刘蕴仪　张子妍　王益彰
刘雯乐　黎慧琳　袁汶龙　高嘉艺　王海容　谭宇珊　吴越　甘逍瀚　崔若岩
焦芃程　陈恬　尹泽琳　严睿桐　张为　王鼎然　夏晓旭　龚佳祺　蒋泰延
蔡洁　魏一喆　张翔鹏　聂琳玺　杨晶欣　王熙蕾　施江媛　蒲倩　彭靖雯
蒋昭琰　姜子靖　徐淑妮　刘畅　胡杨　付新辉　明悦　曾与恒　陈子轩
计金凤　谷昕彤　胡诗雨　高灿宇　陈书奇　喻诗雅　赵一　王诗茹　代思敏
吴玉晴　宋心月　安祯　黄晨　王宇清　陈冲　台蕴泽　刘梦雪　衡思贝
白舟　苏杨　许凤金　赵雨菲　李淑萍　姚怡君　朱旭东　陈晗笑　蔡秋钰
彭柏强　许瀚月　陈勃然　翁诚馨　赵杰祎　周乐雨　李博雅　胡琦博　徐冉
程扬帆　周宸　赵晨阳　毕思伟　郑丹熹　孙崇恩　葛格　王安谟　戴姣娜
代雨诗　宋心迪　杨涵乐　和静波　伍怡琴　何宛庭　涂伶　李思佳　王蔓琳
陈好婕　纪铮　马晨阳　刘晓红　龙海文　熊方丽　张世姣　孙锐珂　魏冉
刘茜文　阴茜蕾　邢傲霜　刘婧　刘利琮　张智萌　周诗雨　吕江浩　孙若男
张嘉丽　杨月馨　于涵哲　漆芯　陈孝霖　欧阳缔　罗恬怡　王羽淙　吴汶霖
卢美艳　秦闻悦　吴永涛　杨叶　谢子川　周弋微　张志硕　冉泽超　曹晓蔓
肖玉涵　胥飞宇　李勇军　梁汶怡　廖伟豪　蓝天翔　汪欣　余其澳　张子为
吴研　杜奕玲　罗磊　彭欣怡　包蓉　魏成熙　孙燕　刘鑫　何禹清
王健玮　彭婧瑜　张巨麟　刘瑞晶　姚宇豪　朱晏麟　姜天予辰
热伊汗古丽·吾守尔　居丽德斯·江斯拜克　热法凯提·毛拉克
图妮萨古丽·热西提　麦迪娜·阿布来海提

单项二等奖学金（453 人）

李朋禹　李宇诚　张阳启　王轶锋　张凌雲　唐佳慧　靳晓蕾　王蕴璞　史海清
郭思琪　蹇沛雯　杨铁　王雨珺　郑达通　于谦　刘知浩　王含　王司琪
干欣霭　刘颖　洪琳格　黄周扬　姚舜　吴宇玲　胡腾月　刘淑贤　杨祎璠
张立搏　陈婧　曹栖源　刘瑞德　郑力源　晏和春　张梦婷　谢赟泽　张慧敏
孙尚伟　镇姿帆　王淮丙　樊稼轩　宋承润　任婷婷　韦柳杏　李卓然　孙喆
金愈茗　罗昶　徐浩天　曹司雨　邓丽娟　毛俊　赵亦非　郑梦涵　魏语心
邢亿开　李星呈　唐靖婷　胡馨予　者家囡　柏涵　刘俊涵　朱文婷　王思帆
经微娜　王近宇　周宇航　王子茜　尹芳　尹婷　孙朔　赵丰年　张子龙
廖启蒙　宋芷若　赵廷崴　卿晓媛　蒲熙承　李萌　王新雨　王钝　王婷
陈科润　贾绎格　梁雅竹　唐晓雨　李晨　刘娅　李英凡　徐业臻　杨静涵
姜雨萌　唐蕴明　章宇潇　牟梓珮　苏琦　周亭利　李艺媛　王凯钰　崔佳俊
邓碧鑫　秦毅　张涵旎　田启海　秦子健　陈杰　蔡仁梁　王舒萌　刘英杰
陈卓艺　熊茗　李航　梁美凤　王铎淏　李林峰　林梦妍　薛文赫　吕泠娇
王沛心　陈浩男　冯可意　王雅凡　李欣怡　敬斯媛　段鹏超　陈鑫悦　何语涵
谢骏青　曹璐　孙伊人　沈行　李嘉琪　高靖雅　虞瑞欣　胡玥　项惟祎
郁禾　黄可　张梓桐　赵田　陈天昊　聂琰　刘玉涵　康宇航　孙润茁
汤畅旸　胥箐　赵震　何琳　雒伟龙　邵文泽　郭欣雨　杨果　卓钰昕

邹卓池 霍晨钰 姚昌伶 李尧琳 赖礼翰 刘慧敏 季春翊 杨子骄 徐 喆
徐 柳 汪睦蓉 易 成 周 蝶 徐蓟森 吴达文 赵依思 林 翔 曹尚琦
付景阳 罗 爽 秦姜未 易 莹 文诗琦 庄蕙嘉 郭婧怡 李欣夏 肖 姚
冯 伟 张明路 艾智森 白逸潇 吕文渊 解 嘉 陈 奥 高斯雯 罗江妍
马忠娜 陈明旺 吴天雄 潘星灿 唐艺珈 张 蕊 何舒欣 周海涛 李玉洁
程文迪 李碧瑶 王永瑞 赵晶琳 董启启 任佑祥 杨 珂 李清音 王婧屹
江倩倩 谭一苇 郭一敏 舒 敏 徐婉婷 徐 萱 黄彩念 周诗涵 甘三山
姜佳昕 王晓敏 沈 盼 李莹莹 葛 晓 杨 波 陈泽智 苏 丹 吴伟祥
徐 柔 张晶昱 苏珊榕 王 强 后思洁 周丽芳 崔郭宇 黄晓航 谢师琪
查志倩 罗佩瑶 张海潮 彭晨假 彭圣岚 邓东浩 张丽华 段自馨 樊亦扬
张静月 广玉洁 左翔宇 谭 芬 唐 玲 彭 亮 王兴龙 谷玉珍 杨柳青
郑巾玉 刘诗谣 冯 彬 潘宇霄 蔡诗婕 魏俊皓 卢文芬 雷子辰 莫雅之
蔡永睿 张明明 高思洋 罗 荣 滕雨恩 李俊虹 赵 祺 金 迪 刘梦竹
马 骏 刘健博 方 美 姜礼杰 庞文都 杨 扬 罗玉翎 钱帅杰 袁启明
万若愚 房 乾 苏尧希 杜和越 李冰洁 向城志 敬蕙宁 张 驰 陆汉鹏
陈馨韵 唐青青 严禹顺 孙伟豪 徐天浩 王嘉琦 张 扬 范 典 刘 茵
黄 铄 冉旭婷 李稚璇 张 波 陈思良 杨若宁 曹 祺 刘德恺 张玉洁
李依宸 朱代文 贺湘君 邹超瑜 侯 睿 陈静茹 王 娜 王 彩 刘 璇
张佳慧 谢培均 周妍汐 易方方 吴沛倚 黄宇凡 李 璐 瞿 佳 董冠宏
李佳潞 张瑞萍 张焯桐 王雨萌 常 烨 陈萱蕤 温安娜 邢媛芳 陈科羽
魏思莹 郭芷伶 吴修竹 刘开星 李学芝 彭瑾博 刁柳月 叶梦如 刘 畅
尤珂露 董诗冉 江雅萌 夏天然 吴 溜 唐 璐 郭虹君 龙松士 刘峻志
周玉倩 苏卓欣 张昕怡 毛毛乙 王丽丽 杜东儒 罗 怡 刘汝溪 丁科文
李 丽 何建容 陈 楠 陈清华 梁迩月 张广跃 高盼盼 鹿明宇 马玉芳
胡悦涵 李昀泽 邹 敏 翟芮藜 赵羿丞 荣伟莉 王聆睿 李疑柳 白佳欣
李佳熹 唐振杰 郭清新 李争时 刘昕仪 张颢菡 白彦琳 赵 韩 高小然
马宇航 黄志愿 文 傲 张曾轶 邹小明 冯柏杰 向欣妮 刘佳莹 杨 浩
缪云辰 孙景怡 矫睿捷 张芯琳 杨芳迪 李晓泉 杜思宇 孙 乐 温湘晋
杨沛源 蒋思懿 鞠诗妍 原文静 毛笑笑 付龄萱 韩昀言 王 瀚 吴晓岩
代珍杰 王晓东 黄一鸣 朱晓蕊 路大美 魏 澜 覃兰芯 龙思鸣 张 韧
伍思佳 彭慧娟 徐陈亮 高倩倩 马天羽 王悦桦 夏小桎 廖可扬 吴承芋
曾雨潇 常思懿 徐沁悦 杨柠菲 韦 纯 刘 雪 雷璐璐 杨 婷
祖丽胡玛·吐尔逊 苏瑞亚·帕力哈提 娜飞沙·吐尔逊 苏比努尔·玉山
玛依拉·艾合买提 吐尔洪江·土尔地 乃依拉·肖开提 阿迪力江·阿布力克木
迪丽胡玛尔·买买提明 麦地娜·阿不都西库 吾奇昆·海如拉 暑格拉·热哈提
努尔比亚·依布拉音

华西口腔医学院（422 人）

综合一等奖学金（19 人）

李家赫　王蕊欣　刘佳怡　杨　玥　林恺丰　洪嘉乐　赵宇曦　周安琪　嵇　灵
李奕君　吕潇颖　张舜皓　姚羽菲　钱春林　丁若邻　王海溦　罗文欣　陈馨语
文　雯

综合二等奖学金（38 人）

林雅祺　时彬冕　颜　妍　李佩桐　闵子洋　邓含知　吴秉峰　李昊霖　江瑞宁
秦艺纯　潘子建　修一兮　黄　宁　刘　桢　袁雪纯　李玥天　隋尚言　戴清仪
陈艺灵　甘鑫琰　吴昊妍　黄凌依　魏雅莉　庞　瑜　周雪儿　王婧宜　宋沁璇
张　琳　吴妍廷　樊　禧　常俐俐　李厚泽　王歆萌　阳宇函　赵骏宇　蒋佳凌
周　末　张梦芸

综合三等奖学金（85 人）

阮显淳　牟倍辰　詹美均　黄心悦　周梓瑞　吴晓悦　蔡欣雨　宋蕊均　何　弦
岑月妍　李　想　王天艺　黄天宇　严立超　王雨薇　郑耘昊　边楠雁　葛　璇
刘　逸　季怡轩　唐　雯　陈彦赤　钱语然　薛　坤　申佳琪　奚雨珂　庞愉雅
张滨婧　颜哲彬　徐　锐　连奕婷　赵丹宁　杨佳瑾　黄文龙　曲昌兴　翁义航
朱　涛　赵　铁　李　然　杨怡纯　王宇轩　戴云涵　李行健　隋　昊　李天乐
车会凌　杨铮灏　林慧珊　陈小瑄　刘欣然　戢　晓　唐　权　周郁葱　吕雯慧
杨　文　白汝强　刘　炜　朱锦怡　侯楚萍　王　旭　蔡璐璇　杨晓宇　门欣睿
黄诗华　刘莹珂　唐　堃　杨　娟　蒋瑞仪　李一洲　熊义辰　符向清　靳益欣
肖琦钦　李佳怡　张可欣　钟欣楠　刘　念　陈昕睿　于　珂　薛凯阳　赵一明
雷林山　占苏颖　赵奕雯　王紫瑶

单项一等奖学金（94 人）

丁　芫　陈　玥　高新林　王骁哲　王妮妮　钟嘉伟　吴星博　张国锐　叶元龙
康佳颖　赵付琳　涂叶婷　洪梦孺　张岚清　余美琪　袁铭骏　宋伟娥　格桑美朵
陈　凡　贾懿楠　肖　力　孟令汐　鄭智灝　刘卓辰　黎祖岑　赵欣然　张豪豪
李亚其　王东阳　黄云骢　王梓千　杨淑娴　王昕玥　张辰玥　董思施　王嘉莹
王若冲　周　月　彭昌波　朱　彤　曲晨曦　温心言　卢盛开　曹力仁　张文湃
王　玥　谷芯羽　凌云霄　刘　琪　付　笛　覃思文　林恒逸　安　可　刘力嘉
王　亮　赵　庆　王文轩　余　霜　杨珺涵　蔡舒凝　仇旭童　张皓鑫　吴吉岑元
李晓虹　陈森林　杜若岚　郭雨璇　连浩森　赵俊颐　王夏怡　李　可　汪潇潇
罗岩坤　吴文静　郑博文　赵宸屹　王锦衡　史佳怡　黄奕搏　马珑云　潘　丹
刘佳凤　赵　伟　申亦菲　刘宝钟　陈经纬　梁文菁　徐伟桐　黄梓恒　张馨方
张珈源　孙晓戈　曲别芳芳　阿丽米热·阿里甫

单项二等奖学金（186 人）

涂袁媛　邓双珊　张梦烨　潘葭蕾　李正娟　刘云舒　龙子腾　陳嘉婷　温镇维
侯旭彤　何妍媛　李中旭　陈明坤　叶铭翰　王佳蓮　陈晓菊　蓝婉芯　黄静娴
罗治强　蒋小菊　宋婷婷　刘丰硕　李　鑫　王　霞　蔡宛伶　邓　欣　邱婧雯

叶诗洋　卢妍蓓　何以全　冷梦瑶　马金溢　王欣然　于彦珅　余俊杰　罗　淋
张　昊　黄春美　金家炜　王　婧　张一博　张思雨　张凤麟　陶　然　石馨妮
刘　真　乔　慧　黄振源　田徐腾　越林安　蒋龙扬　夏溦瑶　吴艳芬　黄　倩
陈艺菲　王舜华　何雨轩　许　诺　周茂林　农诗琪　倪　好　肖楚翘　冯祥雨
吴　聃　李国槐　韩泠双　朱德馨　吴　承　李　婕　杨蕙语　杨俊义　舒星跃
陈　毅　宗　源　涂　画　朱嘉乐　罗婉逸　黄昱晴　罗希宇　李依玲　郑志瑾
钟恺靖　黄麟洋　王　莉　胥　欣　王　澈　张　涵　韦明颖　周心怡　高宏宇
赵　理　韩居熺　罗坤孟　毛　婧　田宇阳　莫亚斐　景钫淇　蔡易臻　黄　梅
余川颖　龚美灵　杨　丹　王思维　于　毅　蒲亚龙　张钊伟　王亚锋　周家玮
黄宥汝　张雨楠　刘绍原　邓咏珊　钟芸钰　刘津池　骆　宇　叶星辰　杨英明
陈钟鑫　王天庆　杜睿雨　曹　宇　周圣楠　洪莞菁　李　昕　张远尘　陈怡云
王俊楠　孙谊萱　陈柔臻　赵贵乐　何旭鹏　李佳璇　馬玗玟　刘释彤　罗圣桢
何宇添　何林峰　常欣楠　肖雨璇　尹佳仪　唐雅文　刘丽霞　周妍亭　曾奕苇
施　茜　吴菲菲　陈梦冰　何丰虋　李若萌　张耀文　曾　帝　戴斯萍　赵佳璇
杨博文　王　萌　杨璪玮　王　璇　譚韻涵　徐名颉　尤小铜　赵静琪　石艾靖
肖骏霖　李　晨　余依霖　王艺璇　高华益　郑文卓　谭心乔　戴梦菲　甘珂瑞
陶俊杰　顾艺林　汪　洁　王润泽　陶思齐　李忆博　向雪玉　叶　旺　王霁然
刘子怡　王羽珂　李圣麟　白杨依瑶　阿力米热·米吉提　帕吾孜亚·阿布力孜

华西公共卫生学院（336人）

综合一等奖学金（15人）

王雅晨　邵子伦　李沁璐　徐世曦　李珍艳　王明慧　张雯迪　张梓渲　经文铎
黄舒骏　章雨琪　王　璇　申雨珂　费　宇　张添艾

综合二等奖学金（30人）

常　洋　吴佳阳　吴梦瑶　武　依　周月阳　林瑾怡　韩媛媛　王雨萌　周林星
达希奥　徐思华　胡子帆　李运龙　贺睿欣　郭　婕　张宇骐　王清逸　陈家浩
林驰量　钟扬丹　卞之琳　江　南　唐傲怡　杨　超　李志爽　向南雁　丛　雪
李　玟　钟婉珍　于　洁

综合三等奖学金（68人）

李　霖　武　璇　王艺霏　林春滢　杨佳敏　邹雁秋　丁莉文　王丽楠　吴祥瑞
常　红　李欣妍　阮丹华　刘　畅　蒋梓轩　陈鉴辞　王志秋　蒋桂昱　杨威怡
重竺君　张若涵　林籽安　彭小凡　熊　倪　曹海菲　杨　楠　张云洁　韩　韬
徐浩源　周进宇　郑怡然　王琳瑶　刘心玥　张紫怡　覃思晗　黄明豪　秦一帆
王美娟　谭音希　胡林霞　胡富尧　颜欣然　朱紫裕　石洪達　夏茂瑶　李禾婷
胡祎宁　盛宏宇　苏　颜　黄熙雅　苏晓艺　朱江波　朱璟捷　刘　璐　贾　雯
韩昕玥　邱声越　陆婉珠　张　璐　顾先林　杜佳依　雷博文　张云洋　唐　静
马　蕊　张倩薇　成姚漪莲　曹袁一诺　李里诗洛

单项一等奖学金（75人）

叶雨果　邱伶俐　庞　童　卢秋含　冯琬婷　吴雅娴　李倩茹　秦　琦　陈玉玲

王朝辉 刘雨寒 孙溪唯 唐应齐 赵晴雯 曹鹤文 陈红宇 杨登辉 唐梓桓
朱伟嵩 谭 卓 曾启航 尚睿哲 龚 鹏 廖 伟 郭嘉琪 葛奥淇 孙 焱
谭惺妍 汤卓宁 干孟轩 张 野 赵研言 田修泽 王家骏 钟文涛 王克舰
张秋阳 路晓妍 方童封 张世融 孙昕悦 唐瑶玙 揣雨静 岳书冰 王天龙
傅 容 陈雪芮 刘 锋 肖 曦 刘 悦 李诚贤 魏琳茹 夏欣然 吕 宁
张 蕊 陈嘉怡 张 瑾 姜美丽 张艺凡 龙科言 曹彧恒 吴俊杰 成 瑾
陈 馨 许 烨 沙琳娜 周鑫茹 朱婧雅 董思敏 王鹤璇 张绮文 彭紫怡
孙梦婷 轩辕逸睿 苏丽娅·玉山江

单项二等奖学金（148 人）

张 璐 张婧彬 张 杰 岳 璐 于文倩 姚佳佳 杨益嘉 徐子安 熊文晓
王 捷 裴秋彤 罗 洁 刘卓宇 刘 逸 林丽珊 廖嘉文 梁逸致 李琴燕
李驰宇 洪培甄 冯海粟 邓亚云 陈 莹 白银铃 全若山 阮 成 鲁春蕾
汪 晨 徐沛蒂 何忠承 李 翌 马一欣 王 婷 姜雯雯 李 瑶 胡心语
马 丹 杜思蓉 于滢滢 吴 忧 周矜妤 冯天乐 孙 琨 耿仙怡 叶国林
李林玥 刘新霞 孙宇翔 马子涵 徐义航 陈 琛 王亚琪 王 涵 周慧灵
唐莺铷 胡潞垚 刘博文 李健玮 苏 政 田航睿 褚嘉珩 刘雨晴 张乐言
魏 宇 戎虹锭 丁久煜 常 慧 张舒惠 翟力航 夏映同 陈艳淋 张 航
胡余瑶 肖涵睿 陈钇利 陈依洋 彭 洁 何道丽 孙宁韵 刘宇琪 刘 森
杨珣弘 杨小力 王嘉敏 王明芳 彭 絮 于 垚 王亚轩 尤玥茹 杨 链
江锡微 李若妍 吕 奇 姜 军 吴凤仪 杨 梵 汪 滢 白晓莉 于星野
崔罗晟 朱洁茹 余秋华 刘 畅 张泽昊 刘 颖 刘红玉 黄 婧 郑萌谋
汪奕晗 杨清坤 张 朔 邓燊然 王曦然 余美玉 邢旭菲 郑思睿 江云笛
田一然 刘雅丹 李倪亚 李韵然 高铭佑 王若辰 李彩玉 常晨烨 吴文婧
许译涵 万剑秋 吴虹妃 张 震 叶 茂 王 瑞 吴寒英 陈雨露 向浒依
杨 雪 王伟鹏 周怡然 林中央 聂蔓青 平措玉珍 徐夏睿彦
卡地热亚·乌买尔 古丽其尼阿依·艾合买提 艾克旦·肉孜
艾丽菲拉·革命奴尔 穆尼沙·艾尼 麦麦提艾力·库尔班江

华西药学院（307 人）

特等奖学金（1 人）

周恩达

综合一等奖学金（13 人）

李丹妮 吴可心 舒思绮 高若楠 胡雨霏 赵尹瑜 葛美仪 李月月 蒋沛航
贺 彤 张玉明 唐祎璐 邱梓轩

综合二等奖学金（27 人）

朱浩宁 张玙璠 陈 爽 江如蓝 贾富雅 张智朝 严知静 杨子潇 龙沁然
罗茂琦 吴俞兴 贺 轩 陈且昕 熊子杰 刘怿晗 张家豪 杜雨凡 李若菲
洪舒睿 邹 倩 罗添一 余晨曦 王铁颖 陈杉杉 王亚婷 都奕舟 李艾玲

综合三等奖学金（60 人）

吴佳慧　雷　鹏　李钟懿　朱秋澄　胡叶艺　王　航　徐艺文　吴紫仪　黄诗韵
傅佳丽　刘容君　田　瑞　乔诗颖　张艺千　吴晋宇　丁俊舟　李紫嘉　吴艾珈
吴静涵　孙云青　李　雨　王　娜　邹沛璇　刀寅寅　洪　渝　米琳静　张　可
丁紫嫣　李若冰　何慧琳　胡皓洋　陆　奕　舒竹林　宋雨茜　陈　飒　赵钰洁
文嘉欣　潘姝霖　蒲雁林　冯心仪　李若琦　李欣雨　李　箫　李坤宇　钟　琳
杨秋玲　韩瑞智　詹子健　蔡之轩　宋玟焱　杨希冉　瞿　乐　韦　祎　邢浩宇
巩嘉龙　刘方瑜　宁文慧　刘　畅　董湘民　贺思无邪

单项一等奖学金（68 人）

李　畅　杨凌晓　龚明亮　陈欣怡　马书晗　刘婷婷　曾　雪　杨　静　陈黎伟
李予婕　侯振华　王雪燕　秦一丹　龚瑞欣　叶雨娴　刘雨露　余中威　黄云川
段嘉琪　张浉策　邬紫敬　唐心怡　余佩芸　胡晓晴　吕　苗　孙　英　尚　珂
梁清泓　张　毅　朱月婷　曾思怡　熊美萍　孙树妍　康馨洁　李华敏　代亚茹
王　尊　蒙　潇　翟向颖　周　聪　王　昕　刘玮琪　王雅婷　薛鑫彤　宋玉瑶
朱宝庭　杨宁馨　曹秀涵　卜潇涵　侯姝伊　李嘉传　陈启越　姚叶萱　王玉美
苗朝悦　翁艺玮　李　欣　巫姗娜　吴　彤　李熠暄　王祥宇　陈　安　刘　静
张锺权　张依依　龚柳伊　薛宇奕　阿布杜阿帕尔·布力布力

单项二等奖学金（138 人）

颜　倩　黄远晨　岳文迪　常天翔　唐　诗　陈舒婷　吕芮莹　冷欣悦　梁秋莹
林　彤　胡嘉宸　李明蔚　陈祎明　何迪月　吴　玥　晏　溪　谢枝吟　玉　婷
杜梦真　钟雨馨　罗　锐　王静雯　王心怡　朱林叶　张欣悦　王　静　胡恬璐
任宇航　刘佳怡　王芮婕　张芸琪　刘祎林　甘　露　石萧明　郑建美　孙咏琦
廖　盈　雷思曼　许　威　莫玉赛　钟小婷　李嘉琪　戚雨婷　李吉桐　夏　暄
张　辰　杨慧玲　邱　艺　卢艺灿　杨云皓　刘圆媛　高　瑜　杨佳丽　严淑琳
李可怡　张馨予　代艳麟　邓淳允　左一飞　陈梓杰　管舒漫　邹小东　王子衍
张凤梅　喻可盈　严　懿　张萌琳　陈姝蓉　胡紫娴　胡沁哲　何欣燃　张翠眉
严沈萌　张沄啸　侯素娟　朱光礼　盛　典　李　昊　权　水　孔　荞　彭冬雪
刘萍瑜　李晓阳　郑　姚　陈怡廷　祝子童　容晨澄　杨　昊　钟　雯　汪龙宇
蔡艺雯　李善瑞　高　媛　桂　甜　林昕玮　张蕴辉　高陆洋　毛睿萱　董千雨
曾星瀚　张　幸　颜唯祎　李麦妮　刘一芃　贤姝泽　任　桐　万巧玲　李春熙
刘逸珩　刘小鹏　梁欣祺　张静怡　鲍　益　刘丹丹　杜晓云　曾富郡　张雅琴
李清盛　秦雅茹　王庆秋　吴　钰　夏承泽　郭子皓　吕昱萱　毕玉秀　席超然
杜曦琛　王建睿　陈镜宇　吴　蔚　曾雅婷　王睿晗　刘　悦　孙　阳　梁翁雪
胡慧慧　韩宇峰　谢妙妮

公共管理学院（416 人）

特等奖学金（1 人）

邓　杰

综合一等奖学金（19 人）

郭一帆　强　甜　何国喜　罗钰婷　于世博　韩　译　胡　萍　程乐逸　蒋忻玲
苏健骉　陈紫萱　周雨婧　徐睿滢　刘春雨　金珂安　牟芳娇　都佳文　孙伟琪
孙雨轩

综合二等奖学金（37 人）

陈　龙　廖盛宇　许　越　廖雨柔　林紫薇　何瑞敏　罗波瑾　李　晓　谭玉洁
李沅洁　吴　琼　方子昂　田　欣　李佳淇　张明泽　付源溟　白佳夕　王欣蕊
刘祎凡　谢圆圆　陈关泽　林渝昆　黄思睿　刘　允　万洪玲　林云鹏　徐玥瑶
单浩楠　韦雅琳　田　甜　姬聪慧　郑文杰　崔雨琦　张钰莹　文欣怡　葛楚莹
夏　凡

综合三等奖学金（84 人）

李心影　蔡欣仪　周海宁　齐　闻　丁晨妤　郭精磊　郭　闪　张雯馨　郭庆蕊
李彦可　周雅玲　杨霈晗　胡玉玲　刘　煌　胡汗林　周雨欣　葛露宾　胡志伟
蒲敏蕊　孙寒晗　徐韫珂　元　洁　文利君　尧元宜　崔予芮　陈慧萱　周慧敏
陈淑涵　陈文瀛　杨丽琛　毛景翔　晏怡宁　晋荣欣　周月潇　杜思佳　廖慧慧
马兴兰　黄韵霖　魏若冰　罗　漫　李　湘　李思婕　石玉环　王思雨　范玥雯
李欣溢　纪　轩　彭　蔓　陈衍亘　张祖祥　王堂蓉　闵芝菲　戴　婷　畅　想
韩颐堃　朱佳怡　朱　禹　王贝加　鲁怡君　赵智邦　冯城妮　唐　诗　杨雨欣
许艳群　吉如意　简梦婷　沈伊果　戴鑫雨　黄晨圆　申佳佳　高志华　陈　卓
贾子涵　田国庆　刘倩倩　周璇宇　尹　洁　祝小莉　刘溪溪　王艺祎　祁含钰
仇　玥　董　欣　王谌诗棋

单项一等奖学金（93 人）

邓　荷　何　颖　卢文静　赵一桦　周虹宇　窦宗玮　王俊霖　王伟康　杨　佳
萧雨佳　林煜君　王　笑　孙　毓　金雪佳　廖洪玉　张一琪　沈琦婕　庞舒惠
陈蓓尔　孟　焕　杨丹媛　李泊宽　刘玮晗　何星雨　杨欣怡　钟浩男　吴　娟
高　杰　张　淼　李肖粪　郭玉祥　马　蕊　乔思宇　蒋依凌　赵星月　刘雅婷
邓靖宜　张　维　姜克筑　吴晓煊　谢宇锋　何　丹　张姝姝　许　洁　谷天宇
章　烨　王煜玥　章　言　郑晓蕊　卜灵桐　鄢世民　肖子帆　张誉馨　姚纳川
龙梓明　付莉娜　孙城曦　杨喜瑞　王曼旌　王睿之　龙　瑞　蔡思娴　段永康
陈小杰　李媛媛　胡　婷　何　源　黄　元　李雅轩　何欣雨　潘　楹　吉蕴祥
赖宇涵　黄俊翔　曾琪琪　杨荟桥　方大炜　李扬洋　闫俗倩　梁婧娴　陈　可
姚清馨　熊小芳　刘婷田　李泽芳　潘怡婷　刘舒豪　苏祎凝　蒲泽美　陶　硕
曾昊晨　梁　蕊　闫玉娇

单项二等奖学金（182 人）

朱　静　辜郁青　周　宇　曾语婕　杨丽丽　王　媛　徐浩栋　任益民　顾　佳
孔思维　王慧洁　何　毅　程浚潇　唐漪璇　陈俞霖　姚瑞洋　张　敏　蔡仁浩
王　楠　窦之言　张可桢　古　悦　张丹红　夏润恺　高佩瑶　肖　青　王欣悦
卢锦茜　伍宇琦　邓　森　王　超　宋媛靓　周百惠　刘　莹　黄诗颖　潘雪萍

聂　楠　王　源　黄裕宏　卢江芳　赵　敏　唐鹏程　李心卓　王　畅　杨　慧
邓怡帆　李美璇　胡雪杨　李　玉　满文意　龙　倩　胡媛媛　李瑞鸿　贺文静
占　丽　惠海珠　王方龙　刘之敏　龚中培　谢程帆　李芷琪　杨清怡　罗静雨
秦昕然　马丹妮　荆宇博　吴沅积　宫俊雅　岳依泉　范舒雯　唐晓芳　廖珂莹
艾沁溪　唐思璇　孙淑贤　肖惟龙　高跃龙　李唐路　胡　强　梁洛铭　鲍敏纳
李秋恒　陶应璇　吴思洁　但鑫雨　郭若晶　岳　翔　许湘婧　于艺海　刘　昊
张　祎　陈焱闽　张哲慎　任　钞　孔智睿　肖雪韬　桑弋婷　赵建梅　彭　蕊
刘　叶　王浩屹　谢博宇　刘梦阳　周　洋　郭译文　蔡凌晨　杨　钦　黄欣怡
陈恺义　仝天雨　李文溯　郑庆雯　李泽龙　张海宜　李祎航　马　悦　朱启航
马润龙　刘忠宜　周菲扬　文婧雅　王寒旭　江彩宇　魏　雪　左　卓　刘　倩
李翌阳　许秋瑶　杨伊凡　丁佳辉　张雅姿　董方杰　张健勇　杨　靖　黄雨铃
刘芷青　纪　毓　张皓天　戴钰莹　张权午　刘语嘉　冯　媛　王晨鹏　韦佳伽
刘子正　邵佳兴　齐欣玉　郑启航　黄　敬　孙仁韩　杨　妮　武靖宇　金琳慧
仇思颖　李晓玥　赵天怡　张青山　雍　婧　桂　敏　张梦静　刘安康　唐荣穗
林雅琪　徐旖旎　郭穆瑶　甄悦昕　余　悦　刘婕妤　唐　涵　蒋佳芮　周佳怡
魏怡雯　文惠琦　郭芝英　张子譞　舒丽华　陈佳乐　张卓僖　冯李思蕊
扎央昭玛　赖哲骏皓　张弛弘艺

商学院（537 人）

特等奖学金（1 人）

王欣妍

综合一等奖学金（24 人）

杨子璐　林龙杰　廖心怡　袁　慧　孟姝含　马芊卉　徐宝琪　米夏菊　胡荣戎
蒋雪婧　钱颖洁　黄利娜　孙诗微　陈雯婷　邓睿茜　张珮青　杨　晨　黄　越
陈欣蔚　范怀亿　李妍倩　唐嘉泽　马思睿　马嘉瑞

综合二等奖学金（48 人）

郭润凡　陈冠桥　苏　玲　王豆豆　王润婷　吕亦新　曾　萌　彭今城　钟佳颖
渠　璨　徐静淇　郑瑞敏　谭淑丹　张尧博　于源鸿　胡　佳　曾　俊　曾雨婷
魏天舒　陈欣尉　林文靖　卢慧如　崔江莹　孙紫玮　杨俊灵　行美慧　刘纹君
林　熠　蒋明君　王梓叶　王　凯　伍淯俪　朱思培　郑兴毫　褚　瑶　田家欣
樊宸君　王可好　李　响　徐　述　李悦僮　张沐熙　张倩玥　蒋一帆　李寒玉
徐若男　张一帆　向李晗璐

综合三等奖学金（107 人）

任　毅　梁晓彤　周立衡　江晓筱　周恺耘　曹以明　杜　柳　刘顺迪　纪心雨
焦文颖　魏子瑶　王禹哲　鲜佳淇　王小丫　余光阳　李雅兰　蔡雨辰　张偲珺
陈心怡　朱淑琳　沈志琦　闫佳丽　廖家微　夏昕露　丁　蕊　李怡君　陈虹燕
杨清月　勾　越　宋　雪　杨沁旖　高　隽　李玥潼　傅朋雪　关惠尹　胥文静
吴朝霞　王诗雅　刘珊辰　石钰雯　王雨馨　傅　渝　林竺欣　夏　红　袁　烨
李　暄　杨昌健　魏梓健　张靖蕊　刘棓丹　赖俊逸　薛　锐　苏　凯　邓鸿文

侯玉珍　徐嘉璐　陆芯怡　黄丽影　白思怡　陈天悦　黄　晶　高一宁　仇怡欣
罗婷婷　赵　怡　陈晓琴　冯湘婷　金书延　庄晓敏　余治庆　黄子珩　郑雅欣
刘　露　王艺静　何光泽　谭逾楠　赵璐微　解　琳　胡　捷　高　溢　陈　静
陈明佑　樊奕鹏　曹欣悦　邓　佳　杨隽绮　许　可　郭舒婷　邵颖澄　程　钰
刘瀚琦　黄梓欣　李丹阳　赵晨瑞　覃　涵　陈午丹　黄琳华　董嘉萌　陈旭东
高　天　李丹妮　刘靖峰　杨弘毅　刘一霖　徐　冰　于雅萱　孙舒怡

单项一等奖学金（119 人）

董林岸　贾子宜　马　杰　阴忆晴　王　蕊　王沐珊　桓连雪　伍　蓉　谭　彦
黄　媛　付广燕　刘朝阳　唐唯珈　赵　薇　卢媛媛　李文佳　钟睿琪　龚　政
刘　秀　蒋建宏　陈雅含　何　其　李姝婷　何相颉　瞿鸿坤　陆嘉怡　刘云桢
李沛谣　张　瑶　徐树欣　柯林敏　舒汉廷　戴政和　李　璋　杨　又　郑清正
周正康　王　婧　李林涛　杨仕科　雷欣怡　秦婷婕　刘泽来　张　敏　李晓茜
肖英美　颜佳琪　鱼诗涵　李　淞　岳　坤　许　蕾　白　勉　游静文　杨雅珊
武瑞君　吴禹衡　彭志远　魏芙蓉　唐昕悦　陈　晗　原欣怡　刘茏熙　王雨新
尹　航　夜佳琦　高婷婷　陈欣雨　罗　倩　谭佳源　刘舒萌　郭玉莹　王瑾瑜
詹沛文　曹　杰　琚欣然　向　月　黄霄宇　罗峥卓　彭利雪　唐宇桐　石博任
叶佳瑞　刘翘楚　曾喆妮　张雨欣　王玉娇　张　颖　李谋涵　邹钰菲　洪端逸
李彦腾　李　青　唐翡霜　吴一凡　刘荷露　莫淑慧　张　艺　钱兰馨　张　磊
于佳鑫　杨泽昊　黄柳雯　梁诗笛　陈　诺　黄晨倩　程　曦　兰　震　王艺可
赵奕淳　杨　颖　高雅澜　代诗语　陈俊宏　张人山　杨文杰　周健敏　陈善林
申江念永　吐玛丽斯·买买提

单项二等奖学金（238 人）

王雪晴　胡　霜　张雨昕　童乔莉　雷　娟　蔡艺菲　刘　瑶　王雨瑶　李馨玥
张　晗　许智淑　孙雯颖　王雪先　李盛涛　刘天舒　罗海娜　梁城羽　李沁婷
夏婉怡　夏思雨　曹　朋　李　曦　李安琪　解明亮　谭鑫杰　雷雅斐　崔玥瑶
王　甜　邓淳月　武逸然　纪泓羽　陈汉澎　王　瑞　刘景琳　汪　一　丁千童
李玮柯　陈芷依　黄雅茹　于祖昕　刘敏仪　相浩宇　王佳祺　周晨凯　邱齐文
杨　瑞　王晓君　严子琳　李宇静　翟　彦　陈星宇　邓婉琳　曹馨之　林丽群
李韵诗　尹朝妍　傅欣瑜　罗　靓　曾　潍　吕沛霖　杜选高　李路鑫　王欣宇
王煜雯　吴佳棹　张琳暄　陈娅丽　朱虹莹　刘　群　谢雨佳　范佳梅　甘诗慧
张　玥　廖　琦　王欣悦　刘　佳　蔡瑾卓　卢天乐　杨佳雯　杜思琦　张晨梦
王　程　田嘉琪　肖俊哲　张毓雪　高姝睿　高哲祺　贾雯淇　庞力凡　吴林嵘
陈慧洁　向小乐　蒋　雨　李鸿慧　刘玉琴　楚　倩　冯灵俐　曹鑫宇　张楚懿
罗　婧　陈子佶　陈　宇　陈一丹　盛云淇　何思瑶　张佳丽　明　美　刘俊杰
周　熙　何佳艳　陈　诚　段满涛　霍雨佳　段凯丰　冯钰涵　李佳怡　付思琪
吴　郴　张君杰　伍胡宇　申雨桥　雷钰婷　唐秋霜　黄何勇　杨玉玺　陈柳廷
景睿清　张任飞　鲁柳含　岳霖可　凡　鑫　唐皓月　张　靖　陈禹锟　贾正露
高妍妍　吴　宇　彭欣悦　樊其琦　赵家一　刘思佳　宋亦林　王冉冉　辜心雨

郗梓越　陈宇航　蔡　琴　许云飞　尚远望　何帛屿　陈钰莹　彭健超　方　晓
胡一文　张轶博　潘鑫雯　彭玺润　宋怡静　陈　爽　张可媛　吴东容　廖　望
梁　坤　沈智清　史宛鑫　王　莹　苏鸣飞　张铭育　郭蕊宁　丁雨彤　周　锴
吴姝姝　丁心航　黎红岑　刘鸥莹　阮一珂　黄夏虹　刘泽灵　陈美霖　陈　雨
陈泓旭　李伯超　周　鹏　兰　天　钱子杨　代　菁　刘锦阳　及瑞辰　魏嘉杰
许舒怡　刘文暄　胡静雯　王一轲　刘元钊　张津源　肖蓝冰　李文迪　肖雨琪
江雨玲　刘孟媛　杨雪飞　陈自立　王　森　缪培瑶　黄　瑾　刘昱彬　陈依琳
潘晨雨　蔡玉玲　刘佳慧　温　康　李蓝鸽　崔晓航　冯昱尧　翁居奇　陈泽龙
张廷伟　刘月月　康成多　贾云海　李林峰　刘灵睿　王祺辰　李柯帝　李　文
张　毅　李翊莎　孟晓炜　杨力辰　郭可心　刘睿康　龚　潇　于周添祺
张杨皓雪　紫罗兰·艾合麦提　阿力木·麦麦提图尔孙　麦麦提艾力·麦合木提
麦尔丹·买买提明

马克思主义学院（26人）

综合一等奖学金（1人）

李子怡

综合二等奖学金（2人）

刘　江　邓璐佳

综合三等奖学金（5人）

曾亚玲　谭思懿　范　钰　钱欣怡　田　颖

单项一等奖学金（6人）

陈思岐　孙晓凤　李昭亮　曹子玥　廖宇轩　姚文沛

单项二等奖学金（12人）

陈浩东　李思岩　张永香　王维通　毕鑫贝　马金彪　夏凡淇　李培喜　郭朋杰
熊鸿杏　杨毓林　邱超然

空天科学与工程学院（88人）

综合一等奖学金（5人）

苗江海　杨毅帆　韩文钦　肖　锴　白　芸

综合二等奖学金（6人）

钟　友　谭启达　刘自力　杜泽宁　郝嘉贤　蔡鑫宇

综合三等奖学金（16人）

吴　怡　葛朝玮　王子璇　马仲毅　张禹贵　朱彦东　龚昊为　王　珏　谢明洺
王浩成　何闪闪　姜　丹　熊枭焜　张艳军　鲜卓航　张昱轩

单项一等奖学金（19人）

曾浩洋　刘正锐　王可蕾　吕　鹏　刘礼忠　陶泽宇　郭可晴　刘昱杰　夏昱科
沈相达　唐鹏飞　刘梁爽　李嘉安　黄华宇　聂　鑫　王兰新　唐尤城　钟翰明
李　茂

单项二等奖学金（42人）

赵柳航　晏卓雯　孙士杰　陈奕君　申超颖　侯嘉恒　方　林　苏毓麟　章峻伟

肖乔竞 刘立业 王云龙 雷 震 宋嘉文 黄韬略 郭芥铭 吴家同 孙子悦
李瑞雪 冯天安 陶德强 杨 洲 黄 悦 李婧惠 雷龙清 冯浩清 吕文思
孙 佳 徐羽祈 卓昕昕 陈俊锜 王一书 杜宇涵 李卓然 吴政霖 吴佳恒
魏大成 周 正 祝世燃 王龙毅 杨朝旭 罗宏彬

匹兹堡学院（214 人）

综合一等奖学金（10 人）

张偌涵 黎 楠 杨坤龙 陈路安 杨天乐 陈僖妍 杨行健 凌阅微 王宇喆
廖志红

综合二等奖学金（22 人）

刘睿智 孙展鹏 李逸龙 盛淑伟 魏汝涵 马雯荷 娄禹辰 徐可然 卢一荻
吴昊洋 沈家妮 万歆雨 吴 桐 孙雨涵 何 好 马思源 陈心仪 贺子琛
鞠书珺 赵纬祎 崔荣凯 徐世锦

综合三等奖学金（49 人）

刘嘉洋 马语嫣 吴 煦 方艺蒙 耿宝骏 王思萱 李婧鸣 向芳涵 汪 阔
施舒羽 徐 可 李 想 沈楷传 宋金塬 张文韬 史辰威 吴泽坤 吴 跃
侯睿杨 马浩然 王美鑫 李 鑫 杜彤晖 夏 添 董玥汐 肖其佳 周子君
张泽龙 王培禹 石天奕 黄德悦 陈宇轩 巩文龙 魏 岚 姜涵霄 高 旻
周昊鹏 吴 蕊 李浩瑞 余家辉 秦汉泽 王渊龙 徐洁茹 王彦哲 江骏达
张其萱 张光灿 隋师源 罗洪肃羽

单项一等奖学金（52 人）

李 论 钱 冲 李伊蓉 邓宇轩 李哲皓 陈静怡 罗伊雯 刘阔甫 唐宇瑶
陈宣任 朱胤宁 韩谨潞 杜 阳 曹瑞泽 杨镘铃 焦腾飞 朱潇雅 黄清雅
王 涵 莫浩舟 柴景桁 余定臻 徐亦韬 冯 帅 肖鸿洋 程弋维 肖乐天
吕瀚垚 吴 限 刘 悦 刘郅忱 赵文骐 张译心 陈潇羽 邓皓月 孟佳慧
卢佩琳 侯逸钊 黄健桐 马金鑫 虎啸远 谢双奕 杨一鹏 怀宇浩 邱 悦
李锦涛 陈政铠 赵浩铭 刘文睿 解舒淼 唐佳蓓 易靖崴

单项二等奖学金（81 人）

孙怡然 刘希元 隋环宇 杜禹豪 付靖媛 袁新雯 吴哲宇 王式瑞 黄霖沛
邹义嘉 李嘉豪 李 响 周浩洋 郝 钰 赵佳一 黄业珈 王奕帆 李宇杰
陈国枫 张益鸣 白诗艺 刘灏扬 程清扬 任冠宇 陈安可 贾小龙 胡若晨
裴志伟 金宇曈 黄文昌 费灏漪 杨惊宇 钱仕奇 占泽颖 苏陈涛 杨岱威
王熹萌 鲁汶坤 白桢瑞 赵诗颖 付佳媛 王子兴 刘浩文 张 威 邓皓中
谭 彬 赵子期 奉凡博 吴格非 陈祉诺 肖正扬 陈里名 伍逸凡 叶至纯
孙伟韬 李祎飞 陈兴帅 崔珈铭 祝一弛 何艾轩 谭 翔 岳文钦 林子涵
赵凤棠 张舒萌 曾韵璞 蔡羽奇 文一丁 龙亦轩 徐心语 张 驰 曾子陶
唐可馨 冯 哲 解哲承 杨 藩 孟 欣 张柯毅 于跃雳 乔奕皓 张议匀

国际关系学院（38 人）

综合一等奖学金（2 人）

李欣蔓　张惠霖

综合二等奖学金（3 人）

李冰梓　陈　卓　李妍枢

综合三等奖学金（6 人）

徐弋卓　曹亚男　唐雪瑛　赵玮琦　马韵如　向　英

单项一等奖学金（6 人）

谭佳奕　刘　诚　刘　聪　崔一丁　王刘蓉　钟语欢

单项二等奖学金（21 人）

蒋艺嘉　李佳朋　罗希宇　高天垚　刘泓宇　白岳宁　朱泽党　王　晨　洪　靓
郭辰梓　晋可欣　张仕龙　廖文静　周　沛　王一桐　佘　榕　邓欣然　陈佳露
杨奕凡　何欣雨　马星芸

网络空间安全学院（248 人）

综合一等奖学金（10 人）

周煜桢　王晨霖　王海林　胡海馨　李　馨　吴苏晟　黄　焯　李含玥　赵倩锐
任　昊

综合二等奖学金（21 人）

袁大林　侯清源　肖元星　孙国恒　许陈婷　王沛然　朱奕杰　韩莉君　金帅帆
黄飞扬　吴屹涵　朱家迅　钱文韬　黄庆龙　孙明旭　龚昱嘉　高骁宇　王清宇
付广淇　严迎月　徐小洁

综合三等奖学金（46 人）

徐伯韬　王　冉　曹一鸣　陈姿妤　吴　奇　张容川　钱炳州　程乐凡　段仁语
朱乐瑶　王春滢　朱琦琳　韩文远　蒋书熠　陈　斌　林可心　刘轶博　王研博
徐　皓　朱兰雨　周政飚　张亿恒　贺步云　屈景诗　罗沉香　李静涵　朱明成
李星煜　王雪刚　邱煜彭　董璐溦　范润琦　朱　君　周子健　曾哲豪　侯伊为
杨孟霖　田开元　周沿江　罗家乐　江　奕　宿悦茨　杨　涵　姚佳乐　蒲觉非
胡硕渝

单项一等奖学金（52 人）

张炯炎　邱钰淇　江钰坤　孙宇菲　骆子悦　简欣娅　杨静文　李可欣　张　杰
粟科钞　解思雨　张文彧　刘海峰　李智浩　廖承相　李　丹　李若倩　蒲浩洋
马　硕　陈珏巧　汪阳昊　杜萍萍　曾雨潼　洪　扬　骆思缘　王逸飞　李奕轩
夏文婧　曾智鑫　程明浩　王昕凯　闵　海　姚　杨　李直航　李　佳　何雨童
赵书立　苏浩宸　刘征宇　臧桂彤　蒲　奥　柏锦涵　邱雯佳　代爱莹　张波涛
王莎莉　陈思吉　马楚云　董　娣　陈泳冰　雍梓芸　卜凡钢

单项二等奖学金（119 人）

周辰昕　杨乔炀　文廷科　黄　欣　陈　勇　吴逸飞　王鹏程　何育琳　胡明智
陆思宇　赵轶洋　邓骐雨　丁一诺　曾舜阳　綦羽霏　黄　成　唐　帅　方淑芬

任冬雪　罗　鉴　张宸禹　刘雨衡　薛　漠　周　罡　傅宇成　张云龙　刘汉臣
胡嘉懿　李淑贤　白　灵　杨　松　许晋荣　林佳评　陈宇典　徐可意　颜可翔
范书贤　熊彬燕　刘　育　彭昌萍　雷雨霖　王楠楠　余诗奇　王鹏宇　李梦蕾
徐俊朗　李　燕　李正基　陈奕帆　王香雯　王安琪　虞子超　郭子仪　巩汶卓
陈　晨　张新悦　李乐融　何　威　曹　好　冯　孙　彭华堰　秦珩益　景王沅
岳飞扬　付格源　陈　可　罗小虎　衡炫宇　赖俞含　郭云晓　张宇涵　李敦涵
迭　楠　陈　玲　蒋明昊　隆彧菲　朱　疆　柳　蓉　高　含　杨艺垚　刘筱迪
陈凯枫　钟嘉豪　杜明珊　武宇辰　占明明　李　昊　裴皓程　宋婷婷　欧远晨
艾柯丞　黎泽斌　马　祯　陈　强　李　杰　金　地　谢　恩　周俊安　许雅轩
帅语澜　张忠义　杨　菲　张聿昊　唐春燕　罗凯文　李林威　余　杰　白钰彬
汪　扬　张文祺　于永昊　龚　政　李怡伽　李雪梦　彭芝芝　董倩怡　张　鑫
吴逸凡　梁其乐

哲学系（60 人）

综合一等奖学金（3 人）

陈俊强　叶　子　崔　晋

综合二等奖学金（5 人）

张瀚元　谈知辰　王意婷　杜启启　曹海涛

综合三等奖学金（12 人）

卢少蕴　唐滋芃　云　炜　田一润　吴江天　任育禾　段家鑫　谢国庆　傅思乔
刘倩辰　欧阳文飞　时雨荷

单项一等奖学金（14 人）

陈　丹　罗棠尹　杜哲彦　杨亦凡　赵贤睿　廖成伟　花禹昊　高源丰　周　亮
罗子皓　朱洪立　李毓泽　严子诺　敬啟航

单项二等奖学金（26 人）

吕远鹏　刘　锦　罗梓龄　郎英麒　孙　嘉　赵梓钰　康骁凝　吴天壤　刘思贝
李嘉琦　蒋峻韬　李钰镧　黄麒颖　黄　震　陈涵婧　唐嘉忆　杨晓琴　王雨心
潘代超　万芷菁　毛一伟　何弘川　袁劲翔　张　莹　梁婧琪　郭益行

生物医学工程学院（112 人）

综合一等奖学金（5 人）

余婉欣　吴晓峰　张　文　李晓芸　魏晓玉

综合二等奖学金（10 人）

张嘉煜　苗清豪　王东利　江守瑜　安小然　盛家喜　王靖宇　耿旭晴　马可欣
庞馨妍

综合三等奖学金（22 人）

曹志高　李墨娇　王馨滢　黄林青　吴良端　尹昊铭　吴德红　何祎杰　刘曦雨
朱圳荣　侯　垚　翁希雅　何宏伟　郑　淇　刘悦豪　单雅婷　扶　倩　王嘉诚
张鹏超　刘伊琳　俄木依欣　欧阳姝羽

单项一等奖学金（25 人）

陈福源 崔 娅 张茜倩 王 瑶 王梦涵 吴 玉 曹 弈 王智华 路 婕
夏 萍 雷嘉成 王柳茜 陈 玥 王雨川 陈心悦 彭思睿 高明耀 张清华
李鹤领 李 雯 聂风云 成 雨 李雨佳 张晓琳 刘芷柔

单项二等奖学金（50 人）

樊 瑜 谯明鸿 郦 浅 魏懿宸 李东轩 陈昭龙 赵栩瑞 戴 清 蔡雯倩
王 帆 陈慧玲 赖思治 方欣雨 罗文卓 李文琪 宋丽敏 杨 柯 周晓雯
陈 明 姜俊彦 朱亚东 文 瑞 胡筱琴 董耀先 张振宇 李慕飞 陈雨彤
杨 帆 时子辰 穆柏杨 詹 雪 王雪蜚 李若琳 吴思雨 徐思安 廖雯清
敖 翔 杨 洋 乌 仁 牛芳铭 徐敬业 徐骁扬 折佩怡 张俊悦 彭王汇
杨 静 侯凌轩 鄢中霖 孙嘉博 刘欣欢

生物治疗国家重点实验室（50 人）

综合一等奖学金（2 人）

孙小龙 靳 苗

综合二等奖学金（4 人）

罗海天 弯 月 刘雅虹 康睿馨

综合三等奖学金（10 人）

郑钦文 张榆欣 侯泰霖 阴天宝 赵忻妍 王桃林 张子尧 缪雯倩 周云利
陈昶璇

单项一等奖学金（12 人）

汤景翔 马晨昕 樊宝茹 陈正昭 林 铖 秦 雪 张佳怡 陈 诚 刘雨彤
曹佳颖 鲜润奇 王 露

单项二等奖学金（22 人）

戴柯诚 张逸帆 钟晓雯 张 田 郑欣悦 张皓洲 李一童 王 乐 高振宇
曹 颖 桂源苑 班 珏 李文妍 冯子源 孙海燕 欧巧丹 刘夕熙 肖 尧
项 顼 朱昱嘉 田沁禧 杜佳懿

吴玉章学院（391 人）

综合一等奖学金（32 人）

王泓深 冯 久 张焱成 程列新 程龙昊 张宇坤 黄一粲 侯俊臣 赵宇飞
张子灵 黄宇清 刘宇科 李 晴 李润一 彭 睿 林琛果 宋子昊 宋京傲
薛思言 杨浩霖 唐俊哲 喻兴隆 孙士博 闵润诗 李若辰 江思颖 徐陈天野
王一初 吴润民 于成龙 裴泓迪 吴明宇

综合二等奖学金（46 人）

桑浩杨 高 畅 周 照 许王泽 何晨玮 刘星雨 王 博 惠思源 钟润泽
赵志龙 贾义国 张啸云 宋 涛 刘思航 童 瑶 姜越炎 彭子坚 彭昌浩
董奕玮 田嘉仪 程 轲 刘骏瑶 万诗蕊 胡晨辉 王一珂 王 彬 陈超菽
唐 赫 王新博 周 洋 毛璐露 王子康 袁境徽 郭钰香 温仕玉 卢仁义
冯钲皓 熊浩男 许思悦 陈宗劭 闫耕图 任炳霖 周渝博 杨春来 杨浩雷
李 智

综合三等奖学金（98 人）

段为刚	陈宇	黄妙然	肖欣怡	陈直	李仟怡	段义晨	董雨舒	张祎蜜
徐睿	杜秋男	张郭熙	张宏图	鄂崇文	雷应翔	万梦桐	甘若宏	王晓达
马鑫然	高凡	魏晨希	万昕元	姜惜词	廖俊文	徐辰雨	李珺	刘莉铃
戴雨江	李思娴	仇陈之	蔺书铭	李鑫	商启辰	陈舒迪	李宗音	邹雨桐
金璐	刘晨	赵锦涛	郁茜伦	刘沂	张雨轩	吴雨婷	彭俊杰	孙寒青
虞丽锋	全洧可	缪天晴	刘越崇	施若楠	罗佳琦	刘莫辰	石华磊	郑淏天
万劼	孙昊	陈致远	周添	王亦奇	王蜀冀	姚子睿	王雨宸	刘俊辉
翁凡雁	余跃	韩子毅	乔泓凯	袁榕澳	赵盈乔	彭子瀚	袁子棋	黄宇凡
曹原	张睿霖	宫昊辰	潘思宇	赵霜	柏明英	莫了了	潘识宇	蒋佩玥
孟晓源	曾杰	闫怡彤	龙欣怡	邱玥	郁萱玮	刘宇	李世辉	柳叶子
焦祎晨	李洋溢	熊悟捷	代宇盛	陈尚贤	江安美	陈彦希	石一帆	

单项一等奖学金（108 人）

张朕	安万琦	苏文妍	周山丰	白欣朋	廖文睿	黄余晨	陈奥博	李佳怡
贾童童	陈俊逸	丁斯奇	尹若童	陈梦滢	王森	冯瀚文	程凤垚	戎征
付渝	傅元裕	朱子祺	李云飞	郭孟琦	浦博威	罗浩喆	黄欣怡	王茁宇
张志龙	雷雳	蒋丝雨	杜渊渊	黎博文	丁健彬	饶宸宁	李伊瑶	吕清玉
赵文杰	林平欣	蒋诗雨	常天祐	刘硕迪	邓瑞博	龙禧睿	卢东来	陈笑雨
何昶	陆博遥	程旭阳	叶鑫	陆逸凡	和言悦	黄炳儒	毛轶绩	王雪蕾
王渝翔	苗雨凡	陈梦圆	张峻菘	彭伊萌	丁雪羚	陈旭	孙洁林	徐文韬
尤佳程	谭卿珊	范书晴	扶雪瑶	文心怡	高馨蕊	李玉柳	吴初屏	黄奕举
吴多	伍梦圆	张至铖	詹望	向梓一	贺宇翔	余瑞丰	项弘吉	杨杰
姚理议	许天赫	张林玉	肖苏阳	鄢雨	杨礼帆	肖啟泽	阳斯敏	代雨秋
彭洋	杨丽佳	康雅欣	何政鸿	张恭芮	马婕茹	郭筱雨	张瀚	任斌辅
陈静远	张钰奇	张欣梅	杨家豪	吕青	干芸翊	唐金龙	刘子辰	张则灵

单项二等奖学金（107 人）

吴畏	陈彬林	周俊	刘家文	陈观林	朱海林	许富榕	朱逸慧	陈瞿绛雪
陈曦	陈毅新	邹妍纯	江豪	陈宇轩	吴宇铮	石子齐	盖晓棠	裴廉睦
冯科婕	高启瑞	庞朝宁	胡恒熙	韩嘉仪	周瑶	赵佳炜	黄昊燃	林星雨
王子睿	黄晓偲	潘舸众	梁朝晖	蒋林呈	何彦希	金智博	蒋新萍	林成路
任浩铭	黎伊桐	隆思雨	曹婧	李盛	程景良	林意	赵杰锋	蒋岸汀兰
臧正卿	刘恒杰	马鑫	郭昕宇	潘宇	周子圆	杨雅洁	石诚开	刘廷轩
成子颖	石亮洁	万笑之	尚九思	唐纪鹏	刘治丰	李亦晴	汪喆	郭晓虎
朱刘广	王邦涛	梁好	常可心	王可心	蔡琼灵	程逸飞	刘莹	王肖子晗
唐昊洋	王晓龙	严月姣	韩俊彦	吴直雪	毕一平	张婷婷	伍小玲	米晓露
任千灵	息睿	韦博文	朱洁	谢佳君	王冠智	王熙龙	徐乐	邸浩达
唐艺珂	闫子杰	魏熙林	马尚	杨金川	张佩芝	邓旭浩	于佳煜	何永吉
程一纬	袁兢佚	张含玥	陈在	岳可笛	韩超	何希然	杨靖豪	

四川大学2020—2021学年优秀研究生、优秀研究生干部名单

经济学院（112人）

优秀研究生（92人）

刘　进　宋明蔚　冉　丹　郭　玉　王思越　胡　珊　诸锦锦　王　欢　马瑞婷
于思涵　李冰洁　张　媛　谭　英　冯国鸿　薛葱慧　涂远笛　段盈盈　文青爽
谭　平　谢林芸　王海伊　郭雅芬　段娉娉　庞月维　王　林　尤政勤　张　欢
罗　章　景丽娟　田千可　马芮琳　方梓涵　周　静　李少坦　梁泽鹏　贺璐琦
梁　晴　尹　梨　李　璇　陈　月　陈京京　孙雨欣　冯　欣　甘　露　李文亚
詹　敏　昝家馨　焦玉茹　强昱杰　乔张媛　张　义　范晓缘　刘寒绮　董　玲
钟　毅　李　想　周若楠　蒋　熠　彭柳瑛　李亚璇　黄晓炜　胡代秀　赵泽伟
罗玉婷　王智桦　熊　敏　周　玥　黄翔宇　胡彩霞　高　敏　刘诗园　肖春霞
余进韬　玉国华　张莉沙　肖进杰　王莉莉　马俊峰　王运钊　杨　骁　李　瑞
钱代杰　熊　聪　熊志蔼　艾　阳　蒲　敏　凌珍琪　田　聪　杨　娅　雷雅淇
刘一蓓　杨孙青青

优秀研究生干部（20人）

张馨月　周岱卿　赵雯菲　李嘉琪　潘家伟　郭婷婷　雷雨田　王弘致　刘卓敏
林凤铃　杨祥辉　朱建萍　李滢镔　周抒宣　郑　慧　杨飞鹏　何定松　李　婷
李凤鸣　郑培江

法学院（147人）

优秀研究生（118人）

林赐丹　刘子璇　张然滔　南鹏飞　曹　珊　杨林利　周树超　陈莉萍　羊飞月
唐　攀　张琳清　王　多　郑蓁芃　田岱月　杨　波　詹海琳　杨仕龙　周　云
肖杨钟　赵　丹　张　悦　李瑞雪　万　芮　许源源　刘茜希　梁冰雪　平美会
王　洋　李柯萱　代卓炜　林　燕　袁川婷　黄　莉　张雄斌　李林玲　胥　航
朱浩天　马瑞敏　白岩灵　贺　荷　刘紫嘉　刘　玮　李心玉　李　婷　王　青
袁　媛　陈　航　杨书涵　吴　靖　赵智优　徐康会　唐敬宜　周芯宇　高婷婷
刘楚瑶　刘丁源　林福辰　江佳佳　罗　泽　曾玉卿　杨琮雷　李玉竹　吴　洋
杨梓赪　彭桂阳　王晓萌　靳岳明　傅　培　沈于贺　张　星　张雨琪　李卓益
魏嫱林　黎洪志　刘梦晗　黄桂容　蒲　言　张　亭　吴　雪　沈思竹　刘星辰
舒　琪　罗贵月　任小艳　杨　迎　胡燕莉　徐冰寒　帅沛含　李蕊兰　熊雪菲
熊一衡　罗新雨　刘　彦　陈选萍　杨柠萍　寇佳惠　杨梓涵　刘昱彤　李子扬

吉经纬　陈广宁　杨　祺　邓浩岚　王　琪　刘天华　何雨霏　罗　静　倪　道
姜天鸽　张煜晨　昌子璇　王　濛　刘文涛　裘　韵　陈佳文　杨恩泰　欧阳宏星
李鲜美芝

优秀研究生干部（29 人）

彭诗睿　金佳玲　陈一飞　何天秀　皮鹏宇　王琪瑞　李光楠　陈　昕　韩　锦
张　惠　肖炜婷　温宛莹　尚文雪　李潇旸　杨　宏　黄　金　黄晨桀　刘沛琦
曾凡浠　李　娟　谢润康　周利平　林　凡　李镐伟　冯佳莹　兰　丽　方　茜
常　成　聂立鑫

文学与新闻学院（新闻学院）（229 人）

优秀研究生（183 人）

冯芙蓉　陈思瑜　周子雅　刘　雯　李若熙　翟　鹿　彭　博　王　瑾　林　丽
齐向楠　王　博　王静欣　吴曦聪　曹怡凡　汪　坤　余春莹　李莎莎　莫栩嘉
张　博　辜佳丽　杨　爽　任　杰　郭旭东　刘叶子　李俊欣　张沐荷　周朗萱
赵一颖　尹黛琳　韦莹娇　苟　芳　曹　容　李培培　陈冠男　白文浩　俞　汇
李　娟　崔艳姿　赵新哲　郭精金　李成凯　李媛媛　杨　蕊　孙海佩　杨李昕
方　雨　金洋洋　罗贝贝　范圆圆　温　馨　黄　臻　孙雨阳　谭佳如　余湘湘
周希璇　王　炎　林红梅　谢艾伶　付一梅　钟棣冰　鞠梦灵　秦翊珊　彭彦凌
肖鑫羽　吴念如　李佳效　斯　琴　张耀月　张刘洁　朱嘉诚　刘珂如　杨子寒
钟海琼　胡　娜　胡心宁　罗　艺　高　露　魏馨怡　肖雨涵　陈　雯　王雨尧
彭　勤　姜昌玉　赵林燕　魏　佳　谢怡影　朱　娜　宋晓雪　洪雪亭　陈英娴
郭雅妮　王子木　章富淼　罗建军　李丹阳　王奕斐　游严严　肖艺涵　花豫湘
司　梦　陈米果　邹雨昕　李昊大　杨　红　梁诗涵　李苏雨　闫培培　伏　裕
雷宇枫　庞漉霏　史航宇　钟杉杉　宋　怡　黄艺丹　陈镜羽　王晓恩　高　旭
徐　蕾　刘坷鑫　唐钰新　石靖菁　冷加冕　张　萍　邓　乐　黄玉兰　周　迪
尹　晶　吴　霜　凌　悦　李智鑫　刘思薇　李彦霖　刘国婵　王雅喆　包宏伟
明　钰　谢煜婧　蒋　钰　杨思娴　郑　秋　程丹玉　李宏江　雷思远　陈文婷
杜笑笑　蒋璐璐　杨璐玭　李　兴　万雯昕　苏　舒　周克林　潘毓昉　马婵娟
刘小玲　马晓凤　郑婉玉　曾宇婷　伍茹兰　夏　欢　舒　璇　田丽娟　冯　洁
贾银菊　吴学萌　陆羽婷　吕银平　汪　悦　马军宝　尹　凡　张宏伟　于美琦
董　源　童军宝　魏文奕　吴晓丽　潘星月　李定淀　王石磊　徐　丹　陆华玉
杜相益　王周霖欣　地娜·努力巴合提

优秀研究生干部（46 人）

胡　炜　李　刚　于化龙　黄书霞　江　澜　于　淼　吴永翠　刘　昊　彭诗艺
胡　亭　陶孟然　陈子潇　段雨辛　居晓倩　孙家乐　钱　粲　张雪峰　李沁怡
铁振东　崔江艳　赵雅雯　史成龙　童玉君　沈瑶瑶　邓惠方　宋远航　纪名璐
胡馨月　李欣宜　张　永　何玉雪　王　静　任　贤　谢　柯　杨盛果　杜明阳
冯熙乔　李秀祺　魏梓慧　刘慧琳　张牧文　钟　原　邹　婷　张映琼　林　莎
赵颖英

外国语学院（74人）

优秀研究生（59人）

武肇凯　陈　仅　王文迪　谭嘉玮　饶　露　付一星　张　丹　江鑫焱　冯　彤
王明瑶　邓　丹　田文娣　唐东旭　王　叶　胡曾莉　刘英子　张高珊　廖偲祺
邱　霞　唐明霞　邹海燕　李小红　邹　清　田伊妮　孙兴红　龚　畅　刘　倩
刘梦琴　干杨琴　吴思晓　王雪纯　王晶晶　吴　芳　谭怀铭　蔡沛珊　李向云
陈美月　陈诗淇　赵静苗　袁　曦　杜　越　钟　瑶　李雨静　李　璐　杨　涵
叶成娟　王　悦　江璟仪　谢思洁　汪　艳　陈　铎　马　瑶　王　颖　张　喆
付海莹　张　微　万媛媛　巫韵诗　陈垣安

优秀研究生干部（15人）

武肇凯　陈　仅　王文迪　邓　丹　田文娣　唐东旭　王　叶　胡曾莉　陈诗淇
赵静苗　袁　曦　杜　越　钟　瑶　李雨静　杨　涵

艺术学院（59人）

优秀研究生（47人）

张　睿　黄　振　刘虎林　张兰馨　郭璟怡　冯　朗　关晓悦　李颖莹　江华秋
赵晨羽　秦佳文　徐　淳　罗琪瑶　王蕊蕊　李杭育　胡　潞　秦　瑾　周子仪
吴　桐　雷　霜　王誉燃　赵　越　滕晓瑜　张天骄　曾星月　孙梦岚　迟顺功
蔡国威　李　好　杨懿玲　甘子月　王若云　强　蔷　宋明宇　刘江跃　薛一馨
朱　宁　徐子滢　邓　爽　郭真如　时卓玉　李　敏　杨　婧　李珈慧　杨　丹
王晓梅　周雨薇

优秀研究生干部（12人）

侯舒沥　李　铮　杨裕涵　赵　倩　钟　洵　罗　兰　邓家星　雷嘉雯　李秋里
陈　葳　傅　哲　韩雨晴

历史文化学院（旅游学院、考古文博学院）（114人）

优秀研究生（91人）

陈小翠　杜京城　张南金　冼懿纬　胡西良　王　阳　李宥儒　陈依竹　杨　逸
于秋洁　石　曼　黄梦情　贺鸿艳　柏玉婷　黄小莉　任绘羽　陈砚朵　叶茹雪
卢怡冰　杨璐瑜　霍婷婷　张　珊　张奇祺　樊　荣　赵晨月　符　肖　喻志成
张　颖　任　倩　钟　毅　左紫薇　陈燕华　刘庄严　皮艾琳　牛晓倩　陈佳丽
杨辛玥　郭成云　罗英杰　段育君　汤鑫珂　文睿治　付晓媛　刘　凡　耿少杰
张　倩　黄诗婷　杨胜昔　陈倩倩　禹　菲　白　成　余　一　乔晓宇　张达琪
朱雨浠　杨　晨　周海月　熊洛奕　赵晴雪　陈益蕤　阮　茜　杨　琳　龚若凌
吴　限　康　炜　郭星仪　刘蓉蓉　周恒丽　王美婕　赖城君　李胜男　樊　愉
崔　峰　廖羽含　王晓静　罗　姗　邵雨虹　杨凤武　张媛媛　吕瑞东　郭明攀
陶　亮　田　恺　杨晶晶　王胜宏　黄梦雨　李洵仪　李　芮　李　享　李　蓉
宋佳昕

优秀研究生干部（23人）

郭振新　董芙蓉　刘苏芳　郑青彦　苏　洋　田　源　唐　俊　刘　超　郝倩慧

蒋　畅　叶　攀　陈　枫　唐　梅　高加康　张　悦　罗　英　王永吉　余　乔
杨凯璐　李若薇　袁才杰　刘昕怡　张孙小大

数学学院（60 人）

优秀研究生（48 人）

孙淑婷　邓　银　刘诗雨　钟金山　杨普天　郭利苹　孙　杰　黄　拉　刘美艳
唐瑜岭　申　俊　刘梦晗　谭尊林　朱婷婷　杨展业　冯端宇　张佳楠　王　清
姚诗梦　袁　昊　廖星冉　马　程　曹　丹　孙可心　王周哲　颜杨娟　于雅新
邓密婷　武杭杭　罗人文　李佳豪　高中美　杨超群　马　坤　沈小丁　蒋金凯
张宗范　陈　诚　刘翔宇　顾子兵　谢咏诚　丁　枭　杨　澜　张　玥　袁甜真
张耀嘉　张栩琪　陈一菊

优秀研究生干部（12 人）

郭　兴　闵　雅　韩　林　陈文达　周润华　向　迪　王慧媛　詹岳天　吴柯楠
邢怡凡　郝晨旭　王旭晖

物理学院（101 人）

优秀研究生（81 人）

李陈波　贾海涛　王　岩　梁乐行　禹贵强　张　聪　熊　敏　吕德福　汤起芸
张　震　曾梦婷　陈　鑫　阳佳丽　李　睿　刘　钰　苏　鹤　杨专青　杨佐刚
李　林　周吕俊　李奉真　石　青　陈信宇　阳　建　周明锦　宫文娟　颜　敏
杨志毫　李孝红　马红雨　王　妍　饶　璐　李　娜　刘　露　未玉华　邢璋瑶
陈智勇　陈冬冬　黄朝文　徐　婵　朱　霜　周玉婕　石　蕾　施宝玲　李　欢
沈桂琳　赵春容　周　礼　王楚琦　杨功章　胡　娟　甘　波　高　峰　马诗音
李代敏　张佳威　管诗雪　陈青松　蒲雪江　邵梦凡　邓九国　钟怡龙　段美刚
卢开雷　宋佳鑫　皮艾鑫　张　叶　廉凤君　胡　敏　曹艺禾　侯鉴桐　李帅锜
陈清源　吴怡妙　林小敏　解梦华　黄志茹　徐飞洋　李　倩　万雨鹭　李任明杰

优秀研究生干部（20 人）

李加飞　王　静　苏涵轩　薛　毅　荆文娜　钟玉馨　赵康康　徐伟立　余明明
蒋光明　何瑞琦　邱佳思　赵旻旻　刘金鑫　马慧斌　郑林鹏　高　珍　张欢欢
刘　艳　何　希

化学学院（127 人）

优秀研究生（102 人）

黄自立　魏玲玲　刘广根　贾志敏　罗伊婧　胥金秀　胡欣月　饶　明　陈　博
傅　杰　吕文迪　马秋亭　钟汶君　聂泓宇　严诚露　蒲思锐　李志慧　谢沄浩
陈　雪　蔡启航　廖尹静　何倩雯　曾豪豪　钟梓维　彭　杨　陈诗瑶　申婧怡
范志颖　陈　瑶　王　薇　王文丽　杨惠茹　邱　晶　杜伟强　吴思琦　汪子力
冷映梅　吕辞丹　刘　莉　周子文　赵鹏伟　周肖元　宋金同　林　涛　张珂鑫
李秋燕　王凤怡　唐小雪　柯超琦　王立逄　郎佳文　肖万龙　曹光梅　张　宏
方思强　刘　郑　李　超　余兴柯　武家民　张泽莲　卢　鹏　幸　秀　李林桢
李海燕　王　瑶　李　强　胡凯祺　曹沛生　陈　芸　蒋　珉　郭　慧　魏楚东

刘佳慧 熊婉婷 江明一 王学羽 李大伟 潘桂花 刘逸尘 高 露 李诗琦
李金钊 杨雯茜 李小锋 张国浩 朱秋红 丁心湄 吕 浩 张红奎 朱理想
董 秀 康劲扬 王睿涵 蒋元旭 陈小旺 余 园 赵蕊墨 雷 婷 苏宇彬
龙 莹 罗紫璇 唐 娟

优秀研究生干部（25 人）

王 蕾 陈建芳 刘 燕 申 国 何昌礼 王晓芊 张 巧 江艺璇 杜光曦
张福会 马蔚欣 胡付强 张潆丹 周伍欣 张 维 韦嘉希 刘俊杰 成 锐
李 丽 张小波 杨 玮 何昱静 李 政 陈 平 刘沫慧子

生命科学学院（126 人）

优秀研究生（101 人）

郑茹潇 李春成 肖 羽 鲁 良 王雨龙 罗娟娟 彭期定 周宏鑫 张洪英
张 倩 兰 月 李 潞 朱梦克 刘 豹 黄博聪 王绍昕 唐 玲 李劲松
郑辉璐 罗时华 周洵羽 王悦蒙 李禄平 黄柘人 王 钦 李 川 颜毅沙
冯晓琴 严国强 罗焕颜 焦思桐 李嘉新 苏 滢 封美岚 陈柯岐 邹 雪
张傲来 任红锫 黄华燕 郑宇丹 梁 珂 郑小风 陶通州 巫大宇 连伟劭
鞠 壮 陈 鹏 成宇文 龚 珏 罗文敏 张 军 于 琴 徐 静 马博恒
杨文杰 金 戈 李凤君 李 姝 谢燕螺 郭容甜 王 静 王若宸 贺丽波
张评瑜 刘 乙 焦瑞芳 杨雯露 吴博涵 付 雪 温 昱 骆 娟 周 楠
陈 遥 曹晨曦 柳方圆 陈 黎 王曦彤 华心悦 晏文俊 刘美琳 刘中杰
岳寒露 王如新 舒 朋 陈 磊 崔砚茹 唐瑞祥 曾梦媛 王 娇 陈 璇
李 宏 邓辅龙 何 颖 涂尊方 张 莉 江洁蓓 邓宗碧 汪金梅 刘 宇
王韵茹 刘雨欣

优秀研究生干部（25 人）

游省洁 姚俊宇 曾 沥 周祖旭 程瀚森 杨雨帆 李 盛 揭晓蝶 姜波宇
王诗扬 穆秀鑫 马晓娜 盛明平 董源源 甘立涛 岳 出 张相宜 刘 倩
谢佶芹 张玉娇 杨舒婷 李玉飞 韩 青 乔 康 谢依婷

电子信息学院（156 人）

优秀研究生（125 人）

翟晓雨 龙山珊 赖世藐 蒲俊霖 贺志涵 谭建昌 徐 财 杨莫愁 易先进
孙子涵 王 莹 黄泽宇 任芷晴 陈雅妮 朱思洁 周铭伟 寇廷栋 许建成
王河燕 陈 丹 江 洁 李明航 姜岩松 刘 勇 秦 熳 罗今梅 尹双才
李 霞 王海麟 席梦园 邓 亮 张 目 李 琪 任思明 魏 鑫 单无牵
敬 倩 杨昱威 肖 枭 文虹茜 罗 丹 丁灏雲 廖 星 夏柯杰 马艺舒
赵玲俐 张月馨 文 豪 袁志洪 涂 鑫 鄢雪晴 杨泽霖 朱 晗 张宁宁
刘 航 王敏竹 陈正鑫 韩梦奇 何忠奇 张鹤晨 李 强 王贝贝 景建伟
周永杰 邓莉亭 乔惠民 但宗洋 许 婷 蔡潇源 边宸舒 郑梦珂 汪玉琴
文俊龙 杨忠卓 程 卓 翟国伟 熊书琪 徐泽林 许嘉楠 赵星懋 何蕊伽
邓茗月 袁 媛 周 宇 李 博 彭 橦 廖金雷 向 建 杨若兰 赵祥伟

王壮飞 林龙晋 倪家辉 齐宝光 王 林 王历宁 熊 倪 童嘉蕙 何 铮
祝福顺 余 强 李永翔 陈绍兵 任媛媛 张 敏 周 杨 张宇晨 刘峻麟
古 灏 潘国倩 周 心 杨浩然 王希禾 熊 磊 张重阳 王炜哲 李乐阳
任 慧 李付谦 金凤明 凌苹江 韩子栋 郭劲苗 刘何伟 张丽君

优秀研究生干部（31 人）

王绍岳 贺天悦 李 悦 郭兆达 王 斌 杨斯涵 秦嘉忆 王 爽 李长健
雷纯庭 龙 翔 洪居亭 杨丰铭 王 玲 刘多伟 庞 磊 刘 晋 方宇孟
帅 鑫 余 莎 武钰晖 赖治兵 宋 甜 李 颖 孟 彬 华秀宝 汪天浩
缪 麟 张 津 张廷蓉 任祥龙

材料科学与工程学院（67 人）

优秀研究生（53 人）

黄江海 李 芳 黎 鑫 朱洪富 陈奕含 颜 志 尤纯子 薛亚丽 连李昱
靳超楠 孔汉阳 黄彬彬 周 彪 施智诚 刘馨愉 李君华 汤海燕 戴慧敏
凌婉怡 甘在鑫 王 宇 张吉腾 朱浪杰 陈津津 邓旭旺 谢生辉 罗锦程
袁 丽 姜伊婷 刘肖月 李婧雪 鲜咏秋 刘国琴 彭丹珉 王 园 李智超
李 冰 孙 雷 程 原 李睿琛 蔡 宇 杨 丹 曹洪源 林月明 魏晓薇
肖琴丹 张骏淋 陈 宁 余运刚 官尚义 王子铭 李克林 甘 甜

优秀研究生干部（14 人）

陶 锐 黎 鑫 罗壹腾 高 宇 姜伊婷 魏仕国 孙茜茜 张毅丰 唐 艺
梁伟锋 曹洪源 罗英建 黄 波 高凤英

机械工程学院（94 人）

优秀研究生（75 人）

何 磊 欧登荧 肖乃鑫 尹政鑫 黄安楠 邱仕诚 陈赵勤 游钱炳 秦 媛
李 润 蒋 繁 周 椤 王 维 林 懿 张庆华 郑昊天 王 杰 全红鹏
廖 奎 杜启睿 盛 鑫 甘圣林 刘也琪 韩 鑫 朱杨洋 董 磊 李冠奎
礼 莹 费翰霖 张 洪 覃炳朝 周针兵 吴彦希 王兴政 陈瑞文 刘寿鑫
贾军军 於 辉 黄仕磊 石浩江 赵 乾 章 炜 张骞文 张根莱 王 恒
张目超 张 斌 邱 巧 许钊源 桂肃尧 方馨悦 蒲思懿 陈晶晶 王海波
沙力撒 涂 佳 华 涛 李雅洁 王浩东 翁子奇 田珩稀 徐 萌 荣腾键
刘小振 毛凯宁 李汶俊 张 帆 方开津 曹 宇 刘相宜 周 涛 易健松
伍苗苗 杨善东 刘艳芳

优秀研究生干部（19 人）

周紫菱 彭科铭 肖宇萌 辛若铭 张 琳 黄河来 宋依繁 黄金月 尹管彬
陈 广 牛子奕 卓师铭 涂洪铭 韩 啸 涂 燕 黄德成 王 珅 赵志豪
夏 慧

电气工程学院（121 人）

优秀研究生（97 人）

于舒扬 张 航 何柯辰 陈俊松 陈 煜 操雅婷 喻梦洁 何海林 肖 权

李云凤　朱雨琪　杨怡璇　张　凡　陈诗杰　杨　航　钟　磊　杜明坤　李　洪
廖常君　王子康　吴惟庆　陈韵竹　郑　玫　闫惠君　王一诺　李顺祎　金铁飞
孙瑞婷　华浩丞　周椿奇　袁　豪　张远洪　张　琪　廖　昀　王相飞　夏海东
何皓弘　薛　平　刘　君　洪　果　吕小东　项剑波　周　慧　马娅妮　王子文
张　越　徐　立　赵银波　赵黄江　龚凌霄　王　敏　杨建平　魏成梅　王子峣
李　轩　胡　钰　游　祥　吕祥梅　杨景茜　徐庆文　王盼盼　武姝凝　张儆玥
朱中宪　冀一玮　晁苗苗　林润泽　邓文军　赵　琦　陈奕涵　赵凌云　宋世旗
陈祎林　邱仲睿　舒俊霖　唐俊苗　祁浩南　苟洪霖　范德金　谢　洋　彭光博
王宏宇　王　曼　李泽瑞　陈保瑞　姚凌翔　何宇帆　李清亮　孟金鑫　许诗雨
张飞越　伏　锦　李诗琪　郭为多　杨海鑫　温钱惠　陈文溆乐

优秀研究生干部（24 人）

陈逸雯　闫梦阳　马　望　孔佳民　白鹏程　何雨骏　郭慧珠　青倚帆　滕家琛
赵悦林　吴恒帅　鲁清源　詹　瑜　李　乔　杨　林　周诗丁　张康宁　王天翔
吴月峥　陈宇航　游星星　施玉杰　单　鹏　仲健宁

计算机学院（软件学院）（178 人）

优秀研究生（144 人）

刘文杰　张文博　李　文　张建雄　秦晨杰　陈樱珏　温婷婷　王东伟　郭伟新
沈云柯　姚　林　周　林　赵　威　张淮博　孙志宽　倪苒岩　田荟双　李婵娟
袁雨晨　宋承泽　牟　航　侯本玉　朱昌会　黄婉华　赵晓云　莫诗扬　熊　超
梁雨婷　王心荷　单强达　高德辰　邬鸿杰　青小昀　俎文强　郎九霖　张欣培
乔一凡　况　芬　曾　燕　汪　涛　郭小川　陈熙玉　皮鑫雨　徐武莉　贺星元
罗　洋　姜润皓　钟泠韵　周　凯　廖经纬　肖　珊　苏　曜　王　希　李沿宏
王　卜　廖宇航　黄　典　张　杰　卢永美　黄方怡　江　静　阮天霞　秦超霞
史雪蕾　黎　鸣　陈彦如　张婷婷　汪听雨　刘渝桥　胡宴箐　刘　蕊　陈虹吕
袁梦婷　谢洪彬　姜珺伟　陈　静　刘尚松　温啸林　李思毅　杨谋星　梁　龙
罗艳梅　陈玮彤　郭正山　陈　卓　杨宇超　王睿珂　谭博文　窦芙蓉　李博文
谭　敏　丁　涛　吕金地　杨　睿　何子博　张莛莛　杨　洋　谢东霖　张士傲
杜兴盛　阳甫军　张馨艺　鲁芸露　李长林　唐振瑛　姜　文　廖俊华　李云帆
林义杰　张振波　王蓺沩　胡誉川　曹兴瑞　梁　楠　尹　寓　蔡　强　聂彦宜
黄秋瑜　曹重阳　张频频　蒋志强　唐文泉　廖帝威　韩　晶　梁　冰　曾　严
曾　静　宋相兵　党文婕　李锦瑞　张艳秋　罗梦婷　吴　晓　肖雯帆　吴冯国
郭龙银　邹　可　靳铭遥　彭　铃　胡叶鹏　高　工　张　锴　幸海燕　才让先木

优秀研究生干部（34 人）

张宇豪　章童妙　王心荷　张振波　王蓺沩　甘俊杰　赵文来　刘江亭　王康荥
卜令梅　姜润皓　王　希　黎　鸣　胡宴箐　刘　蕊　谢洪彬　陈　静　宋海洋
陈玮彤　郭正山　陈　卓　姜钧窦　刘　浪　张宇科　谭　敏　何子博　杨　洋
阳甫军　鲁芸露　唐振瑛　姜　文　邓　霖　吴冯国　余　迪

建筑与环境学院（114 人）

优秀研究生（92 人）

许 琴	罗皓天	卿 铭	谭 凯	何永丽	唐 蝶	魏白冰	熊阳欣	李远百
李自琨	刘 振	王乙茜	胡相鑫	杨荆松	贾永红	张博文	胡 皓	方 抄
李乾松	郭璐瑶	田冬琪	杨济源	马玉磊	陆兰馨	范诗雨	彭 杰	樊冰青
王梅菁	何凤飞	李晓星	姚 建	黄炳坤	景 悦	魏可馨	钟承韡	闫 凯
曾雅婕	徐 连	赵幸子	李静雅	黄久洲	文 艺	李萧翰	郭珊珊	孟小谜
江燕妮	范子栋	孙庭晖	高维廷	刘雨佳	曹家建	田 轮	刘 羽	江吟莹
何璟琳	杨 春	邱铃珂	罗孟帆	陈亚玲	廖元培	黑清敏	周 锐	曾 锌
彭翔宇	刘任静	杨 韬	郭茹月	胡 璇	郭红芳	梁晓童	缪璐薇	杨正艳
宋 胤	黄勤勇	王佳荣	武 鑫	罗 颖	阙 婷	谢梦晴	朱小丽	庄子薛
郝又佳	谢雪咏	陈治儒	何柳燕	李 达	刘福林	谢宛岑	胡七丹	王忠娟
孙明禄	李康璐							

优秀研究生干部（22 人）

张心远	高源源	王劭鑫	周通晓	刘世成	杨 钊	胡敏莉	卢媛媛	吴 涵
颜方圆	唐志强	刘元慧	赖蕾朵	王 鑫	王墨馨	莫银鹏	付钰涵	魏新娜
徐伦会	杜衡威	左文豪	纪轩宇					

水利水电学院（110 人）

优秀研究生（88 人）

张劢捷	刘 悦	胡宇翔	冯 一	王 猛	章 晶	黄桂兵	陈虹旭	金 涛
朱豪伟	祝 莹	王延珺	张亚玲	夏利名	何贵平	王 昆	张晓萍	张兴磊
蔡育杰	应政勋	李焕运	徐 颖	谢婷婷	吴章林	张枫婕	肖 克	邓志远
唐 琦	高晶晶	尹 川	王彤彤	李鑫鑫	覃方灵	张 帅	何志强	查尔晟
夏成城	李夫刚	张 帅	李健薄	张 文	李敏讷	张 鹏	赵高磊	成晓龙
李泽发	许家菱	李 明	林 浩	陈熠熠	刘新颖	肖 坤	何 强	尹兆锐
向 鑫	张 敏	龚志惠	黄财盛	张艺惠	郑晓慧	李沁芝	邓月曦	桂子钦
梁勤正	李诗婉	袁新玥	柳鹏程	华有明	赵少震	杨瑱瑜	任 爽	刘 芸
王跃森	代 威	张雪娟	张小露	李有真	犹 伟	王 飞	杨本高	吕 城
杨明庆	陈 珂	李 瑶	孟文康	李欣桐	冀前锋	陶 剑		

优秀研究生干部（22 人）

刘潇忆	邹小林	张 媛	王 宁	唐培根	刘文军	袁西铨	李 露	苟小武
贾云霄	李 旭	张 博	袁 飞	王世美	丁公博	廖 宁	刘雪纯	敬 熠
曾 宏	陈芸洁	刘后露	张 芳					

化学工程学院（142 人）

优秀研究生（114 人）

张涛先	马誉景	郝虎明	张子扬	周芯羽	李 玲	刘 璐	于瑞天	王 进
买增辉	王梦瑶	罗康英	陈高祥	王 安	唐苗苗	胡倚萍	曹 敏	曹 雷
屈吉艳	刘雪松	王大强	张梦珂	郑 洁	于程远	张俊川	张浩楠	姚 广

王薇菁　蔡文睿　何思雨　秦丹阳　陈皎皎　张利梅　邱梓洋　叶蒸诚　张天亮
曾治华　刘　端　陈　渝　朱禹成　颜学芳　杨丽雯　吴元明　钟　钦　李三兴
吴进勇　何志梅　张　灵　邓利红　罗　佳　许崎伟　梁　超　邓　敏　罗　杰
张双双　索自立　李福林　唐　洁　姚晓霞　张　杰　陈昱江　郭永正　王　敏
熊元媛　钟　瑞　李　梅　黄　超　周世奇　袁　彪　廖伟栋　贺华强　王　锐
井兰溪　邓　璐　任凯玥　刘　吕　张敞霞　鲁思汝　张淑君　薛小雨　安　妮
张　怡　曹永达　钱　蓉　林先玉　谭魏葳　岑美琪　孟佳欣　田　煜　何　川
冯鸣高　伍廉升　王琳溪　李　好　张静思　张　瑞　苏紫玉　廖晴宇　郭子妮
唐亚玲　李浩宇　赖熠珠　王紫涵　汪　鑫　周清烈　苏亚迪　阳方喜　孟慧峰
康　辉　乔亮智　邱　浪　苏英立　甘　娜　郭富琦仁

优秀研究生干部（28 人）

杨　华　汪玉梅　黄春妮　魏志桢　顾荣梦　刘　艳　李新路　武雯颖　田　宇
曾彦捷　王　芳　王旭倩　孙福进　葛世雄　董兆佳　胡　杨　杨　雪　刘金帆
周佳玉　李加强　张兴杨　李　颖　彭雨欣　翟宏斌　邓　磊　杨秀英　杨　蝶
李　融

轻工科学与工程学院（76 人）

优秀研究生（61 人）

唐秋香　崔梦杰　向　俊　郑婷婷　王　慧　张林杉　吴尖辉　王　瑞　许文静
翟健玉　高　云　张　杰　何昌远　白　雪　杨　欢　于锐权　余姗姗　陈　佳
朱云燕　夏　巧　赵黎明　蒲红霞　毛　博　周圣林　杨天琦　崔玉明　杨　富
伍银环　王　玲　蓝绪悦　彭　青　郭晓梅　林　欣　李茂云　王定康　王宸之
浦浩亮　徐秀珍　顾　敏　侯德隆　夏许寒　周一凡　王晓蕊　杜心怡　李晓意
范维维　谭雪玲　马　浩　卢欣雨　高　咪　翟　瑞　吴　婷　曹怡然　范　欣
朱　敏　栗梓赫　蒋　敏　杜沁岭　王诺亚　朱宇琳　余雯玥

优秀研究生干部（15 人）

赵　丽　李　静　李继康　王　圳　章爱琴　彭　豪　刘玉梅　杨　淏　隆汶君
周　源　徐　哲　潘申财　陈勇波　张梦瑞　池玉闽

高分子科学与工程学院（167 人）

优秀研究生（134 人）

邵祝祝　卢朝晖　李鹏飞　李昕凯　高　峰　刘泓麟　赵怀宇　张　茂　孙兆美
邓玉婷　张鸿博　李田田　王天佑　陈　芳　郑懿娟　聂　壮　皮梦焓　侯雨佳
王玉婷　吴熙政　赵友博　倪　龙　吴　蝶　白梦涵　贾德壮　刘　倩　张　杰
刘峻宏　魏　鑫　李明靖　孙　辉　程慧强　武　祺　吕秦牛　韩　铖　张利沙
郭　武　王晓涵　廉婷婷　徐浩然　吴奉阳　陈孝南　杨　帆　张港鸿　胡宇帆
丁奕同　杨　振　杨　鹏　王维文　尹　倩　杨　磊　曾书龙　陈丹丹　吕江波
袁　尊　张　伦　蔡源博　王宇嫣　聂闰盼　马昊宇　徐　钊　孟　森　颜　睿
郑　毅　俞　鹏　王　倩　李姗酥　杨建平　林　雄　袁　芮　黄本元　周岱林
马文杰　宋　力　杨　程　徐华梁　杨昌华　康培铃　王安平　胡浩天　郭真有

范 飞 尹辰筱 张俊祺 何文军 李 权 易 江 袁 炸 张 杨 周浩然
何 露 刘路畅 代天文 黄 鑫 喻璐萍 韦正楷 吴海涛 杨 璐 张耀文
邹 倩 邹 元 王相栋 张雪琴 雷 元 罗银富 黄冰雪 彭 燕 陈立业
邓世豪 刘晋明 鲍建旭 程荟潼 王作杰 冯 兰 蒋淳吉 丁红梅 陈 钦
赵 耀 罗家旭 杨露瑶 邹芳芳 张停亭 李佳琪 时少哲 曾 颖 蓝日彤
吴军军 李无敌 冯兰祥 王志国 赵 星 陈 缘 孙铭阳 李艳婷

优秀研究生干部（33 人）

陈靖雨 丁 康 汪梦阳 杨太宝 程 灿 王昭丁 李维航 倪世豪 庄翔杰
陈 馨 刘 志 杨 国 廖 益 周一存 汪 远 赵志新 邱宝伟 古诗雨
陈雪冰 张凯奕 曹晚秋 王红莲 马俊森 杜文浩 张 昊 吴和成 王佩文
李艳艳 王梦琳 罗钧元 任嘉怡 谭 伟 解齐宝

华西基础医学与法医学院（35 人）

优秀研究生（28 人）

王雨豪 朱 玥 杨 菊 明 慧 邹 婷 邹 洁 裴 童 张云午 廖雪淳
辜雷燕 刘 猛 薛佳铭 王浩宇 邱 艳 周玉翔 王雨婷 江文丽 王翊丞
李 鹤 张建辉 田 甜 王 菲 徐 硕 王 强 曹悦岩 朱 强 何 佳
王欣妍

优秀研究生干部（7 人）

张 珂 张 竣 谭梦煜 龙思宇 董 锴 刘 慧 张冉冉

华西临床医学院（523 人）

优秀研究生（415 人）

何燕玲 吴邱红 邵 俊 郭欣宁 曾 灏 张世杰 李晓倩 李德勇 陈 杨
杨 丹 万 爽 李 婷 李 艳 王思文 夏肖萧 何满容 王思清 张 静
肖 扬 白 琳 丁 虹 汪金金 陈影影 吴玉玲 吴石凯 陆 鑫 周 静
王永洪 黄天雯 赵悦安 杨蕊瑗 王浩宇 林 平 季 婷 彭 格 邵 青
刘 璐 查盼盼 董令萩 普亚军 臧志云 吴昱成 耿际雯 胡珂菡 罗 奇
袁湘蕾 兰 天 曾 臻 杨 航 曾宪晖 陆 清 贾珊珊 李文韬 张馨予
龚 超 程 玥 阳长强 陶雅丽 胡健毓 吴 霞 陆虹宇 赵恩泽 陈 燕
谭 杰 李明欣 伍 椰 杨 云 宿 鹏 王 炜 崔建伟 张 驰 李 晋
代俊龙 蒲星宇 沈小丁 吕田润 蒋 闯 穆名春 杨 盈 陈 刚 金泽川
庞华洋 杜锦鹏 蔡云石 吴 超 侯桂敏 程 科 何银海 陈巧儒 魏子淞
田 源 李俊宏 陈 诚 张学鹏 吕 勇 王型金 申艺玮 林弋翔 冉力瑜
罗 月 赖思可 李博华 许 宏 黄 引 林乐德 殷赛福 王梓霖 彭 聊
朱 莎 刘正欢 陈泽昱 吴 侃 马 铭 张富勋 朱莉莉 齐维立 张 扬
廖绪亮 杨 可 张海东 庄子轩 邹睿奇 吴尚蒂 刘馨然 黄 兴 万谦益
郑金利 厉 喆 文宁远 易梦诗 彭榆富 万海峰 袁京生 侯泽敏 周文铖
罗辉洋 袁赟博 李小龙 刘晓银 王国庆 孙 瑶 李 萍 贾 禹 赵云利
吕纯阳 王怡怡 邹美熔 宋德宇 傅向羽 曾柯宇 向虹瑾 杜方雪 颜蔚锋

朱冠楠　卫　霞　文可人　唐　昕　唐碧秋　蒋　宇　曹　源　刁　伟　王虹茜
陈致尧　罗舒月　张丽颖　廖深玲　石　武　孟子芮　徐一心　古元霞　杨李桦
汪雨佳　肖　青　李絮莹　吕智清　穆建成　林　宇　陈鹏帆　伍　雪　廖　敏
院志强　兰梓涵　蒋振鹏　肖苏桐　黄佳彦　黄筱桐　王玉霞　孙　源　梁楷利
游晚芳　车　凤　包伟杰　兰　欢　李　倩　万　上　肖　柳　周　怡　邢慧敏
张淑雯　肖　雄　石佳华　周小莉　李佳文　王玉婷　杨连连　苟小芸　岳　鹏
孙　昊　邓　迪　刘若无　敖孟银　丁　婷　倪杨红　杨燕婷　郭　涛　王一然
雷曾静　徐　琴　田　园　陈慧玲　陈一虹　赵汗青　朱颖超　吴雅莉　喻　茜
焦　波　贺琴琴　罗　蓉　许　芳　邓一伦　杜　琴　郑　睿　张国辉　谢明芸
颜　钰　林　巧　张楠俊　张于淋　穆玉菊　郑小兰　周睿曦　张　萌　邵淑冉
宋　悦　高娅娅　彭佳佳　周小婷　唐杰鑫　杨雨青　曾　帅　彭诗意　陆钰坤
张今成　曾　悦　戴思语　詹泳池　杨　莹　陈静红　黄　新　李红义　江彩霞
王其锋　任海婧　董彦杰　刘一君　谢小钰　杨陶然　申　宇　刘　源　翟羽佳
李俐漫　崔　婷　肖　一　刘艳琴　罗安玲　王　欢　赖婉琳　陆　璐　董博思
林静芳　叶凯丽　龚　雪　李思思　李　凡　李　瑶　李珏锦　廖　曦　涂泽贵
刘哲然　姜筱璇　顾　睿　王曦冉　梁诗萌　代　爽　梅　婷　周　洁　李小英
雷艳娜　陈　林　张子奇　向中正　秦　舣　卫治功　魏福玲　袁星竹　舒　晓
雷常彬　郭柳媚　王　晶　黄川雅　陈虹秀　常承婷　徐茂森　何　帅　曾　珍
曾　遥　王　徽　廖娟艳　杨　雪　张　莉　常　晨　朱恭岷　欧学进　刘小红
李　凯　李　雪　曾圆圆　王菁菁　刘锦璐　陈晓容　梁作禹　李子瑶　朱琪琪
邓仁昊　陶诗婉　冯琦祎　彭皓宁　林华杭　邱光昊　张翔宇　徐智杰　闫阳波
牛　昊　孙秋实　王雅乐　王寻懿　李　京　李梁远　杨　欢　罗佳伟　施雯靖
吴　娜　郭小新　邓　丹　李凤玲　唐熠果　陶圆美　毛子鑫　焦　建　许珮玮
包春茶　程鸿馨　李思雨　徐佩佩　卢文婷　周建丰　常钧科　顾一敏　杨振宇
郎乾镭　王渝强　张　煜　黄　梦　刘燕丽　李志琳　刘　瑞　梁　兰　唐华南
曾　文　樊吉文　王　玥　龙熙澎　姚　杉　何文博　麻玮杰　王心怡　徐文涛
金尤美　舒于珂　李　钊　彭万柳　佘天山　刘　雯　蒋琳伶　李　铭　薛　萍
卢　倩　游　津　杨　茹　蔡耀婷　胡　蓉　曹鑫宇　陈婧琳　陈　红　祝龙玲
王　娜　段秀娟　陈李毅乐　许杨梦园
杨　洋（2019224025237）　杨　洋（2020224025485）
杨　梅（2019224025223）　杨　梅（2020224020181）
王　星（2019224025396）　王　星（2019224020096）

优秀研究生干部（108 人）

唐卓琴　野　五　张晓霞　孙　蕊　吉　星　张煜宸　农开磊　吴　静　张竹韵
曹钰彬　夏碧菡　吕　蔚　杨翔宇　杨沛沛　秦　瑶　何宇婷　何俊波　邢志超
龚　雪　万旭峰　苏　强　张珂瑞　黄　锴　许嘉文　盛厦庆　黄　超　朱师禹
熊　楊　卢　苇　郑棵介　吴云皓　陈紫巍　张仁杰　何文博　郭　硕　褚莉莉
王智渊　罗桢弋　谭慧玲　周妍冰　赵灵运　赵　玲　张嘉利　冯子嫣　楚　庆

潘南方 杨 婷 陈 晨 颉鸿笙 林 娟 叶晏秀 马腾飞 吴钰杰 王若晗
梁恩琳 李 敏 阮铁超 申 恬 顾海玲 文 巧 程丹妮 黄 楠 王东方
李敏珍 袁铭蔚 马 维 苗 壮 陈东旭 卓小煌 周子琪 李婷婷 冯 月
徐 越 和冬宁 周玉兰 付中敏 葛如语 黄霖霖 王 燕 黄 晨 冯明杨
熊群丽 余思婷 唐恋莎 韩雪娇 周裕文 蒋友慧 黄金铭 肖舒文 程祎凡
向小雨 黄蕴琪 罗 丹 游九红 赵紫岐 杜双庆 王筱洁 赖红锦 姚心怡
张思迈 仉元瑾 李怡洁 李 杨 卢 倩 游 津 祝龙玲 阿卢阿取
给汝拉丛

华西口腔医学院（168 人）

优秀研究生（135 人）

曾庆祥 陈 娜 陈 稳 陈兴宇 陈 媛 崔钰嘉 单 迪 邓舒之 邓雅兰
丁昊然 丁张帆 杜 菁 段梦梦 段姝敏 范梦琳 冯 毫 付馨靓 付 钰
高 静 蔡璐遥 高 鑫 古萌琴 郭 笑 韩明月 何彦瑾 胡兴宇 姜 爽
敬美玲 旷心怡 雷可昕 黎子钰 李 彬 李佳杰 李如意 李昕怡 李一可
李月玲 廖孝宇 林 赳 林永旺 刘曹杰 刘俊江 刘俊圻 刘立楠 刘梦婷
刘若兰 刘士博 刘小雨 刘亚琪 刘育豪 刘云坤 龙 莉 楼雨欣 骆姝含
吕 蝶 马其钊 毛轶琳 梅宏翔 潘 勋 祁荷栩 邱 阳 邵京京 施宜君
宋 薇 孙蔓琳 孙 瑜 谭鑫治 唐渝菲 田 宓 屠 叶 王 浩 王江玥
王景蓉 王 旻 王 鹏 王 倩 王晴萱 王 晔 王 艺 王映凯 王振宇
邬微微 吴家馨 吴雁格 吴 颖 吴周强 谢永婷 邢 珂 徐静晨 许春梅
闫毓杰 杨成位 杨 建 杨胜涛 杨文懿 杨湘俊 杨 鑫 杨雨婷 姚阳雪
叶泽林 余舒星 张隽婧 张 美 张 敏 张 呐 张 睿 张 舒 张 旭
张 旭 郑佳雯 郑 婷 郑 铮 周佳梁 周 蜜 周欣奕 朱俊瑾 王雨霏
张 博 赵夕文 乔翔鹤 刘燕菲 徐于婵 甄 理 刘素汝 刘志凯 邓玖鸿
蒋晓鸽 陈恩皓 李宏宇 陈 昊 潘逸华 谢 雨 刘雨婷 赵 丹 高邵静雅

优秀研究生干部（33 人）

杨 阳 余丽媛 刘艳华 梁 成 陈浩哲 魏洁雅 文 博 张艺馨 漆美瑶
段绍颖 白贺天 孙思露 罗 天 张 赟 李松航 陈艺尹 甘建国 金春晓
李茂雪 马宇星 孙嘉琳 佟佳儒 王晓峰 邬琼辉 徐静晨 张隽婧 张天旭
孙一民 姜 洲 刘志强 李再晔 鲜红春 万凌云

华西公共卫生学院（91 人）

优秀研究生（74 人）

王 蕾 刘 雪 李 娜 张 丽 张楚妍 周宗磊 张柏杨 乔 田 徐裕杰
杨 雪 路立勇 倪梦梅 余宛琪 郭佳蓉 吴佳隆 阮艺宏 孙 鸿 张书鸣
张云雯 许 彬 罗彩英 苗钟化 唐程梦 吴雪瑶 章文强 赵靖嵩 李满娣
王庆志 谢晓芬 田 宇 刘 瑾 邓宇帆 王勤俭 蔡 燕 杜 艳 钟 杨
孙梗钤 赵 璇 何 迅 朱 霞 庄雪菲 齐海汇 陈秋志 吴鲲鹏 田路路
王家妮 代苏尧 罗雅亭 晏明霞 李育林 田 林 严 可 吴雪琪 李麟华

周婷婷　陈婷婷　舒　婷　魏馨远　王惠敏　肖冠坤　周青青　游　兰　张　宁
李则颖　王萌康　程梓敉　胥秋艳　吕　鑫　李蕊丹　李　飞　黄金城　王芃鹏
张颖聪　代海霞

优秀研究生干部（17 人）

罗新月　辛　雨　段晓霞　吴晨瑶　高嘉奇　李晶晶　董　科　廖宇婷　林奕蝶
杨芷蕊　张　乾　王庆瑜　赵曼羽　胡美婧　苗蕴琪　李　沙　刘美静

华西药学院（99 人）

优秀研究生（79 人）

夏　雪　胡翠霞　罗　琼　吴贝贝　刘　琳　郎吉瑞　丛士钦　钟小芳　郭乾有
何　娇　罗晓凤　葛　俊　邓　焘　李嘉欣　史蓉英　王雪瑜　罗杰烽　周立燕
黄丹丹　杨　鹏　王慧珊　王思琪　李祉飏　林如怡　陈靖宇　张荣苹　火兴丽
徐亚迪　姜　佳　蔡宇坤　张亚楠　李玉婷　潘　熠　郭小玉　梁　易　王月蓉
钟阳阳　杨伟培　刘　豪　郭　蓉　邓　淼　陈晓梅　吴蕊男　李金花　严开川
朱妍莹　黄　鑫　杨增豹　陈芸璨　戴青青　郭昭廷　陆建宾　杨春艳　李兆凤
李　庆　金子妍　杨佳慧　王灵玲　王　燕　李淑洁　刘　昕　张梦蕊　刘　容
宋元帅　续晓敏　周　媛　臧书雅　肖　倩　向　玲　刘卓龄　陈　铖　吴青思
罗超会　唐　鲜　余雯绮　周命璐　彭　瑶　何　媛　闫如杰

优秀研究生干部（20 人）

韩李阳　丁　攀　周雯欣　钟卓伶　李　茹　宁香丽　纽一宁　黄诗琪　任克柏
周子铄　陈　栋　方长龙　闫登杰　陈　晨　宋　雪　徐莹莹　周一康　项予良
黄天乐　陈孝盼

公共管理学院（254 人）

优秀研究生（195 人）

栾雯琪　罗紫菡　田　茜　刘婧然　金梦云　张郅奕　杨春璐　王彩燕　张　贞
侯　森　苑港华　王思琪　牛艳茹　杨兆天　龙凤翔　杨慧蓉　杨睿杰　杨　珊
龚　焕　张美萍　程　惠　李丝丝　王　晋　向姝璇　李思敏　曹　药　范若芸
欧春瑶　邵　佳　蒋　意　潘志博　吴川北　宁思银　高新璐　郝洋洋　陈　杰
欧李梅　郭　宁　谭振宇　黄志兵　董　斌　刘烊铭　朱　杰　雷鸿竹　袁　玲
代林序　黄天麒　李玉灵　丁笠晋　湛小艺　王　芳　罗　引　冉玉鑫　董治华
孙梁悦　冯雨欣　刘轶晗　韩松霏　郝云飞　张慧敏　石　睿　管　蓉　孙怡心
胡怡婷　岳小双　路一平　付　娇　徐可欣　魏思路　杨诗淼　孙瑜琪　王　涵
唐　慧　胡宇辰　袁　梦　彭　丽　杨宏霞　彭晓燕　周淼然　李思妤　李明英
晋文然　吴巧玲　何　敏　杨　羽　王　玲　张可维　严博瑞　李　娜　刘　菲
蔡承志　胡道兵　李伟敏　赵　彬　胡　牒　陈艺渊　刘　池　丁志巍　杨书懿
何俊漫　赵　旭　李皓月　曾　凯　符晓敏　何　懿　张中麟　蒋圆圆　高筱莹
母崇铭　汤笑若　伍　萱　胡云翔　李林羲　刘善青　罗　茜　陈柢屹　朱　珊
杨柳青　杨　耀　侯森浩　付　晶　鲁小冲　金　铭　张　洁　张　皎　付雅莉
刘吟秋　李婉莹　郭　垚　张　胆　贺茗茗　白　果　嘉雁苓　谭孝妍　杨婧文

罗婧瑶　王　捷　黄　钰　李卓桁　罗枭铭　杨永钦　王焕堞　覃　茜　朱云璠
游万军　蒋霁月　彭　勃　方琪莹　刘云柯　邓幸妹　吴　尘　彭星茹　李嘉琪
任奕橙　杜秀云　刘益伶　刘　萍　朱瑶嘉　石　爽　李　相　罗　清　杨　欢
张祥莉　晁靖益　徐启帆　钟嘉循　唐　力　李　亮　徐雅琳　詹　昆　包智勇
程　果　李佩峰　唐金鑫　张　颖　袁　丹　刘淑娇　王　琴　寇亚丁　刘孟影
龚旖凌　袁海恩　邓　伟　原红利　张媛萍　彭　红　张玉华　芦　静　富嘉琦
周乙语　罗　娅　吕珮茹　晋美扎巴　莫耶高迪　次仁德吉

优秀研究生干部（59人）

靖　晨　王　霸　梁岚清　陈丹妮　邓策予　曹爱琳　陈芷芃　杨春淼　杨　莉
朱美霖　宁家腾　陈泠蒙　何紫瑶　侯　捷　李晨熹　刘泽谦　罗　中　杨舒雯
张秋明　张腾丹　赵　婧　郑冰鑫　周　芯　高博雅　冯小磊　杨　程　潘珏巧
马灵汐　李卓然　安玉龙　耿　衍　陈昱嘉　李思思　符志强　付宾华　刘　钰
李诺为　魏兰兰　龚代建　何沁河　付　露　路　熠　吴雨婷　肖彦名　肖　静
刘　鹏　张漪远　文　雯　张雪峰　肖鹏翔　彭　涛　贺　雷　单　雪　蒋丹丹
刘尚伟　裴小龙　富嘉琦　胡　牒　龚旖凌

商学院（135人）

优秀研究生（100人）

张鎏玥　范珂如　刘时堃　徐晨曦　欧书妤　黄天舟　彭　月　刘昕颖　魏　倩
寇欣阅　雷田田　龙洪根　唐晨瀚　黄思远　涂见成　杜鑫雨　龙怡璐　李　蕊
苏泽锐　蒋佳欣　彭紫煊　岑虹毅　魏　莱　李　畅　赵一晨　易　娇　李欣阳
刘一娣　汤　韵　林融玉　刘诗奕　刘　想　王宇晗　李清瑶　唐　雨　刘　瑞
牛冰晶　王文举　王晓明　姚欣雨　杨璐璠　郑寒梅　墨　涵　张鸿佳　张　琪
李晓芳　刘金婵　张殷杰　吴　霜　王皓宇　林师锋　邓娅娟　陶瑞涵　刘　锴
王金丹　马　玮　李金荆　邓　曙　蒋睿莉　邱晨怡　陈彦君　许　婷　廖祎璠
覃　苗　周寿江　杨善烨　张　馨　韩小云　潘　玲　郐先利　张晨曦　司冬阳
王　堃　王凤娟　单仁邦　叶　梦　郭耿轩　郭玉博　巩群喜　方　然　姜立生
唐　明　黄　茜　宋聪敏　吴雨轩　敖　宇　安　南　王传月　刘元涛　余兆晗
张　烨　陈　昊　雷　蕾　马海里　汪亚婷　尹　泳　李　洁　巫琪玥　杜培源
杨濡瑜

优秀研究生干部（35人）

李彪帅　樊业川　陈利琼　曾　贞　龙洋阳　卢　洋　谷　娇　贺荔莉　钟　菲
邹　越　林　璐　李辉中　贾思园　何亚惠　王语佳　仲　忱　于爱仙　郑远航
颜诗雨　任　强　冉　洋　邱伊蕴　莫家欣　陈俊卓　余秋柯　李红梅　朱　骏
杜　宪　范伶俐　耿　直　汪　聪　郑元富　钟　俊　黄晓蓉　刘　斌

马克思主义学院（46人）

优秀研究生（37人）

罗倩倩　罗俊梅　尚　爽　雷　伟　邓　艳　覃之棪　于　青　冯佳瑾　周钰鲜
蒋　超　陈庆玲　宁小可　万　晟　李柯霖　崔增辉　李佳佳　姬坤丽　郝　莲

楚锐杰　徐　荣　汤　茜　张惠颖　苟晨晨　肖艾娟　谭　茜　胥又齐　汪惠琳
赵永林　邓时宏　刘　琳　唐　茜　曹雪滢　刘　迪　梁筱梅　乔　璐　蔡林娜
刘红伟

优秀研究生干部（9 人）

李　凯　郭雨鑫　宋加旭　夏　飞　覃　川　左启见　何政蓄　张梦碟　吴　玲

体育学院（22 人）

优秀研究生（18 人）

李瀚明　燕嘉辉　周　燕　陈佳琦　陈思宇　刘　杰　郭梦飞　成汝斌　杨倩文
陈景慧　潘圆芳　曲雅倩　贾泽霞　田　锦　李杨杨　李素洁　刘冬妮　侯　羽

优秀研究生干部（4 人）

王炫力　袁　敏　李广明　姚林志

灾后重建与管理学院（14 人）

优秀研究生（11 人）

郑帆帆　王佳怡　凌　慧　曾　露　胡　佳　李芳芳　王　震　李杰瑞　周贤良
王兆强　袁　勋

优秀研究生干部（3 人）

吕俐佼　彭俊俊　汪士权

空天科学与工程学院（16 人）

优秀研究生（13 人）

张育豪　程　乾　于川立　孔威威　李　鹏　杨　帆　毛明洋　汪宗正　杨　强
朱珑涛　谯进生　余雅琪　王　凌

优秀研究生干部（3 人）

高　攀　李　鹏　罗跃龙

国际关系学院（32 人）

优秀研究生（26 人）

方小维　占健艳　王　婷　张　磊　王　巍　常睿哲　郑子柔　王蕊婷　金书玉
汪运吉　尹兰平　胡　颖　唐靖奕　黄如玉　赵　娜　葛林宁　刘　恋　黎　丹
王　静　张会丽　董　筝　张　璐　王淑俊　董钰睿　田之远　叶西勘卓

优秀研究生干部（6 人）

廖劲西　徐可心　付佳淇　艾意欣　刘诗钗　王志瀚

网络空间安全学院（51 人）

优秀研究生（41 人）

李　俊　徐　帅　徐飞宇　王浩漪　梁根培　何子恒　曾闽川　王　沛　黄朝熠
袁　超　徐　宇　黄天奕　李　凯　刘建松　王金华　李宜鸿　李佳龙　曾泽宇
孙　敬　杨　敏　廖　珊　苗震雄　汪　睿　周　兰　赵志英　康　明　顾守珂
周慧雨　刘玉莹　唐　聪　杜林峰　关郁婷　陈　莉　沈　军　陈梓彤　刘德辉
郭勇延　张玉林　张　飞　周雨婷　刘　林

优秀研究生干部（10 人）

蒋术语　岳子巍　郭文博　李江川　毛艺萍　王劭华　蒋方婷　欧浩然　李静雯　张　戈

哲学系与宗教所（37 人）

优秀研究生（30 人）

陈　琳　李青山　杨　芳　黄　磊　魏璟芸　黄沛宇　宋　峰　王禹栋　毕聪聪　高大伟　周　凯　龚　辉　徐仕珂　唐艺纯　王　鼎　李丝桐　文　竹　赵濛锐　吴　莹　张忆雯　石娜娜　胡　琳　周琪凯　张黎黎　刘兴健　张继驰　王心仪　周倩颖　陈艳红　周晴思月

优秀研究生干部（7 人）

刘美宁　王欣雨　刘语萱　陈　芹　张继驰　周倩颖　施诚刚

生物医学工程学院（58 人）

优秀研究生（46 人）

童秋兰　吴　凯　赵明达　沈　璐　章玉祥　雷皓远　徐　倩　吴金结　汪兴明　李任鹏　陈智坤　王宁馨　王谕琳　彭建伟　彭黎明　杨朝普　叶　静　刘　帆　吴永豪　张勃庆　颜　双　韩笑雯　宋　平　武　祯　孟雨璇　徐　鸿　张亨通　谭　娟　周格屹　李明宇　王　灵　戴文玲　孙佳敏　江宇婷　邢正宜　张玉萍　陈诺娅　陈韵郦　杨　凡　余　涛　何　丽　孙　桓　陈思瑜　胡　傲　宋　滔　陈翔宇

优秀研究生干部（12 人）

曹洪芙　童　磊　李珠廉　陆皓月　王　境　王若涵　汪瑜懿　李智倩　刘展鸿　李言言　魏常胜　陈志鸿

生物治疗国家重点实验室（169 人）

优秀研究生（135 人）

郭志鑫　刘　丹　余　艳　王嘉鑫　周　霞　李开菊　张　过　路琪中　钟坤宏　秦润宽　贾婷婷　李宜聪　王琦玮　李鑫月　冯　璐　南近山　潘　梦　张　丹　李加乐　崔乐乐　罗　杨　韩　铠　吴　茜　洪　凤　熊珊珊　李佳轩　唐　盼　米　雪　陈玉秀　宋晓霜　谭惠丹　杨成灿　邹　灵　徐耀辉　高　杉　黄　庆　许　芯　刘　燕　张芮佳　吴　明　杨高霞　李佳妙　张　兴　石　娜　陈周云　唐弋雯　张苗苗　唐　超　李　丹　杨　婧　宋英杰　李和贤　周燕霞　侯　艳　林　升　黄文杰　彭李缘　吴宝红　林　曦　黄晓娟　王漫丽　鲁天绮　谭双燕　张志雄　丁超琼　朱泽江　杨　薇　雷　红　何　霞　李　洋　刘鑫磊　裴俊平　汪　伦　郑清泉　雷诗昆　张沛东　唐英奎　黎梦涵　赵　佳　任稳延　刘　鑫　冯韵宇　何小杰　杜　菲　张岚馨　黄温馨　杨瑞诚　刘景明　司文婷　彭丹丹　向颖馨　靳　杨　张　路　陶　蕾　王　博　邓华清　曾婉琴　张萌原　李　姝　隋　菁　黄智颖　彭　彬　邓　睿　何　文　陈俊成　汪星宇　文　怡　胡　赟　罗　镜　杨映雪　涂永燕　陈慕天　张丽婷　李媛媛　唐冬梅　崔　雪　母晓玉　魏　榕　魏　瑞　肖　杨　王新媛　张　琴　罗茂超　雷玉青　赵庭梅　李博闻

潘翔宇 乔 文 柏丽萍 张宗梁 袁 雪 欧春清 卓维玲 张令虹 王袁斐懿

优秀研究生干部（34 人）

程 爽 易 敏 南近山 周仁杰 张 丹 马 雪 秦芙蓉 柳林甫 李开菊
吴 明 李佳妙 丁超琼 谭双燕 李 璐 赵 琳 李和贤 杨 帆 罗天文
刘同根 雷诗昆 黎梦涵 何小杰 向颖馨 曾婉琴 胡 赞 罗 镜 涂永燕
刘达齐 张丽婷 张 琴 罗茂超 赵庭梅 潘翔宇 陶 蕾

分析测试中心（15 人）

优秀研究生（12 人）

李佳卓 李 雪 熊素琴 李雨帆 温小惠 吕财智 肖诗琦 郎云贺 胡昌佳
王 颖 胡加西 金蜀鄂

优秀研究生干部（3 人）

章金正 张应龙 杜 欢

新能源与低碳技术研究院（9 人）

优秀研究生（7 人）

郭 强 张 帆 杜中兴 舒 茜 李 祥 肖 瑶 翟 朔

优秀研究生干部（2 人）

姚 鹏 焦子曦

共青团四川大学委员会2021年度先进集体和先进个人名单

一、五四红旗团委（10个）

共青团四川大学华西口腔医学院委员会
共青团四川大学电气工程学院委员会
共青团四川大学公共管理学院委员会
共青团四川大学文学与新闻学院（新闻学院）委员会
共青团四川大学水利水电学院委员会
共青团四川大学外国语学院委员会
共青团四川大学机械工程学院委员会
共青团四川大学华西临床医学院委员会
共青团四川大学商学院委员会
共青团四川大学建筑与环境学院委员会

二、四川大学共青团专项工作先进单位（16个）

（一）基层团建工作先进单位（2个）

共青团四川大学化学学院委员会
共青团四川大学华西公共卫生学院委员会

（二）共青团宣传思想工作先进单位（2个）

共青团四川大学马克思主义学院委员会
共青团四川大学化学工程学院委员会

（三）共青团文化艺术工作先进单位（3个）

共青团四川大学艺术学院委员会
共青团四川大学历史文化学院（旅游学院、考古文博学院）委员会
共青团四川大学法学院委员会

（四）共青团科技创新工作先进单位（3个）

共青团四川大学空天科学与工程学院委员会
共青团四川大学生物医学工程学院委员会
共青团四川大学材料科学与工程学院委员会

（五）社会实践工作先进单位（2个）

共青团四川大学经济学院委员会

共青团四川大学国际关系学院委员会

（六）志愿服务工作先进单位（2 个）

共青团四川大学华西药学院委员会

共青团四川大学计算机学院委员会

（七）“第二课堂成绩单”工作先进单位（2 个）

共青团四川大学电子信息学院委员会

共青团四川大学物理学院委员会

三、五四红旗团支部（108 个）

经济学院（5 个）

2021 级经济 201 团支部

2021 级经济 202 团支部

2021 级金融 302 团支部

2021 级经济 501 团支部

2021 级经济 502 团支部

法学院（4 个）

2020 级第二团支部

2020 级第四团支部

2020 级法学（卓越法律人才计划涉外实验班）团支部

2021 级第五团支部

文学与新闻学院（新闻学院）（5 个）

2020 级汉语言文学拔尖班团支部

2020 级汉语言文学基地班团支部

2020 级强基班团支部

2020 级中国古典文献学硕士研究生团支部

2021 级语言学及应用语言学硕士研究生团支部

外国语学院（3 个）

2021 级口译笔译研究生团支部

2021 级英语专业第一团支部

2021 级英语专业第三团支部

艺术学院（3 个）

2020 级美术学团支部

2020 级视觉传达团支部

2021 级环境设计团支部

历史文化学院（旅游学院、考古文博学院）（3 个）

2021 级历史学 1 班团支部

2021 级旅游管理 3 班团支部

2021 级旅游管理 1 班团支部

数学学院（1个）

2021级基地2班团支部

物理学院（2个）

2020级微电子科学与工程专业第二团支部

2021级核工程与核技术专业第一团支部

化学学院（4个）

2020级105班团支部

2020级106班团支部

2020级206班团支部

2021级202班团支部

生命科学学院（3个）

2019级生物科学试验班团支部

2020级生物科学2班团支部

2020级生物技术1班团支部

电子信息学院（4个）

2019级8班团支部

2020级3班团支部

2020级电子信息卓越工程师班团支部

2021级6班团支部

材料科学与工程学院（2个）

2020级材料创新班团支部

2021级材料2班团支部

机械工程学院（4个）

2020级机械设计制造及其自动化2班团支部

2020级机械设计制造及其自动化8班团支部

2020级机械设计制造及其自动化13班团支部

2021级机械类16班团支部

电气工程学院（3个）

2020级本科自动化第二团支部

2021级本科电气类第五团支部

2021级本科电气类第八团支部

计算机学院（3个）

2020级计算金融团支部

2020级人工智能团支部

2021级2班团支部

软件学院（1个）

2021级2班团支部

建筑与环境学院（5 个）

2020 级土木工程 10 班团支部
2020 级建筑学 3 班团支部
2020 级环境工程 3 班团支部
2021 级土木工程 1 班团支部
2021 级环境工程 2 班团支部

水利水电学院（4 个）

2020 级水利科学与工程 2 班团支部
2020 级国重班团支部
2020 级水工结构工程研究生团支部
2021 级水利 301 班团支部

化学工程学院（5 个）

2020 级制药工程 102 班团支部
2020 级互联化工 502 班团支部
2021 级绿色化工与生物医药 104 班团支部
2021 级动力装备与安全 202 班团支部
2021 级互联化工 501 班团支部

轻工科学与工程学院（3 个）

2021 级 103 班团支部
2021 级 201 班团支部
2021 级 301 班团支部

高分子科学与工程学院（3 个）

2019 级 9 班团支部
2020 级 8 班团支部
2020 级高分子材料加工工程系硕士研究生团支部

华西基础医学与法医学院（1 个）

2021 级基础医学团支部

华西临床医学院（5 个）

2019 级临床医学八年制创新班团支部
2021 级临床医学八年制 2 班团支部
2021 级医学技术 101 班团支部
2021 级研究生第一团支部
2021 级研究生第六团支部

华西第二医院（2 个）

医学检验科团支部
小儿肾脏科团支部

华西口腔医学院（3 个）

2018 级口腔医学五年制 4 班团支部

2019 级口腔医学五年制 1 班团支部
2020 级口腔医学五年制 4 班团支部

华西公共卫生学院（2 个）

2018 级预防医学一合班团支部
2021 级预防医学一合班团支部

华西药学院（3 个）

2019 级 3 班团支部
2020 级 6 班团支部
2020 级药剂研究生一支部

公共管理学院（3 个）

2020 级应用心理团支部
2021 级档案学团支部
2021 级行政管理专业硕士研究生团支部

商学院（3 个）

2019 级 ACCA 2 班团支部
2020 级 ACCA 1 班团支部
2020 级工业工程团支部

马克思主义学院（1 个）

2020 级马克思主义理论团支部

体育学院（1 个）

2021 级研究生团支部

空天科学与工程学院（1 个）

2020 级飞行器控制与信息工程团支部

匹兹堡学院（1 个）

2021 级机械设计制造及其自动化团支部

国际关系学院（1 个）

2021 级研究生团支部

网络空间安全学院（2 个）

2019 级网络空间安全 4 班团支部
2020 级网络空间安全 1 班团支部

哲学系与宗教所（1 个）

2020 级研究生团支部

生物医学工程学院（2 个）

2020 级 1 班团支部
2021 级 13 班团支部

生物治疗国家重点实验室（2 个）

2020 级硕士研究生 2 班团支部
2021 级硕士研究生 2 班团支部

吴玉章学院（2个）

2020级1班团支部

2021级拔尖计划4班团支部

华西卫生学校（2个）

2020级护理2班团支部

2021级护理4班团支部

四、四川大学共青团工作标兵个人（10人）

蔡明婧　华西口腔医学院

汤　博　电气工程学院

青杨媚　公共管理学院

王志华　文学与新闻学院（新闻学院）

李　亮　水利水电学院

何功明　外国语学院

寿刘星　机械工程学院

郑洪燕　商学院

王天泽　建筑与环境学院

李佐红　经济学院

五、四川大学共青团工作先进个人（12人）

马　轩　历史文化学院（旅游学院、考古文博学院）

李珍珍　化学工程学院

李　双　华西公共卫生学院

余鹏飞　材料科学与工程学院

陈镜竹　艺术学院

王　鹏　软件学院

马丽娜　空天科学与工程学院

来　俏　化学学院

龙黎明　法学院

徐　雅　生命科学学院

张建兵　机关

周雪雯　华西卫生学校

六、四川大学青年五四奖章（10人）

刘　童　机械工程学院2018级本科生

李怡珂　高分子科学与工程学院2019级本科生

何秋蓉　华西公共卫生学院（华西第四医院）检验科副主任

陈玮彤　计算机学院2020级硕士研究生

罗嘉琦　经济学院2019级本科生

周一山　化学工程学院2018级本科生

郑钰科　文学与新闻学院（新闻学院）2019级本科生

段文健 马克思主义学院 2019 级博士研究生
高 攀 空天科学与工程学院 2019 级硕士研究生
黎海超 历史文化学院（旅游学院、考古文博学院）教授

七、十佳团支部书记（10 人）

王蕊欣 华西口腔医学院 2019 级临床医学（口腔医学）专业团支部
冉 莹 马克思主义学院 2020 级马克思主义理论专业团支部
李丹琪 化学学院 2018 级 103 班团支部
李 洋 电气工程学院 2019 级电力专业第一团支部
张 琳 机械工程学院 2021 级博士研究生团支部
郑 权 华西临床医学院 2016 级临床医学（八年制）创新班团支部
秦文宇 法学院 2020 级第五团支部
贾银菊 文学与新闻学院（新闻学院）2020 级汉语国际教育第三团支部
贾富雅 华西药学院 2019 级药学 3 班团支部
蔡鑫宇 空天科学与工程学院 2020 级飞行器控制与信息工程团支部

八、优秀共青团干部（354 人）

经济学院（16 人）

伦佳悦 张新圆 林 顺 罗昱颖 马丹妮 黄乐婧 龙垣桥 王骐腾 魏嘉烨
石金岷 王 淑 王昳莹 桑羽桐 徐菀岐 王嘉乙 吴雅琪

法学院（8 人）

苗新航 简渝珂 唐靖雯 叶树衡 潘雅葵 杨景茹 万欣璐 胡 曼

文学与新闻学院（新闻学院）（20 人）

肖 颖 钟杉杉 江芊兆 王佳琪 李佳芮 贾若愚 蔡 萍 沈紫晴 康雨晨
杜明阳 杨盛果 杨巧如 谷明珊 刘洵言 李 婷 张龙赫 陈心怡 颜恋蘅
张琳媛 唐之雨

外国语学院（6 人）

陈雨欣 岳恺媛 白祎佳 汪 叙 陈 铎 赵静苗

艺术学院（10 人）

雷嘉雯 孙梦岚 夏 瑜 刘耀旸 李碧晗 田 洋 薛 祥 张 粲 杨靖源
汪希睿

历史文化学院（旅游学院、考古文博学院）（7 人）

范思瑞 谷青秀 李鸿运 刘慎言 张嘉华 张霄楠 任正智

数学学院（6 人）

王璐瑶 涂雅洁 潘骏麒 李书翰 胡昕瑜 冯超一

物理学院（7 人）

保文睿 马 龙 王雨沐 吴嘉君 薛亚东 杨心科 张千里

化学学院（14 人）

杨雨荷 陈珺乙 刘佳琪 李超然 李思璐 杨雯茜 杜昀瑾 赵岱安 张粤容
杨洁琼 姚紫涵 谌熙蕾 董必勍 徐逸铖

生命科学学院（8 人）

王　钦　马晓娜　彭悦蕾　彭文麒　马煜东　武文杰　常　颖　刘新荩

电子信息学院（11 人）

秦嘉忆　谭雅琪　冯　扬　丁思娴　胡元鹏　刘思媛　罗岩泓　吴星雨　夏安琪
杨月欣　周驰湄

材料科学与工程学院（6 人）

陈倩雯　罗英建　潘帅成　邵榆涵　宋志诚　王文辉

机械工程学院（10 人）

李　阳　黄茜垚　陈政达　涂洪铭　王奕朦　胡钥鹏　宋若驹　任文娟　于永洁
孙开恩

电气工程学院（13 人）

叶桐彤　郭诗瑶　耿嘉伟　于上谊　杨潇涵　赵　菲　桂泽森　詹　瑜　陈茂林
谢康民　段秋雨　陆虹宇　张晨阳

计算机学院（15 人）

陈富秋　冯琳娟　姜　文　黎　莎　毛兴静　庞舒婷　田亚君　王思涵　王　妍
王蓥遐　张嘉玮　张康萍　廖李为　殷浩然　鲁芸露

软件学院（6 人）

张宇馨　王君涵　王文博　王唯一　邓宇菲　邱亢迪

建筑与环境学院（13 人）

安　然　贺银龙　李杜基　李沛霖　吴克埸　谢嘉伟　杨寅润　张安俐　朱宝莹
邹锐雯　李韵佳　曾　锌　田博文

水利水电学院（13 人）

陈雅溪　刘　好　马卓珺　李静茹　罗长圆　卫佳怡　王宏涛　代　威　李诗婉
王慈骏　贾　嘉　张益玮　雷佳明

化学工程学院（12 人）

杨杭睿　张意琳　欧　盼　朱瑶瑶　程　攻　付开梾　高宇恒　张　雪　潘夏爔
薛　雨　马骥飞　邝芸瑞

轻工科学与工程学院（8 人）

宛如玉　项振宇　李帅浩　杜钟鹏　石　鑫　晏子杰　张艺馨　何凯文

高分子科学与工程学院（12 人）

方乐然　黄灵杰　吴昌伟　粟兴昊　唐　瑞　杨太宝　李子芬　杜文浩　解齐宝
庄翔杰　李宇航　李怡珂

华西基础医学与法医学院（5 人）

袁庆茹　靳云天　张灵轩　赵仕杰　张华博

华西临床医学院（25 人）

谭裕奇　孙崇恩　张焯桐　蔡和锦　金依颖　吴思娴　王智渊　王东方　阮铁超
蔡武峰　潘南方　张思迈　李泽华　包婉莹　袁子沐　陈柯帆　谢其羽　陈　楠
韦宇豪　李天月　马新月　张　倩　彭蕾锡　王子宁　李思婕

华西第二医院（3 人）

李 珮 刘 丹 周 岩

华西口腔医学院（12 人）

段承辰 符向清 王一初 赵骏宇 白贺天 王晓峰 朱俊瑾 余卓杭 江瑞宁 严瑞娇 潘心悦 徐伶依

华西公共卫生学院（8 人）

何鹏刚 张佳豪 陈思佳 曹鹤文 岳书冰 唐瑶玙 颜欣然 姜 双

华西药学院（10 人）

桂赵昕 杨秋玲 时舒萍 石雨晴 褚宏萍 郭小玉 李若琦 张智朝 刘 欢 刘方瑜

公共管理学院（14 人）

陈晨玉 都佳文 何 敏 李佳淇 罗 漫 王子祯 袁安琪 陈芷芃 刘婕妤 李 艺 徐睿滢 孙春玲 苏健骉 桓丽圆

商学院（13 人）

丁乔文 罗 倩 钱颖洁 任 倩 苏鸣飞 吴佳棹 朱梦蕾 赵一晨 陈俊宏 肖雨琪 马 杰 罗峥卓 谭佳源

马克思主义学院（4 人）

乔 璐 杨 钒 李香凝 姚文沛

体育学院（1 人）

冉宏林

灾后重建与管理学院（1 人）

龙 屹

空天科学与工程学院（3 人）

钟 友 周箬菲 周子涵

匹兹堡学院（4 人）

吴 限 耿宝骏 白桢瑞 马语嫣

国际关系学院（3 人）

方小维 李欣蔓 刘 诚

网络空间安全学院（5 人）

黄 嘉 解思雨 张礼森 罗小虎 徐奕鑫

哲学系与宗教所（2 人）

万芷菁 张冰凌

生物医学工程学院（3 人）

朱圳荣 郑 淇 李可欣

生物治疗国家重点实验室（6 人）

简璐男 李 瑄 王凤玲 王曦叶 谢青容 赵 琳

吴玉章学院（5 人）

毕一平 洪诗蔚 周 洋 张祎蜜 江思颖

分析测试中心（1人）

袁小寒

少数民族预科班（1人）

董歆玥

国防科研试验部队预科班（1人）

刘昕雨

华西卫生学校（3人）

胡丰敏　阳维梅　张　梦

九、优秀共青团员（622人）

经济学院（27人）

谈周涛　张依婕　金洪如　唐　玲　何晓宇　陶斯美　刘曼玲　王艺情　于思怡
陈　瑶　张雨萌　李思雨　郑子宜　王舒环　王阳军　刘　畅　沈铮遥　李　丽
邓康侯　李嘉琪　魏梦雯　李杨鑫　冯文倩　符　旭　钱　浩　雷　燚　于家伟

法学院（19人）

谭笑熹　丁　潇　吴蕴涵　康琦崟　张玉萍　张馨予　岳元元　刘颜辰　李启萱
栗瑞瑞　刘欣悦　宋秋怡　朱　曦　周　曼　黄　雯　湛蔚然　张广权　郑欣悦
张　蕊

文学与新闻学院（新闻学院）（33人）

于　洛　邹　雪　邹　婷　徐　潇　张小艾　王　尚　傅雅君　秦讷敏　都杨洁
杨璐繁　朱晏霖　钟明悦　罗艾东　魏梓慧　夏玉婷　刘小玲　李　喆　丁秋葭
孙晓敏　陈宝钰　王　静　余佳秋　夏莉颖　伍诗涵　杨亦恒　刘格格　戴融融
周泽豪　刘淑蕾　任凯迪　孙旭江　徐　蕾　柏雨蝶

外国语学院（14人）

何俊杰　黄朝阳　仲　文　金书宇　商洁晰　魏珺萍　魏露晴　刘胤佐　杜　越
李雨静　李在鑫　杨雨蝶　吴国豪　张舒郁

艺术学院（16人）

李秋里　马嘉遥　马元芳　杨雨飞　战飞宇　蒋知言　张曼迪　周雪澜　岳　章
唐　鹏　雷　霜　周鑫健　陈　灿　徐佳山　欧阳聿格　欧阳嘉璐

历史文化学院（旅游学院、考古文博学院）（15人）

费璐璐　傅爱媛　耿少杰　郭威炎　胡听峰　黄克清　李健祎　刘静秋　卢安麒
陆涵逸　司智龙　孙玲敏　唐梦晨　邹　睿　马　霄

数学学院（8人）

高　行　胡元麒　李文璨　滕　颖　王雨叶　肖　睿　杨立言　赵倩雯

物理学院（13人）

曾梓洋　关梦秋　郭瑞锋　胡贺鹏　毛致媛　阙　嵩　吴静祥　徐梓涵　虞　钦
张　珂　赵春丽　钟玉馨　徐雅雯

化学学院（18人）

汪小钧　邓雅尹　罗　蓉　李秋凝　沈晋如　滕　熠　詹菁菁　周彦铭　谭明濠

李柯璇 张 顺 池雨晴 张祖维 张 均 段洪巧 陈 睿 兰凤英 王 珂

生命科学学院（14 人）

龚 珏 巫大宇 杨雨帆 刘艾嘉 蒋丽莉 杨崇艺 李雨芯 谢雨辰 薛海瑞
高楚劼 王润琳 董梦玥 张硕颖 贾开源

电子信息学院（20 人）

谷德珍 邓 亮 刘 航 杨斯涵 李嘉成 陈忠照 程楚航 丁雨欣 范卓尧
林 鑫 刘丛硕 邱丽如 王诚睿 王 城 王心怡 王子轩 吴启明 吴宇峰
吴章昊 张财榕

材料科学与工程学院（13 人）

崔光垚 冯辽天 高芝煜 姜伊婷 雷博睿 路晓娟 马子涵 宋 萌 王偲漪
余晓沛 张馨怡 朱 羽 王俊锦

机械工程学院（22 人）

柯 瑞 白雪琦 万宇航 李 凯 陈 洋 钟 磊 彭丽洁 李传宇 李 莹
龙智明 张煜杭 肖 瑜 胡英达 张力升 赵剑峰 龙浩辰 屈国浩 涂俊博
丁靖童 徐家辉 叶泽皓 吴圣雨

电气工程学院（24 人）

王梓薇 辛明远 曾佑鑫 刘 红 陈昱林 李卓洋 迟傲冰 邱 月 唐盈盈
詹含蕾 马茹一 曾银雪 游星星 沈胤宏 刘雨珂 吴月峥 李 嫚 马鹏程
乔文琪 王 杰 姚凌君 尚睿辰 杜佩遥 杨海鑫

计算机学院（25 人）

曹馨文 陈玮彤 冯莉婷 冯忠立 高继阳 高俪嘉 何娇娇 黄格婷 焦建茗
李浩宇 李 娜 李俞菲 李长龙 刘清岭 罗杰惠 史笑涵 汪 松 王昊霖
王相麟 文 璐 谢艺萍 张玉慧 朱可欣 李子俊 丁宗康

软件学院（9 人）

蔡雨鑫 邓婷丹 姜宇涵 李满园 昝 昕 张隽涵 赵天志 陈 城 杜忠璟

建筑与环境学院（21 人）

曾禹钦 陈雨薇 陈奕帆 杜星慧 胡诗琪 李婉星 李亚伦 林嘉炜 刘 晓
罗婕颖 秦沛然 石 荃 唐兆彤 王玉佳 谢雪咏 徐锦晖 杨 蔓 叶 康
魏新娜 祁敬茗 李岚晰

水利水电学院（18 人）

艾利伟 冶明曦 石添毅 毛情义 刘圣福 刘鑫宇 曾 理 刘鑫榴 何雨蓓
潘姝瑶 李昌辉 刘辰博 杜长泯 张 钰 杨 帆 李 东 袁 飞 李辰龙

化学工程学院（19 人）

陈锐达 蹇 瑞 李嘉宁 王夏文 王踏秋 孙明阔 秦淑贞 蹇思雨 黄祖杨
陈 松 雷佳豪 石 策 谢椿源 谢奕廷 郑 好 杨秀英 任俊宇 刘雅洁
游 涛

轻工科学与工程学院（14 人）

甘 坤 刘欣烨 林 涛 洪梦婷 刘恒宇 韦 娜 尹晓雅 潘 磊 张又双

陈麒康　柳丝琪　母　丹　辛籽烨　朱可芸

高分子科学与工程学院（18 人）

李冬瑞　刘晔青　牛思霁　孙旖旎　王　淳　杨佳林　张之慧　郑怡然　钟玥辉
罗　聪　贾德壮　冷怀森　邓璐锋　杨　晨　沈紫芮　廖耘皎　陈靖雨　赵志新

华西基础医学与法医学院（6 人）

罗　祥　赵苏乐　商宇鑫　孙中杰　王虹燕　谭梦煜

华西临床医学院（50 人）

黄伟嘉　王　翰　和晟渊　颜龙萍　武永昶　王健玮　刘　敏　林书妍　吕江浩
龙芯仪　尹玉玲　秦丹铱　吴　静　何文博　孙　源　黄　楠　和冬宁　张浩祺
华　星　齐尉棠　王若然　邵晗冰　张爱华　赵紫岐　高　睿　苟嘉妮　唐诗怡
李硕元　胥飞宇　冯于桀　许晨皓　胡婷婷　张　晨　顾芯源　张子妍　巴桑斯甲
郑心仪　钟雨婵　王益彰　赵　田　詹悦涓　蔡见文　武芸宇　赵天浪　李勇军
伍柳霞　赵梦颖　蔡博宇　陈孝霖　陈　希

华西第二医院（10 人）

刘雅妮　杨　琴　张　慧　卢红西　陈　妮　王启依　凌佳继　赵雪怡　张　敏
戴　涛

华西口腔医学院（24 人）

钱春林　王歆萌　范刘庆　何科泰　陈馨语　刘彭博　常俐俐　朱钰洁　罗文欣
宋明糠　温馨雨　王秋昊　郝思远　熊晨燚　罗毓琪　古一平　李奕君　杨舒婷
秦艺纯　赵宇曦　邢　珂　万豪杰　肖琦钦　李泽宇

华西公共卫生学院（15 人）

赵研言　杜思蓉　李禾婷　谭音希　黄明豪　刘　锋　夏茂瑶　肖　颖　朱娅岚
吴雪琪　肖　曦　刘永琪　孙伟莲　杨绍坤　张颖函

华西药学院（15 人）

李　鑫　蔚舒航　刘昱辰　朱冷静　杨宁馨　余晨曦　吴可心　朱浩宁　徐艺文
高若楠　蒋沛航　邓　泰　余芯月　吴贝贝　张锦桐

公共管理学院（21 人）

蔡子睿　陈　红　高跃龙　郭若晶　胡运涛　孟展豪　牟芳娇　王　南　王堂蓉
王欣蕊　肖惟龙　张祖祥　朱佳怡　朱　莲　龚中培　陶思睿　单浩楠　赵天怡
赖宇涵　魏怡雯　赖哲骏皓

商学院（26 人）

郭玉莹　梁晓彤　王玉娇　苏瑶瑶　岳　坤　赵　薇　邱涵茜　蔡雨辰　许智淑
陈　明　郑瑞敏　于源鸿　蒋一帆　潘思宇　李　响　夏昕露　向启阳　赵云靖
张汉泰　唐翡霜　张偲珺　程诗涵　陈　雨　刘棓丹　张天懿　申江念永

马克思主义学院（8 人）

何政蓄　宋文瑛　雷凤仪　王珞凡　魏心冉　谢　熠　汪惠琳　李　娴

体育学院（2 人）

黄麟尧　王语哲

空天科学与工程学院（6 人）

白　芸　段振南　刘正锐　肖　阳　余雅琪　孙子悦

匹兹堡学院（6 人）

孙梓桐　刘瀚文　唐宇瑶　陈祉诺　何　好　刘希元

国际关系学院（7 人）

肖金秋　廖劲西　廖文静　陈　安　侯雨坤　刘雅菁　高佰强

网络空间安全学院（11 人）

李　杰　徐伯韬　陈姿好　帅语澜　粟科钞　张聿昊　刘泽豪　王众伯　郭腾达　傅晟晏　竹彦臻

哲学系与宗教所（3 人）

王宏涛　王心仪　李丝桐

生物医学工程学院（8 人）

庞馨妍　徐思安　邵忠祥　石润梓　全　鑫　梁紫旋　高美欣　魏常胜

生物治疗国家重点实验室（11 人）

黄　成　李　莉　李瑞婷　南近山　潘怡潼　秦芙蓉　吴婷婷　向颖馨　辛　欣　杨栎凝　张晓玲

吴玉章学院（8 人）

袁境徽　孙士博　高馨蕊　陈美彤　房业齐　程风垚　陈致远　欧阳科

少数民族预科班（1 人）

周予婧

华西卫生学校（4 人）

肖丹丹　刘　欣　李　懿　廖富佳

四川大学2021年暑期社会实践工作优秀单位、团队及个人名单

一、先进集体（10个）

华西临床医学院
华西口腔医学院
公共管理学院
电气工程学院
经济学院
化学学院
文学与新闻学院（新闻学院）
高分子科学与工程学院
国际关系学院
建筑与环境学院

二、优秀团队（91个）

（一）党史学习实践团（42个）

四川大学“青马工程”弘毅班党史学习实践团
四川大学研究生江西瑞金党史学习实践团
四川大学研究生“走进仪陇朱德故居”党史学习实践团
法学院“南下川行”党史学习实践团
文学与新闻学院“重走红色足迹，追溯红色记忆”党史学习实践团
外国语学院“追寻伟人足迹，感悟党史光辉”党史学习实践团
艺术学院“探寻红色精神，研学艺术之路”党史学习实践团
物理学院“格物致理”党史学习实践团
化学学院“追寻会川红色记忆”党史学习实践团
化学学院“溯红色党史，悟革命精神”党史学习实践团
电子信息学院“红色知行之旅”党史学习实践团
电子信息学院甘肃武威理论宣讲实践团
材料科学与工程学院“青年材俊”党史学习实践团
机械工程学院“红色基因深植我心”党史学习实践团
计算机学院“铭先烈”党史学习实践团

计算机学院“追溯红色记忆，学史身体力行”党史学习实践团
水利水电学院“学史明理，以史为鉴”党史学习实践团
水电水利学院“重温峥嵘岁月，传承红色基因”党史学习实践团
化学工程学院“百年接力，砼心前行”党史学习实践团
轻工科学与工程学院“永远跟党走，奋进新时代”党史学习实践团
华西基础医学与法医学院“红色足迹”党史学习实践团
华西临床医学院“博古通情”党史学习实践团
华西临床医学院/华西医院“医心向党”党史学习实践团
华西临床医学院“博士快车”党史学习实践团
华西口腔医学院“传承江姐精神，争做时代传人”党史学习实践团
华西口腔医学院“传承江姐精神，践行红色之路”党史学习实践团
华西药学院“争做又红又专的时代新人”党史学习实践团
公共管理学院“心之所向”党史学习实践团
商学院“不忘初心”党史学习实践团
体育学院“星星之火”党史学习实践团
灾后重建与管理学院“遵义赤水行”党史学习实践团
空天科学与工程学院“探迹学史”党史学习实践团
国际关系学院“追光辉足迹，访一大会址”党史学习实践团
网络空间安全学院“缅怀革命英烈，传承红色基因”党史学习实践团
网络空间安全学院“红雁”党史学习实践团
哲学系“信仰的味道是甜的”党史学习实践团
生物治疗国家重点实验室“辉光”党史学习实践团
吴玉章学院“寻访红色印记，追溯百年党史”党史学习实践团
四川大学“薪火传——原创红色主题视频观影分享”理论宣讲实践团
数学学院“理想邮递员”理论宣讲实践团
机械工程学院“川滇黔长征路”理论宣讲实践团
马克思主义学院“到人民群众中去”理论宣讲实践团

（二）国情观察实践团（17 个）

四川大学中外大学生探寻巴蜀文化观察实践团
四川大学“川研企业行”国情观察实践团
四川大学港澳台事务办公室“印象贵州”国情观察实践团
经济学院“杭州亚运”国情观察实践团
经济学院“走进基层”国情观察实践团
经济学院“‘疫’路向前”国情观察实践团
法学院“基层法治”国情观察实践团
化学学院“观国情，跟党走”国情观察实践团
化学学院“新高考改革调研”实践团
电气工程学院“赓续红色血脉，践行使命担当”国情观察实践团

电气工程学院“植根家国热土，砥砺成长担当”国情观察实践团
电气工程学院“聚焦国情观察，感知时代脉搏”国情观察实践团
水利水电学院“沿访川藏铁路”国情观察实践团
华西基础医学与法医学院“馨苗夏令营”国情观察实践团
华西公共卫生学院“念党恩，跟党走”国情观察实践团
公共管理学院“探寻社区治理”国情观察实践团
生物治疗国家重点实验室“浙东运河”国情观察实践团

（三）乡村振兴实践团（26 个）

四川大学“益路同行”乡村振兴实践团
经济学院“教育扶贫助力乡村振兴”实践团
经济学院“振兴暖风吹”乡村振兴实践团
法学院“脚踏实地，寻梦乡村”实践团
文学与新闻学院“乡遇凉山”乡村振兴实践团
外国语学院“多元产业·魅力村落”乡村振兴实践团
历史文化学院“传薪火向阳开”乡村振兴实践团
化学学院“微爱行毕节，阳光谱初心”乡村振兴实践团
化学学院“寻访乡土凉山，建言乡村振兴”实践团
生命科学学院“川越百年，科普未来”乡村振兴实践团
软件学院“走进红色凉山”乡村振兴实践团
建筑与环境学院“老屋与新生”乡村振兴实践团
建筑与环境学院“走进羌城”乡村振兴实践团
水利水电学院“展望新农村”乡村振兴实践团
高分子科学与工程学院“海南定安县支教”乡村振兴实践团
华西临床医学院“回顾红色岁月，艺术点亮未来”乡村振兴实践团
华西临床医学院“助力乡村教育，感悟发展新篇”乡村振兴实践团
华西口腔医学院“传承长征精神，助力健康中国”乡村振兴实践团
华西口腔医学院“星火燎原”乡村振兴践团
华西口腔医学院“竹韵”乡村振兴实践团
公共管理学院“渝行”乡村振兴实践团
公共管理学院“燃梦暑期”乡村振兴实践团
公共管理学院“探访乡村发展 服务乡村振兴”乡村振兴实践团
匹兹堡学院“川辉乡晞”助力乡村振兴实践团
生物医学工程学院“毛南族发祥地”乡村振兴实践团
机械工程学院“情系脱贫，一心助农”乡村振兴实践团

（四）民族团结实践团（6 个）

四川大学“寻找共同的足迹”民族团结实践团
四川大学“铭记红色初心，共续百年使命”—“微爱·阳光行”民族团结实践团
四川大学“川心相映”民族团结实践团

华西基础医学与法医学院“心疆”民族团结实践团
华西临床医学院“大红石榴”民族团结实践团
四川大学“语暖凉山”推普实践团

三、优秀教师（77 人）

马　力　马　轩　马丽娜　王　蓉　王　静　王绍涵　王彦东　文海霞　叶　扬
白宝芬　邢海晶　朱　芮　朱　婧　刘　芸　刘　凯　刘　渊　刘　辉　刘成家
汤博寿　刘　星　巫　科　李　双　李　艳　李　程　李忆雯　李珍珍　李夏怡
杨　胜　杨　娜　吴　宇　何　力　何　苗　何　杰　余昕玲　余艳丽　张　琦
张若一　张春艳　陆　璐　陈晓娟　武清旸　青杨媚　苟　欢　岳　阳　周　湉
周华鹏　赵　帅　赵晓丽　赵梦怡　赵媛媛　段龙龙　段海英　侯永振　夏欣欣
原秀云　党慧丽　殷紫璇　隋文馨　蒋佶良　雷　鸣　雷子慧　黎红友　潘梦琦
陈启胜　袁　媛　王洪树　周怡杉　黎红友　吴　宇　李　杨　冉红艳　周　宁
夏库拉·卡哈尔　努尔古丽·麦麦提图尔荪　努尔麦麦提江·木合太尔
迪力木拉提·尼亚孜　迪丽达尔·艾山江

四、优秀学生（208 人）

经济学院（13 人）

蒋漪钰　罗　俊　何晓宇　杨昕悦　王骐腾　王一丹　褚哲忱　张依婕　袁雅馨
何明蔚　李艳琴　岑朗楷　王海伊

法学院（10 人）

赵宇灵　赵启康　唐子淳　唐靖雯　陈恺頔　周芩宇　尚文雪　吴　洋　彭诗睿
普布卓嘎

文学与新闻学院（新闻学院）（9 人）

陈天麟　张琳媛　刘泳馨　杨巧如　朱嘉诚　张龙赫　王皓珂　张欣杨　杨盛果

外国语学院（5 人）

陈雨欣　岳恺媛　白祎佳　张佳钰　郑雅茜

艺术学院（4 人）

李少云　徐忱卓　刘姝含　辜珂芸

历史文化学院（旅游学院、考古文博学院）（4 人）

张嘉华　王欣怡　董芙蓉　田　源

数学学院（2 人）

滕　颖　李嘉翌

物理学院（5 人）

吴雨洋　苗　森　鲁宇航　谢鸿盛　童博文

化学学院（7 人）

余　珊　刘利莎　黄远震　陈珺乙　肖琳茜　赵子程　刘麒麟

生命科学学院（1 人）

蒲乐莹

电子信息学院（6 人）

史遵琳　甘　序　范卓尧　刘建乐　刘子瑜　陈孝旭

材料科学与工程学院（4 人）

肖闳畅　张毅丰　蒋雨桐　代杰伦

机械工程学院（12 人）

梁慧敏　何静雯　柯　瑞　万坤哲　张哲瑞　李　阳　陈政达　黄茜垚　胡钥鹏
王　涵　冷沛栖　农崇瀚

电气工程学院（12 人）

李　洋　赵　菲　王梓薇　辛明远　曾佑鑫　詹　瑜　和永盟　毋　戈　关智文
张昊天　太永坤　曾　瑞

计算机学院（软件学院）（11 人）

胡义林　李永乐　章巧月　汪佳怡　黄　华　鲁芸露　陈玮彤　王君涵　邓宇菲
陈　城　奉仰麟

建筑与环境学院（7 人）

罗　航　周祥洁　罗竣潇　任玮楠　李杜基　牛　琦　亚夏尔·阿不都加巴

水利水电学院（4 人）

赵雨婷　王　迪　谢静萱　代　威

化学工程学院（4 人）

周一山　高宇恒　严文韬　张欣霖

轻工科学与工程学院（4 人）

王定康　向　燕　莫　睿　孙至洁

高分子科学与工程学院（3 人）

符馨文　谢明东　李怡珂

华西基础医学与法医学院（3 人）

王　楚　李佳航　程　奥

华西临床医学院（13 人）

李文苑　包婉莹　郭佳瑛　武芸宇　侯雨璐　马新月　赵紫晨　徐婉婷　赵天浪
肖　姚　白逸潇　王智渊　梁迩月

华西口腔医学院（17 人）

陈　玥　成科霈　段承辰　李祥宇　林　安　罗远杰　阮显淳　涂叶婷　王海澂
王梦琦　熊朝兰　袁雪纯　赵丹阳　赵骏宇　冯彦婷　秦艺纯　曲别芳芳

华西公共卫生学院（3 人）

王志秋　林奕蝶　张柏杨

华西药学院（2 人）

时舒萍　杜梦真

公共管理学院（10 人）

韦雅琳　董喜锋　孙伟琪　张祺珲　张雯杰　苏健骉　李程程　桓丽圆　黄天麒
美合日班·麦提托合提

商学院（7人）

冯钰涵　孟姝含　梁晓彤　岳　坤　夏　红　陈俊宏　马　玮

马克思主义学院（5人）

曹雪滢　纪力萍　何政蓄　汪惠琳　李险峰

体育学院（3人）

段奶玲　何　莉　张美群

灾后重建与管理学院（1人）

郑帆帆

空天科学与工程学院（2人）

钟　友　何闪闪

匹兹堡学院（1人）

王宇喆

国际关系学院（4人）

王英杰　徐弋卓　李欣蔓　朱圆梦

网络空间安全学院（2人）

赵书立　王轲恒

哲学系（1人）

陈俊强

道教与宗教文化研究所（1人）

周倩颖

生物医学工程学院（2人）

黄昕璇　王　帆

生物治疗国家重点实验室（2人）

罗海天　潘怡潼

吴玉章学院（2人）

盖晓棠　谭卿珊

四川大学2021年度青年志愿服务优秀组织和个人名单

一、十佳青年志愿服务组织（10个）

华西口腔医学院“微笑”青年志愿者服务队
商学院“工商潮”青年志愿者服务队
公共管理学院“朝阳”青年志愿者服务队
四川大学图书馆志愿者服务队
四川大学“凤鸣”志愿讲解队
四川大学“五彩石”志愿者服务队
化学工程学院“青鸟”青年志愿者服务队
外国语学院“心语”青年志愿者服务队
电气工程学院“晨风”青年志愿者服务队
机械学院“新科”青年志愿者服务队

二、十佳青年志愿者（10人）

陈玮彤（四川大学第21届研究生支教团）
林芷妍（四川大学馨心社）
李　洋（四川大学电气工程学院“晨风”青年志愿者服务队）
王晓琪（四川大学图书馆志愿者服务队）
彭蕾锡（四川大学“相约幸福成都”系列赛事先进个人）
姜　博（四川大学“凤鸣”志愿讲解队）
程　攻（四川大学化学工程学院“青鸟”青年志愿者服务队）
赵骏宇（四川大学华西口腔医学院疫情防控志愿者）
张焱成（四川大学计算机学院“奔腾”青年志愿者服务队）
范帨虹（四川大学扶贫志愿队）

三、优秀志愿者（205人）

经济学院（13人）

肖竹书　徐婧雯　申　乙　何晓宇　刘卓敏　何欣倩　孔思齐　周芷珺　张书源
范帨虹　田　甜　程　丽　王一丹

法学院（8人）

陈恺钆　黄业雄　李启萱　刘严木　张广权　张　涵　张烨萱　郑　扬

文学与新闻学院（新闻学院）（5人）

李欣泽　杨巧如　樊一菲　赵文哲　张龙赫

外国语学院（5 人）

王昕雨　岳恺媛　段雅茹　李姝颀　王　雯

艺术学院（9 人）

杨文杰　李妮雅　张曼迪　李少云　欧阳嘉璐　徐忱卓　杨镇宏　王苗媛　薛　祥

历史文化学院（旅游学院、考古文博学院）（9 人）

马佳佳　朱雨浠　陈娴雅　胡诗雅　唐梦晨　吕若兰　孙　萱　樊　荣　王予汐

数学学院（6 人）

王雅轩　谢昕玥　严诗量　钟金山　桂　辉　翟　琦

物理学院（4 人）

文尚宇　谭云轩　李玉龙　赵阳程

化学学院（10 人）

刘俊博　胡鸿杰　王泳澍　杨雅捷　姚欣桐　张荠丹　卓林锋　曾西明　杨　静
苏　群

生命科学学院（3 人）

彭锐怡　朱姿霖　张玉龙

电子信息学院（4 人）

王　睿　甘　序　秦嘉忆　龙子滢

材料科学与工程学院（2 人）

廖荣龙　徐晨浩

机械工程学院（3 人）

钟　磊　黄嘉鑫　李文婷

电气工程学院（10 人）

谢祎铎　赵　菲　姚凌君　王梓薇　师　洋　胡睿祺　辛明远　蒋奇良　詹　瑜
曾佑鑫

计算机学院（7 人）

代灵奕　高铭辰　梁　鑫　张春蕊　郭　凯　牛佳文　李朋峰

软件学院（3 人）

梁　堉　邢国浩　邓宇菲

建筑与环境学院（4 人）

刘洋洋　纪轩宇　任玮楠　王泽宇

水利水电学院（2 人）

赵粤黔　毛映卫

化学工程学院（9 人）

付开梾　赵仪婷　蹇　瑞　王　芮　刘雪萍　黄祖杨　徐佳晖　王夏文　周一山

轻工科学与工程学院（1 人）

孙至洁

高分子科学与工程学院（9 人）

吴宗键　尚思远　杨　乐　栗兴昊　段嘉伟　王　逸　郝田昕　龙思羽

艾依买尔·哈尼肯

华西基础医学与法医学院（2人）

程　奥　陈茂淼

华西临床医学院（17人）

丁星文　伍思棋　屈　展　廖深玲　张智萌　张　淇　张雅琳　朱师禹　李　苒　蔡博宇　蔡和锦　蔡见文　袁子沐　贾梦露　赵天浪　邱子隽　赵梦颖

华西口腔医学院（9人）

黄心悦　罗远杰　温馨雨　王若冲　王双成　杨舒婷　余卓杭　曲别芳芳　阿力米热·米吉提

华西公共卫生学院（5人）

唐瑶玙　张柏杨　张梓渲　王志秋　石洪達

华西药学院（1人）

时舒萍

公共管理学院（7人）

刘祎凡　唐晓芳　张青山　李欣溢　杜思佳　王思雨　李　艺

商学院（10人）

陈俊宏　童娇慧　王玉娇　刘　琦　刘敏仪　邱涵茜　田嘉琪　马　杰　王沐珊　舒汉廷

马克思主义学院（4人）

蔡林娜　郭铭轩　邓梦阳　李智玲

体育学院（1人）

张加启

匹兹堡学院（1人）

何　好

国际关系学院（2人）

廖靖博　刘　诚

生物医学工程学院（1人）

郑文晴

生物治疗国家重点实验室（4人）

靳　苗　阴天宝　周　骏　邹　倩

吴玉章学院（7人）

陈宗劭　高馨蕊　李玉柳　刘莉玲　孙易歆　魏晨希　彭伊萌

“凤鸣”志愿讲解队（3人）

付欣葛　温　昱　庞漉潞

图书馆志愿者服务队（5人）

陈蓓尔　邓含知　黄文添　张　潇　孔梓轩

四川大学2021—2022学年校历

2020—2021学年（春季学期）

周次		日	一	二	三	四	五	六	月份	备注
						25	26	27	2月	1.2月25日—26日为在校本科生报到注册时间。 2.2月26日—28日为本科生补缓考时间。 3. 第一周起正式行课。 4. 清明节4月4日。 5. 端午节6月14日。 6. 节假日停课一般不补。 7. 政治学习、党团组织生活统一安排在双周星期五下午进行，上半段为政治学习时间，下半段为党团组织生活时间。 8. “实践及国际课程周”安排劳动教育、实践环节、短期课程、国内外短期访学交流等。
1	教学周	28	1	2	3	4	5	6	3月	
2		7	8	9	10	11	12	13		
3		14	15	16	17	28	19	20		
4		21	22	23	24	25	26	27		
5		28	29	30	31	1	2	3	4月	
6		4	5	6	7	8	9	10		
7		11	12	13	14	15	16	17		
8		18	19	20	21	22	23	24		
9		25	26	27	28	29	30	1	5月	
10		2	3	4	5	6	7	8		
11		9	10	11	12	13	14	15		
12		16	17	18	19	20	21	22		
13		23	24	25	26	27	28	29		
14		30	31	1	2	3	4	5	6月	
15		6	7	8	9	10	11	12		
16		13	14	15	16	17	18	19		
17		20	21	22	23	24	25	26		
18		27	28	29	30	1	2	3	7月	
19	实践及国际课程周	4	5	6	7	8	9	10		
20		11	12	13	14	15	16	17		
21	暑假	18	19	20	21	22	23	24		
22		25	26	27	28	29	30	31		
23		1	2	3	4	5	6	7	8月	
24		8	9	10	11	12	13	14		
25		15	16	17	18	19	20	21		
26		22	23	24	25	26	27	28		

2021—2022 **学年（秋季学期）**

周次		星期							月份	备注
		日	一	二	三	四	五	六		
						26	27	28	8月	1.8月26日—27日为在校本科生报到注册时间。 2.8月27日—29日为本科生补缓考时间。 3.第一周起正式行课。 4.中秋节9月21日。 5.春节2月1日。 6.节假日停课一般不补。 7.政治学习、党团组织生活统一安排在双周星期五下午进行，上半段为政治学习时间，下半段为党团组织生活时间。 8.校秋季田径运动会在10月22日—23日举行。
1	教学周	29	30	31	1	2	3	4	9月	
2		5	6	7	8	9	10	11		
3		12	13	14	15	16	17	18		
4		19	20	21	22	23	24	25		
5		26	27	28	29	30	1	2	10月	
6		3	4	5	6	7	8	9		
7		10	11	12	13	14	15	16		
8		17	18	19	20	21	22	23		
9		24	25	26	27	28	29	30		
10		31	1	2	3	4	5	6	11月	
11		7	8	9	10	11	12	13		
12		14	15	16	17	18	19	20		
13		21	22	23	24	25	26	27		
14		28	29	30	1	2	3	4	12月	
15		5	6	7	8	9	10	11		
16		12	13	14	15	16	17	18		
17		19	20	21	22	23	24	25		
18		26	27	28	29	30	31	1	1月	
19		2	3	4	5	6	7	8		
20		9	10	11	12	13	14	15		
21	寒假	16	17	18	19	20	21	22		
22		23	24	25	26	27	28	29		
23		30	31	1	2	3	4	5	2月	
24		6	7	8	9	10	11	12		
25		13	14	15	16	17	18	19		